两岸新编中国近代史

A NEW HISTORY OF MODERN CHINA WRITTEN BY SCHOLARS ACROSS THE STRAIT

典藏版

第二卷 晚清（下）

王建朗 黄克武——主编

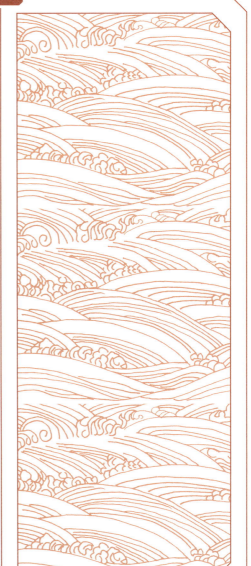

社会科学文献出版社
SOCIAL SCIENCES ACADEMIC PRESS (CHINA)

目　录

第十四章

现代经济的起步：晚清的经济发展

“现代经济”是指运用现代科技于生产活动的社会经济。[①] 现代科技则指自伽利略、牛顿、门德尔（G. J. Mendel）等科学家以通则解释自然现象以来有系统之科技发展。在现代经济展开以前的经济称为“传统经济”。

中国之采用现代科技从事生产活动，始自19世纪中叶之鸦片战争。中国的战败及与各国签订不平等条约，诚属不幸；但就经济发展的角度来看，开放较多的口岸与外国贸易，也使中国日益卷入世界经济体系之中；借此与西方接触的增加，也使西方的现代科技得以传入，而用之于中国工矿交通各方面的发展。清末70年的经济也因而得以较快速地由传统经济向现代经济转型。尽管此一时期的一切活动距“现代经济”的目标仍然甚远，[②] 但毕竟已跨出了一步。此一起步之方向与成效如何？其为民国时期中国经济之继续由传统经济转化为现代经济，究竟奠定了多少基础？在此传统经济首次较为快速地往现代经济转化的过程当中，传统与现代之间又有何相生

---

* 本章由林满红撰写。

① 现代经济与传统经济的定义，参考〔美〕罗斯托《经济发展史观》，饶余庆译，今日世界社，1968，第20页；S. Kuznets, *Modern Economic Growth: Rate, Structure, and Spread* (New Haven and London: Yale University Press, 1966), ch. 1; Anthony M. Tang, “China's Agricultural Legacy,” *Economic Development and Cultural Change*, 28: 1 (Oct. 1979).

② 传统经济转化为现代经济是一个持续不断的进程，究竟一个国家采用现代化科技于生产之后，何时才算步入现代经济的范畴？经济学者曾指出很多指标，其中之一为经济结构之由农业为主转而以工业及服务业为主。如就各业产值而言，中国一直到1962年农业才不复占国民所得的最大比重，而只占35.5%，工业、服务业则分别占41.7%和21.1%，1951—1953年，台湾农、工、服务各业产值占国民所得的比例分别为33.2%、26.2%和40.6%，可见即使就各业产值比重的转变这一指标而言，中国之转化为现代经济亦是20世纪50—60年代

与相克的关系？是为本章所要探讨的主题。因为此项起步导源于贸易，且以贸易发展之影响最大，故先论述贸易，再依次论及发展较少的工业、农业，最后再论及此时区域间不平衡发展的双元经济问题。其他如金融、货币、财政、交通以及经济思想的转变等，则附论于前述各项之中。

一　贸易发展及其影响

贸易发展的大势

1. 贸易量与值的变化

有关清季贸易数量及其变化，由承载贸易物资的船只吨位，可以间接看出贸易发展的大略。1860 年进出中国口岸船只的吨位为 6635485 吨，至 1905 年达 73755547 吨，增加约 10 倍。[①] 在贸易值方面，1840—1911 年的资料虽然并不完整，但仍可借以看出对外贸易发展之大势。1840 年鸦片战争爆发之时，中国对外贸易总值为 524198 英镑，至 1856 年，约增为 1840 年的 3 倍。[②] 1857—1869 年，尽管资料缺乏，但知贸易仍继续增长。[③] 1870 年贸易总值为 12067.7 万海关两，1911 年则增为其 7 倍（见表 14-1）。1870 年以后贸易增加的原因很多，其中 1869 年苏伊士运河通航，与中外间设立电报，尤为重要。两者加速将中国纳入国际经济体系之中。[④] 此外，1870—1892 年的 22 年间，贸易总值增加近一倍；1892—1911 年，贸易总值则增加

以后之事。中国大陆与台湾各业产值占国民所得比例参见 D. H. Perkins, “Growth and Changing Structure of China's Twentieth-Century Economy,” D. H. Perkins, ed., *China's Modern Economy in Historical Perspective* (California: Stanford University Press, 1975), p. 117; W. Galenson, ed., *Economic Growth and Structural Change in Taiwan: The Postwar Experience of the Republic of China* (Ithaca, N. Y.: Cornell University Press, 1979), 台湾双叶书局翻印本, table 1. 10。

① H. B. Morse, *The Trade and Administration of the Chinese Empire* (Taipei: Ch'eng-wen Publishing Company, 1966), p. 285.

② Rhoads Murphey, *The Outsider: The Western Experience in India and China* (Ann Arbor: The University of Michigan Press, 1977), ch. 11, pp. 160-161.

③ 参见林满红《银线》，江苏人民出版社，2011，第 66、67、87—89 页。

④ T. R. Banister, “A History of the External Trade of China, 1834-81,” in Inspector-General of the Chinese Maritime Customs, ed., *Decennial Reports 1922-1931* (Shanghai: Chinese Maritime Customs, 1931), p. 730.

近3倍（见表14-1）。后一时期贸易值所以增加较为快速，关键因素之一是，1890年到1911年间修筑了很多的铁路。中东、胶济、芦汉、北宁、沪宁、广九、津浦等线，均修筑于此一时期。这些铁路将中国更广大的地区纳入国民经济体系之中。此外，1905年日俄战争前后，东北开放对外贸易，1902—1911年，东北共有10处口岸开放，并开始有大豆出口，这也是贸易快速增加的原因。[①] 而在晚清最后十年当中，朝野在观念上对工商业的重视，并设立工商方面的专门机构加以推动，也有所影响。清末之贸易收支如表14-1所示，1887年以前为顺差，1887年以后为逆差。

表14-1　中国的国际贸易值（1870—1911）

单位：千海关两，%

年份	进口值	出口值	总值	指数	贸易差额
1870	55915	64762	120677	100	8847
1871	61617	78453	140070	116	16836
1872	59186	88244	147430	122	29058
1873	58434	80947	139381	115	22513
1874	56308	78457	134765	112	22149
1875	59426	80880	140306	116	21454
1876	61572	94010	155582	129	32438
1877	64225	79349	143574	119	15124
1878	61953	79488	141441	117	17535
1879	71194	84925	156119	129	13731
1880	69448	91848	161296	134	22400
1881	80825	84990	165815	137	4165
1882	67919	80215	148134	123	12296
1883	64325	82983	147308	122	18658
1884	63598	79669	143267	119	16071
1885	77308	77499	154807	128	191
1886	76689	91443	168132	139	14754
1887	88167	100209	188376	156	12042

① T. R. Banister, "A History of the External Trade of China, 1834-81," in Inspector-General of the Chinese Maritime Customs, ed., *Decennial Reports 1922-1931*, pp. 153-157.

续表

年份	进口值	出口值	总值	指数	贸易差额
1888	124783	92401	217184	180	-32382
1889	110884	96948	207832	172	-13936
1890	127093	87144	214237	178	-39949
1891	134004	100948	234952	195	-33056
1892	135101	102584	237685	197	-32517
1893	151363	116632	267995	222	-34731
1894	162103	128105	290208	240	-33998
1895	171697	143293	314990	261	-28404
1896	202590	131081	333671	276	-71509
1897	202829	163501	366330	304	-39328
1898	209579	159037	368616	305	-50542
1899	264748	195785	460533	382	-68963
1900	211070	158997	370067	307	-52073
1901	268303	169657	437960	363	-98646
1902	315364	214182	529546	439	-101182
1903	326739	214352	541091	448	-112387
1904	344061	239487	583548	484	-104574
1905	447101	227888	674989	559	-219213
1906	410270	236457	646727	536	-173813
1907	416401	264381	680782	564	-152020
1908	394505	276660	671165	556	-117845
1909	418158	338993	757151	627	-79165
1910	462965	380833	843798	699	-82132
1911	471504	377338	848842	703	-94166

资料来源：1868—1887 年数据取自 Hsiao Liang-Lin, *China's Foreign Trade Statistics 1864-1949* (Cambridge Mass.: East Asian Research Center of Harvard University, distributed by Harvard University Press, 1974), pp. 268-269；1887—1894 年数据根据 Yu-kwei Cheng, *Foreign Trade and Industrial Development of China: A Historical and Integrated Analysis through 1948* (Washington, D. C.: The University Press of Washington, D. C., 1956), pp. 12-13。海关数据 1887 年以后原已调整，故不取萧书之调整数字，改取萧书第 22—23 页之未再调整数字。指数及贸易差额由笔者计算。

2. 贸易内容与贸易国家（地区）

（1）出口品与出口地区。晚清出口以茶、丝为大宗（见表 14-2）。1886 年以前，茶居首位；1887 年以后，丝居首位。茶分红茶、绿茶及茶砖三项。

大体而言，红茶输英，绿茶输美，茶砖输俄。丝出口以生丝为主，以法国为主要输出地区。中西贸易开放初期，生丝输法由英商转售。1842—1870 年，在中国出口贸易中，英国占中国总出口值一半以上。但欧洲商人于 1881 年前后，开始直接向中国购买生丝，中国输英红茶又逐渐为印度阿萨姆及锡兰的红茶所取代，中国对英的出口值占总出口值的比例，在 1882—1892 年，已降为 18%。① 19 世纪 80 年代后，中国在美国的绿茶市场亦逐渐为日本所取代。美国在 1880 年以前，原为中国第二大出口国，1880 年以后，其在中国输出贸易中的地位也逐渐降低。由于日本、印度、锡兰茶的输出，华茶在世界茶出口中所占的比重亦逐渐降低，1873 年为 92%，1883 年为 88%，1893 年为 49%。② 唯生丝虽自 1860 年起已有日本的竞争，但直到 1910 年，其执世界生丝出口牛耳的地位方为日丝所夺。在华茶受日本、印度、锡兰竞争之后，输俄茶砖因俄国奥得塞港开放而增加，而华丝市场以欧陆为主，故 19 世纪 80 年代以后，欧陆与俄国在中国贸易中的地位提高。1895 年中日甲午战争结束后，尤其 1905 年日俄战争结束，东北开放贸易后，日本积极推动其在东北的贸易，故东北在中国贸易中的地位也日趋重要。③ 而当时东北大豆贸易的展开亦在 1929 年以后，大豆取代丝、茶成为中国最主要出口货。

表 14-2　十二项主要出口货物所占出口总值的百分比（1871—1911）

年份	茶	丝	大豆	豆饼	花生	棉花	棉纱	桐油	猪鬃	蛋	锡	钨砂	其他
1871—1873	52. 7	34. 5	0. 1	—	—	0. 2	—	—	—	—	—	—	12. 5
1881—1883	46. 2	26. 2	0. 2	—	—	0. 4	—	—	—	—	—	—	27. 0
1891—1893	26. 9	24. 6	1. 2	—	—	4. 8	—	—	—	—	—	—	42. 5
1901—1903	11. 3	26. 7	2. 3	2. 6	—	5. 1	—	—	1. 0	1. 0	—	—	50. 0
1909—1911	9. 8	18. 2	7. 4	5. 1	0. 9	5. 8	—	—	1. 1	1. 1	1. 6	—	49. 0

资料来源：历年海关报告，转引自严中平等编《中国近代经济史统计资料选辑》，科学出版社，1955，第 76 页。

① T. R. Banister, "A History of the External Trade of China, 1834-81," in Inspector-General of the Chinese Maritime Customs, ed., *Decennial Reports 1922-1931*, pp. 29, 148.

② 湖北大学政治经济学教研室编《中国近代国民经济史讲义》，高等教育出版社，1958，第 162 页。

③ T. R. Banister, "A History of the External Trade of China, 1834-81," in Inspector-General of the Chinese Maritime Customs, ed., *Decennial Reports 1922-1931*, pp. 148, 154.

表 14-3 出口贸易价值中各国（地区）所占的百分比（1871—1911）

年份	香港	日本及台湾	美国	英国	德国	法国	俄国	其他
1871—1873	14.7	1.7	14.1	52.9	—	—	3.3	13.3
1881—1883	25.4	2.4	12.4	33.3	—	—	7.3	19.2
1891—1893	39.3	7.2	9.8	11.3	—	—	8.6	23.8
1901—1903	40.8	12.5	10.2	4.8	—	—	5.5	26.2
1909—1911	28.2	15.9	9.0	5.1	3.1	10.7	12.5	15.5

资料来源：历年海关报告，转引自严中平等编《中国近代经济史统计资料选辑》，第 66 页。

（2）进口品与进口地区。清末，中国进口货一直以鸦片和棉纺织品为大宗。1880 年以前，鸦片进口值占总进口值 40%以上。因洋货仍未受人民普遍欢迎，1887 年以前，中国多为出超，外商乃借鸦片进口以资平衡。1880 年以后，棉货及其他洋货如糖、谷物、煤油等进口渐多，鸦片所占比例方见减少（见表 14-4）。因为棉货与鸦片主要来自英国或英属印度，因而英国（包括香港）在中国进口贸易中一直居于领先的地位（见表 14-5）。日本在 1895 年以后因有棉货输华，1905 年以后日货大量输入东北，在中国进口贸易中的地位日趋重要。与此同时，美俄两国因大量煤油输华，在中国进口贸易中的地位也逐渐提高。①

表 14-4 中国主要进口货占进口总值的百分比（1870—1910）

年份	总值（千海关两）	鸦片	棉布匹	棉纱	谷物面粉	糖	烟草	煤	煤油	金属矿物	机器	铁路材料车辆	其他
1870	63693	43.0	28.0	3.0	0.04	0.1	—	0.09	—	5.8	—	—	19.97
1880	79293	39.3	24.9	4.6	0.1	0.4	—	1.2	—	5.5	—	—	24.0
1890	127093	19.5	20.2	15.3	9.6	0.9	—	1.6	3.2	5.7	0.3	—	23.7
1900	211070	14.8	21.5	14.3	7.0	3.0	0.5	3.1	6.6	4.7	0.7	—	23.8
1910	462965	12.0	14.7	13.6	7.7	4.8	2.0	1.8	4.7	4.3	1.5	3.8	29.1

资料来源：Yang Twan-liu, *Statistics of China's Foreign Trade*, Table V, pp. 15-25, Table IX, pp. 43-48; Cheng Yu-kwei, *Foreign Trade and Industrial Development of China: A Historical and Integrated Analysis through 1948*, p. 19. 转引自〔美〕费维恺《中国近百年经济史》，第 57 页。

① 〔美〕费维恺：《中国近百年经济史》，林载爵译，华世出版社，1978，第 58—59 页。

表 14-5 进口贸易价值中各国（地区）所占的比重（1871—1911，各期各国总计=100）

年份	香港	日本及台湾	美国	英国	德国	法国	俄国	其他
1871—1873	32.5	3.7	0.5	34.7	—	—	0.2	28.4
1881—1883	36.2	4.9	3.7	23.8	—	—	0.2	31.2
1891—1893	51.2	4.7	4.5	20.4	—	—	0.6	18.6
1901—1903	41.6	12.5	8.5	15.9	—	—	0.8	20.7
1909—1911	33.9	15.5	7.1	16.5	4.2	0.6	3.5	18.7

资料来源：历年海关报告，转引自严中平等编《中国近代经济史统计资料选辑》，第 65 页。

3. 对外贸易在整个国民所得中所占的比重

虽然清末贸易持续扩张，但 1914—1918 年贸易总值也仅占中国国民所得之 9.2%。[①] 而国际联盟曾估计，1913 年中国每人平均贸易额为 1.61 美元，为同时期 83 个国家中最低者。[②] 清末对外贸易发展幅度之所以不大，最重要的原因是国内开放贸易的地区以口岸及其腹地为主，[③] 其他次要因素则为交通不发达、度量衡与货币不统一、中国传统的国际经济态度较为消极等。

贸易发展的影响

以这种幅度与形态发展的贸易对国内经济的影响，可从商业、工业、农业三方面加以讨论。

1. 商业

国外贸易是国内商业的延伸。近代中国对外贸易拓展之后，国内商业所受的冲击最为直接。因为对外贸易受外力压迫而扩张，国内商业随之所发生的演变最为显著，成为近代经济发展的重点。[④] 近代国内商业随着国外贸易发展而产生的演变，又可自市镇、商业组织、金融、货币、交通等方面加以说明。

---

① K. C. Yeh, "China's National Income, 1931-1936," in Chi-ming Hou and Tzong-shian Yu, ed., *Modern Chinese Economic History* (Taipei: The Institute of Economics, Academia Sinica, 1977), p. 107, table 4.

② 〔美〕费维恺：《中国近百年经济史》，第 59 页。

③ R. F. Dernberger, "The Role of Foreigners in China's Economic Development," in D. H. Perkins, ed., *China's Modern Economy in Historical Perspective*, pp. 19-47.

④ 参见翁之镛《中国经济问题探原》，正中书局，1952。

（1）市镇。随着中外贸易的扩展，市镇方面出现了一种新的景观，即口岸都市的形成。在口岸都市里有电灯、电报、煤气、自来水、下水道、洋行、洋楼、教会、面粉工厂、船舶修理厂等新的设施。此一景象与以官衙、书院、庙宇以及售卖南北杂货的传统市镇形成强烈的对比。此外，由于通商口岸是中国与国际市场联系的据点，因此国际市场的范围远比传统市镇的市场圈广大。加上铁路等现代交通工具由口岸延伸到内地，原来分别辖属于各传统市镇的零散的市场体系，在口岸开放以后，转而并属于对外通商口岸，如在通商口岸开放以前的台湾、鹿港、后龙、旧港（新竹外港）、乌石港（在今宜兰）、北港等古港口各形成其分殊的市场体系。迨淡水与打狗（今高雄）开放对外通商以后，以上诸港口腹地的大多数产品，皆改由淡水或打狗出口，如原为北港腹地的嘉义地区所产赤糖即由北港转赴打狗。[①] 分殊的市场体系的统合是现代经济的一个起步。此外，随着贸易与工业的发展，清末城市人口也有略微增加的趋势，这亦为传统经济往现代经济迈进的一项表征。根据施坚雅（G. W. Skinner）的统计，1843—1893年，城居人口占全人口的比例，就全中国而言，由5.1%增为6%，长江下游地区则由7.4%增为10.6%，岭南由7%增为8.7%，东南沿海由5.8%增为6.4%，东北由4.9%增为5.4%，西北由4.9%增为5.4%，长江中游由4.5%增为5.2%，华北由4.2%增为4.8%，长江上游由4.1%增为4.7%，云贵由4%增为4.5%。[②] 此外，乡村的市集活动也更为频繁。传统中国乡村往往在十天之内赶集数次，将农村产品外送，将外地产品向农村内送。随着国际贸易的拓展，农村与外地之间输出输入的商品增加，数日一集的定期市场不再能满足所需，乃有更多的每日开市的固定商店产生。[③]

这些发展有很多是依存于传统之上的，如通商口岸必然要设置在较为发达的传统市镇的外围，以台湾的通商口岸为例，淡水港开在艋舺的外围，

---

① 参见林满红《茶、糖、樟脑业与台湾之社会经济变迁（1860—1895）》，联经出版公司，2006，第135—136页。

② G. W. Skinner, "Regional Urbanization in Nineteenth-Century China," G. William Skinner, *The City in Late Imperial China* (California: Stanford University Press, 1977), table 4. 此数据由刘石吉先生提供。

③ G. W. Skinner, "Marketing and Social Structure in Rural China, Part Ⅱ," *Journal of Asian Studies*, 24: 2 (Feb. 1965): 195-228.

安平港开在台南城外围，打狗港开在埤头外围，艋舺、台南、埤头均为开港以前即很发达的传统市镇。传统市镇与其腹地之间有一些现成的市场网络，通商口岸正可借这些市场网络，使商品流通。[①]

（2）商业组织。行会是传统中国一种重要的商业组织，在中西贸易拓展之后，不但没有式微，反而更为扩张。根据伊懋可（Mark Elvin）统计，上海行会数目，1842—1911 年增为 4 倍。行会是以血缘、地缘关系为基础的一种商业组织。墨菲（Rhoads Murphey）指出：在中西接触以后，中国社会仍然是以血缘、地缘关系作为社会联系的纽带，对外贸易扩展之后，商业活动增加了，但商人们在找寻一起经商的伙伴时，经常是找族亲、姻亲，或是同乡，这是近代以后以血缘、地缘为基础的传统行会得以扩张的理由。[②]

除了旧式的商业组织之外，由于来到中国的外国商人不熟悉中国的风土、人情，另有买办商人崛起。买办的工作为替外商居间进行贸易，由于他们与外国人接触机会较多，故很多中外交涉也常由他们居间进行。不过他们遇到外国人时常过度卑躬屈膝。而且若干买办也常与外商勾结，剥削人民，故买办人物常常受到批评。但买办由于较早接触现代观念也有其正面作用。在与外商接触的过程中，他们熟悉贸易行情，有若干人亦不愿利权为外商所夺，起而自己兴办新式企业；买办亦由薪水、佣金及操纵出入口货品价格累积不少财富，力足以投资新式企业，因此买办常是中国许多现代企业的介绍者与投资者，[③] 如英国怡和洋行和上海事业公司的买办祝大椿、宝顺洋行买办徐润、鸿源纱厂买办荣瑞馨、汇理银行买办朱志龙，分别创有缫丝厂、面粉厂、船公司、造纸厂等现代企业。故早期现代企业之中，买办资本举足轻重。而清政府为兴办现代工矿业而招收商股时，首先投资的也往往是买办，甚而有些买办还实际经手办理这些企业，如太古洋行买办郑观应之经营上海织布局，怡和洋行买办唐廷枢之经营招商局等。[④] 故买办事实上也是中国现代经济起步的一股动力。

---

① 参见林满红《茶、糖、樟脑业与台湾之社会经济变迁（1860—1895）》，第 170—174 页。

② Rhoads Murphey, *The Outsider: The Western Experience in India and China*, pp. 180-196.

③ Yeng-ping Hao, *The Comprador in Nineteeth Century China: Bridge between East and West* (Cambridge, Mass.: Harvard University Press, 1970), pp. 99-105.

④ 《中国近代国民经济史讲义》，第 198 页；Yeng-ping Hao, *The Comprador in Nineteeth Century China: Bridge between East and West*, pp. 99-105.

（3）金融组织。中西贸易拓展以前，中国就已有钱庄及山西票号等金融组织。钱庄、票号虽然都经营存、放款，但钱庄以银钱兑换为主要业务，而票号则以汇兑为主要业务。中西贸易扩张之后，钱庄、票号等传统金融组织都随着贸易扩张而发展。

就票号来说，贸易拓展之后，中国商人需要将购置外货的款项由内地汇到口岸，也需要由口岸将变卖商品所得的款项汇回内地，两者都需要利用票号的汇兑网，票号因而更加繁荣。鸦片战争以前，山西有票号 17 家，总资本 350 万两，19 世纪末增为 33 家，分号扩充为 414 家，总资本为 3300 万两，增加 8 倍多。而其所控制存款包括政府存款 1.5 亿两、小额钞票 2000 万两等，共计 2 亿两。在清末钱庄、票号、外国银行鼎足而立的三大银行势力之中，山西票号尚居首位。①

就钱庄来说，随着汇兑需要的增加，其功能就由银钱兑换为主，扩充而负担起部分短距离的汇兑功能。钱庄的存、放款业务亦更为扩张。从事国际贸易的进出口商需要资金融通；这些资金如向当铺借贷，则利息过高，如向银行借贷，则必须有抵押品。而钱庄是以血缘、地缘关系为基础的传统金融组织，往来的客户不是族亲、姻亲，就是同乡，故可以信用借贷，利息也较低，乃自然地成为进出口贸易商人融通资金的去处。② 出口商人可向钱庄借贷一种为期一两日的短期贷款，称为拆款。进口商人则可以向钱庄取得庄票支付给外国商人，这张庄票有外国银行的买办保证出票钱庄的信用，凭此外国商人将可兑到现款。而后，中国进口商人再将借款连同利息交给钱庄，钱庄再交给外国银行。此外，钱庄也从事票据贴现、买卖金银等业务。由于这些业务的扩张，钱庄也更加具有现代银行的特征。③

1897 年以后，中国另有纯粹的现代银行设立，如中国通商银行、户部银行、交通银行等。④ 这些银行都是政府银行，是清政府为了资助工业发

① 王业键：《近代银行业的发展与旧中国工业化的资本问题》，氏著《清代经济史论文集》（1），稻乡出版社，2003，第 275—286 页；参见大島重雄『支那新式銀行の現勢と其の将来（一）』『滿鉄調查月報』第 16 卷第 10 号、1936 年。

② 王业键：《中国近代货币与银行的演进（1644—1937）》，氏著《清代经济史论文集》（1），第 236—249 页；Rhoads Murphey, *The Outsider: The Western Experience in India and China*, pp. 181 - 182。

③ 彭信威：《中国货币史》，群联出版社，1954，第 652 页。

④ 〔美〕费维恺：《中国近百年经济史》，第 66 页。

展、统一货币发行、改善财政而设立的，除了若干资金来自买办，而与贸易有间接关联之外，其与贸易的关联直到20世纪20年代以前尚很微弱。[①]

外国在华设立的现代银行则与贸易息息相关，因为对外贸易发展之后，外商需要买卖外汇，也需要贸易资金。[②] 清末外国在华设立的银行计有1857年的英国麦加利银行，1867年的英国汇丰银行，1890年以前设立的法国东方银行与汇理银行、英国的有利银行、德国的德华银行、日本的正金银行、俄国的华俄道胜银行，1890—1912年设立的美国花旗银行、比利时华比银行、荷兰的荷兰银行、日本的台湾银行，共12家。[③] 以往学者常常认为外国银行对中国的金融和贸易有绝对的控制权，但根据近人琼斯（S. M. Jones）研究，清末整个上海的票据市场与汇兑市场都为钱庄的钱业公会所控制，而非由外国银行所控制。外国银行如想在中国的金融界获取利润，必须在属于钱业公会的某家钱庄开户，才能接近上海金融及汇兑市场。[④] 可见，即使是外来的势力，也是要依附在传统的势力之上，才能够伸张。

（4）货币。为了配合贸易扩张后的货币需求，中国产生了银锭、铜钱以外的新货币。郝延平《晚清沿海的新货币及其影响》一文指出，在19世纪80年代至1910年，中国曾增加使用价值约48.29亿银元的银币、纸币及有货币功能的鸦片，以满足贸易扩张后的货币需求。银币包括中国官铸银元、中国民间盗铸外国银元、外国银辅币等项，纸币来自钱庄及外国银行，鸦片有外国进口鸦片及本国鸦片两种，[⑤] 也因此中国的货币在近代以后更为多元化。清末中国使用货币之中，外国银元占39.38%，中国银元占7.16%，中国银角占10.74%，中国铜元占5.30%，中国铜钱占11.70%，中国钞票占11.40%，外国钞票占14.32%。[⑥] 由于杂多的货币来自外国及民间，因此全国的货币供给量无法统一规划。

（5）交通。为了配合贸易与国防的发展，铁路、电报、现代帆船与轮

---

① 王业键：《中国近代货币与银行的演进（1644—1937）》，氏著《清代经济史论文集》（1），第236—249页。

② 彭信威：《中国货币史》，第652页。

③ 吴承禧：《中国的银行》，商务印书馆，1934，第105页。

④ Rhoads Murphey, *The Outsider: The Western Experience in India and China*, pp. 181-182.

⑤ 郝延平：《晚清沿海的新货币及其影响》，《中央研究院近代史研究所集刊》第7期，1978年6月，第225—240页。

⑥ 彭信威：《中国货币史》，第595页。

船等新式交通设施相继出现，如自 1876 年铺设铁路起，至 1912 年共有 9618 公里。[①] 国内的电报线自 1874 年开始架设，至 1911 年全国约有 10 万公里，平均为每千平方公里设 8.8 公里。[②] 中国现代帆船与轮船从事国际贸易的吨位，1864 年为 64588 吨，占各国往返船只总吨位之 1%，1905 年为 16407352 吨，占各国往返船只总吨位之 1/4。[③] 现代邮政在鸦片战争以前即有外国商人在口岸地区创办，洋海关成立后海关亦代办邮政。1898 年正式成立邮政局，总理全国邮务，到 1908 年共传递邮件 12938.2 万件。[④] 而传统的驿递制度，除 1888 年刘铭传在台湾一度力求整顿之外，大抵因成本太高而日衰，至 1914 年而完全裁废。但民间的信局在清末反趋兴盛，1882—1891 年全国有信局 175 家，1892—1901 年则有 422 家，更有资料指出，在清朝覆亡以前，信局已多达数千家。[⑤] 信局之兴盛，一则因为商业之拓展，二则因为轮船等现代交通工具出现之后，送信的交通成本降低，服务也更为便捷。

2. 工业

清末以鸦片、棉货等消费品为进口大宗，生产材料如煤、金属矿物、机器、铁路材料、车辆等在 1870 年只占总进口值的 6%，至 1910 年不过占总进口值的 11.4%。[⑥] 贸易的结果并未导致大量生产工具的进口，故带动国内工业发展的幅度不大。反之，鸦片的大量进口耗损了中国本可以用于工业生产的资金。1869—1911 年平均每年进口外国鸦片 6 万担，以一担 400 元计算，其进口值平均每年约为 1800 万两，而 19 世纪 90 年代清政府平均每年用于建造铁路、架设电报、设船政局、建炮舰、设大学堂、买煤与石油、发放相关官员薪水的全部支出不过 726869 两。[⑦] 如果将这些年内进口鸦片的

---

① 〔美〕费惟恺：《中国近百年经济史》，第 124 页。

② Shu-hwai Wang, "China's Modernization in Communications, 1860-1916: A Regional Comparison," in Chi-ming Hou and Tzong-shian Yu, ed., *Modern Chinese Economic History*, p. 340.

③ H. B. Morse, *The Trade and Administration of the Chinese Empire*, p. 285.

④ Shu-hwai Wang, "China's Modernization in Communications, 1860-1916: A Regional Comparison," in Chi-ming Hou and Tzong-shian Yu, ed., *Modern Chinese Economic History*, p. 348.

⑤ Ying-wan Cheng, *Postal Communication in China and Its Modernization, 1860-1896* (Cambridge: East Asian Research Center, Harvard University, 1970), pp. 38-39, 190.

⑥ 〔美〕费维恺：《中国近百年经济史》，第 57 页。

⑦ George Jamieson, "Report on the Revenue and Expenditure of the Chinese Empire," *Foreign Office, Miscellaneous Series*, in *British Parliamentary Papers: Embassy and Consular Commercial Reports, China* (Shannon: Irish University Press, Area Studies Series, 1971), vol. 19, pp. 595-656.

用度用于现代化设施，每年可以有 19 世纪 90 年代现代化设施 25 倍规模的建设。此外，清末的贸易条件（出口单价/进口单价）虽尚属有利，但因 1887 年以后贸易收支由出超转为入超，通过贸易所累积的资金数额可能不大。但在贸易发展过程中政府所课的关税、厘金，却是近代工业尤其是军事工业发展的重要资金来源。①

3. 农业

（1）促成农业商业化。清末以农产品为出口大宗。粮食作物、经济作物的出口在 1870—1890 年分别增加 26%和 28%，1890—1905 年分别增为原来的 3 倍和 6 倍。② 随着农产品出口的增加，农业也更加商业化了。台湾的茶、糖、樟脑，福建的茶叶、甘蔗、烟草，浙江的蚕丝、棉花，江苏、湖南、湖北的棉花，四川的蚕丝、甘蔗、茶叶，山东的烟草、芝麻，均为各省纯为市场生产的经济作物。③ 但农业商品化之后，因为人民缺乏主动开拓市场的习性，只是被动地因应市场需要而生产，在国际市场波动剧烈的时候，国内农业难免遭受打击。

（2）贸易与地权的变化。对外贸易连同新工业在口岸地区拓展之后，很多学者认为越接近口岸的地区，地权越集中，因为城市里所赚取的财富可以在附近的乡村买地。但波特（J. M. Potter）引卜凯（J. L. Buck）的统计指出，华中、华南地区口岸附近的地权固然较为集中，但华北的口岸如天津、青岛附近的地权并未特别集中，而且由卜凯的统计也可以看出全国租佃制度最盛行之处并不必然是华中、华南口岸附近，而是全中国农业最富庶的地区，卜凯认为租佃制度盛行可能是在通商口岸形成以前即有的现象。④

（3）贸易与乡土工业。中国的农村经济一向以农作及纺织为支柱，宋元

① 参见龚俊编《中国新工业发展史大纲》，华世出版社，1978，第 23 页。

② Ramon H. Myers, "The Agrarian System," in John K. Fairbank and Albert Feuerwerker, eds., *Cambridge History of China, Republican China, 1912-1949* (Cambridge: Cambridge University Press, 1986), part 2, pp. 250-251.

③ 参考张玉法《二十世纪初期的中国农业改良（1901—1916）》，《史学评论》第 1 期，成文出版社，1979，第 119—159 页。

④ J. M. Potter, *Capitalism and the Chinese Peasant: Social and Economic Change in a Hong Kong Village* (Berkeley: University of California Press, 1968), Ch. Ⅷ "Western Treaty Ports and the Chinese Economy", pp. 174-212.

以降棉纺更在纺织业中居于举足轻重地位。中国土布在鸦片战争以前曾为仅次于丝、茶的出口大宗，中西开放通商以后，中国反而越来越多地输入棉货。在 19 世纪 70 年代中国棉货进口值尚不及丝、茶个别的出口值，19 世纪 80 年代则已超过丝之出口值，19 世纪 90 年代更超过丝、茶之出口值总和。①

棉货的大量进口对中国农村纺织业有何影响，至今学者仍争论不定。民国以来很多学者认为中国乡村工业普遍受到破坏。② 晚近学者周锡瑞（Joseph Esherick）更具体地阐明此一论点，他发现中国土纱因洋纱进口而产量锐减，1871—1910 年，中国土纱年产量减少 50%；反之，棉织则仍持续发展，但棉织也已由农家副业转为城市工厂之附庸。以进口的洋纱来织布，不免威胁到棉农及以纺纱为副业的农民的生计。就全部传统手工业而言，侯继明根据巫宝三的估计，指出包括棉纺织业在内的中国传统制造业一直到 20 世纪 30 年代仍占制造业总产值的 72%，因此认为传统手工业在与西方贸易之后，所受破坏不大。③ 波特更进一步指出：传统手工业在中国传统经济中所占的比重，并不如一般所想象的大。他引述卜凯的统计指出：中国农家从事家庭手工业者，不过占全部农家的 20%，这些农家收入来自手工业者不过占其总收入的 14%，如此全国取自传统手工业的收入不过占农民总收入的 3%。中西贸易拓展以后，在一些传统手工业较重要而受国际竞争较激烈的地方，如费孝通所调查的 20 世纪 30 年代的村庄——开弦弓村，固然所受破坏很大，但在很多其他地方，工商机会的拓展，反而为地少人多的中国提供了许多额外的就业机会，如波特本人所调查的 1890—1930 年的香港即如此。④ 可见在中西贸易扩张之后，虽然有些传统手工业受到打击，但是大多数手工业仍与外国进口的货品并存，农民的生活因此所受的破坏也不如想象中的大。

---

① 《中国近代国民经济史讲义》，第 163 页。

② 费孝通：《乡土中国》，上海世纪出版集团，2007。

③ 此段参考 Feng-hwa Mah, "External Influence and Chinese Economic Development: A Re-examination," Chi-ming Hou and Tzong-shian Yu, eds., *Modern Chinese Economic History*, pp. 273-298.

④ J. M. Potter, *Capitalism and the Chinese Peasant: Social and Economic Change in a Hong Kong Village*, Ch. Ⅷ.

二　工业发展及其影响

中国之有自办的现代工业，肇始于19世纪60年代清政府所办的军事工业。19世纪70年代以后进而有官督商办以及纯粹民营的轻重工业。19世纪40年代，虽然原则上外人并不得在中国设立工厂，但因为外人从事贸易及在口岸地区居住的需要，已有一些轻便的现代工业开始萌芽。1895年《马关条约》许可外商在华设厂之后，外人更纷纷在中国设立规模庞大的现代工厂，兹依序论其发展。

中国自营工业

1. 官办的军事工业

中国官办的军事工业是以1861年曾国藩于安庆内军械所试造炸弹为其滥觞。继而李鸿章到上海，于1863年设立炸弹三局，制造军火；1865年又设立江南制造总局。[①] 这是一个规模很大的兵工厂，主要制造枪、炮、子弹、火药，也修造轮船并兼营炼钢。厂房分有汽炉厂、机器厂、熟铁厂、木工厂、火箭厂、铸钢铁厂，面积达40余亩。到甲午战争时，共有十几座内部有优良机器的大厂房，一座中型的船坞，雇佣工人达2000多人，创办经费约54万两，以后以海关二成洋税为常年经费，每年30万—60万两。江南制造局成立的次年，左宗棠又奏准在福州马尾设立船政局，从事轮船制造。自初创到1874年，该局共用银536万两，造成大船10艘、小船5艘。1866—1877年，又有金陵、天津、西安、云南、福建、广州、四川等设立机器局，至1895年全国有兵工厂十几个。[②]

传统中国的军事工业及与军器原料有关的工业，如铜、铁、硝磺等均为国营。19世纪40年代初期，有识之士如林则徐、魏源等即因战争的刺激，而倡师夷长技以制夷，一面与行商潘仕成等仿制外国船炮，一面请清廷开设兵工厂、造船厂。但与潘仕成合作的民营军工业为清廷所禁，清廷

---

① 王尔敏：《清季兵工业的兴起》，“中央研究院”近代史研究所，1963。

② 《中国近代国民经济史讲义》，第207、210页。又参考王尔敏《清季兵工业的兴起》，1863年冬，李鸿章收复苏州后，将炸弹二局之一移苏州，成立苏州机器局，1866年迁金陵，改为金陵机器局。又，西安机器局旋迁兰州，是为兰州机器局。

自设的建议也由于《南京条约》的订立而使清廷怀苟安之心，故亦未实行。到19世纪60年代初期，一则清廷与地方若干大员目睹英法联军现代武器的威力，二则攻灭太平天国颇赖西方武器，于是方有各种现代军事工业的创办。[①] 关于清廷这次兴办现代军事工业的动机，若干日本、美国学者如市古宙三、费维恺都认为是在削平内乱，或是拓展封疆大吏的地方势力。但是日本学者波多野善大的研究指出，李鸿章的根本动机仍在于抵抗日本侵略朝鲜，是为抵抗外侮，而非为削平内乱。吕实强则用奏折与函件等资料指出，中央与地方实是同心协力，文祥等人更志在救国。刘广京亦指出李鸿章并无扩张地方势力的迹象。[②]

这些军事工业因为其设立目的不在利润，而在国防，故组织不够企业化，主管人员多为官吏，没有专门知识，所需技术多仰赖外人，如苏州机器局的马格里（Macartney Halliday），福州船政局的德克碑（Paul Alexandre Neveue d'Aigwebelle）、日意格（P. M. Giguel），天津机器局的密妥士（J. A. T. Meadows）。这些洋人对机器多为外行，如马格里在1875年所造两个大炮爆炸，当场炸死士兵7人。其他外人也少真心任事，专精工程原理的教授更少。所用器材多为外国旧货，如马尾船政局所制15艘船皆由法国买入旧船机件装成，以致清朝官吏深深有"随人作计终后人"及受人摆布之感。以是中法之役、中日甲午之役、八国联军之役，中国连连挫败，可知军事工业成效并不理想。但是这些工厂之设立毕竟使中国的现代工业有了起步。其所训练的人才，如在兴办军事工业期间派往外国或在国内如天津水师学堂等受训的军事工业人才，均为日后中国工业发展的生力军。[③]

2. 官督商办企业

在英法联军以后，外人取得长江航行权，并到处开矿、架电线、造铁路，如在湖广大军山开石采矿，在罗星塔、吴淞江间架电线，私自敷设吴淞铁路等。外人的企业经营一则影响中国利权，一则表示新式企业有利可

---

① 《中国近代国民经济史讲义》，第205—206页。

② Ting-yee Kuo and Kwang-Ching Liu, "Self-strengthening: the Pursuit of Western Technology," in Denis Twitchett and John K. Fairbank, eds., *The Cambridge History of China* (Cambridge: Cambridge University Press, 1978), vol. 10, Late Ch'ing, 1800-1911, part Ⅰ, pp. 491-542.

③ 《中国近代国民经济史讲义》，第209、210页；梁启超等编《晚清五十年来之中国（1872—1921）》，龙门书店，1968，第220页。

图。再者，中国新兴的军工厂也需要矿、电线等业配合。因而，李鸿章认为：与其任洋人在内地开设铁路电线，又不若中国自行仿制，权自我操，亦可裕军需。[①] 但若由政府亲自兴办，既多所不便，资金亦有所不足，而通商口岸开放以后买办等商人累积的资本正可利用，但若由人民完全自营，则外国在华企业受到很多条约保护，民营企业恐怕难以与之竞争。因而有"官督商办"的企业形态出现。[②] 官督商办的含义为：由政府出部分资金，以发商生息方式贷出，政府派员监督经营，执行政府交代的任务，并负责对外和对政府各部门的公共关系，使企业在政府保护下成长。关于技术性的工作，则征召商人担任，工厂名义上是民厂，股份也是民股。[③]

一般被认为是官督商办的企业，有 1872 年成立的轮船招商局，1877 年成立的开平煤矿，1878 年成立的上海织布局（华盛纺织厂），1881 年成立的电报局，1887 年成立的漠河金矿，1896 年成立的汉阳铁厂、大冶铁矿及中国通商银行，1898 年成立的萍乡煤矿。[④] 除此之外，尚有许多企业，如基隆煤矿、安徽池州煤矿、贵州青溪铁厂、天津铁路公司、北洋官铁路局、台湾的铁路、湖北纱布局等。[⑤]

这些企业的民间投资者很多为买办，如唐廷枢之于轮船招商局，严信厚之于中国通商银行等。

这些企业以电报业、棉纺织业、矿业、铁路业为主。其中以电报业的发展最为顺利，因为电报成本低、利润大、军事效果显著。当时在中国从事电报业投资的多为小国，对中国自办电报业的政治阻力不大。[⑥] 而纺织业因可以抵制洋布，除早期经营不善，亏损较多以外，后期利润转高。轮船业则饱受外国竞争，成效不佳。[⑦] 矿业方面，就煤矿而言，因系中外船只及

---

① 《中国近代国民经济史讲义》，第 213 页。

② 龚俊编《中国新工业发展史大纲》，第 25 页；A. Feuerwerker, *China's Early Industrialization* (Cambridge, Mass: Harvard University Press, 1958), p. 17。

③ 吴章铨：《洋务运动中的商务思想——以李鸿章为中心探讨》，李恩涵、张朋园等：《近代中国——知识分子与自强运动》，食货出版社，1972，第 39—88 页。

④ A. Feuerwerker, *China's Early Industrialization*, p. 9.

⑤ 《中国近代国民经济史讲义》，第 213—233 页；龚俊编《中国新工业发展史大纲》，第 25—46 页。

⑥ 吴章铨：《洋务运动中的商务思想——以李鸿章为中心探讨》，李恩涵、张朋园等：《近代中国——知识分子与自强运动》，第 39—88 页。

⑦ 《中国近代国民经济史讲义》，第 225—229、218 页。

企业所需，引起很多外交、国防纠纷，而铁矿、金矿等亦屡受外人觊觎，[①]故清末矿业方面，只有开平煤矿发展较为顺利。开平煤矿煤产量由1881年之500—600吨增为1894年之1500吨，资本达230万两，所产之煤除供应轮船招商局、天津机器局使用之外，还可以供民间使用，并可抵制天津之洋煤进口，是甲午战前中国所开十几个煤矿中唯一成功的一个。反之，汉阳铁厂则是官督商办企业之中极为失败的一例。铁路方面，由于耗用人力、物力太大，又恐外人可以借铁路了解中国内情，便利侵略，以及人民素有风水的迷信，在1895年以前，只完成400公里。[②] 故整个官督商办企业大抵不理想。除前述个别企业的因素之外，官督商办的经营方式本身也有其缺点。

由于官督商办企业由官方监督，官方干涉便随之而来，并常有勒索，而商人地位是股东、经理还是官吏，亦含混不清，影响其职能的发挥。商人资本来源以及用人多只限于与其家族、本籍有关的人，不足以与外商竞争。官督商办企业与官办军事工业一样有主办者不重视专门知识、借重不称职的外国人等弊病。[③] 唯官督商办就企业性质而言，已将对于利润的追求视为重要的目标，与官营军事工业仅着重政府军事的需要，迥然有别。其产品亦为供应市场需要而生产。[④] 但因官方干涉，其仍不能为了追求最大利润而运作。

3. 民营工业

中国最早的民营现代工业创办人为广东南海人陈启沅，他于1872年由南洋引进机器缫丝业于其故乡。此后又有自创的手摇缫丝小机流行于广州地区。中国第一个机器轧棉花厂1887年于宁波诞生。1875年上海的建昌钢铁机器厂是最早的民营机器制造厂。火柴制造业则于1887年创办于厦门，1878年朱其昂在天津创办面粉厂，祝大椿于1888年建源昌碾米厂，开始用

---

① 龚俊编《中国新工业发展史大纲》，第36页。

② 《中国近代国民经济史讲义》，第215、218、225页；吴章铨：《洋务运动中的商务思想——以李鸿章为中心探讨》，李恩涵、张朋园等：《近代中国——知识分子与自强运动》，第39—88页。

③ 梁启超等编《晚清五十年来之中国（1872—1921）》，第221页；龚俊编《中国新工业发展史大纲》，第45页。

④ 《中国近代国民经济史讲义》，第229页。

机器碾米，1882 年徐润在上海办同文书局，其他如采矿、豆饼、制茶、制糖、制冰、制药、轧钢、翻砂、制玻璃、锯木、制煤饼、制汽水等行业亦相继出现。大抵中国自营的民营工业，19 世纪 70 年代有二十几家，以小规模工业为主，至 19 世纪 80 年代后陆续增加，且已有若干大型工业出现。截至 1894 年，全国共有一百多家大小不同的企业。其中，采矿业多与政府的军事工业配合，受政府控制较多，成效较小，其他轻工业因受政府干涉较少，成效较大，但因资本额少，难以与外国企业或外国在华企业相比。[①]

清末的民营工业，在 1894 年以前其资本额仍较官办或官商合办者为少。根据 1872—1895 年之资料约略估计，后者占民族工业总资本之 64.56%，前者占 33.01%，另有中外合办企业占 2.43%。但到 1896—1911 年，民营占 57.88%，官办或官商合办只占 21.44%，中外合办则增为 20.68%。[②] 而就整个民营工业之总资本言，1872—1895 年共有约 853 万元，而 1896—1911 年则有约 7312 万元，约增 7.6 倍（参见表 14-6）。可见民营工业在 1895 年以后较 1895 年以前发展迅速。

表 14-6　清末中国民族工业厂矿数及资本

年份	合计		商办		官办或官商合办		中外合办	
	厂矿数	资本(元)	厂矿数	资本(元)	厂矿数	资本(元)	厂矿数	资本(元)
1872	1	36000	1	36000	—	—	—	—
1876	3	661864	—	—	3	661864	—	—
1877	1	139860	1	139860	—	—	—	—
1878	1	2055944	—	—	1	2055944	—	—
1880	1	27972	—	—	1	27972	—	—
1881	3	789230	2	159860	—	—	1	629370
1882	3	971860	1	32000	2	939860	—	—
1883	2	136000	2	136000	—	—	—	—
1884	3	385660	3	385660	—	—	—	—

① 《中国近代国民经济史讲义》，第 229—241 页。

② 《中国近代国民经济史讲义》，第 243—244 页。

续表

年份	合计		商办		官办或官商合办		中外合办	
	厂矿数	资本(元)	厂矿数	资本(元)	厂矿数	资本(元)	厂矿数	资本(元)
1885	2	449580	1	30000	1	419580	—	—
1886	2	66000	2	66000	—	—	—	—
1887	4	941119	2	129930	2	811189	—	—
1888	5	140000	5	140000	—	—	—	—
1889	7	7458657	5	185930	2	7272727	—	—
1890	7	1204894	5	449650	2	755244	—	—
1891	7	1071048	5	329790	2	741258	—	—
1892	6	1549560	5	206900	1	1342660	—	—
1893	8	363750	8	363750	—	—	—	—
1894	8	3187840	6	2013040	2	1174800	—	—
1895	17	4219428	15	3729918	2	489510	—	—
1872—1895	91	25856266	69	8534288	21	16692608	1	629370
百分比		100%		33.01%		64.56%		2.43%
1896	13	3538994	10	1322910	2	1516783	1	699301
1897	16	5919241	13	4730360	3	1188881	—	—
1898	15	3987411	13	2088110	1	1200000	1	699301
1899	11	7940186	8	1536740	—	—	3	6403446
1900	10	3097976	9	3014060	—	—	1	83916
1901	5	379676	3	99960	—	—	2	279716
1902	15	5275903	10	1191620	3	3181958	2	902325
1903	9	599280	6	432846	1	57343	2	109091
1904	23	5222970	21	4793040	2	429930	—	—
1905	54	14813391	47	7810261	3	424110	4	6579020
1906	64	21278449	52	12987820	8	5414689	4	2875940
1907	50	14573047	38	8259430	7	3672917	5	2640700
1908	52	22527338	44	15352547	6	3292021	2	3882770
1909	29	9947254	22	3972265	6	5883790	—	91199
1910	25	4944740	22	4289810	2	569930	—	85000
1911	14	2290500	12	1238750	1	251750	—	800000

续表

年份	合计		商办		官办或官商合办		中外合办	
	厂矿数	资本(元)	厂矿数	资本(元)	厂矿数	资本(元)	厂矿数	资本(元)
1896—1911	405	126336356	330	73120529	45	27084102	27	26131725
百分比		100%		57.88%		21.44%		20.68%
年月不详	25	7462190	20	6897550	—	—	5	564640
总计	521	159654812	419	88552367	66	43776710	33	27325735
百分比		100%		55.46%		27.42%		17.12%

资料来源：严中平等编《中国近代经济史统计资料选辑》，第93页。百分比由笔者计算。

1895年以后民营工业之所以快速发展，乃外人大量设厂所激起之经济民族主义使然。外人大量设厂之后，一面有民间提倡挽回利权，一面有清廷倡导于上。1898年，清廷颁布奖励新学新法章程。规定凡发明制造船械枪炮等器新法者，颁特奖，专利50年；发明日用新器者，给工部郎中实职，专利30年；仿造西器之制法，未流传中土者，给工部主事职，专利10年。[①] 八国联军侵华以后，清廷更感到仅仅发展军事工业之不足，而益加奖励工商，1903年设立商部，1906年改为农工商部，奏定商律及公司注册章程。1905年，商部在京师设劝工陈列所，及奏设各省高等实业学堂。1906年，商部奏定奖给商勋章程，鼓励制造新器，学部考验游学生设工商科进士学位。1907年，农工商部奏定华商办理实业爵赏章程，办1000万元以上之实业者赏男爵，2000万元以上者赏子爵。此前的中兴名臣曾国藩不过为侯爵，李鸿章不过为伯爵，子爵、男爵为很多百战功高之将士所不可企及，此时创办工商实业者竟可获得子爵、男爵，可见清廷对工商奖励之积极。[②]

在朝野同心振兴实业的过程中，中国几种最大的新式工业——棉织、面粉、缫丝等，于此期间确立。毛织、火柴、水泥、制纸、印刷、电器、烟草、造船、玻璃、榨油、制糖、精米以及民生日用凡可引用机器者，亦于此时略具规模。[③] 此外，此时期中更有矿权收回运动的展开。1907—1911年中国共付出900余万元赎回英国福公司在山西的大部分矿权，山东的5处

① 龚俊编《中国新工业发展史大纲》，第61页。

② 梁启超等编《晚清五十年来之中国（1872—1921）》，第221页。

③ 龚俊编《中国新工业发展史大纲》，第65页。

矿场、安徽铜官山以及湖北炭山湾煤矿等处，这些赎金，一部分由政府的税收项下开支，另一部分则由民间筹集。[①] 而费维恺根据《中国近代工业史资料》一书统计，1895—1913 年中国之工业就其创办资本额论，以水、电等公用事业为最多，占 17.96%；煤矿次之，占 12.06%；缫丝再次之，占 9.63%；棉纺、面粉、金属矿冶及冶炼等再次之，分别占 8.69%、7.17% 及 6.29%。[②]

外人在华兴办工业

1. 口岸开放初期的外人企业

1840 年以后，外人在租界地区设立的现代工业包括缫丝、食品、药品、印刷、锯木、船舶修理及公共设施如电话、电报、瓦斯、水厂等产业，其目的在于促进贸易与便利口岸地区之外人使用；这些工业虽然规模很小，但为中国最早的新式工业。这些工业对中国现代工业的产生发挥了一种示范作用，1870 年之后自办的很多现代工业，如制茶、印刷、船舶修理等，都是模仿外人在华企业而建立起来的。另一方面，这些产业也使中国工人吸收了某些现代工业的知识与技术。[③]

2. 1895 年前后设立的外人企业

自 1840 年代至 1894 年，外人在中国设立的现代工业企业约有 103 家，但《中国近代工业史资料》统计所及，仅有 88 家。就资本言，以造船厂、茶叶加工厂、机器缫丝厂居多；就数目言，以出入口产业及轻型机制业居多；就规模言，均为小规模工厂。[④]

《马关条约》签订之后，外人得依合法途径在通商口岸设厂，像英国怡和与老公茂、美国鸿源、德国瑞记等大纱厂，英国增裕、俄国满洲等大面粉厂，德国的德华矿业公司、英国的福公司等大规模矿业公司，英国太古洋行之新式制油厂等纷纷设立。[⑤] 1895—1913 年，至少有 94 家外国工厂、35 家中外合资工厂，以 10 万元以上的资本在中国兴办。但就中外合办工厂

---

① 《中国近代国民经济史讲义》，第 265 页。

② 〔美〕费维恺：《中国近百年经济史》，第 144 页。

③ 《中国近代国民经济史讲义》，第 233 页。

④ 〔美〕费维恺：《中国近百年经济史》，第 35—36 页。

⑤ 龚俊编《中国新工业发展史大纲》，第 50—56 页。

及外国工厂合计之136家而言，其平均资本为75.8万元。盖因在1895年以前在华外国企业以便利贸易为主旨，1895年以后以便利外国之资本输出为主旨，故外国在华厂商之资本显著增加。[①] 这些工业就产业类别言，以矿业最多，占48.44%；食品次之，占16.62%；纺织再次之，占12.13%；电力和自来水又次之，占11.16%。就国别言，以英商最多，占外商投资总额之48.16%；日商次之，占25.53%（日商在华企业多半是在1904年日俄战争以后在东北发展的）；德、俄、法、美各占约3%—7%。[②]

清末工业发展的特点及其影响

1. 工业发展的特点

（1）幅度小。1915年的中国与同年的美国及1917年的日本，三者工业发展情形如表14-7所示。由此可以窥知清季工业发展之幅度。

由表14-7可以看出，中国的人口约为日本的8倍，为美国的4倍多，中国的面积为日本的28倍多，为美国的1.4倍，但中国工业总产值仅为日本的一半左右（57%），美国的五十分之一（2%）。根据表14-7，中国工业人口占全人口之比例不及2.5%。可见清末的现代工业虽已起步，但发展的幅度仍然很小。

表14-7 中、日、美工业之比较

国别	中国	日本	美国
人口（人）	439425000	57070936	105253300
面积（平方英里）	4278352	148756	2970138
工厂或制造户数	2394337	20966	275791
工人数	10759971	1280964	10658881
总产值*（元）	1200403031	2106034969	55143222652
调查年代	1915年	1917年	1915年

* 原资料日本部分以日元计，美国部分以美元（金元）计，兹据海关报告1915年之汇率，1银元=0.4397金元=0.8865日元改算为银元。

资料来源：杨铨《五十年来中国之工业》，梁启超等编《晚清五十年来之中国（1872—1921）》，第230页。

① 《中国近代国民经济史讲义》，第261页。

② 〔美〕费维恺：《中国近百年经济史》，第11页。

（2）工厂规模小。就清末现代工业的规模而言，据表14-7计算，中国每家工厂的工人平均不超过5人，另据费维恺计算，1912年中国20749家工厂中，工人在7—9人的占88%，30—49人的占4.8%，50—500人的占6.1%，其余占1.1%。[①] 此外，由资本看工厂的规模大小，1895—1913年的549家企业中，创办资本在100万元以上的只占3.1%，10万—100万元的占41.71%，5万—10万元的占16.21%，5万元以下的占38.98%，[②] 以小资本居多。至于工厂组织，就1913年的情形看来，以股份公司居多，在565家中占261家，合资有限公司占82家，合资公司占60家。[③] 但据费维恺指出，此等股份公司多半是为了求得政府公司法的保障而挂名的，[④] 其规模事实上很小。可见清末自营现代工业之中，大规模工业仍居少数，而小规模工业居多。[⑤]

（3）自给率低。煤矿业与棉纱业是清末发展较多的两项工业。煤矿业1913年的自给率为39.41%；棉纱业1903年的自给率为11.31%，1908年的自给率为23.93%，可见清末现代工业发展之后自给率仍然很低。[⑥]

2. 工业未显著发展的原因

综合各家学者看法，清末中国工业未显著发展的原因约有下列几项。

（1）关税不能自主，外商在中国拥有许多特权，使中国工业难以大幅发展。[⑦]

（2）外商在中国设立的企业，对中国工业发展在提供外部经济，如电报、银行之兴设，及训练人才方面固然有所贡献，但因其所获利润多汇回本国，故其发展对中国国内经济的助力不大。[⑧]

（3）因金融组织不够健全，一般人仍以土地、高利贷为主要投资对象，

---

① A. Feuerwerker, *China's Early Industrialization*, p. 5.

② 〔美〕费维恺：《中国近百年经济史》，第46页。

③ 梁启超等编《晚清五十年来之中国（1872—1921）》，第227页。

④ A. Feuerwerker, *China's Early Industrialization*, p. 3.

⑤ 《中国近代国民经济史讲义》，第272页。

⑥ 《中国近代国民经济史讲义》，第270页。

⑦ 《中国近代国民经济史讲义》，第272页。

⑧ J. K. Fairbank, A. Eckstein, L. S. Yang, "Economic Change in Early Modern China: An Analytic Framework," *Economic Development and Cultural Change*, 9: 1 (Oct. 1960), pp. 1-26.

这导致工业发展的资金不易筹集。[①]

（4）清末农业的不发达，以致工业发展所需的原料、都市人口增加之后所需的粮食，以及销售的工业产品市场，均不充裕，[②] 这是工业未能发展的最根本原因。

（5）工业本身管理的不健全，如官方干涉、没有企业精神、滥用外籍人士或多用族亲本籍等。

3. 清末工业发展成效不大的影响

清末工业未显著发展，与清末工业在区域间的不平衡发展，都使得民国时期经济发展的基础非常脆弱。

但清末的工业发展毕竟也为民国时期储备了若干人才，以及与工业互相配合的设施，如铁路、银行、电报等。此外，清末的工业发展也与贸易的发展一样带动了些微的城市化与农业商业化。

三　农业发展及其影响

农业发展

一个经济落后国家在往前发展的过程中，农业发展实居于举足轻重之地位。因为落后国家的人民多半以农为生，他们在学习现代农业新知识与新技术时，远较现代工业者胜任和愉快。且落后国家常遇人口粮食供需不平衡的困境，农业发展之后，粮食之增产可以缓和人口问题，也可以出口以赚取外汇。所赚取的外汇则可进而提供工业发展所需的资金，其所增产的经济作物可以提供工业生产的原料。农民在增加生产之后所得的收入也可以用来购买工业产品，从而为工业发展提供一个可观市场；再者，农民于发展现代农业中的创新经验，也将有助于其在工业发展过程中的创新。故现代农业的发展实乃落后国家向现代经济发展的根本途径。[③]

现代农业与传统农业的根本差别在于：传统农业技术停滞，即使偶有

① 《中国近代国民经济史讲义》，第 272 页。

② 〔美〕费维恺：《中国近百年经济史》，第 47 页。

③ W. H. Nicholls, "Agricultural Surplus as a Factor in Economic Development," *Journal of Political Economy*, 71：1, pp. 1-29.

创新，主要是由经验得来；现代农业的技术则由农学实验成功之后再传授给农民采用，[1] 故现代农业又称科学农业。

清末中国与西方接触以后，农业的发展偏重于农业商业化、科学农业的发展，仅止于知识分子的提倡与若干农业机构的设置。虽然发展幅度甚小，但已能对发展科学农业有若干体认，并从事若干农政改革，亦为中国经济向现代化发展的重要起步。

1. 科学农业知识的提倡

科学农业在西方至19世纪上半叶始具规模。中国对于这门学问，先有郑观应、陈炽、张之洞、孙逸仙等知识分子加以倡导。他们所引介的现代农业，以肥料学、土壤学、植物学、化学为主。至于病虫害防治、农业机器的使用，则因成本较高而未提及。此种西学的选择方式也受传统的影响，因为中国传统农业一直是以最少的资本，使狭小的农田获取最大收成为主要目标。[2]

在1894年以前，清季科学农业的推展大抵仅是少数知识分子的行动。到1894年以后，则有地方报纸，如《闽报》、《苏报》、《沪报》、《国闻报》、《大公报》、《知新报》、《申报》、《汉报》、《农学报》（月刊）、《维新报》（月刊）等开始刊登欧、美、日的农业新知。虽然如此，对现代农学的提倡仍止于理论的介绍而已，直到1898—1911年，才有官方协同地方士绅推动种种农业改革，使清季现代农业的发展由理论层面转移到实务的层面。[3] 此种农政改革可由农政机构之设置及农业教育之推广两方面加以检讨。

2. 农政改革

（1）设置农政机构。1898年，清廷设立农工商总局，[4] 1906年改为农工商部，内设农务司，专理全国农政。此外，各省也设有劝业道掌理农政。[5] 除政府中的农政机构外，1904年以后各省又有农会之成立。农会是半

---

① Dwight H. Perkins, *Agricultural Development in China, 1368-1968* (Chicago: Aldine Publishing Company, 1969), p. 37.

② 以上参见陈炯彰《近代农业改良思想》，台湾师范大学历史研究所硕士学位论文，1976，第39—47页。

③ 陈炯彰：《近代农业改良思想》，第173页。

④ 陈炯彰：《近代农业改良思想》，第174页。

⑤ 葛敬中：《五十年来中国农业史》，梁启超等编《晚清五十年来之中国（1872—1921）》，第213页。

官方的组织，由地方政府倡导，由地方绅民出而组织，经费则由地方政府补助。

（2）推广农业教育。除了农会实际教导农民农业新知外，清季另有农业讲习所、农业试验场、农学堂、大学农科之设立，以传播现代农学。讲习所规模小、成本低，但终清之世只有三个地区设立；农业试验场初创于1902年，至1906年而遍布全国，有官办，也有绅办；1903年更有农学堂之设立，一般地区均有初等、中等农学堂，直隶、浙江、湖北等人文荟萃之区尚有高等农学堂之设；至1910年，更设有大学农科。①

农业发展的成果及其影响

清季农业发展的成果，可就珀金斯（D. H. Perkins）的统计（见表14-8）得知。由表14-8可以看出，19世纪下半叶的单位农产量每况愈下，清末40年更为严重。

表14-8 清季单位面积农产量指数

年份	指数	年份	指数
1821—1830	100	1871—1880	80
1831—1840	92	1881—1890	80
1841—1850	92	1891—1900	78
1851—1860	87	1901—1911	78
1861—1870	82		

资料来源：D. H. Perkins, *Agricultural Development in China, 1368—1968*, pp. 26-27.

因为清季现代农业未能有效发展，粮食生产并不足以供养庞大的人口。清季人口在1850年为4.1亿，到民初的1913年略升，仅为4.3亿。② 就1850—1911年而言，人口增加极其有限，然粮食生产仍不足供应所需。

由此期间蒙受天灾人祸之州县数目的增加（见表14-9）也可以看出清季人口扶养力的薄弱。农业既无法充分扶养人口，自无法发展工业。

① 陈炯彰：《近代农业改良思想》，第191—194、187、188页。

② D. H. Perkins, *Agricultural Development in China, 1368-1968*, p. 16.

表 14-9 清季遭受天灾人祸的州县数目

年份	州县数目	年份	州县数目
1846—1850	245	1881—1890	439
1851—1860	170	1891—1900	403
1861—1870	125	1901—1910	367
1871—1880	218		

资料来源：D. H. Perkins, *Agricultural Development in China, 1368-1968*, p. 28.

与日本相较，根据大川一司（Kazushi Ohkawa）及罗索夫斯基（Henry Rosovsky）的研究，1878—1918 年，日本农业快速发展。1878—1882 年、1913—1917 年，日本农田单位面积生产力增加 8%，单位劳力生产力年增加 2.6%，所增加的农产一面使日本粮食约可自给，人口也以 0.8%—1.3%不等的年增长率增长，并有绿茶大量出口，以获得外汇，购买机械供日本工业化之用。①

农业发展失败的原因

（1）现代农业的提倡太晚且不积极。虽然现代农业在西方至 19 世纪上半叶始具规模，但日本于 1870 年代即展开一连串的农政改革，如成立农业学校、聘请欧美农业技术人员赴日参加美国农业博览会、购置新式农器、开办农业试验场、派遣留学生赴美研究农学、开始调查全国水利分布情形、研究改进桑茶棉等经济作物的栽培方法、各地陆续举办“物产会”“农谈会”等。② 之后，日本政府又通过地主引导农民实施品种改良。③

类似日本的农政改革，在中国一直到 1898 年农工商总局成立后才着手进行，而通过地主实施的品种改良从未大规模推展。何况，清末开始推展现代农政之后，农业仍不如工商之受朝野重视，如 1898 年颁订的《京师大学堂章程》将农学列为 25 种课程中之第 20 种。知识分子方面，郑观应、陈炽、张之洞、孙逸仙等虽能体察农业发展的重要，但如王韬、薛福成、马

① Kazushi Ohkawa and Henry Rosovsky, "The Role of Agriculture in Modern Japanese Economic Development," in *Economic Development and Cultural Change*, vol. 9, 1960, part 2, especially pp. 56-68.

② 陈炯彰：《近代农业改良思想》，第 182—183 页。

③ Kazushi Ohkawa and Henry Rosovsky, "The Role of Agriculture in Modern Japanese Economic Development," in *Economic Development and Cultural Change*, vol. 9, 1960, part 2, especially pp. 56-68.

建忠等则均未论及现代农学的价值。

（2）农民一向惯于蹈袭故常，一时不愿有太大的改变。[①]

（3）知识分子实践的热忱不够：清末少数学习现代农学的知识分子，囿于传统的士大夫观念，愿意亲自下田实习的为数甚少。

（4）荒歉时起，提倡现代农学的经费筹措不易。

在以上诸因素中，以对现代农业未予适当重视，最为关键。而未予适当重视，则与清末中国经济思想的一大转变有关，此一转变，即由传统的重农轻商或农商并重转为重商轻农，深深影响了清末经济的发展方向。

中国传统商业虽然发达，但以农商两者相较，农业仍较受政府及一般知识分子所重视。在与西方接触之后，朝野均有转重工商而忽农业的趋势。促成此一转变的因素之一为政治考虑，国防与财政是政治最为关注的两大事项。西方侵入及诸多内乱产生之后，国防备受威胁，亟须发展军事工业，此为清政府重视工业之由来。再者，中西贸易拓展之后，财富之缔造以商业及民生工业较为快速，政府收入亦由以往之以田赋为主转为以工商税收为主。[②] 根据王业键的统计，乾隆十八年（1753），田赋收入占清政府总税收之73.5%，至1908年则减到35.1%。1908年，全国税收除田赋以外，盐税占15.4%，常关税占2.3%，关税占11.3%，厘金占13.6%，杂税占22.3%，[③] 可资证明。

清末户部郎中陈炽以财税说明中国重商之必要："夫中国旧制，崇本抑末，重农而轻商。今日厘税两宗，数与地丁相埒。京协各饷，挹注所资。假使无商，何能有税。"郑观应建议："稽古之世，民以农为本。越今之时，国以商为本。"[④] 此处所言之商业包括工业在内。由于重商，中国士大夫乃逐渐扬弃讳言谋利的传统。[⑤] 此一观念转变，实亦中国往现代经济发展之一

① 陈炯彰：《近代农业改良思想》，第188、47页。

② 参见吴章铨《洋务运动中的商务思想——以李鸿章为中心探讨》，李恩涵、张朋园等：《近代中国——知识分子与自强运动》，第39—88页。

③ Yeh-chien Wang, *Land Taxation in Imperial China, 1750-1911* (Cambridge, Mass.: Harvard University Press, 1973), p. 80.

④ 王尔敏：《商战观念与重商思想》，氏著《中国近代思想史论》，华世出版社，1977，第339页。

⑤ 吴章铨：《洋务运动中的商务思想——以李鸿章为中心探讨》，李恩涵、张朋园等：《近代中国——知识分子与自强运动》，第39—88页。

重要起步。

此种重工商而忽略农业的思想转变，乃是落后经济与西方经济接触之后常有的现象。《发展经济学》一书的作者哈根（E. E. Hagen）认为这主要是为了消除因本国工业不振而产生的不如人的心理。此外，工业较农业不仅能产生外部经济（external economy），如铁路、电报等基本设施，从而也能训练出许多可为他业援用的技术人才，而且可以通过连锁作用带动很多产业的发展；工业之中每个工人的产值大于农业每个工作者的产值。① 上述工商业的好处常引起落后国家的憧憬，而使其忽略了本身是否有发展工业的能力。事实上，工业发展有其条件，即需要有农业发展的配合，否则一味发展工业，不是像清末一样因为基础不稳固而不成功，就是像苏俄一样要使老百姓付出极大的代价。

清末重工商轻农思想的产生，除了政治考虑、消除自卑及急于经济发展等因素外，也与下文所述双元经济之形成有关。

四　双元经济问题

威廉姆森（J. G. Williamson）曾根据很多研究指出，意大利、巴西、美国、加拿大、德国、瑞典、法国等，在 19 世纪至 20 世纪的经济发展初期，都有区域不均衡发展的现象，到经济发展的第二阶段才有所改善。赫希曼（A. O. Hirschman）认为促成这种现象的原因是：在经济发展的第一阶段，人才、资金都会流向经济较为发展的精华地区。因为精华地区有较完善的金融与交通设施，也有较大的市场，投资环境较落后地区为佳，人才在这个快速发展的地区也较能发挥所长并得到较好的报酬。因此精力充沛而有事业心的人、受过较高教育的人、有一技之长的人，以及壮年人纷纷集中到经济精华地区。就国家而言，在经济发展初期，为了及早获致经济发展的成果，也着重在精华地区投资；相对的，其他落后地区也较无人才表达本地的需要。加上在经济发展初期，技术传播与社会变迁的幅度较小，交通仍不完善，所得的乘数效果可能运作的范围也较为狭窄，致使精华地区与落后地区的连锁较

① E. E. Hagen, *The Economics of Development* (Homewood, Illinois: Richard D. Irwin, Inc., 1975), pp. 456-457.

为欠缺，两者之间遂有脱节的现象，此即双元经济（dual economy）之所以形成。如果这个国家幅员广大，或是精华地区本身有相当多的农产供应，那么这种脱节的现象将更严重。直到经济发展的第二阶段，两区之间的交通改善了，落后地区的投资环境较为健全了，人才、资金才会回流到落后地区，政府也转而注意落后地区，两区经济的悬殊与脱节才得以缓和。①

就中国而言，自19世纪中叶现代经济开始发展以来，也有明显的双元经济现象。这种现象，早在20世纪20年代雷默（C. F. Remer）已经指出，他把距离铁路、大河两天行程以内，而便于对外贸易的地区称为“外层中国”（Exterior China），把该范围以外的地区称为“内层中国”（Interior China），他认为两个中国宛如两个经济单元。② 如此界定的内层中国（即中国境内的落后地区），可能在中国西北内地各省，也可能是沿江沿海各省交通较为不便的地区。如交通便利的江苏南部是全国精华地区所在，交通不便的苏北则为落后地区。这种界定比一般讨论此一问题的学者以沿江沿海地区与内地相对称来得准确。但因“外层中国”基本上仍以沿江沿海地区为主，所以很多有关此一问题的资料亦以此种方式对分，故本节仍沿用沿江沿海与内地的对分法，只是本节所指的内地是指内地及沿海距离铁路两天行程以上的地区。

中国此一双元经济的形成，原因有四。

其一，中国经济重心自宋以后南移。中国主流文化源起于晋陕豫黄土高原东南角，直到东汉迁都洛阳以前，中国经济重心仍在西北，至东汉以后始迁黄河下游冲积平原。经三国魏晋南北朝之经营，南方虽已急起直追，但直至唐代，经济重心仍然在北方。经唐末藩镇、五代之乱，北方残破，加上宋、辽、金、元、清历代北方外患不息，而适合南方气候的水稻、桑棉等大量种植，南方经济自宋以后遂超前于北方。而南方经济之重心，魏晋时犹在两湖，南宋以后已在江南。③

---

① Jeffrey G. Williamson, “Regional Inequality and the Process of National Development: A Description of the Patterns,” *Economic Development and Cultural Change* 13 (1965): 3-45.

② C. F. Remer, *Foreign Trade of China* (Shanghai: Ch'eng-wen Publishing Company, 1967), p. 240.

③ 详见钱穆《国史大纲》，“国立编译馆”，1952，第38章“南北经济文化的转移”；《中国历史上的地理与人物》，韩复智编《中国通史论文选辑》下册，南天书局，1978，第499—513页。

其二，列强在中国设立的租界主要分布于沿江沿海，而中国幅员广大，现代经济不易扩散。由于自唐宋之际经济重心南移以来，沿江沿海地区原为中国的经济精华区所在，因此19世纪中叶中国对西方开放贸易以后，列强很自然地要求在最有生意可做的沿江沿海地区设立租界。19世纪末，列强在中国设立租界的地点计有上海、广州、厦门、福州、天津、镇江、汉口、九江、烟台、芜湖、重庆、杭州、苏州、沙市、鼓浪屿、长沙。[①] 这些租界的所在地一方面是列强侵华的据点，另一方面也是西方现代技术在中国散播的中心，但中国幅员辽阔，由这些中心辐射而出的现代经济并不能普及中国各个角落，而以沿江沿海地区为限。以工业资金为例，上海一港之金属冶炼、棉纺织、缫丝、面粉制造、榨油、印刷、蜡烛、肥皂等企业均居全国首位。1895—1913年，中国所发展的现代工业，其创办资本在上海、武汉、天津、广州的即占52.06%，而就全部通商口岸的创办资本言，则占全国创办资本之66.24%，内地企业仅占33.76%。[②] 此一相对比例似仍差距不大，但内地的面积远较沿江沿海地区广大，而由贸易影响一节论及此时城市人口约占全人口6%，更可见现代经济影响的范围很小。

其三，中国沿江沿海地区对内地的农业依存度较低。如威廉姆森指出，如果精华地区的农业自给能力较高的话，现代经济发展初期双元经济的问题将较严重，中国正是这样一个国家。在开放通商之前，此等精华地区与落后地区尚有经济上的有无相通关系。精华地区供应落后地区资本、手工业产品、技术知识和财政援助，落后地区则供应精华地区粮食与原料。[③] 其后中西贸易开放，两区间经济上的有无相通虽然还持续着，但是精华地区所需的粮食、原料还可以由外国进口。由于外国的原料、粮食是由海运进口，因此往往较由交通落后的内地购买反来得便捷、稳当，而外国进口的粮食、原料质量也较划一。如果内地发生战乱、灾荒，其原有的依存关系可能式微。[④] 如墨菲指出，19世纪70年代到20世纪30年代往往有华北地

---

① 严中平等编《中国近代经济史统计资料选辑》，第49—53页。

② 〔美〕费维恺：《中国近百年经济史》，第46页、表15页。

③ 王业键：《近代中国农业的成长及其危机》，《中央研究院近代史研究所集刊》第7期，1978年6月，第355—370页。

④ Chang Kia-Ngau（张嘉璈）, *The Inflationary Spiral: The Experience in China, 1939-1950* (Cambridge, Massachusetts: The Massachusetts Institute of Technology, 1958).

区闹饥荒而天津贸易依然繁盛的情况。[①]

其四，由于沿江沿海地区现代经济的超前发展，现代人才亦多出于此。根据汪一驹统计，1909 年全国大学生的分布，河北占 24%，江苏占 16%，广东占 8%，湖南占 7%，湖北、福建、浙江各占 5%，四川占 2%，其他占 29%。[②] 1903—1911 年，中国留美学生的籍贯分布，广东占 46%，江苏占 19%，浙江占 10%，安徽占 7%，江西占 6%，湖北占 5%，福建占 4%，其他各省均在 0—1%。[③] 这对中国广大农村的建设，以及中国经济的现代化都有很不利的影响；致力于中国农业现代化的沈宗瀚即指出这一问题，他引用潘光旦的调查说：传统中国的领袖人物来自城市与来自农村者各半，读较多书的人，即使在年轻力壮时，也有很多留在农村。但到近代以后，受过高等教育的人多半携家带眷移居城市。[④] 除此之外，较为了解现代经济的买办人物主要也住在城市。这些主要住在城市的现代领袖人物，必然较为侧重城市的发展。而现代教育的学费很贵，即使是农业教育也多半是城里的人才能负担。但城里的人受过现代农业教育之后，由于普遍自小对农村缺乏了解，也较缺乏感情，愿意下田率领农民改进农耕技术的人较少。[⑤] 而中国传统经济既以农村经济为主，要使中国经济现代化，将农村经济加以转型自为最关键的一环。

中国自从清末形成双元经济之后，由于内战不断发生，并没有像其他国家一样，进入经济发展的第二阶段而使双元经济的情况有所改善，反而更为恶化。到了全面抗战时期，全国精华地区的沦陷使政府更难承载战时的财政负担，战时及战后通货膨胀随之爆发。

故清末形成的双元经济问题实为近代中国的一个根本问题。

综上所述，清末 70 年间，中国已有若干现代经济的发展。如国际贸易

---

① Rhoads Murphey, "The Treaty Ports and Transformation," Mark Elvin and William Skinner, eds., *The Chinese City between Two Worlds* (Stanford, CA: Stanford University Press, 1974), pp. 17-73.

② Y. C. Wang, *Chinese Intellectuals and the West, 1872-1949* (Chapel Hill, N. C.: The University of North Carolina Press, 1966), p. 367.

③ Y. C. Wang, *Chinese Intellectuals and the West, 1872-1949*, p. 158.

④ 沈宗瀚：《中国农业资源》上册，中华文化出版事业委员会，1952，第 169 页。潘光旦的调查详见《科举与社会流动》，《社会科学》第 4 卷第 1 期，1947 年，第 10 页。

⑤ Y. C. Wang, *Chinese Intellectuals and the West, 1872-1949*, p. 367.

的拓展、城市人口的增加、国内零星市场的统合、乡村市集活动的日趋频繁、传统金融组织的现代化、现代金融机构的设置、现代机械工业与交通的创设及发展、现代农业教育的推广、现代农政机构的建立、经济思想上悟解到发展工商致富的重要等。这些成就为民国时期的经济发展奠定了基础。

但一方面这些基础是薄弱的，如现代农学迟至1898年才由理论的倡导转移到实务的推行，推行又不积极，整个农业并未因之而显著改善。而现代工业，即使就发展较多的工业部门而言，其在1911年前后的自给率也仍不到1/3，全国之中也只有不到2.5%的人加入现代工业的行列，中国有日本8倍的人口、28倍多的面积，而工业产值才是日本的57%，城市人口只占全人口的6%，国际贸易总值不过占国民所得的9.2%。再以1912年中印两国铁路比较，中国版图为印度之2.2倍，人口为印度之1.3倍，但该年印度铁路里长为中国之109倍，载运旅客数目为中国之147倍。[①] 在现代经济进展不大的情况下，整个中国经济仍以传统经济为主。

而另一方面，清末的经济发展也为民国时期的经济发展带来一些负担。由于通商口岸的开放，唐宋以来原较富庶的沿江沿海地区的经济更加快速地发展，遂与内地的经济对比更为强烈；又因口岸地区另可由外国进口取得所需，所以在动乱发生时，口岸与内地之间，甚而彼此脱节，而有双元经济的产生。双元经济形成之后，人才、资金大量流向口岸地区，口岸地区的经济以工商为主，国家经济发展方向也因而偏重工商而忽略农业。然农业现代化乃是所有没有大量外资投入、大量外贸机会的低度开发国家经济发展的必经途径。农业未能大幅发展，非但使工业无法顺利扩张，也使清初以后迅速大量增加的人口在清末无法得到妥善扶养。这项人口压力由清末推向民国，是民国经济发展的最大负担之一。除此之外，清末国际贸易的拓展，固然是一种现代经济的表征，但国际贸易拓展之后，人民并未改变以往消极的国际经济态度，去主动开拓国际市场。结果在只知被动因应市场波动的情况之下，国际经济一不景气，国内经济反而较以往易受打击。如丝、茶出口不顺以后，丝农、茶农的生计立即受到严重的影响。此外，随着国际贸易的拓展，货币发行量也增加了，但这些增加发行的货币

---

① 由 Rhoads Murphey, *The Outsider: The Western Experience in India and China*, p. 110 算出。

很多来自外国或民间，这对民国时期货币发行权的统一也形成了障碍。

在此由传统蜕变为现代的过程当中，原有的传统对于现代究竟有何阻碍作用？又有何助长作用？

就清末而言，传统的确是很大的包袱。清初以后所滋生的众多人口是负担之一；中国历代为了维系大一统政权所孕育的官僚作风是负担之二，清末的军事工业与官督商办工业证明，此种作风之不利于现代企业的发展；传统农业社会的人际关系较为侧重血亲与同乡关系是负担之三，它使清末新兴工业不能大量引用专才而引用很多私人；在传统农业经济下，土地投资与高利贷投资的观念是负担之四，它减少了工业发展可以筹集的资金；传统的士大夫措心于人际关系的协调，而甚少亲操耒耜，是负担之五，他们使清末接受现代农学的知识分子一时未能习惯于下田实际操作。这些由传统农业经济所衍生的弊端，必在现代工商经济取代传统农业经济之后才能被根除。而现代工商经济如何在传统经济里建立起来？

就近代而言，很多现代经济立基于传统之上，如贸易拓展之后，进出口商品主要还是循着传统的商业网络在输进输出，出口商品很多也是以传统的卖青方式卖出，中国的行会制度在清末之所以有强大的力量抗拒外商，钱庄、信局之所以随着贸易的扩张而发展，正因为整个社会仍是传统社会，仍植根于血缘、地缘关系之上，而这些商业组织也正建立在这些关系之上。中国最早的几种现代工业——如缫丝、纺织、采煤都是在传统工业比较发达的地方发展起来的。最早有机器缫丝的广东南海，原是传统缫丝业极为发达的一个地区。中国最早的一家机器轧花厂开办于宁波，是由旧式轧花厂转变而成的。这家工厂，先是由手工操作，转而使用踏板操纵的手摇轧花机，再用蒸汽发动机，最后用由英国买入的新型发动机和锅炉，全厂工人人数随之增加，规模也随之扩大。在宁波一地，如此转化的工厂还有很多。很多采矿工厂也是在“旧瓶之内装上新酒”，如山东峄县、直隶临城、徐州利国驿，都是以土法开井，机器汲水。[①] 现代农学引入时，土化植物之学所以较受重视，也是因为土化植物之学与传统着重增加单位面积产量的

① 《中国近代国民经济史讲义》，第234—235页。

技术发展方向较为吻合。[①]

研究过很多国家经济发展经验的经济史家格申克龙（A. Gerschenchron）曾经指出："在由传统转变为现代的过程中，要认识传统的存在，并试图在传统之中找到力量，才不会遭遇很多悲剧。"[②] 清末 70 年正是中国由传统经济要过渡到现代经济的时期。其是否认识传统的存在，以及是否能在传统之中找到力量，乃决定其是否能顺利通过此一过渡时期的关键所在。

一个幅员广大、人口众多的国家，除非像印度那样接受外国统治而付出很大代价，否则光凭外汇收入，必不足以使其在短时间内有很多的现代经济建设。[③] 这种国家显然要在传统之中找到可以与现代经济配合的力量来除去传统的包袱。一个历史悠久的国家更需如此。如前所述，清末中国这些植根于传统之上的发展显然不够。而由农业之未能快速现代化更可以看出，整个传统可能发挥的力量在清末 70 年并未被充分掌握。清末现代经济发展的幅度及其为民国经济所奠定的基础也因而相当有限。

① 林满红：《中国传统经济的特征》，《人文社会科学通讯》第 2 卷第 5 期，1992 年，第 59—108 页。

② A. Gerschenchron, *Economic Backwardness in Historical Perspective* (Cambridge, Mass.: Harvard University Press, 1962), p. 30.

③ Subramanian Swamy, "The Response to Economic Challenge: A Comparative Economic History of China and India, 1870-1952," *The Quarterly Journal of Economics* 1 (1979): 25-46.

第十五章

悸动的农村与农民

近代中国进入了历史上一个最为重要的转型期，在这个沧桑巨变的时代，农村与农民可以说是变化最小的部分，也可以说是变化最大的部分。直到新中国成立前夕，中国大部分农村保持着与传统社会相似的情景模式——小农经济的生产组织形式、与百年甚至千年前一样的农具、依靠畜力和人力的耕作方式、地主与农民相对立的生产关系；而同时，城市中却出现了完全不同的景象——现代的工厂、交通工具、金融机构、商业企业……城市中的工商业早在明代，有些甚至在宋代就已相当发达，近代尽管有外国资本的进入和巨大影响，但很多变化事实上是在原有基础上的水到渠成。也就是说，城市的变化是一个高起点的渐变的过程。而农村不同，看起来，农村的变化很小，但由于这些变化发生在一个低起点、超稳定的基础上，因此在一定意义上可以说是突变。

一　农民的经济生活

自耕农的经济状况

在中国传统社会中，地主阶级是一个主导阶级，地主经济也是主导经济。然而，这并不意味着租佃制始终占主要地位。事实上，在近代中国，自耕农经济占了相当大的比重。

---

* 本章由史建云撰写。

1. 自耕农在全体农民中所占比例

清代初期，与中国封建社会历史上每一次改朝换代一样，地主阶级受到沉重打击，新王朝的统治者又采取各种鼓励农业发展、扶植自耕农的政策，使自耕农经济得到相当广泛的发展。不过，土地集中达到什么程度、自耕农与佃农的比重如何，都很难做出全面估计。许涤新、吴承明主编的《中国资本主义的萌芽》一书估计嘉庆时地主占有全部耕地的70%左右，土地集中的程度可以说相当高。但我们知道，这并不意味着耕种这些土地的人口——佃农的比重也是70%，通常，自耕农人口户数的比重是要高于他们拥有土地的比重的。

罗仑、景甦的《清代山东经营地主经济研究》一书提供了迄今为止仅有的清代农村阶级构成的调查。据该书数字计算，光绪二十三年前后，山东省41个县191个村25896户农家中，自耕农占63.6%，佃农占13.9%，雇农占16.1%，出租地主占1.9%，经营地主占1.1%，其余占3.4%。佃农比例不但远低于自耕农，而且低于雇农。①

1936年的一个统计表明，全国自耕农占农业总户数的百分比为46%，内蒙古和西北为51%，华北为67%，其中比重最高的山东省为75%；华中和华南自耕农的百分比平均只有30%，最低的广东省为21%。②

2. 自耕农大量发展的原因

近代自耕农大量发展的原因是多方面的。从政治方面看，清政府曾采取一些保护小农经济的措施，民国政府更从立法上规定了保护自耕农，特别是在河北省，1000余万亩旗地经处置成为农民的产业，这加速了自耕农的发展。当然，除处置旗地外，无论是清代的政策措施还是民国时期的立法，实际上都没有触及地主对土地的所有权，只是一方面起到了一些扶持、保护小农经济的作用，另一方面或多或少抑制了土地集中，从而帮助了自耕农的发展。

从社会原因看，从清代中期开始，人口迅速增长，人均土地面积随之下降。诚然，人口增长本身并不能阻碍土地的集中，但有些地方确实由于地少人多，造成了土地积累不易。清后期，地权分散的情形更为明显，有些地方

① 据罗仑、景甦《清代山东经营地主经济研究》（齐鲁书社，1985）第162—176页表格计算。原表题为“光绪朝山东42县191村阶级构成一览表”，表内实际列出41县191村的数字。

② 严中平等编《中国近代经济史统计资料选辑》，科学出版社，1955，第262页。

“地寡人众，惜地如金”，出现了“虽有豪强，无由兼并”的情形。[①] 同时，中国传统社会中诸子均分的财产继承制常常使已经集中起来的土地重新分散，也造成土地集中的规模较小，少数比较大的地产往往是家庭为避免土地分散，努力维持三世、四世甚至五世同堂的结果。

第三方面是经济原因，也是最主要的原因。清中期以后，经济发展加快，农业、农村工业和商业都有了长足的进步。农业方面，经济作物的发展使土地收益提高，而种植经济作物对技术、肥料要求较高，所需劳动力也较多。对小农来说，一方面，土地收益提高意味着可以用少量土地养活较多的人口；另一方面，劳动力市场的活跃吸收了一部分小农的多余劳动力，使缺地的小农不必租入土地。乡村手工业的发展同样一方面增加了小农的家庭收入，一方面使农家失业人口获得了新的就业机会，因而改善了小农的再生产条件。特别是当发生自然灾害时，手工业生产更起到了减少小生产者破产的作用。此外，近代城市经济和交通运输业的发展，一方面造成对农产品的更大需求，促进了农村商品经济的发展；另一方面本身也吸收了一批农村劳动力，农民进城经商做工，将收入带回农村，有助于农民家庭经济的稳定。因而在许多地方的铁路公路沿线的农村中，自耕农比重一般都比较高。

3. 自耕农的构成及经济状况

近代的地权形态多种多样，并不是简单地分为地主、自耕农、半自耕农几个等级。国民党政府的全国经济委员会所做的《全国土地调查报告》将20世纪30年代的地权形态分为10类：（1）地主，土地全部出租；（2）地主兼自耕农，部分土地出租，部分土地自营；（3）地主兼自耕农兼佃农，既出租土地，又租入土地，还有部分土地自耕；（4）地主兼佃农，耕种租入的土地，同时有土地出租，将部分租入土地转租出去的二地主可能也包括在这一类中；（5）自耕农，全部土地自耕；（6）自耕农兼佃农，除自有土地外，尚要租入土地；（7）佃农，依靠租入土地维生；（8）佃农兼雇农；（9）雇农；（10）其他，指无耕地又不从事耕作者。[②]

上述各类地权形态中，（2）（3）（5）类都可以归入自耕农范畴。当

① 同治《黄县志》卷3。

② 土地委员会编《全国土地调查报告纲要》，《全国经济委员会报告汇编》（10），1937，第23页表注。

然，地权分类不能代表阶层的区分，各类地权形态内部实际是极不平衡的，如所谓的地主兼自耕农中，有些可能有相当多的土地出租，自己经营少量土地，有些则完全相反，绝大部分土地自耕，只将自己不便耕作的零星土地出租。另外，自耕农兼佃农，也就是通常所说的半自耕农，在许多地方的比重都高于佃农，占有重要地位。这部分农民就人口来说，全部处于租佃关系之中，但若就其耕种的土地来说，只有一部分处于租佃关系中。为了简单起见，我们把农业生产部分主要依靠自有土地的农户都归入自耕农研究，无论其是否另有少量土地出租或租入。在对自耕农进行分类时，也不再考虑其地权形态，只就经济状况将其分为三个层次。

其一，富裕自耕农。

富裕自耕农拥有充足的生产资料（包括土地）和资金，一般有较强的劳动力，经常使用农业长工或较大数量的短工从事农业和副业生产，收入比较高，扩大再生产的能力也较强。

富裕自耕农是个模糊概念，具体标准很难确定，有些自耕农土地虽不多，但家庭人口少或副业生产发达，可能相当富裕；有些自耕农土地虽多，但人口多、劳力少或土地贫瘠等，仍有可能贫困。

1934 年，交通大学研究所组织调查团调查了平汉铁路沿线河北、河南和湖北三省 24 处 1690 户农民。调查结果由陈伯庄写成《平汉沿线农村经济调查》一书，书中资料全由实地调查得来，并运用一些经济学理论做了整理分析，因而比较可靠。这一调查特别注意了各地经营百亩以上农田的大户，表 15-1 即是根据该调查提供的数据制作。

表 15-1 中农业净收入是自农业的收入中减去农作物留用、工料支出和购入粮值而得。净收入中再减去地税或田租便为净所得。从表中数字看，自耕农的农业净收入低于佃农，这是由于自耕农的农作物留用值高于佃农，工料支出也高于佃农。农作物留用与购入粮值相加，自耕农平均每人 21.60 元，佃农为 15.97 元，说明自耕农的粮食消费水平远高于佃农。自耕农的工料支出较高，则说明自耕农用于雇工和购买肥料种子等的现金支出较高，亦即投入土地的资金更多。在缴纳过地税田租之后，二者在净所得上的差距立即拉开。副业生产方面，自耕农所占优势更大，平均每人收入达 22.53 元，佃农则只有 2.26 元。这是不难理解的，自耕农既有充足的资金，便可

从事收益较高但需本金也较多的副业，自耕农雇佣的农业长短工中，可能有一部分参与了副业生产。富裕佃农则不同，耕种的田地虽多，却无力雇佣较多的工人，势必要把家庭劳动力尽量投入农业，所以副业收入就相当少。就农业净所得加副业净收入后形成的货币购买力而言，自耕农为佃农的4.25倍。两者虽同称富裕户，富裕程度却相去甚远。在20世纪30年代的中国农村来说，这样的自耕农的经济实力是相当雄厚的。

由表15-1中的人均耕作面积和农业收入可以算出，自耕农平均每亩的收入为6.25元，佃农为5.53元，前者比后者高出13%，说明富裕自耕农在农业生产水平上高于富裕佃农。

表15-1 1934年平汉铁路沿线百亩以上农户平均每人农业收支

单位：元

		序号	计算公式	自耕农	佃农
人均耕作面积（亩）		①		10.53	10.32
农业收入		②		65.78	57.05
农业支出	农作物留用	③		20.70	15.02
	工料支出	④		11.66	3.83
	购入粮值	⑤		0.90	0.95
	合计	⑥	③+④+⑤	33.26	19.80
农业净收入		⑦	②-⑥	32.52	37.25
地税田租		⑧		2.68	27.20
农业净所得		⑨	⑦-⑧	29.84	10.05
副业净收入	农作帮工	⑩		0.24	0.01
	农村副业	⑪		11.02	0.40
	其他副业	⑫		11.27	1.85
	合计	⑬	⑩+⑪+⑫	22.53	2.26
货币购买力		⑭	⑨+⑬	52.37	12.31

资料来源：据陈伯庄《平汉沿线农村经济调查》附表3、19A、19B、20A、20B及第41—42页有关内容计算。

其二，一般自耕农。

一般自耕农在20世纪二三十年代通称为中农，与土地改革中规定的中农大体一致，只是后者中还包括相当一部分佃农。这部分农民拥有的耕地通常相当于或略高于当地平均水平，农业收入可以自给，有时略有节余。他们一般不需雇佣长工，但在农忙季节常要雇佣短工。在完成自己土地上的工作后，他们也有可能出外做短工以增加一些收入。

表 15-2 是平汉铁路沿线农户的收支状况，与表 15-1 来源相同，只是剔除了百亩以上的大户，比较符合我们这里讨论的情形。比较表 15-2 中各项数字可知，我们对表 15-1 所做的分析及结论基本上都适合于表 15-2，即自耕农平均每亩农业收入、人均粮食消费水平、用于土地的资金、农业净所得、副业净收入和货币购买力都高于佃农，换言之，在一般农户中，自耕农的生活水平和生产能力也都高于佃农。

表 15-2　1934 年平汉铁路沿线自耕农、佃农人均农业收支（剔除百亩以上大户）

单位：元

		序号	计算公式	自耕农	佃农
人均耕作面积（亩）		①		2.92	2.93
农业收入		②		19.43	18.02
农业支出	农作物留用	③		10.28	7.21
	工料支出	④		1.45	0.79
	购入粮值	⑤		1.82	3.16
	合计	⑥	③+④+⑤	13.55	11.16
农业净收入		⑦	②-⑥	5.88	6.86
地税田租		⑧		1.02	6.79
农业净所得		⑨	⑦-⑧	4.86	0.07
副业净收入	农作帮工	⑩		0.30	0.42
	农村副业	⑪		2.53	2.32
	其他副业	⑫		5.20	4.18
	合计	⑬	⑩+⑪+⑫	8.03	6.92
货币购买力		⑭	⑨+⑬	12.89	6.99

资料来源：据陈伯庄《平汉沿线农村经济调查》附表 3、19A、19B、20A、20B 及第 41—42 页有关内容计算。

表 15-1、表 15-2 的结论虽完全一致，但若将两表加以比较，便可明显看出一般自耕农和富裕自耕农的差距。一般自耕农的人均粮食消费水平只相当于富裕自耕农的 56.02%，货币购买力只相当于后者的 24.61%。如果说富裕自

耕农有相当的扩大再生产能力的话，一般自耕农就只能维持温饱而已。

其三，贫苦自耕农。

自耕农中处于最底层的是那些只有很少土地、农田收入不足以维生的小农，有些人的经济状况远逊于耕作土地较多的佃农。在近代中国，这部分小农占的数量相当大，他们靠耕种自有田地不足以维生，必然要寻求其他收入。他们寻求其他收入的方式大体有三种：租入土地而成为半自耕农；家庭中多余的劳动力出外做短工甚至长工；从事手工副业，在农业部门之外开拓就业领域。

近代农村中，各阶层农民普遍从事各种副业和手工业生产，这并非自耕农的特征。不过，在农村手工业蓬勃发展的地区，大批只拥有很少土地的小农转而依靠手工业生产维生，避免了进一步丧失土地、沦为佃农的命运。

佃农与租佃关系

前文在述及自耕农的经济状况时，已经涉及佃农的情形，这里主要通过地租来分析佃农与租佃关系。

在中国地主制封建社会中，租佃关系可以说是最基本的经济关系之一，这种关系到了近代是如何发展的，在什么样的条件下会减弱？在并不发达或者说已经减弱了的租佃关系中，佃农经济的形态如何？对这类问题的探讨将有助于我们对近代中国农村社会经济的全面理解。

佃农的经济活动与地租形态和地租率息息相关，地租率决定着佃农的收入，地租形态影响着佃农的农业经营。

近代中国的地租形态形形色色，包括劳役地租、实物地租、货币地租等。在西方历史上，这些地租形态是次第取代的关系，标志着租佃关系的不同发展阶段。而在近代中国，这些地租形态并存，一方面，固然是因为近代中国处于变革的过程中，各地的发展不一致；另一方面，这些不同的地租形态在近代这个大背景下也带上了时代的特点。

1. 实物地租

实物地租有分成制和定额制两种。

(1) 分成制

分成制俗称分种、份种、佃地、种地、客种、伙种等，收获物由主佃双方按一定的比例分配。

分成制的地租率可以从分成比例直接看出来，近代地租分成比例多种多样，有二八（佃户得二成，地主得八成，地租率为80%）、三七、四六、五五、倒四六（佃户得六成，地主得四成）、倒三七等，极少数地方佃农只得一成。分成采用何种比例，与土地肥沃程度、作物种类、主佃双方各自负担的生产费用有关，亦与各地习俗有关。

各种分成比例可分为三大组，一九、二八、三七为一组，其特点是除土地外，其他主要生产资料亦由地主承担，如畜力、运输工具、大农具、种子、肥料等，有时包括佃户住房，有时还预借雇工工资等。

倒四六和倒三七是另一组分成方式，这一组的特点是地主除土地（有时包括住房）外，一般不再提供其他生产资料，如果提供种子，收获后要先扣除种子后再按比例分成。倒四六的情形稍多，倒三七较少见，实行这类分成的一般多为较贫瘠或易受灾害的土地。

近代最常见也最复杂多样的是四六分成和五五分成。这一组之中，既有地主提供大部分生产费用的，又有主佃双方分担生产费用的，还有生产费用完全归佃农承担的。

这一组分成方式在地主对生产过程以及佃户的控制方面也相差较大。如下文的大地主庄园中，地主对佃农的农业经营以至家庭经济都严密控制的情况，一般是四六或五五分成。而与这种情况截然相反的亲友互助、地主对佃户基本不干涉的租佃关系，最常见的分成比例也是四六或五五。

分成制下的主佃关系主要有三类。

第一，大地主庄园中带有人身依附的主佃关系。近代农村中存在一些大地主，这些地主有财有势，土地集中程度较高，往往整个村庄成为这些地主的佃户村。有些村庄根本就由这种地主一手建立，房屋均归地主所有，佃户见田主在身份、礼仪上都等于奴仆见主人，地主对佃户农业经营的控制比较严，主佃双方地位极不平等，地主不但支配着佃户的农业经营，而且干涉佃户的家庭经济。

第二，主佃平等的契约关系。在这种关系下，地主对佃户生产经营的干涉程度全在于承担生产费用的多少，与双方的身份和社会地位无关。

第三，分成地租还常常发生于亲邻戚友之间，带有互相帮忙的性质。

出租者常常由于缺乏劳动力和资金，无力自己经营土地。在这样的租佃关系下，田主对佃户的经营通常都不加任何干涉。

（2）定额制

实物定额租的内容比较简单，租地之初，主佃根据土地作物品种及产量预定每亩应交实物额，收获后照约定数目交纳。亦有个别地方在作物将届成熟时再确定当年租额。

各地的实物定额租租额高低悬殊：低者如河北的固安、滦县、遵化等县，最劣等地每亩租额只有3升；高者如山东诸城县，每亩租额可达15斗。江南地区还有更高的租额。需要注意的是，如此悬殊的地租额并不意味着地租率的悬殊，因为各地不仅地租水平有高下之分，土地肥沃程度、亩产量也有高低不同，更重要的是各地的亩制和量器极不一致。因此，仅有地租额尚不能确切知道定额租的负担程度，还必须进一步计算定额租制下的地租率。

根据严中平等编《中国近代经济史统计资料选辑》，全面抗战前，各省实物定额租的地租率，最低者为29.8%，最高者超过100%，然大部分在50%上下。[①] 据此可以说，定额租的地租率与分成租大体相当。

只要是实物地租，地主对佃户的农业经营或多或少要实行干涉、监督，但两相比较，定额租制下，这种干涉降到了最低程度。分成制下，地主对佃农干涉较多，不但规定作物品种，甚至具体规定每亩播种多少、耕多深、锄几遍、上多少肥料，即使是干涉最弱时也要规定作物品种，收获前要到地里观察作物长势，收获时要监督打场。而在定额租制下，地主只规定品种，有时甚至连品种亦不规定，如瓜地菜园的实物地租通常是粮食，佃农种何种瓜菜甚至是否种瓜菜自然全由自己决定。

2. 货币地租

近代特别是清末民初的几十年间，随着粮食作物商品化、经济作物种植面积扩大、农村工业商品生产诸方面的发展，货币地租也随之日渐普及。

货币地租由实物定额租发展、转化而来，有些地方还保留着这种转化的痕迹，例如，同一个地主、同一块土地可以第一年行货币地租，第二年采取实物定额租；还有一些货币地租实际是实物定额租按市价折为货币交

① 严中平等编《中国近代经济史统计资料选辑》，第304—305页。

纳，极个别情况下也有分成地租折为现金交纳的现象。不过，总的来看，处于这类转化形态中的货币地租并不多。

与实物定额租一样，货币地租的地租额亦参差不齐，如20世纪20年代河北省的统计，庚等地货币地租最低者每亩只有0.1元，甲等地最高者可达到每亩15元。① 青岛李村区货币地租最高者达到每亩18元。②

至于地租率，据记载，20世纪30年代河北清苑县货币地租的租率为26%，③ 河南省武安县地租普遍用现金，约为产值的1/3。④ 而据《中国实业志・山东省》的记载，山东省水田货币地租率在11.7%—15.6%，旱地货币地租率则为8.4%—12.1%。⑤

全国平均计算，每亩地普通租额，分成租为4.6元，定额租为4.2元，货币租为3.6元。⑥

从上面的数字看，相较于实物地租，货币地租下农民的负担似乎更轻一些，但事实并非如此。首先，货币地租以预租为主，地主所得实际包含了租金半年至一年的利息，事实上，佃农常常需要借高利贷来预付租金。其次，即使是秋后交租，由于租金额先定，所交又是货币，则物价的因素又加入其中，如粮价上涨对佃农当然有利，但一般情形下，收获季节粮价都会下降，佃农急于交租，不能囤粮待售，无形中增加了负担。再次，当遇到自然灾害时，分成制下实行的是多产多分，少产少分，不产不分。定额租制下虽然租额预定，但是自然灾害较重时，主佃双方常常可以商量酌减定额，有时可临时将定额租改为分成租，有时可缓交或做工补偿，有时甚至全免。必须照约交租的所谓铁板租在全国范围并不普遍。而货币地租条件下，遇灾害减缓免的情况则绝无仅有。这是因为，一来货币地租多为预交，地主已将租金收到手，自无退出的可能；二来货币地租的租率较轻，本身即已包含自然灾害的风险。

---

① 《河北省省政统计概要》（1928年），“河北省各县田租额数统计表”，京华印书局，1930。

② 李宗黄：《考察江宁邹平青岛定县纪实》，正中书局，1935，第171页。

③ 张培刚：《清苑的农家经济》，《社会科学杂志》第7卷第1期，1936年，第28页。

④ 《河南统计月报》第1卷第12期，1935年。

⑤ 实业部国际贸易局编《中国实业志・山东省》（乙），宗青图书出版公司，1934，第40页。

⑥ 严中平等编《中国近代经济史统计资料选辑》，第309页。

3. 地租外的负担

（1）劳役地租残余

近代一些地方，佃户除交租外，每年还要为地主提供一些无偿劳动（有时有很低的报酬，如地主提供午饭），各地对这种劳动有不同的名称，如送工、拨工、帮工、出差等，这类无偿劳动可以视为劳役地租的残余。

劳役地租残余从工作性质讲，有农业劳动，也有非农业劳动。农业劳动主要是一些地主除出租土地外，留一部分土地自己经营，农忙时不雇短工，强迫佃户“帮工”。

劳役地租残余中更多的是非农业劳动，举凡地主生活中各种需要人力的地方，都可能要佃户服役。如地主收租后佃户帮助晒粮、扬场、看仓库。地主家家人出行、亲戚来往时，由佃户套车接送或推车随行。地主修房、垒墙、打柴、伐树、婚丧大事以至年节庆典，可以叫佃户来帮忙，地主家中的家务活如做饭、挑水、带孩子、洗衣服等也可以叫佃户家的妇女来做。个别地方佃户家的妇女要为地主纺线织布。

从工作量来讲，有些地方的劳役有大致规定的数量，一般与佃户租种土地成比例。有些地方虽规定劳役数量，但与租种土地数量无直接关系。还有一些地方并不规定天数，地主家中有事便叫佃户去帮忙。另有些地方，若佃户住地主房屋，则需服劳役。由此看来，劳役地租的残余，在某些地方似乎构成租佃制度的一个部分，或者说成为佃农租佃土地的条件之一。但需要说明的是，首先，劳役地租残余一般出现在分成租制中，有时定额租制中也有残存，而货币地租条件下通常没有任何劳役。其次，劳役地租残余往往与主佃间的不平等地位相关，或为旗地上沿袭下来的农奴制残余，或因地主在乡间有一定的权势，如为乡保长、军阀地主、官僚地主、豪绅地主之类。

（2）正租之外的实物副租

有些地方，佃农除按规定的成数或定额交地租外，还要交纳一些零星的物品或给地主送礼。这类副租可分数种。一是林产品，如耕地上有枣树、栗子树、核桃树之类，有些地方要把干果分给地主一部分。二是土地上的正产品，如租种瓜地、果园、菜园，定额地租通常是谷物，有些地方习惯当瓜果下来时，先送给地主尝鲜，数量并无一定。三是农民家庭手工业品，多为秸秆制品，如席、刷帚、笤帚等。四是逢年过节或地主家婚丧大事，有些地方佃农须向地主送礼，礼物可以是猪肉、鸡、鱼、月饼或细点、粉条和虾皮之类。

实物副租并不普遍，在货币地租条件下，在亲邻互相帮助的租佃关系中，在存在永佃制或不完整的永佃制，因而佃农的租佃权有保障的条件下，实物副租一般都不会发生。一般来讲，副租的有无，一看当地的习惯，二看田主的权势，三还要看出租土地的供求关系。如果供不应求，佃户为得到或保住租佃权，就可能向田主送较重的礼，田主亦可趁机勒索；反之，如果供过于求，招佃不易，纵然当地有纳副租的习惯，田主也可能免收。出租土地供过于求的情形虽然不多，但有时田主要选择自己熟悉可靠的佃户也并不容易。

（3）押租

地主为防止佃农拖欠地租，有时要佃农在租地时交纳押金，一旦佃农欠租，即可从押金中扣除所欠租额，这种押金称作押租，又有保证金、押地钱、揽地钱、借头、顶首、借款、礼钱等不同名称。

分成制地租一般是地主监督佃户收获，在田场或晒场上直接分配，除佃农有特殊困难经地主允许外，通常不会出现欠租问题。货币地租以预租为主，种地前地租已交，不虞欠租，因而实际上各地的押租主要存在于实物定额租中。

押租租额的确定标准不外两种：一是根据田价定，相当于田价的若干成数；二是根据地租定，相当于一年之租额或其倍数，或一年租额之成数。据 20 世纪 30 年代初的统计，全国各地普通押租额为每亩 7 元，[①] 每亩普通地租额全国平均为谷租 4.2 元。[②] 也就是说，以全国而论，押租通常为地租额的 1.7—1.9 倍。

押租的特点是，无论地租形态为实物还是货币，押租都要交纳货币。押租的作用只是保障正租不受损失，佃农如无拖欠地租，则退佃时地主应退还押租，所以押租本身不构成地主的收入，地主真正所得乃是押租产生的利息。但从佃农一方来说，租地之前先要筹措一笔现金，往往要借高利

① 国民政府主计处统计局编《中国租佃制度之统计分析》，正中书局，1942，第 88 页。

② 《中国租佃制度之统计分析》，第 79 页。

贷，从而背上沉重的债务，秋后除交纳地租外，还要付出高额利息。如果不退佃，押租就不能收回，就无法归还高利贷的本金，就要继续负债、付息；但如退佃，押租虽可收回，下一年租佃别的地主土地却仍要筹措押租。所以押租对佃农来讲，实在是一个沉重的负担。货币地租发展起来后，押租顺理成章地成为预租。所以，货币租制中流行的预租很可能从押租转化而来，换言之，押租似可视为实物地租向货币地租转化的一个表象，一旦转化完成，押租便消失。

地主阶级的构成及其经营方式

地主经济的最根本特征是地主掌控了大量的土地，用雇工或出租的方式进行经营。因而本节从地主阶级的土地兼并开始，继之以地主的土地经营方式，最后是地主的工商业活动。

1. 地主阶级的土地兼并

近代地主阶级的构成方式与传统社会相比，发生了一些微妙的变化，影响到了土地兼并和土地的经营。这些变化包括绅权的扩大、商人地主和经营地主的增加。

清后期绅权扩张的原因之一是军阀豪绅势力的加强。清中期以降，军队战斗力日渐衰弱，太平天国时期，大批士绅成为拥兵自重、权倾一方的军阀，他们的家族以至于他们本人解甲归田后，都比过去的士绅有着大得多的权力。辛亥以后，北洋军阀政府时期，军阀势力更强。各地出现了不少军阀地主占有大片地产的情形。如袁世凯在河南彰德、汲县、辉县等地曾有田产 4 万亩左右，徐世昌在辉县有 5000 多亩地，曾任云南总督的罗山县地主刘楷堂拥有土地 25000 亩，官僚出身的罗山地主吕莘禄亦曾有土地 12000 亩。[①] 在河北省，曹锟弟兄是静海县一带最大的地主，不但占有大片田地，而且垄断了当地的水利事业。[②] 至于一些中小军阀和地方豪绅，其兼并土地的规模虽不能与上述大军阀相比，但也相当可观。

商人把商业利润投入土地，转化为地主，在中国封建社会中是比较常见的情形。近代以来，随着社会经济状况的变化，这种情形也开始改变。

---

① 行政院农村复兴委员会编《河南省农村调查》，商务印书馆，1934，第 89—90 页。

② 彭明主编《中国现代史资料选辑》第 1 册，中国人民大学出版社，1991，第 2 页。

一方面，很多商人已不再把商业利润投入土地，而是扩大商业经营，或投资于工业企业；另一方面，地主中有更多的人兼营商业，一部分人在商业获得成功、逐渐转化为商人的过程中，仍然不断进行土地积累。

近代地主土地积累的速度与规模，一般说来，以官僚地主和军阀地主为最，商人地主次之，一般地主最低。如山东省章丘县经营地主太和堂李家，在1761—1905年的144年中，积累土地515.92亩，平均每年购入3.58亩；而同在章丘县的商人地主矜恕堂孟家，1854—1935年的81年里，积累土地达857.27亩，平均每年购入10.55亩。山东济宁的官僚地主玉堂孙家嘉庆年间兼并土地3万余亩，咸丰、光绪年间又兼并土地6000多亩，即以嘉庆元年（1796）至光绪三十四年（1908）共112年算，平均每年兼并的土地也有近321亩。[①] 至于袁世凯，在光绪末年到民国初年短短十几年的时间里，其占有的土地就从4000亩增到了数万余亩，这是其他几类地主都无法比拟的。

需要说明的是，尽管清末民初绅权扩大，军阀众多，官僚地主和军阀地主集中土地的规模大，速度快，但这并不意味着土地有集中的趋势。军阀地主积累土地的特点是集中快，分散也快，一旦军事政治上失势，可能立刻倾家荡产。如张敬尧死后，其在天津小站的40万亩稻田全为政府没收出卖。袁世凯在河南的数万亩土地也由民国政府没收。前引河南省几个曾拥地数万亩的军阀地主，到20世纪20年代末，由于分家或出售，都只剩几千亩地。至于官僚地主和缙绅地主阶层，在清末民初的政治大变革中，固然增加了不少新的成员，但也有大批旧的官绅地主没落。

2. 出租地主的经营方式

地主把土地出租给佃农后，并非完全不闻不问，只待收租，地主对出租土地有几种不同层次的管理方式。

（1）一些大地主在土地集中的地方设立佃户庄，全庄房屋均为地主所建，农民均为该地主之佃户。庄田设庄头管理佃户，佃户有死佃、活佃之别，活佃为自由契约，死佃不能自由脱离主佃关系，遇主人有事时须供役使，类似仆人，受到一定的人身束缚。庄园式的管理方式到民国时期已不多见，其原因有二：一是清代的特权地主在政治经济上失势，无法保持对

① 罗仑、景甦：《清代山东经营地主经济研究》，第65—69、98—102、110页。

佃农的人身束缚；二是地权渐次分散，大地主的数量减少，而中小地主无论有无政治地位，其在经济力量上都无能力采用庄园形式。

（2）近代中国农田日趋零细化，即使是较大的地主，其耕地也比较分散，不容易大面积连成片，所以许多大地主用账房和长工监督管理出租的土地，主要监督农作物收获，至于生产过程有无干涉、程度大小，视地主除土地外尚提供多少生产资料而定。

（3）一些中小地主特别是刚从自耕农上升而来的地主，自己懂得农业生产，经济力量又不容许另雇管理人员，因此土地出租事宜都由地主家庭成员管理。这类地主对佃农生产过程通常干涉较多，但这种干涉是由于地主除土地之外，还提供了相当一部分生产资料，地主与佃户之间关系则较为平等。

（4）一些地主对佃农如何使用土地完全不闻不问，他们对土地的经营管理只限于定约出租和收租，在预交租金的情形下，这两道手续合为一道。这种方式通常出现在货币地租、永佃权、在外地主或地主家中只有老弱妇孺等情形下，少部分实物定额租制中也有这种方式。

3. 经营地主的经营特点

经营地主指主要依靠雇工而非依靠出租来经营土地的地主。这一阶层的经济活动与富农十分相似，区分二者的依据只在于富农家庭中有人从事主要农业劳动，而经营地主不直接参加农业劳动。

（1）经营地主的经营方式

经营地主除利用雇工生产外，有些也出租部分土地。雇工经营的土地并没有一定的比例，而每户实际经营面积却有一定的限制，大约要受地主占有土地面积、地块零散程度、距离远近、生产力水平高低以及农作物品种等的影响。

经营地主雇工有只雇长工者，大部分是长短工兼雇，并且短工数量很多。长工较多时，通常有一个地位最高的负责全盘计划农耕事宜，有时兼负指挥与监督生产之责。农忙时雇用的短工都由长工带领生产。显然，长短工兼雇可以最好地利用劳动力，取得最经济的效果。

（2）经营地主经济的商品化状况

经营地主经济的商品化程度明显高于其他农民阶层。

小农经济的零细性使生产资料和劳动力不能得到充分利用，因而劳动生产率低下，这是众所周知的小农经济的弊端。而经营地主由于集中了一定数量的土地，可以达到适度的规模经营，加之使用雇佣劳动，因此能最大限度地利用劳动力；同时，由于经营地主有齐备的农具和较多的大牲畜，有充足的流动资金用于农业生产，因而其农田上的劳动生产率一般较高，化肥、农药、近代农机具、人工灌溉等，一般也由经营地主和富农开始使用。而由于农业经营规模较大，劳动生产率又高，故而经营地主可以有较多的剩余商品出售。

另外，虽然中小农户常以牺牲粮食作物面积的方式种植经济作物，但他们只是依靠大量投入劳动力，而许多经济作物不仅费工较多，而且需要大量肥料以及必要的水利条件。所以，即使同是种植经济作物，中小农户与经营地主和富农的生产条件也是不可相提并论的。

还有一种情况是，经营地主经营着油坊、酒坊、粉坊等粮食加工作坊，他们安排农业生产时，优先种植可以作原料的作物，一般情况下，凡从事粮食加工业的农家，都不能只靠自己生产的原料，还要从市场上购买一部分或大部分，所以这类农户，即使是较大的经营地主，一般也没有粮食可出售，但他们的农业仍然应该被视为商品生产。

4. 城居地主的土地经营

城居地主可以分为两大类，一类居住在城市中，但完全靠土地上的地租生活；另一类除在乡村中有土地外，在城市中另有职业，近代以前，这类地主主要由商人和官吏构成，而政府官员除世代为官、久居城市者外，一般离职后也往往回原籍乡居。

近代以来，城居地主的成分逐渐发生变化。首先，随着旗地转化为民有地，许多旗人丧失地主身份，这使完全依靠土地为生的城居地主人数减少。其次，由于军阀势力膨胀，军阀地主成为城居地主中重要的组成部分，亦有不少尚称不上军阀的军官，在家乡置有田产。再次，随着城市的发展，在城市中工作居住的人增多，除政界、军界、商界人士外，企业界、教育界、文化界等都可能有人在乡村拥有一定数量的田产。最后，随着农村经济的发展，农村与城市间有了越来越多的联系，一些地主的经济活动逐渐由农村向城市发展，并最终迁居城市，这类城居地主的商业活动往往成为小市镇发展和城乡联系的一个要素。

城居地主绝大部分采用租佃制经营土地。地产较多者大致有四种管理方式。其一，设立佃户庄，由庄头全权负责监视佃户工作、收租交租等事宜，《红楼梦》中乌进孝交租一段对这种方式有生动的描写。近代农村普通民地亦有用庄头管理佃户庄者，庄头权势不能与旗庄相比，但亦对佃户生产负全责。

其二，地主虽居城，但在原籍仍有住宅，设有账房，由账房负责收租。地产比较集中的地方也设佃户庄，有庄头，但庄头的权限要小得多，仅对佃户负监督之责。

其三，城居地主于秋收时派人下乡，到佃户集中的地方就地收租，如山东章丘县商人地主矜恕堂孟家，在邹平县境内有千余亩棉田，秋收时由孟家在济南的商号派人下乡在田野中设收租房，向佃户就地收取棉租。[①]

其四是包租，即将大片耕地包给一人，承包人再将土地分租出去，成为二地主，交租时由承包人将地租送到地主家中。

以上所说为大地产，若中小地主，家中既无管家、账房，乡村又无庄头，佃户直接和地主打交道，收租方式或于秋收时地主下乡至佃户家收取，或由佃户直接将地租送进城。这类地主以采用货币地租者为多，并多为预租，主佃立约时佃户即先交下年地租，下一年耕种情况如何，地主可全不过问。

5. 地主兼营工商的活动

地主兼营工商业有两种情形，一是在大城市中经营工商业，事实上，中国近代的资本家，无论其资本为商业资本还是产业资本，不少人在原籍保有一部分土地，其家庭成员中亦有部分人在农村过地主生活。这些人与其说是地主兼营工商业，不如说是资本家兼地主。这些人的工商活动与地主所在农村的经济活动没有多少直接联系。

二是地主在本地——县城及其以下的市镇以及村庄中经商或从事农村手工业。如清末山东省的经营地主从事的商业有杂货店、药铺、酒店、茶庄、布铺、绸缎庄、丝店、棉花店、锅店、盐店、碱店、酱园、粮店、估衣店、烟店、麻铺、皮袄铺等；手工业有粉坊、油坊、酒坊、木匠铺、铁

① 罗仑、景甦：《清代山东经营地主经济研究》，第104页。

铺、丝坊、机坊、毡帽坊、绣花店、漆坊、点心铺、煤矿、制香、草帽辫庄等；金融业有钱店、银号、当铺等；此外，还有栈房、客栈、饭店等服务业，以及专孵小鸡的暖鸡坊。[①] 这几乎包括了近代山东农村中小商小贩之外的一切商业行业，以及农村手工业中绝大部分采用作坊式生产的行业。

出租地主的工商业活动同样活跃。如山东栖霞县古镇牟氏地主家族，清末六兄弟分家，分为六个堂。20 世纪 30 年代，长房日新堂主人均为妇女，住在烟台，家中土地实行租佃经营，在栖霞城里开设钱庄、杂货铺，在本村开粉坊、药铺、油坊。二房宝善堂，20 世纪 20 年代开有四座油坊，杂货铺、药铺各一处。三房和四房没有工商业。五房南忠来堂，在本村开油坊一座，栖霞城内开钱庄、药铺各一，在烟台开花边庄一座。六房师古堂，本地有油坊、药铺各一，烟台有花边庄两座，接受外国洋行订货，在当地乡下雇佣妇女编织。[②]

值得注意的是，随着近代中国资本主义生产关系的发展，一些地主在其工商业活动中开始具有资本主义色彩。我们这里说的不是在城市经营近代商业和工业企业的地主，那些地主实际上已是资本家。近代农村手工业中有多种行业出现了资本主义性质的家庭工业，而在农村手工业中充当包买主或包买主与工人之间的中间人的，多为乡村富户，主要是地主和富农。栖霞县牟氏地主所开花边庄，即是利用包买制雇佣农村妇女工作，所以他实际上是包买商。

二　异军突起的乡村工业

在中国漫长的历史上，农村手工业一直是农村经济的一个组成部分，鸦片战争以后，农村手工业和中国其他经济部门一样，以前所未有的规模和速度发展，到 19 世纪末 20 世纪初，中国农村很多地方出现了各种各样的新兴手工业区，这些手工业区的共同特征是，为远方以至国际市场生产，生产力有了长足进步，有些行业引进了以人工为动力的机器，有些地区有

---

① 罗仑、景甦：《清代山东经营地主经济研究》，第 116—117 页附表。

② 参见栖霞县政协文史资料委员会等合编《牟墨林地主庄园》，山东人民出版社，1990，第 16—55 页。

些行业出现了资本主义性质生产组织形式。农村手工业生产的收入有大幅度增长，成为农民家庭经济的一个重要组成部分。这种种因素综合在一起，使农民家庭经济发生了很大变化。这个时候的农村手工业，已经可以称为乡村工业。

农民家庭手工业中，最普遍也最具自给性的是棉纺织业，因而耕织结合往往被视为自然经济的典型形态。然而，正是农民家庭生产的棉布，在鸦片战争前的中国国内市场上成为占主导地位的工业品。在各个棉布集中产区，都有大量为市场进行生产的农民织户，棉纺织业对于他们来说，已不再是一种可有可无的农家副业，也不只是解决家庭成员穿衣问题的手段。在他们的家庭经济中，棉纺织业与农业的地位并重，有时甚至超过农业。

一种观点认为，中国封建地主制经济中的基本经济单位不是一家一户，而是相当于过去采邑的一个乡里或邑县，在这个范围内，农民依靠地方小市场进行的互通有无、调剂余缺的交换，仍然属自然经济范畴。基本经济单位的范围可以不论，地方小市场的交换的确应该属于自然经济，但这并不能否定农民家庭为地区以及本地区之外的远方市场进行的生产是真正的商品生产。鸦片战争以前，全国棉布的长距离运销约有 10 路，进入长距离运销的棉布有 4500 万匹，其中有一部分用于出口。① 这些布均产于各个集中产区，因而多属于农民织户专为市场生产的商品，而不是自给有余的部分。

鸦片战争以后，农民家庭手工业商品生产有了进一步发展。以河北、山东、河南三省为例，鸦片战争前，三省进入长距离运销的棉布全年各约 100 万匹。到清末，河北省各县棉布输出省外的有数字记录的共 500 余万匹。② 洋纱进入农村后，织布业发展更快。加以民国初期各地提倡实业，到 20 世纪 30 年代初，河北省全年输出省外的手织棉布达 2000 万匹，山东省仅潍县织布区年产量最高时就达 1000 万匹。这一时期，在比较集中的织布

① 吴承明：《中国资本主义与国内市场》，中国社会科学出版社，1985，第 260—263 页。

② 参见《中国农村》第 1 卷第 3 期，1934 年；张世文《定县农村工业调查》，四川民族出版社，1991，第 113 页；民国《任县志》卷 1，华新印刷局，1915；光绪《威县乡土志》《平山县乡土志》；天津市档案馆编《天津商会档案汇编》，天津人民出版社，1989，第 920—972 页；等等。

区中，织布业基本上成为织户的主业，织户不仅为市场而生产，而且越来越受到商业资本的控制。

随着近代商品经济的发展，不仅棉纺织业，农村中其他一些家庭手工业也突破了地方性市场的限制，开始为全国乃至国际市场生产。如山东省的柞丝绸业，自同治初年开始向国外出口，19 世纪末 20 世纪初得到迅速发展，丝织业在一些农民家庭中成为主业，无论是所用劳动力还是经济收入都超过了农业。草帽辫本来只是一种地方土产，近代随着对外贸易的发展而成为出口商品，在华北农村经济中起了重要作用。这样的生产很难说是自给自足的自然经济。一些农产品加工业如榨油、制粉丝粉皮等，其产品在近代也开始出口，并对农村经济产生重大影响。此外，各地还出现了一些为国际市场进行生产的新兴的农村手工业，如花边业和发网业，都是用进口原料进行生产，产品专供出口。这一类生产根本不存在自给性，无论它们在农民家庭经济中的作用是大是小，它们都是完全为着市场而生产的。

乡村工业收益与农业之比较

由于农业经营受土地数量的限制，在一定的生产力水平上，小农家庭中的农业生产部分是一个相对稳定的常量，而手工业副业生产却有较大的伸缩性。如果副业生产的原料不限于自家土地上的生产，还可以从市场上买到，副业生产扩大的可能性就远远超过农业。在中国，大多数传统农村手工业部门在近代以前就已具备了这一条件。近代，随着国内外贸易的发展，乡村工业产品的市场空前扩张，再加上人口增长对土地造成的巨大压力，乡村工业在农民家庭经济中的作用日渐增长，地位也越来越重要。在一些新兴的手工业区中，工业生产成为农民家庭的主业，更多的情况下，手工业已达到和农业并重的地位，即使是在一些手工业不够发展的地区，手工业生产也成为部分农民家庭中必不可少的经济来源之一。为使这一问题更加明了，不妨把农村手工业和农业的收益做一个比较。

乡村工业中最重要的类别是棉纺织业，棉纺织业的收益在不同时期、不同地点差异很大。19 世纪末到 20 世纪 30 年代，河北省高阳县是中国最著名的棉布手织区，1915—1920 年，这里的织布农户全年收入在 75—300

元。当时高阳农民平均每户占有土地不足 15 亩，平均每亩净收入为 1.47 元，即农业收入每户每年不足 30 元，工业收益为农业的 2.5—10 倍。[①] 织布工人的年工资在 20 世纪 30 年代初为 40—60 元不等，20 世纪 20 年代布业兴盛时则可达 60—80 元之多，而同时期农业雇工中，男性长工的年工资平均在 40 元上下，[②] 也就是说，从事织布业的农民，无论是织户还是出卖劳动力的工人，其收入都要高于农业劳动。

山东省的潍县（今潍坊），也是近代一个十分著名的新兴乡村工业区，20 世纪二三十年代这里的织布收入是每匹 1 元上下，如以一户一年织 150 匹计，收入为 150 元。潍县在近代农业生产水平比较高，经济作物种植较多，但当地人多地少，每个农户年平均农业总产值在 100—170 元，净收入自然要少得多，织布业收入与农业相比，应该说处于更为重要的地位。[③]

高阳县和潍县织布区都属于近代新兴的乡村工业区，生产力水平较高，江南（长江三角洲及其周边地区）棉纺织区历史悠久，明清时已有相当发展，到 20 世纪初发展程度反不如高阳织布区，但棉织业收入仍相当可观。20 年代前后，上海郊区一个农家妇女一年要织 200 多匹布，净收入在 40—60 元。一些缺乏织本的农家妇女到别人家中做工织布，一天可得工资 2 角，一月也有 5—6 元收入。[④]

无论是河北高阳县、山东潍县，还是上海郊区，织布业都已经变成农民家庭的主业。其他很多地方，织布业仍然是农家副业，收益比高阳织户要低得多，但与农业收入相比，仍相当可观。如河北省定县的纺织户，年收入在 26—91 元。[⑤] 三河县的罗庄一带，每家一张织机，全家妇女及老幼不能下地干活者从事织布，每月除全家食用外，可得利润 10 元。以每年工作 8 个月计，全年可获利 80 元，相当于当地 16 亩农田的收入。[⑥]

丝织业也是一项重要的乡村工业，近代农村丝织业的产品有桑丝绸、柞丝绸和人造丝，桑丝绸和柞丝绸以出口为主，人造丝则是利用进口原料

---

① 吴知：《乡村织布工业的一个研究》，商务印书馆，1936，第 6—7、16—17 页。

② 吴知：《乡村织布工业的一个研究》，第 133、142 页。

③ 胶济铁路管理局车务处编印《胶济铁路经济调查报告》分编，1934。

④ 徐新吾主编《江南土布史》，上海社会科学院出版社，1992，第 242—244 页。

⑤ 张世文：《定县乡村工业调查》，中华平民教育促进会，1935。

⑥ 民国《三河县新志》卷 15，中华印书局，1935。

为国内市场生产。1919 年前后，山东省周村镇的个体织户，平均每年收益为 270 余两白银，按当时的物价水平，可购买小麦 160 余担，相当于 100 多亩地的产量。到 20 世纪 30 年代初，山东柞丝绸业进入衰退期，织户收益下降，个体织户平均每年的收益仍达 420 余元，可购买小麦 80 余担，相当于 50 亩地的产量。而同时期山东全省平均每农户耕地只有 18 亩多，大部分小农实际占有土地面积还达不到这一水平。[①]

丝织业收入最低的是河南省南阳附近的柞丝绸业，直到 20 世纪 30 年代初，一直是用大纩络丝，用旧式木机织绸，生产效率低下。这里的织户多接受包买商的订货，织一机绸的工资为 7—11 元不等，而织一机绸的生产周期为 40—45 天，[②] 以此计算，织户平均日工资在 0.16—0.28 元，与周村相比，可谓天壤之别。但南阳柞丝绸产区位于大别山区，自然条件较差，交通不便，风气闭塞，农业生产力水平相当低，经济不够发达，这样的收入水平与当地的农业相比，应该说还是相当可观的。

纺织业中影响较大的还有针织业和麻纺织业。20 世纪 20 年代，浙江省的平湖、嘉兴、石门等地形成了一个针织工业区，从事针织业的多为农村妇女，她们向商人雇主租赁针织机，领取原料，织成成品后得到计件工资，一个工人的月工资一般在 5 元以上。近代麻纺织品较著名的是四川省和江西省的夏布，四川省的夏布收益较低，20 世纪 30 年代，绩麻女工月收入不过 1 元上下，织麻工月工资在 2.6—8.0 元。有一架织机的农户，每月净收入不足 14 元。但这里扣除了工资支出，而只有一两架织机的农户通常是不雇外工的，所以这样的农户每月实际收入可以达到二三十元。江西、湖北等省的夏布业收益要比四川高一些。[③]

乡村工业中另一个重要的部门是粮食加工业，遍布全国农村，主要有酿酒、榨油和制粉丝粉皮等，都属于作坊手工业，需要一定的设备和较多的资金，通常设在集镇上或由比较富裕的农户从事。其中制粉业应该说是获利较少的行业，在不少地方，正产品几乎无利可图，如河北定县 1931 年有 3114 家农户制粉，共赢利 5064 元，平均每户只有 1.63 元。但该业的副

---

① 从翰香：《近代冀鲁豫乡村》，中国社会科学出版社，1995，第 392—394 页。

② 貊菱、李召南：《南阳之丝绸》，河南农工银行经济调查室刊印，第 4—5 页。

③ 史建云：《乡村工业在近世中国乡村经济中的历史作用》，《中国经济史研究》1996 年第 1 期。

产品用处却很大，制粉农户家家都利用粉渣养猪，粉浆倒入猪圈沤肥，每圈全年出粪肥即可值70元，加上卖猪的收益，获利也不算少。[①] 河北邯郸县制粉业的主要收入是以粉渣养猪，一家粉坊常养十几到二十头猪，养肥后出售，可获利三四百元。[②] 19世纪末20世纪初，粉丝成为一种重要出口商品，凡生产出口粉丝的地区，收益一般都比其他地区高。如山东省有一个以烟台为中心的粉丝出口生产基地，在这个基地的黄县，制粉农户获利最多者一年可得洋1000元；在招远县，利润最高时，一户粉坊赢利竟可高达3000元。[③]

近代中国农村较重要的手工业还有草帽辫业，从事这一行业者全为农村妇女。20世纪20年代初，河北沧县、静海一带编草帽辫日收入铜元40枚上下，折合银元不过一角多，但如能长年生产，一人一年可有三四十元收入。而在河南省的南乐、清丰和山东省的观城，妇女编织草帽辫收入日值1元，技术最好的妇女一天可挣1.5元，这种收入水平是农业劳动无论如何也无法达到的。在这一产区，据说有不少人靠编织草帽辫而发家。[④]

花边、发网（用人的头发编织而成，用途亦是罩在头发上作为装饰）、刺绣等手工业在农村中影响也较大。这些行业的产品主要供出口，从业劳动力均为女子，尤以十几岁的女孩为主。花边发网业在最兴盛时，日收入都曾高达1元。1919年，山东省农村从事花边业的妇女，每人每日约可得工资0.3—0.5元不等，而同一年山东省各种行业中，工资最高的金银器业工人日工资也不过0.5元，工资水平最低的只有0.18元，且不供伙食。[⑤] 花边女工的收入明显高出于大多数工厂和作坊工人的收入。

一般说来，越是缺乏土地、农业收入低下的小农家庭，对乡村工业生产的依赖性越强。如著名草帽辫产区南乐、清丰、观城一带，贫苦农民几乎完全依靠草帽辫业为生，中农和富裕中农该业收入相当于农产收入的一

① 张世文：《定县乡村工业调查》，第152—156页。

② 从翰香：《近代冀鲁豫乡村》，第430页。

③ 史建云：《乡村工业在近世中国乡村经济中的历史作用》，《中国经济史研究》1996年第1期。

④ 史建云：《乡村工业在近世中国乡村经济中的历史作用》，《中国经济史研究》1996年第1期。

⑤ 从翰香：《近代冀鲁豫乡村》，第414页。

半，富农要部分依靠草帽辫业收入，地主妇女中则有不少人靠此得些零用。在河北宝坻棉织区，织布收入占佃农全年收入的80%，占自耕农全年收入的42%。但这并不意味着土地较多、生产条件较好的农民家庭较少从事乡村工业生产，恰恰相反，如果从绝对数量观察，较富裕的农家通常可以得到更高的工业收入，只是由于他们的农业收入和其他方面的收入都较高，乡村工业才显得不那么重要。例如，1934年交通大学研究所调查了河北、河南和湖北的1690户农家，平均每户工业收入分别为自耕农40.7元、半自耕农34.5元、佃农28.48元。1933年对广西郁林县的调查则表明，自耕农家庭工业的收入无论是绝对值还是百分比都远远高于其他各阶层农民。① 至于丝织业、榨油业、造纸业等作坊手工业，由于占用资金较多，更是只有富裕农户才能从事。

乡村工业生产不仅提高了从业农民家庭的收入，而且由于乡村工业中广泛存在雇工生产，因此雇工的家庭收入也随之提高。诚然，在雇工生产中存在着程度不等的剥削，但同时也应该看到，雇工生产为一些既没有充足的土地经营农业，也没有足够资金独立从事乡村工业的乡村失业人口提供了就业机会，这些人作为乡村工业工人得到的工资对他们的家庭经济具有相当重要的意义，乡村工业工人的工资通常也都高出同类型农业工人的工资。

工业生产在农村经济中的地位

上面我们介绍了几种行业的收入水平，不过，这些数字只能说明乡村工业在从事各个具体行业的小农家庭中的作用，至于其在农村经济中的作用，还需要更为广泛的资料，为此，笔者统计了河北、山东和河南三省286个县的工农业生产状况，表15-3即是这一统计所得结果之一。

表15-3　20世纪30年代华北三省286个县农村工业基本状况

	河北省	河南省	山东省	合计
统计县数	129	111	46	286
农户数（千户）	4395.7	4607.2	3551.6	12554.5

① 史建云：《乡村工业在近世中国乡村经济中的历史作用》，《中国经济史研究》1996年第1期。

续表

		河北省	河南省	山东省	合计
农业	农业总产值（千元）	555450.3	498536.7	393273.3	1447260.3
	户均农业产值（元）	126.36	108.21	110.73	115.28
农村工业	农村工业总产值（千元）	72725.5	31466.3	73058.0	177249.8
	从事农村工业户数（千户）	560.9	1604.7	151.5	2317.1
	从事农村工业户占农户比重（%）	12.76	34.8	4.27	18.46
	户均工业产值（元）	129.66	19.61	482.23	76.50
工农业生产总值（千元）		628175.8	530003.0	466331.3	1624510.1
工业产值占总产值比重（%）		11.58	5.94	15.67	10.91
平均每农户工业产值（元）		16.54	6.83	20.57	14.12

资料来源：《民国二十年河北省统计年鉴》；《中华民国统计提要》；《河北省实业统计》；《胶济铁路经济调查报告》；《河南统计月报》。计算过程比较繁复，这里不详细介绍。

表15-3的数据显示，河北、山东两省从事乡村工业的农户中，工业收入平均都超过了农业收入，在河南省，乡村工业收入水平较低，但也并非无足轻重。

尽管在有乡村工业生产的农民家庭中，乡村工业的重要性一般都很明显，但从农村总的情况看，它所处的地位似乎并不高。从表15-3中可以看到，20世纪30年代初，在华北三省乡村工业产值比重最高的山东省，从事乡村工业的农户只有4.27%；从事乡村工业农户比重最高的河南省，工业产值比重只有5.8%。而且，表15-3中的农业产值只计入了农田和果木的产值，没有计入畜牧业，如果加入后者，乡村工业产值所占比重还会下降。

然而，需要指出的是，这里的乡村工业产值基本上是商品生产，属于自给生产的一般没有计入，而农业总产值中却包括了全部商品和自给部分。如果从商品生产和商品交换的角度看，乡村工业的经济意义要重要得多。以河北省为例，1931年河北省农业总产值约55545万元，各县输出的农产品价值为6374万元，占总产值的11.5%；乡村工业总产值7273万元，各县输出的乡村工业产品价值为5873万元，占总产值的80.8%。在输出的工农业产品总值中，工业产品占到了48.0%。[①] 另外，我们在计算农业总产值时，

① 据河北省政府秘书处编印《民国二十年河北省统计年鉴》“各县家庭工业调查表”“各县大宗产品产销统计表”，河北省实业厅编印《河北省实业统计》“农业分类统计表”计算。

没有计入畜牧业，但农产品输出中却包括了鸡、猪等副业产品和一部分中药材，如果只计农作物和干鲜果品，农产品输出值及其比重还要更低一些。

再如山东省，1932 年，胶济铁路沿线 46 县区农业总产值为 39327 万元，输往外省及本省大城市的农产品价值为 7834 万元，占总产值的 19.9%；乡村工业总产值为 7306 万元，输往外省及本省大城市的乡村工业产品价值为 3588 万元，占总产值的 49.1%。在输出的工农业产品总值中，乡村工业产品占到了 31.4%。①

1930 年，建设委员会调查了浙江省的十几个县，表 15-4 根据已发表的 9 个县的资料而作，这 9 个县是浙东的临海，浙西的寿昌、淳安、建德，浙西南的云和、松阳，浙北的富阳和余姚，浙东南的青田。其中除余姚位于富庶的杭嘉湖平原外，其余各县均位于山区或半山区。一般来说，山区交通不便，但林业资源丰富，林产的价值和商品率都应该较高，而表 15-4 却显示出这 9 个县的乡村手工业总产值仅次于农业，商品输出值和商品率都高居首位。如果进一步计算乡村手工业在农村经济中所占比重，可以看到，手工业占总产值的百分比是 25.3%，手工业商品输出占全部商品输出的百分比则为 56.0%。

表 15-4　浙江 9 个县 1930 年农村各业产值及商品率

单位：万元，%

	总产值	商品输出	商品率
农业	55473.7	7561.5	13.6
林业	16750.0	7370.0	44.0
畜牧水产	14293.2	2870.0	20.1
手工业	29239.3	22654.4	77.5
合计	115756.2	40455.9	34.9

资料来源：建设委员会调查浙江经济所统计课编《浙江经济调查》第 1—9 册，1931 年。

乡村工业对农民生产观念的影响

上面我们在说明近代乡村工业收入状况的同时，把它与农业收入进行

① 据《胶济铁路经济调查报告》总编、分编计算。

了比较。这些比较表明，乡村工业不仅增加了农民家庭收入的数量，而且使农民家庭经济在结构上发生了变化。这种变化对农民的生产观念产生了多方面的影响。

首先，投资观念发生变化。本来，土地在传统社会中一向被视为最可靠的财产，世世代代依赖土地为生的农民执着地追求土地，是中国传统农业的一个特色。但近代乡村工业收入逐渐接近甚至超过农业收入，有成为农民家庭主业的趋势（事实上在一些新兴乡村工业区已经成了农民家庭的主业），更重要的是作为商品生产，它把农民引入了市场机制之中。逐渐习惯于商品货币关系、成为商品生产者的农民，对于新工具、新技术乃至新的商品品种都表现出了极大热情。在这一方面，乡村工业比封建社会中的城市作坊手工业更为开放。城市中的手工业，有些受行会规章制约，不能任意招收徒弟、扩大生产、改变商品的品种规格；有些则是把生产技术保留在家庭内部，秘不外传，造成中国历史上不少精湛的手工业技术和工艺失传。乡村工业中则很少有这些限制。

自20世纪初开始，手工业生产中陆续从国外引进了一些效率较高的工具，如铁轮织布机、提花机、轧花机、弹花机等。这些机器使生产效率成倍乃至成数倍地增长。这些机器和工具最初都是为城市的作坊手工业引进的，它们的造价也比传统的农村手工业工具昂贵得多，但很快就在农村家庭工业中得到推广，特别是在一些新兴工业区中，其普及之广、更新换代之快，即使用今天的眼光来看，也是令人吃惊的。例如棉纺织业中所用的铁轮织布机，高阳县、潍县等近代著名棉手织区都只用了10年左右的时间就全部淘汰了旧式木机。

在江苏南通织布区，乡村织户原用拉梭机织布，1930年冬季，南通通华织布厂由上海购入了20台铁轮织布机，送机器来安装的机匠与当地一位木工合作，在南通建立了布机装配工场，到1932年6月，乡村铁轮织布机已达万台之多。[①] 江苏省的江阴县，1924年刚开始推广拉梭机，铁轮机的使用还要更晚，而到20世纪30年代中期，全县已有拉梭机3万余台，铁轮织布机近1.3万台。[②]

---

① 林举百：《近代南通土布史》，南京大学学报编辑部，1984，第243—253页。

② 徐新吾主编《江南土布史》，第473—474页。

在植棉区，新式轧花机的推广速度也相当快。河北省广平地区 1910 年从日本引进足踏轧花机，仅一年时间，广平府属的曲周县就有了 500 多架轧花机，永年县临洺镇附近有 100 多架，肥乡县有 400 余架。[①] 民国以后，轧花业发展更快，一些产棉大县常有数千架轧花机。

如果说上述机具还是乡村工业原有部门中工具的更新换代，农民比较容易接受，毛巾和针织品生产出现在农村家庭工业中，却意味着乡村工业增加了新的部门，农民迅速接受了新产品的生产和新机器的使用。我国传统纺织品中并无针织品，直到 19 世纪末，针织品才在城市中较时髦的、喜爱西装的人群中流行。20 世纪初，一些大城市引进了针织机，到 20 世纪 20 年代，浙江省平湖、嘉善、嘉兴、石门和硖石一带的城镇和乡村中，已形成了一个针织手工业区，其中仅平湖一县在 1926 年就有针织机一万架。[②] 在全国各地农村中，织毛巾比织针织品还要普遍得多。

以上事实说明，在乡村工业充分发展的地方，农民对土地的追求逐渐变得不那么强烈，而是更多地把收入用于工业的扩大再生产。特别是在乡村工业生产力发生较大变革的情况下，工业生产使收入增加的速度更快，工业生产所需资本明显较多，收入流向工业生产而不是农业生产的趋势也更为明显。

其次，农民家庭经济结构的变化、收入的增加、投资流向的改变、新机器工具的使用等综合在一起，逐渐引起了劳动者的变化。以乡村工业中最重要的纺织业为例，随着近代纺织业中铁轮织布机的推广，数千年来男耕女织的传统观念发生了变化。这种机器以人工为动力，需要织布工人有较强的体力、懂一些简单的机器原理、会一点铁木工活，织布技术则相对简化，只要会接头即可。所以，铁轮织布机的操作者几乎都是男子，往日纺织业的主要劳力妇女和儿童变成了辅助工人。

乡村工业对劳动者的另一个较重要的影响是，大批妇女劳动力进入了雇佣劳动行列。虽然传统的农村家庭手工业一直就以妇女劳动为主，但女性雇佣劳动比较少见。近代乡村工业几乎所有的部门中都出现了雇佣劳动，

---

① 《直隶实业杂志》第 7 期，1912 年。

② 彭泽益编《中国近代手工业史资料（1840—1949）》第 2 卷，中华书局，1962，第 377 页；第 3 卷，第 154—155、180 页。

像编草帽辫这样完全由女性从事的行业，雇工自然也只会是女性。在纺织业中，特别是在引进了新式织机的地区，由于织布和织绸工序生产率较高，而整经、络纬等辅助性工序仍以妇女和儿童手工操作为主，因此对女工和童工的需求扩大，织户常常在需要时一次雇佣多名妇女和儿童突击工作。妇女劳动力进入雇佣劳动行列，打破了妇女不能离开家庭、不能抛头露面等传统观念，凡近代乡村工业有所发展的地区，城市中的近代机器工业在雇佣农村妇女做工人时，都很少受到这类传统观念的阻挠。

最后是农业生产观念的改变。由于一些乡村工业以农产品或其副产品为原料，而其收入又远远超过农产品本身的价值，这就使从事该种乡村工业生产的农民不再以农产品本身的产量为目标。最明显的例子是草帽辫业。草帽辫的原料是麦秆，即小麦生产的副产品。据史料记载，在河北省大名县一带，农民为了草帽辫生产的需要，选择适合于编草帽辫的小麦品种，拨出专门的土地进行密植，以获得细长白软的麦秆，对小麦产量则全然不顾，形成了原料生产专业化。[①] 河南省的南乐、清丰和山东省的观城，也是用专门种植的细麦作为草帽辫原料。[②] 其他草帽辫产区亦常见到为了获得优质草帽辫原料而牺牲小麦产量的情况。众所周知，小麦产量和质量与其收割时间有密切关系，最理想的收割时间是麦穗成熟的前一天和当天，但编草帽辫用的麦秆最佳收割时间却是麦穗成熟的前四五天。在两者不可兼得的情况下，草帽辫产区的农民常常会宁愿少收小麦而提前收割以获得优质麦秆。

农民消费观念的变化

近代乡村工业作为商品生产，在生产和交换方面都与农业有很多不同，这些不同之处在影响农民的生产观念的同时，也必然影响农民的消费观念。

在近代乡村工业发达地区，有两个特点值得注意，一是农村商业格外发达，二是近代工业品大量进入农村。如河北省高阳织布区一个重要集镇莘桥镇，镇上不但有布线庄、染坊、杂货铺、饭馆、铁器铺，有好几家点心铺，有专制烧鸡的作坊，有邮局，甚至有加工大米的碾坊（当地不产稻

---

① 《河北月刊》第3卷第8期，1935年。

② 《解放日报》1946年5月24日。

米），还有归国留学生开的西医诊所。在高阳县的小王果庄，300 户的村子里有 3 家杂货铺，各种日杂商品、干鲜果品样样齐全，还有 3 家肉铺、几家饭馆、3 家专卖烧鸡的铺子。不仅高阳城里的商品，甚至保定城里的商品，小王果庄的街上都有的卖。该村并无集市，织布业虽发达，但织布户买线卖布都要去县城，村内并无布商，所以这些店铺主要的顾客还是农民。小王果庄还有一个引人注目的现象，即织布户进城买线卖布，普遍使用自行车。1937 年前，全村有日本进口的“僧帽”牌自行车 100 多辆。[①] 骑车既比步行速度快、负重多，又比乘汽车灵活省钱，当时的农民虽未明确提出“时间就是金钱”的口号，但时间与金钱的关系他们是知道得很明白的。

工业生产对农民消费观的影响在纺织品市场上表现得相当明显。在一个农村棉纺织业发达的地区，人们会认为，当地的农民近水楼台，理所当然以穿用当地产品为主。事实也确实如此。但同时，在近代的几个著名农村纺织业区，洋布（机织布）和呢绒绸缎等较为高档的纺织品都有相当大的消费量。

近代农村消费的工业品不止纺织品。以河北省定县为例，1933 年，定县输入的近代工业产品价值达 192. 3 万元，占第一位的是纺织品，达 92. 12 万元；其次是各种燃料（煤、石炭、火柴、煤油、汽油等），达 52. 54 万元；再次是卷烟，达 14. 21 万元；其他毛革制品、碱、糖、味精、酒（各种瓶酒、啤酒、白兰地等）、汽水、罐头、西药、自行车及零件、抽水机、梳毛机、车床、钟表、各类铁器、农机具、玩具、文具、染料、油漆、电筒、电池及其他电料、玻璃器皿、图书、纸张、化妆品、卫生用品及照相器材等，共 27. 71 万元。[②] 当然，这些工业品不会完全用于农村，但定县经济在 20 世纪 30 年代以农业和农村棉纺织手工业为主，无论是县城还是集镇，都没有什么规模较大的手工业作坊或工厂，非农业人口仅限于政府各部门、铁路及邮局的职工、中小学教职员工和学生，再就是商人。而定县的商业繁荣恰恰是源于农村土布生产的发展，除了布商之外，定县的商人并不多。所以定县的工业品市场应该是以农村为主的。

---

① 河北大学地方史研究室、政协高阳县委员会编著《高阳织布业简史》（《河北文史资料》第 19 辑），政协河北省委员会文史资料研究委员会，1987，第 39 页。

② 李景汉等：《定县经济调查一部分报告书》，河北省县政建设研究院，1934，第 17—64、131—133 页。

我们知道，农业生产是以年为周期的，收获以后，要以产品供应一年的消费，或者至少到下一季收获。因此，农民家庭必须储备够一年使用的生产资料和生活资料，若有盈余，才可能进一步改善生活。

近代中国社会沧桑巨变，城市居民的收入不再以年为单位，而是以月、周甚至日为单位，但农业生产始终要以年为周期，主要依靠农业的农民也仍然以年为时间单位安排生活。乡村工业的发展改变了这种状况，大部分工业生产不受季节限制，全年均可进行；社会分工的发展使生产过程中的各个环节可以分开进行，每一个环节的生产周期缩短到只需数天，最短的可以只有一天；商业和商人资本的发展，则从原料和生活资料的供给以及产品销售两方面提供了便利条件。这种情况下，生产者用不着储备全家全年所需生产生活资料，他们的经济状况亦不许可这样做，而更重要的是，从争取最大利润角度出发，他们也不应该这样做。

在生产周期缩短、收入又有所提高的情况下，农村中出现了不同于以往的消费模式。其实，这种情况早在清前期就已经在一些农村手工业商品生产较发达的地区出现了。如在清代江南棉纺织手工业区，从事手工业的小农家庭不再追求家有盖藏，他们“往往家无斗储而被服必极华鲜”,①“不论贫富贵贱，在乡在城，俱是轻裘，女人俱是锦绣，货愈贵而服饰者愈多”,②“往往有乡村妇女，簪必金珰，衣必锦绣”。③ 这是因为生产周期的缩短必然会引起消费周期的缩短。如果说一个以农业为生、生产周期以年计算的小农，家中至少要有够一年半或两年以上生活的存粮，才可以考虑温饱之外“奢侈”一点的消费，那么一个以手工业为主业、生产周期以集期（当地每两次集市之间的间隔）计的农民家庭，只要有两个集期的生产生活资料储备，就尽可以放心花钱了。

在近代史料中，我们很少看到类似上述清前期史料中那样的描写，似乎近代乡村工业的致富作用还不如清前期。其实不然，传统社会的文人对于农民的“奢侈”生活不能理解，或大惊小怪，或作世风日下的感叹；而近代的知识分子更多的是关注农村的贫困、农民的艰辛，由此出发，他们

① 甘汝来：《请酌定家礼颁行疏》，《皇朝经世文编》卷24。

② 钱泳：《履园丛话》卷7。

③ 道光《蒲溪小志》卷1。

往往会把一些现象作消极的理解。而其中最为错误的就是把近代工业品进入农村市场视为破坏农村经济、降低农民生活水平的负面因素。

例如，在几乎所有清末和民国时期的地方志以及20世纪二三十年代大量的报刊文章中，都有洋纱洋布入侵农村后，农民放弃了自己纺纱织布，转而到市场上购买，造成了农村棉纺织业的衰退，加重了农民负担的记载。还有不少议论说，洋货充斥农村市场，农民十之八九身上有洋货，利为外人所得，农村必然因之贫困等。甚至至今仍有一些研究近代经济的文章，引用这些资料来说明近代工业对乡村工业乃至农村经济的冲击，说明外国资本对中国农村的掠夺。这些文章都忘记了一点：如果洋布进入原来就没有农村手工纺织业的地区，自然另当别论，但如果当地农村中原来有棉纺织业，农民要放弃自给生产改而在市场上购买，其前提条件必然是农民把原来从事棉纺织业的时间投入农业或其他乡村工业，能够获得更高的收入。换句话说，农民家庭由此所得的收入，在购买与原来由自己生产的棉纺织品同量的商品后仍有剩余。

同样，如果农民用卷烟取代了自种的烟草，可以肯定农民把原来种烟的土地用来种其他作物，或把种烟草的劳动力用来从事其他工作，得到的收入比原来更高。农民使用任何近代工业制品——无论农村中原来有没有手工生产的同类产品，必要的前提条件都是农民有购买这些东西的钱。所以，工业品和其他非生活必需品进入农村，实际上反映了农民家庭经济结构的变化和生活质量的提高。

三 发育中的要素市场

农业生产要素包括劳动、资本和土地，近代中国，除了典当业、高利贷、合会之类传统的金融行为，银行、合作社等近代金融机构也开始进入农村，但这些资本仅仅是向农村投资，还谈不上资本市场的形成与发展。所以，这里我们只分析土地市场和农业劳动力市场。

土地市场

土地是农业最重要的生产要素之一，土地市场问题，特别是地权转移自由与否，关系着农业生产的性质甚至农村经济的性质。

1. 土地买卖受到的制约

地权转移是否受到限制或保护，在多大程度上受到制约，直接与要素市场是否自由相关。从制度方面看，清代和民国的立法对于私有土地——民田，都是允许继承、转让和自由买卖的，法律规定不可买卖的土地主要是官田和公田。官田的所有权为政府，不能在私人之间任意转移是必然的。公田指公共所有或集团所有的土地，如义田、寺田、族田、书院社学的学田等。这些土地中，只有族田属于家族或家庭的私有财产，清律把子孙盗卖公共祖坟山地或祖遗祀产视为犯罪，对此有处罚规定。法律强调“子孙”“盗卖”，显然是承认家长或家族主事者出卖族田、坟山的合法性的。

有学者认为，近代中国农村存在亲族或邻居的“优先购买权”及其他习俗的制约，因而土地市场尚不够自由。[①]

所谓“优先购买权”，是指土地出售时，卖主的亲族、地邻、土地典主以及该土地原来的卖主等人有权优先购买，卖主应该先尽让这些人，这些人都表示不买后，方可售与他人。清初，法律上虽无明文规定土地买卖有优先购买权，但在发生纠纷时，有优先购买权者却可据此提起诉讼。这种习惯法在中国有相当长的历史，对地权自由转让有很大阻碍。然至迟至清雍正年间，国家就开始限制土地优先购买权，雍正三年（1725），河南巡抚田文镜在河南发布规定，禁止土地买卖先尽业主；雍正八年，清政府正式禁止滥用优先购买权拆散已成交土地，规定对已绝卖的土地，如有人仍“执产动归原先尽亲邻之说，借端措勒希图短价者，俱照不应重律治罪”。[②]

这些措施反映了历史发展的客观要求。在优先购买权流行的时代，土地买卖契约上通常要写明已尽过本族地邻、俱无异议之类字眼，而近代保存下来的地契以及通行的契约格式中很少有这类文字，通常只笼统地写上“若有争议，概由卖主承担”，有些地契上连这类文字都没有，说明优先购买权在近代已很少起作用。

不过出卖田房时先问本族和邻居作为一种风俗习惯，在有些地方直至

---

① 如黄宗智《长江三角洲小农家庭与乡村发展》，中华书局，1992，第109—110页；姜守鹏《明清北方市场研究》，东北师范大学出版社，1996，第194页。

② 《光绪会典事例》卷755。

民国时期仍然存在。有人认为，“这些规定无疑妨碍了土地自由买卖的发展，它也是宗法关系在土地市场上的反映”。[①] 其实，在近代，弃产先问亲邻和优先购买权已经不能画等号。首先，先问亲邻只是一种习惯，卖主可以遵从，也可以不从，不问亲邻会受到乡风指责，会引起有关人员的不满，但仅此而已，实际上并不能阻碍地权转移。其次，问过亲邻，亲邻又答应购买，如他人出价更高，仍可卖给他人。所谓优先购买权，实际只是优先出价权。还要指出的是，对于农民来说，如果能够买到与自己土地相邻的耕地，就可让耕地连成片，如能买到与自己房屋相邻的住宅，父子、兄弟可以比邻而居，也可以把院子打通，形成大宅院，这对买主来说，相当有益，所以他们往往愿意出比他人高的价钱，这应该也是形成宅邻和地邻优先权的原因之一。

至于出卖田地先问典主，是指典主可以优先出价，但真正出售时，仍然要看哪个买主出价更高。典主的优先出价权与亲邻不同，不是出于习俗或制度的制约，而是由于经济权力的关系，典主对这块土地已经有所付出，因而有了一部分所有权。

在近代土地买卖中，另一种普遍存在的习惯是中间人。中间人大约有三种类型，第一种是交易双方或其中一方的熟人、亲友或邻居等，他们作中人只是由于和交易者的这种特殊关系。第二种是里长、甲长、村长、保长之类，有些地方习惯由这些人作中。第三种是专业的中间人，称经纪人，又称牙人、牙纪。在清代，凡在政府有关部门登记注册的经纪人称官牙纪，未经政府批准者为私牙纪，民国时期官牙纪改称监证人，其具体职责与清代官牙纪有所不同。

中间人在交易中所起的作用并不都一样，有时交易双方彼此相熟，直接协商交易，确定价格，一切谈好后，在立契时请一两位中间人在契约上签字，此时，中间人的作用只是证明这一笔交易。有时交易双方互不相识，由双方共同认识之人从中牵线搭桥，中间人的作用主要是介绍双方相识。但在大部分情形下，不管交易双方是否相识，都要通过中间人说合，中间人参与交易过程，并在价格磋商中起很大作用。此外还有一种情形是中间人受卖方或买方委托，成为全权代理人。

---

① 姜守鹏：《明清北方市场研究》，第194页。

中间人的作用与中间人的类型之间有一些相关之处，但并不固定。大约凡由村保甲长作中人以及民国时期的监证人，较少直接参与交易过程，主要是起证明人的作用。乡邻作中人可以只起证明人作用，也可以程度不等地参与交易过程，但很少全权代理。全权代理的中间人通常不是至亲就是专门的牙纪。至于官私牙纪，其可能在交易中承担各种角色，不过一般来说，在自行协商的情形下交易双方很少请牙纪做中人，他们或依当地习惯请村保甲长作中，或遵从政府法规在监证人处登记，大部分场合是请亲邻作中，尤其是当交易发生在同族或邻里之间时，如兄弟或堂兄弟之间的交易请叔伯作中证，与左邻的交易请右舍作中证。

我们可以把中间人视为一种制度，或者更明确地说，是一种非正式规则。无论是相关立法还是清代和民国时期的契约、刑事案件档案，目前都没有证据证明中间人制度对地权的转移造成了阻碍。

2. 土地市场的供求关系

土地市场的供求关系，可以通过土地买卖的成因表现出来。

为什么要买卖土地，这个问题看起来很简单，即贫苦农民为生活所迫不得不出售土地，富裕农民拼命要上升到地主阶层，地主、官僚和商人则致力于集聚土地。中国传统社会中地权不断从分散到集中，似乎就是这样一个过程。但在现实生活中，土地买卖的成因是多种多样的。

从买方来说，首先是出于对土地这一农业生产中最重要的生产资料的需求，这是土地购买成因中最主要、最普遍的。其次是把土地作为一种最稳妥、最保险的财产，用来保值，做后备。土地是一种最保险的财产这一观念在农业中国深入人心，但以保险为目的而购买土地则仅限于商人和官僚。商界和政界同样风云变幻，一些商人在家乡置买土地，主要目的不是为了地租，而是防备商业风险，一旦经商亏本，不至于没有后路，还有东山再起的余地；一些官员广置族产、祭田、坟地，则是为防官场风波，留作退步。因为按照清代法律，官员犯罪，族产、祭田等类土地是不予没收的。最后是为捐献或赠送而买田，如捐学田、庙产、义地，为孤儿院、济贫院捐产，为女儿出嫁而赠送土地等。

土地出卖的成因比较复杂，其中最普遍、最重要的当然是田主需要货币。而缺钱的原因则多种多样，有因天灾；有因人祸；有因婚丧嫁娶；有因捐纳买官；有为子弟读书应试；有为经商筹本；亦有大家族败落，后人变卖祖传家产。

除上述对货币的种种需求外，卖地的成因尚有如下几种。

（1）赋税沉重。清代田赋除雍正朝实行“耗羡归公”算是一次正式增赋外，一直都较稳定，应该不会有赋税过重的现象，但地方政府常以各种方式变相加重田赋。“耗羡归公”之后，又加征新的耗羡；当征本色，却以高价折收银钱；当收纹银，却以高出市价许多的比例折收制钱等。民国成立后，新增各种苛捐杂税，军阀混战时派粮派款，征车征伕，无不按照地亩摊派。所有这些浮收勒折、捐税征派，即使完全照地亩均摊，大土地所有者亦比小土地所有者负担轻，而实际上较大的地主常能倚势将这些负担转嫁到小农头上，一些担任区长、保长的地主还可借机加码，从中渔利，使小农负担更重，所以，小农为不堪重税而出售土地的情形时有发生。

（2）移民和迁居亦是农民放弃土地的原因之一。例如近代山东、河北两省有大量农民离乡背井前往东北谋生，很多人春去秋还，把家乡土地出租给他人耕种，其中一部分人在东北立起家业，举家移往关外，将原有土地即出售。此外，一些较富裕的农户迁居都市，其原有土地因不易管理也可能被变卖。

（3）土地距离田主住处遥远，自耕或收租多有不便，此时田主也会出售土地。《中国农村惯行调查》收集的一些地契中，即有载明卖地原因是“自种遥远”或“耕种不便”的。

（4）田主家中只有老弱病残，无力经营，有时也成为卖地的原因。

以上所列土地买卖的成因只是大略情形，实际情形要复杂得多，土地买卖定会有很多具体的、至今不为人详知的原因。这些五花八门的土地买卖成因，也从一个侧面说明了土地买卖有相当的自由。

有一点可以初步肯定，在近代，尽管土地作为一种商品有自己的市场，其价格也根据供求规律变动，但就近代中国大部分时间、大部分地点来说，土地市场基本上是个卖方市场，并没有出现一般商品流通中常有的贱买贵卖、囤积居奇等现象。也许有人为买而卖，如卖掉远地买近地，卖掉坏地买好地；但少有人为卖而买，虽然在灾荒年份趁地价下降时大片购入者有之，但此后待地价上升时再将这片土地卖出者则少见。但这并不能说明土地没有商品化，因为土地本来就不是一般商品，它是生产要素，是资本商品，没有人囤积土地与没有人囤积厂房、囤积劳动力的道理是一样的。

3. 土地买卖的规模

土地买卖的规模并不固定，多者可以一次数千亩，少者可以一分二分，甚至以垄计。尽管如此，土地买卖的规模还是有一些规律可循，我们依据几种史料略做分析。

第一种，《清代山东经营地主经济研究》。该书收有一户经营地主和一户租佃地主的土地积累过程。经营地主山东章丘县太和堂李家，乾隆二十六年（1761）至光绪三十一年（1905），共购入土地 515.92 亩，计文契 105 张，其中最小的一笔为 0.11 亩，最大的一笔为 30 亩，低于 1 亩的有 4 笔，高于 10 亩者 5 笔，其余均在 1—10 亩之间，平均每笔交易 4.91 亩。租佃地主章丘县矜恕堂孟家，咸丰四年（1854）至民国 24 年共积累土地 857.266 亩，分 74 次购入，其中最小的一笔为 0.467 亩，最大的一笔为 145.299 亩，1 亩以下的有 3 笔，10 亩以上有 18 笔，其余 60 多笔都在 1—10 亩，平均每笔交易 11.58 亩。[①] 这两户地主的差异是较明显的，前者为经营地主，依靠农业经营起家，土地积累慢，规模小；后者为商业巨子，商号遍及京、津、沪、烟台、济南、青岛等大城市，土地积累规模大、速度快。但这两户地主有一点是共同的，即他们一次购买土地的规模最常见的是在 1—10 亩，低于 1 亩和高于 10 亩的次数都比较少。

第二种，人民出版社 1975 年影印出版的《武训地亩帐》。该书里既有地契存根，亦有地亩账单，剔除重复的和残破损坏分辨不出土地亩数的，共有 75 笔交易，计地 296 亩有余。其中规模最小的为 0.29 亩，最大的为 18 亩，平均每笔约 4 亩。规模低于 1 亩的有 9 笔，高于 10 亩的有 7 笔，其余均在 1—10 亩。

第三种，满铁在 20 世纪 30—40 年代对河北、山东一些村庄所做农村惯行调查，收录了大批地契资料，经对《中国农村惯行调查》第 6 卷集中收录的 70 份卖契进行统计可知，只有 8 笔交易超过 10 亩，余均在 1—10 亩，在这 8 笔规模较大的交易中，有 5 笔属于民国期间旗地和寺田的处置。[②] 该

① 罗仑、景甦：《清代山东经营地主经济研究》，第 65—68、98—102 页。

② 中国農村調査刊行会編『中国農村慣行調査』第 6 卷、岩波書店、1952、406—420 頁。

书各卷尚分散收录了不少地契，也都以1—10亩的规模最多。

以上几种资料的趋势大体一致。此外，中国第一历史档案馆和中国社会科学院历史研究所合编的《清代土地占有关系与佃农抗租斗争》一书中收集的乾隆刑科题本档案，在66件明确记载了土地交易亩数的档案中，共涉及77笔交易，规模最小的1笔为0.5亩，10亩以下的有37笔，10—100亩的有28笔，100—400亩的有11笔，4000余亩的有1笔（这是规模最大的一笔），平均每笔交易达85.54亩。由于有4014亩一笔大数，若去掉规模最大和最小的两笔，则平均每次交易规模为57.88亩。这是清前期的情况，与近代的情况相比，交易规模明显较大。根据上述资料，可以认为，在近代，土地买卖的规模明显趋于下降，且以1亩以上10亩以下为最普遍。

4. 土地买卖的一般过程

土地所有权的证书可以分为三大类：由政府颁发的土地执照、各种私人文书、地权转移过程中形成的官私契约文书。

政府颁发土地执照，主要发生在国家授田、官有土地出售、普查清丈土地、国有荒地放垦、农民开垦无主荒地向政府报垦升科和土地改革等情况下。

私人文书主要有遗嘱、分单、赠予文书、养老文书等。这几种契约文书，都可作为土地所有权的凭证，不过，当这些土地的所有权通过买卖发生转移时，一般不会随土地一起转移。

地权买卖过程中形成的官私契约通称卖契（民国时期有一种官方统一制定的契约称买契），有白契、红契、草契、推契、典契等不同名目，它们不仅说明了土地买卖的一般过程，有时也体现了土地市场的一些特性。

在清代，民间田土买卖成立后，由卖方书立卖契，交买方收执，即为白契。其内容一般包括买卖双方姓名、中人姓名、卖地原因、土地类别、坐落位置、四至、面积和价格，有时要写明田赋数量，如土地上有树木之类也需写上。白契完全是民间契约，一旦发生田土纠纷，不受法律保护。在各种买卖契约中，白契是相当常见的一种，更明确地说，除下文所述红契和官府统一印制的买（典）契外，其他各种契约都与白契相似，即为民间手书，没有官方正式承认。尽管如此，这些契约却成为公认的地权证书。这种情况一方面固然说明近代的土地市场尚不够规范，缺乏明确的法律程序做保证；另一方面却也暗示出土地买卖的普遍性和地权关系的简单明确，买卖双方都确认交易不会受到他人的破坏和干扰，不会产生意外的纠纷，能够被周围有关的人承认——只有在这种情况下，他们才不必到官府备案。这也可以说是习俗的力量，习俗承认白契，承认不经过官方备案的交易的合法性，这种习俗对土地市场的发展起的应该是促进而不是阻碍作用。

民国成立以后，土地买卖的制度渐趋完善，出现了官方统一印制的买契。买契印成表格形式，由买主填写。栏目依次为：买主姓名，新树粮名，不动产种类、坐落、面积、四至，卖价，应纳税额，卖主姓名，原有粮名，原契张数，原纳粮额，推收粮额，推收年月日，立契年月日；最后是卖主、买主、监证人签押。[①]

在中国传统社会中，田赋是国家财政收入最主要的来源，清末民初，随着经济的发展，海关、工商等税收变得越来越重要，但田赋仍是各级财政收入的重要来源之一。地权转移直接影响到田赋的征收，同时，无论何种社会，土地都是一种重要的不动产，所以清政府和民国政府都制定了地权转移的制度，这些制度中最重要的环节就是税契和过割。

税契指民间土地交易成立后，到县政府有关部门纳税备案。在清代，纳税后由县府发给契尾粘贴于卖契之后，加盖官印，使白契成为红契。民国时期，纳税后由县政府填发正式的买契。经过税契过程后，这一笔交易为政府所认可，得到法律的保护。

田赋是由田主缴纳的，包括纳税人姓名、粮名，土地买卖成立后，买主代替卖主成为新的纳税人，应该在政府登记，改变粮名名称，以便用自己的名义纳税，这一行为叫作过割。税契与过割本来应该是同一个过程，即买主在投税登记的同时，更改纳税人的姓名，民国时期县府统一印制的买契中，“原有粮名”和“新树粮名”两个项目，指的就是原纳税人和新纳税人。政府规定田房买卖成立后必须税契，一是为了征收交易税，二是为了完成田粮过割手续，以便更好地控制田赋征收。买地人愿意到县府税契，一方面是为了使产权得到保护，另一方面也是为了明确纳税关系，避免纠葛。

一般情形下，税契过割是订立土地契约时不可缺少的手续，但民间土地交易不税契者大有人在。不愿缴税是一个原因，但不是主要原因，直到

① 『中国農村慣行調査』第 2 卷、191—192 頁。

1908年以前，不动产交易税的税率一直较低，给百姓造成的负担有限，百姓难以承受的是很多杂项使费。如清代县政府的吏胥在业主税契时常常借机需索，以种种名目收取手续费，一次税契手续往往迁延多日，以致业主视投税为畏途。清代另一弊病是银钱折算，如山东省征收田房契税时规定每京钱二千作价银一两，地价百千即折合价银50两，按3.6%的税计算，应收税银1.8两，吏胥收税时将银再折合成钱，却不按每两二千算，而是照当时市价折。清末山东省银钱比价一度达到一两换4000余文，1.8两税银折钱7000多文，原来地价百千本应收税3600文，现在则无形中税收增加了一倍。清末税率增长到9%，照如此折算，则业主要付18%的契税，负担就相当沉重了。①

民国时期各项制度日趋严密，县府机构职有专责，程序明确，可以减少无端的拖延，但吏治未见清明，苛捐杂税又多，正税税率虽比清末略低，但清末加税不过几年时间，而且名目上是抵补他项税收不足，并非正式加税。与此前多年形成的3%的税率比，民国时期契税的税率等于翻了一番，且正税之外又有附加，买主所付各种费用往往超过地价的10%。在这种情形下，业主逃避税契是完全可以理解的。

不履行税契过割手续还有一个相当常见的理由，即产权关系简单清楚，买卖成交顺利，买主有把握不会发生争产纠纷。这种交易，如非有意作弊规避钱粮，买主同样要代替卖主负起纳税的责任来。

综上所述，近代中国大部分地区的土地买卖在法律和习惯上实际都不受制约，有比较自由的土地市场。五花八门的土地买卖成因、每一笔土地交易的零细、中间人不同的身份和作用，都表明土地买卖有着相当大的自由度。各种各样的土地所有权证书，特别是白契的广泛存在，在说明近代土地市场不够规范的同时，也暗示出土地买卖的普遍性和地权关系的简单明确。至于税契和过割不能完整实行，加上白契和其他民间手写契约的普遍存在，在一定程度上意味着政府关于土地交易的法令和赋税征收的方式——这些本来都是最直接与土地交易相关并有可能对土地买卖形成制约的——实际上都不能限制地权的转移。

---

① 光绪《山东通志》卷83《杂税》。

农业劳动力市场

与土地市场相比，劳动力市场显示出更为普遍而自由的状态。我们从农业雇佣劳动力的需求、农业雇佣劳动力的供给和劳动力的交易场所与交易方式三个方面来说明。

1. 农业雇佣劳动力的需求

农业生产需要大量的雇佣劳动，首先是由于土地分配不均。尽管近年来学术界越来越多的人提出，近代中国的地权不像过去认为的那样集中，但地权分散只是相对的，地权分配不均却是绝对的；且由于自耕农经济的发展，雇佣关系成为劳动力与土地结合的主要方式之一。不仅经营地主和富农有雇长工的需要，土地稍多的中农有时也需要雇佣长工。此外，经营土地较多的半自耕农和佃农，对雇佣劳动也有相当大的需求。

其次，农业生产的特点和中国大部分地区四季分明的气候，造成了对农业劳动力强烈的季节性需求。农业的生产周期与劳动时间之间存在巨大差别，农作物的播种、施肥、灌溉、中耕和收获等不同环节都需要在一定的时间内集中完成，而在这些环节之间，劳动力或多或少会出现闲置。气候又使农业劳动的投入更加不均衡，如华北地区春天易干旱，春季作物要抢墒播种；夏季多雨，小麦恰于此时收获，要抢收抢晒，春季作物则要及时中耕锄草；秋收时节，玉米、红薯等尚可稍缓，豆类谷类如不及时收割，就会炸壳掉穗，造成减产失收。即使南方的亚热带地区，也仍然存在季节差异。在南方水稻种植区，插秧、收割等环节对劳动力的需求也相当集中。这种强烈的劳动力的季节性集中，造成对短工的巨大需求，不仅经营较多土地、雇佣长工生产的经营地主和富农，需要短工作为长工的补充，而且土地适中、无须长工的农户也需要短工，甚至一些只有很少土地、家庭经济相当贫困的小农，在农忙时也需要短工补充家庭劳动力的不足。

再次，经济作物的发展加大了对劳动力的需求。近代主要经济作物棉花、烟草和花生用工都高于各种谷物，尤其烟草和棉花用工更多。1935 年的一个统计表明，在山东，每亩小麦一年用人工 15 个，大豆 12 个，高粱 18 个，小米 21 个，花生 24 个，棉花 60 个，烟草高达 135 个；河南省每亩小麦一年用人工 11 个，大豆 8 个，高粱 12 个，小米 13 个，花生 10 个，而棉花每亩要用到30个工，烟草则用到90个。[①] 所以，在经济作物种植区域，对长短工的需求都要更大。

最后，乡村手工业商品生产的蓬勃发展也是造成雇佣劳动需求的一个因素。近代中国几乎各个农村手工业行业中都存在雇佣劳动，同时，手工业生产还会引起对农业雇佣劳动的需求。在手工业比较发达的地区，有些农户雇佣自己的家庭成员从事手工业，雇佣长短工经营农业；有些长工农忙时从事农田工作，农闲时从事手工业工作；更多的情形是，从事手工业的农户在农忙季节雇佣较多的短工。要之，手工业生产最初可能只是利用农家季节性闲置劳动力的一种方式，但当手工业发展到有较高收益时，就会使用越来越多的劳动力，最终使一部分农业劳动力转到手工业中来，从而引起对农业雇佣劳动的需求。同时，手工业带来的经济收入也使农家在农忙时雇佣较多的农业工人集中生产成为可能。

2. 农业雇佣劳动力的供给

近代农村存在大量失业、半失业和季节性失业的农民，他们构成了雇佣劳动供给的主体。

失业和半失业人口的存在，首先是由于地权分配不均，无地的农民固然是失业者，一些土地比较少的农民，看起来有业可事，实际上家庭劳动力过剩，也处于失业或半失业状态。这些无地少地的农民常常要出卖劳动力来补充家庭经济的不足，甚至以出卖劳动力作为家庭主要经济来源。

其次，农业生产的季节性需求同时造成了农民的季节性失业，即劳动力的季节性闲置。这就不仅限于无地少地的小农，大部分农户都存在这种情况。而且，除了少数相当富裕的农户外，大部分农民也都要尽力利用闲暇时间寻求额外收入，出卖劳动力就是解决这一问题的一种重要方式。

在农忙季节，同样有可能出现劳动力闲置的情形，如劳动力多而土地少的农户，有较强牲畜力的农户，都有可能在农忙季节未结束时已经做完自己农田里的工作，而此时正是短工工资较高的时候，带耕畜和大农具打工工资更高，所以这两类经济地位悬殊的农民都有可能出卖劳动力。

自然条件的差异和作物种类的不同，也会造成一部分农民处于农忙而

---

① 上海社会科学院经济研究所编《英美烟公司在华企业资料汇编》第1册，中华书局，1983，第399页。

另一部分农民处于农闲的情形。如华中小麦比华北小麦成熟得早，华北的小麦又比东北和西北小麦成熟得早，豫鲁两省农民往往在麦收之后北上到河北打工收麦，河北的农民则在夏收后出张家口或山海关，到热河、绥远或东三省做工。在黄河流域，当时称这些季节性流动的农业工人为“麦客”。[①] 不仅各省之间，即使在同一地区甚或同一村庄内，都可能出现这种情形。不同的土质、土地的不同肥沃程度、地下水位的高低、土地的不同位置、田地所处的小环境，对同一种作物的播种期、生长期和成熟期都会产生影响，使其在时间上不完全一致。至于不同作物对劳动力的需求在季节上不一致更是不言而喻。种植不同的农作物，使农忙时期交错开来，以便尽可能均衡使用劳动力，本来就是近代农民经常采用的减少农业劳动力季节性闲置的一个方法。但是，选择农作物种类受多种因素限制，不是所有农户都可以通过作物种类多样化来消化闲置劳动力，所以即使在农忙季节，仍会有相当数量可供出卖的劳动力。

最后，人口对土地的压力也是劳动力过剩的一个重要原因。自清代中期起，人口上升很快，无地少地的农民日益增多，土地集中和农民的两极分化只是原因之一，人口压力也起着巨大作用，即使地权分配能够更为均匀，过剩劳动力仍会大量存在。

在地权分配不均和人口压力的作用下，加以市场上对农业雇佣劳动的需求，近代农村出现了一个雇农阶层。

在清前期史料中，有关农业雇工的记载颇多，但很少涉及雇农的家庭经济状况，加以缺乏各类农户的统计，所以很难估计雇农阶层在农民中的比重。尽管如此，清代已存在这样一个阶层是可以肯定的。

清后期，目前仅有的雇农比重统计来自罗仑、景甦所著的《清代山东经营地主经济研究》，该书对雇农的定义是“主要依靠出卖劳动力为生”。据该书所记，清末（1897 年前后）山东省 41 县 191 村农户中，雇农比重约为 16. 1%，比佃农比重高出 2. 2 个百分点。[②]

民国成立后，有关农村经济的各种统计调查资料日多，但在雇农经济方面，问题也较多。首先，不少统计资料中没有雇农的数字，其中一个原

① 《中山文化教育馆季刊》第 1 卷第 1 期，1934 年，第 363—364 页。

② 据罗仑、景甦《清代山东经营地主经济研究》第 162—176 页表格计算。

因可能是有些雇农拥有少量土地，或其家庭租佃部分土地，故而被计入自耕农或佃农，有些统计中甚至把有少量土地出租而主要靠佣工生活的农户计入地主项下。所以，对于根本没有雇农数字的统计资料，只能认为它们设计统计项目时未列此项，不能认为不存在雇农阶层。其次，在有雇农项目的调查统计中，雇农标准亦不一致。有些调查按户主的职业而定，户主为长工者即算雇农；有些只把全无土地的雇工算作雇农；有些把自己不经营土地而出卖劳动力的农户（包括无地户和有地而出租与人的农户）都算作雇农；还有一些调查不计雇农户数，而只计农业工人的人数及其在全体农业人口中的比重。

1927年国民党中央农民部在对全国农民状况做的估计中认为，全国农民中有3000万雇农，占农民人口的8.9%，这些雇农全无土地。[①] 1933年，中山文化教育馆进行了全国农工雇佣习惯调查，这一调查的结果列为表15-5。

表15-5　三大区域雇农比重（1933）

区域	调查地区数	人口	雇农数	雇农占比（%）
长江流域各省	112	91214	8455	9.27
珠江流域各省	50	74820	6082	8.13
黄河流域各省	192	228361	28070	12.29
总计	354	394395	42607	10.80

资料来源：《中山文化教育馆季刊》第1卷1期，1934年，第368页。

从上面的分析中可以看到，引起农业雇佣劳动力需求的某些因素与形成劳动力供给的因素是一致的，如地权分配不均造成部分农户劳动力不足、部分农户劳动力过剩，此因素对供求双方所起的作用相同，由此形成的供给和需求可以互相满足。农业生产的季节性使劳动力在一部分时间内集中，一部分时间内闲置，这一因素引起的劳动力供求关系是矛盾的，农忙时雇佣劳动供不应求，农闲时则供过于求。不过，由于前文所说的自然环境、气候、农作物生产方面的种种差异形成农忙季节内的忙闲交错，因此劳动力的供求之间尚存在一定的平衡关系。另外一些因素对劳动力供求的影响则是单一的，或只引起需求，如经济作物的种植和乡村手工业的发展；或

① 《第一次国内革命战争时期的农民运动资料》，人民出版社，1983，第1—4页。

只增加供给，如日益密集的人口。

以上所述，只是从农业生产的角度讨论劳动力的供求，事实上影响劳动力市场供求的还有许多社会经济因素。20 世纪 30 年代初的一个调查，把农业工人供不应求的原因分为 10 类，并按其影响力的大小排列，占第一位的是农工当兵，第二位是农工出境，以下依次为地方匪患、农工改业、共产革命、地方粮价下降、人口减少、农工入民团、鸦片之害和其他。

对于各地农业工人供过于求的原因，上述调查列出了 12 类，依次为地少人多和天灾、出境者返境、谷贱、农村经济衰落、入境者众、兵匪灾害、捐税重、谷贵、城市工业衰落、手工艺衰落、其他。[①]

3. 劳动力的交易场所与交易方式

劳动力的交易场所——市场，有“人市”“工市”“工夫市”等名称，通常在这类市场上交易的只有短工和月工。凡设有集市的集镇上，劳动力市场像其他商品市场一样有自己的专门地段；在普通村庄里，劳动力市场常设在主要道路、村头麦场或寺庙门前。出卖劳动力的农民每天集中在劳动力市场上等待雇主雇佣。一般村庄中的劳动力市场通常只在清晨开市，至迟到中午便散去；较大集镇上的市场有时持续一整天，因为农忙季节农民雇短工虽以日计价，但并不都是每日雇佣一次，他们通常在找到合适的短工之后，就连续雇佣数日，直到本季的农业工作结束，所以可以在中午或下午与农工定约，第二天再上工。

大部分市场上短工工资由雇主与雇工双方协定。有时雇主喊出工作种类和工资价格，如无人应征，则增加工资，如应征者多，则选择身强力壮者雇佣；有时雇工喊出价格以求雇主。有时市场中第一笔交易成交后，后来的交易皆以此为标准。有些地方劳动力市场推定一家店铺，逐日登记市场上各种劳动力的价格，以供雇主参考。[②] 有些市场上有中间人按当日劳动力供求状况评定工资，中间人常把当日工价写在纸上，标于市场中，如雇工认为工资过低或雇主认为工资过高，中间人可酌量增减。若双方俱不同意，则由中间人独断，双方均须遵守。中间人通常是村长、乡长、闾长、

---

① 《中山文化教育馆季刊》第 1 卷第 2 期，1934 年，第 759 页。

② 《中山文化教育馆季刊》第 1 卷第 1 期，1934 年，第 333 页。

僧侣等在乡村社会生活中有一定地位之人，[①] 有时也由村民或乡勇中选出，经地主们认可。[②] 据中山文化教育馆 1933 年的调查，全国有劳动力市场的县中，约 10.7%有这类中间人。[③]

劳动力市场的分布普遍而又不均衡，如据 1933 年的统计，河北、山东两省 80%以上的县有劳动力市场，而同时期全国平均 37%的县有劳动力市场。[④] 不过，有劳动力市场的县未必村村都有市场，更不意味着劳动力必须上市交易。通常劳动力市场只设在集镇和较大的村庄，距市场较远或没有劳动力市场的地方，短工的雇佣方式有如下数种。一是雇主在本村或邻近村庄雇佣短工，同一村庄的农户，谁家有多少土地、多少劳力、农活完成得如何、何时有多余劳力出雇，互相都知道得很清楚。二是农业工人结伙游走于乡间道路上以待雇佣，或上门求雇，这样的农工多为外乡人，于农忙时或三五成群，或结成 50—100 人的大团伙，从一村到另一村寻找工作。若路上有劳动力市场，便停留在市场上待雇。有时需要雇工的农民在路上遇到这类工人，也会邀回家中工作。[⑤] 这一类农民寻找工作的地方，有些为农事比自己家乡稍晚的地区，如前文所说的黄河流域；有些是因种植经济作物因而季节性劳力需求较多的地区。他们白天工作，夜晚睡在乡村旅店，当劳动力市场上供过于求时，他们往往只求雇主供给食宿便可做工，直至农忙完毕，方才各自返乡。[⑥] 市场外短工雇佣的第三种方式是预定，多为农户在冬春季将粮食借给雇工，约定农忙时做工偿还。短工工资或为预定，或依时价，大致依据短工的供求关系而定。

上面所述都是短工的交易场所和交易方式，至于长工，一般并无专门的交易场所。长工的雇佣，或雇主与雇工直接商洽，或通过中人介绍，商定雇佣期限、工资和其他待遇。有些地方有在集市的茶馆中定约的习惯，但在上茶馆之前，双方往往已经有雇佣与受雇的意向，并非长工们待在茶馆待雇，雇主们到茶馆去挑选，所以这类茶馆还不能视为劳动力市场。

---

① 《中山文化教育馆季刊》第 1 卷第 1 期，1934 年，第 333 页。
② 章有义编《中国近代农业史资料（1912—1927）》第 2 辑，三联书店，1957，第 263 页。
③ 《中山文化教育馆季刊》第 1 卷第 1 期，1934 年，第 333 页。
④ 《中山文化教育馆季刊》第 1 卷第 1 期，1934 年，第 333 页。
⑤ 章有义编《中国近代农业史资料（1912—1927）》第 2 辑，第 262—263 页。
⑥ 千家驹编《中国农村经济论文集》，中华书局，1936，第 529—530 页。

有人认为，近代中国农村要素市场的运行处于种种约束下，作为农业生产要素之一的劳动力雇佣关系讲究私人关系和中间人，从而限制了劳动力市场的空间范围。[①] 从本章的论述可以看出，在近代，短工市场发展得相当充分，短工的雇佣关系已经很少受到限制。虽然在某些地方，短工交易中存在中间人，但既不普遍，更没有形成制度，只是一种习惯而已，其约束力也只发生在雇主与雇工对工资达不成一致意见时。当然，长工雇佣关系中还有较多的私人关系，劳动力市场相对发展不足，在空间上也还受到一定限制。但对于资本主义农业的发展来说，更重要的并不是长工的雇佣是否自由，而是短工阶级是否形成。如马克思所说，在资本主义租地农场主出现之前，必然会出现一个无产的、为货币而受人雇佣的短工阶级。[②]

过去的一些研究较多注意长工状况，似乎只有到长工完全没有人身隶属关系、可以自由出卖劳动力、劳动力市场形成时，农业生产中才可能出现资本主义。之所以出现这种看法，是由于中国近代农村中，长工通常没有土地，是真正的无产者，而短工家庭或多或少会有一点土地。这种观点强调了“无产”，却忘记了“为货币而受人雇佣的短工阶级”这几个字。前文谈到，农业生产周期与劳动时间之间存在差距和气候原因会造成对农业劳动力强烈的季节性需求，使农业劳动的投入极不均衡。这种情形不但中国如此，世界各地也是大同小异，资本主义生产要求生产要素得到最充分的利用，以追求最大的利润，所以必须有一个能够随时雇佣又随时解雇的短工阶级。至于短工拥有少量土地，没有达到纯粹的无产境界，对资本主义能否产生并不是十分重要的事情。事实上，在资本主义发展的早期阶段，工业工人在农村中拥有少量土地也并不是十分罕见的现象，遑论农业工人。当然，尽管如此，还不能够说近代中国农业中已经出现了资本主义生产关系，但我们可以说，至少在劳动力市场方面，阻碍农业资本主义关系产生的因素已经基本不存在。

① 黄宗智：《中国农村的过密化与现代化：规范认识危机及出路》，上海社会科学院出版社，1992，第 152 页。

② 马克思：《资本论》第 3 卷，中共中央马克思恩格斯列宁斯大林著作编译局译，人民出版社，1975，第 900 页。

第十六章

二十世纪初的收回利权运动

利权，主要指经济上的权利以及一系列与之相关的权益。利权一般都是相对国家而言，即国家的经济权利与权益，在某种程度上也涉及国家的主权。清季的收回利权运动，是由爱国工商业者积极主导、社会各界（包括一部分清朝官员）踊跃支持，抵制外国列强对中国利权的疯狂掠夺，采取各种方式从列强手中收回丧失的利权，发展民族资本主义的一场运动。这场运动不仅具有鲜明的反帝爱国运动性质，也兼有一定的反封建色彩，在中国近代历史上谱写了值得重视的篇章。关于这场运动的时代特点，有学者曾指出："20 世纪初年由绅商所推动、社会各阶层踊跃参加的收回利权运动，是旨在挽救民族危亡与列强抗争的声势浩瀚的国民运动。""与缺乏广厚社会基础的戊戌变法运动不同，清末收回利权运动是从社会中下层喷发而起的民族抗争风潮；与 19 世纪基于'华夷之辨'的文化隔膜而形成的反洋教斗争有别，收回利权运动属于 20 世纪中华民族觉醒和成熟的时代内容。在自然世纪流转的过程中，时代的更新便寓于其中了。"①

20 世纪之初的中国，为何会爆发声势浩大的收回利权运动？收回利权运动的主导者和参与者是哪些社会阶层？这场运动兴起与发展的历程是怎样的？运动的结局与影响如何？以下即对这些问题分别予以论述。

---

* 本章由朱英撰写。

① 王先明：《近代绅士：一个封建阶层的历史命运》，天津人民出版社，1997，第 221、212 页。

一 收回利权运动的兴起

收回利权运动的兴起，首先是由于19世纪末20世纪初外国列强加深对中国的政治控制与经济侵略，使中国急剧丧失大量利权，面临空前严重的民族危机。

1894年爆发的中日甲午战争以中国战败而结束，腐败的清王朝被迫签订了前所未有的卖国条约，不仅向日本支付2亿两白银作为巨额战争赔款，割让台湾全岛，增开商埠，而且允许日本人在通商口岸自由开设工厂，“从事各项工艺制造”，产品运销中国内地，只交所定进口税，并可在内地设栈寄存。随后，欧美各国列强援引“利益均沾”的特权，也在中国自由开设工厂。于是，诸列强纷纷争先恐后地在华建立工矿企业，修筑铁路，开采矿山，直接对中国进行疯狂掠夺。

与此同时，世界资本主义发展到帝国主义新阶段，垄断资本在主要资本主义国家均取得了支配地位。帝国主义最重要的特征是，资本输出取代商品输出成为对外侵略的主要方式。甲午战争和《马关条约》的签订，为帝国主义列强对华输出资本洞开了方便之门。在此之后，各帝国主义国家竞相向中国大量输出资本，并通过输出资本夺取中国的各项利权。

攫取对华铁路的投资和修筑权，是当时列强对华输出资本的重要方式之一，也是列强巩固和扩大其在华势力的有力工具。甲午战争后，列强在华争夺铁路投资和修筑权的竞争十分激烈。1896年3月，俄国用强制手段通过签订不平等的《中俄密约》，夺取了中东铁路的建造和经营权。其他国家则大多是利用清政府因支付对日巨额赔款，急需举借外债之机，采取贷款的形式，争夺卢汉、津镇、粤汉等几条重要铁路。例如美英法德俄都竭力争夺卢汉铁路，1897年7月，比利时在俄法支持下与清政府签订了《卢汉铁路借款合同》，取得了从北京卢沟桥至汉口的铁路投资、修筑和经营权。英德之间起初竭力争夺津镇铁路，后达成妥协，于1899年5月强迫清政府签订《津镇铁路借款合同》，规定山东南境以北由德国修建，山东南境以南由英国修建。美国于1898年4月胁迫清政府签订了《粤汉铁路借款合同》，攫取了从汉口至广州的铁路借款、承筑和控制权。1899年2月，美英达成协议，美国允许英国投资粤汉铁路，英国允许美国投资广九铁路。于是，中国路权丧失殆尽，其危害极为严重。时人即已意识到："盖自帝国主义发生，世界列强拓土开疆，莫不借铁道以实行其侵略主义。……是故铁道者，通商之后援，而灭国之先导也。"①

开矿设厂，是当时列强对华输出资本的另一种重要方式，其危害也不仅涉及经济方面。例如"清季外资在中国开办矿业，其所涉及的问题，至为复杂。矿业并不是一项单纯的经济企业。办矿必有矿地，矿地的面积不能太小；办矿必用矿工，一处较具规模的矿厂，工作人员也不会太少。而且，新式矿业必赖近代化的生产技术以从事于生产，又必须输入近代化的生产方法和观念。一处办有成效的矿区，可以很自然地成为一个独立的社区（community），像一处城镇一样。如果此一社区被置于外人的控制之下，加之，外人在华又享有多项政治上和经济上的特权，其将发生的后果，自非单纯。所以，外资办矿一事，在实质上，并不仅仅属于投资牟利甚或矿冶技术的范畴，其中实包含有错综复杂的政治意义"。于是，"外资办矿常为各国对华全盘政策中的一个环节，其政治性的意义，远超过于投资本身所具有的经济意义"。② 当时，列强强行夺取铁路修筑权，即可以控制铁路沿线地区的大片土地和资源，以及行政、军警、司法和开矿办厂等一系列特权，铁路所经地区实际上成为其势力范围。甲午战争之后，列强除取得上述在所筑铁路沿线地区的开矿权之外，美国又首先以与华商"合办"的名义，取得门头沟煤矿开采权。其他列强唯恐落后，也纷纷以各种方式夺取中国的开矿权。从1895年至1899年，列强各国迫使清政府签订了为数甚多的矿务合同，使中国各地的矿权大量外溢，矿区也成为铁路沿线之外的另一种外人控制区域。与此同时，列强在华设厂数量猛增，其中纱厂尤多，得以利用中国的廉价劳动力和原料，获取高额利润。为配合资本输出，列强还争先在华设立银行，不仅控制了中国的金融命脉，而且通过贷款、投资、发行货币等手段，控制了中国的经济命脉。

伴随着利权的大量丧失，还出现了帝国主义在华瓜分势力范围的狂潮，

---

① 《滇越铁路赎回之时机及其计划》，《云南杂志》第4号，中国科学院历史研究所第三所编《云南杂志选辑》，科学出版社，1958，第480页。

② 李恩涵：《晚清的收回矿权运动》，"中央研究院"近代史研究所，1978，第2、4页。

严重加深了中国的民族危机。在资本输出阶段，列强对一个地区和行业的投资利益无不要求独占，不再像商品输出时期那样允许竞争对手同时存在。1897 年 11 月，德国以山东巨野教案中两名德籍传教士被杀为由，派军舰强占胶州湾，次年 3 月迫使清政府签订《胶澳租借条约》，山东成了德国独占的势力范围，德国享有在山东境内修筑铁路以及铁路沿线 30 华里内开矿之权。俄国夺取中东铁路修筑权之后，又强迫清政府签订《旅大租地条约》，租借旅顺口、大连湾及附近水面，并划出大片“中立区”，面积几乎包括整个辽东半岛，从而将东北地区划为自己的势力范围，后又获得修建中东路支线南满铁路（从哈尔滨至旅大）的权利。法国则强行租借广州湾，租界之内全归法国管辖，并夺取广州湾赤坎至安铺修筑铁路及敷设电线权。日本除强占台湾之外，又强迫清政府承诺不将福建租借他国，使福建变相成为日本的势力范围。英国不仅保持在长江流域的势力范围，而且强迫清政府同意租借九龙半岛、威海卫及附近水面，在华南和华北设立了新据点。当年的爱国志士，曾满怀愤激忧患之情描述帝国主义瓜分中国的危机：“俄虎、英豹、德熊、法貔、美狼、日豺，眈眈逐逐，露爪张牙，环伺于四千余年病狮之旁。割要地，租军港，以扼其咽喉；开矿山，筑铁道，以断其筋络；借债索款，推广工商，以朘其膏血；开放门户，划势力圈，搏肥而食，无所顾忌。官吏黜陟，听其指使，政府机关，使司转捩。呜呼！望中国之前途，如风前烛、水中泡耳，几何不随十九世纪之影以俱逝也。”①

显而易见，中国利权的丧失，是与帝国主义列强在中国划分势力范围，掀起瓜分狂潮形影相随的。时人有言：“比年以来，各国势力范围之划定，实借攘夺铁路矿产为张本。”② 因为列强在华划分势力范围的主要目的之一，即是资本输出。例如列强在华攫取铁路修筑权，既是资本输华，又是在中国划分势力范围。另外，利权又是国权的重要组成部分。利权的大量丧失，后果极为严重，不仅使中国经济利益受到极大损害，也使中国的主权进一步遭受极大破坏，导致前所未有的民族危机，必然会激起中国人民的强烈愤慨，轰轰烈烈的收回利权运动也随之兴起。

---

① 李书城：《学生之竞争》，《湖北学生界》第 2 期，1903 年，“论说”，第 1—2 页。

② 宓汝成编《中国近代铁路史资料（1863—1911）》第 3 册，中华书局，1963，第 983 页。

其次，19 世纪末 20 世纪初中国民族资本主义获得初步发展之后，工商业者经济实力有所增强，思想认识有所提高，组织程度有所发展，这也是促使收回利权运动兴起的重要因素之一。

甲午战争之前，中国民族资本主义虽然已经产生，但商办企业为数不多，资本额较小，由官办、官督商办企业居主导地位。甲午战后，随着民间社会中“设厂自救”的呼声越来越高，这一情况逐渐发生变化。1895 年至 1900 年，商办民营企业不仅数量明显增加，而且资本额所占比例显著提高，开始在整个中国的近代企业中居于主导位置。于是，工商业者的经济实力迅速增长。据不完全统计，1895 年至 1900 年，中国新设工矿企业共计 122 家，其中商办 107 家，占资本总额的 83.3%，官办、官督商办 15 家，占资本总额的 16.7%。[①] 20 世纪初，民族资本主义又获得进一步发展，其特点同样是商办民营企业的发展更为迅速。这一时期不仅民间开设厂数和投资金额大大增加，而且投资的范围也较前更为广泛。除原有的缫丝业、棉纺织业、火柴业有很大发展外，烟草、肥皂、电灯、玻璃、锅炉、铅笔、化妆品等行业也都有民族资本投资的工厂出现。

民族资本主义虽然在 19 世纪末 20 世纪初获得了发展，但也面临着日益严重的帝国主义经济侵略，尤其是利权的大量丧失，使民族资本的生存发展举步维艰。亡国灭种的民族危机，对广大工商业者而言同样也是迫在眉睫的重大问题。在此情况下，工商业者的思想认识也逐渐有所提高，开始将眼光从一己之身家财产移注于国家和民族的存亡，萌发出近代民族主义思想。19 世纪末，即有商界人士指出：“爱国非可空言，其要尤在联合，一人之爱国心其力甚微，合众人之爱国心其力始大。”[②] 到 20 世纪初，工商界有识之士更大声疾呼：“凡我商人，宜发爱国之热忱，本爱国之天良。”在 1905 年由商会联络发起的全国性抵制美货运动中，“伸国权而保商利”也成为颇具号召力和影响力的重要口号。当时的工商业者，对利权丧失的严重危害也有较为深刻的认识。例如对铁路修筑权的重要性，江苏商人即曾指出：“路权一失，不啻以全省利权尽归外人掌握，及此不争，将来切肤之痛，不独吾

① 杜恂诚：《民族资本主义与旧中国政府（1840—1937）》，上海社会科学院出版社，1991，第 33 页。

② 陈颐寿：《华商联合报序目》，《华商联合报》第 1 期，1909 年，第 2 页。

省受之而直接，在商界尤属不堪设想，此万万不可不出死力以抵抗者也。”[①]

新兴商人团体——商会的诞生，是20世纪初工商业者组织程度明显发展的重要标志。明清时期中国的工商业者虽已成立会馆、公所等具有行会特征的团体，但这些团体主要是为防止竞争、排除异己和垄断市场而建立的一种非常狭隘的组织。公所主要由同行业者联合而成，会馆更兼有同乡会的色彩，由在异乡的同籍者组成。因此，会馆无行业之分，但有地域的限制，公所无地域限制，却有行业帮派之别，均非各业商人或手工业者的统一机关。新成立的商会，则不限籍贯和行业，是联结工商各业的统一组织。商会“登高一呼，众商皆应”，能够将分散在各行业的商人和手工业者凝聚成一个相对统一的整体。与此相适应，商会的活动内容及特点也与公所、会馆大不相同，其宗旨是“联络群情，开通民智，提倡激励与兴利除弊”，并调息各业纷争。[②] 因此，商会诞生之后，工商业者的政治能量与社会形象均大为改观，能够联合起来在收回利权运动中发挥更为突出的作用与影响。

再次，19世纪末20世纪初，清政府的改革以及相关政策的变化，对收回利权运动的兴起与开展也产生了双重复杂影响。

甲午战争的惨败，不仅促使民间人士爱国救亡热情急剧高涨，而且给清朝统治者带来了较大的刺激，迫使其不得不思有所振作，寻求变革。清廷上谕表示，“叠据中外臣工条陈时务，详加披览，采择施行，如修铁路、铸钞币、造机器、开各矿”等，如能“实力讲求，必于国计民生两有裨益”；同时，还宣称要“以恤商惠工为本源”。[③] 与此同时，清朝统治者对利权外溢的严重危害也有一定程度的认识。出使美、日大臣伍廷芳曾指出：“中国地大物博，各国环伺，乘间要求，非第利其土地，实亦羡其矿产。我诚定计于先，广为筹办，既可贻我民之乐利，亦可杜他族之觊觎。”[④] 朝廷对此也表示关注，认为“马关商约于我华民生计，大有关碍，亟宜设法补救，以保利权”。其具体补救办法，就在于大力发展民族工商业：“振兴商务，为

① 章开沅等主编《苏州商会档案丛编》第1辑（1905—1911年），华中师范大学出版社，1991，第785—786页。

② 《广东总商会简明章程》，《东方杂志》第1卷第12期，1904年，“商务”，第154页。

③ 朱寿朋编《光绪朝东华录》第4册，中华书局，1958，总3631页。

④ 《矿务档》第1册，“中央研究院”近代史研究所编印，1960，第42页。

富强至计，必须讲求工艺，设厂制造，始足以保我利权。”[1] 在此之后，清政府开始实施鼓励民营商办企业发展的新政策，具体内容包括颁行有关章程，设立商务局和农工商局，联络工商，创办银行、兴办农工商学等。

20 世纪初，清政府又大力推行“新政”改革。经济方面的改革主要是振兴商务，奖励实业，在很大程度上改变了历代封建王朝奉行不替的重农抑商政策，鼓励发展民族资本主义工商业。清廷上谕明确阐明：“通商惠工，为古今经国之要政。自积习相沿，视工商为末务，国计民生，日益贫弱，未始不因乎此。亟应变通尽利，加意讲求……总期扫除官习，联络一气，不得有丝毫隔阂，致启弊端。保护维持，尤应不遗余力，庶几商务振兴，蒸蒸日上，阜民财而培邦本。”[2] 1903 年，清政府设立商部（1906 年将工部并入商部改组为农工商部），作为执掌农工商路矿事务的中央机构。随后，商部和农工商部陆续制定颁布了一系列章程法规，包括《商人通例》《公司律》《公司注册试办章程》《铁路简明章程》《矿务暂行章程》《商会简明章程》《奖励华商公司章程》等，由此在当时形成了投资兴办实业的热潮。《国风报》第 1 年第 1 号刊登的《中国最近五年间实业调查记》一文称：“我国比年鉴于世界大势，渐知实业为富强之本，朝野上下，汲汲以此为务。于是政府立农商专部，编纂商律，立奖励实业宠以爵衔之制，而人民亦群起而应之……不可谓非一时之盛也。”

然而利权的不断丧失，对民族工商业的发展始终都是一大障碍。因此，清朝统治集团内部越来越多的官员提出应该采取具体措施维护利权。例如刘坤一、张之洞在联名所上的奏折中指出：外人久已垂涎我矿山铁路，“知我于此等事务，尚无定章，外国情形，未能尽悉，乘机愚我，攘利侵权”。“各省利权，将为尽夺，中国无从自振矣。”欲筹措挽救办法，只有“访聘著名律师，采取各国办法，秉公妥订矿路画一章程”。[3] 当时，朝廷对这道奏折也十分重视，“责成各该督抚等，认真兴办，查照刘坤一、张之洞原奏所陈，各就地方情形，详筹办理”。[4] 稍后，会办商约大臣盛宣怀也说明，

---

① 中国史学会主编《中国近代史资料丛刊 · 戊戌变法》第 2 册，神州国光社，1953，第 3、39 页。

② 朱寿朋编《光绪朝东华录》第 5 册，总 5013—5014 页。

③ 朱寿朋编《光绪朝东华录》第 4 册，总 4762—4763 页。

④ 朱寿朋编《光绪朝东华录》第 5 册，总 4830 页。

在商约谈判中各国均欲强占我矿权，中国必须参酌各国矿律，自行妥定章程，“以期主权无碍，利权无损”。[①] 商部成立之后，更是以维护利权为己任，并向朝廷奏陈：“路矿两端，实为各国富强之根本，事属相因，政宜并重，所有各省矿产，业由臣部酌定表式，并拟妥定章程，奏明请旨办理。……统计三年之内，如查有切实办事，确遵臣部定章，于路务大有起色者，应准由臣部择优奖励。”[②] 正是基于这样的认识，在清季收回利权运动兴起之初，清政府各级官员也给予了一定程度的保护与支持，产生了积极的作用与影响。

复次，鉴于利权丧失的诸多危害，20 世纪初各种报纸杂志几乎都无一例外地登载了大量呼吁收回利权的言论，形成一种具有相当影响的社会舆论，从而对于收回利权运动的兴起也产生了不可忽视的引导与号召作用。

19 世纪末的维新变法运动期间，是近代中国报纸杂志兴盛的重要阶段，公共舆论的社会影响也随之日益彰显。20 世纪初，其又在原有基础上获得更进一步发展，不仅各地报纸杂志的数量明显增多，而且往往会对社会关注的重要问题集中进行报道和评论，所产生的影响也更大，收回利权即是当时诸多报刊的重要论题之一。具体而言，从各种角度揭露利权丧失的严重危害，以警醒国人，激发社会各界对利权问题的高度重视，是当时各种报刊载文谈论最多的话题。有的还上升至国家与民族生死存亡的高度，对利权丧失的恶果进行了十分深刻的分析。例如《四川》杂志刊登的一篇文章即指出：“彼列强各挟其最阴毒最猛辣之手段，层出不穷，以集中我国之经济界，而大饱其鲸吞蚕食之野心。……此不特经济丧失之问题，实国家存亡关系之问题也。何则？经济为国家之生命，生命之权既操纵于外人之手，彼更进而以开港场，施行政治，侵我主权，以保护路线，屯置军队，缚我手足，一旦势力巩固，由经济界之瓜分，以逮及于国土之瓜分，此亦埃及、印度覆亡之秩序前鉴未远也。”[③]《大公报》发表的一篇山东旅京学界同人公启也深刻地阐明：列强“昔之灭人国也以兵力，今之灭人国也以利权；昔之灭人国也夺其土地，今之灭人国也攫其铁路。铁路存则国存，铁

① 朱寿朋编《光绪朝东华录》第 5 册，总 4941 页。

② 朱寿朋编《光绪朝东华录》第 5 册，总 5414—5415 页。

③ 南溟子：《中国与世界之经济问题》（续第一号），《四川》第 3 号，1908 年，第 32—34 页。

路亡则国亡，铁路者，固国家存亡之一大关键也”。[①] 如此振聩发聋的大声疾呼，当然会对国人产生极大的警醒作用。不仅如此，当时的报刊舆论还一致呼吁社会各界共同努力，收回丧失的利权，挽救民族危亡。有的强调："今欲言自立于强权之旋涡中，非先保其路权，以渐复其国家主权不可。"[②] 有的则发出警世危言，阐明中国若不亟起抗争，则“二十世纪之中国，将长为数重之奴隶矣！”[③] 这样的呼吁，对于收回利权运动的兴起自然也会产生比较明显的推动作用。

不仅如此，大众传媒对收回利权运动的发展也不无影响。运动的主导者对此也有所认识，并积极创办相关报刊作为号召和动员民众的工具。例如“川人知道报纸势力，就在争路时代”。[④] 四川保路运动期间，川路公司即曾拨出专款，先后创办《蜀报》《白话报》等，保路同志会也曾编辑印行《四川保路同志会报告》作为会刊，开辟“报告”“纪事”“著录”等栏目，专门登载四川保路运动的消息和评论，受到各界普遍欢迎。《四川保路同志会报告》第13号“报告”透露：“本会报告日出万纸，尚不敷分布远甚。今更与印刷公司再三筹商，苦心设法，每日多出五千张。”由此不难看出其受到各界欢迎之程度，其影响也相应可知。在湖南保路运动发展过程中，领导者也专门创办发行《湘路新志》，发挥了十分重要的作用。

综上所述，19世纪末20世纪初帝国主义各国对中国利权的疯狂掠夺，不仅严重阻碍了中国民族资本主义的发展，也随之造成了中国前所未有的民族危机，引起社会各界对利权问题的高度重视。新兴的民族工商业者一方面出于自身生存发展的迫切需求，另一方面缘于思想认识的提高，对严重的民族危机深表关切，提出了维护利权的强烈要求，并积极投身收回利权运动。此外，在甲午战争之后处于内忧外患危局中的清王朝，为了维护其统治地位，不得不开始寻求变革。从戊戌变法到清末新政，清廷都推行了鼓励发展民族资本主义工商业的新举措，在此情况下清朝统治集团内部

① 《为津镇铁路敬告山东父老文》，《大公报》1905年10月30日，第2版。

② 《山西留学日本学生为同蒲铁路敬告全晋父老书》，《东方杂志》第3卷第1期，1906年，“交通”，第7页。

③ 《二十世纪之中国》，《国民报》第1期，转引自章开沅、林增平主编《辛亥革命史》上册，人民出版社，1980，第123页。

④ 隗瀛涛：《四川保路运动史》，四川人民出版社，1981，第227页。

也有不少官员对利权丧失的危害有所认识，并主张维护与收回利权。20 世纪初，收回利权的相关论说在各种报刊也屡见不鲜，成为颇有影响的社会舆论。于是，在上述几个方面因素的交相影响与推动之下，20 世纪初的收回利权运动即因势而起，并不断深化发展，在当时产生了较为广泛的社会影响。

二　收回利权运动的主导者和参与者

早期的相关论著一般都认为收回利权运动是资产阶级领导的反帝爱国运动，换言之，即资产阶级是收回利权运动的主导者。到 20 世纪 90 年代末，有学者对这种传统观点提出了不同看法，认为“如果仅仅依据收回利权运动的结果、目标有利于资产阶级或体现资产阶级利益的判断而加以定性的话，那末，这无疑是低估了这一运动的作用。事实上，作为民族抗争的收回利权运动，无论就其斗争目标还是就其结果而言，它体现的是全民族的利益，不仅仅是资产阶级的利益。而且，民族资产阶级从来不是一个抽象的存在，而是有着具体内涵的可以把握的社会实体力量。收回利权运动究竟是否（是）资产阶级领导的爱国运动，应该依据具体史实去考察占据这一斗争中心地位的社会力量的属性和特质。……收回利权运动并非是某一社会阶级（包括资产阶级）利益和意愿的集中表现，而是全民族面对国权、生存权丧失殆尽而奋起救亡的民族斗争”。至于说，在收回利权运动中，究竟是何种社会力量居于发动、组织、指导的中心地位，这位学者指出：“尽管勃兴于各省区的收回利权运动的规模不同，方式有别，进程不一，但作为斗争发起者的社会力量却主要都是由绅士或‘绅商’集团来担负的。”在收回利权运动中，为了更好将各阶层的力量有效地聚集在“民族抗争”的旗帜下，使斗争取得最终胜利，各地都相应地成立了组织领导机构，在这些组织领导机构中居于中心地位的也不是资产阶级，而是绅士阶层。[①]

还有学者认为，绅商是收回利权运动的中坚力量。“绅与商在晚清社会中进一步相互渗透、合流的结果，是在 19 世纪末 20 世纪初形成了一个与半

---

① 王先明：《近代绅士：一个封建阶层的历史命运》，第 212—213、216—217 页。

殖民地半封建过渡社会形态相适应的特殊的绅商阶层。这一新兴社会阶层既有一定的社会政治地位，又拥有相当的财力，逐渐取代传统绅士阶层，成为大中城市乃至部分乡镇中最有权势的在野阶层。他们集绅与商的双重身份和双重性格于一身，上通官府，下达工商，构成官与商之间的缓冲与中介，起到既贯彻官府意图，又为工商界请命的‘通官商之邮’的作用。绅商阶层的形成，既是明清以来绅与商长期对流的结果，更是近代社会历史变动的产物，具有鲜明的时代特征。”至于绅商的社会阶级属性，不能忽视“近代绅商业已开始从事相当规模的实业投资，同近代经济发生了千丝万缕的联系，并开始接触和使用新的资本主义营运方式，其生活方式和思想意识也开始出现了带有近代趋向的微变”。因此，可以“将近代绅商阶层的社会阶级属性确定为：中国民族资产阶级的早期形态”。[①] 由此推论，我们也可以说在收回利权运动中居中坚力量的是中国早期民族资产阶级。

但是，也有学者认为“‘绅商’并不具备资本家集团或者资产阶级的典型特征。‘绅商’没有属于自己的雄厚的资本，它只是动员或组织社会资金的主要社会力量”。[②] 另外，学界对清末绅商一词的内涵也存在一些争议。具体说来，“绅商”一词究竟是分指绅士与商人，还是单指绅士与商人融合生成的一个新阶层，学界的见解并不完全一致。有的认为，在清末文献中频繁出现的“绅商”一词，“分指绅士与商人的例证较多”，而“单指性较明显的例证则较少，且或多或少存在一些疑点”。[③] 但也有学者认为，文献中的“绅商”一词，在多数场合是对绅与商的合称，但有时也是对亦绅亦商人物的单称。“所谓绅商，狭隘地讲，就是‘职商’，即上文所说的有职衔和功名的商人；广义地讲，无非是由官僚、士绅、商人相互趋近、结合而形成的一个独特社会群体或阶层。”[④] 还有学者以清末广东的情况为例，指出在广东虽然形成了一个人数颇多且在社会上有很大影响的“亦绅亦商”的群体，“但‘绅’与‘商’远未合流，两者的界限与竞争也是很明显的。总的来看，很可能界限和竞争更是主要的方面”。[⑤] 既然对绅商一词的内涵

① 马敏：《官商之间：社会剧变中的近代绅商》，天津人民出版社，1995，第93、205—206页。

② 王先明：《近代绅士：一个封建阶层的历史命运》，第238页。

③ 谢放：《“绅商”词义考析》，《历史研究》2001年第2期。

④ 马敏：《“绅商”词义及其内涵的几点讨论》，《历史研究》2001年第2期。

⑤ 邱捷：《清末文献中的广东“绅商”》，《历史研究》2001年第2期。

存在这样的争议，那么简单地认定绅商是收回利权运动的主导者或中坚力量，就会存在指向不是十分明确的情况，即究竟是指绅士还是指商人，似乎并不能完全确定。

笔者认为，在收回利权运动中起主导作用的可以说是新兴的工商业者。收回利权运动实际上包括两个层面的具体内容，一是收回被列强攫取的铁路、矿山利权，二是自行集资修路与开矿，二者相辅相成，不可分离。收回利权运动的组织者与主导者，绝大多数除采取各种方式争取收回利权之外，同时又积极参与了集资修筑铁路或开采矿山的经营活动，不管他们原来是绅士，或者是商人，抑或是所谓的绅商，在投资参与商办铁路和开矿之后，都可以说是新兴的近代工商业者。

还需要说明的是，1906 年以后的“预备立宪”期间，立宪派成为一支十分活跃并具有相当政治号召力和社会影响力的政治力量。尤其是具有地方议会和自治议会色彩的各省谘议局的成立，使立宪派拥有了一个议决地方应兴应革事件和议决地方财政预算、决算、税法、公债的合法代议机关，立宪派的政治能量和社会影响也随之更为突出。维护利权、发展实业，是绝大多数谘议局一直关注的重点内容。在许多地区的收回利权运动中，谘议局都曾议决相关议案，在很大程度上成为重要的代议机关。[①] 特别是在保路运动期间，许多谘议局的“中心活动就是保卫路权”，谘议局成为“保路运动的领导核心”。[②] 于是，在清季收回利权运动后期，立宪派借助谘议局这个新的代议机关，也成为收回利权运动的另一支重要政治主导力量。有学者强调：“清末的立宪派直接产生于绅商阶层，有的虽服务于学界，但或出身于绅商家庭，或与绅商阶层关系密切，所以他们直接反映着绅商阶层的利益与要求。立宪运动反映他们的政治要求，收回利权运动反映他们的经济要求。立宪派理所当然地成为这两个运动的领导者。”除此之外，“立宪派之能够在收回利权运动中起领导和中坚的作用，除了因其掌握舆论，有政治经验和组织能力以外，还因他们有集股的能力。他们有的本身就是富家巨室，有的则以其清望甚高，有稳定的社会地位，令绅

---

① 侯宜杰：《二十世纪中国政治改革风潮——清末立宪运动史》，人民出版社，1993，第 245 页。

② 林增平：《资产阶级与辛亥革命》，湖南出版社，1991，第 215 页。

商信服”。[①]

资产阶级革命派在收回利权运动中的影响也不能忽视。有关论著在论及收回利权运动时，一般都较少谈到资产阶级革命派的作用与影响，似乎革命派与收回利权运动没有什么关联，实际上并非如此。尽管革命派主要是从事反清革命活动，但在收回利权运动中同样也发挥了一定的作用。具体而言，革命派在收回利权运动中的作用与影响，主要表现在以下两个方面：一是舆论宣传，革命派创办的诸多报刊都曾阐明帝国主义经济侵略与利权丧失的严重危害，大声疾呼收回利权；二是实际参与，福建、广西、云南、山西、浙江、江苏、湖北、湖南等地的革命党人，都曾积极参与所在省份的收回利权运动。不仅如此，革命派在收回利权运动中的主张与行动往往更为激进，因而有学者称之为收回利权运动中的激进派。[②]

收回利权运动之所以能够成为一次颇具规模和影响的爱国运动，除了主导者的作用之外，还在于这场运动具有广泛的社会参与性。换言之，亦即收回利权运动的参与者具有相当的广泛性，涉及诸多社会阶层和社会力量，甚至可以说“社会各阶层几已全部卷入”。[③] 这场运动之能够形成这一特点，其原因很简单，因为收回铁路修筑权与矿山开采权在当时是“一个深得民心的运动”。[④]“收回利权运动并非是某一社会阶级（包括资产阶级）利益和意愿的集中表现，而是全民族面对国权、生存权丧失殆尽而奋起救亡的民族斗争。她所拥有的社会成员的广泛性是任何旨在为某一阶级奋斗的社会运动所难以比拟的。”另外，19 世纪末 20 世纪初是中国开始民族觉醒的重要历史阶段，“20 世纪属于民族觉醒的世纪”，收回利权运动的领导者用以呼唤、动员群众的精神武器，“是以国权、生存权为实际内容的民族精神”。因此，“聚集在这面旗帜下的社会力量的广泛性、社会性，以及由

---

① 耿云志：《收回利权运动、立宪运动与辛亥革命》，《近代史研究》1992 年第 2 期。

② 李宗一：《资产阶级革命派在清末收回利权运动中的作用》，《中国社会科学》1982 年第 6 期。

③ 林增平：《资产阶级与辛亥革命》，第 215 页。

④ 〔美〕费正清、刘广京编《剑桥中国晚清史》下卷，中国社会科学院历史研究所编译室译，中国社会科学出版社，1985，第 489 页。

此而形成的反抗力量的持久性，都是空前的”。[①]

有学者指出：“近代中国不缺乏投资资金，而是缺乏一种将剩余集中起来转化为投资的机制。……广泛的社会动员是商办铁路集资成败的关键。川路公司、粤路公司、浙路公司成为集资的前三名，得益于广泛的社会动员，多渠道筹集资金。”[②] 事实确实如此。例如在较早兴起的收回粤汉铁路修筑权与集股商办的斗争中，湖南各界都相继积极参与，产生了较大的声势与影响。“城乡广大居民，包括学生、农民、手工业者、小商人、军营、学校教职员、下级公职人员和一些开明地主分子”，均积极“通过踊跃认股，投入了保路斗争”。[③] 据《湘路新志》记载，“湘路自去冬谘议局议决后，多方集股，得学界欢迎，去冬周氏女塾各学生向集股会缴入路股二千余元”。修业小学还发起成立成城社，“以劝集路股为目的，联合全体学界，讨论方法……俾湘路早日完成”。数月之后，“即已缴入公司路股洋银四千余元”。商会等团体专门成立了集股分会，负责办理招股、换票、发息，动员广大商人和社会各界踊跃认股，“数日之内，集股已多”。凡属湘籍公职人员、军营、学校还曾以廉薪酌量入股，“各局所、学堂、军营莫不鼓舞从事”，很快即获得廉薪股款近万元。此外，下层民众也激于爱国义愤，节衣缩食争相入股。“农夫、焦煤夫、泥木匠作、红白喜事杠行、洋货担、铣刀磨剪、果粟摊担、舆马帮佣，亦莫不争先入股以为荣。”[④] 在社会各界的积极响应之下，湖南出现了集股自办铁路的高潮。

湖北地区的情况也是如此。铁路协会成立时，“农夫演说，洋洋数千言，士兵断指，血淋漓，以及星士解囊，以助协会之用费”。[⑤] 在收回粤汉路权、商办铁路日益高涨之际，湖北“军学绅商各界认股者异常踊跃。然

---

① 王先明：《近代绅士：一个封建阶层的历史命运》，第 213、225 页。不过，也有个别学者指出对收回利权运动中“普通民众的参与程度不容高估，光绪三十三年王廷扬致函沈飏民称：‘如此大风潮，不知者尚多，即知者亦莫名其妙，毫无感觉。以不知他办（指英帝国主义者办路）之害，并未知铁路之利故也。’”（沈飏民：《浙江拒款保路运动的群众斗争及其他》，《浙江文史资料选辑》第 2 辑，1962 年，第 29 页）参见苏全有《对清末利权回收运动的反思——以邮传部收回京汉路为个案》，《历史教学》2008 年第 6 期。

② 尹铁：《晚清商办铁路公司的集资问题》，《浙江学刊》2007 年第 4 期。

③ 林增平：《资产阶级与辛亥革命》，第 212 页。

④ 详见林增平《资产阶级与辛亥革命》，第 212—213 页。

⑤ 《湘路纪事》，《中国近代史资料丛刊·辛亥革命》第 4 册，上海人民出版社，1957，第 548 页。

上等社会之于公益已见热心。昨有金寿帮土工绅首徐雨亭等会议于六也茶园，拟定办法，除将公款七百余串悉数附股外，其作坊十六家各认十股。该帮艺徒计八百二十一人，每人劝定捐集一股，由各主东在工资项下按月抽提，以便缴纳。今下等社会亦热心公益如此，足见国民程度之进境也”。稍后，该帮又举行大会，议定“由各作坊每家认洋三十元，散工每各认洋一元，合筹现洋一万元，限冬月十五以内缴齐，由徐雨亭呈交公司，认作优先股二千股”。据报载，“当铁路协会开办之初，人人咸抱一路存鄂存、路亡鄂亡之心，所以一时认股如风发潮涌，不数月间已获百万”。①

四川保路运动中由于川路公司采取独特的“租股”形式筹措股金，② 涉及的阶层更为广泛，包括农民等各个阶层均在内，保路运动也随之扩展至更广阔的县镇区域。“无男无女，无老无少，无富贵贫贱，无智愚贤不肖，无客籍西籍，莫不万众一心……惟知合同失利，惟知破约保路，直提出其灵魂于躯壳之外，以赴破约之一的。”③ 社会各界万众一心共同致力于维护路权的情景，无疑是前所未有的现象。又如筠连县保路同志会成立时，“无论老者、弱者、智者、愚者，咸知川路为吾人生命财产，势必同归于尽。万众一心，誓死进行，连日报名者纷至沓来，争先恐后，吾筠连历年设会，鲜有如此神速者”。成都华阳保路同志会建立时，“乡农到会尤多，闻路权尽失，则莫不切齿，异常悲愤”。④

需要特别指出的是，在积极参与收回利权运动的社会各阶层中，学生界最为活跃，作用与影响也最为突出。20世纪初的中国，全国各地设立的各种新式学堂已为数众多，学生数量也随之日益增加，从而形成一个新兴的学生群体。他们的特点是具有新知识和新思想，特别关注国家与民族的前途命运，而且眼界开阔，反应敏锐，行动迅速，加之较少受到既得利益与传统因素的羁绊，其思想和行动也相对比较激进，态度更坚决，具有义

① 参见武汉大学历史系中国近现代史教研室编《辛亥革命在湖北史料选辑》，湖北人民出版社，1981，第494、498页。

② 川省工商业不发达，川路公司不得不采取独特的招股办法，股本来源有四种，即认购之股、抽租之股、官本之股、公利之股，其中以租股为大宗，涉及广大的自耕农与佃农。因此，川汉铁路集股社会面广，成效也较为可观。

③ 《四川保路运动史料汇纂》，“中央研究院”近代史研究所，1994，第362页。

④ 《四川保路同志会报告》第24、16期，转引自鲜于浩《试论川路租股》，《历史研究》1982年第2期。

无反顾的精神。上述这些特点，使学生界在收回利权运动中的表现显得尤为积极，其作用与影响自然也令人瞩目。

学生界在收回利权运动中的具体表现与作用，首先是积极采取各种方式向下层民众进行广泛宣传，启发民众的国民意识，号召民众踊跃认股，参与收回利权运动。他们通过集会演说、报刊载文、广发传单，发挥了显著的号召与鼓动作用。例如有的“遍发传单，邀集女界同胞”开会演说，阐明“凡我女界皆属一份子，各宜节省服饰，酌买路股，以尽一份之义务”。有的邀请家长，“特开父兄恳亲会，演说路权丧失，利害切身。各学生及该父兄有顿足咨嗟，泪涔涔下者，于是相继认股”。不少学校的学生还利用假期回到城镇乡村广泛宣传劝募，如河南河内高小学生担任汴路劝股，计划分途进行，每路正副各 4 人。“学生皆慷慨争先，全堂遂为一空。”信阳师范学堂学生“亦到处演说，提倡集股”。① 其次是踊跃认股，积极筹措股金，支持商办铁路。在江浙两省收回路权运动中，各学堂学生均尽全力带头认股，如上海复旦公学等 4 校学生共认股 29600 元，高等实业学堂学生认 1000 余股，杭州 36 家学堂的师生认股合洋 230220 元，金华中学和嘉兴府学堂学生各认 10000 元和 3000 元，江宁两江师范学堂认股 20000 元。由于自身缺乏经济收入，学生的认股数额并不大，却体现了高度的爱国热情。“同学节糕点饼果饵之资及一切无谓之费，共谋公益。”还有学生表示：“我学生入股之法，亦惟有减我一时口腹之供，以保我万世子孙之业而已矣。”②

清政府以及一部分官员在收回利权运动中的作用与影响也值得注意。客观地说，在收回利权运动的初期阶段，清政府相关部门以及一部分官员或明或暗、或多或少地起到了促进作用。以收回路权运动为例，清政府于 1903 年底颁布了《重订铁路简明章程》，规定民间集股设立铁路公司承办铁路为合法，并予以奖励和保护，凡“查明路工实有成效者”，由商部“专折请旨给予奖励”。该章程的颁行，实则为收回路权运动的兴起开了绿灯。紧随其后，许多省份的商人根据这一章程，提出集股自建铁路的要求，他们中的绝大部分在起初都受到所在省份督抚和商部的支持，各省京官也都主动联络，内外呼应。从有关记载可以看出，各省工商业者筹建铁路的要求，

① 详见桑兵《晚清学堂学生与社会变迁》，学林出版社，1995，第 257 页。

② 详见桑兵《晚清学堂学生与社会变迁》，第 255—256 页。

大多是通过督抚奏请清廷谕允批准，各省的商办铁路公司，也经商部大力协助上奏清廷谕允成立，至于粤汉、广澳、津镇、京汉等铁路修筑权的赎回，同样是官商共同努力所取得的结果。时论有称："张之洞、岑春萱〔煊〕首从鄂湘粤三省民意，以美金六百七十万圆赎回粤汉铁路，归三省自办。我国收回利权之举，以此为嚆矢。"①

但是，清政府外务部与商部的态度略有不同，该部因担心收回利权会引发新的中外交涉与冲突，故往往不敢予以支持，有时甚至还对收回利权之举予以阻挠。另外，在收回利权运动后期，清政府一方面屈服于列强的压力，另一方面为取得列强的贷款以缓解财政危机，转而主张对外借债修路开矿，并对商办铁路采取高压政策，这又严重破坏了收回利权运动的成效与进一步发展。为此，清政府也成为收回利权运动后期社会各界抗争的对象，并使这场运动演变成为反对帝国主义经济侵略与反抗清王朝封建专制统治相结合的民族民主运动。随后爆发的声势浩大的保路运动，甚至还成为引发辛亥革命的导火索。

三　收回利权运动的若干案例

"收回利权运动的主要目标有二：第一，在收回各国所攫获的铁路修筑权；第二，在收回既失的各处矿权。其初步发动，始自光绪三十年四月，湖南、湖北、广东三省官绅力争收回美国合兴公司承筑粤汉铁路的权利。此后数年，收回路权运动，很快便延及津浦、沪宁、沪杭甬、道清、京汉各路，结果或将路权赎回，或将原订的筑路合同改订新约，而收回一部分的利权。同时期内，收回矿权运动，亦在直隶、山东、山西、河南、安徽、浙江、四川、云南、福建等省，分别发动，一时自甲午战后以迄日俄战前期间各国在中国所攫获的诸处矿权，均成为各省'收回自办'的目标，矿权问题成为中外交涉的重要项目，为各省官绅所特别着意。"② 由于收回路权运动持续的时间更长，后来又发展为规模更大的保路运动，斗争锋芒直

① 凡将：《十年以来中国政治通览・交通篇》，《东方杂志》第9卷第7期（纪念增刊），1913年，第94页。

② 李恩涵：《晚清的收回矿权运动》，第69—70页。

指清政府，这需要更多的篇幅予以介绍。这里我们首先简要论述收回矿权运动的若干案例与发展历程。

山西的争矿运动，是当时产生较大影响的斗争之一。1898 年，英国福公司即贿赂清朝官吏，以借款给山西商务局为诱饵，签订承办晋矿合同，攫取了山西盂县、平定、潞安、泽州、平阳等州县煤、铁和石油诸矿的开采权，期限为 60 年。但合同虽订，福公司却一直没有勘查开采。义和团运动后，山西工商界人士即与福公司交涉，力图收回已失矿权，屡遭拒绝。1905 年，收回利权的社会舆论日见高涨，山西商人乘势集资购买矿地，自行开采。英国侵略者闻讯，立即横蛮照会清政府外务部，声称非经福公司允许，“无论华洋何人何公司，皆不准在该处开采煤矿”；同时，还径自到处插旗勘探，无理地要求山西商务局封闭各地已开之矿。

面对英国侵略者的威逼恫吓，山西各界人士坚持斗争，决心废除合同，将矿权收回。清朝外务部起初担心激成事变，屈从于英方的压力，认为“晋矿由福公司承办，迭经奏准，便成铁案。晋省绅商于订立合同数年后，始议拒绝，徒以不准开办为阻止之计，断难有济”。[①] 但山西工商界不仅不妥协，而且联合各界人士将斗争进一步推向深入。1906 年，以工商业者为主体发起组织“保晋矿务公司”，一面与福公司交涉收回矿权，一面集股筹备开采。1907 年，公司正式立案成立。曾投资创办双福火柴公司等山西最早一批新式工业企业的票号巨商渠本翘，被推举为第一任总理。在此之前的 1906 年 12 月，潞安府属各州县工商业者也筹集商股，发起成立“潞安矿产公会”，订立章程 8 条，拟定收买矿地自行开采，“永远不准私售外人”。

在山西各界坚持数年的坚决抵制与全国各地爱国者的声援下，英国福公司意识到，如果当地人民联合一致拒卖矿地和拒当矿工，即使强行开矿也无利可图，遂转而寻求转圜之计。1908 年 1 月，福公司不得不与山西商务局订立《赎回英商福公司开矿合同》，同意其所占矿产由山西工商业者用银 275 万两赎回自办。虽然付出了代价，但山西工商业者终于联合各界取得了收回矿权的胜利。

---

① 李庆芳编《山西矿务档案》，晋新书社，1907，第 85 页。

收回安徽铜官山矿权的斗争，也取得了积极的成效。1902 年，英国伦华公司通过各种手段与安徽巡抚聂缉椝签订合同，攫取了歙县、铜陵、大通、宁国、广德等州县的煤铁矿开采权。报纸披露此消息后，安徽工商界和留日学生一致表示反对，安徽籍京官也呼吁争矿废约。经过力争，于 1904 年使矿区限于铜陵县 400 平方公里的铜官山一处。但该公司却屡次逾限，自违约期，并仗势欺压中国民众，致群情愤激。1905 年，安徽工商业者发起成立矿务公所，宣布原订合同作废，决心自办矿务。

英商伦华公司当时并无充足资金开矿，又不甘放弃已夺取的矿权，阴谋与日商勾结合办铜官山矿，并蛮横迫令清廷外务部承认。这一行径受到安徽工商各界人士的强烈抵制。1908 年路矿工会成立，提出“坚持废约自办”的主张，并推举代表赴京交涉。1909 年，斗争愈益高涨，各界集会层见叠出。4 月，由路矿工会主持召开大会，旅居南京、上海、江西、芜湖等地的皖籍工商业者也派代表参加。大会致电清廷外务部，态度坚决地表示，“皖人均抱定废约自办为唯一宗旨”，以“上保主权，下卫民生”。[①] 5 月，芜湖商务总会也召开大会，坚决要求废约。可以说，收回铜官山矿权在清末成为安徽工商业者和社会各界最重要的一次斗争。这场斗争持续了多年，直到 1910 年 2 月，英国伦华公司见安徽工商业者和各界人士群情激昂，毫不妥协，只得在勒索 52000 镑“赔偿费”的条件下，承认中国赎回铜官山矿权。

四川工商业者推动收回江北厅矿权的斗争，同样值得肯定。1904 年，开辟川江航路的英国侵略分子立德，与四川矿务总局订立《江北厅煤铁矿务合同》，夺取了江北厅煤铁矿的开采权及运煤短程铁路的修筑权，并于次年设立“华英煤铁有限公司”，接着大肆扩占土地。为了抵制英国侵略者的扩张，以杨朝述为首的江北、巴县工商界人士筹设江合矿务公司，展开收回矿权的斗争。川汉铁路公司也给予江合矿务公司积极支持，允于公司股本内拨银 10 万两作为江合的股金。

江合矿务公司利用华英公司与矿务总局所订合同第 5 条“所指之地如有华商开办，该公司不必重指”的规定，“将英商未经指定各地，设法购归自办”，抢先以银 300 两买下石牛沟矿山，派人“星夜驰往石牛沟加工开

① 《记皖绅力争铜官山矿案事》，《东方杂志》第 6 卷第 5 期，1909 年，第 109—110 页。

凿”。立德眼看在四川不能得逞，转赴北京外务部也未如愿，“料难遂进取初心，爰渐萌退让主义”。[①] 随后，经过长年谈判，英国侵略者在索取银 22 万两后，在《江北厅矿收回合同》上签字。可见，收回利权的斗争有效地遏止了英国侵略者在四川的渗透。

浙江地区的收回矿权斗争也开展得有声有色。衢州、严州、温州及处州四府是浙江省的重要矿区，1903 年，意大利惠工公司通过其买办高尔伊，以蒙骗手段窃取了上述四府煤铁各矿的开采权，激起浙江人民义愤。浙籍留日学生率先号召保卫矿权，浙江工商界接着在杭州西湖集会，坚决要求收回矿权。上海的浙籍工商业者也联名发表《为杭绅高尔伊盗卖四府矿产事敬告全浙绅民启》，揭露高尔伊“既非四府绅民所委托，又不商诸全浙之绅商，擅盗公产，借肥其私，而不顾民业之丧于外人，权利之失于外人”。公启呼吁：“吾浙同胞，激发公愤，阻其成约，同谋保全利权之法。”[②]

1905 年，高尔伊不顾浙江各界的反对，悍然与惠工公司正式签订借款合同，激起浙江人民更大愤怒。工商界在斜桥商务局召开抵制大会，一致谴责高尔伊出卖矿权。杭州、上海等地报纸纷纷发表文章，支持浙江人民的反抗斗争。在强大社会舆论的压力下，清廷外务部未敢批准新订借款合同，并以前奏办矿期限已逾两年，撤销原订合同，收回四府矿权并准予商办。

除上述各地收回矿权斗争取得胜利外，福建工商各界收回建宁、邵武、汴州三府矿权，河南收回怀庆府及黄河以北诸矿，云南收回澄江、福安、开化等七府矿权，山东收回铁路沿线和峄县中兴煤矿及茅山等五处矿权的斗争，也不同程度地达到了目的。

收回路权的斗争，较诸收回矿权更为激烈，以下介绍有关的几个重要案例。

较早发端的是 1904 年至 1905 年收回粤汉铁路主权的斗争。1898 年，美商合兴公司与清廷签订《粤汉铁路借款草合同》，不仅夺取了粤汉铁路的“让与权”，并连带攫得沿线矿产的开采权。根据合同规定，合兴公司应在五年内将全路修成，修筑权不得转让他国。但该公司因资本有限一再拖延。

---

① 汪敬虞编《中国近代工业史资料》第 2 辑（1895—1914 年）下册，科学出版社，1957，第 755 页。

② 浙江省辛亥革命史研究会等编《辛亥革命浙江史料选辑》，浙江人民出版社，1981，第 291—292 页。

到1904年底才修筑了粤汉路南端广州至佛山的数十里支线。不久，该公司将股票的三分之二转卖给比利时商人，由比商承担建造粤汉路北段。这种延宕路工、暗售股票的违背合同做法，激起湘鄂粤三省人民的强烈不满，并由此触发三省的“废约争路”斗争。

1904年，湖北工商界人士即上书张之洞，阐明：“美商违约，全楚受害，众愤莫遏，公恳挽回，以泯巨患。”[①] 与此同时，湖南工商业者也联名驳斥美商的狡赖，“力请废约，归湘自行承办”。[②] 三省留日学生更是大力声援，组织“铁路联合会”，提出“路存与存，路亡与亡”的口号。美商为阻挠中国人民收回路权的斗争，又从比利时商人手中购回股票，声称不允中国废除合同。面对侵略者的蛮横无理，三省人民更为愤怒，纷纷表示“万众一心，有进无退”。湖广总督张之洞对三省的收回路权斗争，给予了一定支持，但出于策略考虑，提出改废约为赎路。1905年抵制美货运动爆发后，全国反美情绪更加高涨。8月，美商不得不应允中国的赎路要求。

粤汉铁路修筑权虽然赎回，但若不抓紧自建，仍有复失的危险。三省工商各界对此不无认识，踊跃集股成立商办铁路公司。广东总商会、七十二行和九大善堂等工商团体，积极劝募广大工商业者和社会各阶层认股，率先成立商办广东粤汉铁路有限总公司，掌握了商办铁路权。两湖地区商办铁路公司成立较晚，并一度遭遇某些挫折。1908年，张之洞调任军机大臣兼粤汉铁路督办大臣。英国侵略者提出“商借”贷款修筑粤汉路，德、法、美等国也乘机介入。次年3月，签订湖广铁路借款合同。三省人民坚决反对借款筑路，特别是两湖各界人士，一边抵制奴役性贷款，一边加紧筹股成立商办铁路公司。湖北的工商业者在商会领导下多次集会，痛斥借款筑路之种种危害，并联合学界、军界成立铁路协会，派代表赴京陈述商办铁路要求，主张不借外债、不招洋股，设立湖北商办粤汉、川汉铁路股份有限公司。工商界的要求得到社会各阶层积极支持，“军、学、绅、商各界，认股者异常踊跃”，[③] 在短时期内即筹得数目可观的款项。湖北工商各界的坚决斗争，终于迫使清政府于1910年3月准允湖北成立商办铁路公司，

---

① 宓汝成编《中国近代铁路史资料（1863—1911）》第2册，第759页。

② 宓汝成编《中国近代铁路史资料（1863—1911）》第2册，第758页。

③ 《辛亥革命在湖北史料选辑》，第494页。

集股自办本省铁路。

湖南工商各界的斗争也十分坚决，而且兴起更早。1905 年粤汉铁路收回时，湖南的工商业者即已开始积极筹款商办。1906 年 5 月，新成立的商务总会作为组织者，发起召开集股大会，与会者达千余之众。商会协理陈文玮倡议集股 2000 万元，设立商办湖南全省铁路公司，会上即有商、学两界认股 200 万元。会后，又由陈文玮等 36 人联名具文，呈请商部代奏立案，但清政府只批准官督商办。1908 年，张之洞与英、法、美等国签订湖广铁路借款合同的消息传出，湖南工商各界再次掀起拒款保路运动，首先发起召开“湘路股东共济会”筹备会议，设立事务所，作为领导保路运动的临时组织机构，接着刊行《湘路新志》，由工商界代表人物龙璋任主编。湖南谘议局成立后，也很快成为保路运动的领导核心。

集股筹款是湖南工商各界为达到完全商办目的而采取的一项具体措施。商会等工商团体设立集股分会，负责经办招股、换票等各项具体事宜，“数日之内，集股已多”。在集股保路的号召下，湖南出现了前所未有的集股高潮。“湘人现在情形，所争者借外债，所急者废草约，并不患其不筹股款。免危亡之祸，正所以鼓踊跃之机也。夫修路固必保主权。拒款即应筹自款，而欲以完全商办为目的。”①

1910 年 3 月湖北商办铁路公司获准设立后，湖南各界颇受鼓舞，遂推举谘议局粟戡时、陈炳焕等四人赴京请愿。当时主管路务的邮传部尚书徐世昌表示：“湘路既有的款，工程亦进行迅速，自可允如所请，当以公司为主体，须由公司加递呈词。”但随后又传来四国银行代表来京交涉铁路借款，催促清廷迅速签字的消息。湖南各界群情震撼，坚决反对，强烈要求清政府“严词拒绝，注销草约，宣示天下，以保路政，而定人心”。② 1911 年 4 月，湖南各界又成立了湘路协赞会，致力于“赶修湘路”。在社会各界的大力支持下，湖南的商办铁路取得了明显成效。至 1910 年，每年用于修路的款项已实筹四五百万元。湘路公司的局面，自保路运动开展以来，也为之一新。③ 1909 年 8 月，以商股为主导的湘路公司即正式动工修建长株段

① 《长沙日报》1909 年 11 月 28 日，转引自林增平《资产阶级与辛亥革命》，第 212 页。

② 粟戡时：《湖南反正追纪》，湖南省文献委员会编《湖南文献汇编》第 2 辑，上海书店，1996 年影印本，第 31 页。

③ 林增平：《资产阶级与辛亥革命》，第 216 页。

铁路，工程进展顺利，一年后全线修通，试车之日“观者骈集，甚形热闹”。接着，南段株郴线和北段长岳线也于1911年1月破土动工。

广东的收回路权运动虽然不及两湖地区持续的时间长，但各界民众也积极参与，表现出高度的爱国热情。广东商办铁路公司能够于1906年即较早成立，除“粤省商民，筹集路股，众情踊跃”之外，[①] 与其他各界民众的大力支持也密切相关。当年2月在总商会召开集股大会，得到与会各界人士的积极响应，当场认股多达180余万股，随后认股者仍源源不断，共认股金4400余万元，后来实收1510余万元。1906年4月底，商办广东粤汉铁路有限总公司即正式成立，并获清政府立案批准。于是，粤汉路权收回之后，由广东承办的铁路实现了完全商办，成效十分显著。正如有学者所说：“收回粤汉铁路的斗争，虽由湖南首倡，但斗争最坚决、结局最好的还是广东。只有广东才真正实现了商办的目的。究其原因，系由于当时广东民族资本主义发展的水平比两湖为高，广东民族资产阶级与封建势力力量对比的不同，导致了三省不同的结局。”[②]

江浙两省争取商办苏杭甬铁路的斗争，也书写了收回利权运动史上卓有成效的篇章。

苏杭甬铁路的修筑权，系由怡和洋行代表英国银公司于1898年诱使清朝铁路总办盛宣怀订立草约而攫取的。但是，该公司并未按照规定的期限勘测路线。1903年，浙江工商界人士即酝酿设立商办铁路公司，呈请清廷批准，但因遭怡和洋行干预而未果。盛宣怀曾于是年催促英公司即行勘路，并声明如6个月内再不勘路，前议草约即作废。然而直到1905年，英方仍未着手进行，亦未签正约。

同年7月，浙江工商界看到江西、安徽商人筹设铁路公司的申请先后得到批准，再次在上海集议商办全省铁路事宜，要求废止苏杭甬铁路草合同。会上议决成立浙江铁路公司，公举汤寿潜和刘锦藻为正、副总理。清政府一方面迫于当时全国方兴未艾的收回利权舆论，另一方面正推行“新政”，鼓励创设公司，发展实业，遂准允浙路公司成立，集股修建本省铁路。

---

① 宓汝成编《中国近代铁路史资料（1863—1911）》第3册，第1206页。

② 廖伟章：《广东人民参与收回粤汉路权斗争的经过及其作用》，《河南师范大学学报》（哲学社会科学版）1985年第2期。

商办浙江铁路公司的成立对江苏社会各界是一个很大的鼓舞。紧随其后，江苏工商界也要求援例设立苏省商办铁路公司，收回路权自行修建。当时，英国侵略者眼见江浙两省商办铁路日趋高涨，不甘到手的权益丧失，屡屡由其驻华公使向清政府施加压力，逼迫订立苏杭甬铁路正约。当时，清政府对商办铁路基本上是采取了支持态度，没有应允英方的要求。清廷外务部咨照江苏巡抚，说明原订草约第 4 条载：草合同先由督办大臣画押，俟公商抚部院，有地方窒碍之处，即行更正，仍俟订正约时，即行会同入奏。苏抚转而饬令苏省商务局照会苏州商会，请核议详复。苏州商会十分重视，立即举行特别大会商议，并及时回复照会："会商就地绅董，佥谓浙江铁路已由浙省绅民自行筹办，江浙既系邻省，苏杭又属咫尺，现在宁沪铁路正筹挽利权，其窒碍情形不言可喻，应请毋庸订立正约。"[①] 于是，苏抚在呈递朝廷的奏折中表示："苏杭甬铁路现准商务总会绅董查明窒碍，请将草约作废。"同时，他还向苏商保证，将"咨请外务部咨商督办铁路大臣盛，查照速将草约作废，以顺舆情而维大局"。稍后，苏州商会即派尤先甲、吴本善、王同愈等人，会同学界代表章珏专程赴沪，与浙路公司总理汤寿潜及上海工商界人士筹议设立苏路公司的具体事宜。

在保存下来的苏州商会档案中，可以看到苏州商会就成立商办铁路公司与商部往来的几封密电，披露其内容，可以发现当时苏州工商界与商部为争取江苏铁路商办的共同努力与成效。1906 年 2 月，苏州商会致商部"乙密"电云："苏浙铁路已定商办，浙已开办，苏亦宜办自苏达浙一段，以期交通，路线百里，费约二百余万。绅商现先认定底股三十万元，余再订章招股。乞大部俯赐注册，名曰'苏省商办苏南铁路有限公司'。"2 月 27 日，商部即回复"感电"称："路政重要，急宜郑重以图。希即转诸绅商，妥筹改为'苏省铁路公司'，仍俟公呈到部再行核夺。"3 月 5 日，商部又致苏州商会"镇电"云："速举总、协理，拟简章，请代奏。"[②] 根据上述三电，可知江苏工商界在 1906 年 4 月前后公开呈请设立商办铁路公司之前，暗地即已就此与商部有过多次磋商，说明当时的商部尽管也害怕开罪列强，但确实对江苏商办铁路运动给予了一定的支持。之所以采取密电的

---

① 章开沅等主编《苏州商会档案丛编》第 1 辑（1905—1911 年），第 767 页。

② 章开沅等主编《苏州商会档案丛编》第 1 辑（1905—1911 年），第 769—770 页。

方式联系，自然是担心英国侵略者过早获悉消息，从中加以阻挠破坏。1906年5月，商办江苏铁路公司获准成立，王清穆担任总理，张謇、王同愈、许鼎霖为协理，总公司设于上海，在苏州另设驻苏公司。

江浙两省商办铁路公司先后宣告成立后，英国侵略者眼看到手的权益即将丧失，马上向清朝外务部大兴交涉，要求清廷即刻与银公司订立苏杭甬铁路正式合同。两省工商各界闻讯坚决表示反对，强烈呼吁废除草约，收回主权。清政府一时进退两难，英国公使进一步大肆恫吓说："若任听各省绅民皆照浙绅半年来之莠言而行，中外无法相安。"① 当两省铁路公司开始修筑苏杭甬铁路的杭嘉、沪嘉路段后，英国侵略者更是恼羞成怒，接连向清廷施加压力，企图迫使清廷收回商办成命，饬令江浙两省停工。面对英国的强大威胁，清廷似有妥协之意，所发上谕声称："外交首在大信，订约权在朝廷"，"英人叠次执言，自未可一味拒绝，尽弃前议，致贻口实，另生枝节"。②

不过，清廷仍然担心完全接受英国的要求，会激起两省人民更强烈的反抗，影响东南漕运，于是令外务部右侍郎汪大燮与英方商计一个所谓的两全其美之策。汪大燮挖空心思提出借款、筑路"分为两事"的办法，即筑路之事不载入合同，表明系"中国自办"，但向英国借款150万英镑，按九三折扣缴纳，常年五厘利息，经邮传部转手拨给苏浙两公司，由两公司负担各项折扣和利息。此外，还规定必须聘请英人为总工程师，并由英方代购器材，将苏杭甬路的起点改为上海，与英国已攫取的沪宁路相连。

这个所谓的两全其美之策，只不过是变直接出卖苏杭甬路权为借款筑路，因而受到英方欢迎，清廷也以拥有"中国自办"的贴金表示同意。1907年10月，中英双方签订沪杭甬铁路五厘利息借款合同，清廷即强行谕令江浙两路公司接受英国贷款。消息传出，两省工商各界愤怒异常，马上掀起大规模的拒款保路斗争浪潮。至此，江浙两省的收回路权运动也开始从最初的废约自办，发展为反对封建专制统治者强行借款筑路，体现出明

① 宓汝成编《中国近代铁路史资料（1863—1911）》第2册，第844页。

② 《清德宗实录》卷579，中华书局，1987，第15页。

显的反封建斗争色彩。[①]

借款合同一经公布，苏州商会即致电农工商部，说明："自办铁路，喘汗集股，禀蒙钧部奏准，始克信用。今翻全局，逼借外款，民心一失，恐东南商务，从此解体。"商会协理倪开鼎和议董杭祖良等人，还以苏路公司全体股东名义致电同乡京官，愤而表示："借款造路，沪宁前车，已可痛哭。今又勒借指抵，贻害实巨。路权即国权，商办早经奏准有案，一失心，谁与图存。"[②] 与此同时，苏州商会接连举行拒款保路特别大会，阐明"商会宗旨，在劝各绅以集股保路为第一义"，并致电清廷农工商部和外务部，声明"不认商借商还，力拒外款"。[③]"不做则已，做则必求达其目的，誓死不回，以期终于有成。"[④] 浙路公司股东也一致通电表示："宁死不借外债"，"路之存亡，即浙之存亡，亦国之存亡"。

江浙两省的拒款保路运动，得到社会各界的大力支持和响应。在浙江，"商贾则议停贸易，佃役则相约辞工，杭城铺户且停缴捐款之议。商市动摇，人心震骇"。在江苏，苏州学界发起组织拒款会，编印各种抵制借款传单，四处广为散发，并与商界联合行动，集会演说，使人人知晓此中之利害，及早筹款，"切实声明拒款即保路权，保路权即保两省，不能拒款即失路权，失路权即失两省"。[⑤] 连远在日本的留日苏府同乡会也表示："此路系吾省命脉所在，路权一失，不啻以全省权利均归外人掌握。及此不争，将来切肤之痛，固不独我省受之，而直接在商界尤属不堪设想，此万万不可不出死力以抵抗者也。"[⑥] 为了抵制借款，两省各阶层民众均积极向商办铁路公司认股，"各处设会集股，甚为踊跃"。各学堂学生"莫不勉力，数日

---

① 关于清末的借款修筑铁路问题，近十年来史学界有一种看法认为其后果具有两面性：除了为帝国主义扩大对华经济侵略创造了便利条件之外，也具有一定的积极作用，即促进了中国铁路事业的发展。另外，在当时民间集资严重不足、政府财政极为困难的情况下，借债筑路不失为可行的方式之一。参见张九洲《论甲午战后清政府的铁路借款》（《史学月刊》1998年第5期），孔永松、蔡佳伍《晚清铁路外债述评》（《中国社会经济史研究》1998年第1期），张华腾《晚清借债筑路活动的再认识》（《殷都学刊》2005年第2期）。

② 墨悲编《江浙铁路风潮》第1册，"两省拒款函电"，中国国民党中央委员会党史史料编纂委员会，1968，第7页。

③ 墨悲编《江浙铁路风潮》第1册，"两省拒款函电"，第31页。

④ 章开沅等主编《苏州商会档案丛编》第1辑（1905—1911年），第799页。

⑤ 墨悲编《江浙铁路风潮》第2册，"两省开会纪事"，第5页。

⑥ 章开沅等主编《苏州商会档案丛编》第1辑（1905—1911年），第785—786页。

之间，已积成巨数”。[①] 此外，“佣贩女妇，苦力贱役，亦皆激于公愤，节衣缩食，争先认购”。“民气之感奋，实所仅见。”[②]

显而易见，自从清政府在出卖苏杭甬铁路的借款合同上签字以来，江浙两省的收回铁路主权运动，即由废除原订草约、争取商办，迅速进入反对清王朝与帝国主义相勾结、拒款保路的新阶段，斗争的锋芒不仅直指帝国主义，同时也指向了出卖国家主权的清王朝，因而显得更加激烈。两江总督和苏、浙两抚在联名呈请军机处代奏的电文中也说明：“自铁路借款一事宣布以来，人心大为骚动，各处绅士商民……奔走相告，誓不承认。”虽迭经劝谕，“无如万口一词，无从晓譬”。为此而不得不“合词吁恳天恩俯念群情迫切，饬下外务部竭力设法斡旋，以顺舆情而维大局”。[③]

为了平息江浙两省的铁路风潮，清政府于1908年3月与英方商定，将借款由“商借商还”改为“部借部还”，即英国银公司借款150万镑存于邮传部，再用邮传部名义转借给苏浙两公司，以京奉铁路的余利作抵，江浙铁路仍归商办，但在借款期内必须聘用英人为总工程师。按照这一协议，拒借外债的根本目的仍未实现，但江浙两省铁路保留了“商办”名义，而且不以两省铁路作抵押，也可以说是江浙两省拒款保路运动取得了一定的成效。另外，江浙两省铁路公司对所谓“部借部还”也仍然予以抵制，相约不用部拨借款，不让英国工程师过问路事。

1910年8月，清政府借机将浙路公司总理汤寿潜革职，“不准干预政事”，又一次激起了铁路风潮。浙路全体股东召开特别会议，坚决反对清廷革斥汤寿潜的诏文，并经由巡抚增韫代奏，为汤寿潜全面申辩，表示朝廷无权撤销铁路公司总理。宁波数万人齐拥至道署，“声称若不收回成命，必暴动云”。[④] 1911年2月，苏路公司“先斩后奏”，呈报邮传部辞退英国总工程师，同时声明公司因邮传部强迫借款之影响，致使停工蒙受损失，故将前领部款作为赔偿费用。一周之后，浙路公司也如法效仿。清政府鉴于江浙工商各界拒款斗争十分坚决，只得与英方协议，将苏杭甬路款转而

---

① 墨悲编《江浙铁路风潮》第1册，“开会认股汇记”，第31页。

② 《政艺通报》卷5，1907年，第4页。

③ 墨悲编《江浙铁路风潮》第2册，“廷寄章奏”，第3页。

④ 宓汝成编《中国近代铁路史资料（1863—1911）》第2册，第866页。

移作开封、徐州铁路借款。至此，持续六七年之久的江浙铁路风潮才逐渐平息。

四川工商各界为防止川省铁路修筑权落入外人之手，力争商办铁路，也进行了多年斗争。1903 年，四川总督锡良奏请设立官办川汉铁路公司。公司成立之后，为官僚豪绅所把持，毫无成效。有鉴于此，一部分工商业者号召“我川人同心协力，以实行不买股票，不纳租捐之策”，“破坏野蛮官立之旧公司，建设文明商办之新公司”。[①] 锡良为缓和工商各界对官办公司的指责，于 1905 年奏准改官办为官商合办，但公司实权仍操在官僚集团手中，腐败现象依然如旧，因此川省工商界仍要求川路公司实行商办，社会舆论也多方给予支持。1907 年，由于工商各界的坚持努力，川路公司终于改为商办。至 1909 年，川路集股总额多达 1170 余万两，在宜昌至秭归 300 里间同时兴工，从而杜绝了帝国主义对川省铁路的觊觎。

在此前后，其他多地的工商各界都曾开展争取商办铁路的斗争，并成立了商办铁路公司。据统计，从 1903 年至 1910 年，全国各地先后有潮汕、湖南、江西、新宁、安徽、浙江、福建、滇蜀、同蒲、江苏、广东、广西、四川、河南、西潼、湖北等铁路公司成立。有些地方虽未成立铁路公司，但也有要求自办铁路的组织出现。例如 1908 年成立的吉林公民保路会，1909 年成立的山东烟潍路招股公司等。

1911 年，正当各地收回路权运动取得明显成效，相继动工兴建之际，清政府出台了“铁路国有”政策，宣布“从前批准干路各案，一律取消”，由此剥夺了各省商办铁路的权利。清政府将铁路修筑权收归国有，主要目的之一仍是方便向列强贷款，在某种程度上也可以说是以路权换取外债。[②] 时人即已看出：“以路抵款，是政府全力夺自百姓而送与外人。”[③] 不到半个月，清廷就与英法德美四国银行团签订有关粤汉、川汉两大干线铁路的借款合

---

① 《建立川汉铁路商办公司建议书》，转引自章开沅、林增平主编《辛亥革命史》中册，人民出版社，1980，第 473 页。

② 在清朝统治集团内部，主张借款筑路者一直不乏其人，有的甚至还强调借债筑路是“救亡之要着”。例如 1910 年 9 月锡良与瑞澂联名上密奏曰：“我国将亡于不借债，即今图之犹可及也，失今不图，濡迟其时，更数年后，恐欲借而人将不我许矣。臣等所谓借债造路乃我国救亡第一政策者，此也。”见《锡良遗稿》第 2 册，中华书局，1959，第 1205 页。

③ 《四川保路同志会报告》第 21 期，1911 年。

同，将两湖境内粤汉、川汉铁路的修筑权出卖给帝国主义。因此，“铁路国有”政策及借款合同宣布后，爆发了更为激烈的反抗封建专制政府的保路运动。①

湖南工商各界人士以铁路公司、谘议局为核心，奋起保路，坚决要求巡抚杨文鼎“请命朝廷，明降上谕，收回成命，仍遵历次谕旨，准与商办”。湖北各界也在谘议局领导下，多次召开大会，坚决反对铁路国有政策，并推举谘议局议长汤化龙赴京，向清政府痛陈铁路商办不可取消。

四川的保路斗争声势最为浩大，也最激烈。起初，川路公司召开股东大会，集议联合各工商团体，群力争路，同时要求川督代奏，吁请清廷收回成命，结果遭到朝廷训斥。不久，四国银行团借款合同寄到四川，川省各界异常愤怒，反抗清政府的态度也由以前的温和转变为日趋激进。6月，川路公司联合工商各界开会，筹商抵制之策，“到会者数千人”，一致认为：朝廷“收路为他国所有，川人死不能从”。同时还表示“决非从前和平态度的文字争辩所能生效”，必须“另采扩大急进手段”。经磋商，决定成立保路同志会，作为“保路废约”的领导机构，会址设在铁路公司内。此后，四川保路运动迅速高涨，“全蜀响应，风潮尤为剧烈”。②

在清政府一再压制之下，四川保路运动愈演愈烈。8月24日，成都商人率先罢市。次日，罢市浪潮很快波及全川，学生则罢课响应。地方官府“劝解无效，防止无从”。③ 清廷三令五申命四川店铺“照常营业”，也无济于事。川督赵尔丰不得不向清廷急奏：“此次罢市、罢课，人心坚固。”④ 31日，四川各商会联合会发布通电，阐明：“今日人心既失，祸机已伏，警告

① 近十余年来史学界对“铁路国有”政策的评价也有一些新观点，认为这一政策的出台具有一定的合理性，不应简单地一味予以否定。有的指出：该政策是在商办铁路普遍存在严重的困难、效果不佳的情况下推出的，其目的是加快铁路的建设。参见陈晓东《清政府铁路“干路国有政策”再评价》，《史学月刊》2008年第3期。还有学者认为，铁路“收归国有有它的正当性，但时机选错了”。参见马勇《辛亥百年温情回望：一个王朝的隐退》，《文史参考》2011年第14期。当年奏请清廷实施“干路国有”的给事中石长信阐述其理由时，也曾说明商办铁路的弊端，包括资金不足、枝节为之、管理不善、租股扰民、妨碍国防等。参见《奏为遵议给事中石长信奏铁路宜明定干枝路办法事》，《宣统政纪》卷52。

② 详见隗瀛涛主编《四川近代史稿》，四川人民出版社，1990，第608—609页。

③ 戴执礼编《四川保路运动史料》，科学出版社，1959，第244页。

④ 戴执礼编《四川保路运动史料》，第277页。

全蜀，欲挽大局，宜从根本上解决。”否则，“路事风潮万无或息之一日”。[①] 9月1日，川汉铁路公司股东会议决不纳粮税，通告全省施行，公开向清朝统治者挑战。随后，抗粮抗捐在各地普遍开展起来。赵尔丰下令逮捕保路同志会、谘议局和铁路公司领导人，社会各界及民众群情愤激，齐赴督署请愿抗议，要求释放被捕者，赵尔丰命军队开枪镇压，制造了死伤多人的“成都血案”。革命党人乘此危急形势联络鼓动，组织四川各地保路同志军相继起义，成为武昌起义爆发的导火索。

四　收回利权运动的影响、作用及相关问题

清季持续数年之久的收回利权运动,取得了比较显著的成效。在当时的历史条件下，它“既是维护国家主权，抵制侵略的重大课题，而且具有争取民族解放，促进社会发展的积极意义”,[②] 在许多方面都产生了重要的作用与影响。

第一，收回利权运动是近代中国人民反帝反封建斗争史上，具有重要意义的一次反对帝国主义掠夺和清朝封建统治者出卖国家主权的民族民主运动。收回利权运动的开展，使社会各界民众的近代民族国家观念得到明显增强。“收回利权运动的唯一目的并非要争回绅商对于路矿的经营权，而是要从根本上争回被列强窃取掠夺的国家主权。‘国权’即主权观念，是20世纪民族主义精神的内核，也是收回利权运动的根本要求。”[③] 当时的民众，已经普遍意识到利权即国权，关系到国家和民族的存亡绝续，因而以高涨的爱国热情，态度坚决地积极投入收回利权运动，并使这场运动具备了显著的新时代特征。即如时人所言：“吾所谓权利思想之发达者，不奇于少数之新党志士，而奇于多数素无学问素无意识之众人。犹是矿也，向之引明季故事以为戒，谓巨资掷诸虚牝者，今则公司广设，市井投资，严屏外人之入股矣。犹是路也，向所指为弊政病国病民者，今乃视为利国利民之要

---

① 陈旭麓等主编《辛亥革命前后——盛宣怀档案资料选辑之一》，上海人民出版社，1979，第137—138页。

② 章开沅、林增平主编《辛亥革命史》中册，第482页。

③ 王先明：《近代绅士：一个封建阶层的历史命运》，第223页。

举，已入外人之手，以全力争回而自办，各省既同时举行，而投资踊跃，不数月而股数已盈。粤汉尤为先声之夺人，贾竖乡愚亦知权利资本之输，曾不少吝，此固非少数之新党志士，所能随其后而概加以鞭策也。”[①] 收回利权运动虽然也具有排外色彩，但并非如同以往盲目落后的仇外运动，而是属于理性的民族民主运动。“各省收回矿权运动，如与同期间内各省进行的收回路权运动，综合起来看，实为一普遍而深入民间的社会运动，具有十分浓厚的排外性。不过，该项排外运动具有正当的目的，也采用了适当的手段，既足以表达当时民族自觉的愿望，又不违背现行国际法的原则，与以前中国官绅迭次进行的反外仇外运动，大相径庭。”[②]

第二，收回利权运动的开展，明显促进了 20 世纪初期中国民族资本主义的进一步发展。例如在收回矿权斗争的刺激下，中国近代的采矿业有了较大发展。在安徽，呈请开办矿务者接踵而起，“一年之间，商人承办者二十余起”。[③] 全国各地著名的商办近代煤矿，如山西阳泉保晋煤矿公司、山东中兴煤矿公司、安徽泾铜矿务公司、四川江合公司等，都是在收回矿权运动中集资创办的。收回路权运动不仅一定程度地遏止了帝国主义大肆掠取中国路权的阴谋，而且促进了中国商办铁路的发展。1903 年至 1911 年，全国成立了 16 个商办铁路公司，集股达 5977 万元，兴筑铁路 422 公里。[④] 虽然已修铁路仍很有限，但毕竟开创了中国自建铁路的先河，因而具有重要意义。商办铁路还带动了一些与路工有关的民族工业的创办。“从总的方面看，可以说，收回路矿利权斗争带动了路矿的商办，而路矿的商办又促进了和引发了其他民族企业的创办，在此意义上讲，1905 年至 1908 年的兴办实业高峰即是收回利权运动的产物。”[⑤] 如为筹备铁路器材，浙路公司等在汉口发起创办了扬子机器制造厂，张謇等人在通州扩建了资生铁厂，苏浙皖赣四省铁路公司在上海合办了桥车厂。外人也意识到收回利权运动在这方面的连带作用与影响：在收回利权运动推动之下，“一方面民间有志之

---

① 匀士：《论中国近日权利思想之发达》，《东方杂志》第 3 卷第 9 期，1906 年，第 183 页。

② 李恩涵：《晚清的收回矿权运动》，第 367—368 页。

③ 《皖矿始末通告书》，第 2 页，转引自章开沅、林增平主编《辛亥革命史》中册，第 483 页。

④ 宓汝成编《中国近代铁路史资料（1863—1911）》第 3 册，第 1149—1150 页。

⑤ 刘世龙：《略论收回利权运动对于民族资本主义发展的推动作用》，《历史教学》1985 年第 5 期。

士认为，经营企业是收回利权的最好手段，关系国家命运的兴衰，因此大声疾呼：苟有爱国之心，应起而响应股份之招募。看清了利害的中国人民，当然更不计较金钱上的利害，相信能认购一股就等于收回一份权利。于是争相认购股份，引起了全国到处创办起股份、合伙或独资经营的新企业”。[①]当然，中国收回路矿主权也支付了大量赎款，付出了较大的经济代价。[②]但是，在当时特定的历史条件下，这一付出既促进了中国民族资本主义的发展，同时也具有难以估价的政治意义，有效地遏止了帝国主义通过攫取利权而控制中国经济命脉的侵略行径。因此，不能单纯以一时的经济得失来衡量和评估收回利权运动的长远影响与作用。

第三，收回利权运动对于工商业者的成长，尤其是对于工商业者思想认识的提高，也产生了较为突出的影响。首先，工商业者的爱国激情得以高涨。他们深刻地意识到利权即国权，维护利权即维护国权。苏州工商界人士阐明：“国家之权利，莫重于路政，而权利之竞争，亦莫亟于路政。诚以路线所到之处，即国权所植之处，亦即利权所握之处。”基于此种认识，他们特别强调：“自行筹办，则保路权以保国权，亦即以保利权。”[③]由此可见，工商业者维护利权的思想动机，同时也在于维护国家主权，是其高度爱国热情的集中体现。其次，工商业者对利权得失与民族工商业盛衰，以及对其切身利益的紧密关联，也有了比较深刻的认识。他们意识到只有维护国家和民族的利益，才能使自己的利益不受侵犯，因而在收回利权运动中态度坚决，行动积极。再次，通过开展收回利权运动，工商业者的人民自主观念也显著增强。工商界人士曾明确表示：“国家为人民之集合体，人民为国家之一分子，既担一分子义务，应享一分子权利。虽拔一毛其细已甚，而权利所在，亦不能丝毫有所放弃。苟人人有此观念，国家何患不强？从前胶州、广州、威海各口岸之分割，皆不明此义，甘受政府、外人之愚

① 〔日〕根岸佶：《收回利权运动对中国的影响》，汪敬虞编《中国近代工业史资料》第2辑（1895—1914年）下册，第737—738页。

② 有论者指出：时人即已对赎回利权的代价与效果表示怀疑，并进而“开始有人对赎路中的文明排外的手段也产生怀疑”。参见马陵合《文明排外与赎路情结》，《安徽师范大学学报》（人文社会科学版）2003年第3期。另还有学者认为：“在今天看来，不计代价的利权回收运动并不可取，学界一味对之颂肯，是缺乏理性的表现。”参见苏全有《对清末利权回收运动的反思——以邮传部收回京汉路为个案》，《历史教学》2008年第6期。

③ 章开沅等主编《苏州商会档案丛编》第1辑（1905—1911年），第772页。

弄所致，甚堪痛惜。今日拒款风潮如此激烈，足见我民气民权发达之一征，于数千年专制政体上放一光明，诚不禁为前途贺。”[①] 这样的言论，可以说集中反映了收回利权运动促进了工商业者思想认识的提高。

第四，收回利权运动与清末同时开展的其他政治运动相互促进，共同推动了近代中国民族民主运动的高涨。例如，“人民权力意识的觉醒是立宪运动与收回利权运动的内在根据，也是两个历史运动同步相连的深层原因”。虽然收回利权运动主要是经济上谋求自立的民族主义运动，立宪运动则是政治上谋求改革的民主主义运动，但两者联系密切，“相互激荡”。一方面，“立宪派的政治勇气提高，直接有利于推展收回利权运动”；另一方面，“收回利权运动的高涨，反过来又明显地促进了立宪运动的进一步发展”。不仅如此，收回利权运动、立宪运动与辛亥革命也存在着内在关联性。[②] 从整个进程看，收回利权运动与立宪运动几乎是“同时发生，同步进展，并彼此呼应，在 1911 年合为一流”。1911 年 5 月，“皇族内阁”与“铁路国有”相继出台之后，推翻皇族内阁与取消铁路国有令即成为立宪运动与收回路权运动互为关联的任务。“立宪派一面呼吁改组皇族内阁，一面发动保路运动；他们明揭保路旗号，暗行倒阁之实，将保路运动纳入了争取宪政斗争的轨道。”[③] 很显然，保路运动与立宪运动合流之后，声势和影响均更为突出。

第五，随着收回利权运动的发展演变，尤其是“铁路国有”政策出台之后，立宪派以及工商各界对清政府的不满与愤怒也与日俱增，成为武昌起义之后推翻清王朝的重要社会力量。收回利权运动兴起之初，其主要斗争目标是从帝国主义手中收回被其攫取的铁路和矿山主权，清朝各级官府包括中央的商部、农工商部和一些地方督抚大员，曾对此给予了一定的支持。但在收回利权运动不断发展的后期，清政府的态度却发生了变化，转而顽固推行借款卖路的倒行逆施政策，激起立宪派和工商各界的愤怒与反抗。“铁路国有”政策出台后，社会各界更是坚持抵制，并且与清朝统治者的矛盾日益加剧，将斗争锋芒直指清王朝，使收回利权运动发展成为抵制

---

① 章开沅等主编《苏州商会档案丛编》第 1 辑（1905—1911 年），第 797 页。

② 详见耿云志《收回利权运动、立宪运动与辛亥革命》，《近代史研究》1992 年第 2 期。

③ 闵杰：《清末两大社会运动的同步与合流》，《近代史研究》1993 年第 3 期。

清政府出卖路权和帝国主义奴役性贷款的反帝反封建斗争。立宪派和工商各界认识到清王朝的腐败反动本质，对其幻想逐步破灭，不仅坚决反对清王朝的卖国政策，而且在辛亥革命爆发后，有相当一部分很快转向支持革命，由此成为孤立和推翻清王朝的重要力量。

以上主要从五个方面对清末收回利权运动的作用与影响进行了简要论述，下面再对两个相关问题略做说明。

首先是20世纪初收回利权运动的斗争范围问题。长期以来，相关著述在论及收回利权运动时都只谈到收回路权与矿权问题，本章的具体介绍同样也是如此。于是，给人的印象是收回利权运动仅包括收回路权与矿权的斗争。实际上，这种印象与历史实际不无偏差。确切而言，20世纪初的收回利权运动除了声势浩大的收回路矿主权斗争之外，还包括收回邮政权、电政权、航运权等方面的交涉与斗争，只是其声势与影响远远不及收回路矿主权斗争，因而容易被人忽略。

晚清的邮政一直附设于海关，而海关又系外人控制，因此邮政权也在很大程度上被外人掌握。19世纪末，国人即意识到应自设邮政专局以收回邮政权，张之洞、刘坤一稍后也曾在联名奏折中论及邮政收回事宜。1906年，邮传部设立，以收回邮政权为己任，然而“事历多年，屡议收回自办，皆无结果”。舆论对此不无批评，认为“收回邮政，正旦夕间事”，“虽设有专部，仍不急行收回，授权于外人”。[①] 1909年徐世昌继陈璧担任邮传部尚书之后，摄政王载沣曾表示：“邮政为交通要政，现在预备立宪，诸事均须整顿，应将邮政速行设法收回自办，若常属外人，殊于行政有碍。”[②] 在各方面因素推动之下，邮传部对收回邮政权更加积极，拟定了接收邮政的具体步骤与方法。但在徐世昌任上，邮政权之收回仍未实现，再次引起了社会舆论与资政院议员的不满。直至“宣统三年春间，邮传部尚书盛宣怀奏请收回邮政，归部直辖，并竭全力争之”，才“决计收回，定于五月初一日起实行”。[③] 随后，邮传部正式设立邮政总局，开始办理邮政事务。在向海关交涉收回邮政权的同时，邮传部还曾采取措施限制和取消列强在华所设

① 《论我国推广邮政之所有事》，《盛京时报》1909年6月18日。

② 《徐尚书预备收回邮政》，《申报》1909年10月3日。

③ 苏全有：《清末邮传部研究》，中华书局，2005，第329—330页。

邮政业务。1907年，“邮传部议将全国邮政收回自办，所有外洋邮件均归中国邮局传递，而英、美、德、法、俄、日各使亦照会外务部，定期会议邮政办法”。[①] 随后，中日之间先达成协议。“邮传部宣布，凡日俄二国邮件，不许私由铁路递送，应照光绪二十九年三月清日邮件条约第八章一律付寄清国邮局。”[②] 至1909年，“凡各国在内地所设邮便局、书信馆，关于华文往来信件报交华人者，不得再由各国代收代递，均归大清邮政局自行收递”。[③]

电政权主要指的是电话、电报线的修建及其经营使用权。在清末的最后几年间，中国曾与俄国、日本、德国、英国相继交涉收回电政权事宜，并取得了一定成效。与俄国的交涉主要是北满军线、京恰线派工程师及傅家店违约寄电问题，经多次谈判，俄国允许将中东铁路界外军线电局交还中国管理；与此同时，中国要求日本也将中东铁路界外之军线撤除，但日方置若罔闻，邮传部“咨行东三省总督，饬知满洲中国各电局，不与日本电局交接”。后通过多次交涉，中国付给一定数额的赎金，与日方议订接收南满洲电线合同，宣统元年（1909）正月开始接收，“历时三月，始克竣事”。1907年，中德签订青烟沪水线交接办法合同，规定所有德营电话电报线售还中国，具体包括塘沽至津京电报线、塘沽车站至白河口林白格住宅之电话线及天津电话线，1909年交付完毕。与英国的交涉主要是阻止英商在上海租界外擅设电话和无线电报，“以维电政”。此后，清政府反复强调：“无线电报，无论何国何人，均不得在中国境内设立，业经按照各国定章，奏明通行在案。”[④]

航运权是指列强通过不平等条约在中国沿海和内河从事航运的权利。从鸦片战争缔结《南京条约》到20世纪初订立中外通商行船续约，其间清朝政府与各国签订了诸多涉及航运权的不平等条约，使中国不仅丧失了沿海与各商埠的航运主权，而且连非属通商口岸的内河航运权也一并旁落外人之手，带来了极其严重的恶劣后果。[⑤] 当时，即有人意识到此种危害，提

① 《外交报》第194期，“交涉录要”，第13页，转引自苏全有《清末邮传部研究》，第333页。

② 《邮部限制日邮》，《中国日报》1907年11月22日，第2页。

③ 《外交报》第283期，“外交大事记”，第15页，转引自苏全有《清末邮传部研究》，第334页。

④ 参见苏全有《清末邮传部研究》，第335—343页。

⑤ 参见李国华《近代列强攫取在华沿海和内河航行权的经过》，《史学月刊》2009年第9期。

出收回航运权的主张。宣统元年十一月，清朝邮传部为争取利权，制定《各省大小轮船注册给照暂行章程》，规定华商轮船向该部注册获取执照，海关不得径发船牌或执照，其目的是以此接管海关的航运行政权。不过，近代中国航运权的收回，经历了较长的过程，在清季仅仅是一个发端。

第二个问题，是继清季收回利权运动高潮过后，民国时期收回利权思想与行动的长期延续，由此也可看出收回利权运动在近代中国的持久影响。

以往的中国近代史论著，谈到收回利权运动都只限于20世纪初期的10年范围，似乎在此之后收回利权已不再为人提及。实际上，收回利权运动在清季经历了发展高潮之后，到民国时期仍然一直是社会关注的重要话题之一。

例如，1926年赵祖康发表纵论我国交通权丧失之系列长文，将1912年至1921年划为"利权重创时期"，呼吁国人继续重视利权丧失之严重危害，挽回利权。[①] 南京国民政府建立之后，仍不断有人提出中国宜振兴土货以挽回利权，"盖土货一兴，则能抵制外来之货，外溢之利，皆可挽回，而利权不失矣"。[②] 在1928年召开的全国经济会议上，又有代表提交"振兴国外贸易以兴利权案"，阐明三大具体措施。一是"自开航路"，"中国航业不出国门一步，而欲谋对外贸易者，从何做起？应请财政部发行航业无记名股票二千万元，由财政部负责保息，组织对外航业公司"。二是"请财政部令饬国家银行指定基金，扩充国外押汇，优待押汇事业，以利国际贸易之汇兑"。三是"办国际贸易之检查所，凡运销于国外物品，物质上之是否合乎买主定货单，度量衡之是否准足，非经检查给据，不得起运，以固贸易之信用"。[③]

收回航运权的呼吁与行动，在民国时期甚至呈现出日益高涨的趋势。"吾国海岸线之长，逾七千浬。长江可直航轮船之水道，达一千六百浬，而支流相通之水道，复满布全国，故沿海内河之航权，实为吾人之生命线。此项权利，倘一日不收回，匪特剥夺我资源，制我经济之命脉，抑且影响

---

① 赵祖康：《从利权得失观划分中国近世交通史之时期》（收回交通权刍议之四），《南洋季刊》（经济号）第1卷第3号，1926年。

② 顾骏昂：《中国宜振兴土货以挽利权》，《钱业月报》第7卷第7期，1927年，第5页。

③ 《振兴国外贸易以挽利权案》，《全国经济会议专刊》，1928年，第462—463页。

国防，阻我民族之复兴。”[①] 民族资本航运业的呼声尤为强烈，民国《海事》等杂志曾经刊载大量相关的文章和报道，从中可见一斑。航运业阐明“中国各海口及长江引水权，操诸外人，与各种不平等条约，同一危害”，要求政府“速制定法规，将国内引水业务，按国际通例，迅行收回，以保主权”。[②] 有的还提出收回航运权的具体步骤，定三年期限，分为三期，逐步收回航运权。第一期收回内港航行权，第二期收回江河航行权，第三期收回一切沿岸航行权。与此同时，中国应预先制定船舶国籍法。[③] 还有人特别指出收回航权之重要意义：“最近收回航权运动，亦随中日改约而起，在此运动期中，吾人不可不细察各国在华享受航业之特权。”列强各国大肆攫取航权，“凡我国沿海内河外航足迹之所到者，均为其间接的投资地，彼等货物之运转畅销，实为我国经济被榨取之一大原因，间接的，则使我国内乱不息，与工商业之不发达，故我国航权收回，实有急不容缓之势”。[④]

交通部也曾表示：“中国航业衰落，实受外航压迫影响，今后当本国际平等原则，收回航权。”[⑤] 其所设想的具体办法为：外商在中国领海内航业公司，出价收回；或由中国出资，暂时合营，但名称及主权，由中国支配，外股定期还清。海军部、交通部以及考选委员会还曾联合拟定引水人考试办法，并创办引水传习所，以此办法培养本国之引水人，改变“外人……喧宾夺主之情势”，“期于最短时期能完全收回”。[⑥]

1929 年，南京国民政府有关各部召开收回航权会议，商讨实施大纲。1931 年 7 月，交通部设置各地航政局，将海关代办之船舶登记检查丈量等事务，收回自办。“自此以后，我国始略有航政可言。”但是，海关兼办之航路标志、港道工程以及引水管理等事务，仍未能一并收回。直至第二次世界大战期间的 1942 年 10 月，国际形势出现新变化，对中国较为有利，交

---

① 王洸：《航权收回之前后》，《交通建设》第 1 卷第 1 期，1943 年，第 16 页。

② 《船业呈请收回引水权》，《海事》第 4 卷第 11 期，1931 年。

③ 陈柏青：《关于航权收回之商榷》，《航业月刊》第 1 卷第 3 期，1930 年。

④ 蔡可成：《航权收回运动应有之认识》，《国立中央大学半月刊》第 1 卷第 11 期，1930 年，第 20 页。

⑤ 《出价收回内河航权》，《海事》第 4 卷第 8 期，1931 年，第 67 页。

⑥ 《海交两部积极准备收回引水权》，《工商半月刊》第 3 卷第 16 期，1931 年，第 13 页。

通部才又提出收回航权节略，内容包括收回沿岸贸易权、内河航行权、收购英美在华船舶栈埠、收回引水权。随后中国与英美签订包括上述内容在内的新约，终于基本上收回了丧失数十年的航运权。于是，“主权归来，我航界同人，亦一舒往日窒息之气，前途光明，灿烂无穷”。但时人也意识到：“然一念如何振兴之道，百端待理，百事待举，诚非一蹴可几［就］。”为此需要“加强航政机构”，“储养人才”，“树立造船基础”，“商定发展航业方案”，“准备自办引水管理”。[①]

上述情况表明，在论及近代中国的收回利权运动时，不能仅仅关注清末这一运动高潮时期，还需要将时段向下延伸，重视民国时期收回利权运动的延续与发展。

① 王洸：《航权收回之前后》，《交通建设》第1卷第1期，1943年，第18页。

第十七章

清季人口与社会

清代人口统计制度的变革始于乾隆六年（1741）。在此之前，清王朝所实行的是所谓的“人丁户口”，即以纳税法人为单位做统计；而在此之后，才开始有“天下民数”，也即基本近实的人口统计。本章的叙述，就从人口统计制度的这一变化开始。

一 清中叶以降的人口统计与估计

太平天国战争前

1. 从“人丁”到“民数”

清代初叶从1644年到1740年，也就是从顺治元年始，历经顺治、康熙、雍正三朝，直到乾隆五年的近百年，是中国人口由锐减到缓慢恢复进而迅速增长的时期。这一变化，在清朝的官方统计中却没有得到如实的反映。这是因为，清代初叶所实行的“人丁户口”统计并非真正的人口统计。

康熙时的户部尚书张玉书说：

> 其载诸册籍者，皆实输丁粮之人。而一户之中，生齿虽盛，所籍丁口率自其高曾所遗，非析产不增丁，则入丁籍者常不过数人而已。其在仕籍及举贡监生员与身隶营伍者，皆例得优免。而佣保奴隶又皆

* 本章由姜涛撰写。

不列于丁。则所谓户口登耗之数于生齿之赢绌总无与也。[1]

乾隆初年的御史苏霖渤也在奏议中说：

向例五年编审，只系按户定丁。其借粜散赈，皆临时清查，无从据此民数办理。[2]

可见，清朝当局也没有将编审人丁看作真实的人口统计。

编审人丁的实质究竟是什么？有人认为：它既不是人口数，也不是户数或纳税的成年男子数，而只不过是赋税的单位。这一看法部分反映了真实的情况，那就是，在摊丁入地以后，“丁”确实已演化为计税的单位与尺度。证之以清代若干地方志的记载，“丁”以下还有分、厘、毫等单位。如光绪浙江《分水县志·食货志》即记载：“乾隆九年实在人丁六千三百六十九丁二分四厘四毫八丝三忽。”[3] 这里，人丁显然已转化为计税的单位。但在顺治初年直到雍正朝的 90 余年，官府所统计的编审人丁却还不是抽象的计税单位，因为它必须落实到具体的人户，即前引苏霖渤所说的“按户定丁”。据某些地区承粮花户名册中的人名历经雍正、乾隆、嘉庆三朝近百年而不变的事实，[4] 我们可以判定：编审人丁的统计实质上是纳税法人而不是自然人的人数统计。由于它的总数往往是预定的，所以有别于正常的人口统计；又由于它必须转化为具体的人户姓名，即落实到具体的人户，所以又不是丁赋本身。所谓编审，即是州县地方政府核准、登记或变更纳税法人的过程。正是编审人丁的这一纳税法人的属性，才使得州县以上官府将其汇总层层册报，并赫然以“天下人丁户口”的名义载于《清实录》之中。

顺治、康熙、雍正三朝，即 1644—1735 年的人丁统计（包括 1713—1734 年的“滋生人丁”的统计），绝不能用来表示同时期的人口变动状况。

---

① 张玉书：《纪顺治间户口数目》，《皇朝经世文编》卷 30《户政》，岳麓书社，2004，第 698 页。

② 《清高宗实录》卷 133，乾隆五年十二月。

③ 光绪《分水县志》卷 3《食货志·户口》。

④ 参见民国《双流县志》卷 2《户口》。

经计算，《清实录》每年所载的“人丁”与“地亩”之间有着极强的正相关关系。大体为每丁 30 亩，与“一夫百亩”的古制约略相合。[①] 康熙时人盛枫所作《江北均丁说》指出：“总一县之丁课编户为籍，人赋之得若干，其丁课之数常不及田税三十分之一。”同时代人李光坡《答曾邑侯问丁米均派书》也指出：“夫今之编审，皆因米添丁，则已计田矣，何尝就丁乎？”[②] 于此可见，所谓的“人丁”与“地亩”，实际上同为法定的纳税单位，并且前者因后者的变动而变动。

清代自乾隆六年开始有民数的统计，在《清实录》中的用语是：“会计天下民数，各省通共大小男妇若干名口。”这一统计，从原则上说，已属于全民人口统计的范围。然而所谓“天下民数”，并不是指居住在中国境内的全体人口，而只是指各直省的汉族人口以及部分已入编氓的少数民族人口。但这部分人口由于已占全国的人口绝对多数，将其近似地看作全国人口的统计还是可以的。“民数”统计之赖以实现的基础是清初即已实施而于雍正年间雷厉风行的保甲制度。

清代的民数统计自乾隆六年起，直到光绪二十四年（1898）止，历经乾隆、嘉庆、道光、咸丰、同治、光绪六朝，计 158 年。其中，以乾隆、嘉庆、道光三朝的统计较为完全。根据《清实录》的原有记载和户部《汇奏各省民数谷数清册》（以下简称为《民数册》）、《清朝文献通考》、嘉庆《大清会典》等资料的补充、修正，我们可将乾、嘉、道三朝，也即 1741—1851 年的民数统计（参见表 17-1）分为四个阶段进行考察。[③]

表 17-1　1741—1851 年民数统计

时间	公元（年）	民数（人）	校正数
乾隆六年	1741	143411559	
乾隆七年	1742	159801551	

① 相关系数 r = 0.960。如以 y 表示人丁（百万丁），x 表示田地（百万亩），可得回归方程：$y = 5.229 + 0.025x$（$290.4 \leq x \leq 897.0$），参见姜涛《中国近代人口史》，浙江人民出版社，1993，第 22 页。

② 以上二文均载于《皇朝经世文编》卷 30《户政》。

③ 1741—1850 年民数统计的分期，考虑到统计的连续性，各阶段分期的节点均应为同一年，但乾隆三十九年与乾隆四十年，因统计口径有变化，前一年为上一阶段的末年，后一年为下一阶段的始年，这是不同于其他阶段的特殊例外。

续表

时间	公元（年）	民数（人）	校正数
乾隆八年	1743	164454416	
乾隆九年	1744	166808604	
乾隆十年	1745	169922127	
乾隆十一年	1746	171896773	
乾隆十二年	1747	171896773	
乾隆十三年	1748	177495039	
乾隆十四年	1749	177495039	177538796
乾隆十五年	1750	179538540	
乾隆十六年	1751	181811359	
乾隆十七年	1752	182857277	
乾隆十八年	1753	183678259	
乾隆十九年	1754	184504493	
乾隆二十年	1755	185612881	
乾隆二十一年	1756	186615514	
乾隆二十二年	1757	190348328	
乾隆二十三年	1758	191672808	
乾隆二十四年	1759	194791859	
乾隆二十五年	1760	196837977	
乾隆二十六年	1761	198214555	198214553
乾隆二十七年	1762	200472461	201013344
乾隆二十八年	1763	204299828	
乾隆二十九年	1764	205591017	
乾隆三十年	1765	206993224	
乾隆三十一年	1766	208095796	
乾隆三十二年	1767	209839546	209749547
乾隆三十三年	1768	210837502	
乾隆三十四年	1769	212023042	
乾隆三十五年	1770	213613163	
乾隆三十六年	1771	214600356	214647251
乾隆三十七年	1772	216467258	
乾隆三十八年	1773	218743315	

续表

时间	公元（年）	民数（人）	校正数
乾隆三十九年	1774	221027224	
乾隆四十年	1775	264561355	
乾隆四十一年	1776	268238181	268238182
乾隆四十二年	1777	270863760	
乾隆四十三年	1778	242965618	
乾隆四十四年	1779	275042916	
乾隆四十五年	1780	277554431	
乾隆四十六年	1781	279816070	
乾隆四十七年	1782	281822675	
乾隆四十八年	1783	284033785	284033805
乾隆四十九年	1784	286331307	
乾隆五十年	1785	288863974	
乾隆五十一年	1786	291102486	
乾隆五十二年	1787	292429018	
乾隆五十三年	1788	294852089	294852189
乾隆五十四年	1789	297717496	
乾隆五十五年	1790	301487115	301487114
乾隆五十六年	1791	304354110	304354160
乾隆五十七年	1792	307467279	
乾隆五十八年	1793	310497210	
乾隆五十九年	1794	313281795	313281295
乾隆六十年	1795	296968968	
嘉庆元年	1796	275662044	
嘉庆二年	1797	271333544	
嘉庆三年	1798	290982980	
嘉庆四年	1799	293283179	
嘉庆五年	1800	295237311	
嘉庆六年	1801	297501548	
嘉庆七年	1802	299749770	
嘉庆八年	1803	302250673	
嘉庆九年	1804	304461284	

续表

时间	公元（年）	民数（人）	校正数
嘉庆十年	1805	332181403	
嘉庆十一年	1806	335369469	
嘉庆十二年	1807	338062439	
嘉庆十三年	1808	350291724	
嘉庆十四年	1809	352900024	
嘉庆十五年	1810	345717214	
嘉庆十六年	1811	358610039	
嘉庆十七年	1812	333700560	363695492
嘉庆十八年	1813	336451672	
嘉庆十九年	1814	316574895	
嘉庆二十年	1815	326574895	
嘉庆二十一年	1816	328814957	
嘉庆二十二年	1817	331330433	
嘉庆二十三年	1818	34820037	
嘉庆二十四年	1819	301260545	371580173
嘉庆二十五年	1820	353377694	373773394
道光元年	1821	355540258	
道光二年	1822	372457539	
道光三年	1823	375153122	380619569
道光四年	1824	374601132	382439631
道光五年	1825	379885340	387026888
道光六年	1826	380287007	386081958
道光七年	1827	383696095	388608215
道光八年	1828	386531513	390755718
道光九年	1829	390500650	
道光十年	1830	394784681	
道光十一年	1831	395821092	
道光十二年	1832	397132659	
道光十三年	1833	398924036	
道光十四年	1834	401008574	
道光十五年	1835	401767053	403052086

续表

时间	公元（年）	民数（人）	校正数
道光十六年	1836	404901448	
道光十七年	1837	405923174	406984114
道光十八年	1838	409038799	
道光十九年	1839	410850639	
道光二十年	1840	412814828	
道光二十一年	1841	413457311	
道光二十二年	1842	414686994	416118189
道光二十三年	1843	417239097	
道光二十四年	1844	419441336	
道光二十五年	1845	421342730	
道光二十六年	1846	423121129	
道光二十七年	1847	424938009	425106201
道光二十八年	1848	426737016	426928854
道光二十九年	1849	412986649	428420667
道光三十年	1850	414493899	429931034
咸丰元年	1851	432164047	431894047

资料来源：“民数”一栏的数据出自《清实录》中历年有关各卷卷末；“校正数”据第一历史档案馆藏《汇奏各省民数谷数清册》所记。

第一阶段，乾隆六年至三十九年（1741—1774），民数由约14341万人增加到22103万人。在这一阶段中，乾隆七年较六年增加1600余万人，增幅过大（增长率高达114‰）。其后则大体以较为平缓的速率逐年增长，平均年增长率为10.2‰左右。

曾有论者强调1741年人口数据的重要性。因为清政府于此年第一次清查了全国人口，然而方志材料向我们显示，若干地区是在1741年后的数年中才逐户清查人口并有准确数字上报的。这一事实表明：1741年后几年的人口统计数据的大幅度上升，并不是实际人口突然飞跃增长，而是各地陆续清查人口并将其上报的结果。

第二阶段，乾隆四十年至五十九年（1775—1794），民数由约26456万人增加到约31328万人。这一阶段因1775年举行了全国规模的人口清查，而使该年民数比1774年猛增4000余万人（年增长率高达197‰），与第一阶段形成一个陡坡。但本阶段其后各年的增长也相当平缓，大体保持年增长率 8.9‰左右。唯一的例外是 1778 年，因比上一年少约 2790 万人而形成一个明显的统计缺口。

对于 1775 年人口统计的大增长，曾有论者认为是疆吏们为迎合乾隆帝的意愿而多报的结果。在此后历年编造的户口统计中，可能也未及时将这些虚报数字修正。及至今天，有些学者，尤其是海外的一些学者，仍坚持认为 1775 年后的人口统计有虚报成分，应该予以删减。根据现在所能搜集到的 1771 年和 1776 年两年的分省统计数据，我们不难发现：各省的增长幅度并不相同。增幅较大的有四川、广东、湖北、湖南等省。其中，四川由 307 万人增加到 779 万人，增长率高达 154%。增幅较小的有浙江、广西、奉天（含吉林)、陕西等省。其中陕西由 743 万人增加到 819 万人，增长率为 10%。最引人注意的是山东省，竟然出现了负增长。该省由 2600 万人降至 2150 万人，增长率为-17%。值得指出的是，各省人口增幅的大小与各省移民人口（即“流寓”）的多少密切相关，人口增幅较大的几个省，都是清初以来有大量移民迁入的省份；而出现负增长的山东，恰好是一个人口迁出大省。山东早在康熙年间即有 10 多万人迁往口外的内蒙古地方垦地。但当时规定，仍由山东巡抚“查明年貌、姓名、籍贯”造册，以防这些人“将来俱为蒙古矣”。[①] 迟至乾隆年间，迁移至东三省、内蒙古等地的原山东人当不会少于数百万。若再仔细推敲乾隆帝的相关上谕，我们更可发现它与 1741 年的规定有着原则性的差别：1741 年的规定明确要求各地上报民数时将“流寓”人口除外，1775 年的谕旨却强调必须将各地的“实在民数”通核上报。[②] 显然，这种由“本籍主义”向“现住主义”指导原则的改变，才是 1775 年统计人口大幅度增长的主要原因。换句话说，正是 1741 年将“流寓”人口除外的不合理的“本籍主义”规定，造成了 1741—1774 年统计人口与实际人口相比大幅偏低。

第三阶段，乾隆五十九年至嘉庆十七年（1794—1812），民数由约 31328 万人增加到约 36370 万人。这一阶段的统计缺口较多。由于这一时期户部《民数册》现已大部缺失，《清实录》的记载又过于简略，我们无法准确判

① 《清圣祖实录》卷 250，康熙五十一年五月壬寅。

② 《清高宗实录》卷 995，乾隆四十年闰十月丙寅。

断出现这些统计缺口的具体原因。据现存道光朝的《民数册》推断，应是灾荒或战乱影响到有关地区，未能及时将人口查报。如果排除这些缺口的干扰，则可以看出，这一阶段民数的变动基本上仍是呈现平稳上升的增长曲线：平均年增长率约为8‰，即每年增加近270万人。

第四阶段，嘉庆十七年至道光三十年（1812—1850），民数由约36370万人增加到约42993万人。这一阶段的增长速率已明显减缓。由于鸦片战争和灾荒，部分地区民数缺报。虽然按规定，这些地区事后都必须补造（补造的民数附于上报之年的《民数册》中，而不再对原《民数册》加以订正），但因现今留存的《民数册》残缺，我们无法将缺失的统计一一修订补全。根据业经修补校正的数据来看，这一阶段人口大体仍呈上升的趋势，但平均年增长率已下降到4.6‰。

像1775年的全国规模的人口清查，此后直到1850年大动乱的前夕没再举行过。乾隆帝则寄希望于地方官员平时对保甲编查的尽心尽职。1775年，他在一则上谕中指出：

> 现今直省查保甲，所在户口人数，俱稽考成编，无难按籍而计。嗣后各督抚饬所属具实在民数，上之督抚，督抚汇折，上之于朝。朕以时披阅，既可悉亿兆之概，而直省编查保甲之尽心与否，即于此可察看。其敬体而实行之，毋怠！①

在乾隆帝治下的最后20年，清政府未再对保甲查报人口制度做任何实质性的变动，而一些新规定则进一步完善了这一制度。如乾隆四十九年规定："各州县编查保甲，即注明每户口数。每年造册送臬司查核。至外来雇工杂项人等姓名，各胪列本户之下……"② 这一规定的贯彻也在地方志中得到了反映。据民国陕西《洛川县志》所载，乾隆五十一年户口，"流寓、客商、兵丁、军流、雇工、僧道等，一例编入"。不仅包括定居的全部"土著""寄著"人口，连短期停留的所谓"往来无常者"也在统计之列了。③

① 《清高宗实录》卷992，乾隆四十年十月乙酉。

② 席裕福等辑《皇朝政典类纂》卷30《户役一》，沈云龙主编《近代中国史料丛刊续编》第88辑，文海出版社，1988。

③ 民国《洛川县志》卷6。

至此，乾隆初年开始形成的建立在保甲体系基础上的人口统计制度，在形式上已臻于完备，以至于乾隆帝的后继者，没有对此做任何进一步的规定。几十年后，当西方人的足迹越来越多地印在东方这块古老的土地上时，他们起先是为中国的人口众多而震惊，继而怀疑人口统计的准确性。但在他们对中国的人口统计制度做进一步了解后，认识到：中国在人口统计方面享有西方所没有的种种方便，而最主要的就是利用了组织严密的保甲制度。中国人是完全可以得到可靠的人口数据的。当时中国的政论家也一致认为："理户口之法，莫善于保甲。"①

为避免"法久必怠，怠久必弊"，嘉庆、道光两朝的统治者仍将相当多的精力花在对保甲制度的整顿上。这首先当然是出于维护社会治安的需要，但同样也反映了统治者要求掌握人口实数的愿望。

清中叶所确立的建立在保甲编查基础之上的人口统计制度，有着极其重要的历史地位。从名不副实的所谓"人丁户口"，发展到包含"大小男妇"的全体"民数"，这是一个根本性的转变。它使得中国的人口统计第一次彻底摆脱了赋税的束缚，从而能够更为准确地反映人口变动的实际情况。以组织严密的保甲制度作为人口造报的基础，是清代统治者对人口统计的一大贡献。它使得地方政府部门可以得到相当可靠的分门别类的人口统计数据，也使得一个数亿人口大国的统治者可对全国人口的规模和分布随时胸中有数。这在世界人口统计史上可谓一个奇迹。当然，由于统计制度本身存在的缺陷以及其他种种原因，统计人口与实际人口之间还存在着一定程度的偏差。

在前述对人口统计制度考察的基础上，我们可以就 1741—1850 年的 110 年间，也就是乾隆、嘉庆、道光三朝的统计人口对实际人口的偏离程度做一估量，并依此推测当时实际的人口规模。

对于 1741—1774 年的统计人口，我们不难做出判别。因为它不包括所谓"流寓"人口在内，很显然，这是一个比实际人口有较大幅度偏低的不完全统计。但对 1775—1850 年的统计人口，我们要做出一个明确的判断却较为困难。从我们所掌握的材料来看，这一时期的统计人口较实际人口仍有一定程度的偏离。其中有些可能偏高，总的趋向则是偏低。这和目前一

---

① 转引自闻钧天《中国保甲制度》，商务印书馆，1936，第 287 页。

些研究者认为这一时期的统计人口比实际偏高的观点正好相反。

造成统计人口愈益偏差的原因之一，是统计报告中“人为编造”现象的愈演愈烈。所谓“人为编造”，也就是乾隆帝所批评的“约略开造”，正如前文所说，其实是地方当局对本地人口及其变动的一种估计。人口运动有一定的规律性，只要没有突发性的天灾人祸造成较大的人口变动，由地方当局做出的这种估计一般不会偏离实际太远。而一旦有较大变动时，对人口的重新清查，以及册籍的重造、核实等工作也就开始了。因此，册报人口对实际人口的偏离程度，取决于各地方当局对人口清查的频率和认真程度：如果两次清查的间隔时间较短、州县当局工作认真，其偏离度就会相应小一些；反之，就要大一些。如果清查的时间间隔过大，或干脆没有清查，那么册报人口的可信度就很成问题了。

有证据表明，乾隆年间人口统计资料的可信度比嘉庆、道光年间高。而道光朝前20年（1821—1840）的有关统计又比后10年（1840年鸦片战争后）要略好一些。有两种形式的统计失实是较易察觉的。一是长期袭用同一册报数字。这在嘉庆、道光年间有所表现。如四川省之泸州，嘉庆十六年（1811）册报人口为：148470户446055口；而12年后的道光三年（1823），该州册报人口仍为此数。另一就是长期沿袭同一（或大致相同的）增长数字，如每年都比上年增长200人或300人等。这主要表现于全国大动乱的咸丰年间以后，在嘉庆、道光年间还不突出。

造成统计人口失实的另一原因，是统计报告中少报、漏报、缺报等现象相当严重。一些边远省份存在着大批保甲编查未及的地方。西南地区，如云南、贵州、四川、广西等省，有大量的少数民族居住或与汉族混居。这些人口，或是完全没有上报，或是严重缺报。有人估计，1850年前后，仅云南、贵州及四川南部地区，至少有500万以上的人口没有登记造报。[①] 东三省，是满族发祥之地，曾严禁汉人移居，但禁而不能止，以至于每查报一次，总会增加数千户新来流民。大量汉族人口也因非法移居，而无法以正常渠道清查上报。其他省份的边远山区，如广东、福建、江西、浙江、安徽以及湖北、陕西、四川等省边界毗邻山区，有大量棚民、寮民居住，

① 〔美〕李中清：《明清时期中国西南的经济发展和人口增长》，《清史论丛》第5辑，中华书局，1984，第70—71页。

对这些人口的查报，也有相当的困难。

即使是人口较为稠密、保甲编查较严的地区，缺户、漏口（尤其是妇女、儿童）也是常事。乾隆时的官僚陈宏谋就曾建议：保甲编查可将妇女、儿童除外。这一建议遭到清廷的否决。但在各地人口造报中，实际注重的往往仍是成年男子。比如，江苏各地在乾隆以后编纂的方志中，很多就只载男丁数。《嘉庆重修一统志》中，江宁布政使司所属的江宁府、扬州府、淮安府、徐州府、通州、海州等4府2州的所谓人口数，实际上只是对男丁的统计。有些地方人口虽然男女并造，但妇女、儿童遗漏很多。如广东新宁县道光八年统计，男子128863人，女子仅为68109人，性比例竟高达189。[①] 又如江苏青浦县嘉庆二十一年统计，男丁82898人，妇女72854人，幼童40456人，其中，幼女12886人。成人的性比例尚属正常，但儿童中女孩所占比重太低，显然是少报了。[②] 若儿童性比例也按成人的比例计，仅少报的幼女人口一项，即可达总人口的近10%。

道光中期曾任直隶巨鹿知县的黄育楩说过，百姓已将保甲编查视为具文。造册时，有一户漏数口的，也有一村漏数户的。抽查时，户漏数口的或许能查出，村漏数户的就没法查出了。[③] 咸丰初年在户部任职的王庆云，对道光以前人口统计的总体看法是："各省册报民数固不能一无舛漏，大抵有少开而无多报。"乾隆年间的诗人袁枚也说过类似的话。[④] 有趣的是，英国外交官约翰·包令（J. Bowring）爵士在应伦敦人口统计局局长之请专函讨论中国人口时，也表示了同样的见解。在这封发表于1855年的信函中，包令提到，五个通商口岸的人口全比政府统计的数目多。宁波是五个口岸中人口增长最缓慢的，但其实际人口已远远在官府统计之上。当时的官吏以得到交通便利、人烟稠密地方的民数而知足，偏僻乡间的民数则常常缺漏。[⑤]

---

① 光绪《广州府志》，第70页。

② 光绪《青浦县志》卷6。

③ 黄育楩：《破邪详辩》，《清史资料》第3辑，中华书局，1982，第60页。

④ 王庆云：《石渠余纪》卷3《纪丁额》，北京古籍出版社，1985；袁枚：《小仓山房文集》卷15《上陈抚军辨保甲状》，上海古籍出版社，1988。

⑤ 参见王士达《近代中国人口的估计（初稿）》（上），《社会科学杂志》抽印合订本，北平社会调查所，1931，第109页。

还需要指出的是，在清政府对人口统计数据进行汇总的过程中，常有部分地区人口缺报。虽然，在户部《汇奏各省民数谷数清册》中，对这些缺报地区都有明确记载，但在《清实录》等文献中却大多得不到反映，一般研究者也往往将之忽略。最后，我们不可忘记，还有不在民数统计之中的满洲宗室贵族，八旗、绿营兵籍人口，蒙、藏等少数民族人口，他们的总数虽然不多，却始终占全国总人口的一定比重。

将上述因素都考虑在内，我们估计，至1850年前后，实际人口至少已达到4.5亿。

至于1741—1774年的统计人口，则应先将“流寓”人口所占的比例考虑在内。这可按1775年统计人口的增长幅度即约20%进行推导。如此，则1740年前后包括“流寓”人口在内的民数，应不少于两亿。这就是说，早在乾隆初年，全国的实际人口就已经大大超过明代鼎盛时期了。

生活在清代中期的人们始终感受到人口的沉重压力。在我们所接触的地方志和其他资料中，就有很多乾隆以后“人满为患”的记载。统治者为缓解人口的压力采取了一系列措施。如开放封禁山区，允许开荒归己、免于升科，适当鼓励向某些边远地区移民，等等。但“人满”的阴影始终笼罩着中华大地。正如两位远在欧洲的评论家马克思和恩格斯于1850年所指出的，在中国，“缓慢地但不断地增加的过剩人口，早已使它的社会条件成为这个民族的大多数人的沉重枷锁”。①

2. 战前的人口分布与迁移

清代全盛时疆域达1300万平方公里，但人口分布却极不均衡。在1820年前后，全国人口约为3.9亿，其中近98%居住在18省及奉天地区。而上述地区合计面积约440万平方公里，仅占全国总面积的1/3强。中国地处北温带，疆域辽阔，自然条件复杂多变。根据中国自然条件不均衡性的综合表现，一些科学工作者将中国概分为三个范围十分广阔的自然区域和若干较小的自然单元。三大区域及其主要特点是：东部季风区域，季风气候、雨热同季、局部有旱涝，以粮食生产为主；西北干旱区域，干旱、水分不足限制了温度发挥作用，只能以牧业为主，间有绿洲发展农业；青藏高寒

---

① 马克思、恩格斯：《国际述评》（一），《马克思恩格斯全集》第7卷，人民出版社，1959，第264页。

区域，高寒、温度过低限制了水分发挥作用，以高原牧业为主，仅在沟谷及低海拔高原有农业。[①] 18省及奉天地区，除西北的极少数地方外，都处于东部季风区域，属于宜农地区，有着悠久的农耕文化传统，因而孕育和形成了占全国人口绝对多数的华夏—汉民族。

中国古代的人口迁移，主要有两种表现形式：一是波浪式离心运动，即汉民族人口由黄河中下游人口稠密地区逐渐向四周扩散，而且在多数地区还呈现波浪式推进的特点；二是北进南退运动，即北方少数民族不断向汉民族居住的黄河流域推进，使汉民族人口大规模南迁。[②] 在中央政权强盛、人民较长时间享受政治安定的条件下，大致以前者为主；在连年战乱或几个政权对峙、鼎立的情形下，则以后者为主。这两种人口迁移形式共同作用的结果是，中国人口稠密地区南移，并最终形成了中国人口分布南重北轻的局面。

清初以来的人口迁移，表现出一些新的特点。

清朝是由北方少数民族——满族入主中原而建立起来的中央集权的庞大国家。清军入关本身就是一次具有相当规模的人口迁移。据记载，顺治元年（1644），仅入山海关与李自成军队作战的清军主力就达到14万人。定都北京后，满族人差不多全部入关，许多蒙古人和早年降清的汉人也随之入关，估计入关总人数可达百万。清军由北向南、由东向西，以高屋建瓴之势击溃了农民起义军和南明军队，迅速控制了全国的战略要地。由于南明的几个政权相继败亡，未能形成与清廷对峙的局面，也由于满洲贵族与各地（首先是北方）汉族上层人士相结合，清政府迅速稳定了局势，加之当时北方人口损失严重，南方人口大大超过北方，中原人大量南迁的局面没有再现。

康熙中期，原居住于漠北地区的喀尔喀蒙古三部，在厄鲁特蒙古准噶尔部的侵袭和压迫下，曾一度大举内徙。由于清王朝的强盛和妥善安置，加之准噶尔势力很快被击退，这次内徙并没有波及汉族居住的广大地区。此后，一些少数民族人口迁徙，如18世纪中叶清廷平定新疆后，南疆部分维吾尔族人北迁，原驻东北的索伦兵、锡伯兵及其眷属向新疆地区西迁，

---

① 全国农业区划委员会中国自然区划概要编写组编《中国自然区划概要》，科学出版社，1984，第70—71页。

② 参见胡焕庸等《中国人口地理》上册，华东师范大学出版社，1984，第八章。

厄鲁特蒙古土尔扈特部万里来归等。虽然这些都是清代人口迁移史上的重大事件，但由于发生在边疆地区，其人口绝对数又很少，对全国人口分布的基本形势并没产生什么影响。

相反，由于大一统国家的建立，多年相对安定的政治局面，原本就占全国人口绝对多数的汉民族人口有了较大幅度的增长，使得人口由稠密地区向相对稀疏地区尤其是向边疆地区的迁移运动逐渐发展起来。然而，汉民族的人口迁移，也不再表现为以中原为唯一中心的“波浪式离心运动”，而是以“秦岭—淮河”一线为界，相当明显地区分为北方和南方两大地域系统。“秦岭—淮河”线是历史上形成的中国北方与南方的重要的自然及人文地理的分界线。从自然地理来说，此线是东部季风区域内亚热带湿润地区与温带亚湿润地区的分界线；从历史上看，此线又多次成为南北政权对峙（例如南宋与金）的分界线。此线的南北，虽然都属于宜农的东部季风区域，但南方多稻米，北方多旱作。民情习俗等，也都有一定的差异。北方地区的人口迁移，很少越过此线而转向南方；南方地区的人口迁移，更少越出此线而向北。“秦岭—淮河”线虽然没有天险和人为因素的禁阻，却像一道无形的屏障，分隔了南北两侧人口迁徙的洪流。

（1）北方

横贯于东部季风区域北方地区的黄河，是华夏文明的摇篮。黄河的中下游流域，古称中原。华夏民族的人口分布与人口迁移，是以自己的母亲河——黄河为中心而展开的。

清代北方的人口迁移，基本仍是古代以中原为中心的辐射状外迁的继续，只是少了向南方的迁徙。这一地区，在清代包括直隶、山东、河南、山西、陕西以及甘肃东部等地，是中国历史上农业经济最早发展和文化最为发达的地区，也曾是中国历史上人口最为密集的地区。这里与东北、内蒙古地区壤地相接，并以河西走廊与新疆地区相通。中原地区曾经林木茂盛、土地肥沃，自然条件十分优越，但经过数千年的开发，又屡经战乱，加之气候条件长期以来由暖转冷、由湿转干，生态环境遭到严重破坏。明清之际，直隶、山东、河南等省已是每遇天灾人祸往往赤地千里。进入 19 世纪后，山西、陕西及甘肃东部等地区的自然条件也开始明显恶化。在人口增殖和生态环境恶化的双重作用下，上述地区成了清代北方人口外迁的主要源地。

清王朝出于统治集团自身利益的考虑，对汉民族人口的外迁基本上不持鼓励、欢迎的态度。长期以来，黑龙江及新疆的边远地区，只是作为罪流充军等强制性移民的处所。对向长城以北内蒙古地区的人口迁移，虽能网开一面，但也严格加以控制。对向西北新疆地区的移民，政府是提倡的，却因新疆本身自然条件的限制，加之路途遥远，交通不便，没有取得实质性的效果。这一状况，直到第二次鸦片战争清政府为列强所败，又丧失了东北和西北的大片领土后，才有所转变。

对向奉天、吉林的人口迁移，除清初一个短时期外，清廷一直加以限制或禁止。但汉族移民仍不断想方设法前往。陆路上，直隶、山东等省流民不断由山海关、喜峰口、古北口等处“闯关”；海路上，山东登、莱二府与辽东半岛一衣带水，顺风扬帆，一日可至，迁移者络绎不绝。而每遇内地灾荒之年，贫苦流民便拖家携眷，纷纷到关外求食，当局又不能不网开一面。各种关卡乃至柳条边，均形同虚设，连乾隆帝也自嘲“其设还与不设同”。[①]

在对汉族移民人口严加控制的同时，为解决京城及附近地区闲散旗人的生计问题，清政府曾先后数次组织“京旗移垦”活动。这是一项耗资甚巨收效却并不显著的移民措施。这些闲散旗人由于过惯了城市寄生生活，不善于也不屑于从事耕作，多将屯垦视作畏途。只是在政府给予优厚的补贴，又准许契买奴仆，或觅长工代其耕作的情况下，才勉强往该地陆续安置了一些人。据统计，从乾隆初年到道光年间，即1740—1840年的一百年里，移住东北各地（主要为中部的阿城、五常、双城地区）垦殖的旗人计5185户。不过，为之所吸引的汉人，据认为已数十倍于“京旗移垦”的人口。[②] 事实上，东北社会经济生活的正常运行，根本离不开由关内迁来的汉族人。1748年，仅吉林、宁古塔及船厂等地聚集的商贾、工匠、佣工等已达三四万人，他们多来自直隶、河南、山东、山西等省。[③]

然而总的说来，在19世纪50年代太平天国战争爆发以前，东北地区内地移民最多、开发程度最高的，仍仅是南部奉天的一隅之地。这是清政府对汉族移民的既成事实加以承认但又设法予以限制的结果。尽管如此，吉

---

① 《盛京通志》卷13《柳条边诗》。

② 参见石方《清朝中期的“京旗移垦”、汉族移民东北及其社会意义》，《人口学刊》1987年第4期。

③ 傅恒：《清厘奉天流民以培风俗议》，《盛京通志》卷129。

林西部还是先后设立了吉林厅、长春厅和伯都讷厅，以便管理日益增多的汉族移民。而吉林东部的滨海地区和整个黑龙江流域，则继续维持着人烟稀少的情形。

直隶、山西等省长城各口以外的内蒙古地区，清初时已有华北各地的汉族人前往垦地、经商或从事手工业劳动。“闯关东”（出古北口、喜峰口和山海关）的行列中，有不少人实际上只是到内蒙古东部的昭乌达盟等地，还有不少人则以“走西口”（出山西之杀虎口）的方式来到归绥与河套地区。先是春去秋归，谓之“雁行”客户，久了，也有不少人定居下来。

到口外的内蒙古地方谋生的汉民中，首以山东人为多。早在康熙五十一年（1712），山东人往来口外者，就已多至10余万。其后，直隶、山西人也大批来到口外。陕西的延安、榆林二府，紧邻内蒙古的伊克昭盟，地处沿边，多为沙漠，农民全靠耕种口外的田地维持生计，春去秋归，习以为常。

根据对19世纪初归化城六厅、赤峰地区、丰镇厅等处汉族人口的不完全统计，有人估计当时在内蒙古地区（按现政区）的汉族人最少也有百万，与分布在该地区的蒙古族人约略相等。[①] 汉族移民集中居住的上述三个地区，离长城各口不远，与直隶、山西壤地相接，且在行政上受这两省管辖。

西北的新疆地区，与东三省遥遥相对。在西迄巴尔喀什湖和葱岭的广大区域内，由横贯东西的天山山脉将其一分为二。天山以北为准部，是厄鲁特蒙古准噶尔部的游牧之地；天山以南为回部，主要分布着以绿洲农业为生的维吾尔族人等。18世纪中叶，清廷平定准、回二部以后，除在巴里坤、乌鲁木齐等地置镇西府、迪化州内属甘肃省外，特设总统伊犁等处将军，统辖天山南北新疆各地方官兵调遣事务，又设参赞大臣、办事大臣、领队大臣、章京、粮员同知及满汉营官负责具体管理。对于准、回二部的“恭诚投顺者”，清廷还给予封爵，准许世袭，并设分理回务诸札萨克、伯克以统理其众，分境钤辖，一如内地。

乾隆二十四年，清廷统一全疆时，所统计的回部人口有约26万人。[②] 准部人口在极盛时曾有民众20余万户60余万人。据魏源《圣武记》记载，

① 《中国人口·内蒙古分册》，中国财政经济出版社，1987，第49—50页。

② 据《西域图志》卷33。按，俄国军官A.H.库罗帕特金认为此时南疆人口约37.5万，见氏著《喀什噶尔》，中国社会科学院近代史研究所翻译室译，商务印书馆，1982，第106页。

清军平准部时，“计数十万户中，先痘死者十之四，继窜入俄罗斯、哈萨克者十之二，卒歼于大兵者十之三”。[①] 照此说法，存者仅六七万人。此后由于驻军和内地移民屯垦，新疆人口有所增加。1820 年前后，统计的民户已达 9 万余户 47 万余人。[②] 另有记载表明，伊犁将军直接统辖的兵员及其眷属已达 9.8 万人，其他地区驻军约 1.2 万人。若再加上大量未经统计的各族人口，总人口应在 100 万人以上，已超过准部极盛时该地区的人口规模。[③]

乾隆帝在其晚年谈及当时人口日增、耕地日蹙的情形时曾自诩，“犹幸朕临御以来，辟土开疆，幅员日廓，小民皆得开垦边外地土，借以暂谋口食”。[④] 然而他当政时所开辟的只是西域新疆地区。由于该地的自然条件并不理想，加之距内地过远，交通不便，接纳人口极为有限。

（2）南方

“秦岭—淮河”一线以南的南方地区，其人口自唐宋以来，已逐渐超过北方。在政区的设置上，南方也是逐渐增多，而且愈分愈细。清代前期设置的 18 个省中，位于南方的就有 12 个。南方各省气候暖湿，自然条件优越，再加上开发相对晚，土地所能承受的人口容量要比北方各省大得多。因而在人口增长方面，也表现出明显的南北差别。如以山东、河南、陕西、甘肃及其以北地区的北方和以江苏、安徽、湖北、四川及其以南地区的南方相比，可以发现：南方人口的增长速度要大大超过北方。与此相应的是，南方人口比重不断上升，北方人口比重连续下降。1749 年，南方各省人口占全国总人口的 58.8%；1776 年，上升至 63.3%；1812 年，上升至 66.8%；1850 年，更增至 70.8%。至此，南方与北方人口比为 7∶3。南北人口比重如此悬殊，这在中国人口史上可以说是空前的。

然而南方各地区人口的分布与经济发展的程度很不一致，再加上明清之际以及康熙年间平定“三藩”之乱两次大规模战争所造成的区域性人口损失，使得南方地区的人口迁移表现出与北方种种不同的特点。

首先，南方地区没有一个明显的人口迁出的中心源地。与北方人口始

---

① 魏源：《圣武记》卷 4《乾隆荡平准部记》，岳麓书社，2004，第 152 页。

② 据嘉庆二十五年户部《民数册》，是年，巴里坤、乌鲁木齐人口已达 184045 人。

③ 据 A. H. 库罗帕特金的估计，1825 年，仅南疆（即回部）人口已达 150 万，但他的估计有偏高之嫌。见氏著《喀什噶尔》，第 113 页。

④ 《清高宗实录》卷 1441，乾隆五十八年十一月戊午。

终以中原地区（在清代主要是山东、直隶、河南三省）为源地，向边疆地区扩散的表现不同，南方地区不存在这样一个明显的、相对持续稳定的人口迁出中心。清代南方人口最为稠密的江苏、浙江、安徽三省（同时也是全国人口最为稠密的地区），人口外迁的比重要比上述北方三省小得多。不仅如此，由于位居三省中心地带的江南地区商品经济及文化发达，城市化程度极高，反而吸引和容纳了大量外来人口。湖南、湖北、江西三省，一方面有大量人口迁往西南的四川、云南、贵州等省；另一方面它们各自的边远山区也接纳来自邻省和各该省平原地区的相当多的人口。真正的纯人口迁出地区，不是在南方的腹地，而是在福建、广东的沿海地区。除了向各内地省份，主要是向西南方向迁移外，这里的人有很多搭上了向台湾地区和海外迁徙的航船。但他们在整个南方地区的人口迁移中也远未占据主导地位，闽粤两省最多只能算是向海外迁移的“中心源地”吧。

其次，相应的，南方地区也没有长期稳定的移民迁入区域。南方 12 个省面积有限，只占清代全盛时期总面积的 21%左右，不存在像北部边疆地区那样极其广袤且人口密度极低的区域可供长期开发。南方的一些人口迁入区域，如台湾等地，往往都只能维持一个不太长甚至极短时期的人口入迁局面。四川是清代前期历时最长、容载量最大的人口迁入地区，但官方公开招徕移民的时间也很有限，仅康熙一朝而已。雍正时已不提倡对四川移民。乾隆初年，政府对移民不再负责安排。乾隆末年，四川人口已有外迁的记载。因此，自乾隆后期起，在向四川、台湾等地迁移人口的高潮已过，而海外迁移又长期处于非法、不畅的状态下，南方人口大量自发地向西南少数民族地区和各省边远山区迁徙，从而使整个南方地区的人口密度在太平天国战争前达到了历史最高水平。

南方多丘陵、山地，由于南方地区开发相对较迟，再加上气候条件较好（暖湿的东南季风影响强度大），这些丘陵、山地在清初时植被覆盖仍良好。明代中后期，美洲高产作物玉米、番薯相继传入中国，清代乾隆年间，又得到进一步广泛传播。由于这些作物对土地的要求不高，也为清代南方人口向各省边远山区的迁移提供了物质的基础。

从各省边远山区的人口构成来看，客民占多数甚至绝对多数。以陕西兴安府为例，乾隆五十三年（1788），“各县查报户口册籍……三十八万一百二十名口之多，较国初多至数倍”。嘉庆年间，已是“深山邃谷，到处有人，寸地皆耕”。[①] 嘉庆二十五年（1820），该府登记人口为121.4万人。32年增长了2.19倍。该府西邻的汉中府，据称“老民十只二、三”，其余都是乾隆以后移入的“新民”。[②] 嘉庆二十五年，该府统计人口为154万多人，则移民人口至少有100万人以上。鄂西郧阳府属竹溪县，县志也称：“土著只占其二，其余均为客籍。”[③]

向台湾地区和海外的人口迁移，主要限于东南沿海的福建、广东二省。

闽、粤二省，均多山地和丘陵，依山傍海，山多田少。而闽南之漳、泉二府与粤东之潮、惠、嘉应三府州，尤其“人稠地狭，田园不足与耕”。由于自然条件的制约，这些地区的真正优势不在陆地而在海洋。从交通上看，闽粤沿海赴台湾及南洋诸岛，远比赴内地的陆路方便、快捷。从厦门到台湾，水路六百余里，顺风两天两夜可达。特别是泉州之蚶江与台湾彰化之鹿港对渡，顺风半日就可到达。从广东的汕头到菲律宾的吕宋岛北岸，若利用季候风，三日也可到达。

清初，闽粤沿海和台湾一带是抗清斗争的重要地区，并曾取得南洋方面的支持。为此，清廷数次下迁海令与禁海令，以切断闽粤沿海地区与海外的联系。禁海令在形式上一直维持到光绪十九年（1893）才被豁除，在此之前的相当长时间内，造成闽粤沿海人民的生活极为困苦。两省人民在户口增殖、食者愈多的情形下，开始向外流迁。一是如前所说，流向四川、广西等内地省份和其他边远山区；一是在台湾内附开禁后大批涌入台湾；还有一些则冒禁私渡之险到海外谋生。

向台湾的较大规模的人口迁移，始于明末天启年间（1621—1627）。清初，郑成功统治台湾时，曾从大陆带去数万官兵及其眷属。清廷下迁海令，郑氏又招沿海居民不愿内徙者近十万人东渡台湾。[④] 清政府统一台湾后，很多郑氏官兵被迁回大陆，不少百姓也回大陆与家人团聚，台湾人口一度减少，但不久即有大批闽粤贫民渡海至台。乾隆三十四年（1769），已有“闽

---

① 乾隆《兴安府志》卷10《食货志·户口》；嘉庆《续兴安府志》卷2《食货志》。

② 嘉庆《汉南续修府志》卷21《风俗》。

③ 同治《竹溪县志》卷14《风俗》。

④ 沈云：《台湾郑氏始末》卷4，转引自连横《台湾通史》卷2，商务印书馆，1947。

人约数十万，粤人约十余万，而渡台者仍源源不绝”。[①] 据统计，台湾人口在康熙初年约有 20 万，乾隆中期增至百万。嘉庆十六年（1811），全台湾汉人约为 24 万余户 200 万人。[②] 这是大陆人口迁台的高潮。在台移民人口中，以福建人占优势，其中又以闽南漳、泉二府人居多。嘉庆十七年后，户部《民数册》不再有台湾的人口统计。但据连横《台湾通史》记载，道光二十三年（1843）台湾人口约 250 万，建省后不久的光绪十三年（1887）约 320 万。[③] 平均年增长率为 7%（1811—1843）和 5.6%（1843—1887）。虽然较大陆同期人口平均年增长率稍高些，但势头已大不如 18 世纪。台湾在 19 世纪中期并没有遭到大陆那样严重的天灾人祸，这样的增长率应该说是相当低的。它反映了台湾此时已没有或很少有人口迁入。一些有去台人员记载的宗谱资料也表明：这些家族的去台人员一般止于嘉庆末年，以后的道光、咸丰年间，家族成员多流向南洋各地。台湾已不再是闽粤人口外迁的主要地区。

南洋，即今东南亚，是闽粤人又一传统的外徙地。闽南人是南洋地区最早的拓荒者。菲律宾、印度尼西亚以及马来亚最早的华人移民都以闽南人为大多数，其次才为粤人、客家人等。清初虽颁有禁令，但下南洋者屡禁不绝。雍正五年（1727）浙闽总督高其倬等奏报：每当商船出洋之时，每船所报人数，连舵手客商总计，多者不过七八十人，少者六七十人，其实每船皆私载二三百人，最多的私载至四五百人。到达目的地后，私载之人，就留下不再回来了。偷渡者中，福建人占十之六七，广东与江浙等省则占十之三四。此时的噶罗巴（即今之雅加达）已有华人数万人之多。[④]

闽粤沿海自发性的人口迁移逐渐与西方殖民主义者有计划地对廉价劳动力的掠夺搅和在一起。这在 1840 年鸦片战争以后，开始变得更加突出了。一些活跃在南洋及闽粤沿海一带的人口贩子，客观上也助长了闽粤沿海人出洋的潮流。

要对清代闽粤向海外迁徙人口做估计，是一件很困难的事。截至鸦片

① 《清高宗实录》卷 845，乾隆三十四年十月癸酉。

② 参见连横《台湾通史》。

③ 连横：《台湾通史》卷 3《经营志》、卷 7《户役志》。

④ 《雍正五年九月初九日浙闽总督高其倬等奏》，陈翰笙主编《华工出国史料汇编》第 1 辑，中华书局，1985，第 2 页。

战争时，海外华侨、华人人数最高时应在100万人左右。[①] 这在绝对量上仅有当时台湾汉族人的一半。之所以如此，是因为大部分海外移民是青壮年劳力，他们极少携眷出洋，“根”还在中国大陆。南洋群岛各地的华人经常回国探亲，与妻子团聚，生育子嗣留在本乡传宗接代。

太平天国战争后

1. 虚应故事的户部《民数册》

清代末期自咸丰元年（1851）到宣统三年（1911）的60年，是中国人口由锐减而逐渐恢复的时期，也是人口统计严重短缺、严重失实，并最终重新举行全国规模的人口调查的时期。

道光三十年十月（1850年11月），洪秀全等人于广西桂平县的金田村起义。短短数年，这一革命便席卷了大半个中国。在太平天国战争的影响下，各地各族人民的反清起义风起云涌。清政府动用自身的全部力量，对起事的各族人民实施血腥镇压。外国侵略势力也趁火打劫，或发动战争，以攫取更多在华利益和特权；或鲸吞蚕食中国领土，奴役压迫边疆人民。严重的饥馑、瘟疫也随之暴发，交替袭来。如果以咸丰二年十二月（1853年1月）太平军攻克第一座省城武昌作为内战全面大爆发的标志，那么到光绪三年十一月末（1878年1月）清军收复除伊犁之外的新疆全境，全国的战乱整整延续了1/4世纪。若再加上光绪三年至四年间北方的大饥馑和随之而起的瘟疫，实际上要到光绪六年才基本扭转中国人口连遭损失的严重局面。

中国的疆域在这一时期已大为缩小。19世纪五六十年代，沙俄通过中俄《瑷珲条约》、中俄《北京条约》等一系列不平等条约，先后割占中国东北、西北140多万平方公里的土地，之后又不断鲸吞蚕食，到1911年，中国实际领土面积约1130万平方公里，为1820年的87%。清末的政区设置也有一些变化。光绪十年（1884），新疆置省，原属甘肃的迪化州及镇西、哈密、吐鲁番三厅划归该省建置。次年，原属福建的台湾府升置为省，即以原福建巡抚为台湾巡抚。光绪三十三年（1907），东三省罢将军，置东三省总督和三省巡抚，正式改为行省。这些新置行省，也相应地增置了一批府、州、厅、县。

---

① 转引自郑明编著《海外赤子——华侨》，人民出版社，1985，第202页。

大规模的战争动乱，直接影响到户部《民数册》的人口统计。自咸丰二年（1852）起，历年的人口造报每缺数省。缺报最多时可达10个省区，占应造报地区总数的一半。直到动乱平定多年后的光绪二十四年（1898），即现存最后一本《民数册》汇造时，仍有7个省区缺报（参见表17-2）。

表17-2　1851—1901年民数统计

年份	公元（年）	民数（人）	年份	公元（年）	民数（人）
咸丰元年	1851	431989047	光绪元年	1875	305013714*
咸丰二年	1852	379180257	光绪二年	1876	306599491
咸丰三年	1853	318227800	光绪三年	1877	308803939
咸丰四年	1854	318845626	光绪四年	1878	307985578
咸丰五年	1855	318845752	光绪五年	1879	309907620
咸丰六年	1856	297967493	光绪六年	1880	288558494
咸丰七年	1857	291601981	光绪七年	1881	283110942
咸丰八年	1858	314626071	光绪八年	1882	307431956
咸丰九年	1859	291148743	光绪九年	1883	284914114
咸丰十年	1860	281892743	光绪十年	1884	318174684
咸丰十一年	1861	287963857	光绪十一年	1885	319775239
同治元年	1862	276591592	光绪十二年	1886	326880782
同治二年	1863	258076889	光绪十三年	1887	328430922
同治三年	1864	256744109	光绪十四年	1888	337766160
同治四年	1865	260697717	光绪十五年	1889	331698300
同治五年	1866	255957082	光绪十六年	1890	333243259
同治六年	1867	256236827	光绪十七年	1891	307903851
同治七年	1868	257925204	光绪十八年	1892	335134795
同治八年	1869	258908049	光绪十九年	1893	336708854
同治九年	1870	271698461	光绪二十年	1894	337137463
同治十年	1871	273110849	光绪二十一年	1895	338335751
同治十一年	1872	274636014	光绪二十二年	1896	312656060
同治十二年	1873	277133224	光绪二十三年	1897	346168395
同治十三年	1874	302610944	光绪二十四年	1898	319719613
			光绪二十七年	1901	426447325**

注：*《清史稿・食货志》记载的是年人数为322655781。

**据朱寿朋编《光绪朝东华录》（中华书局，1958）记载的数据。

资料来源：户部《汇奏各省民数谷数清册》。除咸丰元年外，历年统计均缺数省。

很显然，这种不完全统计已不能用来说明全国人口的变动情况，而且需要明确指出的是：这一时期即使是已有的人口造报也极不可靠。战争对建立在保甲基础上的整个人口统计制度产生了极大的冲击。由于战争，大量人口死亡流失，众多地方州县残破，册籍尽毁。对于多数地区来说，战乱的后果，是地方保甲制度的普遍废弛。州县官吏无从掌握民数，对户口的册报只是“意为增损”，完全成了纸上谈兵。江苏省自同治十三年（1874）起恢复向户部造报人口，但所报的仅是江宁布政使司所属人口。湖北自咸丰八年（1858）恢复造报，但基本上属于省级官员的臆造。是年，该省上报民数为3057万人，仅比战前少320万，以后便每年平均递增约10万人，光绪二十四年已达3472万人，甚至比1953年人口普查数还多700万人。湖南、河南则偏向于少报人口。湖南每年净增仅几百人，尽管它的实际人口在战后已超过湖北，但在“账面”上始终只有后者的2/3。河南在光绪六年（1880）后，年增额常固定为402人或403人。换句话说，该省107个州县厅，平均每年增加不到4人。福建则表现为虚报人口。咸丰元年（1851）该省上报民数为2010万人，光绪二十三年（1897）增至2683万人，但据1953年人口普查，该省人口仅1314万，为1897年册报数的49%，为1851年的65%。四川也属于多造报人口的省份。该省明目张胆地采用了在若干年内保持一个固定增长额的做法。至光绪二十四年（1898）时，该省统计人口已高达8470余万，平均年增100万人。如果这场“账面”游戏得以继续下去，只需再过15年，该省人口就会高达1亿了。而实际上，四川在1953年人口普查时只有6230万人。

由于人口缺报的省份过多，已报省份亦多失实，户部《民数册》的民数合计已无实际意义。自同治十三年（1874）起，《清实录》便不再于年末登载全国民数。这实际上是宣告了自乾隆六年（1741）建立起来的一整套人口统计制度的终结。

2. 兵燹天灾下的人口剧变

太平天国战争期间，大动乱几乎遍及全国。在这场被人称为“世界史上规模最大的内战”中，人口损失及随之而起的饥荒、瘟疫，使得大批人口死亡和逃散。很多昔日的繁华之地，只剩下颓垣荒草，成了豺獾出没的场所。以江南地区为中心的江、浙、皖、赣等省是太平天国的主要活动区域。全国的经济中心一变而为两个政权生死搏斗的主战场。在清王朝多年反复征剿而终于将太平天国血腥镇压以后，城乡受到的破坏和人口的损失也达到了空前的程度。

同治二年（1863），时任江苏巡抚的李鸿章在向清廷汇报江苏南部情形时说：

> 查苏省民稠地密，大都半里一村，三里一镇，炊烟相望，鸡犬相闻。今则一望平芜，荆榛塞路，有数里无居民者，有二三十里无居民者。间有破壁颓垣，孤嫠弱息，百存一二，皆面无人色，呻吟垂毙。①

同年，两江总督曾国藩自安庆沿江东而下，视察了皖南的情形，称：

> 自池州以下，两岸难民，皆避居江心洲渚之上……壮者被掳，老幼相携，草根掘尽，则食其所亲之肉，风雨悲啼，死亡枕藉。……徽、池、宁国等属，黄茅白骨，或竟日不逢一人。②

次年，曾氏又向清廷汇报了皖北的情形：

> 舒、庐、六、寿、凤、定等处，但有黄蒿白骨，并无民居市镇，或师行竟日，不见一人。

总之，

> 安徽用兵十余年，通省沦陷，杀戮之重，焚掠之惨，殆难言喻，实为非常之奇祸，不同偶遇之偏灾。纵有城池克复一两年者，田地荒芜，耕种无人，徒有招徕之方，殊乏来归之户。③

---

① 李鸿章：《筹赈收复地方并酌情蠲免漕粮片》，吴汝纶编纂《李文忠公全书·奏稿》卷3，光绪三十一年刻本，第44页。

② 曾国藩：《沿途察看军情贼势片》，《曾文正公全集·奏稿》卷18，光绪二年传忠书局刻本。

③ 曾国藩：《豁免皖省钱漕折》，《曾文正公全集·奏稿》卷21。

闽浙总督左宗棠初入浙江时，写信给儿子说：

> 浙江夙称饶富，今则膏腴之地，尽成荒瘠。人民死于兵燹，死于饥饿，死于疾疫，盖几靡有孑遗，纵使迅速克复，亦非二三十年，不能复元，真可痛也！①

同治三年（1864），他在给清廷的奏报中说：

> 计浙东八府，惟宁波、温州尚称完善，绍兴次之，台州又次之。至金华、衢州、严州、处州等处，孑遗之民，则不及从前二十分之一矣……其浙西三属，惟嘉善、石门、平湖、桐乡等县素赖蚕桑为生计，数年之后或可复元，其近山各县情形亦与金、严等处相似。②

由于人口损失过于惨重，战争结束后，江南地区除流亡者陆续归来外，还开始接受外来移民。但这一过程进行得十分缓慢。由于该地区赋税负担过重，“佃户既畏归耕，业主亦畏赔粮，往往脱籍徙业，不敢承种”。③ 在清政府减轻负担，又下垦荒令招徕两湖和河南的客民后，情况才有所转变。

然而，外省移民的迁入没能改变江、浙、皖三省在人口发展上的颓势。若将1850年和1953年的人口统计数据相较，对比十分强烈：当全国人口从1850年的统计数4.32亿上升为1953年的5.83亿（即从1850年的100上升为1953年的135）时，江、浙、皖三省（以清代政区为准）虽有上海的崛起，人口却从1.12亿下降为1.01亿（即从1850年的100下降为1953年的90）。三省所占全国人口的比重也从26%下降为17%，绝对数减少1165万余人。当然这期间还有民国年间战乱灾荒等因素，尤其是受日本侵华战争的影响，但中国经济最发达地区的人口，竟然到20世纪50年代还不能恢复至1850年太平天国战争前的水准，这本身就已是触目惊心的了。

西北的陕甘地区，是回族等少数民族起义的活动区域。战前，陕西回

① 转引自陈恭禄《中国近代史》上册，商务印书馆，1935，第212页。
② 左宗棠：《浙省被灾郡县同治三年应征钱粮请分别征蠲折》，《左文襄公全集·奏稿》卷9。
③ 金蓉镜：《均赋余议》，民国刊本（不著纪年），第18页。

族人极多，由甘肃向西直到新疆哈密地区也多有分布。由于反动统治者煽动民族仇杀，汉、回等民族人口损失极为严重。陕西巡抚刘蓉奏报：

> 西、同、凤三府地最沃饶……今土地之开垦者十不二三，而人民之死亡者十居六七……或行数十百里，不见一椽之屋，一瓦之覆。炊烟昼绝，豺獾夜嗥，气象殆非人境。[①]

同治八年（1869），时已改任陕甘总督的左宗棠奏报在甘肃东部作战见闻时说：

> 陕回窃踞以来，远近城邑寨堡惨遭杀掠，民靡孑遗。平、庆、泾、固之间，千里荒芜，弥望白骨黄茅，炊烟断绝，被祸之惨，实为天下所无。

他的追兵经过甘肃庆阳及其属邑安化、合水、宁州，以及泾属崇信、镇原等六城，除崇信尚有居民，其余皆为空城，人烟断绝。[②]

同年，他又在奏报中提到甘肃汉民的人口损失：

> 甘肃之民，汉回杂处，昔本汉多于回，近则回多于汉。若宁、灵一带，周数百里，则汉民几无遗类。固原州一城，回民北徙后，汉民存者不过十数。灵州一城，汉民存者，不过数家。[③]

但回民人口也因战事影响很快凋零了。

灾荒和饥馑造成的人口损失，甚至超过战争行为。光绪初年，尤其是光绪三年和四年（1877、1878），黄河中下游的陕西、山西、河南、山东、直隶等省连遭大旱，人口损失以千万计。《清史稿》称："饥民死者日近万

---

① 刘蓉：《陈陕省凋敝情形疏》，《刘中丞奏议》卷10。

② 左宗棠：《追剿逆回大胜荡平董志原庆泾各属一律肃清折》《遴员署理府州县办理赈垦抚辑事宜折》，《左文襄公全集·奏稿》卷31。

③ 左宗棠：《复陈查明刘松山各情折》，《左文襄公全集·奏稿》卷33。

人。”[①] 民国《续修陕西通志稿》记载道：

> 西、同、凤、乾各属，古三辅地，百余年来休养生息，鸡犬相闻，至道咸时户口称极盛焉，同治初回变起，杀伤几五十余万，亦云惨矣。重以光绪丁丑、戊寅奇灾，道殣相望，大县或一二十万，小县亦五六万，其凋残殆甚于同治初元……[②]

光绪《山西通志》也说：

> 晋省户口，素称蕃盛，逮乎丁戊大祲，顿至耗减。当时见于章奏者，饥民至六百万，而次年之疾疫死亡不与焉。[③]

光绪二年（1876）该省册报人口 1642 万，光绪九年（1883），锐减至 1074 万，仅为前者的 65.4%。

英国人李提摩太（Timothy Richard）当时正在山东、山西等省调查了解灾情，并参与赈灾救援工作。他在日记中记下了 1878 年 2 月在山西南部目睹的恐怖情景：清晨，当他来到城门口时，只见城门的一侧有一堆裸体男尸，像屠宰场的猪一样摞在一起；城门的另一侧，是同样的一堆裸体女尸。他们的衣服都被别人剥掉用于换取食物了。几辆大车正把这些尸体拉到城外，分别抛进两个大坑中去。政府赈济组织的一个成员告诉他：洪洞县约有 25 万人口，其中 15 万人已经死亡。李提摩太认为：在这场从 1876 年到 1879 年持续四年之久的空前大饥荒中，中国 18 个省中大约有一半遭此劫难，有 1500 万—2000 万人死亡。这一数字相当于一个欧洲国家的全部人口。[④]

另一位在华的美国传教士哈巴安德（Andrew P. Happer）力图对从太平天国战争到北方五省大饥馑期间的人口损失做具体的量的估计。他认为，

① 《清史稿》卷 121《食货二》。

② 民国《续修陕西通志稿》卷 31《户口》。

③ 光绪《山西通志》卷 65《田赋略八》，《附户口》。

④ Richard Timothy, *Forty-Five Years in China: Reminiscenses* (Biblio Life, 2009), chapter 4、5.

损失的人口总数可达6100万—8300万人。到了20世纪30年代，中国学者陈恭禄进一步指出："外国人常居于商埠，不知内地死亡者之多，估计不免偏少。"太平天国之乱，合中原捻军、关陇滇回民、贵州苗民起事，又加上各省城镇土匪之劫掠，饥饿疾疫的"死者殆有全国人口总数三分之一，约一万万人以上"。[①] 此处，陈氏对中国人口总数的估计却有过低之嫌。

综合时人的各种估计，这一时期中国人口的损失至少在8000万以上，超过历史上任一动乱时期。然而由于中国人口总数的增长，损失人口占总人口的比重已明显下降了。即使按陈恭禄对损失人口的偏高估计也只占总人口的1/3。历史上曾多次发生的"人口减半"的情形已不再出现。

3. 太平天国战争后的人口迁移

太平天国战争后，中国的人口迁移呈现了若干新的特点。首先是江南地区由于人口凋零，一度成为外来客民的入徙地；其次是向边疆地区和海外的人口迁移，不仅在力度上大大加强，而且开始取得合法地位。

浙西的杭、嘉、湖地区，除有浙东的温、台、宁、绍等地客民迁入定居外，又有河南、江北及两湖地区之人迁入，"争垦无主废田"。[②]

皖南地区，战前人民聚族而居，村庄络绎。"村之大者数万家，至数十万家，小者亦必数百家至数千家。"战后当地人口稀少。据《申报》记载，同治年间，两湖客民"趾踵相接，蔽江而至。至则择其屋之完好者踞而宅之，田之腴美者播而获之。不数年，客即十倍于主"。[③]

苏南西部的江宁、镇江等府，起初采取招募江北穷民佃耕的办法。可是开荒之人"因利息无多，往往弃田而归，业主莫可如何"，后来也采取和浙江类似的办法，以无主之田招人认垦，官给印照，永为世业，又从湖北、河南招徕了一些移民。[④] 光绪《句容县志》记载道："自同治初，温州、台州、安庆等处棚民寄居于此，即以垦山为事。至光绪十四年，荆、豫客民又来开垦耕种，兼开诸山……"[⑤] 苏南东部的苏、松、太地区，则不见有荆、豫客民的记载。可能因为该地区人口损失相对较小，加之水田耕作技

① 陈恭禄：《中国近代史》上册，第217页。

② 同治《湖州府志》卷18。

③ 《客民滋事》，《申报》1883年7月19日。

④ 马新贻：《马端敏公奏议》卷7，第50—53页。

⑤ 光绪《句容县志》卷6《水利》。

艺要求高、强度大，远来客民无法适应。

从整个江南地区来说，外省客民所能占据的，主要是其西部的山区。由于山区农业人口的容载量较低，这些外省移民不久就和当地原有居民发生冲突，以致地方官府很快停止了这类招垦活动。因此，太平天国战争后向江南地区的人口迁移，在强度上是不能与同期向海外和向东北的人口迁移运动相比的。

福建、广东向海外迁徙人口的剧增是在鸦片战争五口通商以后，尤其是在 1850 年太平天国战争爆发以后，其表现形式为契约华工的大量出国。究其主要原因，一方面是东南亚和美洲各地都需要中国廉价劳动力；另一方面中国国内的动乱也加剧了人口的外流。

据统计，1845—1852 年，西方国家从厦门共掠走苦力 6255 人，到 1853 年增加至 11811 人，一年之内掠走 5556 人。同为五口岸之一的广州，1849 年被掠往加利福尼亚州的苦力为 900 人，1850 年为 3118 人，1851 年为 3502 人，1852 年上半年即猛增为 15000 人。从 1851 年 1 月 1 日到 1852 年 1 月 1 日的一年间，由香港运往旧金山的苦力为 7785 人；1852 年 1 月 1 日到 3 月 25 日，运走人数为 6342 人，而同年从 3 月 25 日到 7 月 1 日，猛增至 15275 人。[①]

据估计，1801—1850 年出国的契约华工约 32 万人，平均每年 6400 人；而 1851—1875 年竟猛增至 128 万人，平均每年达 5.12 万人；1876—1900 年，则有较大幅度的下滑，共计 75 万人，平均每年 3 万人。[②] 1851 年后华工出国人数猛增，主要表现为赴美洲的人数激增，同时赴东南亚和澳洲、新西兰的华工人数也有了成倍的增长。1876 年以后，美国由于经济危机，排斥华工并严禁华工入境，古巴、秘鲁也先后禁止华工入境，赴美洲华工人数骤减。但此时赴东南亚华工人数仍保持稳定，并略有增长。这说明南洋一带仍是容纳闽粤人的主要地区。

东北地区，尤其是黑龙江与吉林地区移民人口的较快增长是在第二次鸦片战争之后。

道光三十年（1850）太平天国战争爆发后，清廷曾多次征调驻守在吉林、黑龙江边防的旗兵南下与太平军作战，结果造成了边备空虚。沙俄侵

---

① 参见陈翰笙主编《华工出国史料汇编》第 4 辑，第 181—190 页。

② 参见陈翰笙主编《华工出国史料汇编》第 4 辑，第 240—241 页。

略者乘虚而入，利用清政府在第二次鸦片战争中战败，采取军事讹诈的手段，轻易地从清廷手中夺走了黑龙江以北和乌苏里江以东大约100万平方公里的土地。

面对拥有近代先进武器和轮船的俄国船队，中国的黑龙江守军却只能以长矛、弓箭自卫。一个曾在黑龙江地区活动过的英国人挖苦说，中国驻军只满足于仔细点数过往的俄国船只。① 近年一位美国学者则是这样叙述的：

> 正当清政府继续追求把汉人移民排除在北满以外这一目光短浅的目标时，俄国政府则把俄国移民移居到这个地区。这样，到了19世纪50年代末，北黑龙江流域和滨海的领土上已经大部分是俄国人了……在与蒙古和满洲接壤的俄国边境，驻有16000名俄国军队，配备着40门大炮。另一方面，黑龙江的旗兵一直没有超过几千人。例如，瑷珲“有能容纳几千名士兵的造得很好的营房，但没有看到一名士兵——甚至岗亭也是空的”。

其结果，“清帝国丧失了最东北的广袤而宝贵的土地”。但也正如这位学者所指出的，“这是一个宝贵的教训。一个愈来愈着眼于全中国的清政府汲取了这个教训，于是大开方便之门，让汉族移民进入帝国的其他边境”。②

黑龙江由中国的内河一变而为中俄的界河。该地区亟须移民以加强实力。黑龙江将军特普钦指出：以前因招垦恐与防务有碍，今天因防务反而不能不亟筹招垦。地方财政拮据，私垦之民也难以驱逐，不如开禁，招民试种。既可增收租赋，宽裕财政，又可借助移民，预防俄国人窥伺。黑龙江在清末开放最早。而移民首先开垦的便是特普钦在奏报中提及的俄国人曾窥伺的呼兰地区。

吉林的放垦区最初集中在西部平原，稍后也将重点东移。清廷在给吉林将军的命令中指出：乌苏里江、绥芬河空阔地方，应尽早招民开垦，使

---

① 〔英〕拉文斯坦：《俄国人在黑龙江》，陈霞飞译、陈泽宪校，商务印书馆，1974，第103页。

② 费正清、刘广京编《剑桥中国晚清史》上卷，中国社会科学院历史研究所编译室译，中国社会科学出版社，1985，第372—373、379页。

俄国无所觊觎。据户部《民数册》的不完全统计，1861 年吉林人口为 33 万，1897 年已上升为 77.9 万，平均年增长率为 24.1‰。到 1907 年，整个东三省的统计人口已高达 1445 万。宣统三年（1911）户口调查时，东三省已有 278 万户 1842 万人。[①] 进入东北的各省移民仍以山东为最多；其次为直隶，其中又以冀东为多；再次则为河南、山西两省。[②]

19 世纪末，在东北地区因面临沙俄侵略的威胁而大举移民实边后，内蒙古地区也以同样理由放垦。但这一时期的汉族移民举措，除东部靠近东三省地区以及后套地区增长较快外，并没有取得预期的效果。

4. 王朝之末的人口复苏

全国性的大动乱逐步平息以后，中国人口进入了复苏时期。人们对这一时期的中国总人口规模做了种种估计。1879 年 4 月，中国驻英公使曾纪泽在伦敦会见来访者时指出：中国人口约为 4.2 亿。[③] 次年，英国原外交官阿礼国（R. Alcock）也提出：尽管有战乱、灾荒所造成的人口损失，但中国人口仍在 4 亿以上。德国地理学家贝姆（Ernest Behm）与瓦格纳（Hermann Wagner）特别关注中国这个世界第一人口大国的人口状况。他们主编的《世界人口》的各卷，曾根据来自中国的意见，多次修订了有关中国人口的记载。1872 年《世界人口》第 1 卷出版，他们主要根据旅行家的意见，将中国人口定为 44700 万人。1874 年修订为 40500 万人，因为熟悉中国情形的人，“全认为 4 亿是最好的估计”。1880 年出版的第 6 卷又提出：中国包括各藩属在内共 43462 万余人（内含朝鲜半岛人口 850 万人）。到了 1882 年的第 7 卷，在参考了学者、旅行家关于中国人口已大为减少的意见后，他们终于将中国人口做了向下的大幅度调整，修订为 37100 万余人。但这一迟到的修正显然已落后于 19 世纪 80 年代中国人口正以较快速度恢复的实际情况。

到了 19 世纪 90 年代，中国人口已大致恢复到战前道光年间的水平。中国的另一位外交官薛福成于 1891 年指出：“自粤捻苗回各寇迭起，弄兵潢池，已皆荡定。今又休养二十余年，户口渐复旧观。”他当时估计“中国人

① 1907 年人口数据参见徐世昌《东三省策略》，1911 年调查数为陈长蘅之修正值。

② 参见田志和《清代东北流民》，《东北史研究》第 1 辑，1983 年。

③ 曾纪泽：《曾惠敏公手写日记》第 4 册，学生书局，1965，影印本，第 2163—2165 页。

民在四万万以外”。[①] 整个19世纪90年代，尤其是维新运动高涨时期，中国国内有关“四万万同胞”的提法已不绝于书。与此同时，沉寂了数十年的“人满为患说”也重新兴盛起来。1894年，孙中山在《上李鸿章书》中强调：“盖今日之中国已大有人满之患矣，其势已岌岌不可终日。”[②] 1897年，章太炎发表议论说：“古者乐蕃遮，而近世以人满为虑，常惧疆宇狭小，其物产不足以龚衣食。”[③] 梁启超在《农会报序》中也提到：“中国今日，动忧人满。”[④]

当时的“人满为患说”多少受到马尔萨斯主义传入中国的影响，但首先是中国人口逐渐恢复到太平天国战争前旧观的直接反映。

稍迟，光绪三十一年（1905）编纂的安徽《霍山县志》说：

> 垦山之害，旧志已历言之，谓必有地竭山空之患。阅数纪而其言尽验。道咸之劫，人无孑遗，而山于此时少复元气。故中兴以来，得享其利者四十年。近以生息益蕃，食用不足，则又相率开垦，山童而树亦渐尽。无主之山，则又往往放火延焚，多成焦土。[⑤]

安徽是人口损失较重的地区。《霍山县志》的记述从侧面表明：战后该地区人口的恢复大约用了40年时间。

清政府于光绪二十七年（1901）曾公布了一个官方人口统计数字。据《光绪朝东华录》载：是年民数为426447325人。我们不知道这一统计中，有哪些省是当年册报的人口，有哪些省是旧有人口数据的照抄或略做修正，但它作为全国人口统计数已肯定无疑。同样可以肯定的是，这一人口统计数并没有建立在人口清查的基础之上。因此，它只表示清朝官方对全国人口的估计或认识。官方的这一数字，已很接近1851年的人口记录。这表明清朝官方相信：1900年前后，中国人口已基本恢复到太平天国战争前的水

① 薛福成：《出使四国日记》，湖南人民出版社，1981，第237—238页。
② 《孙中山选集》，人民出版社，1981，第11页。
③ 汤志钧编《章太炎政论选集》（上），中华书局，1977，第51页。
④ 梁启超：《农会报序》，中国史学会主编《中国近代史资料丛刊·戊戌变法》（4），上海人民出版社，1957，第538页。
⑤ 光绪《霍山县志》卷2。

平。根据 1953 年第一次全国人口普查资料推算，1900 年前后全国人口约为 4.43 亿。这一立足于可靠统计基础上的回溯估算表明：1901 年公布的中国人口总数，还是大致可信的。

这里不妨探讨一下中国人口重新回升至 4 亿的最可能的时间。结合前文的叙述，尤其是 19 世纪 70 年代后期北方地区发生大饥馑的事实，我们可以肯定：这一时间不可能早于 1880 年。而从 1900 年的 4.43 亿人回溯推算，并且考虑到全国 1892—1894 年再次发生较为普遍的饥馑和甲午中日战争期间奉天等省遭受较为严重的人口损失，致使 19 世纪 90 年代人口增长率不可能很高的事实，这一时间又不应迟于 1890 年。因此，我们可以大致判定：这一时间是在 1885 年前后。考虑到太平天国战争期间的人口损失主要集中于 19 世纪 60 年代中后期，西南、西北回族及其他少数民族起义的人口损失也集中于 19 世纪 70 年前后，加之两者的损失大大超过 19 世纪 70 年代后期北方大饥馑死亡的人口，我们还可以大致推定 19 世纪 70 年为人口谷值的时点。于是，我们由此得出了 1850—1900 年中国人口变动的最简略的模式。

面对不断增长的全国人口，清政府终于在宣统年间（1909—1911）举办了全国规模的人口调查。清王朝末期的这次调查，是中国近代意义上人口普查的雏形。

光绪三十四年（1908），清廷宣布用 9 年时间预备立宪。民政部为此办理户口调查，提出自当年始，以 5 年时间办理完竣。各地方当局奉命调查各地人口的性别、年龄，以及统计成人与学龄儿童人数。由于政治形势的变化，这项工作被压缩在 4 年内完成。宣统二年（1910），各省先后进行了户数的调查（有的同时调查了口数）。宣统三年，各省又陆续进行了口数的调查。同年，辛亥革命爆发，打断了这次人口调查的进程。此后直到清王朝覆灭，仍有一些省份未上报口数调查的结果。民国元年（1912），由当时的民国政府内务部将各省在辛亥年（即宣统三年）上报民政部的报告加以收集，汇总公布。据《清史稿·地理志》载，是年全国各地区上报人口总计 62699185 户，341423897 口，这一统计是明显偏低的。而在同书《食货志》中，该项统计又变为 69246374 户，239594668 口。户数略有增加，口数则更低。20 世纪 30 年代初，人口学者王士达、陈长蘅曾先后根据原统计册籍对这次调查结果重新加以整理。户数上升为7000万户，口数则上升为37000万左右。①

宣统年间的人口调查质量是不高的。由于当时社会秩序混乱，人心浮动，调查多是草草了事，缺报、漏报现象相当严重，尤其是口数部分的调查，缺失太多。但此次人口调查仍有它的历史意义。因为它毕竟在清末数十年的动乱之后，第一次大规模地调查了全国的人口。其中的户数调查，由于先期采取了派员调查制，资料全，可信度较高，时点的统一性也较好，对了解清末中国人口分布状况及人口发展变化的趋势，具有相当重要的价值。

二 人口结构及其变迁

性别与年龄结构

所谓人口结构，又称人口构成，是从一定的规定性来看人口的内部关系。这些规定性是客观存在的反映，体现了人们对人口本质属性的认识。性别与年龄结构，属于最基本的人口结构，也即人口的自然结构系统。

人口性别结构的划分，也即男女两性的区别，是极为显见的事实。中国特有的阴阳学说，强化了男女性别之间的差异。传统习俗中的“男尊女卑”“夫为妻纲”等，都与这种学说有关。人口年龄结构的划分则具有一定的模糊性。因为幼年与成年、成年与老年的界限是相对的，只能以某些特定的年龄为界，进行人为的划分。对于年龄，中国有自己传统的计算方法：以出生当年为1岁，即所谓“落地虚一岁”，以后每过一次新年便增加1岁。这种“虚岁”计算法方便、实用，有利于官府对同年出生的人口也即出生同批人的掌握，因而一直沿用下来。

对于成年，以及与之相应的幼年和老年的划分，历代王朝并不完全一致。但自汉至清的两千余年中，大体上是以15岁以下为幼年，16岁到60岁为成年，60岁以上为老年。这种划分，适应传统时代的生产力水平和人口发展状况，即使在今天看来也仍较为合理。历代的成丁，都要负担一定

① 参见姜涛《中国近代人口史》，第82—84页。

的赋役。而对于不是成丁的老年人和幼儿，则注意有所养或有所长。对于70岁以上的老人，历代王朝一般都有若干优惠的奉养政策。因此，汉乐府《紫骝马》歌词中“十五从军征，八十始得归”的名句，极有可能是“十五从军征，六十始得归”在传抄中的笔误。因为年过60岁的老人，极少被征发服役，更不待说年届八旬的耄耋之人了！

到了清代，成丁的服役早已变为代役性的丁赋。而自雍正年间“摊丁入地”后，人头税实际上已被取消。与征收丁赋有关的人丁编审制度也于乾隆年间被废止。乾隆以后的户口统计，通常多为“大小男妇”的合计数，而较少有按性别，尤其是按年龄指标的详细分类。根据笔者尽力搜集的资料，尤其是省级政区的若干统计资料，大致可以得出这样的结果：清代中期（太平天国战争爆发前）中国人口的性别比为113—119（即每100位女性人口相应有113—119位男性人口），15虚岁以下儿童人口占总人口的31%—42%。

清末宣统年间的人口调查，如能按规定执行，是应能取得关于当时人口性别年龄结构的完整资料的，可惜草草了结，无法加以取用。民国时期的各种人口调查统计，多有性别年龄结构的资料。但除一些抽样调查的数据外，可信度也或多或少存在一些问题。较为可靠的调查资料表明：1932—1939年中国人口的性别比约为112.2。另据抽样调查，截至1932年底，中国乡村人口的男女性别比为109.5（其中成人为109.1，儿童为110.4），儿童占总人口的34.5%。抗日战争胜利后，据当时国民政府的调查统计，1946年全国人口的性别比为110.00，1947年上半年为110.01，下半年为109.52。这与1949年的性别比108.16已相当接近了。

如果比较一下清代与民国时期中国人口的性别比，就会发现：清时男性人口比例要略高一些。究其原因，一是传统重男轻女的观念。很多地区溺弃女婴成风，而成年女子因卫生条件差，死亡率也较男子为高。二是女性人口的少报、漏报。不少地方出于安全等方面的考虑，保甲门牌中甚至不列出妇女人数，以致人为地造成登记人口中男性偏高的现象。民国时期的性别比呈下降趋势，原因也有两个方面：一是有关调查，尤其是抽样调查的结果相比清代而言较为准确，从而减少了女性人口人为的统计误差，而这与民国时期风气渐开，女性地位相应有所提高的大环境也有关系；二是由于多年战争的影响，成年男子的死亡率有所增长。如受战争影响程度最深的山东、江西等省，1949 年人口性别比都在 100 以下。山东甚至仅为 93.6，直到 1955 年后两性人口才渐趋平衡。当然，除战争因素外，山东省参军、支前者多，南下干部多，也是造成该省性别比大幅度下降的重要因素。

对于近代人口的年龄结构，因为既有的可信资料太少，我们只能大约地得出这样的结论：清代中期人口中，儿童所占比例要略高于民国时期，从而更接近“前进型”或增长型人口结构。

婚姻与家庭

家庭是基于婚姻关系、血缘关系和收养关系而形成的社会生活共同体，是人口再生产的单位。而婚姻，是男女两性结合的社会形式，是建立家庭实现人类自身生产的前提。婚姻与家庭，是紧密联系在一起的一对范畴。

婚姻　中国传统社会所通行的基本婚姻形式是一夫一妻、男婚女嫁。缔结婚姻关系一般必须经父母之命、媒妁之言，并需要举行一定的仪式。历代王朝，上自皇帝，下至平民百姓，明媒正娶的妻只能有一个。多妻则为法律所禁止。传统礼教与法律强调男尊女卑，夫为妻纲，妇人有三从之道，即“幼从父兄，既嫁从夫，夫死从子”等。不过在名义上，夫妻的地位仍是对等的。按照《说文解字》的解释，妻即“妇，与夫齐者也”；而妇，“服也，从女持帚洒扫也”，其职责是主内，即操持家务。现代婚姻法理视为一夫多妻的纳妾制，按传统的习俗和法律并不被认为是多妻，因妾的身份地位低下，不被认为是家庭的正式成员。正如瞿同祖在《中国法律与中国社会》一书中所分析的：“古人说聘则为妻，奔则为妾，妾是买来的，根本不能行婚姻之礼，不能具备婚姻的种种仪式，断不能称此种结合为婚姻，而以夫的配偶目之。妾者接也，字的含义即指示非偶，所以妾以夫为君，为家长，俗称老爷，而不能以之为夫。所谓君，所谓家长，实即主人之意。”① 因此，传统中国社会的法律只禁多妻，而不禁纳妾。

民国时期，1929 年公布的《民法》中禁止重婚，凡妾都属不合法，但在司法实践中又默认妾的存在。这就充分体现了这一时期婚姻法制的过渡

---

①　瞿同祖：《中国法律与中国社会》，中华书局，1981，第 133 页。

性特点。在人口登记时，妾被列入“同居家属”，但对其身份则不予注明。直到 1950 年《中华人民共和国婚姻法》公布施行，明令禁止重婚纳妾，才结束了这种事实上的一夫多妻习俗。

中国传统的婚嫁年龄普遍较低，早婚已成习俗。但在三千年前的周初，男子的婚龄大概还是很高的。据《周礼·地官》的记载，周人的婚嫁年龄为：“男三十而娶，女二十而嫁。”男子婚龄之高，很可能是周初生产力低下的反映。因为据人类学家在 20 世纪初所搜集的资料，那些生产力迄今仍很低下的原始民族，其男子几乎都有晚婚的习俗。不过至迟在春秋时代，周人的晚婚习俗已开始被早婚所替代。据记载，齐桓公曾下令：“丈夫二十而室，妇人十五而嫁。”当时的一些思想家，如墨子，也竭力主张早婚，以尽快增殖人口。这显然是小农经济开始在“礼崩乐坏”中产生，本身迫切需要劳动力，而社会生产力的发展，又确实能够供养较多人口的表现。此后，自汉唐直至明清，法定婚龄大体维持在男 16 岁、女 14 岁。清代的平均婚龄，据估计，女子在 17—18 岁，男子在 21—25 岁。

民国时期法定婚龄提高为男子年满 18 岁，女子年满 16 岁。男女平均婚龄，据抽样调查，男子约为 20 岁，女子约为 18 岁。其实际结婚年龄，20 岁以前结婚的男子超过 70%以上，女子则接近 90%。出于经济和社会等方面的原因，男子有过 30 岁以后才结婚的，但女子很少有超过 25 岁才出嫁的。

中国人口的婚姻率，一般认为是很高的。民国时期甚至有人认为中国是世界上“最高婚姻率国”。而根据既有的初步研究，清代中期以前的婚姻率，可能比民国时期还要高些。

家庭结构　家庭是社会的细胞。作为人口再生产的基本单位，家庭一般还必须具有物质财富再生产的功能。而生产、分配、继承、消费等，都要通过家庭才能得以实现。不同的社会往往形成不同的家庭制度。中国传统社会以宗法思想为指导，以男性家长占统治地位的家庭制度，是在土地私有和小农生产方式的基础上发展起来的，从而具有自身的结构特点。

考察家庭结构，通常有三个指标：家庭类型，可分为核心家庭（由一对夫妻及其未婚子女所组成）、直系家庭（父母和一个已婚子女及其配偶、后代所组成，又称主干家庭）、复合家庭（父母和两个或多个已婚子女及其配偶、后代所组成，又称联合家庭）等；家庭世代，可分为一代人家庭、二代人家庭、三代乃至多代人家庭等；家庭规模，也即家庭人口的多少。这三者密切相关，相互制约。

在清代，复合家庭是家庭发展的最高阶段和主要价值取向。一对年轻男女结婚建立小家庭后，通常会历经核心家庭、直系家庭至复合家庭等不同类型家庭的发展阶段，而以复合家庭为其最高表现形式。复合家庭形式的存在，可以追溯到三千年前的周初。体现中国先民智慧结晶的《周易》中，就有题为“家人”的卦，其卦象为离下巽上（䷤），表示一家之人。此卦的初、三、五、上均为阳爻，代表家庭中的男性；二、四为阴爻，代表家庭中的女性。具体地说，上九为父，九五、六二为长子夫妇，九三、六四为次子夫妇，初九为长孙。那么，“家人”卦所表示的正是一个典型的复合家庭。家长制下的复合家庭受国家法律的保护。清代《户部则例》规定：“凡祖父母、父母在，子孙不准别立户籍，分异财产。其父母许令分财异居者听。”《清律例·户律》中还有对“别籍异财”处罚的具体规定。

累世同居的复合式大家庭为社会所尊重。但一般的复合家庭很少超过三代。祖父母一逝世，子孙就可分居，此时，家庭又只包括父母及其子女了。因此，复合家庭在绝对数上并不比核心家庭、直系家庭更占优势。有人曾对咸丰年间山东宁海州的各类家庭进行统计分析，得出结论：核心家庭约占总户数的35.5%，直系家庭占29.4%，复合家庭占33.0%，残缺家庭仅占2.0%。[①] 若略去残缺家庭不计，三类完整家庭三足鼎立，大体上各占1/3。

从家庭规模来看，所谓“八口之家”大约是普通农家的理想模式。战国时代的孟子鼓吹过：“百亩之田，勿夺其时，八口之家可以无饥矣。”清代仍以八口之家为典型，如同治《萍乡县志》说：“八口之家，耕不过二、三人，田不过十数亩，收不过数十石。”[②] 有意思的是，太平天国早期领导人萧朝贵在假借“天兄”下凡时，竟情不自禁地流露出他本人也即普通农民的生育意识及其所憧憬的理想家庭模式：“朕有三子二女：长子十八岁，次子十五岁，三子十三岁；长女十六岁，幼女十一岁——还未安名也。”[③]

① 许檀：《清代山东的家庭规模与结构》，《清史研究通讯》1987年第4期。

② 同治《萍乡县志》卷6。

③ 王庆成编注《天父天兄圣旨：新发现的太平天国珍贵文献史料》，辽宁人民出版社，1986，第9页。

可见，他所希望拥有的是一个由夫妻及三子二女组成的七口之家。而子与女的数目及其年岁间隔，也都是理想化的：长子、长女已届婚龄，行将娶嫁，次子、三子在农田耕作中已可得力，膝边还有一幼女以点缀天伦之乐。

然而，清代家庭的平均规模和历代一样，仍只是五口左右而不是八口。据统计，全国平均户量在 1820 年时约为 5.4 人，1911 年时约为 5.2 人。“一夫挟五口”反映了传统时代生产力水平的制约。民国建立以后，全靠宗法制维系的复合大家庭失去了为之提供法律保护的政治基础。加之社会动荡加剧，复合大家庭也无法适应外界环境的剧烈变化，小规模的以一夫一妻为主的核心家庭逐渐成为社会的趋势，从而导致了民国时期平均户量的进一步缩减。据有关方面的抽样调查，20 世纪 20 年代末 30 年代初为每户 5.2 人，至 20 世纪 30 年代末 40 年代初降为每户 4.8 人。中华人民共和国成立后，各新老解放区均经过土地改革，分门另立的核心小家庭数目剧增，从而导致了户均人口的再次大幅度下降。1953 年第一次人口普查时，中国大陆共有 13411 万户 58060 万人，平均户量为 4.33 人。此后历年迭有增减，最少时为 1961 年的 4.30 人，最多时为 1971 年的 4.84 人。再后则因计划生育政策，而又呈逐年减少的趋势了。

乡村人口的阶级结构

人口的阶级结构，属于人口社会经济结构的范畴。自清代以来，中国乡村社会中主要对抗的两大社会经济集团，即地主和农民，开始具备了新的特点。其一，缙绅地主的特权垄断地位有所削弱，无功名官爵的庶民地主（多为中小地主）大为发展。乡居的地主中绝大多数是庶民地主，他们以及与他们直接对立的佃农还有广泛存在的自耕农同属于四民中“农”的行列。乡村中原有的贱民等级，如一些地区的奴仆、伴当等，也在清代相继得到开豁。雇工的法律地位，则因庶民地主的大量存在而有所提高。因此，就一般情形而言，自清代至民国，乡村中的地主与农民，已没有明显的社会等级上的差异。其二，与小农经济相适应的土地占有及使用方式，也在这一时期得到了最为充分的发展。土地的私有与自由买卖，使得地权的转换变得极为频繁。所谓“人之贫富不定，则田之去来无常”，“田地无定主，有钱则买，无钱则卖”，反映的都是清代的情形。[1] 地主与农民之间，尤其是那些处于边缘的中小地主与富裕农民之间，没有什么不可逾越的鸿沟。土地的所有权与使用权进一步分离，还使得不少地方出现了地主与佃户分掌“田底”与“田面”的现象，地主对土地的任意支配权也受到抑制。

以上所说的新特点，使我们有可能摆脱社会等级因素的干扰，从而更合理地从经济的角度对清代以来的乡村人口做阶级结构的划分。而在实践中，已经形成了一些行之有效的分类方法。一是直接根据每户土地占有的多少，分为大户、中户、下户，或大农、中农、下农。二是根据土地占有与使用方式，分为业户、佃户，“业户输赋，佃户交租”。民国时期，又有自耕农、半自耕农及佃农的划分。三是根据拥有的土地、工具、活动资本等生产资料的多少，剥削收入与劳动收入占其生活来源的多少，是否出卖劳动力以及生活水平的高低等综合指标，将乡村人口区分为地主、富农、中农、贫农及雇农等。这一划分的基准是处于中间状态的中农（基本上是自耕农）：中农一般不剥削别人，也无须出卖劳动力。地主与富农因为占有生产资料的富余，以剥削收入作为生活的主要来源；他们的区别又在于地主以土地出租为主，自己不参加劳动或只有辅助性劳动，富农以雇工剥削为主，自己也参加劳动。贫、雇农因为生产资料匮乏，必须部分或全部出卖自己的劳动力。是否出租或佃进土地已不再是划分的唯一或主要依据。

对于清代各时期乡村人口的阶级结构，现有研究还只能通过对土地占有的状况进行分析。有关记载表明：即使在清代前期，土地占有的两极分化也是时时处处存在着的。康熙四十三年（1704）的一份上谕揭示：大地主占有大部分土地，乡居的有田产的农户（应包括一部分中小地主）占乡村人口的30%—40%，佃农约占60%—70%。[2] 乾隆年间的官员杨锡绂说：“近日田之归于富户者，大约十之五六；旧时有田之人，今俱为佃耕之户。”[3] 这一段论述常被人们用以说明清代中期土地集中的趋势，但它同时表明，乾隆年间富户所占土地仍不过50%—60%。江苏江阴县与湖南巴陵县

---

① 引文分别参见李光坡《答曾邑侯问丁米均派书》，《皇朝经世文编》卷30；戴兆佳《天台治略》卷6《告示》，康熙六十年刊本。

② 参见《清圣祖实录》卷215，康熙四十三年正月辛酉。

③ 杨锡绂：《陈明米贵之由疏》，《皇朝经世文编》卷39。

的材料也一致表明：农业人口中佃农占 60%。[①] 土地并没有更多地集中到地主手中。值得注意的是，即使像太平天国战争这样的全国性大战乱，也没有从根本上改变乡村人口的阶级结构以及土地占有的高度分化现象。根据经济史学家李文治搜集的资料，[②] 1871—1905 年，佃农或无地户占全体农户的比例，最大者为江苏苏州，达 80%—90%；最小者为直隶武清，占 30%；多数地区为 50%—60%。经计算，均值为 55%。这一比例与清代前中期大致相同。可见，土地并没有更多地分散到广大农民手中。

民国时期有关机构对乡村人口阶级结构做了较多的调查。如果仅从租佃关系的角度考察，那么金陵大学农业经济系卜凯（J. L. Buck）教授主持的调查最具代表性：1921—1924 年，以全国 37 处地方平均计算，佃农占 60%。[③] 而若从诸方面因素综合来考察，则当推毛泽东的一系列乡村调查。他于 1927 年初提出的调查结论是：乡村人口中，贫农占 70%，中农占 20%，地主和富农占 10%。这一结论得到了其他一系列调查，尤其是 20 世纪 40 年代末 50 年代初土地改革运动中大量调查情况的印证。[④] 1947 年底，毛泽东曾估计地主富农在乡村人口中所占比例为 8%左右（以户为单位计算），其所占的土地则占全部土地的 70%—80%。[⑤] 他提出的人口构成基本上得到了证实，但地主富农占有土地的比例最后证明仅为 50%—60%。不但与民国前期相比无变化，而且与清代相比也没有任何明显的变化！土地同样没有更多地集中到地主、富农之手。

以上事实表明：自清初以来，尽管随着人口总量的不断增长，中国的人均耕地也已呈下降的趋势，并且土地的占有权与使用权变动非常频繁，但乡村人口的阶级结构却始终维持稳定。这似乎与我们所熟知的“土地不断向地主阶级集中”“贫者益贫，富者益富”的常识相悖！可是我们也不要忘记：在土地集中的同时还存在着反向的土地分散。这就是在土地私有的

---

① 光绪《江阴县志》卷 9《风俗》；《巴陵志田赋论》，《皇朝经世文编》卷 29。

② 参见李文治编《中国近代农业史资料》第 1 辑，三联书店，1957，第 195 页。

③ 参见章有义编《中国近代农业史资料》第 2 辑，第 66 页。

④ 《湖南农民运动考察报告》，《毛泽东选集》第 1 卷，人民出版社，1991，第 20—21 页。另参见余霖《中国农业生产关系底检讨》附表，薛暮桥等编《〈中国农村〉论文选》上册，人民出版社，1983，第 155 页。

⑤ 《目前形势和我们的任务》，《毛泽东选集》第 4 卷，第 1251 页。

前提下的分家析产。汉代以后，财产继承上的长幼嫡庶之别虽已趋于淡化，但到元明之时，嫡庶诸子所得家产的多少仍有差异，真正彻底地实行“诸子均分”原则，是清代才有的事。财产均分的继承原则保障了家庭中同出一父的每个男性后代享有均等的生存与发展机会，同时也抑制了富裕家庭财产的不断积累与扩张。

土地的不断集中与分散，只是各阶级、阶层具体成分不断变更的一种折射。乡村人口阶级结构在总体上的稳定性，应当在它的内部探讨原因。我们注意到：划分乡村人口阶级结构的基本单位是户而不是个人。由于户是乡村社会中组织生产、安排生活的基本单位，以户为单位的划分要比以个人为单位更为合理。然而以户为单位的划分同时也掩盖了另一个极其重要的基本事实：富裕之家的人口规模要大大高于贫苦之家。乡村家庭的财产主要反映于它所占有的土地，乡村家庭人口的多少与占有土地的多少二者密切相关。[①] 就是说，人口多的家庭占有土地也多；而占有土地少者，其人丁也不可能兴旺。

拥有大量土地的富裕之家有能力养育更多的人口，从而增殖分化出更多的家庭。土地集中过程的本身就已成为其日后再度分散的条件。失去土地的贫寒之家只能是宗嗣绵延的生存竞争中的失败者。正是这一“自然”但却十分残酷的变动过程，保证了乡村人口在总体的阶级结构上的稳定。

人口的城乡结构

人口的城乡结构属于人口地域结构系统。由于传统时代城市和乡村居民在社会职业分工上的显著差异，人口的城乡结构体现了人口社会经济结构的若干性质。

星罗棋布、蔚为壮观的城市已成为地球上最为突出的人文景观。城市的产生需要有两个先决条件：一是十分发达的农业，以供养众多的非农业人口；二是超越家族或血亲以外社会关系的文明。就是说，城市只能产生于社会大分工之后和血缘关系转变为政治关系之后，以及野蛮时代过渡到文明时代之后。在中国，城市的出现可追溯到约在四千年前兴起的夏王朝。城市一经出现，就与广大非城市地区形成了对立统一的关系。城市是相对

---

① 参见冯和法编《中国农村经济资料》，黎明书局，1933，第18页。

永久性的、高度组织起来的人口集中的地方。汉语的“城市”，是由“城”与“市”这两个不同的概念组合而成。《说文解字》说：“城，以盛民也”；“市，买卖所之也”，正好揭示了城市的人口集中和工商业发达这两大基本特点。早在先秦文献中，人们已将“城市”连称，以表达上述概念。

城市与乡村在居民成分上也有很大的差异。古已有之的四民的划分，就体现了这一差异。

四民的提法出现得很早，首先明确四民为士、农、工、商四大社会集团的，是春秋时代齐国的管仲。四民既是职业的划分，也是社会地位的标志。《汉书·食货志》对四民的定义是：“学以居位曰士，辟土殖谷曰农，作巧成器曰工，通财鬻货曰商。”[①] 四民的划分，一直沿袭到清末，历时两千数百年之久。管仲本人主张，“定民之居，定人之事”，不仅将四民按住地严格分开，而且必须世任其业。这一做法，在后世已被打破。但士、工、商主要居住于城市、农民居住于乡村的基本格局，却一直沿袭下来。

士居四民之首，属于社会的上层，享有种种特权。秦汉以后，士的内涵不断演化，明清时已专指尊奉儒家经典为圭臬的衿绅集团。士阶层始终是历代王朝官僚政治的主要支柱。他们不仅以其正统的意识形态教化人民大众，且本身也随时为官僚队伍输送人才。士人在总人口中所占比例很小，但流动性强，社会活动能量很大。

商是四民中另一流动性强、活动能量大的社会集团。商业活动是社会生活中极其重要的组成部分，但在强调以农立国的中国传统社会中，商被贬抑为四民之末，不能像士人那样取得优越的政治地位。尽管如此，他们当中的若干人仍可通过经济活动而发财致富。早在西汉前期，谋臣晁错就说过：“今法律贱商人，商人已富贵矣；尊农夫，农夫已贫贱矣。”[②]

“作巧成器”的工匠，也即手工业劳动者，构成了主要居住于城市的第三个社会集团。工匠一般都有一技之长，因此官府对他们的控制也较严。他们通常被单独编为“匠户”，须对官府尽应差的义务。清代自雍正年间起实行赋役制度的改革，匠籍才最后被取消。

农是四民中唯一主要居住于乡村的社会集团，但在总人口中占绝对多

① 《汉书·食货志第四上》。

② 《汉书·食货志第四上》。

数。农民以土地为谋生手段，安土重迁，在通常情形下很少流动。受生产力水平的限制，农业生产需要劳动力极多，所以历代王朝都无一例外地采取重农政策，使农民能够附着于土地，即所谓“理民之道，地着为本”。从表面上看，农民的政治地位要高于工、商。比如说，在相当长的时期内，四民之中只有士、农子弟准许参加科举考试。然而在实际生活中，大多数普通农户极易因遭受天灾人祸而陷于贫困，也很少有机会进入社会的上层。

四民的划分，只是对城乡人口结构差异的一种大致的勾勒。事实上，中国传统社会中始终存在着若干游离于四民之外的其他人口。比如僧道医卜，这些仍属良民之列；又如倡优隶卒等，是所谓操贱业者，也即贱民。有些服务业，如剃头、轿夫、鼓吹、裁缝、仵作等，习惯上也被认为是贱业，只能由贱民承担。这些四民之外的人口，往往被认为是社会的寄生成分。其中操贱业的贱民，更为社会所轻蔑，遭到法律和习俗的种种歧视性限制。

中国传统社会的人口城乡结构，具有高度的稳定性。这反映为城市人口与乡村人口在总人口中的相对比重，总是维持在一个相当接近的水平上。

在西方工业革命之前，中国城市的发展，曾长期居于世界的前列。中国著名的六大古都（西安、南京、洛阳、开封、杭州、北京）在历史上都曾达到或超过百万人的规模，成为当时世界上最大的城市。其他的工商业城市，很多也是“世界级”的水平。中国城市的熙来攘往的繁盛景象，给那些境外来的观察家留下了特别深刻的印象。

中外学者对春秋战国以来中国城市人口的比重进行了考察。结果是很有意思的：春秋时期，齐国的城市人口约占总人口的8.5%，乡村人口约占91.5%；[①] 汉代，非农业人口约占总人口的10%；[②] 唐代，城市人口的比重为10%；[③] 宋代，城市人口至少占总人口的10%以上。[④]

清代城市的发展，尤其是市镇的发展，在规模和数量上都远超过宋代。然而由于清代乡村人口同样有突飞猛进的增长，城市人口占总人口的比重

① 参见吴申元《中国人口思想史稿》，中国社会科学出版社，1986，第15页。

② 徐扬杰：《汉代的农业生产水平问题浅探》，《史学月刊》1982年第3期。

③ 胡焕庸等：《中国人口地理》上册，第248页。

④ Mark Elvin, *The Pattern of the Chinese Past* (Redwood City, CA: Stanford University Press, 1973), p. 176.

却不比宋代更高。从总体上看，清代城市人口的比重不低于10%。

考察人口的城乡结构，除城市人口比重这一指标外，非农业人口所占比重尤其值得注意，而且，由于人们对城市人口划分标准的认识不一，非农业人口比重的指标显得更为重要。清代著名经济思想家包世臣就曾对四民所占人口比重提出过自己的见解。他认为："三民（士、工、商）居一，而五归农，则地无不垦，百用以给。"[①] 就是说，在正常状态下，农业人口应占总人口的5/6或83.3%，非农业人口应占1/6或16.7%。

包氏的这一结论，得到了清末以至于民国时期若干统计资料的印证。据有关乡土志整理而得的清末光绪及宣统年间对9个省区22个县（府、州、厅）约190万人口的调查统计，农业人口约占83%，其余非农业人口共占17%，与包氏的结论极为接近。[②] 金陵大学农业经济系于民国初年曾对168个县的全部人口进行过抽样调查，其中分布村庄者79%，市镇者11%，城市者10%。[③] 由于这里的村庄人口都是农业人口，市镇人口中也有相当一部分从事农业生产，则全部农业人口比重应为80%—85%，与包氏得出的结论大致相符。中华人民共和国成立后，更为可靠的统计表明：1949年全国城市人口占总人口的10.6%，非农业人口占总人口的17.4%。此后由于按城镇行政建制的口径进行统计，全国城市人口的比重迭有增加，至1978年已上升为17.9%，但非农业人口除1958—1961年的特殊情况外，都没有突破包氏所提出的16.7%的比重，而1949—1978年的平均值更仅为16.4%。[④] 中国大陆能在1949年以后长达30年的时间内保持非农业人口与农业人口相对稳定的比例，固然有其具体的历史原因，但这一人口比例竟与100多年前包世臣的结论惊人的一致，就不会仅仅是一种巧合了。

中国人口的城乡结构是相当稳定的，但城市人口和乡村人口一样，总是处于不断地变动之中。从1850年到1949年，也即从太平天国战争爆发直

① 包世臣：《安吴四种·中衢一勺》卷7下《说储上篇后序》，沈云龙主编《近代中国史料丛刊》第30辑，文海出版社，1968，第560页。

② 据杨子慧主编《中国历代人口统计资料研究》（改革出版社，1995，第1200页）原表重新归算改制，并增补了河南淅川等三厅州县的资料。原表系据清末各有关乡土志综合而成。

③ 〔美〕卜凯主编《中国土地利用》，金陵大学农学院农业经济系，1941，第501页。

④ 参见《中国人口年鉴（1985）》（中国社会科学出版社，1986，第811—812页）原表。该表不包括台、港、澳地区的人口。

到整个民国时期，中国城市的人口，不仅在数量上有过极其激烈的变动，且在作为人口本质属性的社会结构上也有了深刻的变化。

士、商与工是中国传统社会城市居民的主要成分。在清末城市体系急剧变动之时，这些成分也开始有了相应的转换。

传统的士属于社会的上层，作为一个自为的社会集团，始终怀有以天下为己任的强烈使命感。清代末期在外国资本主义及其先进生产力的强烈冲击下，中国社会发生了“亘古未有的变局”，使得传统的士首先分化出一批具有崭新视野的人物。他们迫切地试图了解对于广大中国人来说还是相当陌生的西方文明体系。有一些人发奋钻研西方的自然科学知识，更有人远涉重洋，径赴欧美，直接汲取西方文明的精华所在。随着欧风美雨的不断侵袭，清政府于1905年采取了“立停科举以广学校”的行动。新式教育拓宽了人才培养之路，新型知识阶层的人数迅速扩大，而近代化事业的发展，使得这一阶层就业的范围也大为扩展了。除从政者外，从军、经商、兴学校、办实业，都大有人在。有些学有专长的人士，拥有了前所未有的称谓——自由职业者。传统的士的浓郁而狭隘的集团意识大大被冲淡了。

商人扮演了更为活跃的角色。清末的社会变动使他们的活力得到了空前的激发。他们中的一些人早就有了与外商打交道的经验。受雇于外商充当译员或经济事务助理的所谓“康白度”（comprador，源于葡萄牙语），也即买办，在鸦片战争前夕业已出现，而在战后开始形成一个职业集团。由于西方资本主义世界的经济入侵愈演愈烈，买办阶级的势力也愈益壮大。其中一些具有较强民族意识的人士，便竭力鼓吹开展对西方列强的“商战”，强调以商为国本。经商成了时髦，而商人的自为意识及其社会地位自然也大为提高。虽然在公开的宣言中，他们只将自己从“士农工商”四民之末提升为“士商农工”，位居第二，但实质上他们早已自以为时代的中心而雄视天下了。

作为一种社会职业，工在近代的变动要比商深刻得多。因为它直接与近代工业、与先进生产力的发展紧密联系在一起。中国的近代工业首先是由外国资本兴办并掌握的。清末一些富有的官僚、绅士、商人也纷纷投资兴办实业，加上清朝官方的兴办，从而初步形成了中国自己的近代工业体系。由于近代工业具有较大的生产规模，往往需要投入巨额的经营资本，需要有先进的管理知识，兴办工厂的实业家与产业工人之间的阶级差异，已是传统时代的工场主与工匠的差异所无法相比的了。

随着近代城市的发展，或者毋宁说，随着中国城市的近代化成分的不断扩大，传统的既体现社会等级又代表职业分野的士、商与工，终于逐步演变为具有近代意义的社会职业分类。

第十八章

大变局下的生活世界：洋货流行与生活启蒙

清朝由兴而盛二百年，直至鸦片战争被挟坚船利炮越洋而来的英国所打败，求和签约，割地赔款，开口通商，西洋各国势力进入中国，原来的“一统天下”格局被打破。这一变故对清朝统治者而言，是丧权辱国，在臣民面前大失威信，帝制根基开始动摇，进而引起统治秩序、政治格局与社会制度等一系列变动，皇权统治日趋末路；对广大民众而言，则是生存环境和生活资源结构发生巨变，进而引起生活方式的根本性改变。正因为如此，晚清与西方世界相遇而遭逢的变故，对于社会上下，皆可谓“数千年一大变局”。变局之下，是死是生，或亡或兴，皆取决于社会上下如何对应。

西洋人跨海挟带而来的不仅有坚船利炮，还有他们的洋货、洋教、生产方式及生活方式。这些乘着近代工商业大潮汹涌而来的西洋文明，倚仗枪炮与血腥、强权与强势，以势不可当之力冲击着中国社会，由通商口岸波及内地，从城镇传至乡村，从社会结构、统治秩序延伸至广大民众的衣食住行、日常生活。由此，中国民众的生活世界面貌大变，中国人千百年来沿袭传承的生活方式，开始发生根本性改换，中国社会的发展方向也随之而扭转。

那么，在晚清 70 年社会大变局之下，中国民众的生活世界究竟发生了怎样的变化？我们首先从民众生活世界的基层——衣食日用消费领域来略

---

* 本章由李长莉撰写。

做观察即可发现，贯穿这半个多世纪的一个突出社会现象，就是“洋货流行”，由此而引发了广大民众生活方式乃至文化观念的一系列变化，对于中国社会近代转型产生了深远影响。下面我们对此做一回顾与考察。[①]

一　洋货初销、流行与普及

“洋货”作为一个名词，一般指由外国商船运来的海外物品，多为欧洲商品。明末清初以后，欧洲商船往来开始频繁，运进中国的“洋货”也渐增多。起初主要是钟表、八音盒、晴雨表、玻璃器皿、呢羽、骨角皮革等工艺制品，因其制作奇巧，为中国所无，一般称为“西洋奇器”或“西洋奇货”。又因数量有限、价格昂贵，多为供人观赏而少实用性的“玩好之物”，即所谓“玩货”，故被视为域外方物、珍稀奢侈品，或为豪商富宦购买珍藏，或贡献于皇帝供其赏玩与赏赐，一般百姓难得见到，更无力购买。

鸦片战争后开口通商，西方各国商船开始自由往来各口，各类洋货也随之源源不断成批量地输入中国，并运往各地市场销售，“洋货”遂逐渐成为在街头商铺里也可以看到的货品。1842 年开口通商至 1912 年清朝灭亡的 70 年间，洋货从开始批量输入销售，到日渐推广行销而流行开来，最后普及至城乡民众的日常生活，经过了一个持续发展过程。这一过程大致可分为三个时期，在不同时期洋货在人们生活中的地位有所不同，在人们心目中的形象也随之变化。

洋货初销时期（19 世纪 40—60 年代）：作为奢侈品与高档品

鸦片战争前，仅有广州一口允许海外商船来往，且只能通过“公行”进行有限贸易。鸦片战争后，广州、厦门、福州、宁波、上海等五口开放通商，且允许外国商人上岸居住、自由贸易，中西通商首先从东南沿海豁

① 对“洋货流行”问题，李长莉在以前的论著中曾就若干侧面做过一些讨论，参见李长莉《晚清上海社会的变迁——生活与伦理的近代化》（天津人民出版社，2002）、《中国人的生活方式：从传统到近代》（四川人民出版社，2008）的有关章节，以及《洋布衣在晚清的流行及社会文化意义》（《河北学刊》2005 年第 2 期）、《近代交通进步的社会文化效应对国人生活的影响》（《学术研究》2008 年第 11 期）等。

然洞开，英、法为首的欧美各国商人，持开拓东方市场的梦想与热望纷纷涌入中国，开始大批向中国输出商品。第二次鸦片战争后，东北沿海和长江流域又增开多处通商口岸，中外贸易渠道大幅拓宽，形成了覆盖中国东部和中部广大地区的洋货输入主渠道。在此二三十年间，进出口贸易逐年增长，洋货输入的数量和种类持续增加。据统计，仅从主要对华出口国英国每年输入中国的商品量来看，1845 年时输入总值为 240 万镑，1860 年增至 436 万镑，到 1869 年增至 800 万镑，20 多年间增加两倍多。[①]

但是，千百年来，在小农和家庭手工业相结合的自然经济条件下，中国一般民众的衣食住行日用物品，基本上自产自用、自给自足，少量不能自产自制的物品，通过本地集市交换补充也基本可以满足，因而对外来生活日用品需求甚少。又由于人们普遍不富裕，对超出生活必需品的需求十分有限，所以外来洋货进入中国市场起初并不顺利，销售只有小幅增长。通商初期进口的洋货，如此前即有的钟表、玻璃制品、毛织品等非实用的“玩货”，仍然只是少数人问津的“奢侈品”，输入量增加不多。鸦片由于具独占性而没有土货的市场竞争，吸食人数不断增多，因而通商初期一直是进口洋货的大宗，占一半左右。后来，输入日用杂货种类增多，特别是棉织品及其他一些低端日用杂货批量输入，市场逐渐扩大，销量日增。如价廉物美的洋布手帕，1859 年由上海口岸进口约 9 万打，1869 年时增至 10 万打。[②] 另如价低实用的洋针，1867 年时由上海进口 2100 万枚，两年后增至 8900 万枚。[③]

在通商城市里出现了专门售卖洋货的洋货行和洋杂货店，在一些旧式商铺里的货架上，也开始有日用“洋货”与旧式“土货”并列摆放售卖。如上海开埠后，租界地区中外商行店铺里摆放着各种奇巧洋货。19 世纪 50 年代一位上海居民记述道：“阛阓间所陈西洋奇器……如观星镜、显微镜、寒暑针、风雨针、电气秘机、火轮机器、自鸣虫鸟、能行天地球之类，下至灯瓶盂碟一切玩具，制甚精巧，亦他地所无。”[④] 这些还属于观赏性的

---

① 姚贤镐编《中国近代对外贸易史资料（1840—1895）》第 1 册，中华书局，1962，第 637 页。

② 上海百货公司等：《上海近代百货商业史》，上海社会科学院出版社，1988，第 5 页。

③ 《上海近代百货商业史》，第 5 页。

④ 王韬：《瀛壖杂志》，上海古籍出版社，1989，第 22 页。

“玩好之物”，属奢侈品。而在一些日用杂货零售店铺里，则可以看到某些实用性的日用洋杂货。如1862年《上海新报》上刊登一家商行售卖“外国杂货”的广告，开列有“新到什锦饼干、酸果、洋醋、吕宋烟、罢（白）兰地、小面镜仔、东洋竹篮仔等”。[①]

但是，在开埠初期的一二十年间，像洋布、洋皂、玻璃制品等日用洋货，虽多制作精致、外观漂亮，有的也比土货更好用，但由于售价贵，普通人家很少购用，人们只是把它们看作有钱人为好奇炫新才会买的奢侈品、高档品。所以，这一时期洋货大多销售不旺。例如作为洋货中比较普通的洋布，直至开埠七八年后，上海才出现了第一家专门卖洋布的清洋布店。[②]再如洋袜最初也不受人们欢迎，由于洋袜袜口紧，穿着不如土布袜方便，价格又比土布袜高，因而只是少数富户子弟穿着以学时髦。[③] 到了19世纪50年代末，特别是19世纪60年代以后，洋货的销售才开始大幅增长。

洋货流行时期（19世纪70—90年代中期）：作为高档品与时尚品

进入19世纪70年代以后，一方面洋货市场不断开拓，一方面洋货制造和运输成本降低，使零售价普遍下降，洋货销售进入了畅销期，洋货的输入量呈激增态势。据一项统计，1870年进口洋货总值6400万海关两，比6年前增长了近38%；1880年增至7900万海关两，1890年更增至12700万海关两，比1870年增加近一倍。货物品种的比例也有变化，初期一直占进口货物大宗的鸦片比例有所下降，棉织品及其他杂货的比例上升。[④]

这一时期洋货畅销表现在销售量增大且种类增多。一些适用而又廉价的日用洋货，因销售量增大而进口量大幅增加。前述洋布手帕进口量1879年猛增至35万打，10年内增加了2.5倍，到1889年又增至40万打；[⑤] 洋针进口量1869年激增至8900万枚，1874年更增至13300万枚，短短5年间，就增加了近5倍。[⑥] 日用小洋货日见畅销，随之而来的是经销洋货的商

---

① 《上海新报》1862年6月26日。
② 葛元煕：《沪游杂记》，上海古籍出版社，1989，第79页。
③ 《上海近代百货商业史》，第19—20页。
④ 张仲礼主编《近代上海城市研究》，上海人民出版社，1990，第107—123页。
⑤ 《上海近代百货商业史》，第5页。
⑥ 《上海近代百货商业史》，第5页。

家店铺越来越多。如19世纪70年代仅上海一地专门经营进口货的洋广杂货店就不下百十家。[①] 人们在市场上可以见到的日用洋杂货花色品种也日益丰富。如从1872年4月30日《申报》创刊号刊登的“衡隆洋货号”的广告上可以看到，这个洋货号所售的有镜子、洋纺织品等日用洋货，洋纺织品的品种即有哈喇大呢、哆啰彩呢、羽毛、哔叽、花素羽纱、羽茧、羽绉、羽绫、新式五彩花布、各样牌子原布、粗细斜纹布、洋标布等十多种。长期在上海经商的郑观应于19世纪80年代末90年代初写的一篇文章中，就历数当时常见的各色日用洋杂货，一口气列举了日用、衣物、食物、器物、玩好等洋杂货57种。其中食物类如洋酒、洋糖、洋盐、洋肉脯、洋饼干、咖啡等，用物类如洋布、洋绸、洋呢、洋被、洋毯、洋手巾、洋花边、火柴、洋油、洋灯、洋针、洋线、洋纽扣、洋皂、洋钉、洋伞、洋牙刷、洋牙粉、洋颜料、洋纸、洋笔、洋墨水等，玩好类如洋钟表、寒暑表、电气灯、照相玻璃、大小镜片等，此外“零星莫可指名者亦夥”。[②] 这些“洋货”不仅制作精致，美观适用，而且价格随着技术工艺的改进和运输的便利而不断降低，堪称物美价廉，因而人们争相购用，销量日广。如郑观应所说，这些洋货“各种类皆畅行各口，销入内地，人置家备，弃旧翻新”。[③] 洋货开始在城乡居民中流行开来。

洋货的流行从地域上来说，是沿着商贸运输销售路线，由沿海沿江通商城市向内地、由城市向乡村层层扩展。首先是通商城市，居民因地缘的便利及消费能力较高而购用洋货日多，呈现洋货日益流行之势。上海是通商首埠，领洋货流行风气之先自不待言，其他通商城市也随之而起，成为洋货流行的地域中心。如武汉于1861年开埠后，杂货行号也广泛经销日用五金、钟表、眼镜、火柴、肥皂、假珠宝、化妆品、玩具、针织袜等洋货。[④] 通商城市的周围地区，因商贾贩运之便和受城市风气的影响而随之出现洋货流行之风。有记上海周边地区洋货流行情况，如松江府：“上海番舶所聚，洋货充斥，民易炫惑。洋货率始贵而后贱，市商易于财利，喜为贩

---

① 葛元煦：《沪游杂记》，第28页。

② 郑观应：《盛世危言・商战上》，夏东元编《郑观应集》上册，上海人民出版社，1982，第587页。

③ 郑观应：《盛世危言・商战上》，夏东元编《郑观应集》上册，第587页。

④ 章开沅等主编《湖北通史・晚清卷》，华中师范大学出版社，1999，第173页。

运，大而服食器用，小而戏耍玩物，渐推渐广，莫之能遏。”① 19 世纪 80 年代中期，有人记邻近天津的玉田，人们日常所需洋货“至不可胜数”，甚至说一般居民“饮食日用曰洋货者，殆不啻十之五矣”。② 到了七八十年代以后，日用洋货流行之风也及至内地村镇。在深居腹地的四川，就有从武汉沿长江运来的洋货销往各地。19 世纪 70 年代后期，在邻近四川的偏僻地区云南昭通，一位外来游客看到商店里陈列着不少洋货，有洋布、钟表、纽扣、玻璃、洋铁器等。③ 某些物美价廉、经济适用的日用洋货，这一时期已渐有取代土货而主导市场之势。如进口机织洋布，由于比土布细密平滑、色彩鲜艳，且售价渐低甚至低于土布，因而广受人们欢迎，在各地城乡市场畅销。1889 年有大臣上奏说到洋布大销取代土布之势：“棉布为中国自有之利，本无须取给于外洋，乃洋人以机器织成，幅宽质细，价廉而适于用，人皆便之，反弃土布而不用。”④ 同时期郑观应也说到洋布流行的情形：“自洋纱、洋布进口，华人贪其价廉质美，相率购用……迄今通商大埠及内地市镇城乡，衣大（土）布者十之二三，衣洋布者十之八九。”⑤

但这一时期，多数洋货还被视为时尚物品和中高档用品，在城市和乡镇中上层社会流行。在内地特别是乡村社会，由于民众购买力有限，一般生活日用品还大多沿用成本极低的土货旧物，购用洋货仍被人们视为赶时髦、追时尚的过度消费。

洋货普及时期（19 世纪 90 年代中期至 1911 年）：作为物美价廉的生活实用品

甲午中日战争后直至清王朝灭亡，又增开了数十处通商口岸，全国通商口岸达到百余个，遍布南北，洋货通过这些口岸源源输入，数量持续增长，销售地域也更广。同时，这一时期中国出现办实业热潮，本土商人设厂仿造一些日用机制品——后称“国货”，如火柴、洋布、纸烟等。这些本

---

① 博润等修，姚光发等撰《松江府续志》卷 5《疆域志 · 风俗》，黄苇、夏林根编《近代上海地区方志经济史料选辑（1840—1949）》，上海人民出版社，1984，第 342 页。

② 姚贤镐编《中国近代对外贸易史资料（1840—1895）》第 3 册，第 1106 页。

③ 姚贤镐编《中国近代对外贸易史资料（1840—1895）》第 3 册，第 1106—1107 页。

④ 姚贤镐编《中国近代对外贸易史资料（1840—1895）》第 3 册，第 1359 页。

⑤ 郑观应：《盛世危言 · 纺织》，夏东元编《郑观应集》上册，第 715 页。

土“仿造洋货”成本比输入品低，因而价格更低廉，虽然往往质量比输入品差，但功能仍优于旧式手工制土货，因而受到消费能力较低的下层民众欢迎。这一时期民间习称的“洋火”（火柴）、“洋布”等一些日用机制品，其中已有本国产品，这些名称已经成为某种物品的类称。一般老百姓作为消费者，在市场上购买生活日用品，大多只认物品而并不辨其产自何处。但多数生活日用品，进口洋货仍然以其物美价廉的优势而占据大部分市场，到19世纪90年代后已日渐普及广大城乡，有的基本取代了土货而成为人们的日用必需品。

这一时期日用洋货的普及，首先体现在无论城乡上下哪个阶层民众，均普遍购用洋货作为生活日用品。如1904年某报有文论道：

> 自通商以来，洋货之灌入中国者，几不可以数计，大约外自各城巨镇，内至穷乡僻壤，上自豪商巨贾，下自穷户小民，惟一日三餐或犹守其旧俗，不尽喜食西人之物，自余则身之所衣，手之所用，殆无一不于洋货是赖……窃谓近人喜用洋货之习业已滔滔皆是，不可复挽，而洋货亦实有可以畅销之理，更非人力所能禁遏。[①]

洋货普及的另一表现就是，进入人们生活的洋货不仅数量多，而且种类丰富多样，几乎遍及人们衣食住行用等日常生活的各个方面。据在北京的日本人1905—1906年调查，北京市场上的日用杂货只有少部分土产品，多数是来自上海、广东、天津等通商口岸的进口机制品，即俗称的“洋货”。其种类繁多，常见的生活日用品有火柴、洋灯、钟表、棉布、衣服、帽子、毛巾、手帕、纽扣、洋针、颜料、纸烟、蜡烛、香皂、香水、玻璃镜、洋伞、纸类、文具、皮包等。[②] 除了这些生活日用品之外，其他涉及人们生活各个方面的洋货物品也日渐流行。1911年《东方杂志》的一篇文章列举当时人们日常普遍购用的洋货，除洋面、洋布、煤油等日用必需品之外，还有生活享受品，“若洋酒、纸烟等，虽属嗜好之品，然近年销行之趋势，亦有日盛一日之观”；教育用品如石板、石笔、铅笔、垩笔等；化妆用

① 《论上海速成女工师范传习所》，《新济南报》1905年1月13日。

② 《清末北京志资料》，张宗平、吕永和译，北京燕山出版社，1994，第353—356页。

品如香粉、香水、牙粉、牙刷之类，“所销甚多”；还有一些原来主要是土制品的市场，也开始出现洋货，如洋瓷、洋伞、洋纸等。“其余大宗零星之洋货，受我国人欢迎者，尚属不胜枚举，更仆难终也”。这篇文章还述及一些低端生活日用洋货在社会各阶层普及的情形。

洋纱布：“吾国人无论男女用此制夏衣者，几有普及上中下三流社会之势。盖吾国原有之丝纱及葛布，非质粗，即价贵，反不若洋纱布之价廉物美，故大受国人之欢迎。”

洋灯：“自煤油盛行以来，而洋灯之用，亦遂普及于各级社会之间矣。试观店肆人家，其不用洋灯者，殆十无其一，流行之盛，于此可见。”

洋皂：“我国往昔洗濯器物，用以荡涤污浊者，惟天然碱而已。自洋皂盛行以来，坚净洁白，大受国人之欢迎……此物销路亦颇繁盛，我国现在虽有仿制者，然多属普通之品，且出货不多，销行亦未大盛，亟宜推广经营。……至精良肥皂即所谓香皂者，现亦遍用于各流社会之间。”①

城镇居民由于缺乏自产自制条件，生活日用品大多需购自市场，因而购用洋货最为普遍。特别是通商城市，由于是洋货集散地，销售点多，衣食起居更是普遍购用洋货，有的品种已经成为日常生活必需品。时人有记云：“家居都会商埠者，则起居、衣服、饮食及一切日用品、奢侈品，更无一而非洋货，其心目中，固以为非舶来之品，无一适用也。”②

日用洋货的普及由城市日渐扩展到乡村。有人记上海附近的嘉定县自光绪中叶以后洋货逐渐普及的情形：“取火之物，向用火石……光绪乙未（1895）、丙申（1896）之际，始改用火柴，俗称‘自来火’，为欧洲之输入品……洗衣去垢，曩日皆用本地所产之皂荚，自欧美肥皂行销中国后，遂无用皂荚者……窗格旧用蛎壳，亦有以纸糊者，光绪中叶以后，则多用玻璃矣。”③ 一些低档细小、花费不多的生活日用品已经广为普及，即使是穷乡僻壤也可见到。清末时人记云：“晚近以来……洋货进口日增月盛，人之起居衣食，无论富贵贫贱，几无一人不用洋货。”文中列举火柴、洋布、食

① 《今日亟宜振兴应用工业以裕生计论》，《东方杂志》第 8 卷第 7 号，1911 年，第 9、4、7—8 页。

② 《专用洋货者非国人》，徐珂编撰《清稗类钞》第 4 册，中华书局，2010，第 1690 页。

③ 陈传德等修，黄世祚、王焘曾等纂《嘉定县续志》卷 5《风土志·风俗》，黄苇、夏林根编《近代上海地区方志经济史料选辑（1840—1949）》，第 343—344 页。

糖三种外洋输入的日常用品，谓“虽穷乡僻壤，求之于市，必有所供”。① 另有人记道：“洋货盛行于中国，凡乡僻之地吾人苟能涉足者，如香烟、洋灯、珠绒、面巾等类皆能具之。”② 清末时洋布已成为城镇居民日常穿用的主流布料，包括一些边远地区。如广西贵县：“清光绪中叶以前，衣料多用土货……光绪季年，衣料浸尚洋货，即线缕巾带之微，亦多仰给外人。”③

清末虽然洋货在全国各地日益普及，但城乡之间、大城市与边远乡村之间还有差别。一些比较偏远、交通不便的内地乡村，购用洋货种类既少，数量也有限，特别是生活贫困的下层乡民，维持基本的衣食生存之需尚且困难，更无力有其他消费。由此沿海沿江与内地、城市与乡村之间的消费方式及生活方式拉开了距离。

洋货的运输销售，以沿海沿江通商城市为中心，向周边及内地城镇乡村辐射展开，形成以城市为中心、以分层市场为范围的“多层市场圈”，并伴随洋货的输入量持续增长、售价逐步下降，而从初销到流行又至普及，逐步推进。洋货逐步流行的过程，是机制品大市场开拓与形成的过程，也是中国民众接受洋货、引入日常生活，最终成为日用必需品的过程。在洋货逐步流行的不同阶段中，作为消费者的中国人也形成了一些消费风气，体现了人们消费方式的演变。

二　洋货流行对消费方式的影响

千百年来，中国广大民众过着小农生活，日常生活消费品大多自产自给、自制自用，并有本地集市贸易互通有无、相互补充，向外市场需求很小。城镇居民虽对市场依赖较多，但也多在本地域内即可基本满足，且人数有限，难以形成大规模的外向型市场需求。“洋货”作为一种通过市场行销的外来商品，是怎么打破中国人世代相沿的自产自用的消费屏障，取代人们祖辈相传的自制自用物品，成为城乡千家万户的生活日用品的呢？在

---

① 《专用洋货者非国人》，徐珂编《清稗类钞》第4册，第1690页。

② 汪康年：《汪穰卿笔记》，上海书店出版社，1997，第212页。

③ 广西《贵县志》（1935年本），《中国地方志民俗资料汇编·中南卷》（下），书目文献出版社，1991，第1070页。

此过程中，中国人的消费方式发生了怎样的转换？人们沿袭已久的消费规则和消费观念是否也发生了一定变化？回答这些问题需要沿着中国人的消费方式所体现的消费原则，在新的时代背景下去寻求答案。

人们的生活消费可分为维持基本生存所需的“必需消费”和超出生存所需的“剩余消费”两个领域。千百年来，中国广大民众依农而生，且大多物质资源紧缺，衣食难得温饱，因而其消费往往是仅能维持生存所需的衣食住行用等最低程度的“必需消费”。与这种“生存型”消费相对应的消费原则即是“经济实用原则”，即以有限资源应付基本生存需求，由此形成崇尚节俭的消费伦理。一些富裕人家如还有消费余力，则会寻求享受及增加社会价值等消费需求，可称之为“剩余消费”。与“剩余消费”相对应的消费原则是增值原则，即能够增加心理需求的满足。“必需消费”基于满足人维持生存的生理需求，在一定物质条件和平均消费水平的基础上有一定的限度；而“剩余消费”则是基于人追求享乐和占有欲的心理欲求，因而是无止境的。人如果过度追求“剩余消费”的扩张、追求奢侈，便会损害“必需消费”以致危及人们的基本生存之需。正因为如此，对于“剩余消费”，中国传统消费伦理提倡“适度”与“戒奢”，与“必需消费”领域的“尚俭”相对应。由于等级制度和礼制的存在，在民间实际生活中，一般有“剩余消费”能力的人是有一定社会身份和资财的中上阶层，他们往往依自己的身份和财力而适度消费，以使这种“剩余消费”既有“增值”效果，又无危及“必需消费”的弊害。最初作为外来奢侈品的“洋货”，正是首先从“剩余消费”领域，在增值原则的驱动下，由上层开始进入中国人的消费生活的。而洋货由流行到普及，最终取代原有“土货”而成为人们的生活日用品，又是凭借“经济实用”的传统消费原则而走进“必需消费”领域的结果。这一过程中洋货消费风气的几度变化，反映了人们消费方式的转换。

炫耀性消费洋货之风

洋货被中国人接受，首先是作为奢侈品进入“剩余消费”领域，与富贵人群“炫耀性消费”需求相契合。

在通商以后洋货初销时期，进口洋货因量少价高，被人们视为奢侈品，普通人无力购买。最初热衷购用洋货的是通商城市从事进出口贸易的买办商人，他们往往出身低微，由于从事贸易而快速致富，并急于向外界展示自己的富有、成功与能力，以及所掌握的“发洋财”这一新资源。作为奢侈品的洋货，制作奇巧精致、光怪陆离，又新鲜稀少、价格昂贵，一般人不易拥有，他们遂不惜高价购用洋货，并乐于向外界炫耀，用以摆设、展示、穿着、佩戴、赠送等，希图以此提高自己在别人眼中的分量，获得社会增值效果，这些人中率先兴起炫耀性消费洋货的风气。有人批评买办商人流行使用洋货，不仅购买高档奢侈品，而且日常生活中也不惜金钱而购用洋货，谓：“甚至与西人往来者，虽平居亦复如此，以示其多财。”① 起初这些买办、商人喜用洋货的风气，往往被主流社会视为“崇洋媚洋”“弃土从洋”“忘本”，甚至被骂为“洋奴”“汉奸”，但他们购用洋货所显示的财富、成功等意味又引起人们的羡慕，因而一些家资富有的绅宦商贾也开始购用洋货以为炫耀。19 世纪 90 年代有人追溯通商初期买办商人首先兴起炫耀性消费风气的情形道：“溯当立约互市之初，滨海大埠，富商巨贾与西商懋迁有无，动致奇赢。财力既裕，遂于起居服食诸事斗异矜奇，视黄金如粪土，见者以为观美，群起效之……其始通商大埠有此风气，继而沿及内地各处。”②

随着富商绅宦竞购洋货以炫耀形成风气，通商城市文人、商贾及一般市民也开始追逐此风。商人富绅购用洋货，主要是作为炫耀富有的奢侈品，一般市民、文人财力有限，大多出于社交需要，购买一些低端小洋货作为馈赠、招待亲友的礼品。如在上海通商初期来沪在西人书馆助西人译书的文士王韬，1860 年记往某友人家做客，友人“特出西洋名酒为饷，味极甘淳可口”。③ 可见洋酒成为当时上海文人雅聚的时尚饮品。王韬喜欢交游，他虽收入不多，但也购买一些西洋玻璃杯、洋皂赠送亲朋好友。如他由上海返乡应试，去访友时即赠以玻璃杯、洋皂。④ 他偕友人访妓，“馈以西洋退红布一端，（妓女）阿珍喜甚，即宝藏于箧”。⑤ 在洋货还被视为奢侈品之

① 《论西货近日消流甚广》，《申报》1888 年 1 月 1 日。

② 《论服色宜正》，《申报》1894 年 3 月 16 日。

③ 《王韬日记》，中华书局，1987，第 157 页。

④ 《王韬日记》，第 94 页。

⑤ 《王韬日记》，第 161 页。

时，购买这些日用洋货作为馈赠亲朋的礼品，成为当时的时尚。

随着洋货销售地域的扩展，这种炫耀性消费洋货之风也由通商城市扩展到内地。19 世纪 90 年代初有人回顾通商后洋货消费风气的扩展情形道："道光季年，中外通商而后，凡西人之以货物运至中国者，陆离光怪，几于莫可名言。华人争先购归，以供日用。初只行于通商各口岸，久之而各省内地亦皆争相爱慕，无不以改用洋货为奢豪。"①

在洋货初销时期，洋货由于数量种类较少、售价较高而被视为奢侈品和高档品，首先在通商城市买办商人中兴起炫耀性消费洋货风气，然后向有一定"剩余消费"能力的中上阶层及内地扩展。这一风气后来在奢侈品和高档品洋货消费领域一直持续存在，并且随着洋货品类日多、售价日降，越来越多的洋货逐渐退去奢侈品光环，进入普通消费领域，越来越多的人追随炫耀性消费风气，成为流行时尚。

时尚性消费洋货之风

进入 19 世纪 70 年代以后，洋货日渐流行，购买使用洋货者从原来买办、商人、富人扩展到通商城市市民及内地乡镇中上层社会，人群日益扩大，形成流行时尚性消费风气。所谓流行时尚消费，即在较短时间内，在较大规模的人群中形成对某种商品种类或式样等群起崇尚、竞相仿效、争趋购用的群体消费效应，时尚品往往是人们可普遍购用并有一定观赏性的物品。

19 世纪 80 年代以后，洋货已由通商城市及沿海一带，流行到北方和内地广大地区，尤其是那些廉价适用的生活日用品，在广大内地城镇乡村也受到广泛欢迎，销路日广。日用洋货被人们视为高、中档品，受到人们崇尚，在通商城市里日渐流行，购用洋货成为时尚，一些物美价廉的日用品在市民中流行开来。这种风气还日渐扩展到乡镇，人们皆以购用洋货为时尚，形成了洋货流行之风。如上海附近的嘉定县真如人所说："中外互市以来，洋货充斥，绚彩夺目，喜新厌故者流弃其已有，群相购置。"② 这一记

---

① 《中国宜仿造洋货议》，《申报》1892 年 1 月 18 日。

② 洪复章辑（嘉定县）《真如里志·风俗》，黄苇、夏林根编《近代上海地区方志经济史料选辑（1840—1949）》，第 342 页。

述反映了由城市到乡村洋货时尚风气蔓延的景象。

这一时期人们竞相购买而形成流行时尚的洋货，往往是一些美观且兼实用的日用品。如19世纪50年代还只是通商城市少数富人作为奢侈品购买使用的钟表，由于其计时功能在城市生活里有实用价值，所以到19世纪70年代以后，已成为通商城市一般市民中流行的时尚品。在这时期上海中等以上烟馆、酒楼、妓馆等大众化娱乐场所，墙上都挂有钟表。同时中流社会以上还流行佩戴怀表，来往于街头的士商往往衣服上挂一块怀表，既是一种时尚装饰，也是一种实用工具。19世纪70年代初有人记上海人流行以挂怀表为时尚："时辰表挂于襟头，俗式也。"还有人以竹枝词描述这一时尚情景道："悬腰小表轮金轮，巧比铜壶刻漏真。相约只凭钟几点，不劳子午算时辰。"① 后来在上海妇女中还流行女子专用的精致小型"金钱表"，有记道："光绪中叶，妇女有以小表佩于衣衽间以为饰者，或金或银，而皆小如制钱，故呼曰金钱表。"②

这一时期通商城市人们以购用洋货为时尚，竞相仿效，流行成风。如1872年有人记述在街头看到的上海人的时髦装束："撑洋伞于路上，挂时表于身旁。"③ 有人记光绪中叶妇女时兴戴眼镜："自光绪中叶以后，妇女之好修饰者，亦皆戴之以为美观矣。"④ 又有记洋纸烟的流行："光绪中叶，都会商埠盛行雪茄烟与卷烟，遂鲜有吸水烟者矣。"⑤ 有人记这时期时髦的上海人一身流行打扮："时新衣服剪纱罗，倾瓶香水浑身洒"，"一段洋烟插口斜，墨晶眼镜避尘沙"。⑥ 到了19世纪90年代，人们以用洋货为时尚的风气仍不稍减，《申报》刊文讽刺上海富家子弟喜用洋货而赶时髦趋时尚的风气道："一衣服也，绸缎绫罗非不华美，而偏欲以重价购洋绸。一饮馔也，山珍海错非不鲜肥，而必欲以番菜为适口。围棋、象戏亦足消闲，而独以打弹（指西式台球、保龄球——引者注）为娱乐。水烟、旱烟素所呼吸，而独以昔加（即雪茄纸烟——引者注）为新奇。甚且衣袜、眼镜、手巾、

① 《沪游竹枝五十首》，《申报》1874年6月11日。

② 《妇女佩金钱表》，徐珂编《清稗类钞》第13册，第6228页。

③ 《上海洋场序·仿滕王阁序》，《申报》1872年9月13日。

④ 《眼镜》，徐珂编《清稗类钞》第13册，第6220页。

⑤ 《吸水烟》，徐珂编《清稗类钞》第13册，第6355页。

⑥ 黄式权：《淞南梦影录》，上海古籍出版社，1989，第131—132页。

胰脂，大凡来自外洋者，无不以为珍贵。”[①] 19世纪80年代初，有人描述天津街道上可见的有洋式装饰的时髦打扮：“原广东通商最早，得洋气在先，类多效泰西所为。尝以纸卷烟叶，衔于口吸食之……更有洋人之侍僮马夫辈，率多短衫窄绔，头戴小草帽，口衔烟卷，时辰表链，特挂胸前，顾影自怜，唯恐不肖。”[②] 武汉也是华夷杂居的通商城市，市民穿戴洋式装饰之风也颇为盛行。有竹枝词咏当时流行洋式装饰和香水的情形道：“不男不女不华洋，愈出愈奇时样妆。花露满身过土垱，一塘臭水也生香。”[③]

以购用洋货为时尚的风气后渐延及内地乡镇。如湖南兴宁县光绪初年有记衣饰时尚变化过程，以往乡民皆穿用自家织的土布，但此时却以穿洋布为时尚，“哔叽、哆啰大呢，相习成风，而于妇人尤甚”。[④] 时人有记内地人也以用洋货相尚的情形道：“如绒布、羽呢、钟表、物玩、铜铁煤斤、机器制作，无不取之于泰西，更有不惮其远而往购者。”[⑤] 还有记北京市郊的顺义1900年后衣饰时尚化、市场化，并弃土布而用机织布的情形道：“自庚子变法，效仿外洋，服布多用洋货或爱国布。”[⑥]

以洋货为时尚的流行消费风气，反映了洋货通过市场流通影响了更多人们的生活。以往土货流通市场，由于运输成本等原因而形成自然的地域限制。一种土货制品，大多只是在本地域内小范围流通，即使某种物品受到消费者喜爱而流行，也往往以流通地域小范围为限。洋货的市场流通则形成跨越地域、全国连通的大市场，机制洋货商品的类型化、批量化，使不同地方、不同阶层、成千上万的人们，购用一模一样的商品，由此而形成在各地一致流行的消费时尚。这种跨地域的流行时尚消费模式，只有在大机器生产和大市场流通的条件下才有可能形成，而在中国，这种全国性的流行时尚消费风气，就始于洋货流行。正是这种大市场，把全国各地、不同身份的消费者连为一体，而由此形成的跨地域的流行时尚消费风气，也使不同地方、不同阶层的

① 《中国宜仿造洋货议》，《申报》1892年1月18日。

② 《衣兜烟卷》，张焘：《津门杂记》卷下，天津古籍出版社，1986，第137页。

③ 徐焕斗修，王夔清纂《汉口小志·风俗志》，1915年铅印本，第31页。

④ （湖南）《兴宁县志》（光绪元年本），《中国地方志民俗资料汇编·中南卷》（上），第525页。

⑤ 《论西货近日消流甚广》，《申报》1888年1月1日。

⑥ （北京）《顺义县志》（1933年本），《中国地方志民俗资料汇编·华北卷》，书目文献出版社，1989，第23页。

人们第一次如此广泛地形成同一的消费爱好和同一的消费方式。

在洋货消费时尚风气之下，洋货成为万千民众群趋追逐、竞相仿效的流行时尚，洋货代表着精致、奇巧、美观、舒适，又代表着流行、时尚和享受，这种消费大众追逐时尚的消费风气，意味着由市场联结起来的万千民众对洋货所代表的美好生活的向往与追求，这种消费心理及消费方式的变化，对于社会发展方向具有深远影响。而是否追随这种洋货时尚，也成为一种新的划分社会群体的标准，据此可将人们区分为“洋气”与“土气”，“新潮”与“守旧”，或“城里人”与“乡下人”等。新的消费方式，无形中影响着社会结构的悄然变动。

实用性洋货消费

到清末，洋货由流行而日渐普及，许多低端小洋货成为广大城乡居民日常生活必需品，进入“必需消费”领域。这时期市场流通的机制商品数量、种类已相当多，人们有较多的比较和选择余地，购买这类日用洋货，人们也已经不再注重其新奇、时尚、高档等非实用性价值，而更多地依据“经济实用”原则做选择。在这种延续传统的消费原则下，对一般消费者而言，商品产自何处、洋货还是土货已不再重要，人们更看重的是其价格与实用性，及与同类商品的“性价比”。

洋货进入人们的日常消费领域，一般民众要到市场去选购日用必需品，这就要回归市场理性态度，按经济实用原则，对洋货与土货做比较与选择。许多日用洋货与土货相比具有“物美价廉”的优势，因而人们自然选择洋货而放弃土货，洋货替代土货成为必然之势。如清末时人所述：“自与各国通商以来，迄今不过七十余年，而洋货充斥各处，已有洪水滔天之势。盖吾国工业素不讲究，各种物品皆粗劣不堪，既不适用，又不悦目，一旦光怪陆离之物杂陈市肆，国人任意选购，俨有抛弃本货沉溺洋货之势。大者佳者无论已，甚且零星杂物，亦惟洋货是用。”①

一部分作为日用生活用品的洋货之所以流行，是因为其既适于用，价格又低廉，符合人们“经济实用”的消费传统，人们自然乐于购买使用。火柴的流行普及即是一个很好的例子。人们居家生活离不开取火，中国的

① 《今日亟宜振兴应用工业以裕生计论》，《东方杂志》第8卷第7号，1911年，第2页。

传统取火工具是火石（或称火镰），用铁片敲击出火星，引燃纸媒而取火。火石虽经久耐用，但取火时需要反复敲击，不易引燃。而自西洋输入的机制火柴则以小小木棍，一头粘上少许硫黄，在药纸板上轻轻一擦即燃起火苗，可直接引火点用，远比传统火石轻巧方便，故人称“自来火”，因来自西洋，故又俗称“洋火”。火柴成本低、价钱便宜，所以颇受人们的欢迎，很快便广为使用，日益取代旧火石而成为普及开来的日用品。1872 年浙江宁波海关的一份商务报告说：“进口火柴在大部分城市已经侵夺了火石和铁片的地位，而且火柴的使用正在一年比一年更为普遍。”[①] 据其所说，这时每盒火柴仅批售一文，价格确实十分低廉，一般下层人也买得起，这样实用、经济的东西自然受到人们的欢迎，因而其输入量和销售量迅速增加。1880 年的一份海关商务报告说：“中国输入的外国制造品中，任何东西都不及火柴这样受到人们的欢迎并如此迅速地增加。”据其观察，由于洋货销售市场所限，“使用火柴的中国人几乎还只限于住在通商口岸及其附近的一部分人口；虽然火柴还没有成为广大人民的家用必需品，但它却是一年比一年地更为普及了，它正缓慢地但却肯定地代替着原来的打火石和铁片”。[②] 1882 年在北方辽宁通商口岸牛庄也有报告说：“火柴贸易情况很好，它已完全代替了原来的打火石和铁片的地位。”[③] 据统计，19 世纪 70 年代以后，各口岸火柴的进口量逐年增加，1867 年进口量为 8 万罗；1870 年增长 1 倍，为 16 万罗；1880 年为 142 万罗；1890 年达 415 万罗，1894 年时是 662 万罗。[④] 当时火柴包装，每一罗为 144 盒，到 1894 年一年进口 662 万罗，则总计约 9.5 亿盒，如按当时 4 亿人计算，则年平均每人两盒多，足见这时火柴销售量之大。火柴输入的增多表明市场扩大，由于火柴原料丰富，投资少，技术要求低，制造简单，19 世纪 80 年代以后，在国内也开始有华洋商人设厂制造火柴。至 1900 年前，在上海、天津、重庆、太原、广东南海、长沙、汉口、福州等地，相继有火柴厂开办，仅华商在各地开办的火柴厂就有十余家。[⑤]

---

① 姚贤镐编《中国近代对外贸易史资料（1840—1895）》第 3 册，第 1402—1403 页。

② 姚贤镐编《中国近代对外贸易史资料（1840—1895）》第 3 册，第 1403 页。

③ 姚贤镐编《中国近代对外贸易史资料（1840—1895）》第 3 册，第 1403 页。

④ 据姚贤镐编《中国近代对外贸易史资料（1840—1895）》第 3 册，第 1402 页。

⑤ 杜恂诚：《民族资本主义与旧中国政府（1840—1937）》，上海社会科学院出版社，1991，第 366—367 页。

国内创办的火柴厂所制火柴比远洋输入的火柴成本更低，价格也更便宜，虽然质量稍逊，但不影响使用，因而也易于销售。

洋针的流行与普及也是如此。针是家家户户妇女缝补衣物的必备日用品，旧式土针是手工制作的，把铁丝磨细、锉尖，再一个个地钻针眼，这样的土针针杆粗，针尖钝，而且柔软易曲，不耐磨损。而西洋输入的机制洋针，针杆细，光滑而坚硬，针尖锐利，缝制起衣物来远比土针好用。洋针的价格刚输入时比土针高，因而销售不广，但后来大幅降价，每100枚仅售大洋二分五厘，这个价格比土针还要低廉许多，[①] 人们当然乐于放弃粗笨而又价高的土针而购用洋针，因此洋针很快畅销起来。19世纪60年代以后洋针的进口量快速增长，据统计，1867年时是2.07亿枚，两年后即增加了3倍多。19世纪70年代，平均每年进口量为8.57亿枚，1880年代升至19.58亿枚，增加了1倍多。1890—1894年的年均进口量为26.94亿枚。[②] 1879年的一份报告也说："由于价钱便宜品质优越，洋针已逐渐成为中国人的日常用品，并且似乎已经大量地代替了土货了。"[③] 到了19世纪80年代，在通商城市里洋针已经普遍取代了土针，成为人们的日用品。汉口1887年的一份商务报告说："针的进口数量也有大量的增加。我听说现在几乎没有人再使用土针了，英国针、美国针、德国针一齐出现在市场上。"[④] 江苏镇江1887年的一份报告说："洋针稳步地代替了中国人用铁丝造的土针。"洋针在这些城市销售开来后，也扩及周边乡村。镇江曾有报告说：洋针"进口数量似乎还要增加，因为大商业中心附近的各个村镇都有肩挑小贩去串街零星售卖"。[⑤] 到了19世纪末，随着洋针进口量的持续大幅增长，其销售日渐推广，在广大城市及许多乡村已开始普及。

火柴和洋针的流行与普及，是由于其物美价廉的优势，适应"经济实用"的消费原则，因而被中国人接受为必需日用品，从而进入维持生存的"必需消费"领域。这只是两个典型例子，其他还有一些日用洋货的流行，也都有着类似的过程。稍后有人述及上海开埠后数十年间，在人们生

① 《上海近代百货商业史》，第6页。
② 据姚贤镐编《中国近代对外贸易史资料（1840—1895）》第3册第1401页统计表。
③ 姚贤镐编《中国近代对外贸易史资料（1840—1895）》第3册，第1398页。
④ 姚贤镐编《中国近代对外贸易史资料（1840—1895）》第3册，第1399页。
⑤ 姚贤镐编《中国近代对外贸易史资料（1840—1895）》第3册，第1399页。

活中日用洋货取代土货的情形道：“优胜劣败，适者生存，而不适则归淘汰，此天演之公例也。不必征诸远，征诸四十年来沪上淘汰之种种事物可矣。试略举如下事，多不烦引也。如有轮船而沙船淘汰，有洋布而土布淘汰，有洋针而本针淘汰，有皮鞋、线袜而钉鞋、布袜淘汰，有火柴而火石淘汰，有纸烟、雪茄而水烟、旱烟淘汰。”① 日用洋货就是凭借着其物美价廉的市场优势，在市场的作用下而进入中国人的日常生活领域，取代了中国人祖祖辈辈延续下来的传统土制生活用品，人们的日用生活也随之开始发生改变。

日用洋货进入人们的日常生活“必需消费”领域后，人们延续“经济实用”的消费原则，接受了大工业制品和大市场经济的消费制度。人们通过这种消费方式与市场相连接，通过了解市场，比较品类，理性选择，由机制品和大市场而联结为社会整体消费群体，日常生活方式日益趋近并连为一体，从而有了对市场和产品的相同要求，产生了共同的消费愿望和经济要求，成为推动市场发展，进而推动工商业发展的民众基础和生活消费动力。

“经济实用”消费原则是市场理性消费方式，也是与近代机器大生产和大市场相适应的消费方式。从“必需消费”领域适用“经济实用”原则这一意义上来说，这种“近代”的消费方式与中国“传统”消费方式的原则是相通的，并未发生根本改变，发生改变的只是商品本身和市场形式。商品由数量少而品类各异的手工土货，变为大批量生产、同一样式的机器制品，市场则由封闭狭小而变为开放与大流通。人们面对这样的市场，形成理性实用的消费方式，那些经济实用的日用机制洋货，便进入了千家万户，成为亿万民众衣食日用不可离的必需品。这就是洋货由流行到普及所带来的人们消费方式的巨大改变，也由此引起人们生活方式的根本改变。

洋货进入中国人的生活，最早是作为奢侈品而进入高端的“剩余消费”领域，在中国人的生活消费领域打开了缺口。然后又以不断趋近中国人“经济实用”消费原则的市场优势而进入日常生活消费领域，直至普及到“必需消费”领域，从而使洋货所代表的工业机器制品，进入民众的日常生活当中，在民众日常生活中扎下了根，形成了近代工业和市场经

① 胡祥翰：《上海小志》，上海古籍出版社，1989，第44页。

济的民众生活基础。机制洋货从进入人们的消费生活，到逐渐流行直至普及，日渐替代旧式土货而成为人们日常生活消费品，改变了万千民众的日常生活面貌，也改变了人们的消费方式，进而影响到人们的生活观念乃至文化观念。

三　洋货符号意义的演变

自明中叶以后欧洲商船开始往来中国，运来西洋货品，人们遂用“洋货”这个词来指称这些来自外洋的“舶来品”。洋货并不仅仅是这些域外物品本身，它还是西洋文明的承载物，并随着此后洋货输入增多，对中国社会及人们的生活逐渐发生影响。因而“洋货”一词除了其字面实指的意思之外，人们在不同时期、不同语境下，从不同的立场和角度，还赋予其一定的社会意义内涵与意指，形成一定的“符号”意义。人们对于洋货及其社会意义的认知，既有普通民众的感性体验，也有文化精英的理性思考，其内涵意指由洋货在人们生活中的角色及作用而定，又为人们的价值观念及认知方式所左右，还受社会风气、社会思潮乃至政治情势等影响。在一定时期这些因素综合作用下，在社会舆论及文化精英话语中，洋货具有某种特定的“符号”意义，成为某种文化观念的象征，从而对社会舆论及人们的观念产生影响。从开口通商前后洋货开始进入中国人的生活，对中国社会产生影响，到后来洋货日益流行而影响扩大，直至清末洋货普及而成为社会经济的重要成分，在晚清 70 年间，洋货在社会生活中的作用与意义发生着变化，社会舆论及精英话语中洋货的“符号”意义也发生着变化，大致经历了前后三个既有交织又有不同的变化阶段，反映了不同时期中国人对于洋货及其社会意义的认知，这些“符号”意义的变化对社会舆论、社会思潮及人们的观念也产生了一定影响。

“奇技淫巧”说

1. 开口通商前的洋货观：“西洋奇器”与“奇技淫巧”

鸦片战争以前，从广州口岸输入的洋货数量还有限，主要是一些制作精巧的“玩货”、奢侈品。虽然当时一般人还不易见到，但凡见闻过洋货的人，对于这些“舶来品”已形成了一些初步印象。这些多为机械制作的洋货，其技术工艺往往超出中国人的经验与想象，如自鸣钟、八音盒能自行转动并发出悦耳音乐，玻璃制作的寒暑表、杯盘瓶盏等如水晶般晶莹剔透。这种种奇巧之制，往往令初闻乍见的中国人备感神奇，感到不可思议。因此，洋货在中国人心目中，除了其来自外洋的域外色彩之外，还往往与“奇巧”“机巧”“奇妙”“神奇”等种种新奇感受相连，“奇巧洋货”成为人们对洋货形成的初步观感。同时，稀少、昂贵而奇巧的洋货，也成为富商官宦争相购买的高档奢侈品，或用来炫耀把玩，或作为交际礼品，渐至成为富贵阶层中的时尚。

洋货时尚这一新社会现象，引起一些有心人士注意，开始思考“洋货”对于中国社会的意义。鸦片战争前在江浙一带颇有文名的管同，曾在安徽巡抚衙门游幕，素有经世之志，关心国计民生，他注意到这时出现以洋货为时尚的现象，并敏锐地意识到这一现象将给中国带来危害。他对此深感忧虑，撰写了《禁用洋货议》一文，对洋货的危害及应采取的对策做了阐述。他指出：“凡洋货之至于中国者，皆所谓奇巧而无用者也。而数十年来，天下靡靡然争言洋货。虽至贫者，亦竭蹶而从时尚。”虽然他说的“至贫者”也争购洋货的情形可能仅限于局部地区，且未免夸张，但“天下靡靡然争言洋货”，可能在一些地区已初现风气。他指出，洋货虽然制作“奇巧”，但皆属“无用”之物，洋人将这些无用的东西运来我国贩卖，是居心叵测。他说：“是洋之人作奇技淫巧以坏我人心，而吾之财安坐而输于异域。”在这里，他用“奇技淫巧”来指称洋货，并认为洋人向我国贩卖洋货，一是“坏我人心”，二是掠取我国之财，因而对我国有阴险的“谋国”之心。所以他提议，我国的应对之策是断绝与西国通商，禁止一切洋货输入：“宜戒有司，严加厉禁。洋与吾商贾皆不可复通。”甚至对已流入的洋货也要采取严厉手段，予以全部销毁：“其货之在吾中国者，一切皆焚毁不用。违者罪之。”亦即与西洋完全断绝通商，将这些只是“奇技淫巧”的洋货彻底阻挡在国门之外。在这时的管同看来，外洋输入的洋货都是些“奇巧而无用”、供人赏玩的“玩货”，有害人心世道，因而应当禁绝。“奇技淫巧”这个词，就是开口通商前管同给予“洋货”的一个文化符号。①

---

① 管同：《禁用洋货议》，郑振铎编《晚清文选》，生活书店，1937，第27—28页。

“奇技淫巧”这一名词古已有之，意指过分追求新奇机巧、徒饰外观而无裨实用的技艺与器物。古来人们谈到“奇技淫巧”，往往与“卖弄机巧”“玩物丧志”“奢侈靡费”等恶德相联系，若天下人竞相追逐“奇技淫巧”，则往往被视为世风衰坏、由富趋贫、天下将乱的末世之象，这类言论在历代史书上常可见到。管同将这时期输入的西洋“玩货”视同于“奇技淫巧”，即为此意。而这种祸乱天下的“奇技淫巧”——洋货，又是来自外洋人，在管同看来，则更增添了外洋人欲通过此一手段而“坏我人心”、掠我资财、夺取我天下的“谋国”之意，对如此险恶用心，我国朝廷当然应当高度警惕并严厉禁绝之。管同将西洋“玩货”视为“奇技淫巧”的这一认识，是依循传统经世理论的思路所做的分析与判断。但是，这位熟读经史、颇具文名、堪称文化精英之士，却不知道如今洋货这种“奇技淫巧”，已经与中国以往所指全然不同了。这些“奇巧洋货”已经不再是单纯徒耗心机而追求“机巧”的手工艺制品，而是近代科学技术革命所带来的大机器生产制品，洋货的这一特性，决定了其在中国的命运不会按照管同依传统经世思路所设想的路径而终结。

就在管同提出洋货皆为有害无用的“奇技淫巧”而应当禁绝的言论后不久，英国以扩大贸易为主旨而向中国发动鸦片战争，并且用西洋“机巧”制造的坚船利炮，轻而易举地打败了中国的弓箭刀矛，中国人这才尝到了西洋“奇技”的用处及厉害，人们对于西洋器物的认识也随之发生变化。

鸦片战争时曾在两江总督幕府参与抗英战事的经世派士人魏源，受主持禁烟抗英而遭贬黜的林则徐嘱托，编撰介绍西国情况的《海国图志》。他在《筹海篇》中阐述了对于西洋“奇技”的看法，与前人“奇技淫巧”之说有所不同。他阅读了大量有关西方的书报资料，因而对西方情况有所了解。他反省并批评以往我国对于西洋“舶来品”的态度，指出：“广东互市二百年，始则奇技淫巧受之，继则邪教毒烟受之，独于行军利器则不一师其长技。是但肯受害，不肯受益也。”在这里他也用“奇技淫巧”来指称以往人们所喜爱购买的洋货——主要是“玩货”，而且认为这是“受其害”。但他在亲历战事后感受到“坚船利炮”的威力，因而深知“技”与“巧”也有巨大的功用，他还了解到“英夷船炮在中国视为绝技，在西洋各国视为寻常”。而且西国的“奇技”不仅能制造用以强兵的“战舰”和“火器”，还能制造“有益民用”的器具，他举出“量天尺、千里镜、龙尾车、风锯、水锯、火轮机、火轮舟、自来火、自转碓、千斤秤之属”。所以，他不再认同把西洋器物一概视为“奇技淫巧”的通行说法，而是以其对富国强兵是否有用为标准，对“奇技”与“淫巧”做了区分，由此断言：“有用之物，即奇技而非淫巧。”因此他主张“师夷长技”“习其技巧”，设局仿造这些有益富国强兵的船炮器械。①

与管同将西洋器物全然称为“奇技淫巧”相比，魏源对西洋器物则根据其是否有益于富国强兵而做了区分，船炮火器等有益强兵的军械，及“有益民用”的工农业机器，都是“有用之物”，因而是“奇技而非淫巧”，只有除这些之外无益“富国强兵”的西洋器物，才属于“奇技淫巧”，为中国所不需之物。这种将“奇技”与“淫巧”区别看待的认识，是近代中国人开始认识和肯定西方近代科学技术和机器制造的先声。由于当时输入的洋货，主要是鸦片及“玩货”，并非人们生活日用所需，因此魏源将其归于无用的“奇技淫巧”一类，也属合理，这也是当时社会舆论的一般通见。

2. 开口通商初期的洋货观：“以洋为尚”与“奇技淫巧”

开口通商以后，洋货开始大批量输入中国，并出现在通商口岸日益增多的洋行、商铺的货架上，甚至运往周边及内地的其他地区。洋货不再只是少数富商官宦才能见到的稀有之物，而成了面向社会大众的市场销售品，一般百姓也开始看到这些来自外洋的五光十色的“奇巧洋货”了。但是，在通商初期的一二十年间，洋货中输入和销量最多的是鸦片，这种戕害人身、败人家产的毒品流布日广，使人们对于洋人洋货抱以相当的恶感。除此之外的一般洋货仍价格较高，普通人视之为高档物品而不会轻易购买，因此人们对洋货还普遍抱有新奇之感，购用洋货也成了令人羡慕而可炫耀的时尚。

这一时期通商城市摆满洋货的洋行商铺，是市民及外地游客常来游览观赏的地方，种种新奇精巧、五光十色的洋货，往往令人目眩心摇。有人

① 魏源：《海国图志》卷2《筹海篇三　议战》，光绪六年，第5—6、11页。

记录人们对上海满街洋货的观感："上海番舶所聚，洋货充斥，民易炫惑。"① 上海开埠后不久就来这里的文士王韬，就经常与朋友一起去洋行"纵观奇器"，还经常购买一些"晶杯""洋皂"、洋布等赠送亲友。② 1874年一位来游上海的文士，记述他在这里洋行所见种种洋货的观感："洋行所陈货物，百怪千奇，真有目所未见，耳所未闻，如入波斯之国者。"③ 新奇之下，人们购买一些洋货用以炫耀或作为馈赠礼品，洋货遂开始成为流行时尚。在这种风气之下，洋货成为人们竞相追逐的高档时尚品，以至于由洋货而引申出人们把"洋"字作为对时尚、新潮、高档、贵重、美观、精致等含义的指称。清末时有人记述自道光年间兴起的这种风气道："道光年间，凡物之极贵重者，皆谓之洋：重楼曰洋楼，彩轿曰洋轿，衣有洋绉，帽有洋筒，挂灯名为洋灯，火锅名为洋锅，细而至于酱油之佳者，亦呼洋秋油；颜料之鲜明者，亦呼洋红、洋绿。大江南北，莫不以洋为尚。"④ "以洋为尚"的流行风气，反映了人们接受洋货、崇尚洋货的心态及消费行为，同时也是从这个时期开始，"洋"字成为时尚、新潮、高档生活的标志，也成为社会的流行语，被人们所津津乐道，口耳相传，将"洋货""洋风"的气息扩展得更为广远，渗入人们的生活之中，沉入人们的潜意识里。伴随着社会生活中洋货流行之风，"洋"这个"大众语"也一直流行不衰，直至百年之后仍然活在街头巷尾男女老少的口语里。

在民间伴随洋货流行而出现"以洋为尚"的普遍心态，并出现以"洋"字作为时尚、高贵生活象征的流行语之时，文化精英对这种新社会现象又是如何看待，对于洋货又有什么认识呢？

在人们目睹那些奇巧精致、五光十色的西洋奇器惊叹连声而欣羡不已之时，一些有心之士开始注意思考这些西器洋货流行之风对于中国的意义，探究其将给中国社会带来何种影响。在那些固守圣贤说教、沿袭传统思维的人们看来，崇尚洋货而竞相购用以为时尚，是"崇洋弃土"、"喜新好

① 博润等修，姚光发等撰《松江府续志》卷5《疆域志·风俗》，黄苇、夏林根编《近代上海地区方志经济史料选辑（1840—1949）》，第342页。

② 《王韬日记》，第167页。

③ 《论上海繁华》，《申报》1874年2月14日。

④ 陈作霖：《洋字先兆》，《炳烛里谈》卷上，陈作霖、陈诒绂编《金陵琐志九种》（下），南京出版社，2008，第307页。

异”、奢侈靡费的恶劣风习，势将导致人心败坏、道德沦丧，有害世道人心。在那些秉承经世思维的人们看来，洋货流行势必造成中国财富外流，将致民困国穷，后果堪忧。还有一些已经对西国情况了解较多、思想比较开通活跃的人士，也开始从一些新的视角思考西洋器物对于我国的意义，提出了一些与上述陈旧思维不尽相同的新认识。

王韬在上海居住十余年间，日与西人相处共事，阅读有关西方书刊，见西人日常所用洋货及印书机、缝纫机等奇巧之器，又常常到洋行“纵观奇器”，购买洋货赠送亲友，在当时人看来，是一个熟知西方、喜好洋货的新潮人物。他还素怀经世之志，喜欢交游，好发议论，常与友人诗酒纵谈天下之事，所以他的看法具有一定的代表性和影响力。他在1859年的日记中，就有多处记述与友人、西人谈论对西洋器物的看法。他在这年写给一位在两江总督作幕的友人的一封长信中，就对此做了集中阐述。他充分肯定西洋机器技术的先进，但对是否适合引进中国则态度谨慎。他指出，西洋火炮、轮船可以强兵，故应当引进，而其他火车、工农业机器等，虽然有裨生产实用，但不适用于中国。他说：这类西洋“器械造作之精，格致推测之妙，非无裨于日用者”，但如果引入我国则会侵害工农生产，夺小民生计，因而“我中国决不能行”。至于其他供生活日用的洋货，他认为多不适用于中国，如“钟表测时，固精于铜壶沙漏诸法”，但由于价格昂贵，“贫者力不能购”，因而是“玩物丧志”的无用之物。至于那些零星日用洋杂货，他则仍沿用“奇技淫巧”这一说法，谓：“至其他奇技淫巧，概为无用之物，曾何足重。”① 可见他仍然沿着传统经世思路，从传统民生的角度来看待西洋器物，因而认为生活日用洋货纯属消费，无益国计民生，用机制代替手工、洋货取代土货则会夺小民之业，所以这些日用洋货是不适用于中国的“无用之物”，因而是“奇技淫巧”。在王韬这年的日记中，还有多处记述了他与友人、西士等对这一问题的讨论，反复申论上述观点。② 可见，即使这位西学名家，在现实生活中喜爱洋货的开明之士，仍然是从传统经世、民生的思路来看待洋货，而并没有对追逐洋货成为流行时尚这一新社会现象的原因及其影响做更深入的探究，因而得出了日用洋货无益民

---

① 《与周弢甫徵君》，王韬：《弢园尺牍》卷2，光绪六年香港重刻本，第25页。

② 《王韬日记》，第113页。

生，是无用的“奇技淫巧”这一结论，这种认识与开口通商前的管同、魏源等的认识并无本质不同。

第二次鸦片战争，英法又挟坚船利炮打入京城，咸丰帝出逃热河，国基震动，朝野惊骇，敌强我弱之势已昭然天下，同时太平天国直接威胁清廷统治，内忧外患之下朝野人士急谋自强自救之道。朝中有洋务官僚开始引进西方技术，设厂仿造西洋船炮以为强兵之策。也有在野人士思考引进西方技术问题，如在上海的退职翰林冯桂芬，在此期间撰写了《采西学议》和《制洋器议》两篇论说，对于引进西洋技术器物问题提出了自己的看法。他认为除了船舰枪炮应当仿造，西洋工农业生产机器如水利机器及“农具、织具，百工所需，多用机轮，用力少而成功多，是可资以治生”，认为这些都是“有益于国计民生者”，所以中国也应当学习仿行。这与王韬强调中国国情与西国不同而拒绝仿行西洋农机具的看法不同，但他与王韬相同的是，他也提出“奇技淫巧不与焉”,① 即不应当引进无用的“奇技淫巧”。什么是无用的“奇技淫巧”呢？他在文中并未指明，但在另一处说：“五洲之内，日用百须，无求于他国而自足者，独有一中华。”② 所谓“日用百须”，也就是人们的日常生活用品。由此可知，他所说的“奇技淫巧”，就是指那些船舰枪炮、工农制造机器之外，我国自足而无须外求的“日用百须”之物，亦即作为日用生活消费品的洋货。在这点上，他与王韬的认识相同。

可见，即使是在已开口通商二十年、洋货满街的上海，王韬、冯桂芬等思想开通的有识之士，仍然是从传统经世理论来看待日用洋货，只将其看作供百姓生活“日用百须”的消费品，并从传统民生观念出发而判定这些洋货无益国计民生，是不应引进的“奇技淫巧”。

在现实生活中出现崇尚洋货之风，而文士笔下、主流舆论却将洋货一致贬斥为“奇技淫巧”，究其原因，在于这一时期虽然洋货日增，出现以洋货为时尚的风气，但一般洋货价格高于土货，仍被视为高档品，属有钱人“奢侈靡费”的“剩余消费”对象，还未进入普通人的“必需消费”领域。正是洋货的这种市场定位，决定了其被视作无益民生的“奇技淫巧”。直至

---

① 冯桂芬：《校邠庐抗议・采西学议》，中国史学会主编《中国近代史资料丛刊・戊戌变法》（本章以下简称《戊戌变法》）第1册，神州国光社，1953，第28页。

② 冯桂芬：《校邠庐抗议・制洋器议》，《戊戌变法》第1册，第29页。

1895 年维新运动兴起时，康有为、梁启超联合一千多应试举人签名的“公车上书”中，还对洋货流行现象做了评论，并仍以“奇技淫巧”指称洋货，认为它是导致国民困穷的一大原因，文中说：“外国奇技淫巧，流行内地，民日穷匮，乞丐遍地。”文章还仿效郑观应《盛世危言》，列举了各种日用洋货，如洋布、手巾、花边、纽扣、针线、伞、灯、牙刷、牙粉、肥皂、火油、钟表、玻璃镜、照相片等共计 50 余种，指出这些“玩好淫巧之具，家置户有，人多好之”，洋货流行是损耗我国财力的一大弊端。[①] 可见，直至这时，把日用洋货称为“奇技淫巧”，在一般文人学士、文化精英中仍是一种通说，并含有西洋侵略、掠我资财、引人靡费、坏我人心等负面意义，而人们争购洋货而形成洋货流行之风，也相应地被视为喜新厌旧、为之眩惑、人心衰坏、世风日下的征象。

“漏卮”“利权”说

1. 对洋货消费市场的认识：“漏卮”与“利源”

19 世纪 70 年代以后，随着南北沿海及沿江多口开放通商，洋货输入大幅增加，畅行各地，洋货流行之风已由沿海延及内地。人们对于洋货已不再新奇，有些洋货虽然价格仍高于土货，也不如土货耐用，但喜好时尚的人特别是年轻人还是竞相购用。19 世纪 90 年代初《申报》载文评论道：“洋货之价较土货倍之，且数倍之。外观虽五色迷离，用之实易于窳败。”但人们仍然争相购用，“厌故喜新，人情大抵如此也”。文中还提到保守的老年一代与喜欢追求时尚的年轻一代对于洋货的不同态度：“在老成拘谨者，谓我堂堂中国，自有朴而耐久之物，足供人之取求，何必忘其本原，转以银钱易此瑰奇之货。而少年喜事者，往往侈耳目之新奇。”[②] 除此之外，一些物美价廉的低端日用品如洋火（火柴）、洋布、洋油、洋针、洋钉等，则已开始成为广大城乡居民的日常生活用品。对于洋货流行之风愈演愈烈的趋势，另有一文也以无奈的口吻说：“西人以其所有易我中国之所无，中国之人喜新厌故，无不趋之如骛。”[③] 这些民间议论中对于人们争购洋货所反

---

① 康有为等：《上清帝第二书（公车上书）》，《戊戌变法》第 2 册，第 140、145 页。

② 《中国宜仿造洋货议》，《申报》1892 年 1 月 18 日。

③ 《论中国洋务之效》，《申报》1890 年 3 月 4 日。

映的“喜新厌故”、追逐时尚的心理，虽然有从道德上否定的意味，但也不得不承认这是出于“人情”，无法阻止。这种贴近民众生活的民间舆论，比那些高谈道德伦理的学究之论要客观得多。

实则人们所无奈承认的造成洋货流行的所谓“喜新厌故”的“人情”，是市场交换中人们依实用需求和心理需求而产生的自然消费心理，也是市场流通的自然规则，非人主观所能阻止。伴随着洋货流行范围的扩展，人们对于这一点也日益明了。所以，面对洋货流行的社会风气，已经认识到无论是从物美价廉的实用角度，还是从人们喜新厌旧的本性，洋货受到人们欢迎而日益流行已是不可阻挡之势，如有人所言：“欲禁民人不用洋货，势所不能。”① 洋货流行的实际后果，就是造成了日益扩展的洋货消费市场，销售洋货成了商家的一大财路。

洋货流行所造成的洋货消费市场，对于中国意味着什么呢？一个直接后果就是洋商赚走了中国人的钱财，造成中国财富外流，这是人们早就意识到的危害，如管同所言是“吾之财输于异域”，这也是洋货一直被人们贬斥为“奇技淫巧”且于中国有害无益的一个重要原因。这种财富外流状况伴随着洋货的日渐流行而日益严重，有心人士对此的忧虑也随之加深。因此自19世纪70年代开始，有人从市场角度看待洋货流行现象，把造成财富外流的洋货销售市场称为“漏卮”。早先在上海洋行做买办，后来又经营官办洋务企业的商人郑观应，熟悉中外市场及商情商道，他批评国人对西洋器物引入种类失当，无奈地说：“今行于中国者，轮船、枪炮之外，如钟表、音盒、玩好等物皆有损无益者，而华人爱之购之；如电线、火车、耕织、开矿诸机器，皆有益无损者，而华人恶之诋之。以故振作难期，漏卮莫塞，识者伤之。”② 他认为人们出于新奇而喜爱购用“有损无益”的玩好洋货，致使国人钱财流入洋商口袋，成为我国财富外流的“漏卮”，而我国官民上下对此却浑然不觉，不知抵御与设法阻止，致使“漏卮莫塞”，因而有识者认为如此任由财富外流，我国势将日趋贫穷衰弱，前途堪忧。

“漏卮”即漏洞，指我国财富外流的漏洞和通道，显然是一种负面评价。此后社会舆论中便多以“漏卮”来指称洋货流行现象。1888年《申报》载文

① 《中国宜仿造洋货议》，《申报》1892年1月18日。
② 《易言·论机器》，夏东元编《郑观应集》上册，第89页。

《论西货近日消流甚广》，评价通商以来我国所受洋货之损害的情况道：

> 自泰西诸国东来，西国之物日见其消流，而于中土之所生产，中国之所制造，日形其壅滞，此亦足以损民而病国……购用西国之物日益多，则钱财之流于外者日益广，而上日益损，下日益穷，几何不如漏卮之难塞也，岂独一鸦片而已哉！①

直至19世纪90年代，洋货流行以致“漏卮”难塞，仍然是人们常常议论而深感忧虑的一大社会问题。1892年《申报》一文论道：洋货流行“以至漏卮难塞，银钱之流出良多……似此年复一年，将何底止？岂不令中国有限之膏血，渐至衰败不堪耶？”② 郑观应也撰文痛论洋货广为流行的情形及其危害道：“各种类皆畅行各口，销入内地，人置家备，弃旧翻新，耗我资财，何可悉数！”③ 洋货流行造成财富外流，势必引起民穷国困，这种忧虑成为盘绕于人们心中的一个病灶，“漏卮”这个词也成为洋货流行的一个标志语。

已经懂得了一些市场规律的人们也认识到，洋货流行造成的日益庞大的洋货消费市场，从洋商赚钱一面来看，是中国财富源源流入洋人口袋的“漏卮”，但从另外一面来看，也是一个蕴藏着丰厚商业利润可以掘取的“利源”。因而这一时期在社会舆论中还出现了“利源”一词来指称有丰厚利润的洋货消费市场。如1890年《申报》有文所说：西人制造洋货运来我国销售，“以其所有易我中国之所无，中国之人喜新厌故，无不趋之如鹜，是不啻以中国之利源，悉听西人之取携，而我亦莫之抗也”。④ 洋货的流行，使人们发现了中国存在的“利源”——洋货消费市场。这就意味着，我国商人亦可设法从洋商手中夺回这一“利源”，使我国财富流入我国人之手，以成为富民强国的资源。

这一时期这些有了市场意识的人士，已经认识到洋货流行形成了难以阻遏且利润丰厚的新消费市场，他们用“漏卮”“利源”来指称。“漏卮”

① 《论西货近日消流甚广》，《申报》1888年1月1日。
② 《中国宜仿造洋货议》，《申报》1892年1月18日。
③ 《盛世危言·商战上》，夏东元编《郑观应集》上册，第587页。
④ 《论中国洋务之效》，《申报》1890年3月4日。

即财富外溢的漏洞，“利源”则是指洋货流行所形成的有丰厚利润的消费市场。这两个词虽然一反一正，但都反映了人们从市场角度对洋货流行的认识，与以往从道德角度称洋货为“奇技淫巧”相比，更加客观，也更切近实际。人们明白占有了市场，就占有了“利源”，就可以获取丰厚的市场之利，这就是中外通商洋货流行造成的市场法则。西人就是用物美价廉的洋货来占领中国的消费市场，因而获取大利，将中国的财富源源不断地攫取而去。由此推导，既然洋货市场已经形成，无法阻止人们争购洋货，我国的对应之策就应当是用自制产品来占领这一新市场，从而夺回被洋商攫取的“利源”。由此，社会舆论开始出现呼吁仿制洋货、大兴工商，以自制洋货取代外来洋货而夺回“利源”的呼声。

2. 洋货市场竞争意识：“利权”与“商战”

中国的“利源”被外人所攫取，中国的消费市场被外来商品所占领，以致形成中国财富外流的“漏卮”。为什么会形成这种状况呢？人们不禁追问，“诚何故欤？岂己国之物不足于用欤？而必取资于外欤？抑岂我国之所产远不及泰西欤？”而事实正是“我国之所产远不及泰西”，土货确实比不上洋货的物美价廉、精巧适用，所以洋货才取代了原有土货而受到人们欢迎，因此，论者愤而疾呼：“苟以为不及，则何不亟行仿而效之，何乃甘以钱财输之于外域也？”① 人们由此自然得出进一步结论，中国人应当起而仿行西法，自造洋货，发展自己的工商业，以自己的优势去与西人争夺市场，争夺“利源”，以夺回“利权”。所以，这时期“深通时务者多创为以彼之矛刺彼之盾之法”。② 如有人所说：“欲禁民人不用洋货，势所不能，则莫如中国自行筹资，逐一仿造，庶几将中国之货易中国之钱，富者可便于购求，贫者更开无数谋生之路。按之和约亦所准行。而来华之洋货日稀，即银钱流出日少矣。”③ 另有报刊文章论道：“夫中国之出产并不逊于泰西，泰西之贸易未必工于华人……中国自安苟且，而利权不能自主，反为西人所夺，此其故盖可知矣。”④ 文中明确提出“利权不能自主”，可谓抓住了洋货流行造成危害的根本。由“漏卮”到“利源”，直至“分洋人之利”，争取“利

① 《论西货近日消流甚广》，《申报》1888 年 1 月 1 日。

② 《论中国洋务之效》，《申报》1890 年 3 月 4 日。

③ 《中国宜仿造洋货议》，《申报》1892 年 1 月 18 日。

④ 《论开平创开铁路事》，《申报》1882 年 5 月 4 日。

权自主”，人们对于洋货市场的认识逐步加深，并开始走向思考如何依循已有的市场规则，反其道而用之，与西人展开市场竞争，争取“利权自主”这一新的富强之路。

到19世纪七八十年代，社会舆论已开始出现积极呼吁大力发展中国自己的洋货制造业，仿造洋货去占领市场，从与洋人“分利”，直至要求“利权自主”，这才是阻止财富外流、挽救国家贫弱的富强之道。比如，洋布到70年代以后已日渐流行，成为洋人大赚中国人钱财的一大利源。这一时期舆论出现了呼吁中国仿行机器织布，以与洋人争利。1876年《申报》就中国是否应仿行机器织布进行了一场讨论，连续发表多篇文章，大加倡导。该报主笔在一文中说，他早在数年前就提出：“中国之人既皆喜用洋布，何不于上海附近之地集一公司，盖造机房，购齐西国织造各布机器，延请西国织匠来沪，以教授华人织造之法，仿织洋布，定易销售，此实生财之大道也，其获利也必能过于西人。”但在当时他的这一看法却遭到别人嘲笑，有人讽刺他是“但欲为西国出售机器，不顾有害于中国女工”。现在他又与友人谈到这一看法，则受到友人的支持，友人也认为：“广购机器仿织洋布者，非夺中国之利，实分西人之利也。有此大利之事，竟置之无人肯办，又何怪钱财之日流出于外洋乎？”论者对于中国至今没有人致力于这一“生财之大道”而深为痛惜。① 正是在民间舆论的呼吁下，1878年官方开始在上海招集商股筹办机器织布局，买办商人郑观应被委任襄办。在筹办织布局期间，《申报》又发表多篇评论大力支持，一文中写道：“海外洋布之贩入内地者，华人莫不争购之，西人获利而去，财源即流入外洋，今若在中国织成，则中国之财仍留于中国。”② 中国人自操“利权”，则中国之“利源”将会成为富国之源。

身为商人、熟悉中外商情、深知市场情势的郑观应，在19世纪80年代末90年代初增补撰写《盛世危言》，其中多篇专论商务，他直接以《商战》为题，提出“商战”口号。他认为，当今之世，西洋各国皆“以商立国”，“以商为战”，举国上下全力支持机器制造和发展商务，向外开拓市场。他说：“欧洲各邦，以通商为大经，以制造为本务……泰西各国，举凡利之所

① 《论广购机器仿织洋布之利》，《申报》1876年3月17日。

② 《论机器织布事》，《申报》1882年7月3日。

在，趋之如狂。”① 他指出：“泰西各国以商富国，以兵卫商，不独以兵为战，且以商为战。”② 他认为“商战”已经成为各国之间竞争的主要形式。“商战”就是市场竞争，就是向他国推销商品，占领他国市场，以攫取他国的资源财富。郑观应指出，洋商向我国倾销洋货，造成我国洋货流行，使我国财富源源流入西国，这就证明“彼族善于商战之效”。我国要“夺回利益”，也必须学会“商战”，即自行设厂仿造西洋物品，用自制新货取代进口洋货，占领现今被洋货霸占的国内外市场，以自掌“利源”，挽回“利权”。他大声疾呼政府放弃过时的“以农立国”国策，而仿效西国“以商立国”，大力鼓励商民设厂仿造洋货，变进口洋货为自造之货。他指出：“应兴铁路、轮舟、开矿、种植、纺织、制造之处，一体准民间开设，无所禁止。或集股，或自办，悉听其便。”③ 他还针对洋货在我国畅销的市场情况，提出相应仿造各种机器制品，与洋货竞争，展开各类“商战”。他列举了十类商品之战，包括：自种鸦片烟的“鸦片战”；广购机器自织各色布匹的“洋布战”；购机器织绒、呢纱、洋袜、洋伞，仿造钟表和玻璃器皿等“用物战”；机器制造纸、卷烟和酿酒、制糖等“食物战”；制造香水、洋胰等“零星货物战”；开矿、五金、煤等矿物战；广制煤油、自造火柴等日用品之战；制造瓷器运销欧洲的“玩好珍奇”战；仿织外国绉绸运往各国的“零星杂货”战；铸金、银钱的“洋钱”战等。④ 他指出，在当今世界各国都“以商为战”即世界市场竞争的情势下，“我之商务一日不兴，则彼之贪谋亦一日不辍”，我国的对策“以一言断之曰：‘习兵战不如习商战！’”⑤

郑观应以其在上海从事中外商务活动二十多年积累的经验与体认，指明在当时各国通商、形成世界市场的状况下，“商战”已是比“兵战”更为重要、更为长远的国家之间的实力竞争，自行仿造洋货、抢占洋货市场，才是堵塞“漏卮”、自掌“利源”、夺回“利权”而使民富国强，最终能够抵御外国侵略的必由之路。郑观应以商人身份，以市场观念和市场分析的新思路，从不同于文人思想家以书本为依据的新角度，立足市场而深入分

---

① 《易言・论商务》，夏东元编《郑观应集》上册，第 73 页。
② 《盛世危言・商战下》，夏东元编《郑观应集》上册，第 595 页。
③ 《盛世危言・商务二》，夏东元编《郑观应集》上册，第 612 页。
④ 《盛世危言・商战上》，夏东元编《郑观应集》上册，第 589—590 页。
⑤ 《盛世危言・商战上》，夏东元编《郑观应集》上册，第 586—589 页。

析中外情势，思考富强之道，发出了发展商务与西国进行“商战”即进行市场竞争的时代先声。他阐述“商战”等改革主张的《盛世危言》一书，在中日甲午战争期间刊行问世，后被上呈光绪帝，饬令总署刷印两千部分发内外官员阅看，书中提出的争夺“利源”、进行“商战”等主张，在朝野上下产生了广泛影响。

在19世纪70—90年代洋货流行日益加剧时期，一些与洋货流行相伴的标志性名词，由“漏卮”到“利源”，由争取“利权自主”到进行“商战”，作为“洋货市场”的文化符号，开始为人们所熟知，使人们对于日渐走入千家万户日常消费生活的洋货、对于洋货流行所反映的市场变动逐渐形成理性认识，并开始依“市场观念”来思考走向富强之路，寻求以“市场竞争”这一近代经济方式来抵御西国侵略的道路。这正是促使此后不久的维新运动及清廷新政皆标举发展工商为改革自强主导的社会基础。在此后一二十年间，“利权”成为社会言论中的流行语，其含义也由早期的市场占有权而扩展至“路权”“矿权”等资产所有权，至清末甚至形成了民众广泛参与的“收回利权”运动。

“洋货”与“国货”

1. 义和团“灭洋”与销毁“洋货”

甲午一役，清朝被效法西方、变法维新而迅速崛起的东邻小国日本一举打败，屈辱签约，割地赔款，增开口岸，同意设厂。由此，清廷君臣的昏聩无能及国家的贫弱衰坏昭然于世，内外共知。随之西洋各国如蚁附膻，争先恐后，纷纷加紧对我国争抢掠夺，瓜分之声甚嚣尘上，划分势力范围，大肆倾销商品，争夺中国市场。由此洋货输入愈增，洋货销售益广，渐普及于城乡上下，有些甚至成了普通民众的生活日用品，如火柴、洋布、洋油、洋面、纸烟等，几乎人置家备，日不可无之。

洋货普及给社会生活带来多面影响。一方面，人们因洋货而得以享受更加便利舒适、丰富多彩的生活，因而洋货受到人们喜爱并广为人们所接受，成为人们日常生活中的重要成分；另一方面，洋货取代了土货，机器挤掉了手工，大批手工业工人失业，旧有工商体系遭破坏，成千上万原本依此为生的人口失去生计，而民众生活成本增高，财富外流不止，民生日益困厄。因而，洋货对于广大民众而言，既是带来舒适方便生活的可爱之物，又是民生困苦之源；既是人们向往追求的美好生活的标志，又是外国掠夺我国财富的工具。又由于洋货来自正争先恐后侵夺欺侮中国的外国列强，人们对于洋货爱恨交织的感受，更凝结成民族屈辱的象征。洋货的这些多重属性，使它对于不同人群、在不同的情境下具有不同的意义。伴随着洋货对人们生活影响日益广泛，它所承载的社会意义及对人们生活的影响也日益凸显。特别是在清末社会动荡、社会矛盾激化之时，洋货这一嵌入广大民众日常生活的外来物，也就成了人们表达某种意向或诉求的象征物及文化符号。

首先把洋货作为一种“外国罪恶”的负面文化符号而凸显于社会的是义和团运动。自 1898 年秋冬起首先在山东、河北等地由民教冲突而激起的义和团运动，以“灭洋”为宗旨，以反洋教、驱洋人为号召，到处烧教堂、杀洋人、打教民，触发了民间长期以来受外国势力欺压而积聚的反洋仇洋情绪，并迅速蔓延开来。山东、河北、山西，义和团遍地蜂起，由乡村到城镇，规模不断扩大，行动日趋激烈，到 1900 年春夏，蔓延至天津、北京。义和团民由烧教堂到烧一切洋房，由杀洋人到杀中国教民，由“仇洋”“灭洋”而扩展到毁坏一切洋人之物，扒铁路、拔电杆、烧洋房，城镇里商家店铺及住户人家随处可见的各种洋货，也成了义和团民仇视及毁灭的对象。

义和团民进入天津后，在这个北方通商大埠看到洋房排列、洋货充斥，自然甚感刺眼，遂大加毁坏。时人记道：义和团民所到之处，“洋灯、洋磁杯，见即怒不可遏，必毁而后快。于是闲游市中，见有售洋货者，或紧衣窄袖者，或物仿洋式，或上有洋字者，皆毁物杀人”。[①] 义和团民进入北京以后也是如此，有的见到洋货及售卖洋货的商铺即加捣毁，有当时人记道：“凡卖洋货者均皆逃闭，否则团民进内，将货物打碎，然后将房焚毁。住户亦是如此。”于是人们纷纷将家里的洋货自行销毁，以免被义和团民查出而惹祸。各家所用的洋油灯成了最招人眼的洋物，于是“各街巷抛弃煤油如泼脏水一般，各种煤油灯砸掷无数，家家户户尤恐弃之不及，致贻祸患”。

① 佚名：《天津一月记》，中国史学会主编《中国近代史资料丛刊 · 义和团》第 2 册，上海人民出版社，1957，第 146 页。

有的团民责令商铺撤换洋货招牌，去掉“洋”字，时人记述道：“城内城外各行铺户与各街住户，义和团民俱饬令避忌‘洋’字，如‘洋药局’改为‘土药局’，‘洋货’改为‘广货’，‘洋布’改为‘细布’，诸如此类甚多。”①

义和团在京城毁灭洋货最具标志性的事件是烧毁前门外西药房。前门外大栅栏是京城最繁华的商业区，各类商铺林立，华洋各货杂陈，如时人所说：“凡天下各国，中华各省，金银珠宝、古玩玉器、绸缎估衣、钟表玩物、饭庄饭馆、烟馆戏园，无不毕集其中。”老德记西药房是京城最大、最著名的西药房，义和团民认为其售卖西药，应遭神灵诛灭，欲将其焚毁，并警告周围市民不许扑救，谓团民会施法术不使延烧他处。据时人记，点火烧起来以后，“团民法术无灵，火势甚猛”，遂向周围商铺延烧，因团民不许扑救，致使大火延烧开来，由大栅栏周边街巷，至前门箭楼、东交民巷，大火持续一天一夜，延烧几十条街巷，后据地面保甲统计，“约略延烧铺户一千八百余家，大小房屋七千余间”。京城商铺最集中的繁华之区，中外货物屯集之地，化为一片灰烬。时人谓为“真从来未有之奇灾”，并痛惜：“京师之精华，尽在于此；热闹繁华，亦莫过于此。今遭此奇灾，一旦而尽。”② 在此期间，义和团在北京各处焚烧洋货商铺，据时人记载：“义和团焚烧西单牌楼钟表铺，连及四邻铺户被烧一百八家。”一些洋货店铺被捣毁抢掠，如：“骡马市大街广升店因其代卖洋货，团民将欲焚烧，被土匪乘间抢劫一空。”后来不仅商铺，连住家也因有洋货而遭抢掠：“凡存有洋货等物，搜抢一空，饱载而归，谓之净宅。此坛团民才去，彼坛团民又来。城内城外居民铺户，遭逢此难者，每日数十起。”③

在义和团运动中，“洋货”被视为外国势力——洋人罪恶的替代物，在仇洋、灭洋的风暴之下，在义和团民夹杂着民族义愤的暴烈排外行动中，遭到义和团的扫荡与捣毁。但是，毕竟洋货已经普及，嵌入普通百姓的生活日用之中，难以剔除净尽，也不可能与人们的正常生活相剥离。因此，

① 仲芳氏：《庚子记事》，中国科学院历史研究所第三所编辑《庚子记事》，科学出版社，1959，第13页。

② 仲芳氏：《庚子记事》，《庚子记事》，第14页。烧毁店铺数目有不同说法，如另有佚名《综论义和团》记此事，谓烧毁店铺4000余家。见中国社会科学院近代史研究所《近代史资料》编辑组编《义和团史料》（上），中国社会科学出版社，1982，第164页。

③ 仲芳氏：《庚子记事》，《庚子记事》，第16、22页。

义和团焚毁洋房，可能一般百姓还没感到与自己有多大关系，而到大肆搜掠捣毁洋货洋物，则人们已经感到自己的日常生活受到了损害与威胁，因而对义和团的过火行为，自然产生了抵触与恶感。洋货与人们的日常生活已经连为一体，这种一味捣毁、禁绝洋货的态度和行为，已经不可能为人们所接受。这也是一般民众对于义和团产生恶感，视之为愚昧、野蛮的一个重要原因。

2. "抵制美货"与"文明拒外"运动

义和团的暴力排外及清廷的应对失据，最终招致八国联军侵华而酿成巨祸。朝野上下痛定思痛，清廷开始仿行西法实行新政，民间也兴起学习西方以自强救亡的社会运动。在这种社会上下一齐转向学习西方的社会氛围里，社会风气也为之大变，"西洋"成了众所向往的"富强""文明""先进"的榜样，洋货则成为"文明生活"的标志，更加受到人们崇尚。即使一直风气保守的北京，也出现了以用洋货为时尚的风气。有记云："庚子巨创以后，都人心理由轻洋仇洋，一变而为学洋媚洋。妇女出门必衔一香烟以为时髦美观。"[①] 消费趋洋成了文明、趋新的标志，受到人们特别是时髦青年的追逐。而一些低端洋货也更为普及，深入广大城乡民众日常生活之，上自脑筋保守的老夫子，下及穷乡僻壤的乡村小民，生活中几乎都离不开洋货了。

但是，洋货来自正掠夺欺侮中国的外国列强这一"原罪"性质，以及其同时也是外国侵略欺侮的象征，使人们对于洋货所纠结的这种矛盾情感在义和团运动后并未消解。就在短短五年之后，这种矛盾又以另一种形式，以更为凸显的方式再次爆发。这就是1905年由美国华工续约问题而引发的波及全国、轰动中外的"抵制美货"运动。在这场规模更加宏大，但面貌已完全不同的民众抵制外侮运动中，美国货成为运动的核心，受到举国上下的关注。

这一运动的起因，本来与美货，甚至与国内民众都没有直接关系，乃是由于十年前美国与中国订立限制华工条约，后美国据此对赴美华工乃至华人采取种种歧视、迫害政策。到了1904年此约十年期满，美国又试图续订。消息传到国内，首先在上海，以华工人数最多的福建、广东两省的商

① 夏仁虎：《旧京琐记》，辽宁教育出版社，1998，第116页。

人为主导发起抵制运动，试图阻止续订条约，遂掀起了一场以“不用美货”为口号、波及全国的大规模抵制美货运动。

以不买外货来对抗外国列强这一市场抵制方式，早在十年前就有人提出过。1894年9月，在中日甲午战争爆发之际，提倡“商战”的郑观应就曾致书协助李鸿章办洋务的盛宣怀，提出抗击日本的《管见十条》，其中有一条：“不买东洋货，绝其来货不与通商。”[①] 这是郑观应以市场为武器进行“商战”思想的具体实施手段。但在当时，一是战事紧迫，二是政府对外贸易不能自主、社会力量不发达，因而“抵制日货”无论是官方还是民间都难以实施，只是郑观应的构想而已。

时隔十年，迭经甲午战败、维新变法、义和团运动、八国联军侵华、实行新政等一系列剧变，天地已然变色，社会风气、文化氛围、人心所向也已全然改观。在此背景之下，这次自下而上从商界、学界勃然而兴的“抵制美货”运动，已经是一场一呼百应、蔓延全国、声势浩大的民众和平抵抗运动，“美货”则骤然成了这场浩大运动的标志物，作为美国乃至列强欺侮中国人的象征而成为举国民众一致排拒的对象。

“抵制美货”运动最早起于上海。1905年5月间，首先是上海商务总会发起倡议，以美国迫害华工，实为歧视欺侮华人，号召商民以“不用美货”进行抵制。上海发行而在全国有广泛影响的《申报》，于1905年5月10日刊登上海商务总会发布的《筹拒美国华工禁约公启》，揭露美国排斥、迫害华人的种种行径，指出华工条约“违害国家之尊荣”“玷辱国民之人格”，号召全国民众起而抵制：“事关全国之荣辱，人人有切肤之痛，合群策群力以谋抵制。”后议定以两月为期，至7月20日（华历六月十八日）前敦促美国废除禁约，否则将号召国民“不用美货”，以为抵制。随后上海商会将此决议电告全国各埠商会，并登报呼吁各界响应。此后，上海以及全国各城镇商、绅、学、女各界纷纷起而响应，召集会议、议定办法、宣传演说、组织团体、印发传单、互致电函等各种活动此起彼伏，相互呼应，一致以“不用美货”为口号，一时声势大起，形成轰轰烈烈的民众运动。

此后至7月20日的两个多月为抵制运动的发起动员阶段。首先是上海商界、学界、女界等各界人士纷纷召集会议，号召定期实行“不用美货”

① 见夏东元《郑观应传》（修订本），华东师范大学出版社，1985，第288页。

以抵制美约。如5月21日沪南商学会集议抵制美约，议定如期实行“不用美货”。[①] 7月9日，上海务本女塾师生等女界发起集会，多位女士发表演说，提议一致“不用美货”。[②] 其他商埠城镇商、学界等也纷纷起而响应。如广州商会在6月初集议“不用美货，抵制华工条约”。[③]《香港日报》1905年7月8日报道：“广州大街小巷尽是大幅黄色标牌，上面印有运动领导者的图像和讲话，号召民众团结起来拒绝使用美货。”苏州女界也在兰陵女塾召开集会，号召女界响应抵制运动，“不用美货”。[④] 甚至在皇帝脚下、官僚充斥、风气保守的京师重地，也出现了民众响应抵制美货的活动。天津《大公报》6月中旬报道：“各埠商人于美国禁华工一事迭次开会，提议以不用美货为抵制之一端……惟北京官场对此事淡然处之，若与己无甚关系。而学堂之学生及有志之绅商大为愤激，近日宣武门内一带地方忽贴有白纸匿名揭帖，用双钩法大书‘大清国民公认不买美国货物’十二字，围观者颇多。”[⑤] 在各地商界、学界、女界倡导下，抵制美货运动迅速向全国各地扩展开来。

“不用美货”对于人们意味着什么？将给人们的生活带来何种影响？当时在中国最为畅销、人们消费最为普遍的美货是面粉、洋油、洋布、纸烟、肥皂五种商品，其中机磨面粉是城镇居民日常主食，煤油是夜晚照明需用的燃料，洋布是人们衣物的普遍用料，纸烟已是城镇烟民的必需品，肥皂也是家居日用之物，这些涉及人们吃穿日用的生活物品皆以美货为佳，因而销售甚广，普及城乡，几乎是家家户户必备、男女老少皆用。如无锡商民所言：“美货中如洋油、洋布、肥皂等均家常日用之物，即纸烟亦行销甚广。”[⑥] 所谓“不用美货”，对于民众来说，自然会带来生活的不便，对于商家而言，即不订、不售美货，当然是断了这条财路，甚至蒙受损失。但是，无论商民，在这场运动中都甘愿接受这些不便和损失，以牺牲私利益，而成就公利益，内含的意蕴已经远远超出了抵制美货本身。

---

① 《沪南商学会请会议实行不用美货传单》，《申报》1905年7月20日。
② 《汇录各埠女士筹拒美禁华工约・上海女士抵制禁约之办法》，《申报》1905年7月19日。
③ 《饼行禁销美货之实施（广东）》，《申报》1905年6月10日。
④ 《汇录各埠女士筹拒美禁华工约・苏州女士会议抵制禁约》，《申报》1905年7月19日。
⑤ 《公认不买美货（京师）》（录《大公报》），《申报》1905年6月20日。
⑥ 《无锡东林学校学生拟抵制华工禁约善后事宜》，《申报》1905年7月30日。

临近两个月期限，美国并无改约意向，抵制美货运动开始进入实施阶段。先是7月18日，“上海城厢各处有人遍发抵制工约不用美货传单，演成白话，约有数百言，大旨谓：实行不用美货之期，本定六月十八日（即西历7月20日——引者注）为两个月期满，十八日后各店铺务须实行此办法”。[①] 次日，上海沪学会、商务总会、商学会及学界、商界、工界人士，还有外地各埠派来的代表等共计1400余人，在西门外务本女塾大讲堂召开特别大会，公议实行不用美货办法，上海商界各行会如洋货行、丝业、火油业、杂货业，及海味业广帮、建帮、汉口帮、山东帮等都有代表董事出席，并一致表示不用美货。[②] 会后将此决议电致外部、商部及各埠商会。

7月20日后，各地更是频繁展开集会、宣传等活动，推动正式实行“不用美货”。此后数月间，各报刊纷纷报道各地开展“不用美货”活动，如《申报》每天都刊登各地抵制活动的报道、论说、外地商民来电来函、各种相关消息等。仅从7月20日至7月31日短短11天之内，《申报》就报道了全国19个城镇抵制美货活动的消息，地域涉及上海、江苏、广东、浙江、河南、安徽、江西、湖北、辽宁等9省，北至辽宁营口，南到广东番禺，甚至还有暹罗（今泰国）的广东会馆。上海是抵制运动的中心，各界活动也最为集中。仅在此11天内进行集会等活动的就有商务总会、沪学会、商学会、四明同乡、在沪粤商、志成堂、麻袋业、豆米业、洋货帮、广洋货业、洋广海味业、南北货业、杂货业、花业公所、内河报关行、煤油洋杂货业、上海女界等行业和团体组织，有的大型集会参加人数达一两千人。这些活动皆以“不用美货”为口号，活动形式有组织集会、发表演说、签名承诺、分发传单、张贴标语、函电联络、登报宣传、检查店铺、收集美货、劝说亲友等多种，完全以民间力量组织推动，形成了全国各地彼此呼应、商绅学女各界协同、广大民众广泛参与的规模声势空前浩大的全国性抵制美货运动。

这场以“不用美货”为口号的抵制运动首先由上海商人团体发起，学界、女界继起响应，后扩展到全国各地。进行组织宣传活动的人员包括商人、士绅、教师、学生、记者、编辑等，而参与实行“不用美货”活动的

---

① 《实行不用美货传单》，《申报》1905年7月19日。

② 《公议实行不用美货之特别大会》，《申报》1905年7月20日。

人则从商家店铺、贩夫走卒，遍及城乡一般居民，涉及上下阶层、男女老幼。据《南华早报》1905年9月2日报道，广东的抵制运动深入社会下层，甚至赌场的赌徒也开始抽国产香烟而非先前的美国香烟，摆渡的船妇也拒绝装有美货的箱子上船，一个理发匠也表示不给美国人理发。[①] 这场运动声势之浩大也是空前的，从各地各团体集会演讲、宣传鼓动、电函交驰，到报刊报道、街衢标语、传单流布、街谈巷议，甚至民众走街串户、宣导劝说、清查收缴，人们目之所见、口之所谈，皆为此事，一时间“不用美货”之声响彻全国，汇集成一场由商界、学界精英发起倡导，各地、各界、各阶层民众广泛参与，无论从规模还是声势上都空前浩大的全国性、群众性和平抵抗外侮运动。

正是由于美货已经成为城乡普通民众日常生活消费品，以“不用美货”为形式的“抵制美约”运动才可能将成千上万的普通民众连为一体，从而形成如此浩大的规模和声势。平凡而具有象征意义的“美货”，在这场运动中扮演了一个特殊角色，成为美国（乃至外国列强）欺压华人（中国）的标志物。而“不用美货”则成为“爱国御侮”“外争国权”的标志，作为这场运动的旗帜，被无数民众宣之于口并付诸行动。同时，“不用美货”作为这场运动的标志符号，也衍生出丰富而深刻的文化意涵。在围绕这场运动的社会舆论中，关于“不用美货”的讨论，出现了“民权”说、“义务”说、“女权”说、“文明方式”说等一系列论题，并借助运动的声势而广泛传播，民众从中得到思想观念的启蒙，其意义重大且影响广泛而深远。

（1）“民权”说

人们通过参与“不用美货”运动，体验了个人自主权与民权意识。买不买美货，本来只是个人的生活小事，看似微不足道，但人们通过这种自觉自主的消费行为，以表达一种共同的政治诉求，并希冀以此影响政府及外国决策，甚至期望改变外国人对中国人的态度，这是一种前所未有的体验。人们从中认识到自己手中的消费权也是一种可以自主支配的个人权利，而且可以通过行使这一权利，表达对国家公共事务的态度，以及对抗强权压制。当时许多言论强调个人自由及自主权利，反映了民权意识的觉醒。

① 参看〔新加坡〕黄贤强《1905年抵制美货运动：中国城市抗争的研究》，高俊译，上海辞书出版社，2010，第55—57页。

如在上海一次各界1400人参加的大会上，著名教育家马相伯演说时就强调："不用美货系我人自主之权，无论美人不能干预，政府亦不能禁止。"① 《外交报》的一篇社评也指出："乐用何国之品，乐定何国之货，此权操之商民，外人不能强，即政府亦不必助也……不再用美国之货，原为个人之自由，不能成为国际交涉。"②《申报》一篇评论中也指出："贸易之道纯任自由，从未有强人以必买者。今以不用美货为抵制，既为个人之自由权，美人亦岂能责我以必用乎？"③

特别是在清政府表示对民间抵制美货运动进行压制甚至发出惩办威胁的情况下，民间舆论更是强调人民的自主权利，不惧政府威胁，甚至出现对抗政府压制民权的言论。如一位淮安人士在致上海商务总会的信中提到"虽有政府命令不准倡言抵制"，但"美货之用不用，则人人自有之权，政府从何干涉？即使政府媚外，将约私行画押，而我全国同胞万不承认。订约自订约，禁货自禁货，俾海外各国知中国有无用之政府，而有有用之国民"。④ 这段话公然把矛头指向压制民意的清政府，指责"政府媚外"，甚至提出"中国有无用之政府，而有有用之国民"。这些掷地有声的响亮语言，体现出以民权对抗君权的气魄，反映了当时人们民权意识的觉醒，不仅针对外国欺侮我民族，而且针对压制民权的清政府，因而这一抵制运动是外争国权，内争民权。8月底清廷颁布上谕，以"有碍邦交"等为由谕令商民"不应以禁用美货辄思抵制"，并以"从严查究"相威胁。《申报》连续发表两篇评论对上谕内容进行辩驳，并对政府压制民众抵制运动表示不满，指出："此次抵制，举国一心，实为我国民能力膨胀之萌芽，中国转弱为强之大关键。"⑤ 认为政府不予鼓励反行压制，是"遏绝我国民能力发达之萌芽，摧坏其转弱为强之基础，是则可慨也"。⑥ 这种维护民众权益、公然对清廷表达不满的舆论，反映了这次抵制美货运动也是一次民权意识的倡说与启蒙运动，人们的认识由抵抗外侮而外争"国权"，进而向对抗清政府而

---

① 《公议实行不用美货之特别大会》，《申报》1905年7月20日。

② 《论抵制美货》，《外交报》1905年8月5日。

③ 《恭读本月初二日上谕》，《申报》1905年9月2日。

④ 《汇录抵制美禁华工各函》，《申报》1905年7月19日。

⑤ 《恭读本月初二日上谕》，《申报》1905年9月2日。

⑥ 《恭读本月初二日上谕续》，《申报》1905年9月5日。

内争“民权”的方向趋进。

对于这场抵制运动对民权启蒙的意义，当时一份杂志的评论中说：“今者，抵制禁约之潮流，风动商会矣，波及学界矣，由商埠而省会，内地而海外矣……‘拒美货’、‘拒美货’之声，且哗然于全国。一人唱而百人和，铜山崩而洛钟应。美哉！吾民气未有发达如是速者，吾民志未有坚忍如是久者。识者曰：此吾国民权实行之先声欤！”[①] 这段评论可谓对这场运动与民权观念启蒙的生动而真实的写照。

（2）“义务”说

还有不少言论指出，“不用美货”作为维护民族共同利益的共同行动，人们作为国民应当参与，这是国民应尽的“义务”，反映了国民责任意识的觉醒。如《外交报》社评中指出：“此次抵制美人之事，实为吾人之义务。”[②]《申报》在一篇关于厦门拒约会的报道中说，他们印制抵制美货的书册传单分送四处，“城厢多黏广告”，并分派人到内地村镇宣传，“务使家喻户晓，个人自知国耻、团体、民权、抵抗种种义务”。[③] 把“不用美货”，牺牲个人的生活方便与生意利润而争取民族尊严和国家主权，视为应尽的“国民义务”，这一观念反映了国民责任意识的觉醒。

（3）“女权”说

这次抵制运动中，女界活动尤为引人注目，以往从未以独立的群体面貌在社会上活动的女性，这次则结为团体，与商界、学界并肩活动，并发出自己的声音，提出女子责任，伸张女权，受到社会关注并赢得社会的尊重。社会活动向来是男子垄断领域，女子以往分散在千家万户之内，从未结成群体参与社会公共事务，此次以女学校教师、学生以及绅商夫人等为先导，结成女界团体，以独立姿态和平等的社会角色，积极活跃地参与抵制运动。她们不仅在进行集会、演说、刊发传单等活动方面不输男界，而且由于女性主持家务、是生活日用品主导消费群体这一特性，特别凸显了女性群体对于“不用美货”运动所起的独特作用。这是女性第一次以群体形式在社会活动中扮演引人注目的角色。

---

① 初我：《妇女社会之对付华工禁约》，《女子世界》第14期，1905年。

② 《论抵制美货》，《外交报》1905年8月5日。

③ 《厦郡华商社会拒美禁约（厦门）》，《申报》1905年7月20日。

在女界进行的集会演说等活动中，女子往往表达与男子平等参与社会活动的愿望，凸显了“女权”意识。如在苏州兰陵女塾“放足会”发起的一次女界抵制美货集会上，一位女士演说道：“女界极应及今与男界平等，四万万同胞，女居其半，抵制美货，女界自当一律共表同情，不用美货，实属和平办法。”另一位女士说：“中国女子向日几不以国民自居，务须乘此机会，结成团体，为二万万有用之人。”到会的百余位女子反应热烈，“听者感动，义形于色”，“均签名赞成”。[①] 她们在演说中强调女子“与男界平等”“以国民自居”等，反映了女权意识的觉醒。

女子主持家政、是购买家庭生活日用品的消费主体这一特性，在女界演说宣传时常常被强调，并作为号召女子对抵制美货应承担更大责任、发挥更大作用、做出更大贡献的理由。如南翔女学堂举办的集会上，发起人在演说中指出：“用美货者女界较男界为多，故不用美货我女界尤当竭力。”[②] 苏州女界一次集会议定的“不用美货办法”中，即有：“吾等操持内政，凡日用细布、香烟、洋油等项，须亲自辩明牌号，庶免美货假冒别国商标之弊。”[③]

关于这场运动对于女权运动的意义，当时影响颇广的《女子世界》杂志发表《妇女社会之对付华工禁约》一文指出：“妇女居男子之（对——引者注）半部分，美货之消流亦视此，而普通衣食料之外，寻常化妆日用之物品（香皂、香水、脂粉及一切妆饰品，洋纱布尤为大宗）多过之矣。此增一分之抵抗，即彼分一分之责任，合大群以谋抵制，女权之于男子，固又为相成者，而非相侵者也。”作者认为，女子消费美货多于男子，故也应参与男子发起的抵制运动，并认为这一女权对男权是支持而非侵害。作者说，听到上海女界已开始发起抵制美货的集会，“不禁狂喜而顶祝曰：此女权发达之第一声！”[④]

在这期间有关抵制运动的报刊上多有“女界”活动的报道，报道、评论及演说等文字中也频繁出现“女界”“女士”“女权”“女子之责”等词，反映出女性群体以独立的社会角色参与社会活动，以及社会舆论对于女性

① 《汇录各埠女士筹拒美禁华工约·苏州女士会议抵制禁约》，《申报》1905 年 7 月 19 日。
② 《南翔女学堂筹议抵制美约》，《申报》1905 年 7 月 22 日。
③ 《纪苏郡女士抵制禁约办法（苏州）》，《申报》1905 年 7 月 24 日。
④ 初我：《妇女社会之对付华工禁约》，《女子世界》第 14 期，1905 年。

参与运动的尊重与赞赏，这是女性群体参与社会公共事务的开端。

（4）“文明抵制”说

“不用美货”是人们在自由交换的市场上，自主运用消费权和销售权，由民众自愿采取一致行动，以表达抵制诉求，这是一种和平的、非暴力的抵制方式。当时舆论突出强调其“文明方式”“和平抵制”，指出不会给外国以干涉借口，不会给清政府造成“对外交涉”问题。显然发起和参与运动的人们，是要与几年前发生的义和团运动“野蛮排外”而招致战争灾难相区别。

在当时报刊评论及集会演说中，“不用美货”是“文明抵制方式”这一点常常被突出强调，与所谓“野蛮方式”相区别。如芜湖士商在集会演说中强调：“大家齐心，群谋抵制，商业中不购美国货。这样和平办法，不必与他争闹，不要用些野蛮，他自然也无法了。”① 上海一家造纸局在《时报》上刊登的抵制启事中称：“今为抵制美约，不用美货，办法文明，民志齐一。”② 有一个群众组织的抵制团体名称就叫作“文明拒约社”，以强调其“文明”的特点。《申报》有一文对这一“文明抵制”方式的意义评价最为深刻，文中说：“夫我国处今日之地位，应抵制外人事不可胜数也，昔也以不知文明之办法，故除野蛮之暴动外别无抵制之术也。今则民知日渐开，知权利之不可让人，侵侮之不甘顺受，而和平抵制一法，尤足折冲于樽俎之间，于是以美约一事先为之萌芽。”③

针对清政府发布上谕，以抵制美货运动将“有碍邦交”而意图压制，《申报》有评论指出：“所谓抵制者既不以口舌争论，又不以暴力从事，自不致牵累于国际上交涉，而于两国交谊绝不相关……故有碍邦交之说亦不必丝毫顾虑者也。”④ 一位淮安人士在给上海总商会的信中，也强调应坚持这种文明抵制方式：“此乃文明抵制，并非野蛮抵制……政府之命万不可遵……惟有坚持不用美货，为独一无二之宗旨。”⑤ 一些言论还在强调“文明抵制”的同时，指责美国禁约为“野蛮”。如上海糖洋广南北海味杂货各

① 《芜湖士商抵制禁约不用美货之演说》，《申报》1905年8月7日。

② 《伦革造纸局启事》，《时报》1905年8月4日。

③ 《论抵制美约之结果》，《申报》1905年8月2日。

④ 《恭读本月初二日上谕》，《申报》1905年9月2日

⑤ 《汇录抵制美禁华工各函·淮安士商致曾少卿函》，《申报》1905年7月19日。

业举行1800余人大会时，拟定办法六条，其中一条即为："此次各埠同胞相约不用美货者，以工禁之野蛮也，欲责人野蛮，必先自居文明，切勿轻举暴动，酿成意外之交涉。"① 甚至京师的五城学堂学生在致上海商会函中也说，美国苛待我华工，"彼愈行野蛮，我则力求文明，不涉国际，无碍政府"。② 这些言论视美国行径为"野蛮"，而自称"文明"，在当时社会上下正在奉西方为"文明"榜样而大力学习的语境下，颇有些讽刺意味。这种对比反映了人们在义和团野蛮抵抗的悲剧之后，对国际规则以及对"和平抵抗"的认识已经更加成熟。这次以"不用美货"为抵制形式，是人们在反省义和团野蛮抵抗外侮的基础上，自觉选择的文明、和平抵制方式，反映了人们对于民间群众运动形式的自觉意识大大提高。

在这场抵制美货运动的言论中，"民权""义务""女权""文明抵制"等词被人们频繁使用，人们从亲身参加这一运动的实践中，体验了这些概念所包含的意义，因此，可以说，这场运动也是一场贴近民众生活的思想观念启蒙。

以"不用美货"为号召的抵制美货运动，是民间第一次以市场手段，商民群众利用自主行使的洋货购买权和销售权，对外国强权进行和平抵制，表达民众的政治诉求，波及全国、声势浩大的抵抗外侮运动。这一运动在社会上造成了空前巨大的影响，对美国和清政府都形成了强大的民间压力，虽然最终并未能阻止美国与清政府续订华工条约，却显示了民间社会和民众团结的力量。运动开始半年之后，商民又掀起收回铁路利权风潮，此后"抵制美货"运动逐渐平息。前后历时约一年的"抵制美货"运动，开启了以"拒用外货"为方式的民众抵制外国强权、表达主权诉求的和平抵制形式，对于民众的"民权""自主""国民责任""国民义务"意识具有启蒙作用。由商界、学界精英主导，各阶层民众广泛参与的全国性抵制运动，也使民众认识了组织起来、团结一致所形成的力量。人们还由这一"文明抵制方式"而找到了一种以市场为途径的和平表达诉求、参与社会公共事务的可行方法，成为近代民众和平抵抗运动的起源。

① 《记点春堂会议抵制美约》，《申报》1905年7月27日。

② 《汇录抵制禁约各函·北京五城学堂学生上商会函》，《申报》1905年8月7日。

3.“抵制外货”与“提倡国货”

“抵制美货”运动使商民群众获得了一次运用市场方式，联合起来抵御外侮、反抗强权的实践经验，成为此后民间表达抵御外侮诉求的一种模板，也开启了此后“抵制外货”运动的先例，后人多有效仿。如1908年，广东水师捕获日军火走私船“二辰丸”，由此引发广州、香港商民发起“抵制日货”运动，发动者就明确声明，是仿效此前的“抵制美货”运动。当时《外交报》刊发的《论粤民谋抵制日货事》一文说：“二辰丸私载军火一案……粤人激于义愤……将谋以昔者抵制美约之举施之于日。”文中感叹：“呜呼！吾民之爱国也，不可谓不挚。”① 进入民国以后，更有多次“抵制外货”运动。由1905年“抵制美货”运动而开启的以市场为手段的和平抵制方式，成为此后民众抗议外国压迫、争取国权的一种常见形式。因此“洋货”的名声也更多地与“外国侵略与欺侮”相联系而更具负面意义。

“洋货”是指来自外洋的舶来品，作为与其相对称的中国自产物品，起初人们称为“土货”，意为产自本土。土货最初由于皆为传统工艺手工制品，与洋货机制品相比有明显劣势。19世纪90年代以后，中国商人设立机器制造厂日多，仿造机制产品也日渐增多。为与进口“洋货”及旧式手工“土货”相区别，人们又用“国货”一词来指称这种国产机制品，于是“国货”渐成为与“洋货”相对应的词。

在“不用美货”运动中，人们首先遇到的问题就是用什么货来替代这些千家万户作为生活日用品的美货。人们提出了两种办法：一是以其他外国货替代，另一个就是以自产“国货”替代。由此而出现购买“国货”的声音。如在上海各界举行的一次1800余人参加的大型群众集会上，议定的抵制办法中就有一条指明：“不用美货并不为难，尽可易以本国及他国之货，如花旗粗细布改用我国纺织洋布、花旗面粉改用我国机器面粉、美孚煤油改用咪吔牌、品海香烟改用龙凤牌、美国钟表改用德法日本钟表。”② 其中可见“我国纺织洋布”和“我国机器面粉”被作为替代美国洋布和美国面粉的首选品，这些国产日用品已经可以在市场上与洋货并立，而且借这次抵制美货之机而扩大了一定的市场。如当年由两位南洋华侨兄弟在香

① 《论粤民谋抵制日货事》，《外交报》1908年3月27日。

② 《记点春堂会议抵制美约》，《申报》1905年7月27日。

港成立的南洋纸烟公司，就趁这一时期各地抵制美国纸烟之时，以自产“国货”纸烟进行宣传推销，一时声名鹊起，市场大为扩展。

由提倡用“国货”取代“美货”，又进而出现了呼吁仿造“美货”的呼声。如1905年7月20日实行抵制的当天，上海各界举行的1000人参加的群众大会上，就有人提议在实行“不用美货”的同时，“拟组织仿造公司，仿造美货。赞成者甚多，即日将定章招股”。[①] 上海速成女工师范传习所，是专门培训女子工艺技能的新式学校，在该校师生发起的一次抵制美货大会上，就有人提议：“急宜将女子所用美货自行制造，为中国兴工艺。”由校长所拟定的抵制办法中，就专门列出两条当下就可实行的女子仿造“女子所用之美货”办法，一条是：“美货可以仿造者极夥，即如各式洋线领头、洋线云肩、各色洋线花边、洋线衣服、台毯等件，又绒线帕、帽子、云肩、衣服、鞋袜，又机器织各式斜纹洋布等件，皆可自制，廉价出售，务期实行抵制。”另一条是：“拟请速成女工师范传习所于暑假后，添设一特别科，仿造女子所用之美货。”[②]

在这次“抵制美货”运动中，中国产的“国货”与美国产的“美货”，开始成为两个相对的政治符号，用“国货”还是用“美货”，也成为“爱国”与“不爱国”的标志。自此以后，“国货”成为社会舆论中具有“爱国”含义的一个流行词。同时，清末开始的服制改革，又引发了更激烈的“提倡国货”运动。

清末新政时期，军队、警察、学校等陆续开始服制改革，军人、警察和学生推行穿西式制服。由于制作西式制服最适合的布料是具有挺括、厚实、平滑、美观等特点的进口呢绒等，中国原来视为上品的绸缎因太薄软而被摒弃不用，造成传统丝绸纺织业市场大大缩小，由此引发“制服用外国布还是用国产布”的争论。一些丝绸商界人士为保护本国布业而呼吁用国产布，由此发起“提倡国货”运动。在清廷倒台前夕的1911年秋，首先由江、浙、沪丝织业团体牵头，联合典业、衣业、绣业、帽业等行业团体，在上海发起成立“中华国货维持会”。各地同业团体纷纷起而响应，相继成立地方支部，与上海总部配合行动，联合进行抗议活动。这次的抗议对象，

---

① 《商学会实行不用美货之大会议》，《申报》1905年7月21日。

② 《不用美货之女子大会》，《申报》1905年7月28日。

则直指政府，且由清政府而一直延续到辛亥革命时期及此后的民国政府，更由于辛亥革命后实行“断发易服”，制服、西服更加普及，丝绸“国货”面临的形势更为严峻，纺织业商人纷纷向总统及地方官员上书请愿，呼吁新服制应用“国货”而放弃“外货”，由此“提倡国货”运动更加高涨，终于使1912年10月国民政府参议院通过并颁布的《服制案》中规定国民礼服等皆须用国产布，这场持续年余、横跨清末民国的商界针对政府，以“国货”取代“外货”的抗争运动，以取得暂时胜利而告终。[①]

此后，在民国时期，因国内外政治、经济形势的波动，大大小小的“抵制外货”与“提倡国货”运动，又屡次上演，这些平凡微小而又连着千家万户的生活日用品的销售与消费，将普通民众的日常生活与国家政治和民族利益联结起来，广大民众思想观念由此得到启蒙，成为近代国民意识形成的来源之一。

晚清自开口通商到清廷覆灭走过了70年，经历了所谓“数千年未有之大变局”。历史已经证明，清统治者在这一大变局下应对失当，因而被时代和人民所抛弃，被顺应“变局”、承载着社情民心及时代趋势的民国所取代。清统治者“应对失当”的表现之一，就是在这数十年“大变局”之下，始终以维护旧统治秩序及统治制度为重心，而忽视民众生活世界及生活理想已经发生了巨大变动，如生活环境的变化、生活方式的改变、经济生活的趋向、生活追求的转变、生活愿望的诉求等，亦即“民生”与“民心”，而这两者恰恰是支撑统治的基础。

由以上对晚清洋货流行这一经济生活现象及“洋货”文化符号这一社会现象的互动流变所做的考察，我们可以看到，“洋货”这一来自西方的机器制品所承载的先进物质生活方式，在大市场流通中循着市场规律而一步一步、自然又无法阻挡地进入民众的日常生活之中，改变着人们的生活方式和消费方式，改变着人们对生活的态度和理想，甚至改变着人们的交往方式，改变着人们的社会理想，以及自身的权利和价值观念。市场意识、市场规则、市场生活也使人们学会了新的社会生活方式，如群体联合及和平抗争。人们对于“洋货”从视为“奇技淫巧”的鄙视与敌视，到领悟其

① 参看王翔《辛亥革命期间的江浙丝织业转型》，《历史研究》2011年第6期。

“利源”与“利权”的觉醒，直至“国货”意识萌发所蕴含的民族利益与国民权利的觉悟，洋货流行的过程，也是生活给人们思想启蒙的过程。

正是这种民众基本生存状况的变动，使民众产生了追求现代生活的要求、发展近代工商的要求、维护民族经济利益的要求、追求国家富强及人民权利的要求等。清统治者没有对民众生活世界这种变动予以准确把握及积极回应，更没有将此作为社会改革的基础与依据，而只是因循守旧、被动应付，遂成为民众生活追求及愿望的阻碍，“民生”和“民心”日益与之疏离，其统治也就走向了末路。这段历史启示我们，民众生活世界是社会稳定与发展的基础，特别是在社会变动时期，只有注重了解与把握民众生活世界的变动，体察民众的生活追求与愿望，并积极有效地进行与此适应的社会改革，才能使民众生活与社会制度之间保持良性互动，从而使社会稳定、健康而持久地发展。

第十九章

晚清士绅阶层的结构性变动

一　乡土权威：士绅的地位与角色

社会是永远运动着的复杂的人与人的结合体，它以某种不可推拒的力量，使每个人都在这一特定的结合体中定位，获得属于个人其实最终也属于社会的尊卑有等、贵贱有别、贫富有差的社会位置。清代仍然是一个以等级或等第为梯阶的社会结构模式。“所谓等级，是指奴隶制国家和封建制国家中一定的社会集团，这些集团由国家的成文法或不成文法规定其成员享有某种权利，承担某种义务以及加入或排除于该集团的条件。”① 法权身份基本相同的同一等级成员，因其经济、政治等各方面情况所形成的差别，又分为不同的等第。作为具有封建法典所认可的特殊身份的绅士集团，在清代整个社会结构中处于什么样的地位呢？

“四民之首”

“绅士为四民之首，为乡民所仰望。”② 这是一位身居二品的巡抚大员张贴在显要处的布告的内容。如果说严格的身份等级结构是封建社会中人们

---

* 本章由王先明撰写。

① 经君健：《试论清代等级制度》，《明清史国际学术讨论会论文集》，天津人民出版社，1982，第286页。

② 吕实强：《中国官绅反教的原因（1860—1874）》，“中央研究院”近代史研究所，1966，第165页。

社会关系地位的法律表现，那么“四民”之分就是它的社会表现。“士农工商”的四民划分及其社会地位的确认，是在社会行业（也是社会分工）意义上封建等级身份的表现。因而，这一有序的社会结构，就成为整个封建社会秩序赖以稳定的基础。在传统的“士农工商”结构中，蕴含着两大社会内容：一是社会成员的社会地位，二是社会分工的时代特征。但是，社会地位的不平等，又是伴随着分工的发展而形成的。职业的划分是社会分工的直接表现，而社会分工又是阶级或阶层形成的前提。“士农工商”结构体系也就从根本上突出并保障了绅士们独特的社会地位，使之稳定地居于“四民之首”，并成为“一乡之领袖”。[①] 因而，在“士农工商”结构中，既展示着历史时代社会分工的基本特征，又浸透着等级地位的封建法权精神，也凝聚着封建社会文化的价值取向，形成一个“假以礼貌，使有别于齐民”的绅士阶层：“绅士们有一派绅士风度来表明他们的身份——长袍，长指甲，能诗善赋，有欣赏艺术的闲情逸致。”[②]在社会生活中，绅士们的特权地位常常以各种外显的礼仪而区别于平民，如在拜见地方官时，可免除一切平民所需要的限制与礼节。平民对地方官必须称大老爷，同时也必须称“没有官衔的绅士即举人、贡生、生员、监生等为老爷”。[③] 平民一旦取得生员身份，即可出入乘肩舆，受人尊重，成为“四民之首”。

封建王朝也从法典上保障着绅士的独特的社会地位。不仅绅士们享有赋税和徭役的优免权，“至于一切杂色差徭，则绅衿例应优免”，[④] 而且，徭役的优免权还可余泽其家族成员。[⑤] 严格说来，田赋作为封建王朝的财政基础，绅士并不享有优免权。但是，在等级身份的庇护下，绅士们常常以拖欠或转嫁于平民的手段，少纳或不纳田赋，享有某种意义上的“法外特权”。此外，在法律方面，绅士享有特别保障权。封建制度通过律例、谕旨、成例所规定的刑罚、法律程序的成文法或不成文法，突出了绅士阶层

① 《丹阳县劝捐查户章程》，王仁堪：《王苏州遗书》卷 7，1934 年仿宋排印本。

② 费正清、刘广京编《剑桥中国晚清史》上卷，中国社会科学院历史研究所编译室译，中国社会科学出版社，1994，第 17 页。

③ 张仲礼：《中国绅士——关于其在 19 世纪中国社会中作用的研究》，李荣昌译，上海社会科学院出版社，1991，第 30 页。

④ 素尔讷等纂修《钦定学政全书》卷 32，第 2 页。

⑤ 贵州黎平府学所立碑石铭文记述：“凡生员之家，一应大小差徭概行永免。”见俞渭等修《黎平府志》卷 5（上），清光绪十八年刻本，第 72 页。

的地位。绅士犯罪，一般不会上刑，如果所犯罪行很重而必须惩治，则首先要革去其绅士身份，然后才能加以治罪。身份较高的绅士姑且勿论，即使是举贡功名，知县也无权随意判处并革去其身份。对绅士的处置，必须按照严格的特定程序，否则地方官就可能因其擅权而被参劾。在法律面前的不平等，正是中国封建社会不平等的本质特征："生员犯小事者，府州县行教官责惩。犯大事者，申学黜革，然后定罪。如地方官擅责生员，该学政纠参……生员关系取士大典，若有司视同齐民挞责，殊非恤士之意。今后如果犯事情重，地方官先报学政。俟黜革后，治以应得之罪。"① 在身份社会里，任何昭示尊贵等级的身份，都具有该社会制度所给定的经济、政治、法律的特权，也只有因此，拥有身份的人才能在现实社会生活中拥有特别的地位和权势。"是以一游黉序，即为地方官长所敬礼，乡党绅士所钦重，即平民且不敢抗衡，厮役隶人无论已……故一登科甲，便列缙绅，令人有不敢犯之意，非但因其地位使然，其品望有足重也。"② 身份等级的差别必然包含着严酷的法律不平等的内容，而法律的不平等又必然要社会化为身份的差别。

绅士居于"四民之首"的社会依据及其文化根据是什么？清代著名的经世学者包世臣有一段并不触及其根本的文字："夫无农则不食，无工则无用，无商则不给，三者缺一，则人莫能生也。至于士，若介介无能为人生轻重者，而位首四民。则以生财者农，而劝之者士，备器用者工，给有无者商，而通之者士也。然则修法以劝农，使国富而主德尊，抑先求士而已。"③ 有时学者们的闪烁其词或条分缕析，远不及平常的社会生活事实能够直白地表达出社会现象的本质内容。社会历史的真理往往就宣露于简单的社会事实之中："乾隆元年，福建发生一起吏卒辱骂举人的案件，判处中把举人比照六品以下长官对待。"④ 严格说来，官僚作为国家机构的代表属于政治范畴；绅士作为统治阶级及其社会基础，则属于社会范畴。清朝在执法中将绅士的地位及特权比照官僚对待，无异揭示了一个封建社会普遍的原则：官本位是人们社会地位确认的基本根据。无论封建王朝在改朔移

① 素尔讷等纂修《钦定学政全书》卷31，第2页；卷32，第1页。
② 叶梦珠：《阅世编》卷4，上海古籍出版社，1981，第83页。
③ 包世臣：《安吴四种·中衢一勺》卷7（下），光绪十四年重印本。
④ 经君健：《论清代等级制度》，《明清史国际学术讨论会论文集》，第293页。

姓的“六道轮回”中怎样频繁地兴衰枯荣，但封建传统文化在扬弃汲取中却始终展示出一个不可动摇的历史趋向：高扬士的地位而贬黜商的价值。四民的划分及其“士首商末”社会地位确立的根本标准，就是“士能明先王之道，佐人君治天下”。① 一言以蔽之，乃因“士能应试为官故也”。② 科举制度下，绅士的身份具有双重性质，即“士”，读书的功名者；“仕”，为官或准备为官者。士为四民之首的根本原因就在于绅士是整个封建官僚或国家机器的社会基础。科举制度以其具有外显标志和社会文化内容的“功名”身份，把绅士同官僚紧密结合在一起。

相对于社会大众而言，绅士阶层确是“精选”出来的人数有限的社会集团。“州县最多有生监三、四百人。”③ 绅士的地位来源于人数极为有限的功名身份，而功名越高，其人数越少，“士少则贵”，④ 而最终归结为入仕做官。但无论是官僚，还是功名，其地位高下或尊卑贵贱，都以其等级为标志。由于在封建等级结构中，皇帝属于“超等级”的顶点，因而，人们的社会地位及其等级的差别便呈现着唯一的趋向：越靠近皇权，其地位越高，其身份越尊贵。在“皇冕”灵光照视下的独特地位，不正是从某种意义上集中体现了中国古老文明和封建文化的深层意蕴吗？

社会角色

绅士这一具有等级性的社会阶层的形成，是封建社会制度发展的必然产物。功名、顶戴等名器，是封建法典所认定的特定社会地位的标识，也是借以维系封建纲常秩序的工具。法定的社会地位是确定不移的，而现实的社会角色却因其动态的变化而具有极度的丰富性。社会上的每一种身份和地位，都有一套被期待的行为模式、义务和特权；这种社会期待受一定文化背景的影响，并作为社会规范的具体内容，为特定身份和地位的人确定了具体的行为界限——这就是“社会角色”。仅从规范要求而言，地位与角色应该是一致的；二者在生活中的区别则又是简单而清晰的：你所占据的是地位，但所扮演的是角色。因此，这是同一个问题的两个方面。对于

① 靳辅：《生财裕饷第一疏》，《皇朝经世文编》卷26《户政》。

② 《各省推广工局议》，《皇朝经世文四编》卷42《工政》。

③ 谢澄平：《中国文化史新编》（5），青城出版社，1985，第274页。

④ 《四民论》，《申报》1873年1月7日。

“四民之首”的绅士，王朝当然不只是给予特权和地位，而且还从社会秩序稳定的最高目标出发，提出必要的规范要求。统治者所期待的绅士的角色，是既不干预公事，把持官府，又能“上可以济国家法令之所不及，下可以辅官长思虑之所未周”。[①] 但是，即令是钦定的皇家卧碑，在历史时光的剥蚀下，也会失去开初的威严而形同具文。他们不仅往往干预公事，甚至在一些地区发展为同封建官府相抵牾的势力。绅士作为一个居于地方领袖地位和享有特权的社会集团，在维系正常社会秩序的官、绅、民三种力量中，灵活地也是谨慎地逐步突破法定的限制，使自身所扮演的角色更为重要也更为多样。一般说来，绅士从事的地方社会活动主要有三大项（地方学务、地方公产和地方公务）。封建官府办理地方事务，只能借助于绅士的力量。因而，“凡地方公事，大都由绅士处理……绅士之可否，即为地方事业之兴废”。[②]

在封建社会结构的官、绅、民三种社会力量中，绅士是官、民发生联系的中介。绅士并不像官员那样拥有钦命的权力，却拥有基层社会赋予的“天然”权威；以社会权力在社区实践中的功能而言，“盖官有更替，不如绅之居处常亲。官有隔阂，不如绅之见闻切近”。[③] 在正式的权力体系中，皇权保障着权力拥有者和实际行使者的一致，在实际生活中，权力拥有者和行使者常常发生分离，皇权却不能直接深入乡村社区。作为朝廷命官的知县，要顺利地完成各项公务，主要的依靠力量就是绅士。面对幅员广阔而又相互隔绝的乡村社会，只有借助绅士阶层这一非正式权力力量，皇权的统治才能延伸到社会底层。尤其在晚清，由于中央集权的弱化，各级官府行政权威锐减，绅士几乎控制了地方事务的主要方面。“至今各省虽以官治为主，而地方公事无不酌派绅士襄办……”[④] 对于关切地方利弊的大事，权非操诸绅士，其事断不可举。结果形成这样一种局面：“官不过为绅监印而已。”[⑤]

皇权是神圣的，却不是万能的。在皇权羽翼下生长起来的绅士阶层，

① 徐栋：《牧令书》卷16《教化》，江苏书局官刻本，1868。

② 《浙江潮》第2期，1903年，第8页。

③ 惠庆：《奏陈粤西团练日坏亟宜挽救疏》，王延熙、王树敏编《皇朝道咸同光奏议》卷55上《兵政类・团练》。

④ 《大清宣统新法令》第2册，商务印书馆，1910，第20页。

⑤ 李铕：《牧沔纪略》卷下。

既是皇权向基层社区延伸的中介，也是皇权力量在民间实施的阻隔。这似乎表明，绅士阶层所拥有的不容怀疑的“权威”，有着更为广厚和深刻的社会文化根基，而不仅仅依存于“皇权”本身。

乡土权威

就权力的本质属性而言，封建专制政权不会容忍任何无视其权威的社会力量的发展。为了防阻明季绅士力量坐大现象的重演，也为了摧抑士大夫的民族意识，清王朝以凌厉寒峻之势挫削绅士的力量。“清之所异于明者，在摧挫士气，抑制绅权。”因而，对于地方绅士的严厉惩治，是清王朝入主中原后的基本政治手段。1652 年清廷由礼部颁天下学校卧碑，以规范绅士的行为；1660 年由礼部严饬学臣约束士子，不得妄立社名，纠众盟会，违者严加治罪。朝廷的严厉措施，确使“各地帖伏，无复明代绅士嚣张之势矣”。[①] 然而，这也只是削减绅士力量于一时，而未能从根本上弱化绅士对地方社会控制的能力。咸同以后，地方绅士的权势已日见扩张：“近来绅士往往不安本分，动辄干预地方公事，甚至借端挟持官长，以遂其假公济私之计，于风俗人心大有关系，亟应认真查究以挽浇风。”[②]

终究，在社会生活的最广阔范围内，在千年如斯的基层社区内，离开绅士的社会权威力量，皇权也只有象征的意义。代表皇权执行政务的官府，谨慎而又有分寸地“礼遇”绅士，求得官权与绅权的合作共治。“各省州县之待所辖绅士，假以礼貌，使有别于齐民。”[③] 通常情况下，“地方官到任以后的第一件事，是拜访绅士，联欢绅士，要求地方绅士的支持”。否则，“地方官往往被绅士们合伙告掉，或者经由同乡京官用弹劾的方式把他罢免或调职”。[④] 县官到任的第一件事，就是要号房探明“地方大绅士生日号行，均要写明，贴于办公之处”。因为“绅士为一方领袖，官之毁誉，多以若辈为转移”。[⑤] 如果说“溥天之下，莫非王土，率土之滨，莫非王臣”是皇权一统权威的法定依据，那么“天高皇帝远”则是对绅权地方权威的社

① 柳诒徵编著《中国文化史》下册，中国大百科全书出版社，1988，第 670 页。

② 张寿镛等辑《皇朝掌故汇编》内编卷 1，第 104 页。

③ 张寿镛等辑《皇朝掌故汇编》内编卷 1，第 78 页。

④ 吴晗：《论绅权》，吴晗、费孝通等：《皇权与绅权》，天津人民出版社，1988，第 50 页。

⑤ 蔡申之：《清代州县故事》，龙门书店，1968，第 16、26 页。

会认可。在以“士农工商”简单社会分工为基础的农耕社会里，技术知识及其进步是微不足道的。社会秩序的维系和延续依赖于“伦理知识”。因此，无论社会怎样的动荡变乱，无论王朝如何的起落兴废，维系封建社会文明的纲常伦理中心却不曾变更。居于这个社会文明中心位置的恰恰是绅士阶层。

在传统农耕社会里，绅士阶层是唯一享有教育和文化特权的社会集团。如何使一个幅员广大而又彼此隔绝的传统社会在统一的儒学教化下，获得“整合”，使基层社会及百姓不致“离轨”，是任何一个封建王朝必须面对的重大课题。清王朝所面临的思想意识统治任务艰巨而繁复，每半月一次的“宣讲由十六条政治-道德准则组成的‘圣谕’的目的，是向百姓灌输官方思想”。[①] 然而，这一带有“宗教”形式却毫无宗教内容或宗教情感的活动仅仅依靠地方官根本就无法实行。地方绅士事实上承担着宣讲圣谕的职责。“上谕十六条”以“重人伦”“重农桑”“端士习”“厚风俗”为主旨，成为农耕时代浸透着浓郁的东方伦理道德色彩的行为规范。它的内容涵盖了传统社会生存方式的基本要求：“敦孝弟以重人伦，笃宗族以昭雍睦，和乡党以息争讼，重农桑以足衣食，尚节俭以惜财用，隆学校以端士习，黜异端以崇正学，讲法律以儆愚顽，明礼让以厚风俗，务本业以定民志，训子弟以禁非为，息诬告以全良善，诫窝逃以免株连，完钱粮以省催科，联保甲以弭盗贼，解仇忿以重身命。”[②] 重要的是，反复向村民百姓宣讲这一规范的是绅士。

绅士拥有文化，拥有知识，成为农耕时代一个文明得以延续发展、社会秩序得以稳定的重要角色。等级制度和农耕社会的生存方式，排斥着农民享有受教育和拥有文化的权利，也因此而处于被治者的地位。在一个“礼法”社会中，只有“知书”才能“识礼”，也才配“识礼”。对于文化和教育的占有，使得绅士集教化、伦理、法规、祭祀、宗族等一切社会职责与权力为一体，成为乡土社会的实际权威。在农耕社会“日出而作，日落而息”而又远离文化知识的农民宽厚的肩膀上，顶立起一个乡土社会的领袖集团——绅士阶层。“我们的帝国是由几百万个农村聚合而成的社会。

---

① 张仲礼：《中国绅士》，第 62 页。

② 雍正《大清会典》卷 77《乡约》。

数以千万计的农民不能读书识字，全赖乎士绅的领导，村长里长的督促，他们才会按照规定纳税服役。”[①] 绅士的权势来源于一个文明或时代的根本需求，它以一个社会权威的姿态矗立在厚实的农耕社会的根基之上。同权力直接源于“皇权”的赐予的官僚不同——他们只对皇权负责，而绅士还肩负着社区的利益。因而，“民之信官，不若信士”，是无论皇权还是官府，都难以改变的社会现实。作为一种社会权威力量，绅士在社区中的领袖地位很难被皇权轻易地剥夺，尽管在极端冲突的时期皇权可以凭借兵威大规模地摧抑绅士的力量。但社会生活的正常组织，社会秩序的正常维系，又只能依恃于绅士的力量。因此，不论是皇帝继退引起的朝政风波，还是王朝易代的江山更色，都很难从根本上触动绅士阶层在乡土社会中的地位。即使在清初巩固统治的过程中，清廷也只能适度地扑杀明朝的遗绅，而不能从根本上削弱地方士绅的权势。农耕文明土壤里扎根生长着的士绅力量仍然顽强地抵制着“皇权”对基层社区的渗透，保持着自身的领袖地位。

任何一个王朝只能拥有一时之天下，而不能拥有整个文明。文明或体现文明生存方式的根本需求，将超越王朝或皇权的直接利益，而属于一个特定的历史时代。一个文明体系的生存和发展遵循着自身运行的必然节律。

二 从保甲到团练：晚清士绅地位的变动

社会控制系统中，控制主体和控制对象的不同，无疑标志着其社会地位的根本差别。在清代社会控制机制的历史演进过程中，绅士阶层却由清初的控制对象发展为近代的控制主体。因而，充分揭示这一历史变动过程，便是我们认识封建社会结构和近代绅士阶层的一个饶有兴味的课题。

士绅与保甲制

清朝的正式官吏还不足3万名（2万名文官，7000名武官）。其中直接治民理事的“亲民之官”还不足2000名。如何仅靠这几万名封建官吏对高度分散聚居的数亿百姓构成的社会生活实施有效的统治，确是一个复杂而

① 〔美〕黄仁宇：《万历十五年》，中华书局，1982，第230—231页。

庞大的系统工程。在乡村社会中真正对民众的生活产生作用的社会控制系统，远比官吏制度更为复杂也更为多样。清王朝极力推行的基层社会控制组织当首推保甲制。

保甲制的源头可追溯到商鞅在秦所推行的新法——什伍连坐法。此后，封建社会在不断的发展过程中逐步完善了保甲制度，时至宋代已形成以保、大保、都保三级分层的连坐“伍保法”，以株连的方式强制地使平民百姓之间实施横向的水平监视，以达到有效的社会控制。清承明制，在顺治元年（1644）就开始推行保甲制度，“凡保甲之法，州县城乡，十户立一牌头，十牌立一甲头，十甲立一保长，户给印牌，书其姓名丁口，出则注其所往，入则稽其所来”。[①] 保甲制度通过株连、互保、责任连带的组织系统，力求达到“是以能制一人，以制千百人……能使一家以致治于千百家……制一人，足以为制一家，制一家，亦足以制一乡一邑”的目的。[②] 因而，清王朝着力于保甲制度的组织结构建设，严格按照牌、甲、保的十进制单位统一编排，使之成为基本整齐划一的社会控制组织。

在推行保甲制不久，顺治三年清政府又在基层社会实行里甲制，成为乡村社会控制的又一组织形式。里甲制是“以一百一十户为里，推丁多者十人为长，余百户为十甲，甲凡十人，岁役里长一人，管摄一里之事……里长十人轮年应役，催办钱粮，勾摄公事”。[③] 不过，从功能上看，清代推行的保甲制与里甲制具有明确的分工，“保甲的目的就是监督和控制乡村居民，帝国政府把它作为不受乡村社会力量影响的完全独立的制度”。[④] 而里甲则主要执行“防丁口之脱漏，保赋役之平均”的任务。[⑤] 因此，清初并行于乡村社会的保甲制和里甲制，是相互独立的两个控制组织。二者的区别是明显的，（1）在法律地位上，保甲归属于刑律，而里甲则归属于户律。（2）在社会功能上，保甲承担治安、稽查的警防任务，里甲则承担征收赋税、催办钱粮等行政公务。（3）在组织结构上，保甲之甲由 10 牌组成，里甲之甲由 10 户

---

① 《清朝续文献通考》卷 19《户口一》，考 5024。

② 闻钧天：《中国保甲制度》，商务印书馆，1935，第 14 页。

③ 《清朝文献通考》卷 21《职役一》，考 5043—5045。

④ Kung-chuan Hsiao, *Rural China: Imperial Control in the Nineteenth Century* (Seattle: University of Washington Press, 1960), p. 31.

⑤ 《清朝文献通考》卷 21《职役一》，考 5024。

组成。作为赋税系统的里甲的户是实体单位，甲却不是真正的实体单位；而保甲之甲却是防警连保的真正的基本单位。(4) 在组织层次上，保甲系统分为三个层次，里甲系统分为两个层次，如表 19-1。

表 19-1　保甲和里甲系统的组织层次

层次	保甲系统	层次	里甲系统
1	10 户 = 1 牌	1	10 户 = 1 甲
2	10 牌（100 户）= 1 甲	2	11 甲 = 1 里
3	10 甲（1000 户）= 1 保		

雍正年间实行摊丁入亩后，人丁编审失去了实际意义，里甲的职能被弱化。嘉庆四年（1799），里保合一的趋向已十分明显，在有关的官方文牍中，已把乡正、里长纳入了保甲系统。因而，乾嘉以后，保甲、里甲实际已合而为一，保甲的功能也不再局限于“弥盗安良”，而将“一切户婚田土，催粮拘犯之事”纳入自己的控制范围。[①] 那么，在清王朝精心建造的保甲控制系统中，具有封建身份的绅士处于什么样的地位呢？清王朝的真正目的在于利用这一制度，平衡或制约高度分散聚居的乡土社会中任何一种社会力量的独立性发展。因此，自始至终在王朝明令颁布的保甲规制中，都试图把绅士作为社会控制的对象，而不是听任其成为社会控制的主体。“绅衿之家，一体编次，听保甲长稽查，如不入编次者，照脱户律治罪。”[②] 为了保障皇权对乡土社会的渗透，削减绅士阶层的控制力量，清王朝“曾反复尝试过将民众的所有阶层纳入这一制度，包括地方绅士，他们也要和平民一道登记。可是，各级十进制单位的首领们却是平民。这一制度的一个特征显然是企图提供一种平衡力量，以制约绅士在地方社会中早已存在的重要影响”。[③] 然而，一个平民身份的甲长或保长，又如何能有效地履行控制居于“四民之首”的绅士阶层这一超重的社会职责呢？保甲制推行伊始，就受到了绅士阶层强有力的抵制。“大量的事实表明，绅士们阻碍了保

① 《清朝文献通考》卷 24《职役四》，考 5063。

② 《清朝文献通考》卷 25《职役五》，考 5073。

③ 〔美〕孔飞力：《中华帝国晚期的叛乱及其敌人》，谢亮生等译，中国社会科学出版社，1990，第 27 页。

甲制度的实施，并拒绝提供登录他们及其家属等情况……以至于保甲制在中国南部地区的实施中，无疑地失败了。”① 在反复而又艰难的尝试中，清王朝将绅士阶层置于保甲控制之下的企图终难实现。地方官迫于绅士们的强大压力，也不能不承认他们超越保甲控制的事实，“十家保正长俱选自庶民，不及青衿衙役。……其乡绅举贡监文武生员在本甲居住者，不必编于十家之内…… 惟将一户系某乡绅举贡监衿，开明姓讳、籍贯、官职，附编本甲十家之后”。②

事实上，绅士们凭借封建社会所赋予的等级、功名身份，抵制等若“贱役”的保甲长的控制，并非难事。咸丰年间一位知县刘玉如似乎洞悉了这一问题的症结，提出应该提高保甲长的身份，给以顶戴：“本朝军功品级，从事戎行者，随时以示鼓励不少。……可否援照此例，酌为变通，于举充保正甲长时详请分别给与顶戴……”③ 不过，这位书生出身的知县却未能意识到，由一个文明长久孕育出的等级身份结构，并不会因一时的微议而有所更张。不久，这位知县的上司就对此请求做了不容置疑的批示：“慎选保正甲长给予顶戴，前人亦曾有论及之者。然其实保正甲长应差当役，乡党自好之士必不肯为，虽给以顶戴之荣，犹将逊谢不顾，其乐于承充者，保无倚势横行欺压乡里，谓给以顶戴遂能使殚心为公，诚实可倚，恐亦必不可得之数也……该令所禀详情……应毋庸议。”④ 无论如何，绅士们拥有的文化教养和在家族社会中的地位，绝不是一个非权力化的社会控制系统所能动摇的。清王朝统治者的悲剧在于，一旦把绅士置于保甲控制之下，这种蠢笨必然会泯灭绅士与庶民之间的根本性差别，而这种差别又是在更深层次上支撑着封建社会的统治机制。

士绅与乡社、宗族

即使没有绅士阶层的有意抵制，单一的保甲制度也不能渗透到农耕时

① Kung-chuan Hsiao, *Rural China: Imperial Control in the Nineteeth Century*, pp. 68, 69.

② 张寿镛等辑《皇朝掌故汇编》内编卷53《保甲》，第4127页。

③ 《禀编查保甲酌拟变通章程》，（清）刘如玉撰《勤慎堂自治官书》卷1（《近代中国史料丛刊》第77辑），文海出版社，1972，第5页。

④ 《禀编查保甲酌拟变通章程（张中丞批）》，（清）刘如玉撰《勤慎堂自治官书》卷1，第15页。

代的乡村社会中去。中国乡村社会呈现着高度分散聚居和闭守隔绝的状况，许多地区乡村的自然单位甚小，根本无法按照十进制的保甲系统统一地“整合”起来。面对“散居之户不成村镇者，难以历举”① 的现实，清王朝一意推行的保甲制度在高度分散的乡村社会中，事实上很难步调一致地贯彻下去。这不能不导致保甲制度在一些地区类同虚设，“甚至户绝则本甲受其困，甲绝则本里被其殃”。② 因此，甲村不合，人村分离的情况多有存在。在复杂多样的乡村社会现实的制约下，任何政权的控制系统，都只能在变通甚至变易的情况下才有可能实施。所以，真正在乡村中发生作用的组织系统呈多样性特点，其名称、规制、职能、分布状况绝不会如章程拟定的保甲制度那样规范齐整。“没有任何东西比保甲制的准军事准则更能清楚地说明规范和记述实际的这两者之间的差距：分层次的十进位制编制机构并不反映中国社会中任何实际存在的可用数字表示的区划，而是在划分并控制社会的尝试中强加给中国社会的。”③ 因而，在乡村社会生活中，社会控制组织并不依赖于单一的保甲制，官方刻意推行的保甲制未必比依存于乡村民俗、世情、宗教、血缘、习惯诸因素基础上形成的民间控制系统更有活力，更为有效。这些多样化的社会控制形式有乡约、宗族、乡社等。

宗族制度在清代已发展为以血缘和地缘关系为纽带的同姓聚落体的主要控制形式。乡村社会中的农民大都是聚族而居，曾任江西巡抚的陈宏谋说：“直省惟闽中、江西、湖南皆聚族而居，族皆有祠。”④ 宗族组织是乡村社会群体中的重要部分，它所拥有的强固的内部凝聚力，是其他社会群体所无法比拟的，而且宗族组织的民众化在清代是较为普遍的。中国农村社会中随处可见的单姓或主姓村落，就极为典型地展露了“聚族而居”的社会文化特征。然而，控制宗族成员的却是族长或族正而不是保甲长。族长拥有的权力远比保甲长的权力要宽泛得多，他不仅主持宗族祭祀和掌管族众的日常生活，而且还是族众的法律仲裁者。“民有争执之事，先经本系族正、房长暨村正与村之贤德者平之。”⑤ 宗族群体有着属于自身特征的社会

---

① 见《直隶风土调查录》，上海商务印书馆，1915。

② 刘赓年重修《灵寿县志》（同治）卷1《地理·社里》。

③ 〔美〕孔飞力：《中华帝国晚期的叛乱及其敌人》，第34页。

④ 《皇朝经世文编》卷58《礼政》。

⑤ 胡朴安等编《中华全国风俗志》下篇，广益书局，1923，第31页。

控制系统，对此，保甲控制力量的渗透是极为困难的。清政府也只能借助于宗族本身的力量而不是保甲制度，来实现社会控制。道咸之际，朝廷也明确规定："凡聚族而居，丁口众多者，准择族中有品望者一人立为族正，该族良莠，责令察举。"① 赋予族权以一定的政权性质。

"乡约"也是乡村社会控制的一种形式。由乡约法所聚合起来的社会群体，是一种强调传统伦理的地缘性互助组织，以"原始民主"形式来规范、约束社会成员的行为。乡约这种民间控制组织，起源于宋代，其主旨是："凡同约者，德业相劝，过失相规，礼俗相交，患难相恤，有善则书于籍，有过若违约者亦书之，三犯而行罚，不悛者绝之。"② 清朝统治者也很注重"乡约"的控制作用，屡颁"圣谕"推广于乡村社会。1679 年官方正式刊发《乡约全书》后，乡约组织便具有了官方教化训俗的职能。直至民国初年，在乡村社会中仍存留着乡约制度的社会控制形式，如山西乡村的《公议禁约》《息讼会条文》《村话》等，均是乡约形式的社会控制。

社，或曰乡社，也是一种社会控制组织。追溯社的历史渊源，至少在隋唐之际已经形成了二十五家一社的定制。实际上，社是原始的以祭祀社稷神为仪式的社群单位的不断发展。此后，社在稳定的祭祀职能中又融入了更多的社会职能，成为农业事务的准官方机构，至少在元代已是如此。清代的社，在乡村中是另一种社会组织的划分单位，如"一社分为十甲"。③ 有些地区的社事实上成为乡村社会综合性控制组织，如山西："晋俗每一村为一社，若一村有二三公庙，则一村有二三社（表明其以祭祀社稷神为中心而形成的社群的特征）。社各有长，村民悉听指挥，因令即以社长为约长，仿古人连村置鼓之法，令其鸣锣相闻，平日则自我清匪，闻警则互相救援……详定条规，不令造册点名，以免吏胥滋扰。"④ 清末，随着保甲制度的废弃，社的作用日见重要："自咸丰、同治以来，地方多事，举凡办防集捐，供支兵差，清理奸宄诸事，各牧令又无不借乡社之力。"⑤

① 《咸丰户部则例》卷 3《保甲》。

② 《宋史》卷 340《吕大防》，中华书局，1985，第 10844 页。

③ 见柳诒徵编著《中国文化史》下册，第 843、841 页。

④ 见 Kung-chuan Hsiao, *Rural China: Imperial Control in the Nineteenth Century*, p. 36.

⑤ 《晋抚张之洞疏陈晋省通行保甲并请饬部定就地正法章程》，张寿镛等辑《皇朝掌故汇编》卷 53《保甲》。

然而，与保甲系统相反，在宗族、乡约、乡社系统中，士绅阶层处于绝对控制主体的地位。尽管乡社首领的产生途径不一，“有一年一易者，有数年一易者，有轮流充当者，有由地方官札谕派委者，而以公众推举者为多”。但居于其社首者的身份却集中于绅士阶层：“所遴用者，或为生员，或为职衔军功人员，或为平民”，[①]并且以有功名身份者为先。至于宗族系统的族长地位，更是突出了绅士阶层的地位。“族正以贵贵为主，先进士，次举、贡、生、监，贵同则长长，长同则序齿。无贵者，或长长，或贤贤。族约以贤贤为主，皆由合族公举。”[②] 在宗族系统中，凡有进士、举人和品官身份的族人，分到的胙肉比祠堂主事人员还要多，他们在族内享有崇高的地位，甚至族田、宗祠也大都由有功名的绅士掌管着。依存于官方政权的保甲制度，事实上根本达不到控制地方绅士的目的，而绅士阶层却在对地方社会的控制中，既确保了自身的主体地位，又削弱了保甲制的实际作用。

团练与士绅

咸丰三年（1853），在社会秩序空前失控的严峻形势下，面对社会控制系统的衰败现实，清王朝不得不采取社会动员的手段，借助于团练的方式，达到社会秩序再“整合”的目的。太平天国战争对社会秩序和清王朝的有力冲击，成为团练普遍兴起的历史契机。面对狂飙突起的农民起义军，清王朝早已溃烂的政治机制，已难以提供军事供给方面的保障。“兴师十万，日费万金，军兴四年，计所用不下二千万……夫以西北之兵而救东南，远者数千里，动经旬月，兵未至而贼已去，贼未见而帑已竭矣。”[③] 单凭正式的国家机器来摧挫太平军的锋芒，并从根本上归复社会秩序的稳定，无疑是朽木待春的奢望。

清王朝所面临的危机是深刻的，也是全面的：“若河南、江西、安徽等省，幅员辽阔，门户尤多。地广而防不足，防多而兵不足，兵增而饷不足，此三者，今之大患也。”[④] 正是在“防不足”“兵不足”“饷不足”的百般无

---

① 柳诒徵编著《中国文化史》下册，第841页。

② 冯桂芬：《复宗法议》，《校邠庐抗议》，上海书店出版社，2002，第84页。

③ 鲁一同：《癸丑十一月与吴中翰论时势书》，《鲁通甫集》，郝润华编校，三秦出版社，2011，第43页。

④ 孙鼎臣：《请责成本籍人员办理团练疏》，《皇朝道咸同光奏议》卷55《兵政类》。

奈中，清王朝才“诏令各省兴办团练，以缙绅主之”。[①] 由此，团练才作为一种特殊的社会控制组织遍及全国基层社会之中。不过，单从组织形式及其地域性特征来看，团练的“组织规模与官僚政治的区划如保甲、里甲的组织规模相对应，在某些情况下导致行政的和自然的协助单位的混淆和逐渐融合”。[②] 但是，其差异和特征却显然不同。（1）保甲重在清理户口，防范盗、奸；团练重在防御、抵制暴力侵袭。（2）保甲具法律性，行于全国，属于官僚政治的行政体系；团练具自发性，多由地方绅士主持，并未在全国强制推行，属于社会自助。（3）保甲之法“贵分”，通过分而形成连坐的“互保”；团练“贵合”，通过“合团”而动员村社形成抵御外敌的“合力”。（4）保甲控制权操诸中央，以牵制绅权；团练之权则操诸绅士，以制衡保甲。

从保甲到团练的根本性变化，实质上表现为绅士阶层在控制体系中的地位的变化。在保甲组织中，“保甲长多非绅士，此乃清廷政策，欲借保甲长之权力以压制绅权，免得士绅在地方上权势过大”。[③] 但团练却完全是绅士所控制的组织，“与保甲形成对照，团练承认并且依赖绅士领导，这一事实表明了中国农村中官僚政治潜在的虚弱以及其它社会组织形式相对的强大”。[④]

团练作为地方性区域社会组织，始终是地方名流——绅士一展权威的中心所在。首先，绅士居于团练组织的实际领导地位。尽管清王朝试图由官府总揽团练大权，但在实际操作过程中，仍然确认绅士担任团练领袖的必要性。“办理团练，在乎地方官实力奉行，尤在乎公正绅士认真办理。盖官有更替，不如绅之居处常亲，官有隔阂，不如绅之见闻切近，故绅士之贤否，关乎团练之得失甚巨……”[⑤] 因此，具有一定的功名身份也因而具有社会权威力量的绅士，最终成为团练组织中不容置换的领袖力量。

绅士也是团练经济力量的支撑者和组织者。团练不像保甲那样，“可以

---

① 凌惕安：《咸同贵州军事史》，贵州慈惠图书馆，1932，第3章。

② 〔美〕孔飞力：《中华帝国晚期的叛乱及其敌人》，第107页。

③ 见 Kung-chuan Hsiao, *Rural China: Imperial Control in the Nineteenth Century*, pp. 68-69.

④ 〔美〕孔飞力：《中华帝国晚期的叛乱及其敌人》，第64页。

⑤ 惠庆：《奏陈粤西团练日坏亟宜挽救疏》，王延熙、王树敏编《皇朝道咸同光奏议》卷55上《兵政类·团练》。

最小的花费办理”。它所拥有的地方武装性质，既需要武器装备和防卫设施，又需要团勇训练的供养，因而，经济来源对于团练组织是至关重要的。在乡土社会中，“富者出钱，贫者出力”的社会动员原则，既决定了绅士在筹集资金中的号召力，又决定了绅士在捐资中的职责。“由于个人财富和传统的氏族财源相对来说不易扩充，地方防御组织的领导转向更丰足和更深层的供养血脉：几乎是村社的全部农业和商业财富。”这促使由绅士控制的团练向地方捐税中渗透。因而，各地普遍实行按土地面积估算也按收成估算的特种税，来供给团练的必要支出。当然，与政府所掌管的财政系统不同，这种捐税由团练自己控制，“由绅士而不是由衙门胥吏或衙役管理”。[①]这种独立的财政由绅士控制，知县几乎不能检查有影响的绅士通过团练局所操纵的收入和开销。

团练的崛起不仅意味着清王朝基层控制机制的转变，而且是以绅士阶层为代表的地方社会力量的增长及其对团练组织的根本控制，宣告了王朝以保甲扼控绅士企图的破灭。

士绅：控制主体地位的变动

“迨大难既作，各地方人士知官兵之不足恃，起而联团，捍御保卫桑梓者极众。”[②] 社会需求本身推动着士绅阶层走上基层社会控制主体地位，成为驾驭地方武装——团练，从而也成为控制整个地方社会的中坚，尽管这一事实与清廷牵制地方士绅势力的一贯政策相抵牾。

团练只是一个历史的起点。它不仅确立了绅士在团练这一特定社会控制组织中的突出地位，而且也使绅士阶层摆脱了在保甲系统中的社会尴尬，从而成为近代时期基层社会控制的主体。团练崛起的深刻的历史影响并不局限于绅士在团练中的领导地位，而是引发了“保甲权力向名流的转移，以及随之而来的名流控制地方权力的增强”[③] 的确切无疑的发展趋向。无论保甲的组织及其规制如何变迁，近代绅士已俨然成为凌驾于保甲之上的主体力量。“为变通保甲之法，而设立守望卡房……其设卡事件，不假书役，

---

① 〔美〕孔飞力：《中华帝国晚期的叛乱及其敌人》，第 90、92 页。

② 凌惕安：《咸同贵州军事史》，第 9 章。

③ 见〔美〕孔飞力《中华帝国晚期的叛乱及其敌人》，第 128 页。

不由现充之保甲人等，专俾绅士富户经理，尽绝派累滋扰之弊。”① 在19世纪末的陕西靖边县保甲组织中，士绅已纳入其领导主体之内，如表19-2。

表19-2 1899年靖边县保甲系统

地区	总绅	散绅	帮查	牌头	乡村	户数
城镇	1	5	10	76	121	776
东乡	0	5	5	34	65	352
南乡	0	4	5	50	153	561
西南乡	0	5	5	30	110	397
西乡	0	4	4	40	140	406
西北乡	0	4	6	60	70	818

资料来源：Kung-chuan Hsiao, *Rural China: Imperial Control in the Nineteenth Century*, p. 71.

在清代保甲—团练—保甲的交错纠葛的社会易变中，历史以极其平静的方式述说着士绅阶层社会控制地位的惊人的变故。清王朝精心推行的保甲制度在近代已沦为士绅们的工具。19世纪80年代武昌知府李有棻推行的保甲制度，同上述靖边县的情况相似，把保甲的一切权力明确地交付绅士掌握，只是在保甲的最低两级（牌和甲）保留了平民的地位，而在此之上（保）则由士绅领导，并设立了总揽全乡保甲系统的监管总绅。② 结果，“保甲旁落到地方绅士之手的趋势，成了咸丰朝及以后农村中国的共同特征”。③

士绅在地方社会中所扮演的多种角色，使团练组织向着多方面综合职能方向发展，时至清末，团练已成为具有征税、地方治安、民兵征募等职能的行政机构。在广西，“绅士设（团）局，声威赫然，生杀之权，操之个人，地方官不敢过问，故人称团局为‘第一重衙门’”。④ 由团练而引发的近代农村社会组织的一系列变动，其变动形式与特征如何复杂多样，它的历史走向及结局却是：士绅阶层成为基层社会控制的主体。

封建功名身份赋予士绅们的特殊社会地位，是封建王朝也是传统社会秩序的支柱 。农耕文明使得绅士的功名与乡土社会扭结在一起，使士绅成

① 《皇朝经世文编》卷74《兵政五・保甲上》。

② 李有棻：《武郡保甲事宜摘要》卷3，第1—2页。

③ 〔美〕孔飞力：《中华帝国晚期的叛乱及其敌人》，第227页。

④ 《论粤省经济界之迫及竞争之必要》，《粤西杂志》第4号，1908年。

为基层社区的代表。“历史的、经济的和血缘的瓜葛在他的自我形象中注进了强烈的地方主义。他故乡的县的繁荣和安全，以及比较无形的地方自傲的感情，是他成为地方人士这一角色的动力。”①

然而，近代士绅权势的上升是伴随着清朝中央控制权力的弱化进行的。封建社会秩序的稳定，一定程度上依赖于中央与地方（具体表现为官、绅、民三者关系）的均衡态势。这种均衡的破坏在中国封建社会历史上也并不少见，但社会的运行终究会在既有的模式中重新建构起它的均衡态势。任何社会结构都有它自身发育的再生能力。所以，单纯的绅士这一基层社区力量的扩大，对中国社会发展的基本路向不会有根本性影响。问题在于，近代士绅阶层潜动中的中国之社会环境，却处于“千古未有之大变局”。时代的变局最终使这一“失衡”状态难以在传统的模式中重构。从而，这一变动本身便拥有了新的意义。

三　流动与分化：士绅与晚清社会结构的变动

社会的存续和发展是动态的历史演变过程。这一历史过程不仅表现为转折时代社会形态的剧烈更替，而且还表现为更为常见的社会现象——社会流动。社会流动指的是人们在社会结构体系中从一个地位向另一个地位的转移，它包括了人们的身份、职业、阶级、阶层关系的变动。社会流动是人类社会发展所生成的一种内在机制，借助于这一机制使得社会阶级、阶层结构得以不断平衡和调适，它使社会结构在动态流动中获得了自我调节的功能。近代以来，士绅阶层的社会流动模式也经历了由传统向近代的历史性转变。这一转变当然蕴含着社会结构与制度变迁的历史内容。

士绅与传统社会流动

科举制度作为封建时代社会流动的基本途径，从表象上看的确是十分公正的，因为它形式上一般是排除贫富、门第、血缘等先赋性因素的。事实上，历史上也并不乏贫寒之士荣登榜首而富贵天下的实例。在科举制度下，“生员由童生考取，读书子弟除极少数属于所谓倡、优、隶、卒等户

① 〔美〕孔飞力：《中华帝国晚期的叛乱及其敌人》，第223页。

外，都可应考，因此都有机会登上科举入仕的荣显之途”。[1] 儒家文化尽管推崇和维系身份社会，但同时又侧重以个人成就因素决定身份。这一似乎矛盾的学说，通过科举制度得以统一在现实的社会生活中。据何炳棣先生统计，有的州县在明代约有 3/4 的生员，清代约有 1/2 以上的生员出身寒微，祖上乃至未曾有过生员。明清两代的进士，平均也有 40% 出身为从未有过功名的家庭。

科举制度形式上的平等被它所具有的严格的淘汰规则和漫长的竞争路途所限制。作为以个人学问成就为取向的科举制，要求踏入此途的成员必须经年累月地脱离生产和维持生计的活动，而主要地投入于“八股”考试。因而，它最终要求参加科举的成员必须具备基本的条件：足够的土地或其他经济来源；一定的家庭文化教育背景。因此，“在绝大多数情况下，中榜登科的还是士绅阶层的子弟”。[2] 大多数农民和平民阶层事实上很少参与这一纵向流动。通过科举制进行上升性社会流动的集团力量，主要限于具有功名身份的绅士或绅士家庭。虽然科举制度具有明确的人才甄拔作用，但在同样以等级累造的科举功名体系中，注定只有极少数绅士可以博取到举人、进士等中高级功名而跻身于官僚阶层。道光甲辰（1844）恩科中举者为 1010 人，而其中上升流动为进士者仅有 209 人，占 20.7%。[3] 在咸丰元年（1851）的科试中，全国（广西除外）中举者 1789 人，上升流动为进士者 249 人，占 13.9%，后实授官职者 317 人，占举人（考取进士者不计）的 20.6%，候补者 72 人，占 4.7%，两者合计共占 1/4，尚有 3/4 仍处于“社会沉淀”状态。[4] 对于大多数绅士而言，他们最终都无法成就“学而优则仕”的社会垂直流动和实现封建社会人生追求的夙愿。因此，通过科举制完成社会垂直流动的绅士仅占 3%—4%。当然，这不能完全归咎于科举制度本身。

任何社会都有内在的调节功能，社会流动必然受到封建社会结构的制约。“一个社会中社会流动的程度取决于两个因素：可以获得的地位的多

---

① Ping-ti Ho, *The Ladder of Success in Imperial China: Aspects of Social Mobility, 1368-1911* (New York: Columbia University Press, 1962), p. 40.

② 张德胜：《社会原理》，巨流图书公司，1998，第 282 页。

③ 据同治刊本《道光甲辰直省同年录》统计。

④ 据《直省同年全录咸丰辛亥恩科》统计。

少，以及人们从一种地位向另一种地位移动的难易程度。"[①] 因而，在以身份等级为主要结合方式的传统社会中，较高的身份和等级地位必然受到制度性的严格限制。按清朝官制，全国的官僚大约只有2万名文官和7000名武官，在职的官吏人数甚少。与此相应的另一情况是，在任何时候都只能有少数合格的功名获得者：举人共有18000名左右，进士2500名左右，翰林650人左右。[②] 况且，在19世纪中期以后，清王朝出于财政的需要广泛采用了捐纳制度。由此，"官有定价，可以报捐实官与花样。实官可以捐至府道，而花样则有所谓捐花翎，捐升衔，捐尽先补用，捐单双月，捐免验看，捐封典等等……名器之滥至此而极……是直同贸易矣"。[③] 1860年以后，通过捐官途径的四品到七品的地方官竟多于通过科举的正常途径得官的人数。[④] 在官吏和有官衔的人当中，捐纳的比例高达66%。[⑤] 因而，在漫长而又艰难的科举路途上得以鱼跃龙门者，对于每个个体而言偶然因素或许起着重要的作用，但对于士绅阶层整体而言，历史的必然性最终起着决定性的作用。

科举制度作为一种封闭型社会流动，除了其明确的官僚选拔作用外，它的隐形作用就是使96%左右的绅士"沉淀"下来，形成封建社会结构中一个相对稳定的社会集团力量。流动中的"社会沉淀"基本以生监为主，他们构成地方绅士的主体，并以高于平民的社会地位，成为基本社区的控制力量。这在动荡时期崛起的地方团练中表现得尤为突出。表19-3展现了川楚白莲教大起义时期各地团练领袖的出身情况。其中平民为团练领袖者11人，占10.7%，绅士92人，占89.3%。

表19-3　川楚白莲教大起义时期各地团练领袖的出身情况

出身	进士		举人		贡生	廪生	监生	生员		捐职	平民	总计
	文	武	文	武				文	武			
人数	0	0	4	9	8	3	32	18	13	5	11	103

① 〔美〕伊恩·罗伯逊：《社会学》上册，黄育馥译，商务印书馆，1991，第305页。
② 费正清、刘广京编《剑桥中国晚清史》上卷，第15—16页。
③ 凌惕安：《咸同贵州军事史》，第46—47页。
④ Ping-ti Ho, *The Ladder of Success in Imperial China*, pp. 47-50.
⑤ 张仲礼：《中国绅士》，第116—117页。

续表

出身	进士		举人		贡生	廪生	监生	生员		捐职	平民	总计
	文	武	文	武				文	武			
占比（%）	0	0	3.9	8.7	7.8	2.9	31.1	17.5	12.6	4.8	10.7	100%

资料来源：赵云崧《戡靖教匪述编》卷1—10。

社会结构本来就是一个诸因素相关甚密的系统。处于传统社会结构中心的士绅阶层的流动和“沉淀”，对传统社会结构本身起着重要的稳定和平衡作用。

第一，士绅阶层的形成和存在，为封建社会的官僚队伍提供了充足的后备力量。科举之士一般在30多岁步入仕途，60—70岁告老还乡，其流动速度和幅度都较大。这既能保证官僚成员每年有一次较大的流动，造成官场中部分新人涌入，又因其补充和流动的新人比例不是很大，而使官员结构保持相对稳定，有利于统治阶层的新旧交替，使社会政治处于相对稳定的流动态势。此外，绅士阶层的存在也为退出官场的“富贵者”提供了荣归的社会场所。“绅出为官，官退为绅”，[1] 官、绅两个阶层之间的流动和不同社会角色的转换，体现了中国传统社会政治在适度流动中获致平衡与稳定的基本特征。

第二，士绅阶层的流动与“沉淀”，对于封建社会的基层社会结构的稳定起着重要调节作用。在清代社会组织结构中，士绅是上层社会和基层社会结构的中介。清末基层社会组织，无论是保甲（或里甲），还是团练，抑或是宗族，都兼有政治、经济、军事三方面的职能，都是社会的控制系统，其间离不开士绅阶层的参与，因此，整个基层社会控制、社区的稳定，都是借助于士绅的力量来实现的。

第三，士绅阶层的流动和“沉淀”，成为封建社会权力结构体系正常运转的基本条件。中国传统社会是高度集权化的政治体制和高度分散的小农经济的统一。但封建政权（皇权）事实上不能介入分散的彼此隔绝的小农社会。“在正式的权力机构无法深入社会基层的中国传统社会中，士绅阶层

① 沈同芳编《江苏学务总会文牍》初编（下），商务印书馆，1906，第84页。

与正式权力机构之间形成了一种相互依存的关系”,[①] 形成了“皇权”与“绅权”对中国传统社会权力的分割与统一的政治格局。

然而，鸦片战争后，中国的社会结构毕竟开始发生裂变，稳定的社会分层状况被打破，社会分工科层化（bureaucratization）。整个社会结构开始由封闭走向开放，因而，它导致了社会流动发生质的变化：由封闭型流动发展为开放型流动；社会流动开始冲破等级身份的阻碍，而在更广泛的社会阶层中发生。

近代社会流动模式的形成

近代社会流动伴随着新的社会职业的出现而发生。可以说最早与商品经济紧密结合，并与外国资本集团联结的买办职业的出现，是近代社会流动的开端。

买办一词早已有之，但并不具有买办的近代含义。[②] 在鸦片战争前，买办一般是指管理外国商馆内部经济和事务的人，诸如总管、账房，银库保管以及照管外商贸易、生活等方面事情的办事人员。早期买办并不具有阶级特征，而首先表现为一种近代社会的新职业。一种新的职业集团的出现，是社会生活与社会分工发生变化的体现。鸦片战争后，在封建社会传统的“士农工商”结构之外，外商经济强行打入中国社会市场，适应这种社会生活变动的需要，便产生了买办这一职业集团。五口通商后，中外贸易活动日趋发展，从事买办职业的人数也不断增长，遂于“士农工商之外，别成一业”。[③] 随着近代买办职业的兴起，导致一部分商贩、行商由传统的“末商”职业向买办新式职业流动，由此形成了具有近代特征的社会流动。向买办职业的流动是近代社会流动的开端。它的时代意义就在于由此冲破了传统的局限于绅士阶层的封闭型社会流动的格局，扩大了社会流动的参与阶层。随着社会结构和社会生活的更深层次的变动，参与流动的人数和社会阶层都在迅速地增长和扩大。如此，作为开放性近代社会流动的序幕就正式开启了。

---

① 吴晗、费孝通等：《皇权与绅权》，第 135 页。

② 明朝称专司宫廷供应的商人为买办。

③ 李鸿章：《机器局报销折》，《李文忠公全书·奏稿》卷 77，第 56 页。

随着社会生活的进一步变化，随着近代生产关系、生产技术向中国社会生产领域的引进，社会流动便日益超越传统的封闭模式而成为最频繁、最普遍的社会现象。到19世纪60年代以后，社会流动的范围已不局限于“买办”，其流向表现为多样化趋势。从19世纪60年代开始，洋务运动导致了中国社会产业结构的变化，以西方机器生产设备和技术为基础的近代工业系统的出现，促使传统的“士农工商”结构发生质的变化。到19世纪90年代中期，洋务企业共设立了40个，创办资本约4500万两，雇佣工人达13000—20000人。[①] 19世纪70年代后，民族资本企业也缓慢生长起来，截至1894年，民族资本兴办的近代企业共136个，创办资本约500万两，雇佣工人约30000人。[②] 近代企业及其引发的产业结构变化，导致了社会职业结构和社会分工的细密，并由此推动了两个方向的社会流动：由官僚、商人、买办向资本家、企业主的转化；由破产农民、市民、手工业者向近代雇佣工人的转化。作为同近代中国社会发展起伏缓急密切关联的社会流动，在它的早期阶段呈现出如下几个特点。

第一，社会流动频率逐步加快。无疑，从现有史料中科学地、准确地测定社会流动的频率是很难做到的，但通过新式企业兴建的情况也可以理出一个基本的趋向。19世纪60—90年代，中国近代企业有170多个，平均每年有3个企业出现。在上海，19世纪90年后的5年内，平均每年有近10个新企业诞生，再加上外国资本的100多个企业，仅由农民、手工业者、市民向雇佣工人的流动人数大约就达到10万人，其中向中国自办企业工人的流动约有6万人，平均每年约有2000人向工人职业方向流动。[③]

第二，社会流动范围呈现扩大趋势。最早的社会流动的流向限于买办，流源限于商人、贩夫等，参与社会流动的阶层范围是狭小的。但在近代社会企业推动下的社会流动，其范围却日趋扩展，流向不仅由买办扩展至企业主、资本家、工人，而且流源扩展到官僚、地主、商人、买办、农民、手工业者、学徒等诸多社会阶层。近代开放性社会流动毕竟是中国近代社

① 孙毓棠编《中国近代工业史资料》第1辑（1840—1895年）上册，科学出版社，1957，第565—566页。

② 孙毓棠编《中国近代工业史资料》第1辑（1840—1895年）下册，第1166—1173页。

③ 《旧中国的资本主义生产关系》编写组编《旧中国的资本主义生产关系》，人民出版社，1977，第24页。

会生活演进规律的表现，自由流动既已发生，就具有不可遏止的趋势，它的产生、发展也就为结构性社会流动规划了基本走向和提供了必要的历史前提。结构性流动是指由于生产技术或社会方面的变革、革命而引起的大规模的阶级、阶层或人口地区分布的变化。甲午战后近代社会流动已从规模和流向上具备了结构流动的特点，从而也导致了中国社会结构的变化。

晚清士绅的多向流动

在近代社会结构的历史性裂变过程中，“士农工商”的传统结构发生了根本性错位，标志着士绅阶层由封闭型社会流动向近代开放型社会流动的过渡。近代商人不甘蛰伏于“四民之末”而努力向绅士阶层流动，“惟经营大获，纳资得官，乃得厕于搢绅之列”。[①] 由于对外贸易的兴盛，在沪的浙江宁波籍买办集团自上海开埠后，已逐渐取代了粤籍买办的地位，如杨坊、陈竹坪、陈裕昌、王槐山、王一亭、虞洽卿、叶澄衷等皆因买办而致巨富。他们一方面将其资财投向新式企业，一方面以其资财捐纳职衔翎顶，向绅士阶层流动。浙江南浔是贸易繁盛的丝专业市镇，因营丝而富的梅鸿吉、蒋堂、刘镛、周昌炽、庞云增也都千方百计跻身于绅士阶层。近代由商向绅的流动，不仅改变了士绅阶层的构成，而且也必然导致传统身份等级结构的破解。随着近代中国社会生活的变化和近代新式商业、企业的不断涌现，由商向绅的逆向渗透很快被“顺向渗透”所取代。传统的功名身份甚至官职爵禄已不再是社会唯一的价值指向，失去了固有的吸引力。“同光以来，人心好利益甚，有在官而兼营商业者，有罢官而改营商业者。”[②] 社会价值指向发生了根本性逆转。甲午战争之前，盛宣怀等一批洋务官绅经营近代企业，是由绅向商流动的开始，而在1895—1913年近代民族资本企业创建热潮中，官、绅向商人（企业主）的流动已是极为普遍的社会现象了。如“湖南诸绅现已设立宝善公司，集有多股，筹议各种机器制造土货之法，规模颇盛”。[③] 在甲午战争后中国民族资本企业大规模发展的过程中，较大型的工厂企业和农牧垦殖公司主要是由绅士们创办的，比如在新兴的近代

---

① 《论整顿茶市》，《申报》1880年5月6日。

② 徐珂：《清稗类钞》第4册，商务印书馆，1917，第1672页。

③ 《张文襄公全集》卷45《奏议》，北平文华斋，1928，第18页。

纱厂企业中，士绅阶层的投资者就占有绝对的优势。历史表明，“最初一期所谓兴办实业，实在非可怜的小商人阶级所能担任，因此，私人公司也往往先归那处于治者地位的士绅阶级”。[①] 拥有百万元至数百万元的大资本家企业，一般都属于那些“通官商之邮”的有封建功名身份的大士绅。掖起了青衿绅带的举贡生员们，在近代企业发展中寻求符合时代要求的属于自己的新的落脚点：江阴有贡生吴听胪的华澄布厂，长沙有监生禹之谟的织巾厂，巴县有秀才杨海珊的火柴厂，厦门有生员孙逊的电灯公司，平陆有狄海楼的矿务公司。[②] 由绅向商的社会流动标志着时代发展的基本趋向，其质的规定性远远超越了具体数量统计的意义。

这种自由流动的规模显然十分有限。但是，正是这种自由流动的逐步发展为绅士阶层的结构性流动提供了最基本的社会历史条件。第一，它突破了封闭性社会结构的模式，促使不容僭越的“士农工商”社会结构发生了互动和互渗。士与商的相互对流和“绅商”阶层的出现，标志着社会由等级身份向平民化方向的发展。由此，近代社会由严格的“士农工商”之别向着“士官商民混一无别”的方向发展。[③] 在这一剧烈的社会变动中，绅士所具有的功名身份逐步趋于失落。传统的以“首”“末”划分的“四民”，其等级的鸿沟在阶级、阶层间的流动中呈现出平均化的趋向，“士农工商，四大营业，皆平等也，无轻重贵贱之殊”。[④] 第二，它引起了中国社会经济结构和阶级关系的新变化，并有助于传统社会价值取向的转移，淡化了士绅阶层对功名身份的向往。“于是风俗丕变，不重儒，应科试者少，士子多志在通晓英算。”[⑤] 传统的“贵义贱利”价值观念，被“习尚日非”“嗜利忘义”的风尚所取代。由此，随着近代社会结构的深层变动，士绅阶层便发生了结构性的大规模流动。对于士绅阶层而言，20 世纪初年的科举制度的废除和新式教育体制勃兴的社会变革，注定成为其历史命运的根本性转折。

---

① 瞿秋白：《中国之资产阶级的发展》，复旦大学历史系等编《近代中国资产阶级研究》，复旦大学出版社，1984，第 4 页。

② 参见王先明《近代中国绅士阶层的分化》，《社会科学战线》1987 年第 3 期。

③ 民国《海宁州志稿》卷 24《杂志・风俗》，第 4329 页。

④ 悲时客稿：《贵业贱业说》，《大公报》1902 年 11 月 20 日。

⑤ 民国《定海县志》第 2 册，1924 年铅印本，第 551 页。

士绅的结构性流动：从身份化到职业化

社会流动是一定的社会结构机制的作用。在人们相互作用的社会中，以个人和社会集团的社会地位变动过程为基本内容的社会流动，更为鲜活丰富地揭示出社会结构的基本特征及其演变趋向。但是，在新旧时代转换的历史过程中，士绅阶层的社会流动具有怎样的特征呢？

第一，传统功名身份依然是社会流动的起点或基本条件。在传统社会结构中，士绅阶层的社会流动基本依循“由贵而富”（即由社会权力获取财富）的方向发展。他们通过科举制度（或其他非制度化途径）获取功名、身份，“学而优则仕”固然可以立于庙堂之上，学而不“优”也可凭借已有的“功名”身份回到乡村社会控制基层权力。“二者巧妙的运动使中央和地方都能受到同一阶层的支配”。[①] 在近代中国社会的转型时期，传统功名身份并未猝然废弃，它依旧从根本上保障士绅阶层社会地位的确立和对社会权力的攫取。不仅流向近代大企业的是那些“通官商之邮”的大绅士，就是商人、买办也要利用捐纳途径买得翎顶辉煌，跻身于士绅阶层。盛宣怀不无感触地承认：“目前办理商务，若不愿为他人之下，仍可列主事之衔。”[②] 因此，在绅—商之间的互渗互动过程中形成的近代绅商集团，其实就是封建身份与近代资本、传统士绅与新式商人的胶合。功名身份仍然是个人社会地位变动的基本保障，尽管士绅阶层中不乏先觉者率先自愿向近代商人流动，形成了跨越阶级、阶层的社会流动，但对于士绅阶层整体而言，仍局限于本等级圈内的流动。

20世纪初年，随着近代新学堂的兴起和科举制度的衰亡，终于引发了绅士阶层整体的结构性社会流动。即使如此，“这个改变并没有妨害既得阶层的优势”。封建的“功名”身份也并未因此而失去其基本的保障作用。几乎所有的新式学堂都无例外地把有“功名”的士绅作为最基本的接纳对象。

第二，社会流动的趋向是职业功能结构取代了身份等级结构。在封建社会结构中“功名”身份既是社会流动的起点和保障，又是社会流动的唯一方向。一般说来，绅士阶层传统的社会流动，只改变个人的社会地位，

---

① 吴晗、费孝通等：《皇权与绅权》，第142页。

② 经元善：《居易初集》卷2，1901，第66页。

只改变个人和阶级的关系，不能改变社会的阶级结构和阶级之间的关系。封建社会的价值体系和社会结构的再创造过程，就在社会流动起点和方向的高度一致中获得均衡发展。但是，近代中国士绅阶层的社会流动不是从起点上，而首先是从流动方向上打破了这种均衡态势，致使传统的“功名”身份不再是流动的唯一方向。近代社会中新兴的“商”“学”“法”“工”乃至各种“自由职业”都成为士绅们选择的目标。正是在这种具有鲜明时代特征的社会流动中，传统的身份等级结构被近代的职业功能结构所取代。地方志中户口职业项目内容的变化，一定程度上就是这种社会变动的映照。清代地方志中“职业”项目通常分为“官员”“士绅”“农业”“工业”“商业”“兵勇”几项，或者径直分为“士农工商”。[①] 在社会流动由传统的身份等级结构向近代职业功能结构转向的情况下，士绅阶层的社会流动形式自然逐步脱离科举制度的影响，而主要受到下列因素的制约：（1）以传授适应某种职业的知识和技能为目的而设置的近代教育体制；（2）制约教育体制的产业组织和社会管理结构及其对劳动力质量的要求等。可以说，这既是清末士绅群趋于学堂的原因，也是近代学堂招收对象又限定于士绅的原因。

社会近代化的一个基本趋向就是由身份等级社会向职业社会的变动，而这种变动本质上也是人的解放过程，是挣脱封建等级束缚、获取个人自由的历史过程。无论历史演变的结果如何，都无法从根本上摆脱它的起点和制约。“人们自己创造自己的历史，但是他们并不是随心所欲地创造，并不是在他们自己选定的条件下创造，而是在直接碰到的、既定的、从过去承继下来的条件下创造。”[②] 在“定贵贱”“明等威”的封建社会结构里，“功名”身份必然成为个人或社会集团选择其未来社会地位的起点。晚清士绅阶层就是借助于“功名”身份而走向了“非身份”。“非身份”的社会变动是近代中国社会历史运行趋向的标志，却并不意味着士绅阶层社会地位及其作用的减退。对此，我们可以从两个方面略做分析。

首先，近代士绅阶层的社会权力地位得到了明显强化。在清末士绅阶

---

① 见光绪《束鹿县志》卷5“户口表”。

② 马克思：《路易・波拿巴的雾月十八日》，《马克思恩格斯选集》第1卷，人民出版社，1972，第603页。

层大规模结构性社会流动中，相当一批士绅得以上升流动进入中央政权机构。[①] 清末新式知识分子在权力结构上还未能构成取代士绅阶层的基本力量，出身传统功名的士绅在官员中仍占88.4%的绝对优势。清末各省的谘议局也几乎是士绅阶层独占的政治活动天地，士绅议员一般占到议员数的90.9%以上，[②] 各省议长21名，绅士竟占了20名。[③]

其次，近代士绅阶层的社会活动范围得到了扩展。传统士绅活动限于地方基层社区，他们依凭士绅身份独揽地方公务，通过扮演官、民中介的角色，控制基层权力。近代绅士通过多向流动，取得了超越传统社会角色的资格，致使近代社会新兴的各项事业如工矿、报刊、社团、学会、学堂、市政皆为士绅阶层所把持。“中国文字隐奥，民皆听命士绅。变法已来，学堂、农矿多属士绅。”[④] 尤其在展现社会集团力量的近代商会、农会、学会、社团活动中，士绅们自觉的社会活动意识和能力得到了锻炼，驱动着近代士绅阶层从狭隘的社区力量向社团力量发展。因而，在20世纪初年的大规模社会政治活动中，如反美爱国运动、收回利权运动、地方自治运动、立宪运动、保路运动乃至辛亥革命都无法排除士绅力量的参与及其影响。

无论是对于个人命运，还是对于一个社会阶层的历史归宿而言，开放型社会流动所带给他们的只能是超越传统的社会活力。问题当然不仅如此，在晚清社会结构与制度性变迁进程中，伴随着士绅阶层的流动与分化，还有另一个趋向，即“权绅化”进程。

四 权绅化趋向：士绅与晚清的制度变迁

“君权者以一人治万人也，民权者万人自治也。”[⑤] 因而，对“民权”的不懈追求和获取，不仅体现着近代人主体意识的觉醒，而且也标志着人类社会一个全新时代的到来。但在近代中国最初的“民权”旗帜上，主要浸

---

① 内阁编《宣统三年冬季职官录》，见王树槐《中国现代化的区域研究——江苏省》，“中央研究院”近代史研究所，1984，第525页。

② 《宣统三年冬季职官录》，见王树槐《中国现代化的区域研究——江苏省》，第525页。

③ 李守礼：《清末谘议局》，《中国近代现代史论集》(16)，台湾商务印书馆，1986。

④ 故宫博物院明清档案部编《清末筹备立宪档案史料》上册，中华书局，1979，第269页。

⑤ 孙宝瑄：《忘山庐日记》上册，上海古籍出版社，1983，第178页。

染着“绅权”的色彩。

近代“绅权”的发端

在强固的皇帝专制制度下，不存在皇权以外的任何权力制衡力量。在传统社会中，士绅的权势本质上是对皇权的分割。士绅以身份为纽带，以功名为凭借，以特定社区为范围，以官、民之间的社会空间为运动场所，形成一种具有权势的地方社会控制力量。虽然皇权必须借助于士绅阶层的社会力量才能完成对于基层社会的控制，但保障“以一人治万人”的社会制度及其思想文化体系，却始终高扬着唯一的“皇权”旗帜。但“绅权”的张扬是中国社会跨入近代历史的一个时代内容。

“绅权”的正式揭橥及其较为集中的理论表述，是由维新变法时期的思想家和政治活动家梁启超完成的。他说：“欲兴民权，宜先兴绅权；欲兴绅权，宜以学会为之起点。此诚中国未常有之事，而实千古不可易之理也。夫以数千里外渺不相属之人，而代人理其饮食、讼狱之事，虽不世出之才，其所能及者几何矣？故三代以上，悉用乡官；两汉郡守，得以本郡人为之，而功曹掾史，皆不得用它郡人，此古法之最善者。”梁启超把“绅权”的振兴看作社会改革和政治近代化的重要一环，并且极为审慎和圆满地为绅权的提倡寻找着既符合中国文化传统又迎合世界潮流的客观依据。他特别强调：“兴绅权”不仅是中国“古法之最善者”，而且是“今之西人，莫不如是”的善政良制。[①] 梁启超唯一系统阐述其“绅权”思想的《论湖南应办之事》一文，并不是一篇追求创新的理论论文，而是改革地方政制的具体方略。因此，在梁启超这篇行动纲领指导下成立的“南学会”及“湖南保卫局”，从实践意义上说，就是近代“绅权”的真正开端。

南学会是湖南新政的重要成果之一。“如果说时务学堂的目的在于为开民智而育人才；那么南学会的创立便是为了开绅智和合大群。”[②] 这是梁启超“欲兴绅权，宜以学会为起点”主张的具体实践。南学会是“兴绅权”的第一步。兴绅权的前提是开绅智；开绅智的具体措施则是组织南学会。

---

① 《论湖南应办之事》（1898年4月），李华兴、吴嘉勋编《梁启超选集》，上海人民出版社，1984，第75页。

② 郑海麟：《黄遵宪与近代中国》，三联书店，1988，第400页。

只有“绅智”尽开，才能做到集合“乡绅为议事，则无事不可办，无款不可筹”,[①]“绅权之兴”才有现实意义。因为在当时“绅权被看成逐步达到民众参政和取得主权的必不可少的踏脚石”，而且“增进绅权也被视为使中国国家强盛的第一步”。[②] 南学会是湖南新政的中枢机构，是地方绅士“兴绅权”的“智囊团”，它本身还不是权力机构。但是在其稍后成立的湖南保卫局，却是直接代表“绅权”的一个新兴的地方政权机构了。湖南保卫局成立于 1897 年 7 月 27 日。它是湖南绅士仿效西方警察制度而创建的地方政权机构。保卫局设立的宗旨是“参以绅权”，限制官权，打破专制制度下官权独治的模式，“分官权于民，培养绅民的自治能力”。[③] 由黄遵宪手订的《湖南保卫局章程》，至少明确地从四个方面规定了绅权在“保卫局”中的地位：（1）“此局名为保卫局，实为官绅商合办之局”。（2）“本局设议事绅商十余人，一切章程由议员议定，禀请抚宪核准，交局中照行。其抚宪批驳不行者，应由议员再议，或抚宪拟办之事，亦饬交议员议定禀行”。（3）“本局议事绅士十数人，以本局总办主席，凡议事均以人数之多寡，定事之从违。议定必须遵行，章程苟有不善，可以随时商请再议，局中无论何人，苟不遵章，一经议事绅商查明，立即撤换”。（4）“本局总办，以司道大员兼充，以二年为期，期满应由议事绅士公举，禀请抚宪札委。议事绅士以二年为期，期满再由本城绅户公举”。[④] 保卫局是近代地方政权在近代化运动中具有示范意义的创造，它的最主要的目的是以“兴绅权”的形式来弱化官权，试图完成向“三权分立”权力制衡的近代政权模式的过渡。谭嗣同认为“绅权”是保卫局的根本特征：“今之所谓保卫，即昔之所谓保甲，特官权绅权之异焉耳。”[⑤] 因而，严格意义上的“绅权”，只能是中国近代社会发展过程中的产物。

“绅权”的扩展

作为政治近代化的社会试验，也作为康有为、梁启超发起的戊戌变法

① 李华兴、吴嘉勋编《梁启超选集》，第 76 页。
② 费正清、刘广京编《剑桥中国晚清史》下卷，第 349 页。
③ 《臬辕批示》，《湘报》第 3 号，1898。
④ 《湖南保卫局章程》，《湘报》第 7 号，1898，第 26、28 页。
⑤ 《记官绅集议保卫局事》，《湘报》第 25 号，1898，第 97 页。

内容的一部分，南学会和保卫局的成就很快就在戊戌政变的暗潮冲击下倾覆了。但作为一种社会思想，尤其是已经被社会所接纳的思想的力量，却不会因政权的人事波动而彻底亡故。戊戌政变后的西太后虽然囚禁了光绪皇帝，屠杀了从事“百日维新”的“戊戌六君子”，但社会变革的浪潮却难以阻遏，地方绅士要求参政、扩展权力的呼声在20世纪初年后已不再局限于湖南一隅，更是形成了遍及全国城乡的政治改革的社会运动。1906年9月1日，清政府正式颁诏预备立宪，实行政体改革。清末政制改革的侧重点是地方政制，而从清末丙午（1906）地方官制组织系统看，地方政制改革的关键是引入“绅权”，仿照西方“三权分立”的形式，建立“以行政之事归官吏，以建言之责归士绅，庶几相得益彰，无虞侵越”的政治体制。① 其组织系统为以下三种。（1）地方行政。基本以传统的清朝官制为模式，形成以督抚辖制知府（州），知府辖制县（州）的垂直权力系统，只是在具体职能上略有变动，增加了诸如“劝业”“警务”等内容。（2）地方立法。以谘议局为最高机构，形成自上而下的各级立法组织。（3）地方司法。建立司法与行政分立的制度，将地方官集审判、司法于一身的职能独立出来，自成系统。具有地方立法形式的谘议局，是清末政制改革中的关键，清政府对此极为重视。清廷从一开始，就把创建谘议局的责任交付给具有封建功名身份的地方士绅阶层，“着各省督抚均在省会速设谘议局，慎选公正明达官绅创办其事，即由各属合格绅民公举贤能作为该局议员，断不可使品行悖谬营私武断之人滥厕其间”。② 所以，各处谘议局筹办处的基本格局不外是官吏任总办，士绅任会办。尽管清廷把谘议局限定为似乎是士绅表达意见的机构，但它的成立，毕竟开通了地方士绅正式步入权力系统的合法渠道。1909年，各省进行了第一届谘议局议员的正式选举。选举结果表明，“很多当选者年纪在40—45岁间，而绅士占大多数”。③ 各省士绅在谘议局中所占席位，以最保守的估计，也达到90%以上。④

谘议局只是“绅权”扩展的起点。伴随着清末地方自治的推行和资政院的设立，绅权已一变昔日“社区”代表的面目，形成了自中央到乡镇的

① 《清末筹备立宪档案史料》下册，第697页。

② 《清末筹备立宪档案史料》下册，第667页。

③ 费正清、刘广京编《剑桥中国晚清史》下卷，第448页。

④ 张朋园：《立宪派与辛亥革命》，《近代史研究》1990年第5期。

系统运营体系。1908 年清政府颁布了统一的《城镇乡地方自治章程》，1910 年颁行《府厅州县地方自治章程》。不管章程所规定的资格的代表性如何，都无法改变“各地的这一选举活动，实际上均由地方绅士所操纵”的事实。可以说，当时的社会文化背景，决定了任何社会政治活动只能独属于士绅阶层，尤其在民族工商业尚不发展的基层社会。在清末自治运动中，“大部分被选为自治会会长和镇乡董事的人是绅士。的确，清末的地方自治实际是绅士之治”。[①]

没有理由否认，在近代社会的转型过程中，士绅阶层本身也发生着具有时代意义的变动。但从整体而言，士绅阶层毕竟属于传统而不属于未来。“绅权”作为“民权”的代表或具体化，是近代中国社会过渡时期的社会阶级结构现状的表现，它并不具有代表社会发展方向的最终目标的价值。梁启超“欲兴民权，宜先兴绅权”的主张，就预言了“绅权”在过渡时代的“暂存”的历史命运。

绅权扩张与晚清民变

从 1901 年始，涌动于社会底层的“民变”连绵不绝，“几乎无地无之，无时无之”，它与王朝的所谓“新政”一起，构成晚清上层力量与下层民众作用于社会的互动态势。值得特别关注的一个趋向是，民变风潮中的“绅民冲突”呈现出日趋频繁和激烈的走向。[②]

晚清以来，地方社会秩序频繁动荡与失控，尤其“民变风潮”多以绅民冲突的形式展开，作为地方权力主体的士绅阶层诚然难辞其咎。此后，“劣绅”之谓流布一时，并在相当程度上成为诠释乡村社会变乱的重要因由。然则，绅之所以为“劣”并从普遍意义上与乡民利益形成日趋严重的对立，实与乡村社会公共利益和权力的制度性变迁密切相关。正是在这种制度性变迁过程中，不仅传统社会中相对稳定的官、绅、民利益-权力制衡关系猝然破解，而且将士绅阶层直接推向权力重构中心，在“新政”的体制更易中，形成了占据地方各项权力资源的士绅——权绅。在传统社会官、

① 费正清、刘广京编《剑桥中国晚清史》下卷，第 449 页。

② 详见王先明《士绅阶层与晚清“民变”——绅民冲突的历史趋向与时代成因》，《近代史研究》2008 年第 1 期。

绅、民基本利益-权力结构中，无论对于乡民还是对于官府而言，地方秩序的稳定和利益调节，通常都倚重于士绅阶层。“有清一代乡制未改……保正复名乡保……乃传达州署功令于各村之外，并不知乡政为何事……谓之无乡政时期可也。”[①] 乡村社会秩序的维系和生活功能的运转以及乡村社会的公共组织，如水会、老人会、堤工局等，也多基于士绅私人威望的构建。享有文化权威和社会权威的士绅阶层是这个控制系统的社会基础。不过，士绅对于地方事务的权力影响或支配作用，尽管不容小觑，却并未获得制度化的支持；同时“凭借私人威望和能力办理公共事务”，也“不能做到现代行政所要求的常设化、制度化”。[②]

戊戌以后尤其是“新政”以来，绅权获得空前扩张。相比较而言，传统时代的士绅“只是在各种临时性地方公共事务中起主导作用”，却“不主持和参与州县的税收、诉讼、治安、农工商、教育等经常性、主体性政治、经济、文化活动”，也“没有经常性组织，或者说没有通过某种常设性的机构实现自己的组织化。”“19 世纪中叶以后，清代传统乡里组织的性质正在发生变化。”这一变化趋向不仅体现为士绅开始成为里社、乡地组织的首领，也不仅体现为乡里组织职能由应付官差向广泛介入民事纠纷调解、征收赋税、办理地方武装的扩展，还突出表现为“不同于传统乡里组织、具有近代地方自治性质的各种会所”的兴起。有些乡地组织自身虽然没有出现明显变化，但“被置于士绅的领导之下，并开始承担地方公共职能”。[③]这一历史进程延续在“新政”或“地方自治”的制度更易中，并由此获得了更大的权力空间和合法性基础，诚如周锡瑞所论：“地方自治会和较早的地方绅权设置之间，存在着意味深长的延续。”尤其是清政府决定推行地方自治后，“这使得士绅不仅可以涉足于地方社会的经济和文化领域，而且可以进一步涉足其政治领域，公然在‘官治’之旁形成另一种公共权力”。[④]

---

① 仇远廷等纂《蓟县志》卷 3《乡镇志》，1944，第 1 页。相关研究可参见魏光奇《官治与自治——20 世纪上半期的中国县制》，商务印书馆，2004，第 50—53 页；吴趼人《二十年目睹之怪现状》，人民文学出版社，1959，第 439 页；邱捷《清末民初地方政府与社会控制——以广州地区为例的个案研究》，《中山大学学报》（社会科学版）2001 年第 6 期。

② 魏光奇：《官治与自治——20 世纪上半期的中国县制》，商务印书馆，2004，第 53、72 页。

③ 魏光奇：《官治与自治——20 世纪上半期的中国县制》，第 356、78—80 页。

④ 〔美〕周锡瑞：《改良与革命——辛亥革命在两湖》，杨慎之译，中华书局，1982，第 111、357 页。

地方士绅“以组织化、制度化的形式参与地方政治，主导地方教育、实业、财务和其他公共事务”。[①] 正是在此制度变迁进程中，形成了“今之称地方自治者，不曰自治，而曰官治；吾则曰非惟官治，亦绅治也”的社会现状。[②] 而在民众的“集体记忆”中则呈现另一种走向，即士绅阶层“借机谋利，把持一切，安置僚属，局所林立”。[③] 借助于体制化的局、所，“土豪劣绅，平日或假借功名，或恃其财势，勾结官府，包庇盗匪，盘踞团局，把持乡政，侵吞公款，鱼肉良民。凡诸所为，俨同封殖”。[④] 从而，以“兴绅权”而“兴民权”的历史进程，推演为愈演愈烈的“绅民冲突”。

与“旧政”相比所不同的是，“新政”以及由此推进的地方自治制度，为日趋扩展的士绅权力提供了合法性和制度性基础，[⑤] 并将传统时代基于习惯或地方情境的非制度性绅权也合法化和制度化。更多的新兴领域及其社会组织也为士绅的权益获取提供了历史机遇，“即如近数年间，教育会、商会等，其办有秩序者，固日进于文明，其貌是神非者，或益丛为诟病，此其所以为难也”。从而“贤者有涂炭衣冠之惧，而自好不为，不肖者煽狐鼠城社之风，而路人以目”。[⑥] 袁树勋此论虽多非议，却足证传统士绅对于新

---

① 魏光奇：《官治与自治——20世纪上半期的中国县制》，第357页。

② 茗荪：《地方自治博议》，张枬、王忍之编《辛亥革命前十年间时论选集》第3卷，三联书店，1960，第413页。

③ 《毁学果竟成为风气耶》（时评），《东方杂志》第1卷第11号，1904年，第78页。

④ 《广东省农民协会重要宣言》，中国第二历史档案馆编《中华民国史档案资料汇编》第4辑（1），江苏古籍出版社，1991，第578页。

⑤ 《城镇乡地方自治章程缮具清单》将地方自治范围规定为：“一、本城镇乡之学务：中小学堂、蒙养院、教育会、劝学所、宣讲所、图书馆、阅报社，其他关于本城镇乡学务之事；二、本城镇乡之卫生：清洁道路、蠲除污秽、施医药局、医院医学堂、公园、戒烟会，其他关于本城镇乡卫生之事；三、本城镇乡之道路工程：改正道路、修缮道路、建筑桥梁、疏通沟渠、建筑公用房屋、路灯，其他关于本城镇乡道路工程之事；四、本城镇乡之农工商务：改良种植、牧畜及渔业、工艺厂、工业学堂、劝工厂、改良工艺、整理商业、开设市场、防护青苗、筹办水利、整理田地，其他关于本城镇乡农工商务之事；五、本城镇乡之善举：救贫事业、恤嫠、保节、育婴、施衣、放粥、义仓积谷、贫民工艺、救生会、救火会、救荒、义棺义冢、保存古迹，其他关于本城镇乡善举之事；六、本城镇乡之公共营业：电车、电灯、自来水，其他关于本城镇乡公共营业之事；七、因办理本条各款筹集款项等事；八、其他因本地方习惯，向归绅董办理，素无弊端之各事。”见《清末筹备立宪档案史料》下册，第728—729页。

⑥ 《山东巡抚臣袁树勋奏山东筹办地方自治，设立自治研究所情形折》，《清末筹备立宪档案史料》下册，第741—742页。

权力领域的掌控情况。从传统体制走向近代体制，不啻为制度架构（组织层面上即形式）的转变，更具实质性内容的是权力主体的转变——“前清变法以前，即流外微秩，亦同属朝廷命官……”，“乃自光绪之季，旧吏多裁，今之教育、警察等机关……多本县之士绅”。[①] 即清末一些州县之财务、实业、警务、教育局所（魏光奇所指“四局”）等权力机构“均以士绅主持办理”。由此，地方公共事务（即公共权力）的主持不再仰仗于传统威望型人士（士绅），而更多地依赖于占有公共组织和权力机关的人士——权绅。所以，“新政”启动的制度嬗变“实际上是将由士绅而不是由官员办理地方公共事务的传统做法制度化、机构化”。与传统时代不同，士绅在主持乡里公共事务时，“大多已经具有成文的法律法令依据”。[②] 20世纪前期活跃于乡村社会权力中心的士绅们，“大多具有城镇团练局等准权力机构的局绅局董身份，或是议员校董，或是县政府机关的科长局长，或是区长区董……同时又是民间社会掌握族权的族长，他们掌握了城乡社会的政治权与经济权，在他们身上体现了地权、政权、绅权、族权的高度结合，他们是农村社会中的特殊阶级”。[③] 因此表面上基于“新政”的“绅民冲突”，实质上是权绅利益的过度扩张影响到乡民最基本的生存条件所致。由此，传统时代基于文化、社会身份之等差而形成的乡民对于士绅阶层的社群敬畏，蜕演为基于权力压榨而形成的对“劣绅”集团的社会性愤恨，基层社会矛盾的激化遂相当普遍地以“绅民冲突”的形式展开。[④] 1909年6月18日的《民呼报》报道：“自举新政以来，捐款加繁，其重复者，因劝学所或警费不足，如猪肉鸡鸭铺捐、砖瓦捐、烟酒捐、铺房最小之应免者，复令起捐。”[⑤] 汉口的《公论新报》甚至发表评论直接攻击新政，指责它“仅仅是一个蒙蔽我们的弥天大谎，以此作为由头来经常榨取我们的财富而已”。[⑥]

---

① 任传藻：《东明县新志》卷9“佐治表”，1933。

② 魏光奇：《官治与自治——20世纪上半期的中国县制》，第118、136页。

③ 朱英主编《辛亥革命与近代中国社会变迁》，华中师范大学出版社，2001，第686页。

④ 《毁学果竟成为风气耶》，《东方杂志》第1卷第11号，1904年，第78页。

⑤ 马鸿谟编《民呼、民吁、民立报选辑（1909.5—1910.12）》（1），河南人民出版社，1982，第188页。

⑥ 〔美〕周锡瑞：《改良与革命——辛亥革命在两湖》，第138、139—141页。

基于上述，我们可以大致描绘出清末“绅权”演变的基本态势，即地方权力结构发生了由士绅（scholar-gentry）向“权绅”（power-gentry）的历史性转变。新政及其此后一系列制度性变革为绅权的扩张带来更多的合法性依据，使相对隐蔽操持地方公权的传统士绅变为了公然的权绅。

“新政”给予了传统士绅权力扩张的制度性、合法性基础。而权绅在资源的束聚过程中与民众利益形成直接的冲突，再加之新的权力制衡关系的缺位，[①] 使绅民矛盾和利益冲突缺乏及时和适度的调整而频繁地走向激化，不断以“民变”的方式爆发。晚清“新政”构成绅权“体制化”扩展的制度性基础，而权绅的“体制化”也就构成了“民变”或“绅民冲突”的制度性根源。

晚清以来，无论是士绅阶层内在构成的渐次演变还是整体社会结构的剧烈变动，都超越了传统时代的内容而拥有更多的新时代特征。当然，本质上属于传统时代的士绅阶层的命运——无论个人如何选择、如何在时局的应对中有所取舍——作为一个阶层整体而言，只能由时代所决定。

① 已有的研究认为，士绅管理的地方性活动的范围，从未很清楚地与官方统治范围划分开来。所以官方的软弱必然导致名流的越权，反之则处于无休止的争议之中。明确划分“地方人士管理地方事务”的范围，有可能使地方名流的积极参与和官方的压制都不至过分。参见 R. Keith Schoppa，*Chinese Elites And Political Change*：*Zhejiang Province in the Early Twenth Contury*（Cambrige，Mass.：Harvard University Press，1982），pp. 31—33. 关于山东和江苏自治机构的详细情况，见张玉法和王树槐的论文，《中央研究院近代史研究所集刊》第6辑，1977年6月，第159—184、313—328页。

第二十章

中西学之争：从科举、学校到学堂

晚清历时半个世纪的所谓教育转型，在近代中国的社会变动中起到重要作用。一方面，造就培养新式人才的机制，推动社会各领域的全面更新，使得中国人的知识系统和思维方式根本改变，促进了新文化的产生和发展，中国社会的存在状态和发展趋向由此截然不同，中国得以进入由欧洲中心所笼罩的世界；另一方面，这一进程所形成的新学，实际上是西学（尤其是以西学为外在形式的东学）战胜中学并进而整合中学，自古以来一脉相承的中国文化发生形似而实不同的断裂，被分科所肢解的中学失去了维系道德伦理的作用，追赶先进开始扮演终极关怀的信仰角色，欧化西化成为时尚。用分科的眼光看待中国的社会历史文化，难免误读错解，觉得一无是处，从而埋下赶上甚至超越他者之后自我迷失的隐忧，难以发挥中国文化之于人类前途重要选项的潜在价值。超越以变化为进化、以现在为现代的观念，重新检讨清季教育改革的渊源流变和利弊得失，认识历史，了解现状，把握未来，已经成为连接历史与现实的必由之路。

一　教育与“教”“育”

中国现行的教育体制、学制系统和教育理念开始于晚清，使用与之相应的一整套教育观念来考察评判中国历代的相关文本、观念和行事，也始于晚清。对此，今日通行的教育史和一般通史，大都用之不疑，就连社会

---

* 本章由桑兵撰写。

大众也常常将古今教育加以比附，而不能察觉二者形同实异。“教育”一词，据说出自《孟子·尽心上》“得天下英才而教育之”。其实这并不是专有名词，甚至根本不是名词。古代汉语以字为单位，所以《说文解字》分别解释“教”与“育”的不同意涵：“教，上所施，下所效也”；“育，养子使所善也”。清末以前，偶然有来华西人以“教育”为对应西文的翻译名词。“教育”今日通行的含义及用法，为明治维新后日本新汉语所固定，于清季输入中国，开始专指西式教育，继而概称历代所有教与育的有关行事。

集合概念往往后出，作为方便名词，尚无大碍。可是如果因此而求定义，好比附，就难免牺牲事实将就概念，造成对于文献和史事的种种误读错解。有鉴于此，不应以后设的教育观念涵盖、裁剪形似而实不同的前后史事，削足适履地强古人以就我，而要探求中外本来的理念系统及其相互传播融会、沿革衍化的历程，以至于贯通。

清代教育，前期集唐宋以来学校体制之大成，后期开现代教育体制的先河。前期学校，育才教化，贵通不贵专，所重在于养成做人之道和御人之人。后期学堂，分科教学，虽有普通学和国民教育取向，总体上贵专不贵通，所重在于培育治事之人和办事之才，使人人各得其所。偏于人可以因人而异，偏于才则势必一视同仁。此一分界，对中国社会历史文化转折的影响至深且远。

中国历来重视人文教化，上古即有学、序、庠、塾的理想。汉代独尊儒术，在京师设立太学，在郡国设立学官，后渐立学校。隋唐时期，科举制形成，逐渐取代与门阀等级制相适应的选举制，并与学校相连接。唐代在京城设国子监，统辖各学，在各地设郡县学校。宋代书院勃兴，元代广建社学。至于明代，学校体制大体已备。

清代学校体制远袭《礼记》遗意，近承明代成法，京师设国子监（亦称国学），各省设府、州、县学。又以旗人入主，设宗学、觉罗学，置于国学之上，在京师及各地八旗驻防为满洲、旗人子弟设立各种官学，实行专门教育，并专辟仕进的特殊途径，以保障其族性和特权地位。

清因明制，以科举取士为正途，而科举必由学校。其规制悬学校之名而导以仕进之路。学校乃教化所从出，以纳民于轨物，在王朝统治中地位极崇，作用至大。一方面，学校为天下士子的晋身之阶，承担王朝储才养士的职责，关系人才盛衰；另一方面，学校又是典礼教化的重要场所以及学政、学官整饬士习士风的机构，引导士林风习，端正世道人心，至关重要。

学校有限，学额不广，遂开设书院，以导进人才，补学校所不及。就实际而言，书院其实是混合当今学校、基金会、纪念馆、图书馆、博物馆、出版社、实验室乃至会议厅、宾馆及同乡会等各种功能为一体的组织。书院按照功能不同，可分为兼顾授徒与讲学；考课；授徒与祭祀、纪念并重；从事特殊教学；不授生徒，以祭祀、纪念为主等类型。书院的地理位置日益近于城市，与行政、经济中心构成对应关系，逐渐呈现省会书院（或称省城书院、会城书院）、府郡书院、州县书院、民间书院的层级。较有影响力的书院往往位于大城镇，其生源可突破地域局限。偏僻州县和乡镇的书院通常规模、影响较小，生源受到限制。书院与行政系统对应而形成的等级区分，使得低一级书院生童向高一级书院流动。当然，这样的层级区分只有相对性。书院掌教水平的高下及其依托地域的经济、文化发达程度，对于书院的学术地位与社会声誉影响更大。

书院以外，复推广社学、义学，作为府州县学的延伸。社学、义学通常较书院层级低，被视为书院之小者，分工、定位也有所不同。社学、义学以端蒙养，重在推广教化，化民成俗；书院则以育成才，对有一定教养者进行高深教育，积蓄资治人才。社学、义学乃至书院的名实，本来分界不严，在不同时期、不同区域往往混用。各州县及以下地方，社学、义学常有易名为书院者。清中期以后，界限益趋混淆。

学塾（有书房、书塾、书屋、书馆、闾学、学馆、馆学等多种称谓，各地特有的名称更是不胜枚举）的情况最为复杂，涵盖各种层次、类型，不可一概而论。书院、社学、义学的设立和运转，每每与朝廷及直省官府发生种种联系，故常有政治影响力施加于此。而为数众多的各种学塾则相对所受干预较少，运作程式依照民间约定俗成者为多。由于学塾名目繁多、星罗棋布，时人难以记之于典簿，或根本不屑于付诸笔墨，故留存后世的系统资料反而稀少，向来少人注意研究，而研究者大都以改良私塾的眼光审视。故而关于学塾的实情，只能概括言之。往往是有如此事，而非皆如此事。

学塾渊源甚早，其设置数量、从教受业人数及社会影响都超过书院、社学、义学等，也大量存在彼此混同、难以区分之例，而且并非全由私办。其教学的内容形式未必比其他教学机构守旧落伍。用“私塾”一词指称历代儒学、书院以及官立社学、义学以外各种类型的学塾，始于立停科举前后，趋新人士借此称谓被排斥在西式新学堂系统之外的本土学塾，坊间并不通用。直到民国时期，普通百姓仍不知政府公文与知识人言语中的私塾所指为何事。

国子监、府州县学和宗学、觉罗学以及各种官学，均由官办；书院、社学、义学的经费来源多样，既有官办，也有民办，还有官为之倡议，集众人之力所设。清前期官设社学较多，甚或成为州县学校的基层单位，由学校教官掌教。学塾名目、形式多样，既有多种方式个人出资的，也有同族同业同籍共立的。改良私塾，族学、义学也列入其中。

在国子监肄业和归国子监兼管的生徒主要是贡监生，多为正途，另有八旗官学生和算学生。府州县学进学者是按照科举学额通过各级童试取进的生员。就学于书院者，以学校生员为主，举人、童生也所在多有，程度间有高于学校者。社学、义学，入学者多为童生，部分面向开蒙者。学塾大体有蒙馆、经馆两种类型和等次，前者着重于识字发蒙，后者侧重于应试和经典学习。这种情形在社学、义学、族学里同样存在。更为普遍的则是同一学塾兼容各种类型和不同层次的生徒，因人施教。

清代的学校、书院、社学、义学，不能以晚清以来移植、模仿外国的新式教育机构相比附。清代一反前明风气，不尚讲学，学校所设各种教官教职以及书院掌教，虽间有讲学，但主要是通过考课以各种奖励激励、扶助士子向学，以读书自修和批阅笔记的形式扶掖导进。在较长的时期内和相当普遍的情形下，它们其实并未实施如后来意义上的经常性教学活动，就此而论，它们很难说是实际承载教育的主体单位。只有蒙馆的塾师才以日常教学为主。民众的启蒙教育多在家庭及各类学塾进行并完成。各级学校以及书院、社学、义学、学塾之间，不存在学制统系的关联，生徒学习，没有一定的年限、层级，一般无须逐层递进的升级升学。即使实施教学，也很少分门别类。学校和书院，还担负典礼、祭祀、藏书、刻书等事，成为地方的文化中心。也可以说，在教化的一统之下，中国传统的所谓教育，大体分为追求科考功名和利于日常实用两个部分。

与此相应，清朝本来没有专管各类学校学塾的教育行政机构，在京师，主管科举的礼部主要负责与一般学校相关的事务，国子监、内务府、理藩院等分别负责各种专门学校的事宜；在各省，则派差学政，职掌学校政令。学政不仅不是地方官，甚至不是实缺官员，名义上承担教士之责，实际只能以考校定去取。而上自清帝，下至各级官员，都以兴学育才、化民成俗的教化为己任。行省是内外相维政治体制中的分地而治，并非一级行政区划，因而没有省一级的学校建置。反而书院在实际推广过程中，逐渐形成依托省会、郡城、州县的大中小书院，成为清季改制的凭借。

乾隆朝以后，学校、书院、社学、义学逐渐废弛，徒具形式，加之白莲教和太平天国运动的广泛冲击，大半颓废。一些地方的社学转为自卫结社组织。洋务运动曾力图振兴教育，但学校成效不彰，社学、义学只有短暂中兴。新立书院则朝着两个方向转变：其一，更加着重于学术传承，倡导不同的学风，不仅影响一省文风盛衰，而且造成学风转移；其二，兼采西学新知，甚至改用西法教学，成为导入新式教育的重要凭借。

二 学堂与学校

鸦片战争后，一些开明官绅主张采西学，设学馆，以应对山雨欲来的大变局，专门仿效西学的新式学堂应运而生。来华传教士设立的教会学校，在一定程度上起到了示范作用。学堂的组织、管理、教学形式和内容，与中国固有的学校、书院、学塾等全然不同。伴随着自强运动的展开，学堂从学习外国语言文字逐渐扩展到学习工艺、军事、实业，并派遣学生留学欧美。中日甲午战争前后，出现了学习一般西学知识的普通学堂。这一时期的学堂教育，无论一校之中还是各校之间，缺少配套衔接、循序渐进的层级体系，其归属和管理，也是五花八门。所学西学知识，为片段和片面的，只是补充中国固有教育之不足，没有整体取而代之的规划目标。管理则多由总理各国事务衙门等相关部门对口负责。是为学堂教育的无系统时期。

明清之际，耶稣会士入华，将天文、历法、地理、数学、物理、生物等知识导入中国。在徐光启、李之藻等人的协助下，利玛窦（M. Ricci）、艾儒略（G. Aleni）、毕方济（F. Sambiasi）、傅汎际（F. Furtado）、高一志（A. Vagnoni）等介绍了以耶稣会所办学校为代表的欧洲教育。鸦片战争前后，新教传教士成为西学东渐的要角，办学是其借以传教的重要形式。他们先后在马六甲、澳门等地创办了以教育中国学生为主的教会学校。五口通商后，教会取得进入中国传教的许可，至咸丰十年（1860），天主教会已在五口和香港开设学校。第二次鸦片战争后，教会学校进入内地，逐渐遍布全国，自成系统，构成对中国固有教育体制的冲击，也成为新式教育的示范。而太平天国战争则使得广大区域的学校、书院受到严重破坏。各级官员虽力图整顿，但收效不显。

由于和外国人的交涉事件及通商日渐增多，办事官员深感语言不通，文字难辨，打交道不易。通商为时政之一，要与洋人打交道，必通其志、达其欲，周知其虚实情伪，而后能收称物平施之效。咸丰八年（1858），《中英天津条约》第50款规定，嗣后英国文书俱用英文书写，遇有文辞辩论之处，总以英文作为标准。《中法天津条约》关于中法外交文件也有相应规定，遇有文辞歧义之处，以西文为准。因此，创设外语学校，培养通事译员，成为当务之急。

咸丰十年十二月，恭亲王奕䜣等奏准仿俄罗斯馆例，在京师设立同文馆，培养翻译人才，以利对外交涉。令粤、苏两地督抚于广东、上海商人专习英、法、美三国文字语言者，各挑选二人，厚给薪水，并于八旗中挑选天资聪慧、年在十三四以下者各四五人，到馆学习。因广东、上海没有合适的教习人选，改由外国延访，聘请英国人包尔腾（J. S. Burdon）任英文教习，只教语言文字，不准传教；另请人教习汉文，暗为稽查。

同治元年（1862）五月，京师同文馆开馆。此一般被视为中国近代新教育的肇端。最初仅设英文馆，次年，开办法文馆，并将俄罗斯馆移入同文馆，各有10名学生。法国传教士司默灵（A. E. Smorrenberg）、俄国驻华使馆翻译官柏林（A. Popoff）分别被聘为两馆教习，亦不准传教。两馆同样设汉教习监察。

同治五年，奕䜣与曾国藩、李鸿章、左宗棠、英桂、郭嵩焘等往返函商，以制造巧法，必由算学入手。郭嵩焘遂上疏保举专精数学的南海生员邹伯奇和淹通算术、尤精西法的浙江诸生李善兰到同文馆，与西洋教师会同课习算学。同年十一月，奕䜣等奏请于京师同文馆内添设天文算学馆，招取满汉举人及恩、拔、副、岁、优贡，汉文业已通顺，年在二十以外者，以及正途出身五品以下京外各官，少年聪慧，愿入馆学习者，一体与考，录取后，即延聘西人在馆教习，务期天文、算学，均能洞彻根源。

添设天文算学馆之议一经提出，引起朝野上下近半年的论争。焦点在于，是否设天文算学馆、招科举正途者为学生、聘请洋人为教习等事。掌山东道监察御史张盛藻以设立专馆，只宜责成钦天监衙门考取年少颖悟之天文生、算学生，送馆学习，不必用科甲正途官员肄习。大学士倭仁奏称："天下之大，不患无才。如以天文、算学必须讲习，博采旁求，必有精其术者，不必师事夷人。"

同治五年十二月，奕䜣等再上折请设天文算学馆，坚称：外人之疑议虽多，当局之权衡宜定。同治六年正月，清帝发布上谕：朝廷设立同文馆，取用正途学习，原以天文算学为儒者所当知，不得目为机巧。正途人员用心较精，则学习自易，亦于读书学道无所偏废。是以派徐继畬总管其事，以专责成。不过借西法以印证中法，并非舍圣道而入歧途。驳回张盛藻所奏。倭仁奏请另行择地设馆，保举人员讲求天文算学，亦因无人可保，不了了之。在学堂问题上的中学与西学之争，由此浮上台面。

五月，天文算学馆设立。由于倭仁等人的反对，京师各省士人聚党议阻，并以无稽谣言煽惑人心，报考者锐减，仅录取合格学生 10 名，与原来语言学生合并一馆。因天文算学馆学生出身正途，特派老成持重、兼知中西之学、足为士林矜式的太仆寺卿徐继畬充任总管同文馆事务大臣，以专稽查而资表率。

同治八年十月，丁韪良（W. A. P. Martin）任同文馆总教习，统管教务。其后，京师同文馆学生人数倍增，课程渐趋多样化，校舍规模不断扩大，由单纯的外语学校变成多学科的综合学校。十年，增设德文馆，并加设医学和生理学讲座。光绪二年（1876），制订八年课程计划，建立中国近代最早的化学实验室和博物馆。十四年，开设格致馆，建天文台和物理实验室，添设翻译处。二十三年，增设东文馆。二十六年，八国联军攻占北京，同文馆遭受严重破坏，师生解散。光绪二十七年十二月，同文馆归入大学堂。历经 40 年的京师同文馆宣告结束。

京师同文馆隶属总理衙门，设总管大臣、专管大臣、监察官以及提调等管理馆务，总管大臣即总理各国事务衙门大臣，历任者为奕䜣、宝鋆等；专管大臣为崇礼、袁昶；监察官为赫德（Robert Hart）。同治元年七月，京师同文馆订立章程六条，设满汉提调各一，由总理衙门司员选任，经理一切馆务。后增为正、帮各提调二人，掌经理训课及督察生徒勤惰之事。经费主要来自海关船钞。

京师同文馆教习以延订、选举、考充三种形式确定总教习、教习、副教习。总教习及洋教习，就各国儒士中延访。通洋学之汉教习，由各直省选举。汉文教习，就京师咸安宫、宗室、景山八旗取未传馆之教习招考充当，额 3 人。总教习额定 1 人，洋教习视各馆学生多寡而定。丁韪良，同治四年受聘为同文馆英文教习。六年，兼任万国公法教习，为此，他特返美进耶鲁大学研习国际法。八年夏回馆，被聘为首任总教习，直到光绪二十年出于健康原因离馆，次年正式辞职。接任的爱尔兰人欧礼斐（C. H. Oliver），光绪五年执教于同文馆，任英文、格致教习，曾兼任化学、天文教习。二十年，代总教习，二十一年，正式接任总教习，直至京师同文馆结束。副教习由优秀学生担任，协助教学，分副教习、副教习上行走、记名副教习三种。

汉、洋教习的待遇相差很大。同治元年包尔腾试教时，年薪 300 两。次年，法文、俄文馆开办，因洋教习非厚给薪水无人愿来充当，故主事者规定洋教习一年库平银 1000 两，总教习俸银随时酌定。汉教习开始月薪只有银 8 两，后增至 12 两。汉教习满二年者，无论举贡与否，皆奏请以知县用。又二年，奏请分省遇缺即补，并加升衔。

京师同文馆开始主要招收八旗子弟。天文算学馆招取范围扩大到满汉举人及恩、拔、副、岁、优贡，以及正途出身五品以下京外各官。同治五年十二月，举行推广考试，凡翰林院庶吉士、编修、检讨，并五品以下由进士出身之京外各官，俾充其选。因浮言四起，正途投考者寥寥，招生对象又扩大到杂项人等。同治七年五月，总理衙门对所录 30 名学生进行面试，取尚堪造就者 10 人留馆学习。次年，同文馆共有学生 40 余人。在同治九年和光绪四年，同文馆又先后招考学生。

光绪十一年，奕劻等以同文馆学生无多，奏请推广招取满、汉年在 15

岁以上25岁以下、文理业已通顺者，取具本旗图片及同乡官印结，递呈投考。另外，满、汉举贡生监平日讲求天文、算学、西国语言文字者，不拘年岁，准其取具印结、图片，一律收考。是年十二月复试，共取汉文80名，幼童虽未全篇而文理明顺者10名，天文2名，算学12名，化学3名，翻译洋文1名，共108名。光绪十三年八月，同文馆领受膏火的学生共计116名。

除直接招生外，上海广方言馆和广东同文馆还向京师同文馆保送学生。

同文馆初立时，翰林院人员入学，被视为有辱斯文。光绪中叶，风气渐开，汉人已有愿入者，然极容易，不必考试。后想入者增多，考试规定渐趋严格。由于不少学生入馆后继续应试科举，获取功名，同文馆渐为士人所重。

同文馆初期主要培植翻译人才，故仅教授语言文字。又因通商各国，以英、法、俄交涉事务为多，学习外语亦以英、法、俄为要，是以分设3馆，同时并习。随着天文算学等各馆的增设，陆续开设算学、化学、万国公法、医学、生理、天文、格致等课程，但仍以洋语、洋文为要，洋语、洋文已通，方许兼习别艺。夏季洋教习休假期和礼拜休息日，则加添汉文功课。

光绪二年，同文馆公布“八年课程表”及“五年课程表”。由洋文而及诸学为期8年；其年齿稍长，无暇肄及洋文，仅借译本而求诸学者，为期5年。同文馆课程分为文字、天文、地理、算学、化学、格致等门类，各门类又有详细课目。各科教材主要来自外文原版书、中译西书和教习自编书。

翻译为必修课，同治十三年四月，总教习丁韪良呈请译书，并开具章程6条。译者多为洋教习，亦有学生参与。馆中共译西书20余种，涉及国际法、科技、语言学，如《万国公法》《法国律例》《格物入门》《化学阐原》《汉法字汇》《英文举隅》等。

同文馆学生毕业后，主要供职于外交界。光绪二年，中国开始在外国设立使馆，派驻使节。十四年，总理衙门添设翻译处，同文馆学生因而用途渐广。全部毕业学生91人，在外交或涉外部门任职的40人，其中任出使大臣或驻外公使的7人。还有27人任军政职务，4人从事教育，20人供职于铁路和其他部门。

对于同文馆的利弊得失，时人评价各异。郑观应认为，广方言馆、同文馆虽罗致英才，聘请教习，但学语言文字，天文、舆地、算术、化学，仅初习皮毛。梁启超批评同文馆所聘西人，半属无赖之工匠、不学之教士；华人则多学而未成或不适用之人。而光绪十一年奕劻等奏称，自设立同文馆以来，迄今20余年，洋教习等均能始终不懈，各学生等因而日起有功，或随带出洋，充作翻译，或升迁外省，及调赴沿海各处差委，已不乏人，实属卓有成效。

同治二年和三年，上海、广东也分别开办同文馆（上海后改称广方言馆），教授英、法等国语言文字，后来又分别增设东文馆、普（德）文馆。这一时期各地开办的外国语学堂还有：新疆俄文馆（1887）、台湾西学馆（1887）、珲春俄文书院（1888）、湖北自强学堂[①]（1893）。

同文馆等以学习外语为主，开设西学课程，目的还是满足中外交涉的翻译之需。而开眼看世界的中国人主张“师夷长技以制夷”，逐渐察觉到列强民富国强的秘诀在于教育。咸丰十年以后，冯桂芬等人鉴于西人擅长推算之学、格物之理、制器尚象之法，无不专精务实，各有成书，已经翻译者十才一二，必须尽阅其未译之书，方可由粗浅而入精微，提出采西学、设学馆。[②]虽然仍是讲求翻译，目的却是求西学。而一般民众对教会学校的反应日趋积极，给官绅形成压力。清政府推行自强新政，对于西方艺学的需求迫切，陆续开办了军事技术、技术以及专门实业学堂。

军事技术学堂主要有福建船政学堂和广东实学馆。前者同治五年开办，原名求是堂艺局，分设前、后两学堂，前学堂注重法国学问，专习设计制造；后学堂注重英国学问，专习管轮驾驶。后又增设绘事院、艺圃、管轮学堂、练船等。是为中国近代最早的海军学校。后者光绪七年正式开办，原定讲求机轮驾驶与一切西学及洋务交涉事宜；后仿福建船政学堂，参酌粤省情形，专习英文，分驾驶、制造两途。学习优秀者可兼习开矿、制造、枪炮、水雷等学，学习次优秀者则拨为管轮。此外，习外国语言文字，以备出使参赞翻译之选。

技术学堂包括电报、医学、铁路、矿务等，培养通信、救护、运输、

① 开始分方言、算学、格致、商务四斋。1896年一律改课方言，分立英文、法文、俄文、德文四门。1898年，增课东文。

② 冯桂芬：《校邠庐抗议》下册，1885，广仁堂刻本，第67—70页。

采矿人才。主要有：福州电报学堂（1876，或称福州电气学塾，中国最早的电报学校）、天津电报学堂（1880）、天津医学堂（1881，又称北洋医学堂，1893 年增设西医学堂，是为中国最早自办的西医学校）、上海电报学堂（1882）、金陵同文电学馆（1883）、两广电报学堂（1887）、台湾电报学堂（1890）、湖北算术学堂（1891）、湖北矿务局工程学堂（1892）、山海关铁路工程学堂（1895，中国最早的铁路学堂）、南京陆军学堂附设铁路学堂（1895）、江南储材学堂（1896，分交涉、农政、工艺、商务等 4 门 16 目）、南京矿务学堂（1898）、上海江南制造局附设工艺学堂（1898）。

甲午战后，开明官绅认为，日本取胜，在于其国遍设各学，才艺足用，中国则专心道德文章，不重艺事，必须培养造就近代工业急需的技术人才，兴办各种专门、实业学堂。后康有为提出："凡农、商、矿、林、机器、工程、驾驶，凡人间一事一艺者，皆有学，皆为专门也。"① 他主张各省府州县广兴学务，凡天文、地矿、医律、光重、化电、机器、武备、驾驶、铁路、农业、商业、师范等，均设立专门学校，培养各类专门人才，以适应农工商各业发展及时局的需要。

戊戌变法前，各省陆续开办的实业学堂和专门学堂主要有：1896 年创办的江西高安县蚕桑学堂，1897 年创办的温州蚕学馆、直隶矿务学堂，1898 年创办的杭州蚕学馆和湖北农务、工艺学堂。

戊戌变法期间，光绪帝连降谕旨，要求各地重视兴办专门、实业学堂。铁路、矿务、农务、工学、商学、茶务、蚕桑等学堂在各地迅速开办。南北洋分设矿学学堂；江宁设工艺学堂；津榆路设铁路学堂；京师、江宁设农务学堂，并拟设茶务学堂、蚕桑公院，安庆设课桑园、蒙学馆；上海设翻译学堂，编译书籍报纸。变法失败后，包括京师大学堂在内的部分兴学措施得以维系。1899 年，广西设农学堂。

受到日本维新变法成功和甲午战败的刺激，全面学习西方和完整学习西学逐渐成为朝野关注的议题。从郑观应开始，李端棻、康有为、张之洞等皆主张以书院为基础，改建一套自京师及各省府州县乡，各有期限、逐级递进的学堂体制，广设大学、高等学、中学、小学，形成完整的新式学

① 中国史学会主编《中国近代史资料丛刊·戊戌变法》（2），上海人民出版社，1957，第 218 页。

堂系统。戊戌变法期间，朝廷谕令各省府厅州县现有之大小书院，一律改为兼习中学、西学的学校。省会大书院为高等学，郡城书院为中学，州县书院为小学。留学之地则由欧美开始转向日本。

甲午海战之前，中国人开设的各类新式学堂共有 25 处，各种学堂实行分科分级教学，严格的考试和奖惩制度，重视实习，但大都只学西文、西艺，囿于一才一艺，缺乏普通学教育。维新人士批评不改科举，不学西政，不讲爱国，不求精深，只用洋人，毕业生只能担任翻译、买办，而不能培养出可备国家之用的实学真才，而且各学堂主要为各地洋务机构的附属，互不统辖，彼此也没有依次递升的衔接关系，多数学堂仅为一级制，下无预备学校，上无继续研修机构。

随着对西洋“长技”的认同和对新式教育认识的加深，建立新学制的呼声时有所闻。传教士的介绍是中国人最初了解西方学制的主要管道。同治十二年，德国传教士花之安（Ernst Faber）所著《泰西学校论略》（亦名《德国学校论略》或《西国学校》），盛赞德国学校制度。光绪七年，美国传教士狄考文（Calvin Wilson Mateer）发表的《学校振兴论》，介绍美国学制；两年后，丁韪良发表《西学考略》，介绍欧美等国和日本共 7 国的教育制度，成为朝野上下了解、借鉴西方各国学校制度的重要参考。光绪十年，上海江南制造局刊印《西国近事汇编》第 1 卷，专门介绍西方的学制、教育方针和学校课程设置；三年后，第 2 卷介绍日本明治维新后兴办的各种新式学校。从光绪十三年始，英国传教士李提摩太相继著《新学八章》《七国新学备要》《整顿学校》。二十二年，美国传教士林乐知（Young John Allen）将日本明治初期文部大臣森有礼所辑《美国诸名流振兴文学成法》译成《文学兴国策》，分别介绍各国学制。

受其影响，中国士人也渐有相关著述。光绪五年黄遵宪《日本杂事诗广注》和《日本国志》，八年王之春《各国通商始末记·广学校篇》，十六年汤震《危言·中学篇》，十七年薛福成《出使四国日记》，十八年郑观应《盛世危言·学校》，分别介绍了日本、欧洲等地的学校制度。

在介绍、吸收外国学制的基础上，出现了关于中国学制的构想。容闳向太平天国的洪仁玕建言七事，包括设立实业及陆海军学校、颁定系统学制。这是中国人第一次要求全面引进西学，建立新式教育制度。郑观应

《盛世危言・考试》拟订详备的办学计划，以原来各州县、省会和京师的学宫、书院为基础，仿照泰西，稍为变通，文武各分大、中、小三等，设于州县者为小学，设于各府省会者为中学，设于京师者为大学。“文学”分文学、政事、言语、格致、艺学、杂学等六科；“武学”分陆军、海军两科。每科分数班，岁加甄别，以为升科，延聘精通中西之学者为教习，详订课程，小学三年优秀者升中学，中学三年优秀者升大学。[①] 不仅要求学堂数量大增，教学内容中西并举，政艺并重，而且正式提出设立三级学校，以及分层级逐年考试递升的制度，初步勾画出中国学制系统的轮廓。

上海正蒙书院为最早略具普通小学性质的新式书院。光绪四年由上海邑绅张焕纶等创办，学生分为数班，即后来多级教授制，教科为国文、地理、经史、时务、格致、数学、歌诗等，后添课英法文，旁及体育，尤其注重德育。

甲午战败，有识之士大都认为补救之道在于兴学，于是纷纷创办新式学堂。到 1899 年，新开办的学堂至少有 104 所，分布于 17 省。

学堂渐多，构建学制系统愈加引起关注。1895 年，康有为奏请令各省州、县遍设艺学书院，招收 15 岁以上学童入院肄业，通过考试，给予秀才出身，并荐于省学；省学通过考试，予以举人出身，贡于京师；京师中选者给予进士出身，明确了各级学校的衔接关系。次年，刑部左侍郎李端棻奏请自京师以及各省府州县皆设学堂，并初步拟出各级入学年龄、课程以及肄业年限。这使中国引进西式教育体制的设想更加系统、完备。

戊戌变法期间，为了广兴学堂，培养行法之人，远取法于德国，近采日本学制，建立新学制的呼声强烈。清政府相继派员游历日本，考察学务。出使日本大臣裕庚介绍了日本仿照西法设立分科大学的情况及大学科目、初学功课等。管学大臣孙家鼐奏派御史李盛铎、编修李家驹、工部员外郎杨士燮等赴日，将日本大学、中学的规制课程以及考试之法逐条详查，汇记成《日本东京大学规则考略》一书。姚锡光奉张之洞之命赴日考察教育，回国后出版《日本学校述略》和《东瀛学校举概》，详细介绍日本学制。国内报刊亦刊译日本学制资料。

---

① 《盛世危言》卷 1《考试下》，夏东元编《郑观应集》上册，上海人民出版社，1982，第 299—300 页。

光绪二十四年五月，康有为奏请构建普通学堂体系：各省府县乡兴学，乡立小学，县立中学，省立专门高等学、大学，而京师应早立大学。张之洞也主张天下广设学堂，各省道府州县皆宜有学，京师省会为大学堂，道府为中学堂，州县为小学堂，中小学以备升入大学堂之选。府县有人文盛物力充者，府能设大学，县能设中学，尤善。总理衙门筹议京师大学堂章程，于大学堂兼寓中小学堂之意，分列班次，循级而升，并请旨严饬各省督抚学政速将中小学堂开办，务使一年之内，每省道府州县皆有学堂。五月二十二日，颁发京师大学堂章程给各省道府州县，谕令照章以各级书院改建为各级学堂。

甲午战后，普通学堂发展最快，1895—1899 年创办的 100 余所新式学堂中，普通学堂占 84 所。其中最重要的为天津中西学堂和上海南洋公学。

天津中西学堂创设于 1895 年，学堂分头等、二等两级，又各分为头、二、三、末四班，依据名次，按年递升。是为中国近代最早分级设学的学堂，成为新式大学和中学的雏形。上海南洋公学设于 1896 年，陆续设师范院、外院、中院、译书院、铁路班、特班、政治班（后改为商务班）及附属小学。后统一为师范、外、中、上四院，其中后三院的学生各分四班，按年依次递进。其三级教育体系，为中国近代教育体制树立模型。

除一些学堂内分两级、三级外，一些独立的一级制新式普通学堂，还初步与其他学校形成衔接关系。

光绪二十二年七月，管理官书局大臣孙家鼐提出，各省设学，应抱定中体西用宗旨。各地普通学堂开办，多注重实学，中西学并举，政艺学通习，并在西学课程中增添政治伦理，在中学课程中废除八股辞章，增加掌故、史地、通鉴、律法等。由于不少学堂由书院、学馆改建，中西学结合、政治史地与格致算学兼课，实际上是压缩经学、添设西学，减少甚至废止八股辞章，增加经世之学。

同年，刑部左侍郎李端棻奏请议设京师大学，选举贡监生年三十以下者入学，亦准京官愿学者入读，三年为期。管理官书局大臣孙家鼐以京师建立学堂，为各国通商以来仅有之创举，不能援引官学、义学之例，亦不仿照总署同文馆、各省广方言馆之意，又因福建船政学堂、江南制造局学堂及南北洋水师武备各学堂，皆囿于一才一艺，也不仿照办理。他提出应参仿各国大学堂章程，变通办理，以切时用，并奏陈六条意见：宗旨宜先定；学堂宜造；学问宜分科；教习宜访求；生徒宜慎选；出身宜推广。因恭亲王奕䜣、大学士刚毅等枢臣奏请缓行，此事暂被搁置。

光绪二十四年，屡有大臣条陈奏设京师大学堂。上谕京师大学堂亟须开办，其详细章程由军机大臣会同总理各国事务衙门王大臣妥议具奏。总理衙门仍以事属草创、筹划不易为词，迟迟不动。

同年四月，下诏变法，以京师大学堂为各行省之倡，尤应首先举办。上谕屡次催促军机大臣、总理各国事务王大臣会同妥速议奏开办京师大学堂事宜。枢臣继续敷衍拖延。康有为再度奏以京师议立大学数年，宜督促早成，而兴学养才尤需时日，请立学宜速。五月，朝廷严旨下令军机处和总理衙门从速复奏京师大学堂开办事宜，勿再迟延。诸大臣因中国从未有学校之举，无成案可袭，嘱梁启超代草。梁乃略取日本学规，参以中国情形，草订规则 80 余条。总理衙门遂将此章程上奏获准，派孙家鼐管理大学堂事务。至此，京师大学堂得以正式成案。

管理官书局大臣孙家鼐议复开办京师大学堂之初，即明言应以中学为主，西学为辅；中学为体，西学为用；中学有未备者，以西学补之，中学有失传者，以西学还之。以中学包罗西学，不能以西学凌驾中学，是为立学宗旨。梁启超代总署草拟的《筹议京师大学堂章程》，重申宗旨即中学为体、西学为用。六月，孙家鼐奏筹办大学堂大概情形，对《章程》有所修正，提出具体办法八条：立仕学院；出路宜筹；中西学分门宜变通；学成出身名器宜慎；译书宜慎；西学拟设总教习；专门西教习薪水宜从优；膏火宜酌量变通。经孙家鼐推荐，任命张元济为大学堂总办（张不久辞职，改任黄绍箕为总办。黄稍后调职，由余诚格继任），朱祖谋、李家驹为提调，刘可毅、骆成骧等为教员，原同文馆总教习丁韪良为西学总教习，掌握实权，对于科学课程的设置，管学大臣不能过问。

最初军机大臣及总理衙门拟定京师大学堂开办经费 35 万两，常年经费 18.868 万两。经户部奏准，以华俄道胜银行清政府存款利息支付，每年京平银 20.063 万两。光绪二十八年，京师大学堂恢复，张百熙奏请将前项存款本息全数拨归大学堂，仍存入华俄道胜银行生息；又以京师大学堂专门正科，本为各省高等学堂卒业生咨送肄业，各省理宜合筹经费拨济，请旨各省督抚量力认解。

京师大学堂校舍，由庆亲王奕劻和礼部尚书许应骙负责建造，先拨地安门内马神庙和嘉公主旧第为临时校舍。开始报名投考者十分踊跃，原定招生 500 名，另附小学堂 80 人。京外投考者逾 700 人，学堂不足容纳。

戊戌政变后，内阁奉旨：除京师及各省会业已次第兴办外，其余各府州县议设之小学堂，应由该地方官斟酌情形，听民自便；其各省祠庙不在祀典者，苟非淫祠，则一仍其旧，毋庸改为学堂。对于停罢学堂之议，懿旨以书院与学堂，名异实同，本不必定更改，京师大学堂得以不废。孙家鼐继续负责筹办事宜，于是年底正式开学，规模较原计划大为缩小，仅设仕学院，以教进士举人，并附设中、小学堂。学生总共不及百人，讲舍不足百间。次年，学生增至近 200 人。

光绪二十六年，八国联军侵入北京，京师大学堂被迫停办，生徒四散，校舍封闭，藏书损失殆尽。开办两年间，学生从未足额，一切因陋就简。外人往观者，甚至视同蒙养学堂。

次年，京师大学堂复办，以张百熙为管学大臣，先设预备、速成二科。预备科分政科和艺科，速成科分仕学、师范二馆，均为期 3 年。后管学大臣改为学务大臣，大学堂事务变成兼管，光绪二十九年，另设总监督，专管该学堂事务，以张亨嘉为首任总监督。

京师大学堂由管学大臣总理其成，下分教务和事务，教务由总教习主管，事务由总办主管。后孙家鼐上《筹办大学堂大概情形疏》，对总教习的设置有所修正，除原设中总教习外，用丁韪良为总教习，总理西学，仍与之订明权限，其非所应办之事概不与闻。

科目设置，分为 10 科：（1）天学科，附算学；（2）地学科，附矿学；（3）道学科，附各教源流；（4）政学科，附西国政治及律例；（5）文学科，附各国语言文字；（6）武学科，附水师；（7）农学科，附种植水利；（8）工学科，附制造格致各学；（9）商学科，附轮舟铁路电报；（10）医学科，附地产植物各化学。

京师大学堂还设有：师范斋，专门讲求教授之法，以分派各省学堂充当教习；仕学院，教进士、举人出身之京官；医学馆，考求中西医理，兼寓医院之制（即附属医院）；编译局，编纂大、中、小三级教科书；藏书楼，广集中西要籍；仪器院，集天算、声光、化电、农矿、机器制造、动植物各种学问应用之仪器。另附设中小学堂。复办以后，调整为预备科、速成科、进士馆、译学馆、医学实业馆等。

《京师大学堂章程》所定功课，严密切实，中西并重。分为普通学和专门学两大类。普通学者，学生皆通习；专门学者，每人占一门。张百熙掌校后，增加西学课程，缩减经学课。张百熙主持大学堂之始，以总教习非有学赅中外之士，不足以膺斯重任，即谢辞丁韪良，以吴汝纶学问纯粹，时事洞明，演贯古今，详悉中外，力聘为总教习。

辛丑和约后，新政重开，谕令各省所有书院，于省城均改设大学堂，各府及直隶州均改设中学堂，各州县均改设小学堂。专设管学大臣，管理京师大学堂并兼管全国学务，效法东西各国，尤其是日本的教育新制，相继颁布《钦定学堂章程》和《奏定学堂章程》，制定了包括各级各类学堂的壬寅学制和癸卯学制，学堂教育进入有系统时期。

新政复行，各省督抚遵旨纷纷条陈建言。光绪二十七年三月，山东巡抚袁世凯奏请将京师大学堂扩充整顿，并饬各省筹措经费，多设学堂，或仿照各国学校章程，区分等次，以次推广，务使穷乡僻壤皆有庠序。五月，湖广总督张之洞、两江总督刘坤一会奏变法自强第一疏，指出书院积习过深，必须正名为学堂或各种学校。另参酌中外情形，酌拟设学堂办法，令州、县设小学校及高等小学校，府设中学校。计自 8 岁入小学起，至大学校毕业止，共 17 年。为救时计，可权宜变通，先多设中学及高等学，选年少力壮、聪敏有志的生员迅速教授，先学普通，缓习专门。又请饬出使大臣李盛铎，托日本文部、参谋部、陆军省代筹，酌拟大、中、小学各种速成教法，以应急需。八月初，谕令督抚、学政将各省所有书院改设学堂，并多设蒙养学堂，切实通筹举办。

山东巡抚袁世凯任周学熙为总办，美国人赫士（Watson Mcmillen Hayes）为总教习，率先改济南泺源书院为山东大学堂。光绪二十七年八月，袁世凯以各属应设之中小学堂难以骤成，而省城大学堂又势难久待，奏请先就大学堂内区分三等：一等为备斋，习浅近各学，如各州县小学堂，以两年为期；二等为正斋，习普通学，如各府厅直隶州中学堂，以四年为期；三等为专斋，习专门学，以两年至四年为期。因无所取才，暂不立专斋，先从备斋、正斋入手。又拟另设蒙养学堂，令幼童自 7 岁至 14 岁，八年内专攻讲习经史，兼解中国浅近政治学、地舆学并初级算学，毕业后选入备斋，加习西学。创办伊始，先以经义史论考选学生，挑入备斋肄业。备斋暂以 300 人为定额，年岁为 15 岁至 23 岁，通解经史，身家清白者为合格。俟备斋学生按照所定年限毕业升入正斋，正斋学生毕业领照后，或量才录用，或入专斋。又参用初等师范学堂规制，在备斋各班学生内，择心术端正者，兼令练习初等师范。考取优等，领有师范凭照，即可充小学堂教习。入正斋肄业者，参用中等师范学堂规制，再令练习中等师范，以备中学堂教习之选。

十月，谕令政务处即将袁世凯原奏并章程，通行各省，立即仿照举办。接着谕令各省将小学堂毕业生考取功课合格者，送入中学堂肄业；俟毕业后考取合格者，再送入该省大学堂；毕业后取其合格者，给照为优等学生，由该省督抚学政，考校择优，咨送京师大学堂复试。

江苏、广东等省兴办大学堂，其课程、等级、班次，均照山东模式。课程以四书五经、纲常大义为主，历代史鉴、中外政治艺学为辅，分设伦理、政法、本国文、外国文、历史、地理、数学、格致、博物、图画、乐歌、体操诸门。广东大学堂内另设校士馆，挑选原书院生徒及近年增设西学生优秀者数十人，入馆肄业，学习日文，以备游学日本。江苏同时创办高等学堂，以原南菁书院诸生于经史、政治、舆地、天算、格致各学，门径已通，可期深造，故专斋、正斋、备斋同时并设。正、备斋学目悉照山东章程，专斋学目原定十科，先立经、史、政治、测绘四科，其余分年次第兴办。

内地省份闻风而动。陕西宏道大学堂章程及课程设置均仿南菁书院成案，分设内政、外交、算学、方言四科。四川总督奎俊改尊经书院为四川省城大学堂，并将中西学堂并入大学堂，仿照山东章程，先设备斋，二三年之后，再设正斋和专斋。川东、川南各府厅州县，亦多就地筹款，或就书院改建学堂。贵州巡抚邓华熙将贵山书院改设贵州大学堂，其章程仿山东，参以黔省情形，略加变通。广西、安徽、湖南、湖北、直隶、奉天、浙江、福建、山西等省，相继仿行。与此同时，为宗室、觉罗及八旗等所办官学亦改为中、小学堂。

专门、实业学堂的发展也大为加速，截至癸卯学制颁布，各地兴办的专门、实业学堂主要有：1900 年设立的福建蚕桑公学，1901 年设立的江苏镇江商务学堂、广东商务学堂，1902 年设立的山西农务学堂、通海农学堂、直隶农务学堂、湖南农务工艺学堂、湖南中等工艺学堂、河南荥阳县养蚕传习所、四川蚕桑公社、汉阳钢铁学堂，1903 年设立的湖南农业学堂、山东青州蚕桑学堂、上海高等实业学堂、北洋工艺学堂、湖南高等实业学堂、四川工业学堂、广东路矿学堂、北洋马医学堂等。

1862—1902 年，新式教育经过 40 年的努力，初具规模。从 1898 年起，学校类型逐渐完备，京师设大学堂，一些省城设有高等学堂，府、州、厅陆续创办了一批相当于普通中等教育的学堂，县及县以下地方则开设了类似普通小学和蒙养教育的机构。各学堂通常有具体的规章制度和系统的课程设置，有的已经相当详备，对该学堂乃至其他同类学堂的发展产生了积极影响，并为制定全国性统一学制积累了经验。但各个学堂根据自身的情况制定的章程，难以规范全国各级各类学堂，各学堂自成一统，互不衔接，科目课程以及学级设置五花八门，不能形成完整的体系，以循序渐进地培养各级各类人才。随着学堂数量的增加和学务规模的扩大，制定全国统一学制，规范各级各类学校的宗旨、科目、学级、课程，成为学务发展迫切需要解决的问题。

三　新学制系统的建立

各地学堂数量加速增长，同时又自行其是，散漫无序，在师资比例、中西学课程设置以及学堂与科举的关系上存在争议，严重影响新式学堂教育的普及，不能满足朝野上下的期许。来华外国人士和出洋游历官绅不断呼吁划一学制，以利于学务的发展。

光绪二十七年十二月，派张百熙为管学大臣，负责学堂一切事宜，妥议章程。次年七月，张百熙上溯古制，参考列邦，进呈《京师大学堂章程》并《考选入学章程》，及颁发各省之高等学堂、中学堂、小学堂、蒙学堂章程各一份，共六件。谕准颁行各省。所有章程统称《钦定学堂章程》。自此，中国近代教育进入有学制系统时期。是年为壬寅，故所定学制又称

“壬寅学制”。

《钦定学堂章程》将学制划为三段七级。初等教育阶段分为蒙学堂和小学堂两级，儿童自 6 岁起受蒙学教育 4 年，10 岁入寻常小学堂修业 3 年。小学堂主要授以道德知识及一切有益身体之事，分为寻常与高等两级，各修业 3 年。以州、县所立为小学堂。中等教育设中学堂一级，主要使诸生于高等小学卒业后加深其程度，增添其科目，涉猎普通学之高深者，为高等专门之始基，修业 4 年。以府治所设为中学堂。高等教育设立高等学堂和大学预科、大学堂以及大学院。学生于中学卒业后欲入大学分科者，先于高等学堂修业 3 年，再行送入大学肄业。京师大学堂之设，在于开通智育，振兴实业。大学堂 3 年毕业后经选拔进入大学院，此为研究阶段，不设课程，不主教授，不定年限，以养特异之才。自蒙学堂至大学堂，总计约 20 年才能完成全部学业。

《钦定学堂章程》还规定了实业和师范教育的系统。实业学堂分为简易、中等和高等三级，分别对应高等小学堂、中学堂与高等学堂（或大学预科）程度，修业年限各 3 年。师范学堂附设于中学堂，以培养小学堂教习，修业 4 年。师范馆附设于大学堂，以培养各地中学堂教习，修业 4 年。另于大学堂附设仕学馆，3 年卒业。高等小学、中学、师范、各级实业学堂、高等学堂和大学堂毕业生，分别给予附生、贡生、举人、进士等功名。

官立学堂之外，亦有关于自立蒙学堂、民立寻常与高等小学堂以及民立中学堂的明确条款。

《钦定学堂章程》首次正式规划出新式教育全面发展的蓝图，力求根本改变学堂散漫无序、新旧体制彼此抵牾的状态，将所有学堂纳入类型、层级、科目、教学、管理相互配套的统一体系，解决新旧教育的衔接转换问题，循序渐进地系统培养各级各类人才。

壬寅学制颁布后，朝野上下颇有异议。光绪二十九年正月，命刑部尚书荣庆会同张百熙商议管理大学堂事宜。闰五月，准荣庆、张百熙的联名奏请，派张之洞会同张百熙、荣庆，将大学堂章程一切事宜再行切实商订，并将各省学堂章程一律厘定。

张之洞赞许《钦定学堂章程》条理精详，亟应遵办，但对读经、放假、权限、学费数条有异议。他起用陈毅、胡钧等人主持重订学堂章程事宜，历时半年完成。十一月，张百熙、荣庆、张之洞上重订学堂章程折，以壬寅学制为基础，取法日本，以湖北兴学经验为参考而增补修改。该章程以《学务纲要》为总纲，包括《初等小学堂章程》《高等小学堂章程》《中学堂章程》《高等学堂章程》《大学堂章程》《通儒院章程》《蒙养院家庭教育法章程》《初级师范学堂章程》《优级师范学堂章程》《任用教员章程》《初等农工商实业学堂章程》《中等农工商实业学堂章程》《高等农工商实业学堂章程》《实业教员讲习所章程》《实业学堂通则》《实业补习普通学堂章程》《艺徒学堂章程》《译学馆章程》《进士馆章程》《各学堂管理通则》《实业学堂通则》《任用教员章程》《各学堂考试章程》与《各学堂奖励章程》，共22章80篇。除各级学堂章程是在原有基础上增补外，其余16章为新添。其主旨为中体西用，调和中西新旧，端正趋向，造就通才，以忠孝为敷教之本，以礼法为训俗之方，以练习技能为致用治生之具，尤重考核品行，不废弃中国文辞，并请递减科举，毕业学生由督抚学政并简放考官考试，使学堂与科举合为一途。是为《奏定学堂章程》。

新的章程很快获得批准，着即次第推行，并自丙午科始，将乡、会试中额及各省学额，逐科递减，俟各省学堂一律办齐，确有成效，再将科举学额分别停止，以后均归学堂考取。《奏定学堂章程》颁布于癸卯年，所定学制又称“癸卯学制”。

癸卯学制仿西方幼稚园设学前教育——蒙养院，正式教育纵向分为三段六级。第一阶段初等教育，分为初等小学堂5年，高等小学堂4年。国民7岁以上者入初等小学堂，初等小学毕业升入高等小学堂。第二阶段中等教育，仅中学堂一级5年。高等小学毕业升入中学堂，授以较深之普通教育。毕业后，不仕者从事各项实业，进取者升入各高等专门学堂。第三阶段高等教育，包括高等学堂或大学预科3年，分科大学3—4年，通儒院5年。大学堂以造就通才为宗旨，培养各项学术艺能人才。通儒院以中国学术日有进步，能发明新理以著成书、能制造新器以利民用为成效。

普通教育之外，该章程还对各级各类师范、实业学堂的层级、年限等做出明确规定。师范教育分为初级师范学堂5年与优级师范学堂4年，程度分别对应中学堂与高等学堂。实业学堂分为实业教员讲习所（即实业之师范学堂）、农业学堂（附水产学堂）、工业学堂（附艺徒学堂）、商业学堂、商船学堂。各项实业学堂均分为高等、中等、初等三等（统称则为某等实业学堂，专称则为某等某业学堂），程度分别为普通高等学堂、中学堂和高等小学堂。水产学堂亦属中等实业。中小学堂可附设实业补习普通学堂和艺徒学堂。实业补习学堂年限 4 年，初等农工商实业学堂 3—4 年，艺徒学堂与高等小学堂平行，中等农工商实业学堂与中等学堂平行，高等农工商实业学堂以及实业教员讲习所与高等学堂平行。

另有译学馆，属于高等教育阶段，修业 5 年。进士馆，令新进士用翰林部属中书者入学，以教成初登仕途者皆有实用为宗旨，以明澈时局，并于法律、交涉、学校、理财、农、工、商、兵八项政事皆能知其大要为成效。仕学馆，为已入仕途的官员设立。

《奏定学堂章程》以《学务纲要》为总纲，所规划的学务体系臻于完备。同时颁布《各学堂管理通则》《任用教员章程》《各学堂考试章程》《各学堂奖励章程》，以规范管理。各地办学可依据区域差异因地制宜，变通办法，办学形式分为官办、私办、公办。初等、中等教育阶段加重了新学内容，高等教育阶段则规定了分科教育和专业训练。着重提倡师范教育，养成师资，调整着重培养技术专才的偏向，适应普及普通教育的需求。

《奏定学堂章程》明确规定设立专职部门管理全国学堂事务。新式教育开始时作为办理洋务的附属，总理衙门对各地新式教育机构负有连带统辖的责任。但内部没有专司教育的机构和属官。甲午战后，维新思潮勃兴，废科举、兴学校成为维新变法的重要内容。1896 年，盛宣怀议设管学大臣，管理新设的文武学堂。戊戌变法期间，康有为提出设制度局，其中学校局位列第三。来华西人即将学校局译成教育部。清廷派孙家鼐为首任管学大臣，管理京师大学堂事务，并规制各省学堂，此后成为定制。管学大臣对各省学堂的管理，主要通过制定各种章程、规制以及教科书的审定来实施。稍后管学大臣由一人增至二人。《学务纲要》规定，于京师设总理学务大臣，专门统辖全国学务，下设学务处为直属机构，将学制系统与教育行政系统分开，不仅以往管学大臣兼管京师大学堂和外省各学堂事务的格局根本改变，而且教育行政成为独立的职能机构。

学务大臣负责整饬各省学堂，编定学制，考察学规，审定专门、普通、实业教科书，任用教员，选录毕业生，综核学堂经费及一切有关新式教育的事务。下设属官，分为六处。专门处、普通处、实业处分别管理专门、普通和实业学堂事务；审订处主管审定各学堂教科书及各种图书、教学仪器，检查私家撰述，刊布有关学务的书籍报章；游学处负责出洋留学生一切事务；会计处管理各学堂经费。每处设置总办一员，帮办数员。六处统称“总理学务处”或“京师学务处”。

新政展开，官制改革势在必行，随着外务部、商部、巡警部相继设立，设立学部的事宜被提上议事日程。光绪三十一年八月，谕准立停科举，推广学堂。九月初一，山西学政宝熙奏请设立学部，上师三代建学深意，近仿日本文部成规，研究教育行政方法，总持全国学务，礼部、国子监两衙门统行裁撤，归并学部。顺天学政陆宝忠、翰林院编修尹铭绶等人，亦奏请设立学部或文部，将翰林院归并学部。

十一月初十，清廷以停止科举，呼吁亟应振兴学务，广育人才。各省学堂，已次第兴办，必须有总汇之区，以资统率而专责成，谕令设立学部，选派荣庆任学部尚书，熙瑛补授学部左侍郎，翰林院编修严修以三品京堂候补署理学部右侍郎。国子监事务归并学部。学部成立后，原设学务处事宜，一律归并学部，其旧有人员酌量调入学部，以便差委。

学部下设五司十二科一厅三局二所。总务、专门、普通、实业、会计等五司分别主管全国各类学务及相关事宜；司务厅掌开用印信、收发文件，管辖该部各项人役及不属于五司各科的杂项事件；京师督学局、编译图书局、学制调查局，教育研究所和高等教育会议所，分管专门事务。此外，学部还设有视学官和谘议官，以便与社会各界及各省学界沟通联系。

1911 年，学部实施分科办事，各科长官由员外郎改称科长。皇族内阁成立，学部官制相应改变，学部尚书改为学务大臣。袁世凯组织责任内阁，取消学部左、右侍郎，改设学务副大臣。

清制各省差派学政，新式教育兴起，学政亦参与其事。其主要职责有三：一是考试授予学生功名；二是改书院为学堂；三是为学堂选取学生。可是学政仍须巡历考试岁科，办理学堂往往力不从心。掌控大权的督抚遂另设专门机构。1899 年，湖北率先于洋务局内设学堂所。1901 年设立湖北学务处。1902 年直隶设学校司。两江、两广、四川、山西等地，仿照湖北学务处或直隶学校司，相继建立学务处。《学务纲要》规定各省在省城设立学务处，由督抚选派通晓教育之员总理全省学务，并派讲求教育之正绅参议学务。直隶学校司即遵章改为学务处，分设六课，各专责成。湖北学务处亦改设六科，名称职能完全对应于总理学务处。江苏、江西、湖南、山东、浙江、福建、安徽等省陆续依照规定设立学务处。

立停科举后，学政的存废职能引起争议。经过讨论，清廷决定裁撤学政，改设提学使司。每省设提学使一员，原学务处改为学务公所，作为提学使司的办公机关。学务公所设议长一人，议绅四人，佐提学使参议学务，并备督抚咨询。学务公所分设总务、专门、普通、实业、图书、会计六课。提学使司的设立，标志着各省教育行政正式建制。提学使下设省视学六人，巡视各府厅州县学务。

各府厅州县均设劝学所，设县视学一人，兼充学务总董，按区域劝办小学。1911 年，学部奏颁《地方学务章程》及《施行细则》，厘清学务与地方自治的关系，规定：地方学务由学务专员办理，分设学务员长与区学员两类，府厅州县、城镇乡三学区以上及乡学联合会联合二乡以上者，设学务员长一人，另设区学员若干人。学务专员由各地议事会公推曾办学务、具有经验人员担任，在府厅州县由地方官委任，在城镇由董事会，在乡由乡董，申请地方官委任。学务员长在学务专员内拟推二人，呈由地方官审定。劝学所改为府厅州县官的教育行政辅助机关，佐助府厅州县长官办理学务。

癸卯学制颁行后，学部针对兴学进程出现的新问题、新情况，陆续有所调整补充。比较重要的如 1907 年奏定《女子小学堂章程》26 条与《女子师范学堂章程》36 条，将女子教育正式纳入学制体系。1909 年奏请中学文实分科，以及统一教授官话，为贫民子弟设立半日学堂，允许民办法政学堂，停止奖励实官，审定教科书等。

学部成立后，吸纳以国民教育为重的社会舆论，由侍郎严修拟订教育宗旨，仿东、西学制，大体分为专门、普通两种，而普通尤为各国所注重。普通学不在造就少数人才，而在造就多数国民。欲振兴学务，固宜注重普通教育，令全国民众无人不学，必须明定宗旨，宣示天下。教育宗旨既要兼中国政教所固有，又要补中国民质所最缺，遂拟定为五条：忠君、尊孔、尚公、尚武、尚实。1906 年 3 月，学部奏陈宣示教育宗旨，当日奉旨颁布全国。是为中国历史上第一次正式颁布教育宗旨。为了普及国民教育，学部还一度试图推行强迫教育。

《钦定学堂章程》和《奏定学堂章程》相继颁布后，各级各类新式学堂依照规划逐步兴办，入学人数稳步上升（详见表20-1）。

表20-1 光绪二十九年至宣统元年学务统计

年份	学堂及教育处所	教员数	学生数	职员数
光绪二十九年	769		31428	
光绪三十年	4476		99475	
光绪三十一年	8277		258873	
光绪三十二年	23862		545338	
光绪三十三年	37888	63556	1024988	59359
光绪三十四年	47995	73703	1300739	77432
宣统元年	59117	89362	1639641	95820

资料来源：参见桑兵《晚清学堂学生与社会变迁》，学林出版社，1995，第138页。

学堂分为官立、公立、私立三种，其中除光绪三十年外，公立所占比例最大（详见表20-2）。

表20-2 光绪三十年至宣统元年官立、公立、私立学堂比例

年份	学堂总数	官立		公立		私立	
		学堂数	%	学堂数	%	学堂数	%
光绪三十年	4222	3605	85	393	9	224	5.3
光绪三十一年	8277	2770	33	4829	58	678	8.2
光绪三十二年	19830	5224	26	12310	62	2296	12
光绪三十三年	35913	11546	32	20321	56.6	4046	11.3
光绪三十四年	43088	12888	30	25688	60	4512	10
宣统元年	52348	14301	27	32254	61.6	5793	11.1

资料来源：《宣统元年分第三次教育统计图表》，国家图书馆古籍馆编《国家图书馆藏近代统计资料丛刊》第32册，北京燕山出版社，2009。

宣统元年，学部统计7—15岁学龄儿童就学率，京师学龄儿童共31798人，已就学13411人，就学率约42%；云南学龄儿童368805人，已就学

70033人，就学率约19%；奉天学龄儿童1818811人，已就学218840人，就学率约12%；黑龙江学龄儿童74094人，已就学7970人，就学率约11%；山西学龄儿童849074人，已就学221122人，就学率约26%。各府厅州县就学率极不平均，云南最高者超过40%，最低者不足5%；山西就学率最高一县约93%，最低不足1%。

京师以外，各省小学堂由光绪三十三年的33749所、学生872760人，增至宣统元年的50301所、1490008人。至光绪三十三年，全国共有中学堂419所、学生31682人。宣统元年，中学堂增至460所、学生40468人。至宣统元年，学部统计有大学堂3所。京师大学堂在校学生有200人，北洋大学堂有114人，山西大学堂有435人，共计749人。宣统元年，各省设立女学堂298所，学生13849人。

各种专门学堂也有显著增长，光绪三十三年据学部统计，除京师外，各省共计有农业学堂高等4所，学生459人；中等25所，学生1681人；初等22所，学生726人。全国有中等商业学堂9所，学生754人；初等商业学堂8所，学生363人。宣统元年，农业学堂增至高等5所，学生530人；中等31所，学生3226人；初等59所，学生2272人。工业学堂增至高等7所，学生1136人；中等10所，学生1141人；初等47所，学生2558人。商业学堂增至高等1所，学生24人；中等10所，学生973人；初等17所，学生751人。光绪三十三年，全国共有实业学堂137所，学生8693人。三十四年增至189所，学生13616人。宣统元年达254所，学生16649人。

师范教育在发展中有所调整。光绪三十三年，各省共有师范学堂541所，学生36091人。其中初级师范完全科64所，学生6390人；优级师范完全科2所，学生527人；初级师范简易科179所，学生15833人；传习所、讲习科等276所，学生9844人。至宣统元年，各省师范学堂为415所，学生28572人。其中初级师范完全科91所，学生8358人；优级师范完全科8所，学生1504人。师范学堂总量较前略减，而程度增高，优级师范数目增加。[①]

为了加速兴学，统筹学务，专设学部，统管全国教育行政，在各省及

① 以上叙述参见《光绪三十三年分第一次教育统计图表》《宣统元年分第三次教育统计图表》，《国家图书馆藏近代统计资料丛刊》第32册。各表数字不能完全重合。

以下设提学使司与学务公所、劝学所，建立起自上而下的教育行政体制。清廷颁布教育宗旨，推行国民教育，不断完善各种规制，协调各方教育行政关系，尝试实行强迫教育，改良私塾。因应全国学务大兴的需求，留学日本热潮出现，后再度转向欧美，以求学业精深。新兴教育团体联络朝野上下，兴办学堂，研究教育，辅助教育行政，对拟定教育规制与政令影响深远。在朝野合力推动下，新式教育高速发展，规模急剧扩大。新式学堂取代学校、书院、学塾，最终成为定局。传统风教也转变为社会教育，普及识字，推广新知。而全盘接受西式教育体制及其知识系统，以至于中国的知识体系前后两分，影响至深且远。因操之过急，以及官绅趁机渔利，其间也出现名实不符等诸多弊端，加重了民众负担，激化了社会矛盾，导致各地毁学风潮此起彼伏。而大批受西学教育的青年学生聚居在都市城镇大大小小的学堂，本来为维护清朝统治而实行的教育变革，反而促其速亡。

四　纳科举于学堂

由学堂发展的历史进程可见，中西学校之争，本质是中西学问之争，而所争实际上可以说是新旧学问的优劣消长。甲午战前，尽管西学传入中国已近半个世纪，官办新式学堂也有 30 多年历史，但在人才培养与选拔方面，西学仍然只是作为科举的补充。学校是重要的储才之所，地位崇高，处于教化体制的中心位置。这既使学校沦为科举制的附庸，也让学校成为读书人学而优则仕的正途。读书人无论在何处肄业，必须名列学校籍册，成为生员，才具备参加科举考试的资格（特科例外），因此人们乐于就学。

道光至光绪四朝，清朝官员先后奏呈过 10 个以上的科举改革方案，试图以变常科开特科、纳洋学于科目、设经济特科、废八股改策论等形式，增广科目，讲求实学，吸取西学之长，广开取士纳贤之途，重新激发科举制的活力，可是始终不得要领。其实，清初以理学取代王学，正是为了反对阳明心学的空疏。而汉学也旨在进一步求实。然而这些挡不住西洋冲击的实学，在时人眼中统统成了无用的虚理。

戊戌变法期间，康有为以学校未成，科举不能骤废，请罢弃八股试帖楷法取士，复用策论。清廷谕令自下科起，乡会试及生童岁科各试一律改试策论，以励实学而拔真才。政变后，恢复旧制，嗣后乡试会试及岁考科考等，仍以四书文试帖、经文策问等项，分别考试。经济特科即行停罢。但废除时，以文取士已成大势所趋。新政复行，光绪二十七年七月，谕令停止八股取士，自次年始，乡会试头场试中国政治史事论五篇，二场试各国政治艺学策五道，三场试四书义二篇、五经义一篇。考官阅卷，合校三场，以定去取，不得偏重一场。生童岁科两考，仍先试经一场，专试中国政治史事及各国政治艺学策论，正场试四书义、五经义各一篇。考试试差、庶吉士散馆，均用论一篇、策一道。进士朝考论疏、殿试策问，均以中国政治史事及各国政治艺学命题。所有考试，凡四书五经义均不准用八股文程式，策论均应切实敷陈，不得空衍剽窃。

新政期间，各省督抚纷纷奏请分三科递减科举，以期 10 年后取士概归学堂。如果学堂育才效果不佳，仍可恢复旧制。尽管癸卯学制的《各学堂奖励章程》规定，凡在各学堂肄业学年期内，均不得应科举考试，但仍然挡不住学子们的功名进取之心。光绪三十一年八月，袁世凯、张之洞、端方等鉴于科举素为外人诟病，学堂为新政大端，而科举一日不停，士人仍有冀望，无法专心投入学堂肄业，民间更相率观望，私立学堂者绝少，又断非公家财力所能普及，学堂绝无振兴的希望。一旦弃旧图新，则风声所树，观听一倾，群且刮目相看，推诚相与。而留学外洋之中国士子，亦知进身之路归重学堂一途，益将励志潜修，不为邪说浮言所惑，显收有用之才俊，隐戢不虞之诡谋。欲补救时艰，必自推广学校始，而欲推广学校，必自先停科举始。于是请立停科举，专办学堂，广学育才。是年八月初四，谕令立停科举。

从乾隆九年议改取士途径，至光绪三十二年停止科举，专办学堂，历时 150 余年，学校制度终于从制义取士变为学堂育才。其时各省学堂未能全立，成效也不显著，章程尤未妥善，须重加订定，方可培植人才。科举与学堂的优劣兴废，关键还在育才取士的效果。

无论实情如何，当时人和后来者将立停科举解释为废科举，都与主其事的内外重臣的想法有所出入，后者的愿望，只是纳科举于学堂，将科举与学堂合为一途。科举与西学之争，背后起决定作用的仍是中西学的相互角逐和此消彼长。科举停罢，学堂成为正途，意味着中学的正统地位根本动摇，而中西学之争的主战场转移到学堂内部。尽管纳科举于学堂已经是中学失势的表现，但学制的规划设计者还是异想天开地希望学堂以变通的方式继续承担科举的重任，其方式主要有三，一是中学为体；二是育才取士；三是化民成俗。结果当然事与愿违，学堂在以上三方面都不能延续科举制的作用，反而进一步加速了中学的衰颓。

自西式学堂诞生以来，中西学如何一统于学堂就成为问题。在华教会学校为了吸引中国学生，早已注意到加授经学课程。1890 年，在华传教士大会明确提出，教会学校的教学计划应包括基督教书籍、中国经书和西方的自然科学三个方面。其教学内容虽然各有安排，但大体上经学多习四书，程度较高的兼及五经。山东登州文会馆分备斋、正斋两级，备斋主要学习《孟子》《诗经》《大学》《中庸》，专斋则有《礼记》《书》《左传》《易》等。

同文馆初开，“阁束六经，吐弃群籍”，于中国旧学一概不问。[①] 但随后开办的一些技术学堂增设经学等中学课程。主持其事的官员强调，可以中国之心思通外国之技巧，不可以外国之习气变中国之性情。[②] 保存与巩固中体的问题进入学堂。尤其是甲午战争前后，电报、医学、铁路、矿务等技术学堂相继创办，开始贯彻中体西用思想。两广电报学堂规定，学生除学习西学外，兼课四书五经，以知礼义。南京矿务铁路学堂、江南储材学堂的学生也要兼习经史，如《春秋》《左传》等。

起初，无论新式学堂还是书院，课程中的经学、经史等名目，不过是相对西学而提出的中学“代表”，分科的观念比较模糊。办学者一面抱有中国传统不分科的治学取向；一面拼合西学。甲午战后，朝野上下逐渐接受西方的学术分科观念，各书院开始制定课程，以大学堂为首的普通学堂明确将中学分科设置。

甲午战后出现的普通学堂，中西学课程的种类大幅度增加，西学课程增添了政治、伦理等科目，中学课程增加了掌故、史地、通鉴、律法等门类。1896 年，管理官书局大臣孙家鼐提议复办京师大学堂，提出学问宜分

---

① 梁启超：《变法通议・学校总论》，陈景磐、陈学恂主编《清代后期教育论著选》下册，人民教育出版社，1997，第 439 页。

② 《沈文肃公政书》卷 4《奏折》，光绪四年（1878）刻本。

科，不立专门，终无心得。分科治学，成为朝廷办学的方针。人们不断尝试用分科的办法来规划中学，导致中学课程名目渐多。1898 年，张之洞的《劝学篇》针对为应对新学而中学课程过于繁难的状况，提出以易简之策救中学。所列举的中学各门，为经学、史学、诸子、辞章、理学等，并寄希望于学堂专师以之纂成专书，初步显示了所主张的中学课程分类。大学堂章程将普通学课程分为经学、理学、中外掌故学、诸子学和初级的算学、格致学、政治学、地理学以及文学、体操等十种，为全体学生必修科目。至此，中学分科的课程名目已先后有经学、史学、文学、掌故之学、舆地之学、理学、诸子学等多种。此后，传统学术在学堂中所分学科大致未脱离这样的范畴。

中学既然已经分科，那么各科孰轻孰重的问题自然就凸显出来了。经学地位的重要，在一些学堂的开办章程和办法中得到体现。京师大学堂确立以中体西用为立学宗旨，明文规定经学是各学根本，“经学所以正人心，明义理，中西学问皆以此为根柢。若不另立一门，何以为造端之地?”① 湖南正始学堂章程规定，立学中西并务，以经义为归宿，故先学群经。不能遍者，则以六经为卒业。但一些学堂设课时，标榜为各学基础的并不限于经学，而是经、史等学并列，经学的地位并未凸显。天津中西学堂的中学课程就强调讲读经史之学。南洋公学章程也规定，所教以通达中国经史大义，厚植根柢为基础。这固然是由于时人分科观念模糊，中学的经、史划分不清，也因为经、史等传统学问的地位在清季发生了转变，这在日后的学制章程中得到了体现。

对于学堂内部的中西学之争，清廷最后确立了“中体西用”的解决方案，但实际上，学堂先有了“西用”之学，然后再逐步确立“中体”。这反映在学堂课程层面，语言、技术类学堂初兴之时，重在引进西学，中学并未成为其中的科目。主张纯粹西用的学堂，西学不过是补中学之不足。甲午战后，肄习普通学的新式学堂开始大量出现，分科教学的观念为官方所接受，中学按照与西学对应的观念重新分解组合，从整体中划分出经学、史学、文学等科目课程。这也可以说是以西用的规矩尺度来衡量规范中体，

① 《管理大学堂大臣孙家鼐折》，国家档案局明清档案馆编《戊戌变法档案史料》，中华书局，1958，第 285 页。

一方面，用西学的标准看待中学；另一方面，用西学的分类条理中学，中学自然很难保持其原有形态和意义。

学制颁布和统一学堂系统的设立，使得用西学全面整合中学成为势所必然。此前朝野上下一直试图以科举即中学兼容西学，成效甚微。虽然各种学堂尝试将中学纳入分科教学的系统，但总体上中西学仍然处于分立状态。科举弊端日益显现，学校被斥为科举附庸，徒具形式，所学空疏无用，导致教化废坠与吏治败坏。在学制颁行的同时，科举制也确定以渐停方式予以终结。学堂教育一统天下，分科教学使得中学整体上被西学所兼容整合。

壬寅学制、癸卯学制的出台，使得分科教学成为官方体制。学制框架内的经学，在各阶段学堂中有了内容、层级安排的衔接和递升。壬寅学制秉承清代重理学和书塾大都以四书开蒙的传统，普通学堂在蒙小学堂阶段先读四书。小学堂至中学堂，读完五经。中学堂毕业时，则十三经读毕。高等学堂阶段，续讲各经自汉以来注家大义。分科大学因未办理，未定课程，但其预科下的政科与高等学堂程度相同。在分科大学阶段，专列经学目。专门学堂中的师范学堂仿照大学堂师范馆章程办理，列有考经学家家法一项。自小学堂、中学堂而至高等学堂、大学堂预备科，经学的传授以定钟点、定内容的方式在学制体系内得到贯彻。

将经学课程系统规划到各级各类学堂中去，是壬寅学制的首创。因为西方学科中并无经学，所以其全盘规划只能自我统筹，无成法可资借鉴，而且相较于旧学教育有很大不同。书塾、府州县学到国子监并无层级的递升，新学制则将经学课程纳入从蒙小学堂到大学堂各阶段的系统教学中去，有了教学内容、学时安排与层级次序的递升衔接，经学成为类似西式教育的课程门类和分科。学堂教习须按照统一规定的程序内容实施教学，不能全部听塾师、山长的一家之言。

在新学制的框架内，各阶段教学安排的重心明显不同。就课时比重看，层级越低，中学课程的比重越大。随着学堂层级渐高，西学课程比重相应提高，超出中学课程。吴汝纶等认为习古文才是学堂保存中学的关键，中学以国朝史为要，中学的各分科课程、经学在中学的重要性也没有得到体现，史学和文学的地位却有所提升。经学的课时安排相对较少，占每周全部课时的比例分别为蒙小学堂 1/6，中学堂 3/37—3/38，高等学堂政科与大学堂预备科政科 1/18，大学堂师范馆 1/36。读经课程的钟点相较文学与史学持平，甚至不如。

《奏定学堂章程》调整的方面之一，是注重读经、讲经课程的设置，于七科大学基础上，增设经学科，并置于各科之首。《学务纲要》规定中小学堂须注重读经。初等、高等小学堂和中学堂各学年每周授课钟点分别为 30、36、36 个，读经讲经分别占 12、12、9 个钟点。随着新学制在各地学堂的实施，经学在“以西方学术之分类来衡量”的路上越走越远。

立停科举后，“不废经学”的责任更多地落在学堂的经学课程上。张之洞规划学制的经学课程时，曾经自信地表示：“若按此章程办理，则学堂中决无一荒经之人，不惟圣教不至废坠，且经学从此更可昌明矣。”但学制执行的效果显然与他的预期相差甚远，变成一科的经学，很难担负维系圣教和支撑中学的重任。一方面分科太多，减少了学生修习经学的精力，如直隶“中学堂以上学科太杂，于经学反多荒废”。[①] 另一方面，学堂重西学而轻中学，所谓“近来中外学堂皆注重日本之学，弃四书五经若弁髦。即有编入课程者亦不过小作周旋，特不便倡言废之而已”。[②] 经学在学堂中普遍成为最无聊、最不受欢迎的课程，非但起不到维系中体的作用，反而成为人们厌倦中学的口实，再度引发人们对于经学消亡的忧虑。于是人们开始重新思考保存旧学的办法。

《奏定学堂章程·学务纲要》明示重国文以存国粹之意。光绪三十二年，御史赵炳麟奏请立国学专门学堂。光绪三十三年，张之洞以近日学堂怪风恶俗，于湖北省城设存古学堂，以经、史、辞章、博览四门为主，辅以普通科学，以求经训不坠，保国粹而息乱源。拟试办半年后，如课程条目毫无窒碍，即请旨敕下学部核定，通行各省一律仿照办理。次年，江苏仿设存古学堂，以存国粹而造通才。同年，御史李浚以存国粹关乎人心世教，故经学亟宜注重，请饬学部、各直省督抚，于国子监及各省城一体设立存古学堂，以补科举之不足。所有事宜，悉照湖北、江苏两省奏定章程参酌办理。湖南、贵州、陕西、广东、四川、甘肃等地相继奏办存古学堂。

① 刘汝骥：《丙午召见恭记》，《陶甓公牍》卷 1《示谕》，安徽书局，宣统三年（1911），第 1—2 页。

② 《恽毓鼎澄斋日记》，光绪三十年七月初九日，浙江古籍出版社，2004，第 250 页。

宣统元年，学部拟定分年筹备宪政事宜清单内，列有于宣统二年各省一律设立存古学堂。至三年三月，学部颁布《修订存古学堂章程》，申明存古学堂贵精不贵多，因经费支绌，取消原定各省一律设存古学堂的规划，并定修业年限，分为中等5年、高等3年，以资深造。

存古学堂的设立，在趋新人士看来，反而使普通学堂的经学课程变得无足轻重，社会舆论对中小学读经的批判日益高涨。1911年，中央教育会中有人提议停止初等小学读经讲经，其提议得到多数通过。只是迫于反对者态度激烈，学部才未将该议案咨送内阁。民初，教育部通令停止中小学读经，大学以上的经学课程作为纯粹学问。经学退出学堂，成为其退出历史舞台的必由之路。

科举抡才不能应世变，学校培才连带受到普遍质疑。随着新式学堂的普及和旧学的衰微，抡才与培才相互分离的局面难以维系，最后只好幡然变计。新式学堂之设，本来是补学校育才之不足，也就是以西学补中学。而科举与学堂两不相容，停罢科举，独兴学堂，将抡才与培才熔于一炉，虽然确定宗旨为中体西用，实际上却是以西学取代中学。学堂成为出身正途，旧学机构只能退出。继书院改制后，国子监及各类官学相继改为学堂，社学、义学也纷纷改办新式学堂或简易识字学堂。只有府州县学确定保留文庙和教官，却因而失去生源，处于自生自灭的状态。其尚存的经费多被挪用，场地设施也陆续被新式学务机构改造利用。

科举在与学堂的竞争中失势，原有的学校、书院等机构便失去培才的效用，只能逐渐向学堂靠拢，改变课程及教学。癸卯学制颁行之际，决定渐停科举，形式上为学校留下存身的余地，以便与学堂比较，其实中学的地位大为降低。各种官学陆续改办学堂。国子监虽然归并学部，保留下来，但原来的教学职责不复存在。国子监南学改为新式学堂，学校旧迹完全消灭，仅余文庙、辟雍等建筑以供观光、凭吊，特设之国子丞专司祭祀，几同庙祝。

清季设立学堂，大体有改造书院和重新建立两种途径，至于各地府州县学的兴废，因为牵扯科举和中学，始终予以回避。《奏定学堂章程》颁布，科举立停，府州县学的教官除了典守文庙、奉祀孔子以及生员考职、举报孝廉方正等科举遗留事务外，无所事事；若教官不存，则府州县学自成废署。学部成立后，各州县学留教官一人以奉祀孔孟。教官虽得不废，但因其职简责轻，停选教官一缺，缺出后不再选补，教官数量逐渐减少。

光绪三十二年十二月，山西道御史张瑞荫鉴于原来教职无以聊生，以致职守尽荒，学宫日坏，奏请对府州县学和教官加以变通利用，于学宫隙地设立蒙学，令教职转为蒙学之师，酌给束脩。每年提学使派人稽查学宫，随时修理。学部议复，予以否决。在保留文庙和教官而生源尽失的情形下，府州县学究竟何去何从，内外官员迟迟未能议定统一善后办法。只是学堂一枝独秀，其整体命运难以改变，实际上处于自生自灭的状态。一些地方在兴办学堂时，鉴于财政窘迫，资金难筹，遂自行利用和改造府州县学的场地设施。

各地利用府州县学改设新式教育机构的情形大体有以下几类。（1）设置教育行政机构，将学务公所、劝学所等设于学宫内部的明伦堂、崇圣祠等处，或直接就学宫改建，以引领兴办新式学务的风气。（2）创办师范学堂、师范传习所，培养学堂师资力量。（3）创建中学堂及高等、两等、初等小学堂。学校原有屋宇用地被改建为学堂的教学、会议、体育、食宿等场所，如以明伦堂为自修室兼礼堂，以尊经阁、横屋、土谷祠、文昌阁改建讲堂，利用原址改建西式建筑作为学舍，并分别改建学堂会客所、储藏室、校长职员办事室、校友会、职员议事室、厨室、操场等。（4）创办女学堂，推广女子教育。（5）改建自治学堂，将文庙作为讲授场所。偶尔有利用同一学校内场所分别改建多类新教育机构的情形。

不过，清季各地兴学过程中，只有部分地方利用府州县学改办学堂。进入民国，又有一些地方在原府州县学内开办学校，而其他早已成为冷衙闲职的学宫教官，或改名或裁撤，文庙改称孔庙，祭祀的礼节亦改变。1927年，国民政府通令废止祭祀孔子，将每年八月二十七日定为孔子纪念日，由学校组织集会纪念。庙学合一的府州县学最终成为历史的遗留物。

戊戌变法和新政复行，两度谕令将各省府厅州县现有之大小书院，一律改为各级兼习中学、西学的学堂。随着学务的推进，各地书院大都改造成为各级学堂。这是旧式教育机构中改造得最为普遍彻底的一类。

《钦定蒙学堂章程》规定：凡各省府厅州县原有义塾，并有常年经费，此后应按照此蒙学课程，一律核实，改办公立蒙学堂。《奏定学堂章程》规定：各省府厅州县，如向有义塾、善举等事经费，皆可酌量改为初等、高等小学堂经费。原有的社学、义学逐渐改为学堂、半日学堂或简易识字学塾，多数社学、义学经费被挪用于办理各项新政，无形中消失。但社学、义学仍有继续设置者。不仅民间如此，有的还由直省及地方学务主管部门所办。

私塾改良，源于西方传教士来华后指出中国固有教育的教学内容和方式方法，都已落伍。其说渐为趋新士人及部分官绅所认同。内外官员在兴办新式学堂的同时，认定学塾为私塾，采取程度不一、效果各异的干预行动。但由于经费不足以及学堂多有不适合中国国情之处，直到清亡，一般民众仍以学塾为受教育的主要选择，私塾改良的效果非常有限。

1910 年 7 月，学部发布《通行京外学务酌定办法并改良私塾章程文》，这是第一份全国性的改良私塾章程，要求京师督学局、各省提学司督饬各地劝学所办理改良私塾事宜。具体分为初等、高等两种，对应初等及高等小学教科程度。其中又各分为一、二两级，初等改良第一级课程至少须授修身、国文、读经讲经、算术四课；课目遵用部定之本；各书均须讲解，不得专主背诵；学生以各科课本教授完竣为毕业，毕业年期及分配课时应预行规定。在此基础上，讲解详明，能参用初等小学教授管理法及其施行规则者则为第二级。高等改良第一级课程在原有四科基础上，加授历史、地理两科，其国文、算术两科课时酌量增加。第二级课程可酌加格致、体操；参用高等小学教授管理法，并施行高等小学规则；每年期考、年考各一次，由劝学所人员会同考试，给予毕业凭单。学生达到 30 人以上，有一定标准的固定经费，初等、高等改良私塾可改名为初等、高等小学。

宣统元年，学部要求各省将改良私塾成绩报部，河南小学堂仅 3296 所，学生 79105 人，而改良私塾则近万所。以改良者占总数的两成、每塾平均 11 名塾生计，全省私塾总数达 50000 所，塾生 550000 人。[①] 其时私塾、塾生、塾师的数量远远多于学堂、学生、教习。舆论对于朝野大力兴学之下，学堂不增，私塾反而日见其多，大感怪异。

在 1911 年第一届中央教育会第七次会议上，有代表提出《废止私塾名

① 《宣统元年京师及各省小学堂表》，朱有瓛主编《中国近代学制史料》第 2 辑上册，华东师范大学出版社，1987，第 273 页。

目一律改称公私立学堂案》，激烈辩论后表决通过。而学部拟订的《义务教育章程（草案）》规定：学龄儿童在家塾或私塾就学者不得视为已受义务教育，但该家塾或私塾经府州县视学员查核，确系遵照部定初等小学课程，用部颁或审定之教科书教授，毕业时由视学员或劝学员考验及格，发给文凭者，亦可认为已受义务教育。

主张改良私塾者首先是认定中学无用，读经不能育有用之才，所以主张改习西学。

纳科举于学堂的用意之一，是将学校与科举分别掌管的培才与抡才合于一途。由于戊戌期间停止殿试之后朝考的谕令于新政时继续有效，抡才不仅取士，还要试官，学堂教育毕业与就职成为一而二之事。

科举制的重要价值之一，是以考试作为甄别选拔人才的形式。纳科举于学堂，便要学校同时具备育才和取士的功能，考试自然是重要形式。《奏定各学堂考试章程》规定，国内新式学堂的考试分为五种：即临时考试、学期考试、年终考试、毕业考试、升学考试。其中临时、学期、年终三种考试，由学堂自行办理；毕业考试和升学考试，则模仿科举岁科试。中等以上学堂的毕业考试照乡、会试例，高等学堂毕业，届期奏请简放主考，会同督抚、学政详加考试；大学堂分科大学毕业，届期奏请简放总裁，会同学务大臣详加考试。毕业考试中西学并重，分内、外两场，外场试在学堂举行，有笔试与口试两种形式。口试部分按学科门类分日考问，笔试部分则将试题公开，笔答或应演图者，均当堂在漆牌上写出。内场试全为笔试，比照拔贡、优贡例，只考两场，以当日完场为便。每场出论、策、考、说各二题，头场以中学出题，经史各一，经用论，史用策；二场以西学出题，西政、西艺各一题，西政用考，西艺用说。内外两场考完，以各科所得分数，并参证平日功课册、行检册所列分数，汇定一总分数，分其高下，以定去取。1907 年 1 月，学部奏准《修改各学堂考试章程》，明确各学堂必须考试经史课目，原来未设经史课目的学堂，也须加试经学一题、中国史学一题。而中学以上之学堂，毕业考试中国文学一科，应试二题，一题就该学堂主要学科命题，观其知识能否贯通；一题就中国经史命题，观其根基是否深厚。经史考试的分数不仅作为一门独立课目计算，还计入毕业考试的总分。

留学毕业生也须通过回国考试，才能确认资格并授予相应出身。1905年7月，学务处主持首次游学毕业生考试，共分两场，第一场在学务处，及格者再参加第二场的保和殿殿试。题目分为文、理两科，文科题为策试。殿试不久引荐授职。一等为进士，授翰林检讨、主事、内阁中书；二等为举人，授七品小京官、知县。学部成立后，加强了对留学生考试的组织，1906年的《学部奏定考验游学毕业生章程》规定，考试分两场，第一场就各毕业生文凭所注学科择要命题（每学科各命三题，作二题为完卷）；第二场试中国文、外国文各一题，作一题为完卷。游学生考试卷由襄校官分阅并评记分数，再由学部大臣会同钦派大臣详细复校，分别定取最优等、优等和中等。①

科举立停后的各种考试，大致可分为三类，一是为旧学士子疏通出路，考试优贡、拔贡，生员考职等，为科举考试的延续；二是国内新式学堂学生的毕业考试和留学生归国考试，成为取士选才的主要途径；三是法官任职资格和选用巡警的考试。立停科举后，各种考试章程与奖励措施相互激励，考试种类增多，频率加快，学堂考试的频繁程度和受试人数远过于科举时代，加上为旧学士子宽筹出路而新设的各类专业资格考试，科举取士的功能不但基本延续，而且有过度膨胀之势。如果毕业与就职合二为一，势必进一步造成学界的混乱和官场的冗滥。学部后来反省了这一设计的失误，意识到培才与抡才确应分为两途。1906年10月，学部的《奏定考验游学毕业生章程》正式提出区分“学成试验”与“入官试验”，学部组织的考试属于“学成试验”，用人部门负责“入官试验”。随后文官考试与任用章程相继出台，意味着培才与抡才正式分离。

培才与抡才难以合为一途，育才取士的标准也大成问题。戊戌变法期间，人们反省此前学堂的弊端之一，便是名为中西兼习，实则有西而无中，且有西文而无西学。由于中西之学未能贯通，故偶涉西事之人，辄鄙中学为无用。各省学堂，以洋务为主义，以中学为具文。所聘中文教习，多属学究帖括之流；所定中文功课，不过循例咿唔之事。东、西各国学校，未有尽舍本国之学而徒讲他国之学者，亦未有绝不通本国之学而能通他国之学者。中国学人之大弊，即治中学者则绝口不言西学，治西学者亦绝口不

① 《学部官报》第6期，1906年，本部章奏栏。

言中学，两学互相诟病，水火不容。学堂育才，必须中西学贯通，体用兼备，缺一不可。不讲义理，绝无根底，则浮慕西学，必无心得，只增习气。取士则须中西并重，观其会通，不得偏废。

中西各有体用，分别学习，也不易掌握，所谓学贯中西，绝无可能。即使普通学常识，要想做到会通中西，也是难上加难。科举时代，自童蒙时便诵读经书，以致皓首穷经，仍然不得一当，况且学堂课程繁多，不能兼顾，实际上还是以西学为主。而科举取士重通人与学堂教育重专才的理念取向相互抵牾，中西新旧的体用与专通相互纠结，成为确定取士标准的一大难题。1906 年 10 月，孙家鼐提出甄别用人的新方案，学堂毕业生考试时，将学生按所学分门别类。第一类仅通语言文字者，日后作为翻译使用；第二类学习制造等专业知识，应另设职务，不给予“治民之权”；第三类“惟中学贯通，根原经史，则内可任部院堂司，外可任督抚州县”。[①] 新方案以西学专才办事，而以中学通才治民。如此一来，从中西会通的新途又回到各行其是的旧轨。

孙家鼐的办法看似中西兼顾，其实偏于中学。因为学堂偏重西学，恐经学荒废，纲常名教，日益衰微。中国为伦理社会，又少纯粹宗教信仰，必须以道德维系，所以三纲六纪为中国文化抽象理想的最高境界，而礼制名教是具体体现。明清科举制度具有取士、教育、举业、教化、文化传承等多种功能。新式学堂注重培养做事能力，与科举读书明理的取向明显有别。科举停罢，道德教化与文化传承的功能缺少相应的补救措施。

四书五经作为科举考试的主要内容，重在对经义的理解阐释，包含传统中国文化价值标准的基本元素。学子在应试过程中反复研习背诵，耳濡目染，日积月累，逐渐内化为其言行的准则依据，并且借助各种教学形式代代相传。载道之文，本非只有科举文体，只是明清以来科举考试日趋程式化，又具有垄断性影响，使其他文体的应用范围大为缩小，削弱了道德教化和文化传承的功能。晚清改科举，从形式到内容力图压缩经义阐释的分量，增加西学比重，促使学以致用，科举制的道德教化和文化传承功用进一步被削弱。西式学堂仍然难以接续这方面的功能。

清代科举考试虽因内容与形式僵化遭人诟病，但其取士实为选官入仕

---

① 《德宗景皇帝实录（八）》卷 563，光绪三十二年八月二十二日，第 5158—5159 页。

的预备，所重在于通过儒家经典的熏陶培育道德文章的通人，以便亲民教化，并且驾驭深谙办事门道的师爷胥吏等人员，既非直接造就会做事的能员干吏，也不能涵盖一般教养之道。用西方近代功能政府、科层组织以及国民专门教育的标准来衡量，他们当然百无一是。至于形式，对于统治者而言，将科举视为“抡才大典”，未必仅仅侧重士子个人的才干与文采，抑或检验其学习的程度，更主要的是引导社会风气与趋向，使天下士子风从响应，遵循纲常伦理、修齐治平的大道。这与学堂考试旨在检验个人学习的效果大不相同。问题在于，纳科举于学堂后，学部虽竭力调整取向，但抡才与培才并途，仍不免本末倒置，使考试成为学习的指向。虽然一再批判“学而优则仕”的取向，但读书做官始终是后科举时代教育的一大症结。时至今日，对科举余毒之类的谴责，大概很难令人信服。这不免让人怀疑当年废科举的义正词严，是否真的理所当然。用中外不同的标准来观察评判彼此固有文化价值的误导之甚，由此可见一斑。

戊戌变法时期，即有人怀疑学堂教育难以体用兼顾，独力担当兼备中西学之长的重任，中国文化传承及道德教化必须另行设制。为了在兴学的同时保存传统文化，王照提议分设教、学二部：“以西人敬教之法尊我孔子之教，以西人劝学之法兴我中国之学。特设教部，就翰林院为教部署，以年高之大学士统之，辅以翰詹各官，专以讨论经术，维系纲常。”各省学政改名教政，佐以教职。各邑各乡增设明伦堂，领以师儒，聚讲儒书，生徒之外，许人旁听，立之期会，令乡老族长书其品行之优者，具结上陈。教官复核之，由教政考以四书各经经义，每州县拔取数人，以至于二三十人，统名为优行生，以备用为教官，并备学部咨取，用作学堂之国文教习，表以章服，树之风声。另设学部，以重实用。这样，卫道与兴学可以并行不悖。①

纳科举于学堂后，西学之“用”通过学堂的分科教学得到实现，而经学文史虽然列为分科，却失去主导地位，相比之下，变得最不切实用。科举让位于学堂，等于中学让位于西学。退缩为一科的经史，无力承担传道与载道的重任，其日趋衰微难以避免。在儒学被视为无用且被有用的西学逐渐取代时，礼的作用地位亦被动摇，主管科举事务的礼部的裁撤问题被

① 中国史学会主编《中国近代史资料丛刊·戊戌变法》(2)，第354—355页。

提上日程。

停罢科举留给中国两个世纪性难题：其一，价值标准及道德准则的重建。离开宗教信仰和道德伦理，如何使人们的思维言行自律；其二，在社会剧烈变化与快速发展中，中国文化能否摆脱劫尽变穷的宿命，把握、协调继承与扬弃的关系，尽力吸收外来文化，同时不忘与本民族文化相辅相成，使之绵延永续，再创辉煌。中国传统文化的精义是否应该保存以及怎样保存，这一千钧重担显然不能仅由学堂教育来承担。要想在学习先进的同时不迷失自我，保持传统文化的精髓并能与时俱进，依然任重而道远。[①]

① 本章参见关晓红《晚清议改科举新探》，《史学月刊》2007年第9期；《殊途能否同归——立停科举后的考试与选材》，《中央研究院近代史研究所集刊》第59期，2008年3月；《终结科举制的设计与遗留问题》，《中山大学学报》（社会科学版）2011年第5期。朱贞《清季学制改革下的学堂与经学》，《中山大学学报》（社会科学版）2011年第5期。此外，还有安东强、霍红伟、左松涛等人的相关研究成果。

第二十一章

晚清海防与塞防之争

鸦片战争后，古老中国的门户为西洋坚船利炮所洞开，自是而后，一连串外来的冲击，使中国自觉或不自觉地走上近代化道路。百余年的历史进程就是外患日迫及知识分子所从事的变法图强运动两股势力平行发展。中西海上接触，开中国数千年来未有之变局；东南海疆所受一连串外人的威胁，逼使清廷不得不措意于“洋务”，尤其是讲求海防之术，“师夷长技以制夷”，使中国自存于世界列强之中。清季的海防议论与海防政策，就是在这种中外会通、开空前巨变的情况下产生的。①

清季政局之动荡与社会经济之失序，固为外力所促成，但中国国内所隐藏的潜在危机更是决定因素。② 内乱与外患频仍，终清之世，成为一种恶性循环的态势，两者互为影响，使清廷颠沛困窘，支绌乏力。咸同年间，太平天国、捻军，以及西南与西北的回民起事，几乎都是与外力侵逼同时产生的大规模内部动荡。

咸同时代是中国近代史上的多事之秋：内有太平天国、捻军与回民起事，外有英法两次联军之役，俄人亦在北方蠢动；内政与洋务之措置均极棘手。太平天国之战使得地方督抚势力坐大，更严重损害清廷固有财源，使得国家

---

* 本章由刘石吉撰写。

① 关于清季海防论兴起之背景，可参看王家俭《魏源对西方的认识及其海防思想》［台大文史丛刊（9）］，台湾大学文学院，1964；《清季的海防论》，《师大学报》第12期，1967年。

② Kuang-ching Liu（刘广京），“Nineteenth Century China：The Disintegration of the Old Order and the Impact of the West，” in Ping-ti Ho（何炳棣）& Tang Tsou（邹谠）eds.，*China in Crisis*，vol. 1，*China's Heritage and the Communist Political System*，book 1（Chicago：The University of Chicago Press，1968），pp. 93-178.

财政解体，渐次走上仰赖外债之途。[①] 财政困难使清廷无力从事大规模的改革措施；加以内乱未靖，劳师远征，所费不赀，终有同光年间塞防与海防的争议。

同治十三年（1874）的海防与塞防之争有其重要的历史背景与意义。此争论之起，实由彼时两派政治人物对拯救中国所持的方策不同：以左宗棠为首的塞防论者强调安定西北的必要，并警觉到俄人在西北边陲的野心；以李鸿章为首的海防论者则注意到列强在东南沿海的威胁，并敏锐觉察到日本侵略的危险性。彼时朝野上下正掀起自强运动的浪潮，特着重于洋务之讲求，海防措施自为其中之要项，是为改革派津津乐道；然西北未靖，俄人虎视边陲，清廷自不能不顾及。此二事同为急迫，其决定亦关乎清廷日后命运。在国家有限的财源下，何者应为优先考虑，乃引发一大争辩，此争辩之结果，影响到日后对日本、俄国的外交取向，亦将决定中国之为海权国或陆权国的地位。[②]

终清季之世，海防与塞防之争论一直存在着。本章仅集中就同光之际各地方督抚有关海防与塞防的议论，以及至今中外学者相关的研究与评论综要分析，并尝试探讨此种议论产生的背景及其所代表的意义。

一　海防与塞防之争产生的背景

海防与塞防之争可说是一种“攘外”与“安内”孰为优先之争，亦是一种“现代”与“传统”的价值观念之争。左宗棠之观点，可以说充分反映出传统中国对中亚草原部族的戒惧心理；李鸿章的议论却显示其对新崛

① 太平天国战争后，各省督抚权力增大，政权与财权、军权集于地方大吏，各省厘金平均只有20%解部，1861年开始举借外债以应付军需，直到民国初年，外债在中国经济发展中占极重要地位。关于中国近代之外债，可参看王树槐《中国近代的外债》，《思与言》第5卷第6期，1968年；徐义生编《中国近代外债史统计资料（1853—1927）》，中华书局，1962；Chi-ming Hou（侯继明），*Foreign Investment and Economic Development in China，1840-1937*（Cambridge，Mass.：Harvard University Press，1965），pp. 23-49.

② Immanuel C. Y. Hsü（徐中约），“The Great Policy Debate in China，1874：Maritime Defense vs. Frontier Defense，”*Harvard Journal of Asiatic Studies*，25（1965），pp. 212-228；费正清、刘广京编《剑桥中国晚清史》下卷，中国社会科学院历史研究所编译室译，中国社会科学出版社，1985，第2章（徐中约撰）。

起的日本之严重威胁，及中国在国际社会新处境之敏锐觉醒。塞防论者首重西北之平定，海防论者重在东南海疆之外患；在本质上，一为内乱，一为外患，所强调者不同，然其重要性则一。

先是，同治三年平定太平军后，捻军、回民相继起事，波及西北各省，几成燎原之势。捻军底定后，回势更炽，陕西、甘肃动乱不安，新疆全境几乎陷于阿古柏之手。同治十年，俄国更趁势占领伊犁河流域。清廷于同治五年任命时在东南筹办海防的闽浙总督左宗棠为陕甘总督，以致力于西北的平定。直到同治十二年，左氏平定陕、甘全境，完成初步使命，准备率领大军向新疆推进。[①] 正当此时，日本侵入台湾，东南沿海警报再起，清廷的海防措施再度面临挑战。

东南沿海，自西方新重商主义盛行，列强东来以后，屡次掀起战火。鸦片战争之后，有识之士均洞察到海防的迫切需要，而开始讲求"师夷长技以制夷"的洋务。再经过两次英法联军之役，清廷传统水师的缺陷益为暴露。海防的讲求，新式海军的建立成为当务之急，自强运动就是在此种背景下产生的。同治中兴时代的自强运动，固然功亏一篑，但却使国人对西方的认识更进一步，而西人所提供的"合作政策"也在中国带来短期的和平，使清廷得以全力应付国内乱事，从事初步的改革运动。[②]

但这种消极的改革运动，在同治十三年日本侵扰台湾事件中充分显出其弱点。明治维新以后，日本逐渐向外扩张势力，朝鲜和中国东北、台湾均是它侵略的目标。这一年中，日本以惩罚台湾南部牡丹社"生番"杀害琉球水手为借口，派兵入侵台湾。清廷无力保护台湾，不愿冒战争的风险，在该年与日本签订的专约中承认日本行为正当，并赔款50万两。[③] 此事件虽得以解决，然而"山雨欲来风满楼"，这是以后日本对华长期侵略的开端，也是帝国主义国家瓜分中国的一个警报，它也显示出清廷不完备的海

① Arthur W. Hummel, *Eminent Chinese of the Ch'ing Period* (Washington, 1944) Ⅱ, pp. 762-767；郭廷以：《从张謇到左宗棠》，《大陆杂志史学丛书》第1辑第7册，大陆杂志社，1960，第156—174页。

② Mary Wright, *The Last Stand of Chinese Conservatism: The T'ung-chih Restoration, 1862-1874* (Stanford, CA: Stanford University Press, 1957), pp. 21-42.

③ 李剑农：《中国近百年政治史》，台湾商务印书馆，1971，第156—158页；郭廷以编著《近代中国史事日志（清季）》第1册，正中书局，1963，第582—593页。

防措施的危险性。对此，恭亲王奕䜣指出：

> 日本兵踞台湾番社之事，明知彼之理曲，而苦于我之备虚……今日而始言备，诚病其已迟；今日再不修备，则更不堪设想矣。溯自庚申之衅（指咸丰十年英法联军之役——引者注），创巨痛深，当时姑事羁縻，在我可亟图振作，人人有自强之心，亦人人为自强之言，而迄今仍并无自强之实。从前情事，几于日久相忘。[①]

他更以为，日本一小国，“备御已苦无策，西洋各国之观变而动，患之濒见而未见者也”，主张致力于海防建设，以预防来自东南海疆的侵略。

虽然恭亲王的言论颇能刺激彼时洋务派官员的心理，使之全力倡议海防，但清廷却始终不忘情于“圣祖灾之、世宗畲之、高宗获之”的“西北周数万里之版章”。[②] 盖此地区在清代历史上有其重要意义，清廷自不能随意弃守，何况左宗棠已奏捷，正全力向新疆推进呢。在此种府库空虚，财用极绌，又不可能暂缓西进，节饷以备海防的情况下，清廷之决策实属为难；其可说是夹在“历史”与“价值”的张力，亦即“传统”与“现代”的困局之中，而难以取舍。[③]

海防与塞防之争议就是在同治十三年这种特殊的政治背景下产生的（这时已是“同治中兴”的末期），此两者不能兼顾，是清朝国力衰微的征兆；而改革派人物之重视近代化的海防设施，企图使清廷苟存于强权的世局之中，亦可见清朝覆灭前“回光返照”的一面。[④] 另一方面，海防与塞防之争，可说是在西方帝国主义从陆上与海上两面侵略中国的情况下，中国有识之士有所感触而发出的爱国言论；此种言论之分歧，其所持之观点，

---

① 《筹办夷务始末》（同治朝）（本章以下简称《始末》）卷98，国风出版社，1962年影印本，第19—20页。

② 魏源：《圣武记》卷3，世界书局，1962年影印本。

③ 海防与塞防之争对清廷来说是一种“两难式”。此处用“历史”与“价值”冲突的观念，借自 Joseph R. Levenson，参见氏著“History & Value: The Tension of Intellectual Choice in Modern China,” in Arthur F. Wright ed., *Studies in Chinese Thought* (Chicago: University of Chicago Press, 1953), pp. 146-194.

④ 事实上，并没有一个真正的“同治中兴”，它的结果是失败的。参见 Mary Wright, *The Last Stand of Chinese Conservatism: The T'ung-chih Restoration, 1862-1874.*

颇值得进一步探讨。这些救国方策，展示了中国近代知识分子在面对西方文化挑战时，所做的各种不同的反应模式。

二　海防论者所持观点之分析

日本袭台事件发生后，同治十三年总理各国事务衙门的奏折中，极力强调“能守然后能战，能战然后能和”，主张讲求备御海防之策，以防西洋各国之挑衅；并详拟练兵、造船、简器、筹饷、用人、持久六条，发下各省督抚复议，这段时期的塞防与海防之争议于焉开始。[①]

主张海防最力者在中央为恭亲王奕䜣与大学士文祥，在地方则为直隶总督李鸿章、船政大臣沈葆桢、江苏巡抚丁日昌、山西巡抚鲍源深、署山东巡抚漕运总督文彬、盛京将军都兴阿、两广总督英翰、安徽巡抚裕禄、浙江巡抚杨昌濬、福建巡抚王凯泰、闽浙总督李鹤年、两江总督李宗羲、江西巡抚刘坤一等人。尤以李鸿章的言论最能代表时人的见解，他的眼光敏锐，最能洞识变局，了解时代潮流的归趋。在同治十三年所上《筹议海防折》中，他痛切分析当时的局势，以为：

> 历代备边，多在西北，其强弱之势，客主之形，皆适相埒，且犹有中外界限。今则东南海疆万余里，各国通商传教，来往自如，麇集京师及各省腹地；阳托和好之名，阴怀吞噬之计，一国生事，诸国构煽，实为数千年来未有之变局。轮船、电报之速，瞬息千里；军器、机事之精，工力百倍；炮弹所到，无坚不摧；水陆关隘，不足限制，又为数千年来未有之强敌。外患之乘，变幻如此，而我犹欲以成法制之，譬如医者疗疾，不问何症，概投之以古方，诚未见其效也。[②]

中国处于此种“数千年来未有之变局”中，其国策自应经过一番检讨，

---

① 《始末》卷98，第19—20页，详细条文可见《洋务运动文献汇编》第1册，世界书局，1963年影印本，第26—30页；另可参考王宏斌《晚清海防：思想与制度研究》，商务印书馆，2005，第80—107、124—131页。

② 《始末》卷99，第14页；《李文忠公全集・奏稿》卷24，第11页。

必须变成法以应付新局势。他根据《易经》中“穷则变，变则通”的道理，以为“不变通则战守皆不足恃，而和亦不可久”，变通之道，即在于整顿海防；欲整顿海防，舍变法与用人两者外别无下手之方。可见李鸿章等海防论者是充分将变法的观念与海防观念合而为一，即将洋务自强运动的中心思想赋之于海防的争论上。海防论者的中心观点即是此种变通“成法”扭转国策的主张。

海防论者之思想言论正合于同光新政运动之时代潮流，其主张毋宁说是必然的。但若全盘分析彼时海防论者所持之理由，或可对此言论之产生有进一步的了解。以下试综合分析海防论者的主要观点。

其一，以为洋人为乱异于内地起事，两者性质不同。

李鸿章指出，“发、捻、苗、回……皆内地百姓，虽有勇锐坚忍之气，而器械不及官军之精备，可以剿抚兼施；外洋本为敌国，专以兵力强弱角胜，彼之军械强于我，技艺精于我”,[①] 故洋人较难对付，必须全力整顿海防，以抵抗新的外敌，这亦是海防论者主张变更旧制的理由。

其二，以为塞防不若海防重要，海防密迩京师，关系密切；新疆则路途悬远，鞭长莫及。

此种主张，当与李鸿章个人处境有关：他手下的淮军于沿海防务上担任重要角色，他本人亦于同治九年被任命为直隶总督兼北洋大臣，总揽海防及海军大权，靠着朝廷的支持，以推动其海防计划。他十分重视京畿安危的“固本”政策。[②] 他认为新疆悬远，去之不为不可，新疆不复，于肢体之元气无伤；海疆不防，则心腹之大患愈棘。时任山西巡抚鲍源深亦有类似之主张，反对耗费于边陲而竭财于内地。[③] 盖关外塞防不若海防之重要，此亦李鸿章主撤关外之饷，均移为海防之用的原因。

其三，论者更强调东南沿海为财赋之区，此与“天下根本”的京师同

---

① 《始末》卷99，第15页。

② 1870年后，时任直隶总督的李鸿章，由于局势演变与外力的入侵，逐渐总揽海防和海军大权，重视沿海防务，实行一种保卫京师的固本政策。参见王尔敏《淮军志》，“中央研究院”近代史研究所，1967，第384—385页；Kuang-ching Liu，“Li Hung-chang in Chihli：The Emergence of a Policy，1870-1875，” in Albert Feuerwerker，Rhoads Murphey，Mary Wright，eds.，*Approaches to Modern Chinese History*（Berkeley：University of California Press，1967），pp. 68-104.

③ 朱寿明编《光绪朝东华录》，1963年影印本，第5—7页；姚欣安：《海防与塞防的争论》，包遵彭等编纂《中国近代史论丛》第1辑第5册，正中书局，1959。

等重要，尤以吴淞一带更扼长江门户，必须屯重兵以守。①

东南沿海一带，自唐宋以来，渐成全国经济重心，亦为全国财赋要区，所谓“辇东南以供西北”是也；② 尤以苏松一带更为江南财富之核心，国家倚之为外府。元、明、清以来，苏州、松江、常州一带，重税浮粮，累世不变。③ 太平天国战争后，东南财源破坏，故国家财赋亦大受影响，陷入极端困难。李鸿章强调东南为心腹之区，累有财赋之利；西北则荒僻无用，徒增漏卮而已。

其四，海防论者导因于对日本的侵略野心之察觉，故亦特别强调日本的威胁，及其他西方列强的野心。

浙江巡抚杨昌濬的言论很能表达这种心理，他指出：

> 西洋各国以船炮利器，称雄海上，已三十余年。近更争奇斗巧，层出不穷，为千古未有之局，包藏祸心，莫不有耽耽虎视之势。日本东隅一小国耳，国朝二百年来相安无事，今亦依附西人，狡焉思逞，无故兴兵屯居番社，现在事虽议结，而履霜坚冰，难保不日后借端生衅。且闻该国尚在购器练兵，窥其意纵不敢公然内犯，而旁扰琉球、高丽，与我朝属国为难，则亦有不容坐视之理。故为将来御侮计，非预筹战守不可；即为保目前和局计，亦非战守有恃不可。④

---

① 李鸿章以为“自奉天至广东，沿海袤延万里，口岸林立，若必处处宿以重兵，所费浩繁，力既不给，势必大溃。惟有分别缓急，择尤为紧要之处，如直隶之大沽、北塘、山海关一带，系京畿门户，是为最要；江苏吴淞至江阴一带，系长江门户，是为次要。盖京畿为天下根本，长江为财赋奥区，但能守此最要次要地方，其余各省海口边境，略为布置，即有挫失，于大局尚无甚碍”。参见《始末》卷 99，第 20 页。

② 王夫之：《读通鉴论》卷 23，广文书局，1967 年影印本，第 3 页。

③ 参见钱穆《国史大纲》，台湾商务印书馆，1969，第 552—563 页；萧一山《清代通史》下卷，台湾商务印书馆，1963，第 675—678 页；吴缉华《明代社会经济史论丛》上册，学生书局，1970，第 17—32、33—73 页。李鸿章所主持的淮军自始即以长江下游的东南财赋之区为主要饷源，即使淮军北上担负直隶海防任务后仍然如此。参见 Stanley Spector, *Li Hung-chang and the Huai Army: A Study in Nineteenth Century Chinese Regionalism* (Seattle: University of Washington Press, 1964), pp. 142-151, 195-233, esp. pp. 208-213；王尔敏：《淮军志》，第 239—293 页。

④ 《始末》卷 99，第 34—41 页。

他已经预见日本对琉球、高丽的侵略野心，并提出西洋各国“包藏祸心”的警语。

大学士文祥亦认为防日本为尤亟，因为“以时局论之，日本与闽浙一苇可杭。倭人习惯食言，此番退兵，即无中变，不能保其必无后患……或唆通西洋各国，别滋事端，虽欲委曲将就，亦恐不能”。[①]

他以为未雨绸缪之计，正宜乘此无事之时，认真办理，不容稍懈，否则一味迁就，后患无穷：“夫日本东洋一小国耳，新习西洋兵法，仅购铁甲船二只，竟敢借端发难，而沈葆桢及沿海疆臣等，佥以铁甲尚未购妥，不便与之决裂。是此次之迁就了事，实以制备未齐之故，若再因循泄沓，而不亟求整顿，一旦变生，更形棘手。”

李鸿章亦以为“泰西虽强，尚在七万里以外；日本则近在户闼，伺我虚实，诚为中国永久之患”，故极力讲究海防，而以日本为其假想敌人。海防论者此种论调，对日后“联俄抗日”的外交政策，实具深远的影响。[②]

其五，财政困难，军事没法把握胜利，关外实难底定。

山西巡抚鲍源深对此点争论最痛切，他认为：

> 自古立国之经，必先足用；足用之道，必先充实内地而后以余力控制边陲，未有竭内地之藏，供边陲之用，而能善其后者也……今之内地空虚极矣，自咸丰初年军兴以来，殚竭财赋以佐饷需者，为数已不可胜计；迨发、捻既平，滇黔胥靖，而各省犹协拨频仍，不遗余力。以内地甘陇未清，不得不竭力图维勉资军食，其实百计搜括，已极艰难；乃自肃州告捷，因出关师行紧要，征饷益繁……盖关外用兵，骡驼之费，转运之资，较之关内且增数倍。然其事果有把握，计期可以告蒇，各省即设法筹措，尚冀有日息肩；无如边地荒遐，回情狡谲，恐非克日成功之举。设迁延岁月，边外之征需未已，内地之罗掘先穷；万一贻误戎机，悔将何及。[③]

---

① 本段及下段，均见《始末》卷98，第40—41页。

② 《始末》卷99，第32页；Immanuel C. Y. Hsü, “The Great Policy Debate in China, 1874: Maritime Defense vs. Frontier Defense,” *Harvard Journal of Asiatic Studies*, 25 (1965), pp. 212-228.

③ 《光绪朝东华录》，第5页。

关外用兵既有重重困难，且正当国家受创之后，即使勉强支持，亦是剜肉补疮，其无能勉应者，则早逞捉襟见肘之势。若果孤注一掷，而令内地空虚，则中原一旦有水旱刀兵之事，其奈之何？此种论调亦充分显示出海防论者着眼于京畿安危的“固本”主张。

事实上，西北塞防除财政上的困难外，所遭遇之阻碍亦很大。此时西方帝国主义浪潮扩张至亚洲各地，国际风云险恶，日本、英国固纷寻衅于东南，而西北阿古柏势力已成，并与英、俄、土耳其等国勾结，此时进兵不独无胜利把握，反可能招致阻挠，牵动全局。且西北塞防军事之兵力编配、军费筹措、粮食供给、交通运输等困难正多，而气候酷寒，强敌当前，孤军奋战，尚在其次。[①] 综合这些理由，又值举国上下讲求海防的时候，新疆军事之值得进一步检讨，可说是必然的。

其六，以为新疆荒僻，恢复无用；而又强邻环伺，即使勉图恢复，将来断不能久守。

此为海防论者反对西征军事的重要论点。李鸿章的议论最为理直气壮：

> 近日财用极绌，人所共知；欲图振作，必统天下全局，通盘合筹，而后定计。新疆各城，自乾隆年间始归版图，无论开辟之难，即无事时岁需兵费尚三百余万，徒收数千里之旷地，而增千百年之漏卮，已为不值。且其地北邻俄罗斯，西界土耳其、天方、波斯各回国，南近英属之印度；外日强大，内日侵削，今昔异势，即勉图恢复，将来断不能久守。

他更警觉到新疆问题与英、俄、土耳其等之纠葛交集，以为“揆度情形，俄先蚕食，英必分其利，皆不愿中国得志于西方”，故以中国此时之国力，实不能专顾西域，否则迁延日久，所费不赀，“师老财痡，尤虑别生他变”。他主张暂弃关外，专清关内，并设法将塞防之饷匀移为海防之用：

> 今虽命将出师，兵力饷力，万不能逮。可否密谕西路各统帅，但严守现有边界，且屯且耕，不必急图进取。一面招抚伊犁、乌鲁木齐、

① 郭廷以：《从张骞到左宗棠》，《大陆杂志史学丛书》第1辑第7册，第156—174页。

喀什噶尔等回酋，准其自为部落，如云、贵、粤属之苗猺土司，越南、朝鲜之略奉正朔可矣，两存之则两利；俄、英既免各怀兼并，中国亦不至屡烦兵力，似为经久之道………此议果定，则已经出塞及尚未出塞各军，似须略加核减，可撤则撤，可停则停，其停撤之饷，即匀作海防之饷。否则，只此财力，既备东南万里之海疆，又备西北万里之饷运，有不困穷颠蹶者哉？①

由此可看出李鸿章的胆识，他是此时海防论者中唯一明白主张停撤关外之饷匀移为海防之用的人。他主张西征军屯田耕战，以节军饷，又主裁军，此实为一个明显的退缨政策。② 他又将西北新疆与西南土司及沿边藩属一体看待，意在维持传统“存祀主义”的精神，而不主武力征伐。然此实以清初诸帝艰辛确立有效管辖之土地委之于不顾，盖所谓奉中国之正朔，亦不过欺人之谈。此为李鸿章蒙受后人诋毁及其政策之终于失效，不被清廷采纳的原因。

其七，以为缓复新疆，只是一权宜办法而已。

此点可由上引鲍源深的奏折充分表现出来：

（或谓）新疆为高宗开拓之地，正当乘此兵威，力图收复。第事有宜审时量力，参酌于万全者……天下事有先本计而后末图，舍空名而求实益者，亦唯于轻重缓急间一权衡之耳。……夫古之圣人曰善继善述，于前人未竟之志事乘时而亟图之，固为继述之善；于前人难竟之志事审时而徐图之，亦未尝非继述之善。善者，因时变通之谓也。

所以他主张于“边陲小丑”则暂示羁縻，于内地封疆则先培元气，而

① 以上所引李鸿章的议论，参见《始末》卷 99，第 23—24 页；《李文忠公全集·奏稿》卷 24，第 18—19 页。

② 山西巡抚鲍源深更具体地主张西征军屯田以守，他以为有六利：计口授粮，饷少易给；转输便而省费多；易战兵为防兵，可安边保境；息劳养锐，奋兴士气；以逸待劳，可制贼之命；所费者暂，所省者长。如此则内足以固守关塞，外足以慑服羌戎云。参见《光绪朝东华录》，第 6 页；姚欣安《海防与塞防的争论》，包遵彭等编纂《中国近代史论丛》第 1 辑第 5 册。

采取一种固守不战的政策。他建议：

> 可否请敕下西征各军，未出关者暂缓出关，已出关者暂缓前进；挑选精锐数千，驻扎安西、敦煌、玉门一带，防守关塞；北则于河套要隘，相地布扎，扼贼东趋。其业经西进之师，可退者退，不可退者会合其地防兵，固守城池，勿轻远击，并仿赵充国屯田之议，令各处驻扎之兵，且耕且守。①

可见鲍氏的见解与李鸿章多有相同者，他们同样认为只有如此消极地削弱塞防力量，才有助于海防建设。即令如此，亦是一时权宜之计，旨在养精蓄锐，以海防建设而培国本，以待将来之进取恢复西北。

以上为海防论者所持主要观点。此外亦有认为海防之利，除拱卫京师外，尚可扬威海面，使内地奸匪敛迹，而免除外夷之要挟。且外洋水师，无事则分防洋汛，兵船捕盗，商船载货；有事则通力合作，联为一气，兵船备战，商船转运。如此则海上屹然重镇，可战可守，甚是大用。②

至于海防论者所提出之解决方策亦甚复杂。其最基本者，当是建立一支近代化的海军，事实上，亦即整个自强运动中“兵工文化”的内容。海防论者有鉴于西洋各国之船坚炮利，故均主张仿求西法，例如李鸿章即力主将沿海各省之艇船舢板裁并，以专养轮船。同治十一年轮船招商局成立，这是李鸿章主持之“官督商办”企业之一要项，亦是他发展海防事业的具体表征。③ 他以为制造轮船未可裁撤，为谋持久，可造商船。同治十三年，他上奏估计开办海防计购船、练兵与简器三项，约需 1000 万两，主张停内府不急之需以供应海防费用，即在各省无款可存留借抵之情况下，必不得已，应提部存及各海关四成洋税之款，以为开办之需，其有不敷，则拟暂借洋款抵用。此外他又主张开矿，以为养船练兵之资；并要求沿海各省整

---

① 《光绪朝东华录》，第 5—6 页。

② 此为浙江巡抚杨昌濬的看法，参见《始末》卷 99，第 37—38 页。

③ 关于李鸿章奏设轮船招商局的经过，可参见 Albert Feuerwerker, *China's Early Industrialization: Sheng Hsuan-huai (1844-1916) and Mandarin Enterprise* (Cambridge, Mass.: Harvard University Press, 1958), pp. 96-188；吕实强《中国早期的轮船经营》，“中央研究院”近代史研究所，1962，第 225—265 页。李氏所创办的新式企业甚多，此处不拟赘述。

顿货厘与盐税，每省每年限定酌拨数万两以协济海防。李鸿章亦重视彼时外国鸦片入口骤增，流毒中土的问题。他主张暂弛各省罂粟之禁，而加重进口洋药之税厘，使外洋烟土在没有厚利可图的情况下根绝，然后妥立规条，严格限制，以为戒除，如此则“民财可杜外耗之源，国饷并有日增之势”，庶几可筹饷而议海防。[①]

李鸿章主张的筹饷方法，除上举“开源”措施外，又主“节流”，他认为裁艇船以养轮船，裁边防冗军以养海防战士，停宫府不急之需，减地方浮滥之费以裨军事而成远谋都是节流的大要，必须在这方面上下一心，局中局外一心，以为全力讲求自强之策。他又主张变通科举，以洋务取士；并派公使驻外，“外托邻邦报聘之礼，内答华民望泽之诚”，如此则有裨于中外通商交往云。[②]

此外，其他海防论者亦有极具体的主张。江苏巡抚吴元炳认为，“御外之道，莫切于海防；海防之要，莫重于水师。将领不得其人，有兵如无兵；形势不扼其要，有险如无险”，极力强调整顿水师的重要。[③] 浙江巡抚杨昌濬亦认为海上宜设重兵，即使所费甚巨，亦不得不如此，因为“日本以贫小之国，方且不惜重资，力师西法，岂堂堂中夏，当此外患方殷之际，顾犹不发愤为雄，因循坐误，以受制于人哉?”[④] 故他主张南、北、中三洋宜设水陆军三大支，分屯于闽广、江浙与直奉山东，听命于南北洋大臣节制调遣，无事则分防洋汛，有事则联为一气。丁日昌所提出的“海洋水师章程六条”、文彬与王凯泰所拟定的防海策略与部署，均有如是之主张。[⑤] 此外亦多有提出设立制造局，以造轮船枪炮；裁汰老弱兵员，精练水师；切实整顿财政，设立官局，加收盐厘以为海防之用；并有主张注重江防，以守为

---

① 参见《始末》卷 99，第 24—28 页；《李文忠公全集·奏稿》卷 24，第 19—22 页。

② 《始末》卷 99，第 24—34 页；《李文忠公全集·奏稿》卷 24，第 19—24 页。

③ 《始末》卷 100，第 43 页。

④ 《始末》卷 99，第 36 页。

⑤ 参见《洋务运动文献汇编》第 1 册，第 30—33、35—38、61—62、77—78 页。《始末》卷 98，第 23—27、31 页；卷 99，第 37、44—46 页。尤以丁日昌提出海洋水师章程后，议海防者较从前尚实际而少空谈；此种“三洋水师”乃一崭新观念，以后议论“分洋设防”者大抵以此为根本。参见王家俭《清季的海防论》，《师大学报》第 12 期，1967 年；王宏斌《晚清海防：思想与制度研究》，第 151—168 页。

战者；亦有重视东南海防，主将福建巡抚移驻台湾，以扼海疆门户者。[①]

虽然主张海防者之言论正合于时代要求，海防之重要性亦无可置疑，然来自塞防论者的压力仍大，彼辈主张重视西北及俄人之威胁，反对将西北塞防军饷匀移为海防之用。从两派的争论中，可见19世纪70年代西方帝国主义在东亚扩张的情形，与彼时中国有识之士的觉醒及其提出的救国方案。

三　塞防论者所持观点之分析

同治末年塞防论者最著名的是时任陕甘总督的左宗棠、湖广总督李瀚章、湖南巡抚王文韶与山东巡抚丁宝桢。其中以左宗棠的言论最为激切，亦较能代表当时多数中国人的看法。同时，他对新疆军事的认识与贡献，使他在历史上享有一定地位，成为一位杰出的政治家与军事家。

19世纪中叶整个中国真是动荡不已，内有珠江流域的天地会，长江流域的太平军，黄淮流域的捻与教，西南地区的苗与回，以及西北陕甘、新疆的骚动。加以彼时西法模仿只得皮毛，保守精神浓厚，“清议”逐渐得势，士大夫虚骄腐化，致使改革人物处境艰难。且要面对帝国主义的侵略：此时英法二次联军，北京、天津相继失守；俄势东侵，东北领土丧失不少；日人蠢动于沿海；而英、俄更分由南北进入中亚，益令新疆情势趋于复杂；同时法国已在越南构衅。中国“缮防固边”的政策面临严重挑战，结果是无处不失败，除了西北方面，其余的失败均不堪言状。[②] 塞防论者重视西北之平定总算收到一定程度之效果，至少在列强蚕食鲸吞中国的情况下，为

---

① 此时所有设立制造局、精练水师、整顿财政、注重海防的主张散见于《始末》卷98、99、100；亦可参见《洋务运动文献汇编》第1册。又沈葆桢更以为“年来洋务日密，偏重在东南；台湾海外孤悬，七省以为门户，其关系非轻”，故主张福建巡抚移驻台湾。这是以后台湾建立行省的张本。见《道咸同光四朝奏议》（本章以下简称《四朝奏议》），台湾商务印书馆，1970年影印本，第2640—2643页；David Pong，“Shen Pao-chen and the Great Policy Debate of 1874-1875,”《清季自强运动研讨会论文集》上册，“中央研究院”近代史研究所，1988，第189—225页。

② 郭廷以：《从张謇到左宗棠》，《大陆杂志史学丛书》第1辑第7册，第156—174页；李剑农：《中国近百年政治史》，第137—138页；费正清、刘广京编《剑桥中国晚清史》下卷，第4章（刘广京撰）。

西北边陲保持了一片净土。

反对塞防之论调，虽然为有力者如李鸿章等所倡，但结果终不能阻止清廷及左宗棠等收复失地之注重塞防政策，这当与西北边陲在中国历史上的重要性相关。自汉以降两千年，历代严防“胡人南下牧马”之一贯边防政策。可知在传统的骑射时代中，中原王朝之命运实与西部、北部边陲之控制与否息息相关。故新疆地区在各朝代国防决策上有其重要性，而中央与西域之关系实为各朝代兴衰命运之指标。[①] 清人崛起关外，其国防政策自亦重视北部边陲，历代帝王亦是“宵旰筹边，不遗余力”，[②] 即使在中西海道会通以后，此种传统国防政策亦难以轻易变更。由此可见彼时塞防论者之议论自有其深远历史背景，其终得清廷之同情与接纳，毋宁说是意料中事。

但左宗棠等人的议论亦非全然本诸传统，在某些方面，吾人似可看出其新颖的眼光。左氏的经验使他对中外局势有进一步的了解，而发为识见远大、理由充足的议论。他并不是一个传统主义者，他也不反对海防措施；但当沿海承平无事，外人不启衅端时，西北动乱，实不得不重视，此亦左氏塞防主张的重要背景。[③]

综合分析之，塞防论者所持观点如下。

其一，俄人狡焉思逞，威胁渐形，非西洋诸国可比，故必先注重西陲军务。

此以湖南巡抚王文韶之言论最为明切，他比较海防与塞防说：

> 江海两防，亟宜筹备，当务之急，诚无逾此。……窃谓海疆之患不能无因而至，其所视成败以为动静者，则西陲军务也。何以言之？西洋各国俄为大，去中国又最近……而其狡焉思逞之心，则固别有深谋积虑，更非英、法、美诸国可比也。比年以来，新疆之事，邸钞所不尽宣，人言亦不足信；然微闻俄人攘我伊犁，殆有久假不归之势，

---

① 参见 Immanuel C. Y. Hsü, “The Great Policy Debate in China, 1874: Maritime Defense vs. Frontier Defense,” *Harvard Journal of Asiatic Studies*, 25 (1965), pp. 212-228.

② 魏光焘：《戡定新疆记》，台湾商务印书馆，1966 年影印本，“自序”。

③ 参看 Wen-djang Chu（朱文长），“Tso Tsung-tang’s Role in the Recovery of Sinkiang,”《清华学报》新 1 卷第 3 期，1958 年。

履霜坚冰，其几已见。今虽关内肃清，大军出塞，而艰于馈运，深入为难。我师迟一步，则俄人进一步；我师迟一日，则俄人进一日；事机之急，莫此为甚。彼英、法、美诸国固乘机而动者，万一俄患日滋，则海疆之变相逼而来；备御之方，顾此失彼，中外大局，将有不堪设想者矣。

可见他重视西北俄国势力甚于东南沿海列强，颇能洞察俄人之野心，故主张全力支持左宗棠的西北塞防，俄患既除，东南威胁自免。他的看法是："但使俄人不能逞志于西北，则各国必不致构衅于东南。此事势之可指而易见者。非谓海防可缓，正以亟于海防，而深恐西事日棘，将欲其历久坚持，而力有所不逮，势有所不及也。"①

清廷由于饷绌，自不得不要求塞防军队速战速决，否则夜长梦多，贻误戎机。可见王文韶重视俄国帝国主义的侵略更甚于英、法与美国。此种辩论，在不反对海防的情况下是很巧妙的。左宗棠则不太同意王氏对俄人的看法，他以为俄人未必对新疆有领土野心，但无论如何不能停撤西北兵力，盖即就守局而论，亦必须先恢复乌鲁木齐后，再察看定议。②

伊犁将军荣全指出俄人占领伊犁，渐生异志，不但有久借不归之态，且欺凌强暴之事层见叠出，故必须大军之镇抚，先发制人，否则伊犁终不得催讨。③ 办理西北塞防粮台的礼部侍郎袁保恒更上疏痛陈西北军事的急切，他说：

肃州未复以先，外夷迟回观望而不敢遽肆者，恐我内地既平，移师西迈，不能不存顾忌耳。若内地无事，而迁延日久，外人窥我无进取之心，无恢复之力，势必益肆恣陵。自肃州蒇事，我军即声言出关，而以粮运艰阻，已误一年，戎心之启，本在意中。近闻俄患不靖，势渐东侵，倘白彦虎为所牢笼，安集延被其勾引，大局更难措手矣。况倭夷寻衅台湾，海防紧要，沿海各省相继奏停协饷；西事日艰，征饷

---

① 《始末》卷99，第60—61页。

② 《左文襄公全集·奏稿》卷46，文海出版社，1964年影印本，第37页。

③ 《始末》卷99，第42页。

日绌，如不早思变计，窃恐一误再误，边患棘于西北，财力敝于东南，将非徒新疆一隅忧也。①

新疆军事迁延日久，则内乱外患相逼而至，何况靡费东南海疆，正使“西事”更难措手，影响所及，非同小可。袁氏的议论也不忘怀于沿海防务，亦了解到中国历史上边境叛乱，则必有外力乘机勾结入侵的事实，故有如是安内攘外之主张，此种言论可说是极为合理的。

其二，西方各国志在通商贸易，不愿启衅，初无切急之险可言。

左宗棠很明白指出：

窃维泰西诸国之协以谋我也，其志专在通商取利，非必别有奸谋。缘其国用取给于征商，故所历各国壹以占埠头、争海口为事，而不利其土地、人民……自通商定议，埠头、口岸已成，各国久以为利，知败约必妨国用也；商贾计日求赢，知败约必碍生计也，非甚不得已，何敢辄发难端。②

他看清了列强帝国主义经济侵略的一面，而不认为其有扩张领土的野心，自不会轻易开战，此当然是他一厢情愿的想法。湖广总督李瀚章也认为东南防务固宜认真图谋，但西北征军尤贵及时清理，以为新疆在尚未平定以前，实难遽议撤兵。③

山东巡抚丁宝桢更明白指出俄国之威胁大于日本：前者为心腹之疾，泰西诸国则只是四肢之病。俄人心存狡黠，意图窥伺，乘机观变，不得不预为防患，因为：

外洋各国与中国水路虽通而陆路不通，且均远在数万里外，日本洋面虽近而陆路尚阻，唯俄罗斯则水陆皆通中国，而水路较各国为近，陆路则东北、西北直与黑龙江、新疆各处连壤，形势在在可虞。况该

① 《西征兵事饷事宜专责成疏》，《四朝奏议》，第 2607—2609 页。
② 《左文襄公全集·奏稿》卷 46，第 32—33 页。
③ 《始末》卷 100，第 12—13 页。

> 国……每遇各国与我口舌等事，彼往往两利俱存，务为见好，此即意存窥伺，乘机观变之大较也。臣窃谓各国之患，四股之病，患远而轻；俄人之患，心腹之疾，患近而重。现在东南海防渐次筹办，而北面为京畿重地，以东北形胜而论，俄则拊我之背，后路之防，实尤紧切。臣犹虑将来时势稍变，各该国互相勾结，日本窥我之东南，俄夷扰我之西北，尤难彼此兼顾。①

比较丁宝桢与李鸿章的见解，吾人可明显看出：李氏以为海疆为中国心腹之区，丁氏则以俄人为中国心腹之患；李氏是对沿海新式外敌的猛省，丁氏则具传统心理取向，秉承历代重视北方国防前线的策略。

其三，新疆为北方屏障，亦为西北国防第一线。重新疆所以保蒙古，保蒙古所以卫京师。

此点由左宗棠于光绪三年（1877）六月十六日所上《统筹关外全局疏》中可清楚看出：

> 伊古以来，中国边患，西北恒剧于东南。盖东南以大海为界，形格势禁，尚易为功；西北则广漠无垠，专恃兵力为强弱；兵少固启戎心，兵多又耗国用。以言防，无天险可限戎马之足；以言战，无舟楫可省转馈之烦，非若东南之险阻可凭，集事较易也。周秦至今，惟汉唐为得中策；及其衰也，举边要而捐之，国势遂益以不振，往代陈迹可复按矣……我朝定鼎燕都，蒙部环卫北方，百数十年无烽燧之警，不特前代所谓九边皆成腹地，即由科布多、乌里雅苏台以达张家口亦皆分屯列戍，斥堠遥通，而后畿甸宴然；盖祖宗朝削平准部，兼定回部，开新疆立军府之所贻也。是故重新疆者，所以保蒙古；保蒙古者，所以卫京师；西北臂指相联，形势完整，自无隙可乘。若新疆不固，则蒙部不安；匪特陕甘山西各边时虞侵轶，防不胜防，即直北关山，亦将无晏眠之日。况今之与昔事势攸殊，俄人拓境日广，由西而东万余里，与我北境相连，仅中段有蒙部为之遮阑。徙薪宜远，曲突宜先，

① 《始末》卷100，第41页。

尤不可不预为绸缪者也。[1]

可见左氏充分发挥新疆在国史上重要性的观念，他也强调保卫京师安全的必要，但他的“固本”政策与李鸿章不同：李氏注意到19世纪来自沿海的新式外敌，左氏则着眼于来自塞外草原的传统威胁。清人崛起塞外，具有一种大陆取向式的战略思想，[2] 加以中国历代均置国家重心于北方的事实，使左宗棠的激切言论颇能震动人心，而得到清廷的接纳。此种思想，有其深远历史背景。直到光绪二十五年（1899），魏光焘在他的《戡定新疆记》里仍然有类似的主张，他说：“朝廷得新疆以屏蔽西陲，关陇数千里屹然自成要区；海氛虽恶，一旦率三秦之众，卷甲东趋，直有建瓴莫御之势，匪仅聊固吾圉，以之鞭挞四夷称雄五大洲不难矣。”[3] 这段话可反映出清代一般士大夫阶级的战略思想仍然有很浓厚的传统色彩。

其四，我有利器，则各国必不致启衅，海疆可晏然。

左宗棠认为沿海西人不敢辄发战端以毁商约，因西人固无领土之野心，我则缮固以守，西人亦不无顾忌。他说：“自轮船开办，彼挟以傲我者，我亦能之；而我又抟心抑志，方广求善事利器，益为之备，谓彼犹狡焉思启，顾而他之，似亦非事理所有。”[4] 可见这是一种“师夷长技以制夷”的心理反应，这在对西方的认识方面，可说仍然有其局限，这也是同光新政运动功败垂成的症结所在。

其五，以为海防无须借塞防之饷；塞防之饷奇绌，不得匀移为海防之用。

这是左宗棠争议塞防最重要的基点，也是西北塞防军事最感困难的地方。正如魏光焘所说，“塞外用师，筹饷难于筹兵，筹粮难于筹饷；路阻以远，劳费倍千，百筹转运更难于筹饷筹粮”，[5] 关外用兵可说十倍艰难于内地。且新疆一向是“协饷”省份，其平时经费即需内地各省接济，行军作

---

① 《左文襄公全集·奏稿》卷50，第75—76页；《四朝奏议》，第3276—3277页。

② 此种战略思想可说是由于受历史上中国和西域之密切关系，以及传统旧式军事技艺与作战方式的影响而产生的。参见 Immanuel C. Y. Hsü, “The Great Policy Debate in China, 1874: Maritime Defense vs. Frontier Defense,” *Harvard Journal of Asiatic Studies*, 25 (1965), pp. 212-228.

③ 魏光焘：《戡定新疆记》，“自序”。

④ 《左文襄公全集·奏稿》卷46，第33页。

⑤ 魏光焘：《戡定新疆记》卷5，第1页。

战，所需更多。即是后方之甘肃亦不能自给，而各省及各海关应解交左氏之款银，积欠甚巨。东南各省关以办理海防为名，亦不肯照数实拨，平均每年仍差二百多万两。[①] 在此情形下，西征军事之艰难可想而知，故左宗棠于此言之最为痛切。他认为，“论者乃议停撤出关之饷匀作海防，夫使海防之急倍于今日之塞防，陇军之饷裕于今日之海防犹可言也”，但事实并非如此，西征军饷可谓极度匮乏，每年甚至只发三个月之满饷；至同治十二年底，欠常年饷达 820 万两，而各省关积欠之军饷则更达 3000 多万。[②] 在此种财政支绌，出关粮运巨款欲停不可、欲垫不能的情况下，左氏尚坚持塞饷不可削减，西军不可裁撤：

> 论者拟停撤出关兵饷，无论乌鲁木齐未复无撤兵之理；即乌鲁木齐已复，定议画地而守，以征兵作戍兵，为固圉计，而乘障防秋，星罗棋布，地可缩而兵不能减，兵既增而饷不能缺。非合东南财赋通融挹注，何以重边镇而严内外之防？是塞防可因时制宜而兵饷仍难遽言裁减也。

此外，他又认为海防建设已能自力更生，需饷有限，不必挪借塞防之饷。他的理由是：

> 海防应筹之饷……始事所需，如购造轮船、购造枪炮、购造守具、修建炮台是也；经常之费如水陆标营，练兵增饷及养船之费是也。闽局造船渐有头绪，由此推广精进，成船渐多，购船之费可省，雇船之费可改为养船之费，此始事所需与经常所需无待别筹者也。海防之应筹者，水陆练军最为急务，沿海各口风气刚劲，商渔水手取才非难，陆路则各省就精兵处募补，如粤之广、惠、潮、嘉，闽之兴、泉、永、漳，浙之台、处、宁波，两江之淮、徐、凤、泗、颍、亳诸处，皆可训练成军，较之召募勇丁，费节而可持久。现在浙江办法，饷不外增，

① 郭廷以：《从张骞到左宗棠》，《大陆杂志史学丛书》第 1 辑第 7 册，第 156—174 页。

② 《左文襄公全集 · 奏稿》卷 46，第 34 页；郭廷以：《从张骞到左宗棠》，《大陆杂志史学丛书》第 1 辑第 7 册，第 156—174 页。

兵有实用，台防议起，浙之开销独少，似非一无可恃者比也，海防应筹者止此。[1]

陇军饷缺，海防则尚可自立维持，自无匀移塞饷以充海防经费之理。何况东南为财赋之区，饷筹较易；西北则荒瘠困窘，无饷可筹，无兵可招，故必须相互通融挹注，局面方可维持。[2]

其六，以为险要未扼，不能撤兵；而收复新疆，不特无糜饷之虞，且有节饷之实。

左宗棠于光绪元年三月《复陈海防塞防及关外剿抚粮运情形折》中，很详细地分析了天山南北两路的形势：

天山南北两路旧有富八城、穷八城之说，北自乌鲁木齐迤西，南自阿克苏迤西，土沃泉甘，物产殷阜，旧为各部腴疆，所谓富八城者也；其自乌鲁木齐迤东四城，地势高寒，山溪多而平川少，哈密迤南而西抵阿克苏四城，地势褊狭，中多戈壁，谓之穷八城。以南北两路而言，北八城广而南八城狭，北可制南，南不能制北，故当准部强盛时，回部被其侵削，后为所并。高宗用兵准部以救回部，准部既平……回部有之，腴疆既得，乃分屯列戍，用其财赋供移屯之军，节省镇迪以东征、防繇费实亦不少。

故主张先收复乌桓以驻守，在巴里坤、塔尔巴哈台等路屯重兵以为犄角，再兴办屯田，招徕人民以实边塞，而后始可议停饷撤军。否则必自撤藩篱，“我退寸而寇进尺，不独陇右堪虞，即北路科布多、乌里雅苏台等处

① 《左文襄公全集·奏稿》卷46，第33、35页。

② 参见魏光焘《戡定新疆记》卷5《粮饷篇》。左宗棠在光绪元年八月十五日《请敕各省匀济饷需片》中提出海疆经费随时随地可立办，而塞饷则需预为筹措。盖海疆皆富饶之区，为通商利源厘税之所在，且东南为泽国秫稻之乡，筹饷较易，而粮与饷可合为一。西北则荒瘠落后，民不聊生，且交通运输欠便，故其粮价脚价非由官方另筹津贴不可，必须仰赖东南各省之协饷。（《左文襄公全集·奏稿》卷47，第33—34页）又西北招兵亦难。伊犁将军荣全曾指出新招的边兵，“颠沛流离，技艺生疏，一时尚难成劲旅”，且各地人众良莠不齐，殊难处置。（见《始末》卷99，第43页）左宗棠的军队主要是以老湘军为班底的。

恐亦未能晏然”。[①] 如此，则停兵节饷固有损于塞防，亦未必有益于海防。

海防论者主新疆荒僻，恢复无用，徒增漏卮而已；塞防论者则反对此说，事实上，以后历史发展证明新疆边陲非但不虚靡军饷，反倒有利于清廷财政。魏源在道、咸年间就已指出新疆不惟未尝靡饷，而且可节国帑。[②] 光绪四年左宗棠所上《复陈新疆宜改行省疏》中，亦以为新疆利源可开、饷银可省，何况新疆、甘肃每岁所需饷银400多万两，本是承平时预拨估拨常例，即于全陇澄清，西域收复之时照常拨发，于部章亦无不合，况经理得宜亦可节省，于国家经出之费实不无小补。[③]

其七，以为前代帝王经营所得之地，不应轻易放弃。

此点实为清廷始终坚持收复失地最主要的动机。这是一种孝顺观念在起作用，认为只有全力注重西北军事，收复固有土地，才能安慰祖先在天之灵。[④] 左宗棠的塞防言论固然目光远大，颇能洞烛先机，但仍然是发挥这种孝顺祖先与历史教训的观念，而为一种理性与温情之微妙糅合。[⑤] 他的塞防主张固有许多精辟的议论，但仍然念念不忘先帝的绩业：

> 高宗先平准部，次平回部，拓地二万里。北路之西以伊犁为军府，南路之西以喀什噶尔为军府，当时盈廷诸臣颇以开边未已，耗敉滋多为疑，而圣意闳深，不为所动，盖立国有疆，制置方略各有攸宜也。[⑥]

西北边陲在清代传统上有其重要性，康熙帝经营蒙部，乾隆帝亦先后招抚准噶尔（1757）、喀什噶尔（1759），从而奠定其“十全武功”与西北百年和平安定的基础。故左宗棠的论调，可说是对清廷传统战略政策的一

① 《左文襄公全集·奏稿》卷46，第35—36页。

② 参见魏源《圣武记》卷4。他指出：“西域南北二路地大物渊，牛羊麦面蔬瓜之贱，浇植贸易之利，金矿铜矿之旺，徭役赋税之简，外番茶马布缎互市之利，又皆什伯内地。”

③ 参见《左文襄公全集·奏稿》卷53，第35—39页；《四朝奏议》，第3537—3544页。

④ 参见姚欣安《海防与塞防的争论》。

⑤ 参见 Immanuel C. Y. Hsü，“The Great Policy Debate in China, 1874: Maritime Defense vs. Frontier Defense,” *Harvard Journal of Asiatic Studies*, 25（1965）, pp. 212-228。姚欣安以为左宗棠的观点全是注意新疆本身重要地位，不是基于孝顺祖先观念，亦非确实。

⑥ 《左文襄公全集·奏稿》卷46，第35页。

个强力肯定。[①] 事实上，清朝祖先成法的约束极严，后代帝王秉承祖制遗训，似不可能无视历史传统而放弃前代帝王经营的成果。

其八，以为为谋一劳永逸之计，必尽先绥靖西北。

左宗棠以为西北动乱，甲于天下，是为法所必诛，时不可缓者，为使其永久臣服计，必须全力征伐，使其不致波及内地，一味招抚，反招后患。[②] 盖西北动乱本质上是内乱性质，在中国传统朝代中，吾人极少看见王师与叛贼妥协的。中国的正统观念，以为叛贼必稽天讨，此可谓名正言顺。何况安内所以攘外，清廷必欲先绥靖西北动乱，重视边陲军务，良有其因。

西北塞防终得到朝廷之正式批准，光绪元年左宗棠被任命为钦差大臣督办新疆军务，着手筹办征伐事宜。新疆军事困艰重重，特别是在清廷财政困绌、军事颓敝与政治腐败的时候，更是显然。正如左宗棠所说，这是“自周秦以来，实亦罕见之鸿烈”。[③] 其成功得利于中原十一省之协饷，户部大量的拨款与通过他的幕僚胡光墉（雪岩）的借举外债，以购置战备。[④] 左氏亦采用屯田政策，且战且耕，以利军民，他的方法是：

> 于师行地方且战且耕，随地招徕难民复业，杂居耕种，比事定后，地已开荒成熟，仍还之民……民归旧业，各安陇亩，亦不得指为民屯……官军开荒，于军食有裨，于哈民故业无损；而哈民复业，得免开荒之劳，尤所心愿。所办屯务，于关内外无殊，是视哈密如

① 参见 Immanuel C. Y. Hsü, “The Great Policy Debate in China, 1874: Maritime Defense vs. Frontier Defense,” *Harvard Journal of Asiatic Studies*, 25 (1965), pp. 212–228。

② 左宗棠：《敬陈进兵事宜疏》（同治十年），《四朝奏议》，第 2308—2310 页。

③ 《左文襄公全集·书牍》卷 20，第 30 页。

④ 参见 Immanuel C. Y. Hsü, “The Great Policy Debate in China, 1874: Maritime Defense vs. Frontier Defense,” *Harvard Journal of Asiatic Studies*, 25 (1965), pp. 212–228；亦可参见 John K. Fairbank, Edwin O. Reischauer & Albert M. Craig, *East Asia: The Modern Transformation* (Boston, 1965), pp. 368–370. 西北塞防军饷从光绪元年至三年总数为 2674 万余两；光绪四年至六年之经费亦达 2562 万余两。（见《左文襄公全集·奏稿》卷 55，第 52—70、卷 59，第 21—33 页）左宗棠之西北塞防军饷亦多赖外债，此系由其幕僚胡光墉筹措。参见 C. John Stanley, *Late Ch'ing Finance: Hu Kuang-yung as an Innovator* (Cambridge, Mass.: Harvard University Press, 1961), pp. 12–18.

关内外也。[①]

但此亦缓不济急，故仍多以采购为主，如此则需解决后勤补给与交通运输问题，左氏乃设后路粮台，由袁保恒和刘典负责筹划粮运。经过几年的艰苦征讨，乃先后底定了北疆的准噶尔（1876），平定阿古柏建立的喀什噶尔国（1877），同时喀喇沙尔、库尔勒、库车、阿克苏、乌什、叶尔羌、英吉沙尔、和阗均先后归顺。光绪四年，西北边陲除伊犁一隅为俄势所据外，清朝在西域全境之统治再度建立。[②]

四　对塞防与海防论争之评议

本章前已指出：塞防与海防之提议，表示清季两派政治领袖对西方列强帝国主义的炮舰政策野心的觉醒，而发为不同方式的救国言论。可见他们的出发点正确，其公忠体国之心不可抹杀，不必以个人野心、意气之争、一己私见来解释。事实上，即使主张塞防最有力的左宗棠也认为当时“时事之宜筹，谟谋之宜定者，东则海防，西则塞防”，必须两者并重，盖所有论海防与塞防者，“皆人臣谋国之忠，不以一己之私见自封者也”。[③] 以后的历史已经可以证明：日本与俄国确实对中国海疆与北部边陲构成严重威胁，两国长期对华所做鲸吞蚕食式的侵略，实已构成19世纪以来东亚历史发展的基调，其对日后世界政局发展的影响亦极深远。就此意义而言，19世纪70年代的中国海防与塞防论者是时代的先觉者；他们正视日、俄侵略野心的危险性而适时提出警语，并能拟出具体的解决办法，他们可说是中国近代民族主义的先驱。[④]

① 左宗棠：《敬筹移设粮台采运事宜疏》，《四朝奏议》，第2625—2629页。

② 郭廷以：《从张骞到左宗棠》，《大陆杂志史学丛书》第1辑第7册，第156—174页；《近代中国史事日志（清季）》第1册，第623—641页；Wen-djang Chu, “Tso Tsung-tang's Role in the Recovery of Sinkiang,”《清华学报》新1卷第3期。

③ 《左文襄公全集·奏稿》卷46，第32页。

④ 关于中国近代民族主义的兴起，参见李恩涵《论清季中国的民族主义》，《思与言》第5卷第6期，1968年。中国近代形式的民族主义是西方入侵后的产物，在此之前，中国历史上只发展出一种超民族主义式的文化主义，参见John K. Fairbank, *Trade and Diplomacy on the China Coast* (Cambridge, Mass.: Harvard University Press, 1953), pp. 23-24.

李鸿章与左宗棠救国方案固暂有分歧，然两人同为同治时代的中兴人物。吾人检讨中兴人才盛衰及其功业之成败，宜注意到此时代的学术思想背景。李、左两人都是深受传统儒家思想影响的人物，他们的思想背景直接关系同治中兴的成败，也影响近代中国知识分子在面临西方文化挑战时，所做的各种抉择。李、左二人均深染理学色彩，此种理学思想，在清季由于今文学的兴起，外患的刺激，逐渐具有经世致用的特色；此时的学术思想，亦由“为学问而学问”而导向于“为经世而学问”，自龚自珍、魏源以来，经世学风，一时称盛。[①] 道咸以后，中兴人才如曾国藩、李鸿章、左宗棠、胡林翼等人均推崇理学思想，而本知行合一之精神，扶济一时之危难，遭逢际会，乘时而兴。尤其曾国藩的学术思想，此时代已由早年崇尚义理之学转为容纳宋学、汉学于一家的礼学，由性理而达于经世，可说继承了清初经世之学的余绪，这种经世思想，在湖南有其渊源，亦有其影响。[②] 湖南学风自王船山以降，经历诸儒之阐扬，经世之风，益多弥漫。[③] 左宗棠受此学风熏陶，李鸿章受曾国藩影响，此种经世思想之蕴积，又适时局动乱，蒿目时艰，自易发为爱国言论与行动。塞防海防之议各殊，然其源于彼时经世致用之学术思想则一。

海防建设是近代中国在面对西方优势文化冲击下所遭遇的一项极端重大而严肃的课题。终清季之世，海防议论逐渐成为知识分子所讲自强论与洋务论的主要内容，[④] 亦为近代中国对西方挑战的主要反应模式。李鸿章的海防言论本质上可说是中国近代化运动的产物，他极为强调变通“成法”以应付近代世界的大变局，他不但洞察到西方帝国主义的严重威胁，也了解到东南沿海一带在中国国防与经济上的重要性；他的救国方略是为保卫

---

① 参看萧一山《清代通史》下卷，第 1741—2004 页；王家俭《魏源对西方的认识及其海防思想》，第 1—7 页。

② 萧一山：《清代通史》下卷，第 732—738 页；骆雪伦：《从曾国藩和魏源的经世思想看同光新政》，《大陆杂志》第 36 卷第 1 期，1968 年。

③ 王夫之是湖南衡阳人，为明末清初大理学家，具有浓厚经世思想与民族思想，对日后湖南学风的影响很大。有清一代，湖南大儒如魏源、贺长龄（邵阳），陶澍（安化），贺长龄、唐鉴（善化），曾国藩、罗泽南、李续宾（湘乡），胡林翼（益阳）等均以研习理学而富经世思想。参见萧一山《清代通史》下卷，第 732—734 页。

④ 参见王家俭：《清季的海防论》，《师大学报》第 12 期，1967 年；戚其章《晚清海防思想的发展及其历史地位》，李金强、刘义章、麦劲生合编《近代中国海防——军事与经济》，香港中国近代史学会，1999，第 61—78 页。

京畿与沿海各省而设计的。他具有正确超然的眼光，并能做一种客观、冷静与实际的推算；[①] 他所发出的警语固然有点危言耸听，但事实证明这不是杞人忧天，中国领土被列强瓜分势力范围与几乎沦为次殖民地之祸已不幸言中。他的议论虽然低调，但比较合理。[②] 他是一个不为传统所囿而能面对现实的人。

李鸿章撤边防之议固不足称道，他对新疆经济利益之低估亦颇可商榷，但这是清朝国势微弱与此时国人一般世界知识所限使然，原不足独责李鸿章。近人多有批评李鸿章，以为他的海防议论是基于个人自身权位与利益之考虑，甚至认为他忽视塞防的主张具有一种“投降主义”的意味，企图避免与俄国开战以保存其淮军，巩固其权势地位。[③] 这种批评实无甚根据，只是囿于晚清“地方主义”的成见，而发为不正确的议论而已。[④] 李鸿章自同治九年接任直隶总督，并兼任北洋通商大臣，总揽海防与海军大权，一身系国家安危。其权力之演变与坐大均来自朝廷，并非地方官以及地方政府自身权力的扩张。即使李氏权力之执行，亦符合中央之愿望，而非与中央对立与抗拮。他以忠诚之心而承担国家利害大计与清室政权之命运，他所代表的是中央政府，不是地方权势。[⑤] 事实上，同光时代的自强新政固为各省主政者所推动，但通常得到中央有力的支持。只有如此，才可能推行新政。[⑥]

同治十三年以后，清代的海防措施渐趋积极与主动，而迈向一个新的阶段。海防与塞防之争的结果固然是塞防主张被清廷采纳，但海防计划与

---

① 参见 Immanuel C. Y. Hsü, “The Great Policy Debate in China, 1874: Maritime Defense vs. Frontier Defense,” *Harvard Journal of Asiatic Studies*, 25 (1965), pp. 212-228.

② 参见蒋廷黻《中国近代史大纲》，启明书局，1959，第78—80页。

③ 参见 Immanuel C. Y. Hsü, “The Great Policy Debate in China, 1874: Maritime Defense vs. Frontier Defense,” *Harvard Journal of Asiatic Studies*, 25 (1965), pp. 212-228.

④ 以“地方主义”来解释晚清地方政局是国外学者的一种偏见，其典型的譬如 Franz Michael, “Military Organization and Power Structure of China During the Taiping Rebellion,” *Pacific Historical Review*, 18 (1949): 466-483; “Regionalism in Nineteenth-Century China,” Introduction to Stanley Spector, *Li Hung-chang and the Huai Army: A Study in Nineteenth Century Chinese Regionalism* (Seattle: University of Washington Press, 1964).

⑤ 参见王尔敏《淮军志》，第384—385页。

⑥ 参见 Kwang-ching Liu, “Li Hung-chang in Chihli: The Emergence of a Policy, 1870-1875,” in *Approaches to Modern Chinese History*, pp. 68-104.

建设并非全然停顿，相反的，在光绪元年至光绪二十年甲午战争之前，是清代海防论最为高潮的时期，海防建设亦最有成绩，终在光绪十四年成立北洋舰队，[①] 海防建设可说是同光新政的中枢。由于塞防与海防的争议，使朝野上下更重视沿海防务，积极从事海军建设，使中国近代化运动向前迈进。

论者或以为同治十三年的海防与塞防之争的结果是塞防军事得以优先考虑，此举严重削弱了海防用饷而影响海军建设，亦即认为中国新建海军之贫弱与西北长期用兵有关，盖如匀移塞饷充海防之用以建立新式舰队，加以严密组织，则甲午海战中国或可不败云。[②] 此论亦可商榷。本章不拟讨论近代中国之海军经费问题，罗林森（J. Rawlinson）研究指出：19 世纪后半期中国未能成功组织一支强大统一的近代海军之原因，财政与经济、训练与装备的问题尚属其次，最重要的乃是制度与观念的问题。此结论很可供我们参考，从而可用以解释中国近代化迟缓落后的症结所在。[③]

以左宗棠为首的塞防思想有其深远的历史背景，从上文所列的各种议论，不难看出西、北部边陲在清朝传统国防上的重要地位。塞防议论的背景本章前已申论，此处不拟赘述。唯左宗棠主西北用兵之言论，固然本之于传统的价值观念，但他本人并不是保守主义者，反而他极具备现代眼光与知识。他的塞防言论对守旧的士大夫来说是极动听的高调，[④] 但他并不反对海防。同治五年他在闽浙总督任内奏请设立轮船制造局于福州马尾，用以捍卫东南海疆；同治十一年三月在《复陈福建轮船局务不可停止折》中，他极力主张：

---

① 参见王家俭《清季的海防论》，《师大学报》第 12 期，1967 年；戚其章《晚清海防思想的发展及其历史地位》，李金强、刘义章、麦劲生合编《近代中国海防——军事与经济》，第 65—74 页。其间重要的西法模仿事业有：筹办铁甲兵船（光绪元年）；派武弁往德国学习水路军械技艺，又派遣福建船政学堂学生出洋学习（光绪二年，是年为中国派留欧学生之始）；购买铁甲兵舰，设水师学堂于天津，又设南北洋电报局（光绪六年）；设开平矿务局，创设公司船赴商贸易（光绪七年）；筑旅顺军港船埠，又设商办织局于上海（光绪八年）；设武备学堂于天津（光绪十一年）等，此皆为李鸿章所经办的事业。参见李剑农《中国近百年政治史》，第 129—131。

② 参见 Immanuel C. Y. Hsü, "The Great Policy Debate in China, 1874: Maritime Defense vs. Frontier Defense," *Harvard Journal of Asiatic Studies*, 25 (1965), pp. 212-228.

③ 参见 John L. Rawlinson, *China's Struggle For Naval Development*, *1839 - 1895* (Cambridge, Mass.: Harvard University Press, 1967); "China's Failure to Coordinate Her Modern Fleets", in *Approaches to Modern Chinese History*, pp. 105-132.

④ 蒋廷黻：《中国近代史大纲》，第 80 页。

制造轮船，实中国自强要着……西洋各国恃其船炮，横行海上，每以其所有傲我所无，不得不师其长以制之……此举为沿海断不容已之举，此事实国家断不可少之事。若如言者所云即行停止，无论停止制造，彼族得据购、雇之永利，国家旋失自强之远图，隳军实而长寇仇，殊为失算。[①]

可见他的思想亦不是过时的，他并没有误用传统“骑射时代”的观念于新式的“炮舰时代”。[②] 他的塞防政策奠基于传统，正视中国国内的动乱，但更强调俄帝侵略的危险性与卫护西北门户的重要性；他在危机重重的时代里，一片粉饰升平而讲求洋务的风气中，独能洞烛机微，预为防患，而主张一种稳健的政策，实在是很高明的。

中西海道会通以后，中国逐渐走上近代化的道路。在近代中国的改革运动中，知识分子（包括在朝与在野者）实扮演极重要的角色，由于他们的出身背景，思想教育与对时局的感触不同，以至于所揭示的救国言论与方策亦颇不一致。即如在内忧外患、危亡无日的情况下，亦颇能刺激全国有志之士，纷纷从各种角度去探讨当前面临的危机，从不同方向去为国家寻找生存的途径。如此不同的言论与方策，常能蔚为一大争论，以供朝野之采择，例如：道光十五、十六年鸦片弛禁与严禁之争议，同治十三年海防与塞防之争议，光绪十五年津通铁路之争议，以及光绪末年宣统初年革命与君宪两派的论战。此均可反映彼时思潮，并影响日后政局发展。

同治十三年的海防与塞防之争有其重要意义，此种言论之出现正显示出西方帝国主义在华扩张之危机，及知识分子所发出之警语。19 世纪 70 年代正是西方资本主义国家巩固其强权，并肆志向外扩张其帝国主义侵略政策的时代。此时俄国亦致力改革内部，并向中亚与近东扩张其势力；日本也放弃锁国政策，开始从事维新运动，渐次向外扩张。中国受制于内乱外

① 《四朝奏议》，第 2354—2359 页；《左文襄公全集・奏稿》卷 41，第 31—34 页。

② 徐中约批评左宗棠误用骑射时代的军事观念于现代的炮舰时代，即使左氏的主张是出于理直气壮，但本质上可说是过时的。参见 Immanuel C. Y. Hsü, “The Great Policy Debate in China, 1874: Maritime Defense vs. Frontier Defense,” *Harvard Journal of Asiatic Studies*, 25 (1965), pp. 212-228.

患，元气未复，正勉力从事一个不彻底的改革运动，以图抗拒来自列强的欺凌。此时代海防与塞防的议论可说是一个防止帝国主义威胁的蓝图。李鸿章、左宗棠等人所做的警语，使中国朝野上下逐渐体会到列强的侵略本质，亦使得日后全国人心逐渐觉醒，民族主义得以昂扬。清廷西北边陲地区已招致外来帝国主义的威胁，这表示在“传统”的领域里已经遭受外来新文化的冲击。同时，东南海疆的财赋之区逐渐成为全国经济重心；但这个新工业的发源地带，亦将蒙受西方列强的侵逼。潮流的归趋、时局的体认，均使清廷必须变法自强，从事近代化改革，以苟存于强权的世局之中。

塞防与海防论者代表清季一批公忠体国并富有新思想的封疆大吏，他们言论激昂，爱国心切，颇能切中时弊，鼓动风潮，其意义深长而影响久远。但他们的认识亦有不足者，这是时代的限制使然。这种限制，加上清廷所受传统的约束，尤其处于帝国主义压迫的情况下，其影响所及，延误了中国的近代化，也注定了清廷覆亡的命运。此种历史际遇，对知识分子个人与整个国家民族来说，都是悲剧。①

① 或有认为左宗棠西北征讨的顺利，使中国误以为传统文化具有应付近代世界强权的有效性；加以后来曾纪泽伊犁交涉的成功，使清廷信心越增，保守势力越大，更为抗拒西方文明，故直到19世纪80年代，清廷仍未能从事近代化工作云。（参见 J. K. Fairbank, et al., *East Asia*: *The Modern Transformation*, pp. 324, 368-370）这种批评并不正确。近代中国知识分子的世界认识固然有其限制，但他们是中国近代化运动的先驱，其言论思想与事业影响近代中国极大。1880年前，清廷已经从事改革运动，其成就亦颇可观；如果说中国近代化运动比较欧美与日本迟缓许多，则西方帝国主义对中国的压制应该是一大原因。清廷重视塞防，得以挽回新疆利权，固然加强了清廷的信心，但毋宁说使中国更为认清西方文明（帝国主义亦是西方文化的特产），因而刺激清廷从事进一步的改革运动，虽然这种改革是被动与消极的。

第二十二章

“过渡时代”的脉动：晚清思想发展之轨迹

一　传统的内变：从“理与势”到“体与用”

从乾隆晚期开始，面临社会、政治与经济的内忧外患，清朝由盛转衰，从昔日“强盛的帝国”逐渐转为“衰微之季世”。[①] 在内外危机的双重夹击之下，一方面，旧秩序因遭遇一连串新的挑战而日趋式微；另一方面，危机的刺激也促使新思想的兴起，开始在旧传统的内部酝酿发酵。

嘉道以来，以春秋公羊学为核心的今文经学，首先在汉学内部复兴。今文学家的代表人物龚自珍和魏源，通过微言大义的方式，以经术作政论，力主“通经”“明经”，并鼓吹由此而能“经世济民”。在两人“指天画地，规天下大计”[②] 的过程中，对于历史发展进程中“理”与“势”的阐释，逐渐成为他们关怀的重心。通过对儒家“天理史观”的修正，魏源提出“理势合一”之说，[③]

---

* 本章由黄克武、段炼撰写。

① 关于晚清中国由盛转衰的宏观描述，见 Susan Mann Jones, “Dynastic Decline and the Roots of Rebellion,” in John K. Fairbank, ed., *The Cambridge History of China*, vol. 10 (New York: Cambridge University Press, 1978), pp. 107-162.

② 梁启超：《清代学术概论》，台湾商务印书馆，1966，第 78 页。

③ “理势合一”之说，清初王夫之即有阐述，但限于历史环境，未能产生更大影响。如王所言“言理势者，犹言理之势也，犹凡言理气者谓理之气也。理本非一成可执之物，不可得而见，气之条绪节文乃理之可见者也。故其始之有理，即于气上见理。迨已得理，则自然成势，又只在势之必然处见理”等，即与后来论理势者的看法若合符节。引文见王夫之《读四书大全说》卷 9，《船山全书》(6)，岳麓书社，1991，第 992 页。

强调“气化无一息不变者也，其不变者道而已，势则日变而不可复者也”。在魏源的思想脉络中，从早期《老子本义》的“以道治器”，到中期的《诗古微》的“三统说”，再到晚期的天道循环论，虽其中内涵颇多反复曲折，然脉络大致是强调“时势”的变化有其循环规律，“势”永远在“道”的轨迹中运转。[①] 当此之时，面对“世变日亟”的刺激，“理势合一”的论说表现在政治实践上，是经世之学的兴起，即主张由制度的安排、政策的运用以及法令规范的约束以达到儒家所谓的“治平”的理想。[②] 不过，清代经世之学的发展不再限于今文经学的脉络。乾隆年间陆燿编辑的《切问斋文钞》及其对道光年间魏源的影响，即展现出经世之学发展的另一线索。[③] 这两者的合流蔚成晚清经世之洪流，形成了重视实际事务、因应时局演变的经世传统，并促成了历史观的变革。对嘉道以降的经世学者而言，历史的发展不再局限于复兴三代的理想，而是强调通过对现实的“势”的认识和把握，解释天理。

在历史观念的转变之中，受今文经学影响而具经世企图的学者，转变最为明显。他们接受了将“势”作为历史演变的动力，故而对历史发展中“变易”因子更为重视。龚自珍开始借助公羊三世说来认知历史，正是由对“古史”的诠释而逐步发展成对未来的预测。[④] 由此，三世说中所蕴含的线性演化因素，透过龚自珍和魏源的论述得以强化，积极地影响了后来的士大夫的看法。龚自珍强调应“规世运为法”，从“顺/逆”的角度来看待时势，将“顺”与“逆”视为互相矛盾、互相依存又互相取代，从而引起时势变动的力量。[⑤] 魏源则凭借今文经学的解释，指出“天下无数百年不弊之法，无穷极不变之法”。这一变化应势而生，与气运之开阖关系密切。因此，“变古愈尽，便民愈甚”。此种变化，在魏源看来，是一个从“天治”

---

① 贺广如：《魏默深思想探究——以传统经典的诠说为讨论中心》，台湾大学文史丛刊，1999，第 229 页。

② 张灏：《宋明以来儒家经世思想试释》，氏著《幽暗意识与民主传统》，新星出版社，2006，第 89 页。

③ 黄克武：《理学与经世：清初〈切问斋文钞〉学术立场之分析》，《中央研究院近代史研究所集刊》第 16 期，1987 年，第 37—56 页。

④ 孙春在：《清末的公羊思想》，台湾商务印书馆，1985，第 47 页。

⑤ 《江子屏所著书序》《乙丙之际箸议第九》，《龚自珍全集》，上海古籍出版社，1975，第 193、196 页。

到“人治”的过程。这样，公羊学也从学术上微言大义的阐发，导向了一条实际政制变革的经世之途。此即“以经术为治术”而“通乎当今之务”，聚焦于除旧布新的“变通之法”。①

从龚自珍内心弥漫的强烈的“衰世”意识，到魏源针对时势而编纂《皇朝经世文编》的努力，当时的士大夫已经敏锐地感知到自己身处的时代特征——“惟王变而霸道，德变而功利，此运会所趋，即祖宗亦不能听其不自变”。② 而“时势”之变，最直接地带来了价值观的修正。龚、魏二人认为，在时势压力下，单纯依靠传统“内圣”的道德修养，已经不足以实现经世济民的目的，尚需外在的事功（政策措施）和专业知识作为补充。③换言之，“兼内外”成为嘉道时期经世思想的核心理念，借此而肯定外在事功表现与道德修养相结合的重要性。与此同时，一度为传统伦理所抑制的个体私欲与个人情欲，也在这一肯定事功的时势之下被赋予了正面意义。龚自珍说：“情之为物也，亦尝有意乎锄之矣；锄之不能，而反宥之；宥之不已，而反尊之。”魏源则将这种“尊情”的主张，推衍到尊重个人之“私”。他把“利”与“仁”、“命”并列，作为“天人相合”的关键，肯定了庶民追求正当利益的合理性。魏源一方面把利作为检验义的标准，另一方面又把功利寓于仁义之中。可见，在清中叶今文经学家的思想世界中，功利与道德并非截然两分，经世思想及其实践的背后，依然保持着传统儒家“兼内外”和“体用合一”的理想，同时亦检讨宋明理学利义二分、重天理而轻人欲的思想倾向。④

嘉道以来，世风渐变。如龚自珍、魏源等学者，借助公羊学说开启除旧布新的经世思潮，而从戴震、程瑶田到凌廷堪以降的“以礼代理”新思潮，则标志着儒学思想从宋明理学的形上形式，转向礼学治世的实用形式。⑤“从理到礼”的思想转型，在清中叶以来时势剧变的背景下展开，使宋儒的理

① 《魏源集》下册，中华书局，1976，第432页。

② 《书古微·甫刑篇发微》，《魏源全集》第2册，岳麓书社，2005，第354页。

③ 李泽厚：《经世观念随笔》，氏著《中国古代思想史论》（上），安徽文艺出版社，1999，第283页。

④ 黄克武：《〈皇朝经世文编〉学术、治体部分思想之分析》，台湾师范大学历史研究所硕士学位论文，1985，第308页。

⑤ 张寿安：《以礼代理——凌廷堪与清中叶儒学思想之转变》，河北教育出版社，2001，第6页。

学精神也开始了新的自我重整，以回应王朝面临的内外挑战。清朝初年的唐甄指出，德性与经世应当并重，修身养性乃齐家、治国、平天下的起步。① 唐甄的思想受到曾国藩的推崇，而曾氏正是以宋儒义理之学成就经世大业的清代中兴名臣。他说：“自内焉者言之，舍礼无所谓道德；自外焉者言之，舍礼无所谓政事。”② 因此，曾国藩以礼学来代表经世学，也就是古人所说的“修己治人”“内圣外王”的“有体有用”之学。③

曾国藩上承龚、魏的思想脉络，一方面肯定“理势合一”，强调“理势并审，体用兼全”；另一方面，也认为“礼”不仅指涉礼仪与德性，更包含了制度与政法。礼的意义不仅在于修身处世，也在于治国经世。因此，曾国藩的救国方案大体分为两个方面：一方面要守旧，通过恢复民族固有美德，以理学精神来改造社会；另一方面要革新，以坚船利炮的实用技术来提升王朝实力。因此，曾国藩既是重视“明道救世”的大儒，也是重视事功的改革者。他主张治世在于“致贤”、“养民”和“正风气”，④ 以图取新卫旧，在新旧之间取得平衡。可见，晚清的理学以捍卫纲常名教为本位，而今文经学则聚焦于以经术为治术的“变通之法”：前者催生的多为时代的“策士、壮士和功名之士”，而后者则为中国社会和文化孕育了求新求变的精神。⑤

19 世纪 60 年代以后，随着西力冲击的加剧，“天下”格局逐渐动摇，朝贡关系慢慢松动，以国际法为基础的“万国”观念开始成形。此外，在门户开启之后，清朝士大夫对于西方的了解也日渐深入。有志之士开始注意到“欧洲各国，动以智勇相倾，富强相尚”。⑥ 对此，王韬发出“处今之

① 汪荣祖：《论晚清变法思想之渊源与发展》，氏著《晚清变法思想论丛》，联经出版公司，1983，第 53 页；熊秉真：《从唐甄看个人经验对经世思想衍生之影响》，《中央研究院近代史研究所集刊》第 14 期，1985 年。

② 李细珠：《曾国藩与倭仁关系论略》，王继平、李大剑主编《曾国藩与近代中国》，岳麓书社，2007，第 387 页。

③ 萧一山：《曾国藩传》，中华文化出版事业委员会，1952，第 37 页；陆宝千：《清代思想史》，广文书局，1978，第 419 页。

④ 《原才》，《曾国藩全集·诗文》，岳麓书社，1986，第 182 页。

⑤ 杨国强：《世运盛衰中的学术变趋》，氏著《晚清的士人与世相》，三联书店，2008，第 82 页。

⑥ 《易言·论公法》，转引自夏东元编《郑观应集》上册，上海人民出版社，1982，第 66 页。

世，两言足以蔽之：一曰利，一曰强”的感慨。[①] 这种西潮东渐所引起的激烈撞击，为士大夫带来“近代思潮之自具特色独成风气者……实为富强思想”。[②] 围绕国家富强愿景而展开的思考、论辩与实践，也成为这一时期经世思想的主要内容。

宋育仁在《泰西各国采风记》中注意到，当前“环球大势，以某国商业盛，即通行某国文，为便用而易谋利”。这种基于商业强盛带来的“大势”，是西方诸国超越清王朝的主要原因。因此，宋育仁说，清王朝的“国势衰微，不能不兴功利以自救”。[③] 同时代的薛福成也强调，时势是历史前进的动力，是历史从简至繁、从陋至华的自然过程，也是天下的“公共之理”。

19世纪后半叶，从王韬、薛福成到李鸿章、丁日昌，关于“变局”的讨论，在士大夫的文字中变得极其普遍。对清王朝所面临的“变局”的判断，也从最初的“数百年未有之大变局”，扩展为“千年”乃至“数千年未有之变局”。[④] 对清中叶的士大夫而言，《易经》中强调“天地人生变易”之理，与宋儒邵雍对于“运会”的解释，是他们探讨“时势”的重要理论来源。当时西力的入侵，在王韬看来，就是“天心示变”的征兆，也是“三千年以来，至此不得不变”的开始。

身处这一“天心”与“人事”愈加变动不居的时代，顺应时势的基本路径就从龚自珍、魏源时代的“重估功利”，提升为“兴功利”以自强。清中叶以后，朝野对于西方国家兵力与商力的理解更趋深入。曾国藩率先将“商”与“战”连缀，创造“商战”一词，[⑤] 既刻画出商业在时势转移中的重要地位，也折射出当时清王朝所面临的迫切情势。薛福成特别谈到，商业乃是一国实力的主流，舍此无以自强。郑观应则从国家危亡的角度，强调“我之商务一日不兴”，西方列强对我国的“贪谋一日不辍”。[⑥] 与此同

---

① 王韬：《洋务上》，氏著《弢园文录外编》，辽宁人民出版社，1994，第49页。

② 王尔敏：《中国近代之自强与求富》，氏著《中国近代思想史论续集》，社会科学文献出版社，2005，第180页。

③ 宋育仁：《泰西各国采风记》，朱维铮主编《郭嵩焘等使西记六种》，三联书店，1998，第402页。

④ 王尔敏：《十九世纪中国士大夫对中西关系之理解及衍生之新观念》，氏著《中国近代思想史论》，华世出版社，1977，第14页。

⑤ 王尔敏：《商战观念与重商思想》，氏著《中国近代思想史论》，第238页。

⑥ 郑观应：《商战》，氏著《盛世危言》，辽宁教育出版社，1994，第238页。

时，部分士大夫对“势”的讨论，亦已逐渐超越科学新知、技术以及商务的内容，开始涉及政治制度与民主思想的内容。中国传统政治思想多着重于“封建”与“郡县”的讨论，而清中叶以来的士大夫则开始议论君主政体、立宪政体以及民主政体。[①]

不过，清代中后期的经世思想家仍大体认为，西方的物质文明和先进的典章制度（“器”），需要回归维护中国文明的本体（“道”）之上：“器则取诸西国，道则备当自躬，盖万世而不变者，孔子之道也，儒道也，亦人道也。”[②] 1876 年，薛福成在代李鸿章所拟的信稿中也说道：“道之所寓者器……道之中未尝无器，器之至者亦通乎道。”[③] 可见，在时人眼里，中西学说并非扞格难通、无法融会。在近代中国寻求富强的历程中，受到西潮冲击的士大夫孕育出了与儒家思想既有联系又存在区别的新观念。[④] “道”与“器”这种一体两面的关系，正像冯桂芬所说的：“以中国之伦常名教为原本，辅以诸国富强之术。”

到了 19 世纪 90 年代，张之洞在《劝学篇》里以“中体西用”一词，对中学与西学如何融通，做了更系统的阐释。张之洞是晚清疆吏中积极求变的一员，也是戊戌维新的重要参与者之一。他竭力想以西方的“器”来求变通，以中国之“道”来固国本。张之洞相信，这样的变革只会保护而不会瓦解儒家的道德基础。张之洞“体”与“用”思想的背后，依然贯穿了清初以来经世思想“兼内外”的脉络，也不难找到 19 世纪中叶以来道器贯通的理念。然而，晚清时期儒家道德价值与西方科学理性之间的紧张关系大大加剧。“中体西用”也意味着传统儒家的道德价值只能在“体”的层面发挥作用，而在“用”的层面上则不得不采用西力所引入的知识与技术

---

① 关于近代以来民主观念在中国的传播、实践及其思想特征，参见黄克武《近代中国转型时代的民主观念》，王汎森等《中国近代思想史的转型时代——张灏院士七秩祝寿论文集》，联经出版公司，2007。

② 王韬：《杞忧生易言跋》，氏著《弢园文录外编》，中华书局，1958，第 323 页。

③ 薛福成：《代李相伯答彭孝廉书》，氏著《庸盦文编》卷 2，光绪二十八年（1902）石印本，第 39 页。

④ 柯文（Paul A. Cohen）认为，在这些人当中，王韬可能是个例外。在他那里，“道”并不特指中国文明的本体，而是人类文明的普遍特征。同时，柯文也指出，王韬将“道”普遍化的结果，并未导致儒学传统的终结。见 Paul A. Cohen, *Between Tradition and Modernity: Wang T'ao and Reform in Late Ch'ing China* (Cambridge, Mass.: Harvard University Press, 1974), pp. 152-153.

的尺度。“体”与“用”在道德意义上的相关性大为弱化。德性的价值只在“体”的意义上发挥作用，却必须从“用”的层面悄然引退。中体西用说在实践意义上的这一变形，其后果张之洞实难估量。面对现实的时势，张之洞着力守卫传统的知识、思想与信仰，却又同时在传统上打开了缺口。正如列文森（Joseph R. Levenson）所揭示的那样：“19 世纪的‘体用’模式，不仅体现了外来因素所造成的儒教衰落，而且也是儒教本身衰落的象征。”① 然而，体用模式也开启了未来的改革契机。后来，严复批评张之洞的体用观念，认为牛体不能马用，中西文化各有其体用。不过，严复的理想与张之洞的体用说仍十分类似。两人均采取调适渐进之取向，只是两人对传统中学的比重有不同的看法。对严复而言，在现代中国生活的基础中，传统的精神价值、家族体系有重要的意义，不过君主专制政体则需改变为君主立宪，再进而为民主共和。② 中西、体用、内外等范畴的界定及其相互关系，在 20 世纪之后成为中国思想家所思索的一个核心议题。

二　进化论与新宇宙观

甲午战争之后，人们对于儒学的意识形态和帝国统治的信心产生了更加严重的动摇。中国人心中天朝上国的形象受到冲击，士大夫开始非常自觉而积极地改变，以期回应“西潮”的挑战。1895 年以后，康有为、梁启超、谭嗣同等人的思想，已经“与自强运动时期颇不相同，自强时期的求变求新，尚是相信中国的道统、中国的文化不可变，故其求变求新仅及于器物层面，而他们已经开始相信精神文化层面亦必须同时有所改变……他们较自强运动派更相信西学，视为是国家民族求富求强的万灵丹”。③ 激进的变法者为了挽救危亡，引入了从达尔文、斯宾塞到赫胥黎的进化理论，为自己的政治行为寻找新的正当性依据，也为解释“时势”、顺应“时势”

① Joseph R. Levenson, *Confucian China and Its Modern Fates: A Trilogy* (Berkeley: University of California Press, 1965), pp. 77-78.

② Max Ko-wu Huang, *The Meaning of Freedom: Yan Fu and the Origins of Chinese Liberalism* (Hong Kong: The Chinese University of Hong Kong Press, 2008), pp. 248-249.

③ 李国祁：《满清的认同与否定——中国近代汉民族主义思想的演变》，“中央研究院”近代史研究所编印《认同与国家》，1994，第 91—130 页。

提供了一个历史目的论的参照体系。换言之，19 世纪 90 年代以来，进化论在中国知识界之所以备受推崇，关键并不在于其科学内涵，而在于它与中国的社会政治变革紧密相连，具备了“宇宙观”、“世界观”（道）、“历史观”、“伦理观”、政治发展之规划等方面的功能，是一个整体的思想体系。[①]因此，进化论也成为晚清思想界的主流观念，时人称之为“天演公理”。[②]

对绝大多数的中国读书人而言，第一次完整系统地了解“物竞天择，适者生存”的进化公理，应当是在严复译述的《天演论》之中，其后才受到日译书刊之影响。[③] 从西方思想史的脉络来看，达尔文进化论的历史意义在于把上帝创世还原为神话，瓦解了神学的信仰基础；同时，又把包括人类在内的生物物种的生成和发展，视为自然演变的过程，奠定了理性主义自然史观的科学基础。因此，“达尔文主义不再是初步的科学学说，而成了一种哲学，甚至一种宗教”。[④] 社会进化论的代表人物斯宾塞，从自然物种的普遍进化出发，以“适者生存”为阐释依据，把人类历史等同于物种的自然进化，这是一种关于达尔文主义的延伸推论。所以，柯林武德（R. G. Collingwood）把这种观点嘲笑为“得自进化论的自然主义并被时代倾向强加给历史学”的产物。[⑤] 因此，作为自然主义“进化史观”的反对者赫胥黎，在其所著《进化论与伦理学》（即严译《天演论》原本）中明确提出：“社会文明越幼稚，宇宙过程对社会进化的影响就越大。社会进展意味着对宇宙过程每

---

① 王中江：《进化主义在中国》，首都师范大学出版社，2002，第 33 页；黄克武：《何谓天演？严复“天演之学”的内涵与意义》，《中央研究院近代史研究所集刊》第 85 期，2014 年。

② 关于进化论在近代中国传播与影响的研究成果颇多，如 James Reeve Pusey, *China and Charles Darwin* (Cambridge, Mass.: Harvard University Press, 1983)；吴丕《进化论与中国激进主义》，北京大学出版社，2005；王东杰《“反求诸己”——晚清进化观与中国传统思想取向（1895—1905）》，王汎森等《中国近代思想史的转型时代——张灏院士七秩祝寿论文集》；王汎森《近代中国的线性历史观——以社会进化论为中心的讨论》，《新史学》第 19 卷第 2 期，2008 年。

③ 除了严复从西方文本的直接翻译之外，晚清进化论思潮的兴起与日本也有关联。进化论在传入中国之前已传入日本，成为日本现代思想观念的一部分。清末知识分子和留学生到日本之后，也有意识地通过日本这一渠道，间接学习西方思想文化。进化论传播中的日本中介作用，参见王中江《进化主义在中国》第二章。

④ 〔英〕W. C. 丹皮尔：《科学史及其与哲学和宗教的关系》，李珩译，商务印书馆，1975，第 378—379 页。

⑤ 〔英〕R. G. 柯林武德：《历史的观念》，何兆武等译，中国社会科学出版社，1986，第 164 页。

一步的抑制，并代之以另一种可以称为伦理的过程”，“社会的伦理进展并不依靠模仿宇宙过程，更不在于逃避它，而是在于同它作斗争”，[①] 一再强调人类历史（以伦理道德为基础）与自然进化（以物质宇宙为基础）这两种过程所依据之原则的不同与背反。

耐人寻味的是，作为一个追求“信达雅”的译者，1896—1898 年严复在翻译《天演论》时，一直试图平衡赫胥黎和斯宾塞之间的张力，又用心良苦地“取便发挥”，以图“达旨”。仔细阅读《天演论》不难看到，对于社会进化理论，严复的态度较为复杂：一方面，他不同意赫胥黎人性本善、社会伦理不同于自然进化的观点，另一方面却又赞成赫胥黎关于人不能被动地接受自然进化，应该与自然斗争、奋力图强的主张。他虽然同意斯宾塞认为自然进化是普遍规律，但又不满意其“任天为治”的弱肉强食的态度。[②] 严复既要为民族的自强保种寻找哲学基础，又不愿彻底打破传统的有机论宇宙观，因此导出了“天行人治，同归天演”的调和式表述。严复从老庄那里寻找进化论的哲学源头，把赫胥黎的“与天争胜”和斯宾塞的“任天为治”统一到“天演”之下，一并置于中国“易”的阴阳变化的宇宙模式之中，以期为赤裸裸的强权竞争游戏寻找一个超越的价值之源。[③] 严复思想中的内在紧张，使具有结构和意义多向性的天演论，在传播之初就不可避免地发生了变异。而饶有兴味的是，进化论一直就以这样一种“文化误读”的方式在近代中国不断传播。不过，作为一种时代的精神倾向，中国人对于进化论的误读，实际上是一种复杂的文化情感的产物，其目的很明显是要引出关于当时社会变革的必然性和必要性的价值论证及历史依据。所以，进化论首先和一套目的论的历史观和宇宙观相互联系起来。

对于社会政治起源的历史解释，传统儒家倾向于一种衰微论与循环说，认为人世的和谐秩序是由尧舜禹三代圣王开端，随后治乱相循，通过一种盛衰的方式深深镶嵌于中国人的世界观中。然而，受到进化论影响之后，

① 〔英〕赫胥黎：《进化论与伦理学》，《进化论与伦理学》翻译组译，科学出版社，1971，第 57—58 页。

② 参见李泽厚《中国近代思想史论》，安徽文艺出版社，1999，第 595 页。

③ 王天根比较详细地讨论了“易学与西学之学理”、“易理与天演”、“易学与人之性理进化”以及“易学与社会兴亡盛衰论”的关联。参见王天根《〈天演论〉传播与清末民初的社会动员》，合肥工业大学出版社，2006，第 29—38 页。

中国人的历史观念发生了重大的改变。康有为承续了自龚自珍和魏源以来重视时势变易的今文经学历史观，依据“公羊三世说”，将“据乱世”和“升平世”称为小康，而“太平世”则为大同，三者同处于一根朝向未来的时间之链上，依次上升。① 对此，他的弟子梁启超的解释是：“今胜于古，后胜于今，此西人打捞乌盈（达尔文）、士啤生（斯宾塞）氏等所倡进化之说也。支那向来旧说皆谓文明世界在于古时，其象为已过，春秋三世之说，谓文明世界在于他日。其象为未来，谓文明已过，则保守之心生，谓文明为未来，则进步之心生。”②

进化论赋予历史的未来趋势以向上的必然性。面对不断变动的时势，一方面，人们自然地相信“新的”总要胜过“旧的”，“未来”必定超越“过去”：“由古世进化而有今世，由今世进化而有来世；今既胜于古矣，后又胜于今矣。”另一方面，“变化”成为时势的主要特征，一切都在“进步”的旗号下翻新花样，让人备感刺激却又疲于奔命：“古人有古人之时势，斯有古人之理法；至今日而时势变矣，时势变，则理法从之而变。今人有今人之时势，至后日而时势又变矣，时势变则理法又从之而变。”③ 所以，杨度才会说：“现在之世界何等世界也？举天下之各民族群起而相竞争，观其谁优谁劣谁胜谁败，以待天演之裁判之世界也，而又数千年文明繁盛之支那人种存亡生死之关头也。”④

当超越的价值世界逐步瓦解时，进化论赋予人类推动历史和创造未来的正当性。因此，即使强调“天行人治，同归天演”，当时思想界从严复翻译中读到的更多的却是“人治”。这固然与晚清中国在世界竞争中屡遭挫败的历史困境密切相关，但同时，进化论直接指向人类在自身历史中自我主宰的可能性，也为衰亡民族的重新崛起提供了合理的预期。进化论把个人及其生存的意义，与一个合目的性的历史过程紧密联系到一起，因此，进化论既是“泰西诸国”历史经验的放大，又是自由竞争时代中国人期望的升华，从而成为具有普遍意义的人类理性主义的理论表达。

---

① 《南海康先生传》，《梁启超全集》第1册，北京出版社，1999，第481页。

② 《论支那宗教改革》，《梁启超全集》第1册，第263页。

③ 佚名：《教育泛论》，张枬、王忍之编《辛亥革命前十年间时论选集》第1卷上册，三联书店，1963，第403页。

④ 《〈游学译编〉叙》，刘晴波主编《杨度集》，湖南人民出版社，1985，第73页。

那么，“人治”的基础从何而来？除了一个通向美好未来的进化历史观以外，那就是贯通物质世界和人类社会的“力”的作用。在钱穆看来，对于“力”的理解与使用上的差异，也正是东西方文明的分水岭：“将西洋史逐层分析，则见其莫非一种‘力’的支撑，亦莫非一种‘力’的转换。此力代彼力而起，而社会遂为变形。其文化进展之层次明晰者在此，其使人有一种强力之感觉者亦在此。”① 但是，严复认为，这样一种主张极力发挥人的能力的力本论精神，仍然可被归结为“民力、民智、民德”的综合标准，因为“浚智慧，练体力，厉德行”才是使人全面进化的途径。在诸种能力之中，严复依然强调“德”在竞争中的重要性。他指出，“西人所最讲、所最有进步之科，如理化、如算学。总而谓之，其属于器者九，而进于道者一”。然而，“社会之所以为社会者，正恃有天理耳！正恃有人伦耳！”② 同时代的孙宝瑄也持相似的看法。1898 年，他对严复翻译的《天演论》曾有一段见解：“《天演论》宗旨，要在以人胜天。世儒多以欲属人，而理属天，彼独以欲属天，以理属人。以为治化日进，格致日明，于是人力可以阻天行之虐，而群学乃益昌大矣。否则，任天而动，不加人力，则世界终。古争强弱，不争是非，为野蛮之天下。”③ 孙宝瑄意识到，如果疏离伦理道德的是非标准，一味放任赤裸裸的权力角逐和弱肉强食的竞争逻辑，人们面对的只能是一个充满欲望的、野蛮的丛林世界。所以，他把讲“争”的天演论和讲“仁”的三世说结合起来。这种基于传统文化立场的伦理观念，承认竞争性的“力”在新“时势”下的决定意义，但又为德性价值留下余地。

不过，庚子之后中国的危机更趋严重，士大夫的言论重心也越来越趋向于民族主义。严复式的“天行人治，同归天演”的调和式平衡被打破。进化论为中国的不断挫败做出了合理解释，也为中国奋力走出挫败指引了一个可行的方向，推动了革命的进展。欧榘甲在《新广东》一文中说：“夫争自存者，争自立也。不能自立，即不能自存，即为他人所灭，即为天所弃。诸君，诸君，即不欲自立，独欲自存否乎？”所以，“夫欲自存，惟信

① 钱穆：《国史大纲》，商务印书馆，1996，第 24—25 页。

② 《论教育与国家之关系》，王栻主编《严复集》第 1 册，中华书局，1986，第 167—168 页。

③ 孙宝瑄：《忘山庐日记》上册，光绪二十三年十二月初四条，上海古籍出版社，1983，第 155 页。

自己，无天可恃”。[①] 既然“无天可恃”，“惟信自己”，也就意味着人的价值，不再由道德义理中的“是非善恶”来裁定。

在这样的背景下，知识分子对于人性的理解也日渐幽暗，因为“夫人之性，去动物不远，故强凌弱众暴寡之野心在在思逞，于是以强力为自卫之要点，而因以形成国家”。所以，“智”与“德”是不可靠的，倘若中国想要在生存竞争场中站稳脚跟，唯有依靠一套去除了道德人文内涵的“强力”、“威力”甚至“暴力”：“夫国家组织之目的，在于社会幸福之增进，及伸张个人之自由，其最重要者在具强力，且备其他之暴力，此一定之理势。”[②] 连接人与人的不再是传统中国充满关怀与信任的社区社会（gemeinschaft），[③] 彼此之间只有“优劣之无定，故当力占优胜”[④] 的利益盘算。推动社会进化的个人能力，扬弃了严复、孙宝瑄当年调和德性义理的内涵，只剩下“立于不败之地”的“力”的逻辑。

20世纪初，传播《天演论》最为有力者当数梁启超。梁启超的思想比较复杂。戊戌期间，他大体相信纯粹的“力”在世界竞争中的日趋式微，并且指出：“世界之进化愈盛，则恃力者愈弱，而恃智者愈强。”[⑤]《新民说》发表以后，由竞争于“力”到竞争于“智”的说法在他笔下消失了，因为“力”较之“理”更具有优先性。梁启超相信：“昔天演学者通用语，皆曰物竞天择，优胜劣败。而斯氏（斯宾塞）则好用‘适者生存’一语。诚以天下事无所为优，无所为劣。其不适于我也，虽优亦劣；其适于我者，虽劣亦优。”[⑥]

---

① 太平洋客（欧榘甲）：《新广东》，张枬、王忍之编《辛亥革命前十年间时论选集》第1卷上册，第282页。

② 佚名：《中国之改造》，张枬、王忍之编《辛亥革命前十年间时论选集》第1卷下册，第418页。

③ 社区社会（gemeinschaft）与结社社会（gesellschaft）两者之区分，由斐迪南·滕尼斯（Ferdinand Tönnies）最早强调。一般而言，前者指传统社会中重视感情与道德，以农业为本的小村生活，后者指因都市化进程而日趋复杂化的市民社会。相对社区社会而言，在结社社会中，道德与人情更加淡漠，组织关系、思想状况也更加多元。参见〔美〕墨子刻《二十世纪中国知识分子的自觉问题》，余英时等：《中国历史转型时期的知识分子》，联经出版公司，1992，第130页。

④ 君平：《天演大同辨》，张枬、王忍之编《辛亥革命前十年间时论选集》第1卷下册，第873页。

⑤ 《变法通议》，《梁启超全集》第1册，第10页。

⑥ 《记斯宾塞论日本宪法语》，《梁启超全集》第1册，第336页。

梁启超的进化理念，受日本思想家福泽谕吉的文明论影响甚深。在福泽谕吉看来，人类普遍进化的历史是以文明为轴心，经由野蛮、半开化到文明的进化历程。文明既有先进与落后，那么先进者自然就要压制落后者，而落后者自然要被先进者压制。[①] 这一理念恰好与晚清以来中国的历史性遭遇不谋而合。因此，在梁启超看来，"文明"正好能够与"富强"一道，共同构建一套普世性的核心义理与规范。[②] 所以，文明是通过竞争才形成的。国际社会是生存竞争的场所，也是适者生存的场所，当时人甚至以你死我活的"战争"一词，来形容激烈的竞争。不但军事交锋是战争，商业交往、学术交流也都是赤裸裸的"战争"。"善争者存，不善争者亡，善争者生，不善争者死。争之为道有三：兵战也，商战也，学战也。"[③] 在这个残酷的"战场"上，个人的情操与德性的陶冶，社会和国家公共伦理的培养，完全被"以暴易暴"的生存手段异化了。"后此中国乎，则一时有一时之现象，一年又一年之变症，吾不知今日之为如何境况，焉知他日之如何结局也。"[④]

为了生存，各个国家也不断寻求发展以增进本国的能力。支配这一生存竞争的正是进化论所揭示的"优胜劣汰"法则——优者生存下来并更加繁荣，劣者则被无情地淘汰，文明即通过此一过程得到发展。在梁启超看来，文明化不是实现某一目的的过程，而是作为生存竞争的结果而产生的过程。[⑤] 他说："夫竞争者，文明之母也。竞争一日停，则文明之进步立止。由一人之竞争而为一家，由一家而为一乡族，由一乡族而为一国。一国者，团体之最大圈，而竞争之最高潮也。"[⑥]

事实上，这并非梁启超一人的转变。在当时，"力即理也"的说法频繁出现在报章杂志中。张鹤龄在《彼我篇》一文中说："吾儒者之言，谓论理

---

① 〔日〕福泽谕吉：《文明论之概略》，第 100 页，转引自郑匡民《梁启超启蒙思想的东学背景》，上海书店出版社，2003，第 63 页。

② 《自由书·文明三界之别》，《梁启超全集》第 1 册，第 340 页。

③ 佚名：《与同志书》，张枬、王忍之编《辛亥革命前十年间时论选集》第 1 卷上册，第 394 页。

④ 张继煦：《湖北学生界·叙论》，张枬、王忍之编《辛亥革命前十年间时论选集》第 1 卷下册，第 439 页。

⑤ 〔日〕佐藤慎一：《近代中国的知识分子与文明》，刘岳兵译，江苏人民出版社，2006，第 95 页。

⑥ 《新民说·论国家思想》，《梁启超全集》第 1 册，第 663 页。

不论力。庸讵知所据之力，即所据之理，更无力外之理乎？”① 极力主张“金铁主义”的杨度则相信：“西哲之常言曰：‘两平等相遇，无所谓权力，道理即权力也；两不平等相遇，无所谓道理，权力即道理也。’今日欧洲各国之自为交，与其交于他洲之国，则二者之区别也。”② 在帝国主义“不顾天理，不依公法，而惟以强权竞争为独一无二之目的”的世界上，进化论中重“力”的“优胜劣败”观在中国越来越具有说服力。一个崇尚个人欲望与个人权利的时代，也在“力”的推动下来临：“竞争者，富强之兆也。人之生也，莫不欲充其欲望；夫欲望无限，则其所欲望之物亦无涯矣。土壤有限，生物无穷，则其所欲望之物，亦不能无尽。因之相互欺侮，互相侵夺，而竞争之理，于是乎大开。”③

三 以太、心力与个人崛起

随着以进化论为核心的公理世界观的确立，传统的德性世界（包括严复肯定道德意义的天演世界观）在力本论和历史目的论的影响下受到更强烈的冲击。19世纪90年代，一方面，维新派激进的政治实践与制度变革，顺应了危亡时代人们寻求国家富强的广泛诉求；另一方面，在道德与精神层面上，对于个人意志自主性的肯定也得到维新知识分子的大力倡导。“以太”“心力”“自主之权”等语词及其衍生的新思想，随着书籍与报刊广泛传播，成为清末民初挑战传统中国社会伦理观念的武器。无论是严复翻译的《群己权界论》，还是康有为的《大同书》和谭嗣同的《仁学》，都以个人自由和个人平等作为立论之本。“一人之行为，必由一人之意志决之；一人之意志，必由一人之智识定之。自由者，道德之本也，若一人之行为，不由于一人之意志而牵率于众人，勉强附和，则失其独立之精神，丧其判断之能力，而一人之权利，遂以摧残剥落而莫能自保。”④

对于晚清维新派人士而言，这一时期推尊自我、强调心力之风的开启

① 张鹤龄：《彼我篇》，郑振铎编《晚清文选》下册，中国社会科学出版社，2002，第112页。
② 《〈游学译编〉叙》，刘晴波主编《杨度集》，第73页。
③ 佚名：《权利篇》，张枬、王忍之编《辛亥革命前十年间时论选集》第1卷上册，第483页。
④ 佚名：《教育泛论》，张枬、王忍之编《辛亥革命前十年间时论选集》第1卷上册，第401页。

者，其渊源当可上溯至清中叶的龚自珍。作为嘉道以来在汉学内部复兴公羊学的重要推动者，龚自珍创造性地借助"三世说"，通过对微言大义的创造性解读来认知变动不居的"时势"。更重要的是，龚自珍在向传统天命史观的挑战中，率先将"自我"视为创造历史的主体："天地，人所造，众人自造，非圣人所造……众人之宰，非道非极，自名曰我。"[①] 显然，龚自珍已经意识到历史发展进程中"自我"与"创造"的独特价值：一方面，历史是由每个个人（合为众人）创造出来的，而非如程朱理学基于天理、太极、道等形而上法则的玄虚推演；另一方面，作为与"圣人"相对的芸芸众生，他们不是历史发展中被规训的客体，而是创造历史的主体。那么，自我需要依靠什么来创造历史？在龚自珍看来，自我所依据的正是"心力"。而"心力"一词之所以在近代中国成为流行概念，其源实出于龚自珍的大力提倡。[②] 这一概念包括了智慧、情感乃至佛教"业力""愿"等诸多内容。在不同的语境里，他的"心力说"也带有或深或浅的宿命论痕迹。不过，龚自珍借助"心力"一词，创造性地描绘出自我意志所产生的强大驱动力，实具思想史上的先导之功。因此，个人自由意志足以与传统"天命"相抗衡，并且成为历史发展的主要动力。

19 世纪 90 年代，在龚自珍的崇拜者谭嗣同的笔下，龚氏的"心力说"得到了延续与深化。这位维新运动的代表人物试图借助更加决绝的意志力量"冲决网罗"，实现"以心力挽劫运"的神圣使命。细读《仁学》和谭嗣同的其余文本，不难发现，谭嗣同的"心力说"首先与他的仁学宇宙观密切相关。而这一宇宙观的本源，则是由张载和王夫之的哲学发展而来的理学世界观。[③] 对于理学家来说，仁不仅是一种具体化的道德理想，而且象征着天人合一的世界观。而张载所倡导的"气"的一元论之主张，正是围绕着天人合一论而建立。张载认为，"气"既是某种物质性的东西，又具有天赋的活力和道德精神质量。因此，个人在宇宙中的存在与消亡，只是无

---

① 《壬癸之际胎观第一》，《龚自珍全集》，上海人民出版社，1975，第 12—13 页。

② 高瑞泉：《天命的没落——中国近代唯意志论思潮研究（修订本）》，上海人民出版社，2007，第 11 页。

③ Hao Chang, *Chinese Intellectuals in Crisis: Search for Order and Meaning, 1890-1911* (Berkeley: University of California Press, 1987), p. 94. 本章以下阐述，参见此书关于谭嗣同的章节，以及氏著《烈士精神与批判意识：谭嗣同思想的分析》，新星出版社，2004。

所不在的“气”的聚散而已。当个体存在时，“气”不但充满了人的身体，而且其中固有的道德与精神质量构成与宇宙相联系的生命中心，从而形成一个宇宙共同体。张载的这一哲学主张，在晚明时期得到王夫之的重视。王夫之以道、器两分的方式，接受了张载以“气”为基石的一元本体论，但同时也强调“道”只有通过人类社会中具体的道德实践才能得以实现。这意味着，自我必须不断地进行道德与精神创新，才能与生生不息的宇宙融合在一起。而这种自新的道德能动力量，就蕴含在“人心”当中。

从张载的天人合一本体论到王夫之的“气”一元论，谭嗣同接触到了“仁”的概念。不过，谭嗣同的知识与思想世界，较之宋明时代的张载、王夫之，显得更加复杂多元。除儒家理论之外，大乘佛教、基督教思想以及西方科学知识在他的仁学宇宙观与心力说的建构过程中，同样扮演了十分重要的角色。最值得注意的是，在谭嗣同那里，对于宇宙万物“气”一元论的观点，已经被新的“以太”的概念取代。“以太”一语出于希腊文，是西方古典思想中所假想的充盈于宇宙之间的一种纯粹物质的最小单位，同时也被视为构成灵魂的要件，无始无终而又不生不灭。[①] 然而，在谭嗣同的思想中，以太这一概念的内涵则较为复杂。以太既是“电也，粗浅之具也，借其名以质心力”，又是仁、元、性（儒家）、兼爱（墨家）、性海、慈悲（佛家）、灵魂（耶教）。宇宙的现象界、虚空界、万物界，都因以太而发生与存在。一方面，在谭嗣同的仁学宇宙观之中，仁的第一定义是“通”，而以太则是“通之具”。换言之，以太、电、心力都是仁得以“通”的媒介。从这个意义上看，以太是实现仁的工具。另一方面，谭嗣同同时也强调，“夫仁，以太之用，而天地万物由是以生，由之以通”。也就是说，仁的最终实现必须借助以太的存在才有可能。从这一彼此贯通的关系上看，以太与仁有着互为表里也互为体用的关联。如前所述，在《仁学》一书中，谭嗣同还引用不同宗教传统中的核心概念，赋予“以太”一词以更加丰富多元的道德与精神内涵。虽然“以太”这一概念借用的是 19 世纪科学唯物论的语言，但仍然保持了新儒家传统中“气”一元论的特色——融合物质性

---

① 刘纪蕙：《丰其蔀，日终见斗：重探谭嗣同的心力观》，《“现代主义与翻译学”学术研讨会论文集》，“中央研究院”中国文哲研究所，2006，第 17 页；李泽厚：《论谭嗣同的哲学思想和社会政治观点》，氏著《康有为谭嗣同思想研究》，上海人民出版社，1958，第 179 页。

与道德精神性的双重面向。

在以太与仁彼此交织构建的宇宙观之上，谭嗣同找到了安放“心力说”的哲学基石。有学者已经注意到，谭嗣同的《仁学》与“心力说”受到傅兰雅（John Fryer）所译亨利·伍德（Henry Wood）的《治心免病法》一书的影响。[①] 这本关于心理治疗的小册子所宣扬的精神具有超越肉体的力量甚至能够治愈肉体疾病的看法，显然打动了谭嗣同。他相信，人的心灵经过适当的修养和发展，能够产生一种拯救性的精神力量——“心力”。而这种想法的背后，包含了他在19世纪90年代对佛教学说和基督教教义的理解与接受。[②] 所以，谭嗣同强调人尚机心，“心之机器制造大劫”，唯有消除自己的机心，重发慈悲之想法，“自能不觉人之有机，而人之机为我所忘，亦必能自忘。无召之者，自不来也”。[③] 因此，当时的人们在谭嗣同的笔下读到与五十余年前龚自珍的感喟非常相似的结论也就不足为奇了。[④] “心之力量虽天地不能比拟，虽天地之大可以由心成之、毁之、改造之。”[⑤] 那么，谭嗣同所极力阐发的“心力”，与以太以及仁学宇宙观之间，究竟存在何种关系？

如前所述，在谭嗣同的思想脉络中，以太是遍及宇宙的物质乃至道德精神最小的单位。同时，以太也是一种“吸力”。由于这个吸力，大至整个宇宙，小至宇宙中最细微的东西，都得以凝聚结合。另一方面，以太所包含的变化内涵也在谭嗣同的论述中得到强化：以太是动机，是即生即灭，是“日新”，更是宇宙万物所不能回避的变化。谭嗣同进一步认为，“以太即性”，“一切入一，一入一切”。此处的“一”指无限少，“一切”指无限多，无限少的“一”与无限多的“一切”可以等同。因此，一就是多，就

---

① Hao Chang, *Chinese Intellectuals in Crisis: Search for Order and Meaning, 1890-1911*, p. 77；张灏：《烈士精神与批判意识：谭嗣同思想的分析》，第257页。

② 谭嗣同思想中的佛教与基督教背景，参见 Hao Chang, *Chinese Intellectuals in Crisis: Search for Order and Meaning, 1890-1911*, pp. 78-79.

③ 《上欧阳中鹄》之十，蔡尚思、方行编《谭嗣同全集》，中华书局，1998，第461页。

④ 龚自珍本人也信奉天台宗。天台宗的业感缘起学说，强调业力是一切有情众生乃至佛及其所在世界产生的根源。而所谓业力，就是指众生的行为和支配行为的意志。从龚自珍、魏源到康有为、谭嗣同这一重视心力与唯意志论的思想脉络中可知，相当多的人与佛教有着深厚的渊源。参见高瑞泉《天命的没落：中国近代唯意志论思潮研究（修订本）》，第12—13页。

⑤ 高瑞泉：《天命的没落：中国近代唯意志论思潮研究（修订本）》，第467页。

是无限。这一表述的背后，既有儒家道德自主性的思想脉动，也有西方工业文明蕴含的“浮士德-普罗米修斯精神”[①] 所带给谭嗣同的力本论冲击。而且，谭嗣同从华严宗“一多相容”的论点出发，提出“一”即是“多”，“我”即是无限之多的可能。换言之，从以太所具有“一就是多”的特性可以看到，作为推动宇宙的强大道德与精神活动、无远弗届的“心力”，具有一种单纯物质力量所无法企及的空间上的“无限性”。

除了在范围上的无限性之外，谭嗣同“心力说”的其余特征，还需要从仁学宇宙观的这一角度进行考察。仁的本质是一种道德价值。不过，在《仁学》一书中，谭嗣同给“仁”的第一定义是“通”。以太、电和心力，都是“仁”得以“通”的媒介。[②] 因此，谭嗣同将仁的道德价值的重心落实在“仁以感通为体”的观念之上。如何实现中外、上下、男女、人我的彼此相通？谭嗣同提出，需要以“心力”来“破对待”。所谓“对待”，意指主体与客体区别差异而聚集同类的原则；而“破对待”，便是破除以命名而区分的主客对立。显然，只有破除掉横亘在万事万物之间、因名实差异而产生的诸种等级壁垒和主客关系，才能实现谭嗣同对于“仁”所下的第二个定义：“无对待，然后平等。”[③] 为了“破对待”，谭嗣同首先将心力说与“日新”及“三世演进”的进化论主张结合在一起，以为维新张目。“其意以为孔子之教，以革新为要义。”[④] 其次，与以太结合所产生“心力无限”的看法，使谭嗣同将以心力“破对待”的重心放置在了冲决名教与人伦的“网罗”之上。谭嗣同批评中国“亡于静”，并以佛教所言“威力”、“奋迅”、“勇猛”、“大无畏”与“大雄”等概念，强化心力的雄强刚猛之态。

对谭氏的仁学宇宙观而言，“心力”的重要性，不仅在于它所生成的一种“冲决网罗”的强大破坏力，还在于它同样拥有“合群”的能力。“破对待”固然意味着消除等级差异的区分，但这并非“仁”的终极目的，最终需要实现的是“联合群，结团体，聚种类”。因此，在谭氏对于未来美好社会的愿景中，一个建立在具有平等之爱、互相依存关系之上的人类共同体，

---

① 〔美〕本杰明·史华慈：《寻求富强：严复与西方》，叶凤美译，江苏人民出版社，1989，第 232 页。

② 《仁学》，蔡尚思、方行编《谭嗣同全集》，第 291 页。

③ 《仁学》，蔡尚思、方行编《谭嗣同全集》，第 7 页。

④ 萧公权：《中国政治思想史》下册，联经出版公司，1982，第 763 页。

始终是他的目标。这一目标既来自张载《西铭》中的看法、墨子的兼爱观念以及佛家的平等诉求，也和前述“一多兼容”的以太观以及借助心力“破对待”的努力，存在一体多面、密切相关的联系。这样一个充满“仁”的道德共同体，超越了国界、性别、阶级与种族的差别，是属于“世界”与“天下”的。而它的建构就建立在每一个体如何最大限度地扩展“心力”之上。

谭嗣同对于“心力”的强调，和当时中国忧患频仍的历史情境密切相关。当时，在引进西方技艺与政治改良的方略、寻求国家富强的努力之外，士大夫们同样关切怎样通过道德精神乃至宗教的超越力量来重振积弱不堪的国民性。对康有为、谭嗣同等重视超越价值的士大夫来说，最为直接的目标就是挑战并冲破为祸至烈的名教的重重网罗，从而获得道德意识上自我意志的无拘无束，进而实现“仁”的社会道德理想。在过去种种历史情境之下，儒家思想获得过众多复杂的解释，但对于儒家的基本伦理规范，却未能如康有为、梁启超、谭嗣同所处的时代一样允许人们提出不同角度的诠释。“这使人们对这些主要价值观和信仰产生疑问，这一事实即意味着作为中国信仰核心的儒家正日趋衰微。”①

正如余英时指出的，对于儒家名教的反抗，早在魏晋时代便已经发生，但仍然属于中国文化传统内部的批判。② 而晚清以来的强调“以心挽劫”、以“心力”实现“仁”的道德激进主义态度，与此前的“自然”与“名教”之争有着根本的不同，其激进之处甚至超过了五四知识分子的反传统主义。不过，康有为和谭嗣同通过一种精神性（宗教性）取向的方式将儒家道德中“仁”的德性内涵予以留存并且试图将之发扬光大，这是晚清维新知识分子和五四一代文化批判者的差别所在。从谭嗣同等人对“心力”的深刻洞察与复杂表述中可以发现，晚清“个人”的崛起与西方现代意义上“个人”的形成不同。西方社会的现代“个人”的背后，有一套源自罗马时代的自然法背景。欧洲的启蒙运动正是将自然法作为最高法，从而确认了“天赋人权”的神圣理念。古代中国并没有西方自然法的传统，与之

---

① Hao Chang, “Intellectual Change and Reform, 1890-8,” in Denis Twitchett and John K. Fairbank, eds., *The Cambridge History of China*, vol. 11 (New York: Cambridge University Press, 1978), p. 282.

② 余英时：《中国现代价值观念的变迁》，氏著《中国思想传统及其现代变迁》，广西师范大学出版社，2004，第50页。

相似的是一个源自天命、天道与天理的超越宇宙观。因此，晚清个人意识的抬头，并不是诉诸自然法的主张，而主要是来自传统儒家人心与天道相通的理论，以及霍布斯、洛克、穆勒等西方思想家关于个人自由和个人权利的种种思想。同时，晚清士大夫“回归原典”的努力，极大地开掘了先秦诸子（如老庄、杨朱）、佛教乃至基督教当中关于道德自主性、个人平等的思想资源。多种理论资源的彼此会通，在晚清的历史情境下促进了个人主体意识的产生与发展。①

康有为、谭嗣同等人所阐扬的仁学世界观，虽然仍旧带有儒家天理世界观的底蕴，但其个人观念中所凸显的强烈道德自主性，已经使它初步具备现代个人的色彩。道德实践的重心逐渐落实到个人的“人心”之上，使“自我”由此获得了道德自主性和人格自由的正当性。从此以后，“心力”“心的进化”“精神救国”等语词，成为清末民初知识分子广为讨论的话题。无论是康有为在《大同书》中本自由平等之旨而立破除九界之论，梁启超在《新民说》里强调的“心力涣散，勇者亦怯；心力专凝，弱者亦强”，还是杜亚泉在《东方杂志》上所谈论的“心的进化”“精神救国”，五四时期《新青年》的激进化转型，直至陈独秀、李大钊、毛泽东所引领的共产主义运动在20世纪上半叶的兴起，从中都可以看到它们背后隐伏着晚清以来“心力”学说的思想脉络与“冲决网罗”的革命精神。②

四 经学的解构与建构

晚清以来的思想脉动，不仅源自西力与西学的外在刺激，清代学术思想自身包含“以复古求解放”的趋势，也是另一动因。从某种意义上说，中国近三百年来的学思历程，乃是一个扬弃先前诸种注解，直接通过“反求经典”，以期发掘圣人微言大义的过程。这一现象出现的原因复杂多元、彼此交织。大体而言，这既源自清初学者出于对宋明理学的反思而形成的“实学”精神，也有因儒学内部程朱与陆王之争所引发的“智识主义”的发

① 杨贞德：《转向自我——近代中国政治思想上的个人》，“中央研究院”中国文哲研究所，2009。

② 晚清以降中国思想界“转化”思想之形成，参见黄克武《一个被放弃的选择：梁启超调适思想之研究》，“中央研究院”近代史研究所，2006，第157—194页。

展，还包括因为王权高压而反向催生的训诂考证之风。[①] 因此，在“以复古为职志”的清代思潮左右下，无论是乾嘉年间开始复兴的诸子学、如日中天的考据学，还是对晚清思想界产生重大影响的今文经学，都可视为其“势所必然”的结果。[②]

数千年来，儒家经典不仅是思想学术的文本，也是传统中国政治合法性的基本依据。“制度有一定而不可私造，义理衷一是而非能臆说”，[③] 经典的权威性正是体现在这一价值神圣感之上。自清代中后期以来，面对深重的时代危机，欲求应付现实挑战的方略，很大程度上需要到古经中去寻找。而当这一近乎实用主义式的努力，与清代学术发展的内在脉络互相呼应时，最终则必然导致“非至于孔孟而得解放焉不止”。[④] 可是，复古越彻底，越凸显经学的功用问题。从清代学者“反求经典”的努力及其后果来看，曾经神圣的经学传统，在“以复古求解放”的潮流下被步步摧破。复古到经典的原初形态仍然无济于事之时，无疑意味着意识形态危机已经迫在眉睫。[⑤]

经学所面临的这一困境与紧张，从清中叶起，即因其与世运变迁相关联而逐渐凸显。尽管并非出于时代危机的直接刺激，常州学派的庄存与在讲求名物训诂之外，已开始发掘微言大义，与此前的戴震、段玉裁的考据学理路已有差异。其后，刘逢禄则在其所著的《春秋公羊何氏释例》中大力阐发了“张三世”、“通三统”、“绌周亡鲁”与“受命改制”等的意蕴。嘉道以来，出于对历史发展进程中“理与势”的体察与反思，龚自珍、魏源以“求古”为学术目标，主张“通经致用”，“以经术作政论”，试图借“公羊三世说”宣讲微言大义。从此，复兴的今文经学染上浓厚的经世色彩。不过，这些初期与中期的今文经学家们，并未完全背离音韵训诂之学，

① 参见黄克武《清代考证学的渊源——民初以来研究成果之评介》，《近代中国史研究通讯》第11期，“中央研究院”近代史研究所，1991，第140—154页。所谓“回归原典”之风，其实发轫于明末清初，入清后方有“悬崖转石，翻腾一度”之势。关于此一问题，参见余英时《从宋明儒学的发展论清代思想史》《清代思想史的一个新解释》，氏著《历史与思想》，联经出版公司，2004，第87—120、121—156页。

② 梁启超：《清代学术概论》，复旦大学出版社，1985，第3、60页。诸子学之复兴，参见黄克武《梁启超的学术思想：以墨子学为中心之分析》，《中央研究院近代史研究所集刊》第26期，1996年，第41—90页。

③ 皮锡瑞：《经学历史》，中华书局，1981，第139页。

④ 梁启超：《清代学术概论》，第6页。

⑤ 陈少明、单世联、张永义：《近代中国思想史略论》，广东人民出版社，1999，第36页。

他们仍希望在“反求原典”的努力中体察六经的原意。然而，由此所引起的经典辨伪的行为，却使他们开始意识到，通过古文经仍不足以探求孔子的微言大义。从此，曾经被汉学痛加挞伐的义理之学，在时局忧患的刺激下，通过今文经学重新被引入汉学之中。乾嘉年间，“把汉学推向巅峰的古文经学是以排诋宋学起家的”。然而，到了清代中后期，“继起的今文经学却在排诋古文经学的过程中，骎骎乎成了汉学里的宋学”。[①] 晚清经学正是在这一新旧交错、回环往复之中，实现了自我的解构与建构。这一过程，由刘逢禄之分解《左传》，魏源之割裂《诗》《书》，龚自珍之欲写订群经，直至廖平、康有为断然宣称所有古文经俱为刘歆所伪造，一举否定古文经的可信度，并借此复兴今文经学，以重新揭露孔子之微言大义。[②]

在晚清中国的思想舞台上，康有为因其激进的制度改革方案，成为今文学派在这一时期的核心人物。事实上，康有为对于今文经学的理解与接纳，源自19世纪80年代末期与今文学派中另一位重要学者廖平的接触。而廖平的老师，则是当时以治《春秋公羊传》闻名于世的湖南学者王闿运。廖平著有《知圣篇》与《辟刘篇》，前者宣称它对圣人的理解才是唯一可靠的（知圣），后者宣称过去通过古文经来了解孔子的理想是问道于盲，因为这几部书是刘歆伪造的（辟刘）。[③] “知圣”与“辟刘”这两条路线正好并肩作战，再加上光绪十七年（1891）问世的康有为《新学伪经考》，联手对古文经学构成了重大挑战。[④] 如前所述，今文经学所强调的，是一种因时而“变”的改制哲学。在从庄存与到龚自珍的时代里，不论是复古式的“变”还是循环式的“变”，大体上都还在传统的典范下盘旋。但到了廖平和康有为的时代，今文经学所重视的方向已经转向现代或者西方，其内在理路与传统儒家经典所揭示的社会典范，已经存在不小的差距。因此，随着晚清时局的日趋危急，康有为在反求孔子原典的目标之下，逐步发展出全盘否定古文经的地位，将其一概说成是刘歆刻意伪造，以便帮助王莽篡位的工具。因此，廖平的著述和康有为的《新学伪经考》，至少给晚清学术思想界

① 杨国强：《世运盛衰中的学术变趋》，氏著《晚清的士人与世相》，第80页。

② 王汎森：《古史辨运动的兴起》，允晨文化公司，1987，第111页。

③ 钱穆：《中国近三百年学术史》下册，台湾商务印书馆，1990，第642—652页；梁启超：《清代学术概论》，第63页。

④ 王汎森：《古史辨运动的兴起》，第61页。

带来了两个直接后果。其一，由于他们急切地想把孔子的旧形象排除，古文经首先遭到前所未有的攻击。[①] 以伪经的批判冲击古文经学，造成“清学正统派之立脚点，根本摇动”。其二，廖平在其著作里，多次通过对上古荒陋的描绘，表现出他对“黄金三代”的彻底怀疑。而到了康有为，则变为由根本否认古文经推演到宣称所有古文经中的史实皆是虚假的。这造成古代经典与古史的真伪与价值皆需要进行重新评估。廖平、康有为等晚清今文经学者对于古史的辨伪，同样也颠覆了人们对于上古历史的美好信念，这在晚清思想界卷起了一场“飓风”。

就在1898年维新变法的前夜，康有为推出《孔子改制考》。在这本著作里，他重新肯定政治改革是儒家的主要宗旨，也是今文经学的精髓。在此前的《新学伪经考》一书当中，康有为指斥作伪的古文经学背离了孔子的本意，刘歆将周公视为儒教的开山祖师，模糊了孔子改制的真相。因此，他在新作中特意凸显孔子变法救世的形象，以作为当代变法的依据。康有为认为，不但《春秋》是孔子的改制创作之书，连同六经也都出自孔子之手。正因为“孔子盖自立一宗旨而凭之以进退古人去取古籍”，[②] 所以孔子不但是儒学的创立者，也是应天之命、为新王朝建制之“素王”，因此今日所知的上古三代的良法美意皆非历史，而是孔子为后世的创制。那么，孔子为何要托古改制？按照康有为的解释，乃是因为孔子生于衰世，有心救时。而刘歆以周公代孔子，破坏了以孔子为教主的传统，致使与君统共存的师统无以为继，从而导致两千年的帝制中国君权独大，儒教式微。因此，为了救世，必须复兴儒教，重建权威。[③]

实际上，在今文经学的框架下，“改制”带有更多宗教神秘色彩，本来只是意味着礼仪的改变，而非现代意义上的制度创新。[④] 这是刘逢禄、龚自珍诸人无法走出传统范式的原因之一。但是，康有为却大胆地赋予“改制”

---

① 王汎森：《古史辨运动的兴起》，第95页。

② 梁启超：《清代学术概论》，第64—65页。

③ 汪荣祖：《从传统中求变——晚清思想史研究》，百花洲文艺出版社，2002，第243页。

④ Hao Chang, "Intellectual change and the reform movement, 1890 - 8," in Denis Twitchett and John K. Fairbank, eds., *The Cambridge History of China*, vol. 11, p. 290; Hao Chang, *Liang Ch'i-ch'ao and Intellectual Transition in China, 1890 - 1907* (Cambridge, Mass.: Harvard University Press, 1971), p. 53.

以政治革命、社会改造的现代意味。所以说，康氏名为解经，实则是任意裁定古史，以便适应其政治改革与经世致用的需要。不过，对于康有为对传统经学思想的破坏与重塑，孙宝瑄就抨击其伪经之说“欲以新奇之说胜天下，而不考事理”。康有为的弟子梁启超也承认，乃师之说多难以自圆。同时代的古文经学家朱一新，在与康有为的多次辩难中，则直斥康有为的目的若在学术，则导致“学术转歧”；若为端正人心，则导致“人心转惑”。① 诚然，对于具有高度权威性的经典而言，其内涵的“转歧”与“转惑”带来的后果都将是灾难性的。可见，在一个政治秩序与心灵秩序面临危机的时代，单纯排诋古文、神化孔子，并不足以充分说明晚清改制的必要，反而可能造成儒家政治秩序与心灵秩序的分崩离析。而此时引入的进化论，作为“实理公法”（科学原则）之一，一方面为康有为极力倡导的公羊三世说提供了一个线性发展的历史图景；另一方面也暗示进化作为历史文化发展的一般性规律，乃是放诸四海而皆准的天地公理，中国的变革也必须符合进化理论。于是，在何休对三世意义拓展的基础上，康有为从公羊三世说所包含的萌芽状态的历史进化理论中，推演出了“据乱世”“升平世”“太平世”，而且“愈改愈进”的主张。在《新学伪经考》的“飓风”扫过的废墟之上，《孔子改制考》又仿佛喷发的“火山”，以追寻经典本义的面目重新描绘出一幅托古改制的理论蓝图。《孔子改制考》也为康有为在戊戌维新期间提供的一系列改革方案奠定了重要的理论基础。

康有为抓住公羊三世说，肯定其为孔子的“非常大义”。从学术史意义上而言，康有为对公羊学并无原创性贡献。他追踪公羊学诠释传统，乃因其最明《春秋》改制之义，足以借此改造中国，实现其乌托邦之梦。② 所以，在康有为的思想世界里，同时包含着借托古改制来实现政治改革与国家富强（短期目的）以及瞻望未来乌托邦世界（长期愿景）两个层次。③ 对于康有为来说，最终目的不是民族国家，而是天下一统。这就是梁启超

① 汪荣祖：《从传统中求变——晚清思想史研究》，第 237 页。

② 汪荣祖：《从传统中求变——晚清思想史研究》，第 234 页。

③ 根据萧公权之论，康有为的思想历程大约可以分为两个时期，19 世纪 80 年代到 20 世纪 20 年代初为第一期，在这一时期，儒学和大乘佛学仍为其主要灵感来源；第二期包含康氏晚年，从较超越的立脚点来观察人与宇宙。参见萧公权《近代中国与新世界——康有为变法与大同思想研究》，江苏人民出版社，2007，第 106—107 页。

在《康南海传》中所说的“先生经世之怀抱在大同，而其观现在以审次第，则起点于爱国”。[①] 而康有为于1901—1902年旅居印度时完成的《大同书》，最能申发其中深意。虽然此书完成甚晚，然而康有为对此之思考却颇早。按照梁启超的说法，康氏在师事朱次琦后独居西樵山之时，即有此“穷极天人之思”。[②] 不管此论确否，至少在康有为早年所撰的《实理公法全书》中，其已明确展现了“世界化”的思想趋向，向往博爱、平等、自由以及民主等，并据为未来理想国的思想信念及主张，打破国界、种族、语言等特殊性障碍，实已发《大同书》之先声。[③]

由此可见，在何休阐发“三世说”的基础上，康有为进一步完善了他的大同哲学。正因为康有为的大同理论建立在与进化论紧密结合的“三世说”之上，所以，“三世”理论强调的“时已至则法随以变，时未至则不能躐等”，[④] 其实是一个接近西方启蒙理性、重视渐进与不断完善的进化公式，一种深具普世共通与进步乐观的理念。因此，达到“太平世”，落实大同之治后，社会还将继续演进，不止于大同，而是通向一个最完美的乌托邦世界——“一个在民主政府领导下的世界国，一个没有亲属、民族和阶级分别的社会，一个没有资本主义弊病而以机器发达来谋最大利益的经济体。简言之，经由人类的团结和平等，将出现完全的快乐”。[⑤] 大同哲学的内涵非常复杂，取自包括儒学、佛学与西学在内的各种不同思想资源。[⑥] 其中，儒学中“仁”的理想构成了康有为乌托邦思想的基本来源。[⑦] 一方面，仁不只是一种道德理想，而且是能赋予生命和统一宇宙的力量。仁所具有的这种统一的作用和具有生命力的道德力量，能够将分裂的人类社会凝聚成一个和谐统一的共同体。其中，当然包括公羊今文中大一统思想的启示。另

① 梁启超：《南海康先生传》，《饮冰室文集点校》，云南教育出版社，2001，第1945页。

② 梁启超：《清代学术概论》，第66页。

③ 汪荣祖：《从传统中求变——晚清思想史研究》，第308页。

④ 萧公权：《中国政治思想史》（下），联经出版公司，1982，第736页。

⑤ 萧公权：《近代中国与新世界——康有为变法与大同思想研究》，第344页。

⑥ 身处新旧交替的时代，康有为的思想来源及心路历程非常复杂。关于康有为的思想背景，参见萧公权《近代中国与新世界——康有为变法与大同思想研究》，第105页；Hao Chang, *Chinese Intellectuals in Crisis: Search for Order and Meaning, 1890–1911*, p. 52。

⑦ 如梁启超就指出：“先生之论理，以‘仁’字为唯一之宗旨。以世界之所以立，众生之所以生，家国之所以存，礼义之所以起，无一不本于仁。”参见梁启超《南海康先生传》，《饮冰室文集点校》，第1950页。

一方面，在康有为对于仁的看法中，认为世界充满宇宙的力量，此与其对“以太”观念的接受有密切关系。康有为甚至在《孟子微》中开宗明义：“仁者，以太也。”其实，包括康有为、谭嗣同在内的晚清部分思想家，皆将以太视为宇宙构成的最小单位，兼具道德与物质的双重属性——仁的无远弗届的沟通能力，仰赖于具有“吸力”的“以太”作为媒介。同时，仁的存在又必须借助以太作为基础。

康有为关于大同世界的乌托邦论说，还受到基督教和墨子哲学中博爱理想的影响，不过其思想根源主要还是来自佛教。19 世纪 90 年代，他曾经用大乘佛教的用语来描绘大同的景象。梁启超认为，康有为接受了大乘佛教的信念，认为众生本一性海。人类一切苦难的根源“皆因九界”，而救苦之道，就在“破除九界”。人类制造了诸如国界、级界、形界、家界等众多界限与区别，这正是人类之间产生战争和世界充满痛苦的原因。康有为的“九界”涵盖了世界上几乎所有的制度和社会关系，因此，“破九界”无异于否定整个世界现存的规范与尺度，其抨击现状之彻底与激烈可以想见。与同时代的谭嗣同在《仁学》中主张以佛学的心力来“冲决网罗”一样，其“世界主义”的精神与理念是贯通一致的。为了把这个世界改变成极乐世界，康、谭二人都主张必须根除各种人为的区别，方能臻于郅治。因此，在康有为构想的大一统的世界国里，大同理想不仅是儒家仁学理想的一个发展结果，[①] 而且是多重思想的彼此交汇，甚至“与今世所谓世界主义、社会主义者多合符契，而陈义之高且过之”。[②] 这样的思想体系不仅对晚清思想界有广泛的影响，更成为未来政治变革的根源。

从思想史的角度看，晚清以来，在“回归原典”的努力之下，学者从不同的角度展开了对儒家经典的重新诠释。作为今文经学学者的代表人物，龚自珍、魏源、廖平、康有为，均试图从“公羊三世说”中推演出变法改制的微言大义。在重估儒学经典价值的同时，一方面，古文经学的神圣性遭遇前所未有的挑战，对于上古历史的美好想象也随之崩塌；另一方面，针对危急的时局，康有为等人的学术取径，“既不尽依公羊典范，更不秉承今文家法”，“唯取能合用其说者”。换言之，康有为的重估儒学全为变法，

① Hao Chang, *Liang Ch'i-ch'ao and Intellectual Transition in China*, *1890-1907*, p. 53.

② 梁启超：《清代学术概论》，第 67 页。

然其诠释出来的蕴义，却无法受制于原先的意图。因此，“不在说经，而在救世”[①] 的思想实践，虽然建构起了一幅改制的蓝图，但是也不自觉地动摇了儒家经典的根基，进而点燃了晚清革命和政治运动的思想导火线。

五 精神困境与宗教渴望

19 世纪 90 年代末期，时局变迁所带来的宇宙观与价值观，使中国人的思想世界开始出现某种程度的失落。在这样的刺激之下，一批较为敏锐的士大夫开始借助儒家之外的宗教或形而上资源，来化解因儒家价值系统的动摇所导致的精神困境。其中，不仅有西方基督教的元素，还有中国本土的老庄、荀学、墨学等诸子学说。不过，在这一时期最值得注意的，则是佛学开始进入一些士大夫视野的中心，并且在不同程度上影响着他们对文化价值与政治行为的抉择。

梁启超在《清代学术概论》中谈及，前清佛学极为衰微，至乾隆时方才有彭绍升、罗有高等人“笃志信仰”。[②] 而佛学在晚清的复兴历程，大约需要回溯到龚自珍与魏源身上。因为龚、魏二人不仅均受过“菩萨戒”，而且“龚、魏为‘今文学家’所推奖，故‘今文学家’多兼治佛学”。[③] 不过，按照张灏的解释，佛教思想本身也有其内部的演变脉络。嘉道年间，龚、魏二人的佛学思想大部分来自净土宗，而光绪后期，佛教在知识分子中间的复兴主要是受到唯识宗的影响。[④] 葛兆光则认为，净土宗的影响始终存在，但上层知识分子的佛学兴趣在光绪年间其实也有所不同：戊戌以前，他们主要受到传统中国流行的《华严》《楞伽》《起信》和禅宗的影响，戊戌以后，方才逐步转向唯识学。[⑤]

---

① 汪荣祖：《康章合论》，联经出版公司，1988，第 27 页。

② 乾隆时代之“士林儒学”的基本状况，参见陆宝千《清代思想史》，第五章。

③ 梁启超：《清代学术概论》，第 81 页。魏源所编辑的《皇朝经世文编》（1826）即反映出他受到乾隆时期佛教思想的影响，该书收录罗有高的《书力命说辩后》，肯定“福善祸淫”，鼓励“中下为善”。参见黄克武《〈皇朝经世文编〉学术、治体部分思想之分析》，第 219—227 页。

④ 张灏：《晚清思想发展试论——几个基本论点的提出与检讨》，《中央研究院近代史研究所集刊》第 7 期，1978 年，第 476—477 页。

⑤ 葛兆光：《“从无住本，立一切法”——戊戌前后知识人中的佛学兴趣及其思想意义》，氏著《西潮又东风——晚清民初思想、宗教与学术十讲》，上海古籍出版社，2006，第 112 页。

事实上，晚清的佛学复兴，与龚、魏二人的佛学爱好以及今文经学的兴起并无太多的直接联系。以其中的部分关键人物而言，杨文会因在病中读《大乘起信论》而入佛教之门；康有为则是在光绪五年（1879）读书于西樵山时，开始接触佛学书籍；梁启超受到康有为的影响，而后在与谭嗣同、夏曾佑、汪康年等人的过从之中进入佛学的天地，20世纪20年代，他又从欧阳竟无学佛；谭嗣同则受到康有为与杨文会的两方影响，才深入探索佛学奥义；至于章炳麟，则是在1903年入狱后，受夏曾佑与宋恕的启迪，开始阅读《瑜伽师地说》；宋恕本人的佛学兴趣，则是由于自幼多病，受其家人指引才开始的。[①] 即使是沉浸于西学的严复，也在某种程度上受到佛教徒妻子的影响，终生都不排斥宗教经验。妻子病故之后，他曾亲手抄录《金刚经》一部，在佛教“不可思议”的理念中寻求精神寄托。[②]

从这些人物不同的心路历程当中可见，晚清这批士大夫所认知与接受佛学的因缘多元并存。大体而言，这群士大夫的佛学兴趣主要有两个来源，一是当时在金陵大力倡导佛教思想的杨文会。因为大力刊刻佛经、传播佛理，杨氏被当时知识界誉为“当代昌明佛法第一导师”，声名远播海内外。二是一度将佛教看成世界所有宗教源头的康有为。他对佛教的兴趣，曾经对他的追随者产生过很大影响。[③] 当然，从晚清思想史的发展脉络来看，佛学在这一时期从边缘到中央的复兴，至少折射出时人的两个价值诉求：一方面，在部分士大夫眼里，单纯依靠儒家学说，已经不足以应付眼前的重重危局；另一方面，在寻求富强的过程中，国家力量的“自强”与民族精神的“自振”，需要依靠新的宗教资源，赋予国民以新的精神力量。

因此，在晚清民初的“过渡时代”里，许多变法与革命的主要参与者与襄助者也是佛学的爱好者与修习者。对这批士大夫而言，佛学在戊戌前后的思想史意义，是一种追求精神超越价值的美好理想，让康有为、刘师培等变革者得以描绘出一幅关于未来世界的乌托邦蓝图。在康有为的笔下，儒家的“智”“勇”“仁”被视为佛教的“智慧”“慈悲”观念和勇敢无畏

---

① 葛兆光：《孔教、佛教抑或耶教——1900年前后中国的心理危机与宗教兴趣》，王汎森等《中国近代思想史的转型时代》，第211页。

② 黄克武：《惟适之安：严复与近代中国的文化转型》，联经出版公司，2010，第28—29页。

③ 葛兆光：《“从无住本，立一切法”——戊戌前后知识人中的佛学兴趣及其思想意义》，氏著《西潮又东风——晚清民初思想、宗教与学术十讲》，第112页。

的精神。康有为按照佛家同一无差别和普遍慈悲的世界观去诠释“仁”“诚”等道德观念，是一个反复出现的倾向。另外，佛学对康有为“苦难”观念的形成也起了一定作用，而苦难的最终化解，也有赖于大乘佛教华严宗所描述的“圆满极乐”世界的实现。[①] 对康有为来说，华严宗指明了与儒学所揭示的同样的真理，即现世道德-精神完善的可能性。

在刘师培的思想世界中，建立个人人格完整的“完全之人”和实现“完全之平等”的理想社会，则意味着追求“至善”的道德理想。[②] 这种对于未来美好社会的观念，被康、刘二人看作一种在未来理想秩序中自我实现的过程。只不过康氏的“大同”思想被表述为一种历史三阶段进化的观点；刘氏的“无政府主义”态度，则既是他的“完人”理想，也同样是他所构想的道德目的之实现。

与此同时，大乘佛学中通过“皆空”或“唯识”对于“我执”的瓦解，又赋予了谭嗣同、章炳麟等少数思想家突破既定价值观念和固有意识形态的强大力量。如前所述，谭嗣同在《仁学》中运用大乘佛学理论中常用的“心力”一词，描述人心之中所包含的拯救性的精神力量。正是由于佛教唯识宗及其他非儒家思想传统的影响，谭嗣同开始从“平等”与“兼爱”的角度，反抗当时社会中普遍存在的以三纲五常框限的等级制度。谭嗣同吸收了佛教教义，并将其对于儒家的精神倾向和基督教的重视糅合到一起，通过发掘内在的潜能，试图在一个混乱不堪的时代里“以心挽劫”“冲决网罗”。

章炳麟对于佛学的接受则非一帆风顺。早年的他秉持自然主义世界观，拒斥佛教的轮回观念与“非物质”的价值基础。然而，在 20 世纪前 10 年动荡不安的岁月里，他开始细读佛典，并将大乘佛教中唯识宗的教义与《庄子》的道家哲学相互参证。他认为，大乘佛教和道家哲学使用了自我与感性世界空寂（人无我，法无我）的相同观念。[③] 因此，佛教思想至少在两个方面形塑了章炳麟的哲学态度。其一是唯识宗关于人类自身的“种子”（阿赖耶识）可能同时包含善与恶的观念。章炳麟将社会进步看成一个善与

① Hao Chang, *Chinese Intellectuals in Crisis: Search for Order and Meaning, 1890-1911*, p. 64.

② 杨贞德：《从“完全之人”到“完全之平等”——刘师培的革命思想及其意涵》，《台大历史学报》第 44 期，2009 年。

③ Hao Chang, *Chinese Intellectuals in Crisis: Search for Order and Meaning, 1890-1911*, p. 129.

恶“俱分进化”的混合过程，从而瓦解了进化论所标示的线性观念与必然向善的道德意义。其二则是阿赖耶识在其自我意识中所产生的唯名论，使章炳麟极力推崇“个体为真，团体为幻”的激进个人主义。章炳麟将人类个体看成是真实的，从而拒绝将任何人类集团或组织自身看得比人类成员的简单集合体更具真实性。[①] 谭嗣同和章炳麟在表达上风格各异，但其世界观的基石都是无我同一的主题。

除了上述活跃于上层社会的知识精英之外，民间宗教信仰也随着近代以来城市的发展，逐渐在中下层读书人中间传播，并且与清末民初的中国现代都市社会有着千丝万缕的联系。中国社会民间宗教内容多元，贯穿、包含并且延伸到儒教、道教与佛教之中，但其中以道教为最主要的元素。[②] 根据柯若朴（Philip Clart）、志贺市子及范纯武等学者的研究，道光庚子年（1840）之后，中国开始了一波以“三相代天宣化、神圣合力救劫”论述为主导的宗教运动。当时的读书人如郑观应、陈撄宁、王一亭等人，皆在这一波浪潮中积极地“力行善举，挽回劫运”。[③]

作为民国初年都市道教在家信众的实践领导者之一，出生于安徽怀宁的陈撄宁的宗教经历颇有代表性。陈氏早年接受过正统的儒家教育，因多病修习道家养生法而渐趋好转，于是深信此道。与此同时，陈撄宁一边广泛阅读各类西方科技书籍，一边在全国各地的佛道名山旅行，访求、研读和修习不同的静坐法。[④] 这种科学理性与宗教信仰并存的情形，在身处变动社会中的陈撄宁身上并不矛盾地同时存在着。以他为中心，科学团体与道教修习者的社会网络几乎同时展开。特别当陈撄宁迁居上海之后，以其为核心的人际网络包括了如吕碧城等一大批知名的文化、政治精英。这些既接受过传统教育，又沐浴着西方科学精神，同时还笃信道教修行的士大夫，利用新型的印刷传媒刊刻经典与传播经验，在民初上海的都会信众中创造

---

① Hao Chang, *Chinese Intellectuals in Crisis: Search for Order and Meaning, 1890-1911*, p. 137.

② 陈荣捷：《现代中国的宗教趋势》，文殊出版社，1987，第183页。

③ 范纯武：《飞鸾、修真与办善：郑观应与上海的宗教世界》，巫仁恕、康豹、林美莉主编《从城市看中国的现代性》，“中央研究院”近代史研究所，2010，第250页。

④ 刘迅：《修炼与救国：民初上海道教内丹、城市信众的修行、印刷文化于团体》，巫仁恕、康豹、林美莉主编《从城市看中国的现代性》，第222页；Xun Liu, *Daoist Modern: Innovation, Lay Practice, and the Community of Inner Alchemy in Republican Shanghai* (Harvard University Asia Center, 2009), pp. 40-76.

出一个个活跃的话语空间和独立社群。

值得注意的是，在陈撄宁身上，道教理论话语及其实践行为，与清末民初两种最重要的思想主张彼此交织，那就是科学主义和民族主义。晚清以来，革命的浪潮与科学观念开始从西方大量引入，扶乩设坛的宗教行为与从传统走向现代的价值追求似乎格格不入。陈撄宁及其道友对这一现代转型并不陌生，但耐人寻味的是，在陈氏及其同侪那里，科学似乎是有些矛盾的知识体系和价值系统。陈撄宁及其道友所撰写的涉及内丹的书籍，大多将科学概念纳入他们的解释中。不仅如此，陈氏及其友人们还尝试在丹道传统中发掘科学的起源，并在道教修行（如外丹实验）中寻找与现代科学相似的精神和知识。① 陈撄宁等人扬弃了科学主义中唯物主义决定论的面向，试图将科学与传统内丹论结合，进而导向超脱而不朽的伦理与精神目标。

民间宗教的知识论背景还表现为与晚清以来的民族主义价值诉求的互动。陈撄宁眼中的道家学说，明显地不同于过去庄子所强调的"清静无为"，而是强调其中的精神启蒙和智识主义，重视内丹仙学的实践内涵，即个人可以借由对肉体的修炼而得以自我转化。这一态度的转变，源自对宋代内丹修养传统的重要创新。晚清民初民族存亡之际，陈撄宁及其友人强烈的民族主义意识，也使得他们坚持行动与实践，以此抗拒"清静无为"的态度。同时，仙学对于救亡提供了实际而有效的养生法，可为复原或转化民族精神和元气提供完善的方法，即通过严格而艰苦的身心修炼，最后达到强国强民的目的。②

从另一角度来观察晚清民初的宗教渴求，可以注意到，身兼商人、慈善家与实业家的王一亭、郑观应等人之所以积极救世，其背后的宗教动力

① 刘迅：《修炼与救国：民初上海道教内丹、城市信众的修行、印刷文化于团体》，巫仁恕、康豹、林美莉主编《从城市看中国的现代性》，第231、234页。据葛兆光的研究，晚清以来宗教兴趣升温的直接原因，来自西洋新知识的冲击和理解西洋新知识的需要。宗教话语在这一过程中起到了比附与格义的重要作用。参见葛兆光《孔教、佛教抑或耶教——1900年前后中国的心理危机与宗教兴趣》，王汎森等《中国近代思想史的转型时代》，第222—228页。

② 刘迅：《修炼与救国：民初上海道教内丹、城市信众的修行、印刷文化于团体》，巫仁恕、康豹、林美莉主编《从城市看中国的现代性》，第230页；Xun Liu, *Daoist Modern: Innovation, Lay Practice, and the Community of Inner Alchemy in Republican Shanghai*, pp. 273-276。

也是不可忽视的原因之一。王一亭一生跌宕起伏，接受佛教与他生命中遭遇的丧女、丧妻与丧友的诸多痛苦密切相关。这也使他更能关注他人的苦难，如他在红十字会以及华洋义赈会担任领导职务。他从事绘画创作，所画主题除了风景、植物、动物之外，还有天灾中的受害者以及佛教神祇。此外，他还出售画作以赞助慈善事业。王一亭担任中国佛教慈善委员会的职务，并且参与其他宗教的慈善救济活动。另外，他还创立了中国济生会。值得注意的是，此会成员经常请济公降乩扶鸾。[①] 以王一亭为代表的都市精英，常因政商活动被视为现代性的楷模，同时又有宗教信仰影响其言行，[②] 在参与灾难救援时，他们大多明显受到了自身信仰的宗教的激励。

较之王一亭，名声更为显赫的郑观应则是晚清自强运动的重要代表人物。他所撰著的《盛世危言》一书，以商战思想为本，主张富强立国，康有为、梁启超和孙中山均曾受其思想影响。在致力于“寻求富强”的实业家与变革者的身份之外，郑观应曾钻研南、北派丹经数十种，遍访丹诀50年，从事道经刊刻与整理，出入于各派丹道思想并有所体悟，堪称清末民初道教史上相当活跃的人物。郑观应热衷于道术，在其50年的道教生涯之中，求道与扶鸾大概是最主要的内容。郑观应对于道教丹法的认识超越了各派囿见，凡见珍稀丹书，不分派别，无不广为刊行，这也是他对清末民初道教界的最大贡献。清末民初的上海宗教界以扶鸾为主流，具有佛教性质的乩坛也有不少。郑观应晚年在上海常住，出入三教，与当时盛行的扶乩活动多有接触。他参与的上海道德会和崇道院则是强调道术修为、扶鸾治病与救劫的宗教团体。[③] 郑观应还与经元善等同道一起推动了上海的善堂、赈公所等慈善组织网络的发展。

今人从“科学”与“实业”等语汇当中锁定郑观应的现代身份之时，如何从这些带有启蒙色彩的默认价值的背后，理解郑观应那个似乎与前者背道而驰的宗教观与信仰世界？其实，郑观应本人多次慨叹，当时的时局

① 〔美〕康豹（Paul Katz）：《一个著名上海商人与慈善家：王一亭》，巫仁恕、康豹、林美莉主编《从城市看中国的现代性》，第276页。

② 〔美〕康豹（Paul Katz）：《一个著名上海商人与慈善家：王一亭》，巫仁恕、康豹、林美莉主编《从城市看中国的现代性》，第293页。

③ 范纯武：《飞鸾、修真与办善：郑观应与上海的宗教世界》，巫仁恕、康豹、林美莉主编《从城市看中国的现代性》，第249、253、256页。

乃是争权利不重人道，有强权而无公理；在这样一个“势”胜于“理”的时代里，“非假神力不足以平治天下”。可见，在清末民初动荡的局势里，郑观应的宗教渴望体现的是士大夫在“寻求富强”之外对于精神价值的诉求。因此，在《盛世危言后篇 · 道术》一章中，郑观应祈求国家在走向富强的过程中，于国民道德水平的实现上也能等量齐观。所以，他才着意强调富强亦须通过“标本兼治”来实现“学道济世”。他参与上海和其他地区的筹赈、办善等各种社会慈善救济活动，乃是为了实践积德，求“阴功”以“成仙”。可见，在近代中国，城市化、社会与宗教之间存在着更加复杂与多元的关系。在同一个士大夫身上，也可以看到科学理性与宗教信仰的内在紧张与互动。依据马克斯 · 韦伯式的判断，科学的现代之旅必然伴随着超越价值的“祛魅”（disenchantment）。然而，在近代中国的转型时代，这种判断带来的可能是关于启蒙主义与民族主义过于简化的论述。从陈撄宁、王一亭与郑观应身上，可以同时看到历史与思想的复杂性，以及近代中国士大夫在宗教上的终极关怀与对“现代性”的独特追求。[①]

六　重建政治正当性：权威与权力的冲突

从甲午战后到辛亥革命前夕，晚清知识分子所面临的冲击，不仅来自心灵秩序的危机，还来自同样迫切的政治秩序的危机。如前所述，传统中国的政治架构建立在一个具有超越价值的宇宙观（天命、天道或天理）之上，古往今来，在这一基础上所形成的普世王权（universal kingship），[②] 既建构起符合儒家基本价值的政治权力，也完整形塑出一整套具有神圣性的政治权威。然而，晚清中国所遭遇的内忧外患，使这一延续数千年的政治架构濒临崩溃。在这“千年未有之大变局”中，传统的政治秩序需要通过怎样的变革才能实现国家富强，从而救亡以图存？这成为清末危急存亡之秋最为突出的公共议题。围绕此一问题，在晚清最后十余年间，维新变法与国民革命的实践分分合合，逐渐形成了两大思想主潮和政治选项——“变法失败则转为宪政，革命成功则建立共和”。立宪派与革命派分别借助

① 黄克武：《惟适之安：严复与近代中国的文化转型》，第 197 页。

② 张灏：《中国近代思想史上的转型时代》，氏著《幽暗意识与民主传统》，第 140 页。

重塑权威（君主立宪）与重建权力（民主共和）两个重心，试图为未来中国的政治架构寻找一个正当性基础。[①]

关于政治正当性（legitimacy）的讨论是一个现代命题。按照墨子刻（Thomas Metzger）的概括，从传统到现代的转型过程，一方面围绕着工具理性（即俗世化）的现实需要，而另一方面则需要一种“道德性语言”（moral language）或“人文主义”作为文化社会的基础。[②] 大体而言，前者聚焦的是现代国家现实权力的来源与组合方式，后者关切的是国家权威的价值依据。然而，在超越价值解体的近代中国社会，从传统政治架构分离出来的政治权威与政治权力又并非截然两分，而是存在着丰富的彼此关联和内在紧张。发生在1905—1907年的《民报》与《新民丛报》的论战，之所以成为晚清思想史上的重大事件，正是因为两大派别围绕未来国家的政治正当性这一公共议题，展开了一次全方位的对话。

这场论战由《新民丛报》引起，因《民报》创刊而爆发。《民报》于出版第3号之后曾发行号外，揭载《民报与新民丛报辩驳之纲领》，并申明从第4期以后分类与《新民丛报》辩驳。这项由《民报》所归纳的纲领共分12条，其描述虽因党派意识形态冲突不免有所偏颇，倾向革命派，诋毁立宪派，但从中仍可一窥双方的基本差异。

> 一，《民报》主共和；《新民丛报》主专制。二，《民报》望国民以民权立宪；《新民丛报》望政府以开明专制。三，《民报》以政府恶劣，故望国民以革命；《新民丛报》以国民恶劣，故望政府以开明专制。四，《民报》以望国民以民权立宪，故鼓吹教育与革命以求达其目的；《新民丛报》望政府以开明专制，不知如何方副其希望。五，《民报》主张政治革命，同时主张种族革命；《新民丛报》主张开明专制，同时主张政治革命。六，《民报》以为国民革命，自颠覆专制而观，则为政治革命，自驱除鞑虏而观，则为种族革命；《新民丛报》

---

① 关于近代中国政治正当性的历史变迁及其内涵，参见许纪霖《近代中国政治正当性之历史转型》，《学海》2007年第7期。

② 〔美〕墨子刻：《二十世纪中国知识分子的自觉问题》，余英时等：《中国历史转型时期的知识分子》，第88页。

以为种族革命与政治革命，不能兼容。七，《民报》以为政治革命必须实力；《新民丛报》以为政治革命只须要求。八，《民报》以为革命事业，专主实力不取要求；《新民丛报》以为要求不遂，继以惩警。九，《新民丛报》以为惩警之法，在不纳税与暗杀；《民报》以为不纳税与暗杀，不过革命实力之一端，革命须有全副事业。十，《新民丛报》诋毁革命，而鼓吹虚无党；《民报》以为凡虚无党皆以革命为宗旨，非仅以刺客为事。十一，《民报》以为革命所以求共和，《新民丛报》以为革命反以得专制。十二，《民报》鉴于世界前途，知社会问题，必须解决，故提倡社会主义；《新民丛报》以为社会主义，不过煽动乞丐流民之具。[①]

论战双方均采用两面作战的策略，既攻击清政府，也竭力批评对手。立宪派与革命派的冲突，从表面来看，似乎表现为双方对于民族、民权与民生这三条变革路径的歧见。但是，如果深入其思想的底蕴，则不难发现，论战中这一分歧背后的实质是：在化解晚清政治危机、重建现代中国的政治正当性过程中，“政治权威”与“政治权力”的重要性孰先孰后。按照哈贝马斯（Jürgen Habermas）在《合法性危机》一书中的说法，政治危机分为“合理性危机”与“合法性危机”。前者意味着行政系统难以合理地协调运转；后者则关系到行政系统无法维持大众的忠诚。从论战的文字中可以看到，以《民报》为阵地的革命派知识分子对于国家观念合法性的探讨，超越了对其合理性的思考。他们努力探索的是一个韦伯式的命题：阶级、正当、与利益集团均属于权力组合，奉行的是“主宰性权力”。在胡汉民、汪精卫、朱执信等人看来，人民主权取代天授君权，国家统治的合法性首先应当来自民众的赞同。[②] 相较之下，制度规范所形成的权威性则居于次

---

① 《民报》第3号号外，转引自亓冰峰《清末革命与君宪的论争》，“中央研究院”近代史研究所专刊（19），1966，第152—153页。

② 根据查尔斯·泰勒（Charles Taylor）的论述，“人民主权”是现代性社会想象的重要元素之一。而就国家政治正当性而言，古老的观念转化为人民主权，首要的是“切断与神秘的古老时代之间的联系”，将人民主权的建立变成“一种可以在当代的纯然的世俗时间里，透过集体行动完成的事务”。参见查尔斯·泰勒《现代性中的社会想象》，李尚远译，商周出版社，2008，第175页。

席。但是，以梁启超为代表的立宪派知识分子却有着“君主宪政之共同理想”。[①] 在他们看来，现代国家政治正当性的基础，需要立足于延续传统与确立宪政，从而从根本上化解国家的合理性危机。简单地说，立宪派更侧重于通过制度层面的宪政设计，强化未来国家的政治框架。这样一来，未来中国政治框架的重心究竟应该放置在政治权力的组合（人民主权的国体）之上，还是落实在政治权威（君主立宪所代表的政体）之上来凝聚大众忠诚，就成为双方矛盾的焦点所在。

正是由于《民报》与《新民丛报》从各自对于政治正当性的不同理解着眼，双方论辩的民族、民权与民生三大主题虽一，但内涵各异。[②] 在民族问题上，两者差异甚大。革命派力主“排满”，强调“驱除鞑虏，恢复中华”的民族主义。立宪派不主张“排满”，因此不承认有狭义的民族问题存在。梁启超与康有为等立宪派创立了保皇会（后来改名为国民宪政会），主张勤王。保皇会所支持的是以皇帝为中心的君主立宪政体，也就是以推行君主立宪，来解决政治危机。[③] 在辛亥革命前，民族问题是很大的争议点。梁启超援引伯伦知理（J. C. Bluntschli）的学说，指出革命派所持的是“小民族主义”，而立宪派不仇视满人，采取的是“大民族主义”，认同共和国家是一个共同体，各种民族都有同等的政治参与权利和平等发展的资格。耐人寻味的是，立宪派在论争中倡导的“大民族主义”，实际上也就是辛亥革命之后孙中山所强调的“五族共和”。对孙中山和革命党人来说，在革命前夜主张“民族革命”，实际上是出于策略性考虑。因为“排满”心理最能动员广大的社会力量，达到民族革命“夺回自主之政权”的目的。[④] 革命成功之后，为团结人心，则需要不同的政治纲领。

---

① 对立宪派人士的信仰及其成因的分析，参见张朋园《立宪派的“阶级”背景》，《中央研究院近代史研究所集刊》第22期（上），1993年；《立宪派与清季革命》，“中央研究院”近代史研究所，1984。

② 以下分析参阅并转引自张朋园《梁启超与清季革命》，“中央研究院”近代史研究所，1964，第220—221页；黄克武《改革与革命——辛亥革命是怎么成功的?》，《传记文学》第98卷第5期，2011年，第52—64页。

③ 梁启超对于民权与君宪之间关系的看法因时而变，在此无法细论。不过，值得注意的是他对于“政治上之道德”的重视，甚至认为这是“立宪的必要乃至最要条件”。梁氏借鉴欧洲，以为其政治进步之原因，非徒在其人民之“智识”，而实在人民之“品性”。参见萧公权《中国政治思想史》（下），第813页。

④ 萧公权：《中国政治思想史》（下），第789页。

双方论战的第二个议题是民权问题。立宪派与革命派均同意政治革命的必要，但后者主张彻底推翻帝制，建立民主。而前者强调，君主政体对于维持统一和秩序是有用的，而统一和秩序对于当前的变革又是有用的。因此，基于这种现代需求而非复活天命论的看法，[①] 立宪派主张承袭原有制度，并加以改革。换言之，两者的差异在于实现目标的途径：是要调适性地从君主专制到君主立宪，再到民主共和，还是直接以革命方式从专制转变到民主共和？梁启超和康有为主张前者。这一思路与严复的《天演论》传达的理念有关。如前所述，《天演论》为晚清的思想界带来两种观念，一是鼓励人们积极地应变图强；二是主张渐进变革，因为演化的过程是慢慢前进的。这一想法与立宪派重视政治传统及其权威性的主张较为吻合。立宪派撷取《天演论》中的渐进主张，指出历史演变必须逐步推进，在尝试错误中慢慢调整。这也和康有为在《孔子改制考》中借"公羊三世说"配合天演观念所描绘出的从君主专制到君主立宪再到民主共和的政治路径是一致的。相对而言，革命党则从另一角度解释天演，他们相信："革命者，天演之公例也；革命者，世界之公理也；革命者，争存争亡过渡时代之要义也：革命者，顺乎天而应乎人者也。"[②] 革命党的主张更具有突变色彩与乐观主义，相信彻底推翻清王朝专制制度之后，就能迅速建立一个民有、民治、民享的民主共和国。因此，《民报》宣传的是一种近乎整全性的革命理论，包含了政治、民族与社会革命的多重内涵，力求"毕其功于一役"。[③] 而清中叶以来的国家危机感，使人们更愿意追逐这种有效的、通盘性的救国方案。[④]

论争的第三点有关民生问题。革命派认为实现社会主义、土地国有之后，民生问题即可解决。而立宪派则认为国家富强之道，必须在尊重现有利益格局的基础上，发展国家与民间资本。因此，梁启超主张采取资本主义的道路，比较倾向于提高生产与保障私有财产。而革命派主张以俄为师，

---

① 〔美〕杨格（Ernest P. Young）：《廿世纪初期的中国：民族主义、改革和共和革命》，李国祁等《近代中国思想人物论：民族主义》，时报文化出版公司，1980，第 67 页。

② 邹容：《革命军》，《革命的火种：邹容、陈天华选集》，文景书局，2012，第 4 页。

③ 朱浤源：《同盟会的革命理论——〈民报〉个案研究》，"中央研究院"近代史研究所，1985，第 228 页。

④ 黄克武：《一个被放弃的选择——梁启超调适思想之研究》，第 193 页。

通过土地国有来解决分配问题，偏重社会主义的模式。

从晚清最后十余年的历史来看，立宪派与革命派表面是对立的两大群体，相互排诋，直至演变为激烈的论战。而且，论战的开局之年（1905），也是晚清政局从立宪派力主的改革转向革命党倡导的革命的关键点。1905年不但有同盟会的成立，也有科举制度的废除。内外因素的相互激荡，逐渐促成了革命思想的高涨与爆发。然而，诚如萧一山所言，“实而按之，则亦有相反相成之功。盖不有革命之酝酿，则清廷未必肯实施宪政，不有宪政之宣传，则人们未必倾心共和”。[①] 1911年转化为现实行动的革命思想，并非由以孙中山为首的革命派凭空建立，而是他们在此前数年与梁启超等立宪派人士，通过长期论辩而逐渐形成的。[②] 立宪派与革命党人就民族、民权、民生三大主题的辩论，让后者的革命理论能够得到更完满的建立。可以说，革命党的革命理论并非汪精卫、胡汉民等人凭空建立，而是在梁启超等立宪派的挑战下逐步完善的。[③]

辛亥革命虽然建立起了亚洲第一个民主共和国，但现代中国政治正当性的内在冲突并未因此终结。张朋园对于1913年第一次国会选举的研究表明，“民初的国会选举，有民主政治的外观，尚少民主政治的实质”。[④] 接踵而来的军阀混战、强人政治、称帝复辟等一系列政治乱象，意味着新生的民国背离了共和精神。为什么普世王权被彻底颠覆，共和制度也得以实现，然而一套行之有效的宪政实践却无法展开？在政治权力的制度框架背后，是否需要共同的伦理价值作为政治权威的来源？为此，民初直至五四新文化运动时期的知识分子，开始从政治制度背后的文化与伦理寻找根源，展

① 萧一山：《清代通史》（4），第2262页，转引自亓冰峰《清末革命与君宪的论争》，第9页。

② 重新理解立宪派在晚清政治实践中的历史角色，有赖于近三四十年来张朋园、汪荣祖、张玉法等一批台湾学者对于清末社会复杂场景的深度诠释。同时，这一研究视角的变化，也与周锡瑞、玛丽·兰金等海外学者对于辛亥革命的研究进展有关。他们的研究成果表明，晚清的政治变革直至辛亥革命的最终成功，是汇集了各种社会力量之后共同形成的，而并非如传统“革命史观”所论述的那样，存在着一个完全垄断性的政治力量。关于辛亥革命研究的学术史背景，参见黄克武《改革与革命——辛亥革命是怎么成功的?》，《传记文学》第98卷第5期，2011年。

③ 张朋园：《梁启超与清季革命》，第226—230页。

④ 张朋园：《中国民主政治的困境（1909—1949）——晚清以来历届议会选举述论》，联经出版公司，2004，第110页。

开了探寻政治共同体背后的原则、义理和规范的努力。[①] 可以说，这是对《民报》与《新民丛报》论战所开启的政治正当性话题的反思与检讨。然而，共同体的聚合仅仅依靠政治层面上的共识是不够的，还需要有其独特的文化和公共价值认同作为道德基础。梁启超等立宪派人士的政治主张虽然在清末民初的革命风暴中成为“一个被放弃的选择”，但其中包含的丰富思想内涵，却具有让今人深思的历史价值。

七 “过渡时代”的思想启示

1901年，梁启超曾以“过渡时代”描绘晚清“人民既愤独夫民贼愚民专制之政，而未能组织新政体以代之，是政治上之过渡时代也；士子既鄙考据词章庸恶陋劣之学，而未能开辟新学界以代之，是学问上之过渡时代也；社会既厌三纲压抑虚文缛节之俗，而未能研究新道德以代之，是理想风俗上过渡时代也”。[②] 正如梁启超所言，在这一过渡时代中，传统的政治秩序、精神世界与知识结构逐渐拆解又不断重组，面貌各异的“新政体”主张、“新学界”与“新道德”的实践在清末民初纷纷登场。从19世纪末中日甲午战争的溃败，到1911年辛亥革命的成功，围绕传统与现代、中国与西方、启蒙与反启蒙等不同面向，知识、思想与信仰彼此激荡，呈现纷杂多元的场景。

不过，过渡时代复杂的思想图景仍呈现出好几条交织在一起的主轴。首先在整体格局上，它围绕着从“天下”到“国家”的转变。在西潮东渐逐步扩张的过程中，新的地理知识伴随着日渐发达的报刊与出版品等现代媒介，在中国广泛传播。与此同时，清中叶以来，一连串由西方列强所发起的“商战”“学战”“兵战”，及其给晚清政府带来的屈辱性后果，有力地挑战着士大夫思想中的天朝意识与天下观念。从此，以“世界大势”为价值标准的新地理观开始主导知识分子的心灵世界。[③] 一个“万国”竞逐的

---

① “国性”问题是民初政治正当性讨论的核心问题之一，参见许纪霖《国本、个人与公意——五四时期关于政治正当性的讨论》，《史林》2008年第1期。

② 《过渡时代论》，《梁启超全集》第2册，第465页。

③ 潘光哲：《中国近代“转型时代”的地理想象（1895—1925）》，王汎森等：《中国近代思想史的转型时代》，第478页。

“国家体系”逐渐代“天下”而起——民族国家取代了帝制王权，国际法下的对等关系取代了朝贡制度，以国力比拼为核心的世界政治秩序取代了“怀柔远人”式的文明教化。不过，即使有上述的转变，传统天下观中“驾于欧美之上”的理想也始终是现代中国国家主义的一个特色。

在上述背景下，新的地理观念至少包含了两层意涵。其一，正因为参与此一新世界秩序的主体是民族国家，而撑其不败的基础是国力，因此，“国土”的完整、“国民”素质的整体提升以及“国权”（主权与利权）的确保，成为知识分子思考的重心。其中国民素质最为关键，其内容包括了民智、民力与民德，而民德的铸造，虽需吸收西方之长，然不能脱离传统之德行。其二，晚清中国因积贫积弱而导致的国家危机，与西方诸国（及日本）顺应大势而实现的国家富强，也反向构筑了晚清士人的世界想象。另外，19世纪末期世界竞争中普遍存在的“公理”与“强权”的分裂、西方列强内外政策的鲜明反差，[①] 也催生了知识分子关于“国家”与“世界”两歧性的思考，为他们探索人类文明的愿景打开了新视野——在以国家力量为基础的“世界的国家主义”之上，有着属于更高层次的、“人类全体文明”的“国家的世界主义”。

地理观的转型亦涉及历史观的变迁。如前所述，传统儒家的历史观念倾向于一种退化观与循环论，认为人世的和谐秩序是由三代圣王开端，随后，治乱循环、盛衰更迭，三代之治遂成为儒家历史观中理想社会的典型。然而，随着转型时代的思想冲击，中国知识分子的历史观念也发生了改变。延续魏源、龚自珍以来强调“势”之力量的历史脉络，廖平、康有为、梁启超等人开始否定古文经学的意义。传统历史观对于上古三代的美好想象遭到颠覆。他们将今文经学重视“变易”的“公羊三世说”，与经由严复翻译传入中国的达尔文进化理论相配合，提出了有别于循环论的线性历史目的论。“据乱世”“升平世”“太平世”处于指向美好未来的时间轴线之上，“三世进化”说与社会进化论在对大同社会的追求上是一致的。在线性历史目的论的支配下，推动历史发展的力量不再是传统义理中个人道德趋于完

① 杨度在《金铁主义说》中点出此种关系：“今日有文明国而无文明世界。今世各国对于内则皆文明，对于外则皆野蛮；对于内惟理是言，对于外惟力是视。故自其国而言之，则文明之国也；自世界而言之，则野蛮之世界也。”参见刘晴波主编《杨度集》，第218页。

美（“止于至善”），而是一套基于优胜劣汰的竞争进化规律。

同样是出于对传统历史观的颠覆，在占据主流的进化史观之外，诸子学与佛学对过渡时代知识分子的历史观念也产生了不同程度的影响。章炳麟即从佛教唯识论出发，认为在社会进化过程中，由于人生来所禀赋的阿赖耶识种子能同时染上善与恶的因子，因此，道德的善与恶、生计的苦和乐齐头并进、彼此交织。章氏认为，为了彻底摆脱进化给人类社会带来的负面效果，必须借助“五无”——无政府、无聚落、无人类、无众生与无世界——予以抗衡。章氏的“俱分进化论”对晚清的部分知识分子特别是无政府主义者颇具影响力。不过，在一个以寻求国家富强为政治主轴的时代里，“五无论”立足于佛教的虚无主义，缺乏现实意义上的实践性。同时，它虽然激烈地批评进化史观的目的论和乌托邦倾向，但其自身也无法避免乌托邦的虚幻。因此，“俱分进化论”是过渡时代思想世界中“反启蒙”的启蒙主张之一。从历史观的多元性中也不难看到超越宇宙观瓦解之后知识分子在历史观念上呈现出的内在紧张与进退两难。①

现代地理观的传播、历史观的变迁，均指向宇宙观的变化。从严复开始所引进的以天演观念为中心的科学宇宙观，冲击了儒家以阴阳与天地人为基础的宇宙观，使作为普世王权价值基础的传统理念逐渐发生变化。到19世纪中后期，一连串深层次的政治、社会与思想危机，伴随着世界格局的转变，开始在晚清中国爆发。在这一时期，传统天理宇宙观逐步被现代科学的“公理”和“公例”吸纳、转化。来自“天理”的超越世界开始动摇，中国知识分子必须寻找一条重构心灵秩序与政治秩序的道路。为此，一部分知识分子转向科学，一部分知识分子诉诸宗教，也有一些人如新儒家，则相对于西方的“外在超越”，从“内在超越”来建构价值之源。②

宇宙观的转向影响到政治社会秩序的安排，以“礼”为基础的儒家规

---

① 章氏的“俱分进化论”甚至还影响到当代中国知识分子对于改革的看法。墨子刻指出，“新左派”一方面同意乌托邦主义行不通，另一方面则以章炳麟的佛教精神为基础，强调中国在现在的改革过程中有办法避免传统儒家乌托邦的缺失。参见〔美〕墨子刻《乌托邦主义与孔子思想的精神价值》，《华东师范大学学报》（哲学社会科学版）2000年第2期。

② 有关“内在超越”与“外在超越”之讨论，参见余英时《从价值系统看中国文化的现代意义》，时报文化出版公司，1984，第23—45页。

范伦理，受到“西潮”的冲击和激进思想家的抨击。康有为、梁启超等对于“君统”的攻击与谭嗣同在《仁学》中“冲决网罗”的呐喊，标志着“三纲之说”及其代表的儒家规范伦理不再是主导力量。重视意志自主性的现代个人也随之在晚清崛起。在这个宇宙观转变的过渡时代，传统的儒家伦理价值再也难以维持旧有自信，儒家伦理与西方个人价值相互激荡，使士人重新思索群己关系的新秩序，进而提出诸种可能。

伴随着过渡时代的急剧动荡，社会重心开始动摇，中国社会出现了权势转移与社会空间的重整。在这一进程中，作为传统社会四民之首的“士”所受到的冲击最大。特别是1905年科举制度的废除，一方面切断了传统士人的上升渠道，使他们开始成为社会中自由流动的社群，而不再是四民之首，这也使得传统中国社会结构因此解体；另一方面，近代军人、工商业者和职业革命家等新兴阶层的崛起，导致传统士人在中国社会中日益边缘化。传统士绅阶层的消失和新兴知识分子社群的出现，是中国近代社会区别于传统社会的最主要特征之一。[①]

四民社会的解体将传统士绅抛掷到了社会边缘，而一部分士大夫则在近代中国的转型中，蜕变为新知识分子。值得注意的是，士绅阶层的边缘化与新兴知识分子群体的崛起，在此时几乎是同时展开并彼此交织。在过渡时代，传统士绅与早期知识分子之间的界限并不十分清晰。一方面，在晚清主导国内变革的正是新政之后活跃于政治舞台的广大士绅和官僚，他们共同关切的是社会经济及地方公共事务的管理。由他们所组成的诸如赈灾、慈善等公共空间，并非与国家权力相对峙的组织，而是基于地方士绅公益精神的“国家权威的政治性设置”。[②] 另一方面，随着清末民初众多报刊、新式学堂、社团（商会、学会）在北京、上海及其他大城市的出现，现代知识分子开始依托这些新式的社会建制而活跃。他们不像地方士绅那样有统一的意识形态，也不再有国家科举制度所认同的正式身份。这群知识分子的身份多元，在国家（上层的国家权力）与社会（下层的市民社会）

① 罗志田：《近代中国社会权势的转移：知识分子边缘化与边缘知识分子的兴起》，氏著《权势转移：近代中国的思想、社会与学术》，湖北人民出版社，1999，第193页。

② 杨念群：《中层理论——东西方思想会通下的中国史研究》，江西教育出版社，2001，第131—134页。

之间形成了知识生产、流通的文化交往网络与政治批判的公共领域。[①]

在普世王权解纽的时代里，这些社会网络的形成，也逐步建立起近代中国“社会”的雏形。晚清以来，超越的天理宇宙观被科学的公理、公例渗透，普世王权“受命于天”的政治正当性逐渐被民族国家“主权在民”的民主观念取代。帝国的“臣民”开始向民国的“国民”转型。[②] 这些具体的议题与民族国家的建构和政治变革密切相关，也因此形成了晚清中国强有力的公共舆论。不同的知识分子社群与职业军人、工商业者等新兴阶层一道，逐渐成为推动和参与晚清各种政治、经济、文化教育改革的主力和新的社会重心，并且共同引发了1911年的革命。观察晚清过渡时代的复杂演变，会发现它清晰地指向一个新时代的来临。辛亥革命带来了从君主专制到民主共和的巨变，然而在此之前思想观念、社会结构的变化所导致的地理观、宇宙观、历史观、社会观，以及政治合法性之基础的变化，已为辛亥之后的新时代奠定了基础。

---

① 许纪霖：《重建社会重心——现代中国的知识人社会》，王汎森等：《中国近代思想史的转型时代》，第143—144页；方平：《清末上海民间报刊与公共舆论的表达模式》，《二十一世纪》第63期，2001年。

② 黄克武：《近代中国转型时代的民主观念》，王汎森等：《中国近代思想史的转型时代》，第381页。

第二十三章

天下、国家与价值重构：启蒙的历程

近代中国最重要的启蒙是国家观念的变化。国家观在两个方面发生了根本性变化，一是外在性关系的变化，即传统“天下观”的破灭，二是内在性关系的变化，即个人与国家关系的改变。而国家观念的根本性变化，自然要导致价值体系的重构。

任何一个社会，一种具有颠覆性的新的社会知识、社会观念的引入、滋生、发展过程，都不是一种纯逻辑、纯观念、纯知识的发展演进，而是与当时的社会变动、变革、变迁息息相关。因此，研究此种思想、观念史，不能仅做纯文本分析、解说、阐释，而应将思想、观念、知识放在历史的语境中分析考察其发生、发展的过程；文本（text）只有在脉络（context）中才能显示其意义，否则洋洋洒洒，宏论迭出，实则游谈无根，望文生义，甚至断章取义。

一 “天下”的破灭

华夏中心的“天下观”

中国传统“天下观”的核心是“华夏中心论”，即天下是以“中国”为中心的，其他都是“边缘”，而且由“边缘”渐成“野蛮”。

《尚书·禹贡》把天下分为五个同心而具有阶级性的地区，分别是甸服、侯服、绥服、要服、荒服。蛮夷属于要服，他们需要“中国”的控制

---

* 本章由雷颐撰写。

管理，每三个月贡赋一次，而戎狄则属于荒服，相对于蛮夷离“中国”更远，因此他们只需一年贡赋一次。顾颉刚先生在《禹贡注释》中认为，侯服以外四面各五百里唤作“绥服”，这是介于中原和外族间的地区，应当给它安抚和羁縻，所以一方面要在那里推广中原文化，一方面又要整顿武备来保护甸服和侯服的安全。绥服以外四面各五百里唤作要服，要服以外四面五百里唤作“荒服”。荒服、要服都是外族所居，同时也是“中国”流放罪人的地方。“照这般说来，那时的天下（甸、侯、绥、要、荒）共计方五千里，中央政府势力所及的地方（甸、侯、绥）所谓‘中国’也者，是方三千里，而直属于中央的王畿（甸）则只有方一千里。”① 对历史上是否真正存在这样一个规规整整的区划，史学界一直有争论，但重要的是，它说明古代中国人的“天下观”就是如此。

夷夏对举始于西周，有四夷、八蛮、七闽、九貉、五戎、六狄之说，严夷夏之辨却是在春秋时期。约至春秋时期，“夏”和与其相对的“狄”“夷”“蛮”“戎”“胡”等（后简称“狄夷”或“夷”）概念的使用开始突破地域范围，被赋予文化的意义，甚至被赋予一定程度的种族意义，主要用于区别尊卑上下、文明野蛮、道德与非道德。“华夏”代表正宗、中心、高贵、文明、伦理道德；“夷”则代表偏庶、边缘、卑下、野蛮、没有伦理道德，尚未脱离兽性。

按照许慎《说文解字》的解释，“蛮”为蛇种，从虫；“貉”为豸种，从豸；“狄”本为犬种，从犬；“羌”为西戎，羊种，从羊。《左传》闵公元年：“狄人伐邢。管敬仲言于齐侯曰：‘戎狄豺狼，不可厌也，诸夏亲昵，不可弃也……’齐人救邢。”《左传》襄公四年：晋国魏绛主“和戎”，但也是将戎作为“禽兽”看待。晋侯曰：“戎狄无亲而贪，不如伐之。”魏绛曰：“戎，禽兽也，获戎失华，无乃不可乎？”《左传》成公四年：“非我族类，其心必异。”《国语・周语》：“夫戎狄，冒没轻儳，贪而不让。其血气不治，若禽兽焉。”“狄，豺狼之德也”，“狄，封豕豺狼也”。

在现实中“华夏”不能不与“狄夷”接触，孔、孟都提出要严夷夏之防。虽然孔子及后来的孟子主要是从文化意义上歧视“狄夷”，而不是从种族意义上歧视“狄夷”，但这种文化歧视是严重的。孔子在《论语》中的名

---

① 顾颉刚：《禹贡注释》，《中国古代地理名著选读》第1辑，科学出版社，1959，第1—5页。

言“夷狄之有君，不如诸夏之亡也”，强调“夷夏之辨”。因此，孔子大力宣扬、高度评价“尊王攘夷”，经过“尊王攘夷”，华夏与狄夷的地理边界与文化边界已清晰划分。孔子高度肯定管仲辅佐齐桓公“尊王攘夷”之功：“管仲相桓公，霸诸侯，一匡天下，民到于今受其赐。微管仲，吾其被发左衽矣。”与华夏衣俗不同的“被发左衽”，成为野蛮的同义词。对此，《孟子》明确说：“吾闻用夏变夷者，未闻变于夷者也。”“吾闻出于幽谷，迁于乔木者；未闻下乔木而入于幽谷者。”“今也南蛮鴃舌之人，非先王之道”，应该被惩罚。

而先秦已有的将狄夷看作“禽兽”“豺狼”的论说，依然影响深远。班固在《汉书・匈奴传》中云：“是以《春秋》内诸夏而外夷狄。夷狄之人贪而好利，被发左衽，人面兽心，其与中国殊章服，异习俗，饮食不同，言语不通，辟居北垂寒露之野，逐草随畜，射猎为生，隔以山谷，雍以沙幕，天地所以绝外内也。是故圣王禽兽畜之，不与约誓，不就攻伐；约之则费赂而见欺，攻之则劳师而招寇。”被陈寅恪先生认为是中国传统文化重要经典的《白虎通义》干脆认为：“夷狄者，与中国绝域异俗，非中和气所生，非礼义所能化。”“非中和气所生”实际指人的生理构造，即人种的天生低劣，实际否定了“用夏变夷”的可能。

先秦到两汉是中国传统思想、文化的奠基时代，也正是在与其他国家交往中，华夏对其以外的世界或做了“妖魔化”处理；或认为他们是“禽兽”“人面兽心”，种族低劣；或认为其文明、文化低劣，以此妖魔化的“他者”为镜像，塑造、形成了自己的种族或文化优越、优秀、高等的形象。以此为基础建构的华夷二元对立世界观，对后世产生了极为深远的影响。

直到20世纪30年代，许多少数民族的称谓多有“犭”旁或“豸”旁。人类学研究表明，宋元以来东北、西北少数民族已少有用虫兽作偏旁命名者，但西南少数民族仍用虫兽作偏旁，如猺、猫（今苗）、獞、犵狫、犵獠、犵狑等。而明清时加“犭”者更多，如猓猡、猓黑、猡缅等近百种。直到1939年，国民政府才下令废除对少数民族的这种带有严重歧视性称谓，改正原则大体是将此类偏旁改从“人”旁，或改用同音假借字。[①] 这种歧

① 芮逸夫：《西南少数民族虫兽偏旁命名考略》，氏著《中国民族及其文化论稿》，台湾大学人类学系，1972，第73—117页。

视，从官员的奏稿用词中也可反映出来。2007 年出版的《李鸿章全集》“凡例”的第十条写道：“原稿中有少量污蔑少数民族的用词用字，如猺、犵等，整理时根据国家相关规定作了必要改动。”[①] 亦从一侧面说明此点。

这种居高临下地俯视其他文明、文化的华夏中心论在处理、对待与他国的关系中，制度化为以中国为宗主、他国为藩属的“宗藩体制”，或曰“朝贡体制”，以此规范“华夷秩序”。在这种“华夷秩序”中，中国的皇帝是承受天命的“天子”，天子是最高的道德“天道”在人间的化身、代表，代“天”来执政“天下”。所以，“天下”其他国家只能是中国的“藩邦”“藩属”“属国”。

从文献记载来看，较为确实的朝贡体制从周代的五服制发展而来。汉唐时期，朝贡体制已得到确立并进一步发展，自汉武帝起，能否“四夷宾服，万国来朝”成为统治者是否英明、王朝是否处于盛世的重要标志，甚至是其权力合法性的来源之一。所以，新王朝建立通常都要“诏谕”属国向新王朝称臣纳贡。到明清时，有关各种规制已相当精密，其主要内容是藩属国要按时携带特定贡物，按照指定线路（贡道）到中国京城，住在指定馆邸，按照指定礼仪，将贡品向中国皇帝呈送。作为宗主国，中国皇帝要对朝贡国“还赐”；如果这些属国有新统治者即位，要由中国皇帝册封，即颁发敕文（诏敕）承认其地位。

就在 1644 年清入关、开始进入“华夏”、成为“天朝”的继承人因而理所当然地成为“华夷秩序”世界中的“天下共主”不久，一个新的、现代国际关系体系于 1648 年在欧洲形成。1618—1648 年，在欧洲进行了残酷的三十年战争，交战双方从 1643 年起开始和谈，到 1648 年 10 月签订和约，史称《威斯特伐利亚和约》，从而形成了具有现代意义的国际关系体系。根据这一条约，独立的诸侯邦国对内享有至高无上的统治权，对外享有完全独立的自主权。这是世界上第一次以条约的形式确定了维护领土完整、国家独立和主权平等的国际法原则。根据这一条约，欧洲开始确立常驻外交代表机构的制度，各国普遍选任外交使节，进行外事活动。该条约第一次提出了主权国家概念，确定了以平等、主权为基础的国际关系准则。在尊重民族国家主权的框架下，基于国家主权的世界秩序开始形成，首先是在

---

① 《李鸿章全集》，安徽教育出版社，2007，“凡例”。

欧洲确立了国与国之间的新秩序，此后，欧洲在全球性扩张的同时把主权国家的概念带到全世界，逐步形成了以后几百年的国际基本秩序。在长达几百年的时间里，它依然是解决各国间矛盾、冲突的基本方法，因此它的诞生标志着现代国际关系体系正式形成。

不能忽视的是，在此条约诞生之前，对欧洲影响深远的“文艺复兴”早已在意大利发生，新大陆、新航线已经被“发现”，英国工业革命即将开始，欧洲已经开始其全球性扩张……这些，都预示着以《威斯特伐利亚和约》为标志的现代性国际体系，迟早会与以中国为中心的传统的“华夷秩序”发生冲突。乾隆五十八年（1793），中英两国间的礼仪之争就是这种冲突的先声和预兆。

这一年，英国经过工业革命，极欲扩大商品市场，派马戛尔尼（George Macartney）为特使，率领700余人的庞大船队从英国来到中国，企图打开中国市场。这位大英帝国的特使以为乾隆皇帝祝寿为名，实想为经济正在飞速发展的英国开辟一个巨大的商品市场。他有两个具体目标：一是希望清政府开放市场，扩大与英国的贸易，对中国并无领土野心；二是在中国首都设立常驻外交机构，建立经常性的外交关系。

时处盛世的清朝，上上下下没有也不可能有一个人认识到这件事情的重要，反而满心欢喜地以为这是“吾皇”天威远被，使远在天边的英国与其他藩属一样，因仰慕中华文明、诚乞教化而远涉重洋来为清帝纳贡祝寿，主动成为中国属国。中国地方官在翻译英方有关信函时，理所当然地以自己的话语系统将其格式、用词译成下对上的禀帖，来华经商的英国商人被译成“素沐皇仁，今闻天朝大皇帝八旬万寿，未能遣使进京叩祝，我国王心中惶恐不安。今我国王命亲信大臣，公选妥干贡使马戛尔尼前来，带有贵重贡物，进呈天朝大皇帝，以表其慕顺之心”。“十全老人”乾隆帝阅后大喜，批示：“其情词极为恭顺恳挚，自应准其所请，以遂其航海向化之诚。”[①] 马氏一路受到中方热情款待，但其船队被插上“英吉利贡使”的长幡，他们礼品清单上的“礼物”被改为“贡物”，马氏“贡单”上原来的官称“钦差”被清朝官员认为有违天朝体制，改为“敬差”或“贡差”……其认知系统决定了“天朝”从皇上到臣民只能从狄夷“向化”、主动要成为

① 《英使马戛尔尼来聘案》，故宫博物院编《掌故丛编》，中华书局，1990，第614、619页。

中国藩属的角度理解此事。

然而，双方最后终因晋见皇上的礼节而发生激烈的礼仪之争。中国认为，既然是“贡使”来“进贡”，晋见皇帝时当然要像其他属国的贡使一样，按“天朝”体制，代表本国君主向“万国之主”的中国皇帝双膝下跪，行三跪九叩之礼。对此，马氏坚决不同意。从7月下旬到9月中旬近两个月的时间中，双方一直为是否下跪争论不休，互不相让，甚至权倾一时的和珅专门为此会见马氏，亦无结果。

最终，乾隆帝知道此“夷”并非要来成为属国，至为不快，命其离开中国。同时，乾隆帝仍以“上”对“下”颁发“敕谕”，对英方派驻使节及通商要求，他断然拒绝。马氏一行最终一无所获，于10月初被迫离京返国。

清嘉庆二十一年（1816），英国又派阿美士德（W. P. Amherst）为特使来华，根本目的仍是打开中国市场、建立外交关系。但中方仍认为这是英国“迭修职贡”，诚心向化。然而双方又因是否跪拜而争论不休。由于阿美士德仍拒不跪拜，嘉庆帝大怒，也像乾隆帝一样，给英国国王颁发“敕谕”一封，拒绝了通商要求。

此时距英国发动打开中国大门的鸦片战争只有20余年，嘉庆帝给英国国王的“敕谕”中仍满是“天朝”“万国共主”“输诚慕化”“恭顺之心”“倾心效顺”“来朝”“向化”等华夏中心论观念，对一个“新世界”的来临一无所知、一无所感。

若从“历史反思”的角度出发，乾嘉之际这两次英国使臣来华要求通商、互派使节，本为中国稍敞大门、与外部世界广泛接触提供了一次难得的机会。但由于种种原因，这一历史机遇丧失。这种礼仪之争背后潜藏着两种不同世界体系的碰撞冲突。最后，英国终于按捺不住，悍然发动鸦片战争，用暴力同中国对话，迫使朝贡体系一点点屈服，中国终于在血火中被强行纳入一个现代世界体系。

中国不“中”

“天圆地方”是中国传统的地理概念，而且，这种观念不仅是地理的，更是伦理的，中国位居中央，以“华夏”对“四方之夷”。鸦片战争的失败使天圆地方、中国居中的传统观念也随着现代地理学的传入开始一点点坍塌。

其实，早在明朝中后期，西方来华传教士已将“地圆”的现代地理学介绍进来。1602 年，利玛窦（M. Ricci）绘成的《坤舆万国全图》刊行。在这一地图中，他向中国人介绍了有关五大洲的知识，第一次将 16 世纪地理大发现的成果介绍到了中国，介绍了“地圆说”。但他知道“中国中心观”根深蒂固，因此对图做了某种修改：“为了赢得中国人的好感，他把地图上第一条子午线的投影转移，在地图左右两端各留下一条边，使中国正好出现在图的中央。”① 尽管如此，地圆说仍受到激烈批判，被目为邪说惑众，清初魏濬在《利说荒唐惑世》一文中，严厉指责利玛窦介绍的地圆说：“近利玛窦以其邪说惑众，士大夫翕然信之……所著坤舆全图，及洸洋窅渺，直欺人以其目之所不能见，足之所不能至，无可按验耳。真所谓画工之画鬼魅也。毋论其他，且如中国于全图之中，居稍偏西而近于北，试于夜分仰观，北极枢星乃在子分，则中国当居正中，而图置稍西，全属无谓。”“焉得谓中国如此蕞尔，而居于图之近北？其肆谈无忌若此！”② 当法国耶稣会士蒋友仁（Benoist Michel）在 1773 年向乾隆帝进献《坤舆万国全图》时，大儒阮元严批这种理论“上下易位，动静倒置，则离经叛道，不可为训，固未有若是甚焉者也”。③ 在此压力下，现代地理学的传播非常有限。

鸦片战争后，开始有少数先进之士“睁眼看世界”，从“悉夷”的角度了解、介绍世界。林则徐则是近代中国“睁眼看世界第一人”。

1839 年 4 月，身为钦差大臣的林则徐曾拟就给英国国王的照会一件，要求英国政府采取措施停止贩卖鸦片，照会仍以天朝上国自居，认为允许外贸是“天朝”对英国的恩惠。1839 年 9 月初，虎门销烟已近三月。三个月来，由于英方不甘就此停止贩卖鸦片，中英矛盾日益尖锐，武装冲突一触即发。林则徐身处第一线，对此感受更深，自然不敢掉以轻心。不过，他与两广总督邓廷桢联衔给道光帝上折，对有可能发生的边衅，颇为乐观地认为中国肯定能够取胜，其主要原因是：“夷兵除枪炮外，击刺步伐俱非

---

① 樊洪业：《耶稣会士与中国科学》，中国人民大学出版社，1992，第 14 页。

② 魏濬：《利说荒唐惑世》，《圣朝破邪集》第 3 卷。

③ 阮元：《畴人传》卷 46，周骏富辑《清代畴人传》，明文书局，1985，第 174 页。

所娴，而其腿足裹缠，结束紧密，屈伸皆所不便，若至岸上更无能为，是其强非不可制也。”① 近一年后，1840 年 8 月初，此时第一次鸦片战争爆发已经两月，浙江定海已被英军攻陷。一直在广东紧张备战的林则徐忧心如焚，再次上折，为收复定海出谋划策。他提出可以利用乡井平民打败英军，收复定海。但他的主要理由仍是英军仅持船坚炮利，而“一至岸上，则该夷无他技能，且其浑身裹缠，腰腿僵硬，一仆不能复起，不独一兵可手刃数夷，即乡井平民，亦尽足以制其死命”。②

看来，在相当长时间内，林则徐对英国人“腰腿僵硬”“屈伸皆所不便”因而“一仆不能复起”这一点深信不疑。之所以会有“英夷”腿不能屈竟至“一仆不能复起”之说，乃缘于乾隆年间英使马戛尔尼来华不愿向乾隆帝行跪拜之礼，中国官员对不向皇帝下跪确实难以理解。于是有传言说这些“英夷”不是不愿向中国皇帝下跪，而是因为他们膝盖压根就不会弯曲，所以不能下跪。此说流传甚广，林则徐亦明显受此影响。在同代人尤其是同时代官员中，林则徐确是对“外面的世界”最为了解之人，尚不能不受此影响，适足说明举国上下当时对世界的认识水平。不过，林则徐毕竟识见过人，认为“英夷”腿不能弯曲并非天生如此，而是其“浑身裹缠”“腿足裹缠”所致。

不过，他毕竟深感对外了解不多，迫切需要了解外情，所以南下时就带一位曾在印度受教育，因而会英文，在理藩院任事的老人随行。到广州后，他又将几名会英语的华侨、澳门教会学校学生招入已幕，在行辕翻译西方书报，了解“夷情”。今天看来，这是最正常之举，在当时却饱受非议。因为那些人的职业如洋行买办、引水、通事等在当时是为人不齿的卑微行当，社会地位极低；尤其是他们不是曾经学过“夷文”就是曾经“事夷”，在当时几被目为“汉奸”。堂堂钦差竟将这等人招至幕中，确难为世人理解。为了进一步了解敌情，林则徐还直接与“夷人”打交道，1839 年 6 月 17 日在虎门接见了美国传教士裨治文（E. C. Bridgman），表示想得到地图、地理书和其他外文书，特别提到想得到英国传教士马礼逊（Robert Mor-

① 《英人非不可制应严谕将英船新到烟土查明全缴片》，《林则徐集・奏稿》（中），中华书局，1965，第 676 页。

② 《密陈以重赏鼓励定海民众诛灭敌军片》，《林则徐集・奏稿》（中），第 861 页。

rison）所编《华英字典》。这更是突破“夷夏之防”的惊世骇俗之举。

与“夷”接触越多，越感对其了解不够。林则徐从招人翻译《澳门新闻纸》《新加坡新闻纸》以探悉夷情，着重了解鸦片生产、销售以及西方对中国禁烟的反应起，对外部世界的更广的历史、地理、制造等各方面的兴趣越来越浓，或许，他已隐约感觉到这比鸦片更重要。他令人将 1836 年英国出版的曾任东印度公司长驻广州的“大班”德庇时（J. F. Davis）所著《中国人》译成中文，名为《华事夷言》，成为中国人了解“夷情”的重要文献。

使人更为诧异而且今天更应该重视的是，林则徐居然开始注意国际法，在 1839 年 7 月组织了对瑞士法学家瓦特尔（Emerich de Vattel）的著作《国际法》（*Law of Nations*）的选译，定名为《各国律例》。虽然他仍不曾也不可能放弃中国是“天下之中”“天朝上国”的观念，仅仅是从对夷斗争策略“以其人之道还治其人之身”的角度翻译、利用国际法的，但这毕竟是中国注意国际规则的开始，意义委实重大。

1839 年底，林则徐又开始组织翻译英国人慕瑞（Hugh Murray）1836 年在伦敦出版的《世界地理大全》（*The Encyclopaedia of Geography*），译名为《四洲志》。此书介绍了关于世界几大洲的新知，对近代中国走向世界起了重要的启蒙作用。同时，为了克敌制胜，林则徐还组织编译了有关西方近代船舰、火炮的资料，并试图“师夷”仿造。

1841 年夏秋，已被革职遣戍新疆伊犁的林则徐路过镇江，与好友魏源同宿一室，对榻畅谈。林则徐将《四洲志》等编译的有关外夷资料交给魏源，嘱其编撰成书。魏源不负重托，于《南京条约》订立后不久整理成《海国图志》（1842）出版。一些有关外夷的书，也在这一阶段出版，如梁廷枏的《海国四说》（1846）、姚莹的《康辅纪行》（1846）、徐继畬的《瀛寰志略》（1848）。其中影响最大的，当属《海国图志》和《瀛寰志略》。

《海国图志》对世界五大洲和许多国家的历史、地理做了详细的介绍，并绘有地球全图和各洲分图共 75 幅，界划非常清晰。后来梁启超在《清代学术概论》中说“治域外地理者，源实为先驱”，足见其历史意义之深远。但或是囿于成说，或是惧怕这种介绍的颠覆性后果会给自己带来巨大的社会、政治压力，魏源在《海国图志》附加的《国地总论》中又撰写了《释五大洲》和《释昆仑》两篇文章，强以坟典为依据，牵强附会地论证“中国中心”。他认为五大洲就是坟典所说的四大洲，美洲是“西牛货洲”，而西洋人所说的亚、欧、非三洲应为一洲，即坟典所说“南赡部洲”，另有“东胜神洲”和“北俱庐洲”因阻于南冰海和北冰海而未被发现。他又论证亚洲所处的“南赡部洲”为四洲之冠，然后又论证中国在亚洲居优越地位。其理由是坟典说赡部洲有四主，东方人主，南方象主，北方马主，西方宝主；中国在东方，所以是“东方人主”，“自古以震旦为中国，谓其天时之适中，非谓其地形之正中也”。①

《瀛寰志略》为福建巡抚徐继畲所著，共10卷，约14.5万字，收图42幅，其中只有一幅关于日本和琉球的地图未用西方所绘地图，其余都按西方原图描摹。在当时，这是大胆的非法之举。在这部著作中，他首先比较全面地介绍了地球的概貌和各大洲的基本知识、经纬度的划分等，然后分别介绍亚洲、欧洲、非洲和美洲这四大洲各国地理、历史和现状，还介绍了太平洋、大西洋、印度洋及南极的基本情况。可以说，他的著作是当时中国最高水平的世界地理、历史著作，代表了当时中国人对世界认识的最高水平。

在这样一幅如实客观的世界图景中，中国位于“世界之中”的神话自然破灭，天朝上国的迷梦也将破碎。对此，徐氏实际已有相当认识，但面对现实又无可奈何。所以他虽在初稿中明确写道“亚细亚以中国为主”，在定稿时却有所顾忌地将此话改写成“坤舆大地以中国主”。② 由“亚细亚”改为“坤舆大地”，虽只一词之易，但徐氏内心那种不得已的苦衷，可从中略窥一斑。还是在此书的刻印过程中，他的同乡好友、地理学家张穆见徐将《皇清一统舆地图》置亚细亚图之后深感不安，甚为他担忧，急忙致书徐继畲，提醒他应将《皇清一统舆地图》置于卷首，因为中国传统的“春秋之例”最严内外之词，严守夷夏之防，而且“执事以控驭华夷大臣而谈海外异闻，不妨以彼国信史，姑作共和存疑之论。进退抑扬之际，尤宜慎权语助，以示区别”。他特别以明代徐光启等人在此方面未加注意结果而

① 魏源：《海国图志》下册，岳麓书社，1998，第1847—1863页。

② 徐继畲：《瀛寰志略》卷1。

“负谤至今”为例，要徐继畬吸取教训。[①] “负谤至今”的确可怕，徐继畬立即采取张穆的建议，将《皇清一统舆地图》放在卷首。同时，徐氏在“凡例”中谨小慎微地申明“此书专详域外”，于中国情况“不敢赘一词”，以避免中外对比。因为对比起码意味着可以并列，而这是主流话语断难容忍的。因此，在介绍亚洲不得不提及中国时，便不得不将中国说成是“壤尽膏腴，秀淑之气，精微之产，毕萃于斯。故自剖判以来，为伦物之宗祖，而万方仰之如辰极”的中央之国。尽管他已知道中国实际位于何处，但仍不得不说中国居于“万方仰之如辰极”的地位。[②] 的确，诸如“天朝上国”“世界之中”这类根深蒂固的社会性观念，并非理性、知识等可轻而易举打破的，面对这种巨大的力量，徐继畬也不得不屈从。而徐的友人刘鸿翱为此书作序时仍强调：“夫中国者，天地之心。四夷，天地之肢。”[③]

这些书出版后，引起极大的非议和激烈的批判、指责。徐继畬被指“张外夷之气焰，损中国之威灵”，“轻信夷书，动涉铺张扬厉”，“似一意为泰西声势者，轻重失伦，尤伤国体”。[④] 魏源也受到激烈指责。结果，这类书大受冷遇，敢谈者甚寡。

鸦片战争的失败是中国的耻辱，是中国的危机，也是中国走向世界、走向现代的一次机会。但是，清朝从上到下仍沉浸在天朝上国的迷梦中，不愿正视现实，最多从传统边患的角度理解此事。所以，对外部世界的认识并无根本性变化。在鸦片战争时，自古就有的华夏与狄夷人种的生理构造不同论仍大有市场。有人认为是这种生理构造不同导致“立教不同”；有人认为夷人眼睛不能夜视，清军可以夜袭获胜；有人认为夷人膝盖不能弯曲，无法平衡，可以用长竿将其捅倒；甚至林则徐都认为夷人无中国大黄、茶叶即肠塞不通，可以禁止茶叶、大黄出口作为制敌手段……本来，战后以魏、徐之作为代表的一批“睁眼看世界”的书应能开阔人们的视野、改变华夏中心论，但巨大的保守氛围使他们的心血之作作用有限，结果，在10年后的第二次鸦片战争中，许多官员奏章中的御敌之策竟与10年前类

---

① 张穆：《复徐松龛中丞书》，《月斋文集》卷3。

② 徐继畬：《瀛寰志略》卷1。

③ 刘鸿翱：《瀛寰志略·序》，徐继畬：《瀛寰志略》卷1。

④ 史策先：《梦余偶钞》卷1，《近代史资料》1980年第2期；李慈铭：《越缦堂读书记》，中华书局，1963，第480—481页。

似。从这个意义上说，中国白缴了鸦片战争的“学费”，浪费了一次失败、一次危机和一次机遇。

当 19 世纪 60 年代初洋务运动兴起时，魏、徐之作才受到重视，被大量刊印。越来越多的有识之士突破了“华夏中心论”的樊篱。

1875 年，郑观应发表《论公法》一文，明确提出中国应抛弃华夷观念，加入国际公法体系：现在“各国之借以互相维系，安于辑睦者，惟奉《万国公法》一书耳。其所谓公者，非一国所得而私；法者，各国胥受其范。然明许默许，性法例法，以理义为准绳，以战利为纲领，皆不越天理人情之外。故公法一出，各国皆不敢肆行，实于世道民生，大有裨益，然必自视其国为万国之一，而后公法可行焉”。“若我中国，自谓居地球之中，余概目为夷狄，向来划疆自守，不事远图。通商以来，各国恃其强富，声势相联，外托修和，内存觊觎，故未列中国于公法，以示外之之意。而中国亦不屑自处为万国之一列入公法，以示定于一尊，正所谓孤立无援，独受其害，不可不幡然变计者也。”

最重要的是，他提出根据：“夫地球圆体，既无东西，何有中边。同居覆载之中，奚必强分夷夏。如中国能自视为万国之一，则彼公法中必不能独缺中国，而我中国之法，亦可行于万国。所谓彼教之来，即引我教之往。风气一开，沛然莫御。”①

郑观应为中国早期启蒙者之一，有此启蒙思想者当是少数，但能公开发表这样的文章，毕竟说明了时代精神、社会心理的某种变化。当然，此时距鸦片战争的爆发已 30 余年，一代人的时间已经过去。

体制屈从近代国际体系

“华夏中心”的“天下观”必然要在国家体制中得到反映、体现。其他国家都是中国的藩属，所以中国对外只有理藩而无外交，管理、接待藩属朝贡的机构由理藩院和礼部分掌。

但鸦片战争开始后，这种状况不得不渐渐改变。清政府不得不与英、法等国打交道，虽然中国打了败仗，但清政府自视天朝上国的观念还很强，仍视此时的西方列强为传统狄夷，不屑也根本不想与之建交，所以每当有

① 《论公法》，夏东元编《郑观应集》上册，上海人民出版社，1982，第 66—67 页。

中外交涉事件，由于没有专门机构和专人负责，朝廷总是因事随时择人办理。但由于中英签订了不平等的《南京条约》，中国被迫开放了五口通商，中外交涉遽增。“五口”成为外国人从事各种活动的法定地点，也是中外交涉的法定地点。

列强当然不会同意与理藩院或礼部打交道，于是清政府于1844年设置了五口通商大臣，处理这些地方的中外交涉事宜。传统的对外体制，开始打开一个小小的缝隙。由于这五口都在南方，广州历来是对外交往较多的地方，所以五口通商大臣开始由两广总督兼任。但随着上海的开埠，外国人的活动重心向此移动，因此从1859年起改为由江苏巡抚或两江总督兼任。设立五口通商大臣，其目的是将对外交涉局限在地方，不让外国人进京，以符中国传统体制，而且从观念上说，这样清政府仍有一种虚幻的满足感，即中国仍是“天朝上国”，那些“蛮夷之邦”只能与中国的地方政府打交道，而不能（因根本无资格）与中国的中央政府打交道；同时，还表明清政府认为与西方列强的交涉只是临时性的，拒不建立统一的常设外交机构。但这毕竟表明清政府还是被迫承认自己同西方列强间已不是传统宗藩关系。

为了进一步打开中国大门，英、法又发动了第二次鸦片战争。这次战争又以中国惨败告终。中国在1858年6月分别与俄、美、英、法签订了不平等的《天津条约》。列强取得了公使驻京的权利，清政府又不得不增加了许多沿海沿江开放口岸，长江以南通商口岸由原来的5个增设为13个，长江以北新开牛庄、天津、登州三口。俄国早就与中国有来往，以前一直由礼部、理藩院分管俄国事务，但1858年的中俄《天津条约》在俄国要求下，规定今后俄国与中国的外交往来不再由礼部、理藩院掌管，而由俄方与清军机大臣或特派大学士往来照会。与俄国的这种改变，使其他列强也提出类似要求。这样，清廷不能不建立一个中央级的专门对外机构。

对《天津条约》，咸丰帝一直非常不满，想以免除全部关税换取《天津条约》各项条款的废除，使中外关系恢复到五口通商的水平，但清廷最怕的还是外国公使进京，为避免外国公使到北京换约，清政府提出在上海换约。但是，西方列强坚持公使在北京换约，因此，双方冲突不断，列强最终决定用武力达到目的。1860年9月，英法联军攻入北京，咸丰帝逃到热河，指定恭亲王奕䜣留京与英法联军谈判。10月下旬，奕䜣代表清政府分别与英、俄交换《天津条约》并订立《北京条约》。英、法两国公使终于在武力护送下来到北京，随后，各国外交使节也常驻北京。天朝惯例，又被打开一个缺口。

由于各国公使要常驻北京，再加上列强要求中国成立一个中央级对外交涉机构，于是清政府在1861年成立总理各国事务衙门。这样，清政府总算有了一个类似于外交部的机构，向现代体系又跨近一步。为了表示对外的轻视，它成立时的规制一切因陋就简，暗寓不能与原来各衙门相比，以示中外仍有高低之别。所以，总理衙门的衙址也选定一民宅，由于其大门仍是民宅式样而非官宅，怕外国人抗议，于是仅将大门草草改成官衙式样。更重要的是，由于是临时机构，所以从总理衙门大臣到章京、郎中，全都是兼职。

总理衙门的成立改变了中国从来只有理藩而无外交的传统，是中国与现代国际体系接轨的重要一步，是中国外交制度现代化的重要一步，为1901年正式成立外务部打下基础。

有外交关系的国家互派外交使节是现代国际关系惯例，然而当第二次鸦片战争后不得不同意外国使节常驻北京时，清政府迟迟不愿派中国使节驻外。对外国提出的中国派遣驻外使节的要求、建议，总理衙门的回答总是否定。因为千百年来中华一直是“万方来朝”，只有其他蛮夷之邦派贡使来中国朝拜之理，绝无中国派使驻外之说。但此时环境大变，最终清政府也不得不非常被动地派驻驻外使节。

1875年2月，云南中缅边境突然发生英国驻华公使派马嘉理（A. R. Margary）到中缅边境探路，在与当地居民冲突中被杀的“马嘉理案”。1876年9月中旬，清政府与英国在烟台签订了不平等的《烟台条约》，答应英国种种要求，结束此案。其中一条是派钦差大臣到英国道歉，并任驻英公使。选来选去，清廷决定派郭嵩焘担此重任，因为他向以懂洋务著称。

中国派驻出使大臣的消息传开，引起轩然大波，大都认为外国使节驻华和中国派驻对外使节都是大伤国体的奇耻大辱。所以，郭嵩焘的亲朋好友都认为此行凶多吉少，为他担忧，更为他出洋有辱名节深感惋惜。当时守旧氛围极浓的湖南士绅更是群情激愤，认为此行大丢湖南人的脸面，要开除他的省籍，甚至扬言要砸郭宅。可见“华夏中心论”是有深厚民众——至少是士绅——基础的，亦说明观念改变之艰难。在强大压力下，郭嵩焘几次以告病推脱，但都未获准，终在 1876 年 12 月从上海前往英伦，一方面“谢罪”，一方面出任驻英公使。几乎同时，清政府任命了已在美国负责留美幼童事务的陈兰彬、容闳为出使美国正副使臣。中国对外派驻常驻使节，以此开端。

虽然成立了总理衙门、对外派遣了常驻使节，但总理衙门本不是专门外交机构，而是一个类似内阁的机构，因此办理外交并不专业。总理衙门官员至后来仍是多为兼差，办事自然迁延拖沓。事实说明有成立外务部的需要，外国人也一再提此要求建议，但清政府并不考虑。虽然总理衙门已存在几十年，权限越来越大，但从建立时就被规定是临时机构，一旦外国人全部离开中国就立即裁撤，以符旧制。如果一旦设立外务部，而外务部不可能是临时机构，就意味着再不可能符旧制。因此几十年后清廷仍无意也无人敢设立外务部。

直到 1901 年 7 月，八国联军攻入北京，清廷急于向列强求和时，才颁旨将总理衙门改为外务部并班列六部之前，并于 9 月 7 日将其写入丧权辱国的《辛丑条约》。外务部由总理衙门改组而来，但相对于总理衙门，外务部在清中央机构中的地位（至少是名义上）更高、职能更加专门化，是中国外交现代化历程中的重要一环，是中国从自古以来的理藩最终转向外交的标志，是中国与现代国际体系实现接轨的标志。

从鸦片战争开始到 1911 年清王朝灭亡总共 70 余年时间，而从华夷秩序向现代国际体系的转轨这一步就走了 60 余年。而且，每一步都非常被动，都付出了巨大的代价。

“礼仪”屈从近代国际体系

乾隆、嘉庆年间英国两次遣使来华，引发了觐见皇帝“礼仪”问题的激烈冲突。这种冲突，在鸦片战争之后更加激烈，完全无法回避。

在第二次鸦片战争的缔约谈判中，清廷对英法侵略者割地赔款诸条照单全收，但对英法代表提出的向皇帝亲递国书的要求却严加拒绝，激烈抗议道：此事关系国体，万难允许，表现出少有的坚决。视礼仪重于“地”与“款”，后人可能难以理解。不过几经英法武力威胁之后，清廷还是不得不同意外国公使驻京，并且中英《天津条约》专有一款对礼仪做了承诺，承认英国是自主之邦，与中国平等，英国钦差大臣作为代国秉权大员觐见清帝时，可不行有碍于国体之礼，而行与英国派到西方各国使臣拜见该国国主时同样之礼。该条约强迫中国实行现代国际体系之礼仪规范。

虽然签订条约，但清政府并不准备履约，不许外国公使驻京。后来不得不允许外国公使驻京，但仍不准备履行有关礼仪的条款。咸丰帝以逃避热河严拒接见西方使节后，不久就病故，由其年仅五岁的儿子载淳（同治帝）即位，两宫太后垂帘听政，西方使节觐见皇帝递交国书之事便暂时搁置下来。但这一条款使“天朝”体制被打开一个不小的缺口，觐见皇帝之礼迟早会提出来。对此，朝廷自然一直担心不已。

1860 年以后，西方列强便纷纷派遣公使常驻北京，而中国却一直未曾遣使出洋。因为清政府一直认为，外国使节驻京本就是对几千年“天朝”体制的破坏；而且，“万邦来朝”不需“天朝”对外遣使，如果“天朝”再派使臣驻外，更是承认了条约体系，自取其辱。然而，这几年中外交涉越来越多，负责处理涉外事务的总理衙门的大臣真切地感到，在与外国交涉、谈判中，外国对中国情况非常熟悉，而中国对外国的情况几乎毫无所知，根本原因就在于外国在中国驻有使节，而中国没有驻外使节。承认近来中国之虚实，外国无不洞悉；外国之情伪，中国一概茫然。其中隔阂之由，总因彼有使来，我无使往。而且，随着《天津条约》规定的 10 年修约之期将至，清政府对列强是否会趁机“索要多端”担心不已。修约关系礼仪，各路大臣纷纷发表意见，虽然曾国藩、左宗棠、李鸿章等洋务派持开明态度，但反对意见更加强烈、更有力量。

此时朝廷急欲事先遣使各国了解对修约的态度，但又根本没有具有基本外交常识和国际礼仪官员，找不到能担此任者。而更重要的是，清政府一直坚持外国驻华使节觐见中国皇帝时必须下跪行礼，而中国是“天朝上国”，中国使节觐见外国元首、皇帝绝不能行下跪礼，况且外国也不要求中国使节行下跪礼；不过，问题接着就来了，本就不愿对中国皇帝行跪礼的“化外之邦”就会更加理直气壮，因为中国使节不对外国元首行跪礼，外国使节同样也不必对中国皇帝行跪礼。

形势要求中国必须对外派使，了解情况，但具有最高权威性的“礼”

又使中国不能对外派使。正在这不派不行，派也不行的两难之际，1867 年 11 月，美国首任驻华公使蒲安臣（Anson Burlingame）5 年任期届满卸任，来到总理衙门向恭亲王奕䜣辞行。本来一桩例行公事的外交应酬，却非常意外地使这一难题迎刃而解。

蒲安臣于 1862 年 7 月作为清政府接纳的首批外国公使之一入驻北京。他驻华期间，注意与中方沟通，因此奕䜣等对他印象甚佳。所以，在欢送蒲安臣卸任的宴会上，听到他表示今后中国如与各国有“不平之事”，自己愿为中国出力，如同中国所派使节这番客套话时，奕䜣灵机一动，认为如真能请他为中国外交使臣，既可达到遣使出洋的实效，又能避免“天朝”往外遣使的体制问题和中外礼仪的纠葛。因为他毕竟是洋人不是“天朝”的臣民，所以他不向外国国家元首行跪礼，不能成为外国驻华使节见中国皇帝时不行跪礼的理由。

在取得蒲安臣的同意和赫德等人的支持之后，奕䜣正式向朝廷上奏请派“蒲安臣权充办理中外交涉事务使臣”，奏折首先阐明了中国派使的重要性，然后大大赞扬蒲安臣一番，并且说明，由于中外礼仪不同，“用中国人为使，诚不免于为难，用外国人为使，则概不为难”。[①] 朝廷也认为这是一个既不失中国体统又解决实际问题的两全其美的办法，所以立即批复同意。清廷决定委派蒲安臣作为中国政府办理中外交涉事务大臣率使团出访。使团随行人员有 30 多人，其中有一些是同文馆学习外语的学生，充任翻译。中国近代史上第一个外交使团就这样组成了。

由于蒲安臣毕竟是外国人，又是中国首次派使到外国访问，清政府对其权限、注意事项都做了一系列规定，但清政府最担心的仍是礼仪问题，所以对礼仪问题的指示最为详细，要求中国使团不必见外国元首，“或偶尔相遇，亦望贵大臣转达，彼此概免行礼。候将来彼此议定，再行照办”。每到一国，国书并不直接交给该国元首，而是由该国官员转达，并且说明将来有约之国给中国皇帝的国书“亦即照此而行，庶乎礼节不致参差”。“如有欲照泰西之例优待者，贵大臣不能固却”，但必须“向各国预为言明，此系泰西之礼，与中国体制不同，因中国无论何时，国体总不应改，不必援

① 《筹办夷务始末》（同治朝）卷 51，故宫博物院，1930 年影印本。

照办理，不得不预为声明”。[1]

中国自命为“天下之中”的“天朝”，从无国旗之说，但外交使团出访则不能没有国旗，所以蒲安臣在出使期间设计了中国有史以来第一面国旗，即黄地蓝镶边，中绘一龙，长3尺，宽2尺。作为中国象征的黄龙旗飘扬在欧美各国，标志着中国第一次以主权国家面目出现在国际社会之中。在与国际规则接轨的方向上，中国又跨近一步。

1868年2月25日，蒲安臣使团从上海出发，横渡太平洋，于4月初抵美国旧金山，6月初，使团来到华盛顿，蒲安臣率中国使团来到白宫，他并未遵从总理衙门的训令，而以握手、鞠躬的西方礼仪谒见美国总统，呈递了中国有史以来的第一份国书。以后在访问其他国家递交国书时，自然也是援以西方礼节。9月，蒲安臣使团来到英国。1869年1月初，使团到达巴黎，后又到德、俄等国。1870年2月2日，使团到达俄国首都圣彼得堡。在俄期间蒲安臣突然发烧，病势有加无减，终至不起，于2月23日在圣彼得堡病故。2月26日，在圣彼得堡的英国教堂内为蒲安臣举行了丧礼。蒲安臣病故后，使团由志刚主持，继续访问了比利时、意大利、西班牙等国。有意思的是，志刚在觐见三国国君时，也亲递国书，采纳国际通行的鞠躬、握手外交礼节。最后，使团在志刚的率领下于1870年10月回到北京。

蒲安臣使团在一定程度上完成了“笼络各国”的外交使命，得到了美、英等国政府不借修约之机提更多要求、不干涉中国内政的承诺。但更重要的是，虽然中国的首位外交使臣由美国人担任，但蒲安臣使团毕竟是代表中国政府出访欧美的第一个正式外交使团，毕竟蹒跚跨出了晚清官员走向世界、迈向国际社会的第一步，为以后中国近代外交使节制度的建立开辟了道路，为中国外交礼仪、机制的近代化奠定了第一块基石。

然而，外国使臣觐见中国皇帝不行跪拜之礼，清政府认为有损国体国格，而任命外国人为本国外交使团领导，清政府反不认为有损国体国格。这种愚顽，反映了清廷对“礼”的重视程度，也预示了礼仪的现代化历程之艰难。

1873年2月，同治帝亲政，西方使节再次提出觐见皇帝、递交国书的

---

① 《筹办夷务始末》（同治朝）卷54，第30—33页。

要求，对中国来说，根本性的礼仪问题再也无法回避。这一次，各国使节采取公使团联衔照会总理衙门的方法，提出同治帝亲政之时，如果他们不代表本国亲见皇帝、递交国书，就是失职。而且，按国际惯例，一国使臣进入某国后，如该国元首不予接见并接受国书，显系不友好的表示。他们还专门提到《万国公法》："兹在泰西各国，向为例准，应有优待之处。觐见之礼，最为崇巨，准否施行，有汉译之《万国公法》一书可稽。"①

《万国公法》是一本翻译著作，由美国在华传教士丁韪良（W. A. P. Martin）译自美国人惠顿（Henry Wheaton）的著作《国际法原理》（*Elements of International Law*），同治三年（1864）京师同文馆刊行。此书出版，使清政府对当时的国际法有了最基本了解。② 使节们要求清政府接受《万国公法》，亦即迫使清政府屈从现代国际关系体系。

对此要求，总理衙门提出，如要觐见必行跪拜之礼，但又为外国驻华使节严拒，于是中外双方开始了为期4个月的有关礼仪的激烈争执。综合内外各情之后，清政府终于允许外国公使觐见同治帝，并行西洋鞠躬礼。朝廷在1873年6月14日降谕"着准"各国使臣觐见。经过商谈，双方同意各国使节按中国要求行五鞠躬之礼。

1873年6月29日，日、俄、美、英、法、荷等国使节在紫光阁顺序觐见清同治帝，未行跪礼，总共约半个小时。虽只短短半小时，但这见皇帝/天子不下跪的半小时却是划时代时刻，是"天朝"崩溃的标志。所以，必然引起强烈震撼。许多人不愿、无法承认这一现实，于是出现了外国使臣见中国皇帝时恐惧之余足不能动、口不能言、浑身发颤、汗流浃背，连国书都无法卒读，甚至国书数次坠地的种种说法。

当时名士李慈铭日记更说外国使节一见中国皇帝便吓得争先跪拜："上御紫光阁见西洋各国使臣，文武班列，仪卫甚盛。闻夷酋皆震栗失次，不能致辞，跽叩而出。谓自次不敢复觐天颜。盖此辈犬羊，君臣脱略，虽跳梁日久，目未睹汉官威仪。故其初挟制万端，必欲瞻觐；既许之矣，又要求礼节，不肯拜跪。文相国等再三开喻，始肯行三鞠躬；继加为五鞠躬。文公固

① 《筹办夷务始末》（同治朝）卷89，第30—32页。

② 参见张用心《〈万国公法〉的几个问题》，《北京大学学报》2005年第3期。

争，不复可得。今一仰天威，便伏地恐后，盖神灵震叠有以致之也。”①

对他们来说，最不能忍受的是最高的礼仪——觐见皇帝的礼仪——居然受到了亵渎。那些属于化外“生番”的“洋鬼子”作为“贡使”到位居“世界之中”的朝廷拜见皇帝即“真龙天子”时竟然拒不跪拜，而只行鞠躬之礼，“是可忍，孰不可忍？”但在洋人的坚船利炮面前，朝廷最后无可奈何，只得面对现实听其鞠躬而不跪拜。对此，一些士大夫们更是毫无办法，却又不能视若无睹，比朝廷还咽不下这口气，只好再次流播这些洋人“一仰天威”便自动“伏地恐后”的神话聊以自慰。这些都反映出一种复杂的心态。

鸦片战争后，中国传统精神世界受到的最大震撼便是华夏中心世界观逐渐崩塌。这种崩塌不仅是国家主权、领土等受到侵犯，而且与以往不同的是中国文化受到了空前的挑战，传统的纲常伦理、礼仪规范等开始动摇。在“礼仪之邦”“礼教治国”的“天朝”，最高、最严肃、最神圣不可侵犯的“礼”是觐见天子之礼。此礼不得不从“夷”而变，中国终于从“天下共主”成为“万国”中的一国，放弃“天朝”规则即“天下规则”的观念，以宗藩体系为核心的华夷秩序终被打破，进入以《威斯特伐利亚和约》为标志的现代国际关系体系。中国开始与国际接轨而进入国际社会，确实标志着“天朝的崩溃”。

二　国家观念：从身份到契约

两种国家观念

所谓国家观念，实质是关于国家的权力来源，即国家权力的合法性（legitimacy，又译作“正统性”、“正确性”、“正当性”或“合理性”）问题。政治学中国家权力来源的合法性并非指符合法律条文，也不在于统治者自己宣称统治的合法性，而是指一整套全社会，包括统治者和绝大多数被统治者认可、认同的道理、规则和行为标准体系。马克斯·韦伯（Max Weber）认为，被统治者服从统治者的支配有暴力、经济等因素，但是，

① 朱德裳：《录癸酉谈往》，氏著《三十年闻见录》，岳麓书社，1985，第209页。

“除了这些以外，通常还需要一个更深层的要素——对正当性的信仰”。每个权力体系“都会试图建立并培育人们对其正当性的信仰”。①

在人类历史上，先后出现了两种国家观念，即对国家权力合法性的两种话语。一是传统的以身份即伦理为基础的国家观，由皇权神授推衍出“朕即国家”，而国家（统治者）是家长，被统治者是子民，“家长”对“子民”理论上具有无限的管理权与责任。二是现代以契约论为基础的国家观，认为国家、社会主要是以自然法为理论基础的人民联合起来订立契约，出让部分个人权利而形成的，以保护人的自然权利。

中国传统的国家观则是家国同构的身份论即伦理论。长期的农业社会使传统中国一直处于以宗法为本的社会结构，在这种传统的社会结构中，任何个人都不是一种独立的个人存在，而是存在于严密的“三纲五常”之中，君为臣纲，父为子纲，夫为妻纲，在这种金字塔形的等级秩序结构中，君主高高在上，位于最顶端，是“天子”，其权力由神授，因此不容置疑，其权威神圣不可侵犯，个体无条件地受其宰控，没有个性，更没有自由。这样，社会关系完全成为一种依附性伦理关系。以儒学为重心的传统文化从家族伦理中推衍出国家政治秩序，国不但与家紧密相连，且被看作家的扩大。

这种伦理性国家观，其理想的国家正如儒家经典《礼记·礼运》所说：“故圣人耐以天下为一家，以中国为一人者，非意之也，必知其情，辟于其义，明于其利，达于其患，然后能为之。”其意思是，圣人把整个天下看成是一个家，把整个国家当成是一个人，他们不是凭主观妄为的，而是能深入剖析其中的义理，明白其中的利害关系，擅长处理其中的种种弊端，然后才会有所作为。虽然期望“大道之行也，天下为公”，但毕竟是以家来喻国。《尚书》中有“天惟时求民主”，“简代夏作民主”。意为做民之主，为民之主，且将统治者与被统治者的关系定义为父母与子女的伦理关系：“惟天地，万物父母。惟人，万物之灵。亶聪明作元后，元后作民父母。”所谓“元后”就是君主；“天子作民父母，以为天下王”，君主对人民应该“若保赤子”。董仲舒《春秋繁露·郊祭》说：“天子父母事天，而子孙畜万民。”

① 〔德〕马克斯·韦伯：《经济与社会》第1卷，阎克文译，上海人民出版社，2010，第319页。

总之，上天将民托付给天子，要天子像父母照顾、管理幼儿那样照管人民。但这实际上又为帝王将天下视为“家天下”“一姓之天下”提供了合法性理论。

陈寅恪先生在《王观堂先生挽词·序》中认为东汉班固的《白虎通·三纲六纪》确立的三纲六纪是对中国文化的定义，意义为抽象理想最高之境“三纲六纪”从“男女有别”生出“夫妇有义”；“夫妇有义而后父子有亲，父子有亲而后君臣有正”；由父慈子孝推衍出君礼臣忠；从家庭伦理关系逐渐推衍出国家政治原则：个人与国家的关系犹如与家庭的关系一样，是一种无法摆脱的伦理关系。“天之本在国，国之本在家”，因此具有国家家族化的特点。这样，对家族的尽孝与对国家的尽忠便一以贯之，具有内在的逻辑关系，治国之道便与治家之方等同起来，“修身齐家治国平天下”成为传统士大夫梦寐以求的抱负。在这种家国一体的体制中，所有人都被纳入父子、君臣、夫妻这“三纲”之中，一张伦理纲常之网将个人紧紧束缚、镶嵌，将全社会紧紧笼罩起来。

现代国家观，是指产生于西方、以契约论和人民主权论为主要内容的国家观念。西欧中世纪占主导地位的是神权国家观念。奥古斯丁（St. Augustine）提出了影响极大的“上帝之国”和“人间之国”这种双国理论。上帝之国即基督教所说的天堂或天国，是上帝建立的光明的“神之都”；人间之国是魔鬼建立的世俗国家，是黑暗的“地之都”。所以上帝之国高于地上之国，教权高于王权，世俗政权必须服从以教会为代表的神权。在奥古斯丁之后，托马斯·阿奎那（Thomas Aquinas）则从国家起源和国家目的这两方面把国家神化。他认为人天然是社会的和政治的动物，社会和国家正是适应人的天性需要的产物。但上帝是人和人的天性的创造者，所以从根本上说只有上帝才是国家和政治权威的创造者和最高主宰。另一方面，他认为国家的目的是使人类过一种快乐而有德行的生活，通过有德行的生活达到升入天国、享受上帝的快乐，因此从最终目的来说世俗国家也应服从教权。

但从 13 世纪下半叶起，现代国家观念开始出现，到 16 世纪末已基本完成。现代国家观念以理性和经验论为基础，其主要内容是使国家摆脱中世纪的神权，反对君权神授观念，认为国家是人们根据自己的需要创立的，强力才是国家和法律的基础。这种观念在马基雅维利（N. Machiavelli）的

《君主论》中表现得非常明显，而集大成者，则是16世纪法国思想家布丹（Jean Bodin）。布丹在《国家六论》中从人类历史经验出发，全面阐述了世俗化的国家起源论，认为国家起源于家庭，是许多家庭联合而成的集合体，所以家庭是国家的基础。而把家庭团体联合起来有两个重要因素：一是暴力，战胜者通过战争成为君主，把各小团体联合起来形成拥有主权的国家；另一是契约，他认为仅有暴力远远不够，不足以建立国家，国家的建立还要有各家庭为了共同利益的相互契约共同承认一个主权才能建立。这种暴力论和契约论混合的国家起源论，否定了国家神创论，并为契约论的发展埋下伏笔。而布丹最重要的贡献，是对国家主权（sovereignty）理论的阐发。他提出国家主权是一个国家超乎公民和居民、不受法律限制的最高权力，主权是绝对的和永久的，具有统一性和不可分割性，是国家的最高权力，也是国家的本质特征，而掌握国家主权的人就是主权者。他进而提出了三种政体，即主权掌握在多数人手中的民主政体，在少数人手中的贵族政体和在一个人手中的君主政体。他认为君主政体是最好的政体形式，因此主张君主集权制，提出一国之君既是主权的所有者又是主权的行使者，为绝对王权辩护，并以此反对教会特权和贵族的封建割据。同时，他认为公民的权利也应得到尊重，其中最重要的是自由和私有财产权，二者是先于国家的自然权利，而不遵守神法和自然法的君主则是可以被推翻的暴君。虽然布丹没有具体论述君主如何受自然法的限制、约束，但在主权者之上还有一个更高的存在、主权要受神法和自然法约管的思想使后人可以据此得出国家主权要受国际法约束的推论。此点至关重要。

在布丹之后，英国思想家霍布斯（Thomas Hobbes）则从人性论和自然法角度，提出了较为完整的社会契约论。他用理性剔除了布丹理论中仍有一席之地的"神法"，论证了国家主权的统一性、不可转移性和不可分割性。他生活在英国资产阶级革命时代，国内长期战乱不已，因此他认为人性是自私、冷酷的，如果没有一个绝对的"主权者"，社会将陷入纷争不息的战乱之中，即人人平等但互相为敌的"自然状态"，永无宁日。但是，个人有自我保护、维护自己利益的理性，而正是这种理性产生了"自然法"。在这种"自然法"的引导下，人们为了永远结束战争状态、过上和平宁静的生活，彼此签约，放弃自己的一部分权利，产生使所有人慑服的共同权力，形成最高权力，即主权者的绝对统治，如此才可能有和平与安全。虽然霍布斯是个绝对专制论者，但其论点的意义在于："正是霍布斯第一个确立了政府的合法性来自被统治者的权力而不是来自君主的神权或统治者自然优越的地位。"①实际上，从国家是为了所有人安全的理论中，依然可以推出如果"主权者"不能保证人民的基本生存权，人民便可弃约或不服从主权者的思想。

虽然布丹和霍布斯都主张绝对君主专制，主张"朕即国家"，但他们理论的意义在于从人的眼光而不是从神的眼光看待国家，把国家看作实现纯粹世俗目的的纯粹世俗的政权，重要的是消除了国家的神圣性。主权论和契约论的提出，为以后"主权在民"理论提供了基础。此后的几百年间，西方许多思想家以此为平台，论证了主权在民才是国家合法性的来源。

洛克（John Locke）与霍布斯一样用自然法理论说明国家起源，但认为自然法的主要内容是人们有保护自己生命、自由和财产不受侵犯的权利，人们订契约形成国家的根本目的是保护自己的自然权利。同时，被授予权力的统治者也是契约的参加者，也要受契约束缚，如其违约，也要受惩罚，人们有权反抗，甚至重新订约，另立新的统治者。依据自然法则，伏尔泰（Voltaire）提出"人人自由，人人平等"理论。卢梭（J. Rousseau）的社会契约论明确提出国家主权应该永远属于人民。甚至政治观点一向谨慎的德国思想家康德（Immanuel Kant）也提出国家应建立在三个理性原则之上，即每个社会成员作为人都是自由的，作为臣民彼此是平等的，作为公民是独立的。因此有关个人与国家间的自由、平等、独立三原则也是公民承担国家政治义务的根本依据。

当然，这些思想家的思想、观点有许多重大不同和差异，但其最基本的共同点，就是反对王权神授、主张国家的主权在民，从契约论、主权在民论证国家的合法性，这也是现代国家观念的主导思想。也就是说，如果一个国家的主权不在人民手中，也就丧失了合法性，人民可以重订契约。

"通上下"

鸦片战争之后，现代国家观随着西方的坚船利炮的传入，也由少到多、

① 〔美〕弗兰西斯·福山：《历史的终结及最后之人》，黄胜强等译，中国社会科学出版社，2003，第174页。

由浅到深，一点点传了进来，是从对西方国家现代政治制度、机构的零星介绍开始的。追根溯源，仍要追踪到徐继畬的《瀛寰志略》和魏源的《海国图志》。

在《瀛寰志略》中，徐继畬对英、法、美、瑞士等国的选举制、议会制和君主立宪制，甚至对议会的组成、职权范围等都做了一定程度的介绍。魏源的《海国图志》的50卷本和60卷本成书早于《瀛寰志略》，均无西方政治制度介绍，但在晚于《瀛寰志略》的100卷本中，他摘录了《瀛寰志略》中有关西方政治制度的介绍。

徐、魏之书长期遇冷，直到20年后，才有人重新提起西方政治。19世纪60年代初，冯桂芬在《校邠庐抗议》中提出了著名的中国"四不如夷"论，其中一点是"君民不隔不如夷"。至少，他承认中国政治体制在"通上下"方面的确不如夷。但是，他认为解决这"四不如夷"的办法仍是"惟皇上振刷纪纲，一转移间耳"。[①] 此书几无对西方政治体制的介绍，不仅未超徐、魏，甚至不如。从19世纪60年代末到70年代初，少数中国官员被派出洋，对外国议会略有介绍，但影响甚微。1876年，清政府派郭嵩焘出使英国，郭对西方政治制度进行了深入的观察，他的言论产生了较大影响。他认为英国"官民相与讲求国政"，"大兵大役，皆百姓任之，而取裁于议政院"，富强的根本在于本末兼资、君民上下同心。"其初国政亦甚乖乱。推原其立国本末，所以持久而国势益张者，则在巴力门（parliament，国会——编者注）议政院有维持国是之义；设有买阿尔（mayor，市长——编者注）治民，有顺从民愿之情。二者相持，是以君与民交相维系，迭盛迭衰，而立国千余年终以不敝，人才学问相承以起，而皆有以自效，此其立国之本也。而巴力门君民争政，互相残杀，数百年久而后定，买阿尔独相安无事，亦可知为君者之欲易逞而难戢，而小民之情难拂而易安也。中国秦汉以来二千余年适得其反。能辨此者鲜矣"。[②]

但是，郭恰因为公开主张学习西方而受到迫害。不过，随着时代的发展，在郭之后出现了越来越多的介绍西方政治制度的文章。

---

① 冯桂芬：《校邠庐抗议》卷上；《郭嵩焘日记》第3卷，光绪三年十一月十八日，湖南人民出版社，1982，第373页。

② 郭嵩焘：《养知书屋文集》卷11、13。

因曾上书太平天国而流亡的王韬在英期间专门到议会参观。他介绍议院是“国中遇大政重务，宰辅公侯，荐绅士庶”群集“参酌可否，剖析是非”之处，“实重地也”。“国家有大事，则集议于上下议院，必众论佥同，然后举行。如有军旅之政，则必遍询于国中，众欲战则战，众欲止则止，故兵非妄动，而众心成城也。”他进一步对西方政体形式做了研究介绍：“泰西之立国有三：一曰君主之国；一曰民主之国；一曰君民共主之国。”对这三种政体形式，他分析了各自利弊：“君为主，则必尧舜之君在上，而后可久安长治；民为主，则法制多纷更，心志难专一，究其极，不无流弊。惟君民共治，上下相通，民隐得以上达，君惠亦得以下逮，都俞吁咈，犹有中国三代以上之遗意焉。”① 他的杰出之处在于明确提出了中国也应实行这种政治制度，认为西方的自然条件远不如中国，现在却强于中国，只因中国的政治制度使“上下之交不通，君民之分不亲，一人秉权于上，而百姓不得参议于下也”。如果中国也实行西方这种通上下的政治制度，必能自强。②

几乎与王韬同时，生于广东香山、世居澳门，后到上海为外商当买办的郑观应写了《易言》一书，于1880年出版。在此书中一篇不到500字、名为《论议政》的文章中，郑观应也向国人介绍了西方的议会制度，认为这种通上下的君民共主之制与中国三代法度相符，所以“冀中国上效三代之遗风，下仿泰西之良法，体察民情，博采众议。务使上下无扞格之虞，臣民泯异同之见，则长治久安之道，固有可预期矣”。③ 同时代的薛福成、马建忠、陈虬、陈炽等人也对议会做了不同程度的介绍。这些介绍，使国人对西方的议会制度有了初步的了解。但是，他们主要仍是从中国传统通上下而不是从现代宪政限制君主权力的角度来理解议会制度的。

直到1894年，郑观应感到十几年前写的《论议政》有明显不足之处，专写《议院》一文，详论议院作用与功能。这篇文章表明十几年后，他对西方议会制度的认识更加完整，也较前更为成熟，代表了那个时期国人对

---

① 王韬：《漫游随录》，岳麓书社，1985，第111—112页；《纪英国政治》，王韬：《弢园文录外编》，辽宁人民出版社，1994，第156—158页。

② 王韬：《与方铭山观察》，《弢园尺牍》；《达民情》，《弢园文录外编》，第96—98页。

③ 《论议政》，《郑观应集》上册，第103页。

议院认识的最高水平。[①] 他对几个重要西方国家议院的组织结构、上下院的不同作用、议员选举方法等都做了空前详细的介绍。但他仍主要是从通上下的角度来理解议院："议院者，公议政事之院也。集众思，广众益，用人行政一秉至公，法诚良，意诚美矣。无议院，则君民之间势多隔阂，志必乖违。"对中国面临的存亡危机，他强调只有"先立议院，达民情，而后能张国威，御外侮"，议院的主要作用是"君相、臣民之气通，上下堂廉之隔去，举国之心志如一"。

从这些论述中可以看到，随着时间的变化，一些先进之士对西方议会制度的了解逐渐加深，已开始触及对政府权力的限制。但是，总体上他们仍是从君民通上下而不是从限制君主权力角度来理解议院的，所以认为议会制是使君主制度更加完善的工具性机构而不是与君主专制对立的制度，现代议会制度与中国传说中"三代"的良法美俗并无本质区别，甚至有人认为就是来源于中国上古。因此，他们的国家观念仍没有突破传统以伦理为基础的国家观。或者说，他们是新旧两种国家观念的中介，已经走到边缘，只要往前跨进一步，就由旧入新、从伦理到契约。

权利观念的引入

从伦理论国家观到契约论国家观这关键一步，是在戊戌维新时以引入现代权利观念方式跨出的。

甲午战争，中国惨败于向来以中国为师的"蕞尔小国"日本，给中国人以莫大的心理刺激。日本君主立宪制度促使中国思想界在国家观念上跨出了本已到边缘的最后一步。

康有为以日本为例说明变法强国的核心在三权分立："近自甲午败后，讲求渐深，略知泰西之强，不在炮械军兵，而在学校。于是言学校者渐多矣。实未知泰西之强，其在政体之善也。其言政权有三：其一立法官，其一行法官，其一司法官。立法官，论议之官，主造作制度，撰定章程者也。行法官，主承宣布政，率作兴事者也。司法官主执宪掌律，绳愆纠谬者也。三官立而政体立。三官不相侵而政事举。"[②]

① 《议院上》，《郑观应集》上册，第311—312页。

② 《日本变政考》，《康有为全集》第4集，中国人民大学出版社，2007，第113—115页。

维新时期，梁启超发表了一系列政治论文，批判旧的国家观念，介绍西方新观念。他说中国自秦始皇建立专制体制以后，法禁日密，政教日夷，君权日尊，而个人无权，举国无权，结果是国威日损。而西方之所以民富国强，关键在其兴民权、开议院，人人有自由之权，国事决于公论。他认为："今之策中国者，必曰兴民权。"① "国之强弱，悉推原于民主。民主斯固然矣。君主者何？私而已矣；民主者何？公而已矣。"② "西方之言曰：人人有自主之权。何谓自主之权？各尽其所当为之事，各得其所应有之利，公莫大焉，如此则天下平矣。" 相反，中国传统是："使治人者有权，而受治者无权，收人人自主之权，而归诸一人，故曰私……使以一人能任天下所当为之事，则即以一人独享天下人所当得之利，君子不以为泰也。" 他特别强调："地者积人而成，国者积权而立。故全权之国强，缺权之国殃，无权之国亡。何谓全权？国人各行其固有之权。何谓缺权？国人有有权者，有不能自有其权者。何谓无权？不知权之所在也。"③ 虽然他是从强国的角度来宣传议院，但强调"人人有自主之权""国者积权而立"，可以说开始触摸到契约论国家观的实质。在湖南时务学堂的学生课卷批语中，梁启超更明确就君、臣、民三者关系提出新见解，君、臣都是为民办事者，君主好比店铺总管，臣相则是店铺掌柜，人民则是股东，国家的真正主人其实是人民。

谭嗣同写道："生民之初，本无所谓君臣，则皆民也。民不能相治，亦不暇治，于是共举一民为君。夫曰共举之，则非君择民，而民择君也。""夫曰共举之，则且必可共废之。君也者，为民办事者也；臣也者，助办民事者也。" 赋税都是取之于民，作为"办民事之资"，"如此而事犹不办，事不办而易其人，亦天下之通义也"。但在漫长的历史中，君主将国变成自己的私有财产，"国与民已分为二，吾不知除民之外，国果何有？无惑乎君主视天下为其囊橐中之私产，而犬马土芥乎天下之民也"。④ 所谓"私天下"是矣。所以一姓私有之国必须变为由民所共有之国；民不值得也不应该为一姓之私的国而死。

---

① 梁启超：《论湖南应办之事》，《饮冰室合集·文集之三》，中华书局，1989，第41页。

② 梁启超：《与严幼陵先生书》，《饮冰室合集·文集之一》，第108页。

③ 梁启超：《论中国积弱由于防弊》，《饮冰室合集·文集之一》，第99页。

④ 《仁学》，《谭嗣同全集》（下），中华书局，1981，第339、341页。

严复在《原强》一书中指出：西方之富强，质而言之，不外“利民”二字，“然政欲利民，必自民各能自利始；民各能自利，又必自皆得自由始；欲听其皆得自由，尤必自其各能自治始；反是且乱。顾彼民之能自治而自由者，皆其力、其智、其德诚优者也。是以今日要政，统于三端：一曰鼓民力，二曰开民智，三曰新民德”。[①] 强调民众自己的利益、民众的自由。

将现代权利观念引入中国，引入有关国家与人民关系的话语，以现代权利观念来划分君、国、民彼此关系，是维新派思想家的重要贡献，是中国思想史尤其是国家观念的实质性突破。

当然，引入权利观念，必须解决“人人有自主之权”的权利来源问题。谭嗣同、梁启超都从历史中寻找权利的合法性来源。谭嗣同的“生民之初，本无所谓君臣，则皆民也。民不能相治，亦不暇治，于是共举一民为君”，与霍布斯的理论颇有相似之处。所谓“民不能相治，亦不暇治”类似于霍布斯的永无宁日的“自然状态”。因此，民众才共同选举产生君主。梁启超在《论君政民政相嬗之理》等文中，也从历史进化的角度来论述人民权利的起源，并且论证民权代替君权是历史发展的必然趋势。他将西方现代政治理论同中国古代公羊“三世说”及刚刚通过严复知道的进化论等结合起来，提出人类社会制度的演变发展有其规律可循，从多君为政之世经一君为政之世再进化到以民为政之世，与之相应的是公羊说的“据乱世”、“升平世”和“太平世”。同时，他又用新近引入中国的进化论来论证民权的必然性：“大地之事事物物，皆由简而进于繁，由质而进于文，由恶而进于善。有定一之等，有定一之时。”他转介了严复对“democracy”的译介：“德谟格拉时者，国民为政之制也。德谟格拉时又名公产，又名合众。”他又以地质、地层的演变引起火山喷发这种突变为例，反对民主制“西方有胚胎，而东方无起点”的观点：“日本为二千年一王主治之国，其君权之重，过于我邦。而今日民义之伸不让英德，然则民政不必待数千年前之起点明矣。”他由此进一步强调现代民主政治并非西方专有：“盖地球之运，将入太平，固非泰西之所得专，亦非震旦之所得避。吾知不及百年，将举

① 《原强》，王栻主编《严复集》第1册，中华书局，1986，第27页。

五洲而悉惟民之从，而吾中国，亦未必能独立而不变。此亦事理之无如何者也。”① 他强调随着历史的发展，全世界所有国家、民族，不论现在多么落后，都将实行民主宪政，“民主之局乃地球万国古来所未有，不独中国也”，西方也是近一百多年以来才有民主政治，如果中国现在变法，几十年后将与西方一样强大，与西方一样“进入文明耳”。从今天的观点来看：“泰西与支那，诚有天渊之异，其实只有先后，并无低昂。而此先后之差，自地球视之，犹旦暮也。地球既入文明之运，则蒸蒸相逼，不得不变，不特中国民权之说即当大行，即各地土番野猺亦当丕变。其不变者，即澌灭以至于尽。”②

从鸦片战争开始，中国就面对着声光电化等自然科学知识究竟是“地方性知识”还是“普适性知识”的激烈争论，现在，又开始进入对民权、民主宪政究竟是“地方性知识”还是“普适性知识”的激烈争论。而这种争论，将远较自然科学知识的争论激烈、长久。

为公权与私权划界

从“臣民社会”到“公民社会”，是社会的根本性变化、转型，确是“三千年未有之大变局”。但黎民百姓如何从数千年的臣民变为现代的公民，洵非易事。在公权与私权、国家权力与个人权利的划界中，“个人”是核心。因此，必须为个人正名，促使个人觉醒。“个人主义”（individualism）观念，开始进入中国，成为启蒙话语的重要内容。具体说，个人主义在中国是从公权与私权的划界开始引入的。引入个人主义，必将导致伦理型国家观向契约型国家观的转变，再进一步，必然导致价值重构。

戊戌维新失败，康、梁等维新人士逃亡海外。流亡日本期间，梁启超及越来越多的留学生、国内的新式知识分子对现代国家理论有了更多、更深的了解。

梁启超更强调民主制度是普遍性公理，他已不从公羊“三世说”的角度论证民主制度的合理性。他认为在人类所有文明的原始阶段都有自由性，“无论何种人，皆有所谓自由性”。不过，原始的自由性是没有约束、不受

---

① 梁启超：《论君政民政相嬗之理》，《饮冰室合集 · 文集之二》，第 7—11 页。

② 梁启超：《与严幼陵先生书》，《饮冰室合集 · 文集之一》，第 109 页。

制裁的自由性，因此是“野蛮之自由”。“凡人群进化之阶级，皆有一定”：人类社会发展经野蛮自由阶段进入贵族帝政时代，再进入君权极盛时代，最后进入民主的文明自由时代。“此数种时代，无论何国何族，皆循一定之天则而递进者也。”所以，“吾以为民主制度，天下之公理，凡公理所在，不必以古人曾行与否为轻重也”，明确提出“自由民政者，世界上最神圣荣贵之政体也”。[①]

在这一时期，以梁启超为代表的中国启蒙思想者对公民的认识更加深刻。在《独立论》中，梁启超提出：“人而不能独立，时曰奴隶；于民法上不认为公民。”“公民”概念的提出，表明了对权利认识更加深入、更加准确。虽然古希腊、罗马已有公民，但现代意义的公民是伴随现代民主政治的诞生而出现的，指根据宪法和法律，具有独立意志、独立人格，享有权利并承担义务的人，公民才是社会和国家的主体。中国传统社会是身份社会，“溥天之下，莫非王土；率土之滨，莫非王臣”，在这种社会结构中，存在一种人身依附关系，民只是草民、贱民，是在君权神授下不具独立性的臣民。将公民与独立联系起来，确实抓住了公民的实质。他针对中国传统“民”没有独立性、总是期盼君主的庇护批判说，“仰人之庇者，真奴隶也”，“不禁太息痛恨于我中国奴隶根性之人何其多也”，感叹中国四万万人一级一级“皆有其所仰庇者”，结果是：“而今吾中国四万万皆仰庇于他人之人，是名虽四万万，实则无一人也。以全国之大，而至于无一人，天下可痛之事，孰过此也。”[②]“凡人所以为人者有二大要件：一曰生命，二曰权利。二者缺一，时乃非人。”在皇权专制压迫下的中国人民没有任何权利，“以故吾中国四万万人，无一可称完人者”。[③]

由此出发，梁启超在《爱国论》中论述了爱国与公民权利的关系，把爱国与民权紧密联系起来。他说中国虽有四万万人，但对国家均无权利，所以“国”其实只属一家，只是数人之国。所以国本不属于民众，民众也就无所谓爱国。“国者何？积民而成也。国政者何？民自治其事也。爱国者何？民自爱其身也。故民权兴则国权立，民权灭则国权亡。为君相者务压

① 梁启超：《尧舜为中国中央君权滥觞考》，《饮冰室合集·文集之六》，第23—27页。

② 梁启超：《独立论》，《饮冰室合集·文集之三》，第62—64页。

③ 梁启超：《十种德性相反相成义》，《清议报》第82、84期，1901年。

民之权，是之谓自弃其国。为民者而不务各伸其权，是之谓自弃其身。故言爱国必自兴民权始。”所以，人民要争取自己的权利：“政府压制民权，政府之罪也。民不求自伸其权，亦民之罪也。西儒之言曰：侵犯人自由权利者，为万恶之最，而自弃其自由权利者，恶亦如之。盖其损害天赋之人道一也。”① 所谓“天赋人道”，即现代天赋人权观念。

梁启超在1902年就写文章分辨中国儒学传统的仁政与西方近代自由的区别，认为“此两者其形质同而精神迥异”，因为仁政虽然强调保民、牧民，但统治者仍然权力无限，因此只能论证应当保民却没有如何能够保民的办法。所以，“虽以孔孟之至圣大贤”舌敝唇焦传播其道，“而不能禁二千年来暴君贼臣之继出踵起，鱼肉我人民，何也？治人者有权，而治于人者无权”。只有“贵自由、定权限”，才能长治久安，“是故言政府与人民之权限者，谓政府与人民立于平等之地位，相约而定其界也”。他尤其强调人民与政府地位平等，而不是“政府界民以权也”，因为人民的权利如果是政府所给予，那么政府说到底也可以夺民权。②

康有为是维新派领袖，虽然相对而言思想资源陈旧，然而他此时也专门著文谈论公民问题。1902年春，《新民丛报》分三期连载了他的一万多字长文《公民自治篇》。他认识到日本、欧美各国之所以制度完美，国家富强，根本原因在于其“以民为国”，“人人有议政之权，人人有忧国之责，故命之曰公民”。他从“义理”与“事势”两方面论述了公民的合法性、合理性与必然性。从义理上说，他以孔子的“天视自我民视，天听自我民听”“谋及庶人”“媚于庶人”和孟子的“国人皆曰贤然后用，国人皆曰可杀而后杀”等“不易之经”作为独立的、有议政之权的公民的合法性理论来源。从事势方面说，他强调日本、欧美各国实行公民制度，使人人视国为己之家，人人得以公议其利害，上有国会之议院，下有州、县、市、乡之议会。数千万人共同担负国家之责任，故弊无不克、利无不兴、事无不举、力无不入，这是经历史验证的国家富强之道。历史证明：“有公民者强，无公民者弱，有公民虽败而能存，无公民者经败而即亡。各国皆有公民，而吾国无公民，则吾国孤孑寡独而弱败。”所以，中国“以四万万人之大国，无一

① 梁启超：《爱国论》，《饮冰室合集・文集之三》，第74—76页。

② 梁启超：《论政府与人民之权限》，《饮冰室合集・文集之十》，第5页。

人有国家之责任者。所谓国无人焉，乌得不弱危削亡哉！”他明确提出：“今中国变法，宜先立公民！”什么是公民呢？“公民者，担荷一国之责任，共其利害，谋其公益，任其国税之事，以共维持其国者也。”他认为“立公民”有爱国之心日热、恤贫之举交勉、行己之事知耻、国家之学开智这四大益处。而甲午战争中国败于日本，并非中国将相之才不如日本，而是因为无公民。“夫万国皆有公民，而吾国独无公民，不独抑民之资格，塞民之智慧，遏民之才能，绝民之爱国，导民之无耻已也。”所以，“吾有地球第一之民众，乃不善待而善用之，其民日退，其国日削，其主日辱”。

有意思的是，梁启超在发表此文时，在编者按中对康的公民思想发表了自己的见解，对其以立公民之事而寄希望于政府，又以立公民为筹款之要途等观点略表不赞同。他说：“公民者，自立者也，非立于人者也，苟立于人，必非真公民，征诸各国历史，有明验矣。至公民之负担国税，则权利义务之关系，固当如是，非捐得此名以为荣也。若以是为劝民之一术，则自由权必不能固明矣。于此诸义，未敢苟同。”显然，他担心康有为过于强调公民的工具理性而妨碍了公民内含的自由的价值理性。但梁又强调，这是论学理与论事势间的不同，康文仍是“救时之良言也，为今日之中国说法也”。[①] 但是，无论康有为对公民的理解是否准确，打通孔孟之道与公民理论是否牵强附会，连他都昌言公民，并将其作为中国未来立国强国之基，足见在不长的时间内公民概念较前影响大增。

在此期间，梁启超对国外现代国家、社会理论等有关知识做了较前远为系统的输入、介绍和普及。梁启超发表了《霍布士学案》《斯片挪莎学案》《卢梭学案》《法理学大家孟德斯鸠之学说》《乐利主义泰斗边沁之学说》《近世第一大哲康德之学说》《政治学大家伯伦知理之学说》《生计学学说沿革小史》等一系列文章，对他们的思想学说做了初步的介绍。国人对公民、宪政的核心是主权在民和对统治者的权力制衡的了解、理解因此更加深入。

这种观念的影响之深之广，从此时改良与革命两派对中国前途已近白热化的争论即可看出。双方虽然视对方为仇敌，但尊重、张扬个人权利，

---

① 明夷（康有为）：《公民自治篇》，《新民丛报》第5、6、7号，引自张枬、王忍之编《辛亥革命前十年间时论选集》第1卷上册，三联书店，1960，第172—180页。

主张限制公权却是一致的。改良派领袖梁启超认为："天生人而赋之以权利，且赋之以扩充此权利之智识，保护此权利之能力。""于戏，庄严哉自由之神！"① 革命派也认为："自由、平等、博爱三者，人类之普通性也。"②"国体民生，尚当变更，虽经纬万端，要其一贯之精神，则为自由、平等、博爱。"③ 邹容在风靡一时的《革命军》中说："吾幸夫吾同胞之得与今世界列强相遇也；吾幸吾同胞之得闻文明之政体、文明之革命也；吾幸夫吾同胞之得卢梭《民约论》、孟德斯鸠《万法精理》、弥勒约翰《自由之理》、《法国革命史》、《美国独立檄文》等书译而读之也。是非吾同胞之大幸也夫！是非吾同胞之大幸也夫！""夫卢梭诸大哲之微言大义，为起死回生之灵药，返魄还魂之宝方。金丹换骨，刀圭奏效，法、美文明之胚胎，皆基于是。我祖国今日病矣，死矣，岂不欲食灵药投宝方而生乎？"④ 对"国家"，他们做了彻底的解构："盖自古以来，国家之名词，君主、官吏恒假以愚民，借以胁众，恣行其凌虐之手段，以遂其奸。"⑤ 无政府主义者同样认为："吾人确信人类有三大权：一曰平等权，二曰独立权，三曰自由权。"⑥ 而章太炎甚至要把佛教的华严、法相二宗改造成宣传平等思想、反对专制压迫的武器："殊不晓得，佛教最重平等，所以妨碍平等的东西必要除去，满州政府待我汉人种种不平，岂不应该攘逐"，"其余经论，王贼两项，都是并举。所以佛是王子，出家为僧，他看做王就与做贼一样，这更与恢复民权的话相合"。⑦ 无论章氏此说是否有道理，却说明他对权利平等的真诚向往，而与中国本土思想资源结合的努力，也值得重视。

但在学理上贡献、影响最大的，则是严复在1903年翻译出版的英国思想家穆勒（John Mill）的《论自由》（*On Liberty*）和1909年翻译出版的法国思想家

---

① 梁启超：《新民说》，引自张枬、王忍之编《辛亥革命前十年间时论选集》第1卷上册，第147、138页。

② 汪精卫：《驳〈新民丛报〉最近之非革命论》，《民报》第4期，1906年。

③ 《同盟会宣言》，《孙中山选集》上卷，人民出版社，1962，第68页。

④ 邹容：《革命军》，华夏出版社，2002，第9—10页。

⑤ 鸿飞（张锺瑞）：《对于要求开设国会者之感喟》，引自张枬、王忍之编《辛亥革命前十年间时论选集》第3卷，第278页。

⑥ 刘师培：《无政府主义之平等观》，张枬、王忍之编《辛亥革命前十年间时论选集》第2卷下册，第918页。

⑦ 章太炎：《演说录》，《民报》第6期，1906年，第9页。

孟德斯鸠（Baron de Montesquieu）的《论法的精神》（*Spirit of Law*）。这两部公认的现代自由主义经典之作，严复分别译为《群己权界论》和《法意》。

穆勒在《论自由》开篇就申明文章的主旨："这篇论文的主题，不是所谓的意志自由（即那个与被误称为'哲学必然性'的信条不巧恰相对立的东西），而是公民自由或曰社会自由，也就是社会所能合法施加于个人的权力的性质和限度。"[①] 所谓"社会所能合法施加于个人的权力的性质和限度"，即当代自由主义所说"消极自由"。严复在《〈群己权界论〉译凡例》中解释说，西文 liberty 与常用的 freedom 同义，而 freedom 是指"无挂碍也"，又与英语 slavery（奴隶）、subjection（臣服）、bondage（约束）、necessity（必须）等字为对义，认为"自由"与西方的 liberty 在语义上最为接近。在《译者序》中，他明确说中国守旧人士对自由"惊怖其言""目为洪水猛兽之邪说"，而"喜新者又恣肆泛滥，荡然不得其义之所归"，二者都是错误的。在《译凡例》中解释说此书的目的在为个人、国群、政府划分各自的边界：人们从来向往自由，"但自入群而后，我自由者人亦自由，使无限制约束，便入强权世界，而相冲突。故曰：人得自由，而必以他人之自由为界"。他从历史的角度说，在贵族统治时代，民对贵族争自由；君主专制时代，民对君主争自由；在立宪民主时代，君主、贵族都要受到法制的束缚，不能任意妄为，争自由就是个人对社会、国群争自由。这本书的重点在"小己"与"国群"之分界，这种划分具有"理通他制"的普遍性，实质就是："使其事宜任小己之自由，则无间君上贵族社会，皆不得干涉者也。"[②] 在《政治讲义》中他强调，这种"政界自由之义，原为我国所不谈。即自唐虞三代，至于今时，中国言治之书，浩如烟海，亦未闻有持民得自由，即为治之道之盛者"。他提醒人们，国家与个人的关系最重要、最复杂、最困难的是划定国家、政府对个人管治的权界："纯乎治理而无自由，其社会无从发达；即纯自由而无治理，其社会且不得安居。而斟酌二者之间，使相剂而不相妨者，此政治家之事业，而即我辈今日之问题也。"[③] 其实质，就是"公权"与"私权"的划分问题。

---

① 〔英〕约翰·穆勒：《论自由》，孟凡礼译，广西师范大学出版社，2011，第 1 页。

② 《译〈群己权界论〉自序》，《〈群己权界论〉译凡例》，王栻主编《严复集》第 1 册，第 131—132 页。

③ 《政治讲义》，王栻主编《严复集》第 5 册，第 1279 页。

分权理论是现代民主的基础，英国思想家洛克的《政府论》和孟德斯鸠的《论法的精神》是公认的奠基之作。简言之，洛克首倡分权之说，孟氏进一步论证、深化此说，更重要的是将其具体细分为行政、司法、立法三权分立形式。严复付出极大的心血精心翻译这部巨著，并写了300多条按语直接表明自己的观点，就是希望国人对西方制度、法理、文化和历史成因有真切的了解，在此基础之上，融会中国传统，建立以三权分立为形式的政治制度。

他认为中国与西方法律体系的本质不同之一是西方法律体系中公法、私法截然分明，而中国“刑宪”则向来公私不分、公私二律混为一谈。他之所以如此看重民法，是因为民法为现代性社会结构奠定基础，没有社会基础，宪制就建立不起来。①

针对认为中国自古就有立宪的观点，他解释说，如果“得有恒久之法度”就是立宪，那么中国也有立宪，但他特别强调，这并非现代宪制：“则中国立宪，固已四千余年，然而必不可与今日欧洲诸立宪国同日而语者。今日所谓立宪，不止有恒久之法度已也，将必有其民权与君权，分立并用焉。有民权之用，故法之既立，虽天子不可以不循也。使法立矣，而其循在或然或不然之数，是则专制之尤者耳。有累作之圣君，无一朝之法宪，如吾中国者，不以为专制，而以为立宪，殆未可欤！”所以，“于中本无民权，亦非有限君权，但云有法之君主而已。”② 简单说，现代宪制就是有民权、统治者必须分权、君主的权力必须被限制、天子也必须遵从法律，以此衡之，中国从无此制度。

在他看来，以主权在民、分权制衡为基础的政治制度是国家的标志，所以他认为中国没有“国”，只有“家天下”。在这个意义上，中国不是国：“中国自秦以来，无所谓天下也，无所谓国也，皆家而已。一姓之兴，则亿兆为之臣妾。其兴也，此一家之兴也，其亡也，此一家之亡也。天子之一身，兼宪法、国家、王者三大物，其家亡，则一切与之俱亡，而民人特奴婢之易主者耳，乌有所谓长存者乎！”对孟氏原书中“其在民主，国民地位，固平等也。其在专制，国民地位，亦平等也。特民主之平等也，以国

① 《〈法意〉按语》，王栻主编《严复集》第4册，第936页。

② 《〈法意〉按语》，王栻主编《严复集》第4册，第940页。

民为主人，为一切之所由起。专制之平等也，以国民为奴虏，为地可比数之昆虫”一段话，严复进一步解释说，专制制度下民众间的平等只是奴隶间的平等：“专制之民，以无为等者也，一人而外，则皆奴隶。以隶相尊，徒强颜耳。且使谛而论之，则长奴隶者，未有不自奴隶者也。”所以，“夫西方之君民，真君民也，君与民皆有权者也。东方之君民，世隆则为父子，世污则为主奴，君有权而民无权者也”。[①] 因为西方是君主立宪制，民是权力主体，君主权力受到宪法限制，这是国的标准。

两种政体如何判断其高下优劣呢？严复提出：“欲观政理程度之高下，视其中分功之繁简。今泰西文明之国，其治柄概分三权：曰刑法、曰议制、曰行政。譬如一法之立，其始则国会议而著之；其行政之权，自国君以至于百执事，皆行政而责其法之必行者也”，而“泰东诸国，不独国主君上之权为无限也，乃至寻常一守宰，于其所治，实皆兼三权而领之。故官之与民，常无所论其曲直”。他认为这是中国与西方两种治理国家方法的根本差异，这种“政理”的高下优劣不同，导致国家的强弱不同，人民的贫富不同。而且，由于君主专制只有君是国家之主，所以只有君才有可能有治国的长久之计，而臣民只是奴仆，为国有长久之计者不多，所以，“夫惟立宪之国不然。盖立宪之国，虽有朝进夕退之官吏，而亦有国存与存之主人。主人非他，民权是已。民权非他，即以为此全局之画长久之计者耳。呜呼！知此则竞争之优劣，不待再计而可知矣”。[②] 有民权，才可能有官员与人民的长久之计。

现代政治的重要一点是法治，因此严复坚决反对君主专制的人治，主张法治。对孟氏原书谈古罗马“宪、政、刑三柄之分”在某些地区因并未三分而导致专制一段，严复评论说：“此惊心动魄之言也！何则？……夫制之所以仁者，必其民自为之。使其民而不自为，徒坐待他人之仁我”，其实也得不到仁政。因为“其君则诚仁矣，而制犹未仁也。使暴者得而用之，向之所以为吾慈母者，乃今为之豺狼可也。呜呼！国之所以常处于安，民之所以常免于暴者，亦恃制而已，非恃其人之仁也。恃其欲为不仁而不可

① 《〈法意〉按语》，王栻主编《严复集》第 4 册，第 948—949、952、975—976 页。

② 《读新译甄克思〈社会通诠〉》，王栻主编《严复集》第 1 册，第 147 页；《〈法意〉按语》，王栻主编《严复集》第 4 册，第 1006 页。

得也，权在我者也”，“在我者，自由之民也；在彼者，所胜之民也。必在我，无在彼，此之谓民权。彼所胜者，尚安得有权也哉！”[①] 重要的是制度，而不是掌权者的好或坏、仁慈或残暴，要靠制度保证“权在我者也”，这样才是“自由之民也”。

法律面前人人平等是法治的灵魂，严复认为中国法律的特点是“以贵治贱”。“以贵治贱”，虽然统治者“仁可以为民父母”，但“暴亦可为豺狼”。在这种制度下，如果是圣主明君，也可能达到天下太平的盛世，但终不能长久。因为这种体制下刑罚无法长期公正，“而侥幸之人，或可与法相遁”，最终是人民道德的败坏。结果“虽有尧舜为之君，其治亦苟且而已。何则，一治之余，犹可以乱也”。对此，严复非常重视，甚至可说敏感。当孟氏原书说大赦是治国良策之一，但专制之国以恐怖治国，因此不可能实行大赦时，严复在评论中立即表示不能同意，不客气地说“孟氏论赦之言浅矣，故与历史之事不相合也”，强调自己认为恰恰是“有道法立”之国“可以无赦”，“而用赦之滥，乃至为国民大患者，皆见于专制之朝者也。夫专制之君，亦岂仅作威而已？怒则作威，喜则作福，所以见一国之人，生死吉凶，悉由吾意，而其民之恐怖耆服乃愈至也”，所以孟氏所说的赦免理论“去于事情远矣！”只有人人平等，才能实行法治，他由此认为这是欧洲与亚洲一盛一衰的原因：“夫欧亚之盛衰异者，以一其民平等，而一其民不平等也。”他明确说中国现在满汉不平等，优待满族，最后满族也将深受其害。[②]

在公权与私权的关系上，严复非常警惕公权对私权的侵犯，所以他强调：“治国之法，为民而立者也，故其行也，求便于民；乱国之法，为上而立者也，故其行也，求利于上。夫求利于上，而不求便其民，斯法因人立，其不悖于天理人性者寡矣！虽然，既不便民矣，将法虽立，而其国必不安。未有国不安而其上或利者也。”严复一再强调公权不能侵犯私权。他以思想、言论自由为例说：“为思想，为言论，皆非刑章所当治之域。思想言论，修己者之所严也，而非治人者之所当问也。问则其治沦于专制，而国

① 《〈法意〉按语》，王栻主编《严复集》第4册，第972页。

② 《〈法意〉按语》，王栻主编《严复集》第4册，第969、953、962页。

民之自由无所矣。"[①] 显然，他认为思想、言论属私权领域，纵有不当，也是个人道德问题，公权力不应过问，过问就是专制，国民之自由将不复存在。

面对国家危亡之局，严复在为公权私权划界时不能不考虑、论述爱国救国的时代课题，而此问题的核心就是个人与国家的关系，用严复的话来说，就是"小己"与"国群"的关系。他认为："西士计其民幸福，莫不以自由为惟一无二之宗旨。"但是，"特观吾国今处之形，则小己自由，尚非所急，而所以祛异族之侵横，求有立于天地之间，斯真刻不容缓之事。故所急者乃国群自由，非小己自由也。"此话往往被认为他最终承认国群自由重于小己自由。这种看法当然不无道理，但严复的有关思想并不如此简单。其实，他紧接着就说："求国群之自由，非合通国之群策群力不可。欲合群策群力，又非人人爱国，人人于国家皆有一部分之义务不能。欲人人皆有一部分之义务，因以生其爱国之心，非诱之使与闻国事，教之使洞达外情，又不可得也。然则，地方自治之制，乃刻不容缓者矣。"人人爱国只能来源于人人享有权利，严复格外强调这种权利—义务关系，"义务者，与权利相对待而有之词也。故民有可据之权利，而后应尽之义务生焉。无权利，而责民以义务者，非义务也，直奴分耳"，只有立宪之民才有主权，而可以监督国家之财政。"今日中国之时势，所最难为者，其惟国用乎！对于外侮，武备诚不可以不修，而兵之为物，固耗国之尤者也！然则其加赋乎？夫赋固已加矣。"从镇压太平军到甲午之败，再到庚子赔款，百姓已被"敲骨吸髓，所余几何？乃今而犹言加赋，忍乎？"但是，他仍认为赋税并非不可增加，关键在于采用何种制度："使其参用民权，民知公产之危，虽毁私家，不可以不救。其立法也，为之以代表之议院；其行法也，责之以自治之地主。是其出财也，民自诺而自征之，则所出虽重，犹可以无乱，然而政府所不为也，不收民权为助。"[②] 人民有监督财政的权利，才有纳税的义务。

他认为那些国家的政治制度使得人人对国有权，因此人人是爱国者。而中国当时的体制下，无民权，多数人"终身勤动，其所恤者，舍一私而外无余物也。夫率苦力以与爱国者战，断断无胜理也。故不佞窃谓居今而为中国谋自强，议院代表之制，虽不即行，而设地方自治之规，使与中央

---

① 《〈法意〉按语》，王栻主编《严复集》第 4 册，第 1022、973 页。

② 《〈法意〉按语》，王栻主编《严复集》第 4 册，第 981—982、1006、975 页。

政府所命之官，和同为治，于以合亿兆之私以为公，安朝廷而奠磐石，则固不容一日缓者也”。对那种以爱国之名而强迫个人牺牲者，他格外警惕。孟氏原文说：“故为政有大法：凡遇公益问题，必不宜毁小己个人之产业，以为一群之利益。”对此，严复非常赞赏，在按语中大引卢梭有关论述，强调那种毁家纾难、“重视国家之安全，而轻小己之安全”的爱国者，如果发自内心、出于自愿，“则为许国之忠，而为吾后人所敬爱顶礼”，但是，如果“独至主治当国之人，谓以谋一国之安全，乃可以牺牲一无罪个人之身家性命以求之，则为违天蔑理之言。此言一兴，将假民贼以利资，而元元无所措其手足。是真千里毫厘，不可不辨者耳”。①

在当时的中国救亡语境中，严复当然要思考爱国与公民自由、小己与国群的关系，在他的理论中，这些概念充满张力。在他的论述中，公民、个人权利更为重要，是公权的基础，所以在提倡爱国、小己为国群牺牲时又总担心执政者会以此为借口过度侵犯公民私权。他所谓爱国不是无条件的，而是有条件的，即他从立宪使国家权力为每个国民自己所有，因此国民爱国、救国就是爱自己、救自己的角度来论述爱国、论述小己与国群关系。简言之，个人、为己、“私”仍是他爱国话语的论述主轴。

显然，权利观念、公民理论引入中国并成为现代中国国家话语建构的基柱之初即不同程度地被现代思想家们将其与“救亡”“强国”联系起来。无疑，这是当时中国面临亡国灭种危局时接受这种观念、理论自然而然的最初反应。进一步说，也只有在面临生死存亡的局面时，才为权利观念、公民理论进入中国思想界打开了一道缝隙，使之可能被人接受。如果说甲午战争中国惨败于日本使少数读书人为救亡而开始制度变革，引入权利观念，那么1905年日本在日俄战争中的胜利，则使更多国人尤其是士绅阶级接受“立宪”“权利”“契约”观念。

历史的吊诡在于，这些观念因救亡而入，最后亦易因救亡而失。但是，以此理论作为救亡图存的思想资源，取代传统的忠君爱国论，恰恰说明权利观念、公民理论开始产生影响，更说明中国面临从传统到现代的转型。以个人权利为基础的契约论国家观，“通过立宪性契约，人们同意受统治”

① 《〈法意〉按语》，王栻主编《严复集》第4册，第985、1022—1023页。

才是其实现方式。[①]

以契约论国家观取代伦理论国家观，对现代中国的观念冲击、心灵震撼是巨大的。即便是君主立宪论者，亦承认君主也是契约的产物，君主也只是一种工具性价值，剥去了“君权神授”的神圣性。在这种价值观念框架下，立宪是公认的理所当然，而究竟是君主立宪还是共和立宪，则是一种工具性选择，选此选彼，只有势所必至，而无理所当然。

“立个人”

中国漫长的皇权专制社会形成了一整套系统严密、以儒学绝对忠孝为支柱的意识形态结构。每个人都不是独立的个人，而是在君臣父子夫妻关系之中，所谓“父子君臣，天下之定理，无所逃于天地之间”。站在金字塔顶端的是至高无上的皇帝，全社会都在他的脚下绝对忠于他。

如果没有每个个体自我的觉知，意识到自己存在的价值，以个人为核心的现代性政治体制就无法建立，所以启蒙思想家提出了个人主义。梁启超要每个人“除心中之奴隶”，“今日欲言独立，当先言个人之独立，乃能言全体之独立”，“为我也，利己也，私也，中国古义以为恶德者也。是果恶德乎?”“天下之道德法律，未有不自利己而立者也。……故人而无利己之思想者，则必放弃其权利，弛掷其责任，而终至于无以自立。”“盖西国政治之基础在于民权，而民权之巩固由于国民竞争权利寸步不肯稍让。即以人人不拔一毫之心，以自利者利天下。观于此，然后知中国人号称利己心重者，实则非真利己也。苟其真利己，何以他人剥夺己之权利，握制己之生命，而恬然安之，恬然让之，曾不以为意也。”在他们的话语论述中，个人是社会的基本单位，因此启蒙思想家一反中国轻视个人、抹杀个性的传统，大力提倡被视为大逆不道的个人主义，启发人们为做一个真正的人而战斗。他们甚至还从中国古代哲学中为个人主义找出论据，“昔中国杨朱以为我立教，曰：‘人人不拔一毫，人人不利天下，天下治矣。’吾昔甚疑其言，甚恶其言”，[②] 而今却认为：“一部分之权利，合之即为全体之权利；

---

① 〔美〕路易斯·亨金：《宪政·民主·对外事务》，邓正来译，三联书店，1996，第6—7页。

② 梁启超：《十种德性相反相成义》，《清议报》第82、84期，引自张枬、王忍之编《辛亥革命前十年间时论选集》第1卷上册，第13—14页。

一私人之权利思想，积之即为一国家之权利思想。故欲养成此思想，必自个人始。人之皆不肯损一毫，则亦谁复敢撄他人之锋而损其一毫者，故曰天下治矣，非虚言也。”①

强调个人权利、个人自由、以自我为中心，必然要与传统价值体系的纲常名教发生激烈冲突。面对中国传统价值体系开始受到个人主义的强烈冲击，康有为希冀把儒学变为儒教，把孔子变为基督，以儒学宗教化重建中国价值体系。

对此，梁启超甚至不顾师生之情，著文公开表示反对。他从“教非人力非能保”“孔教之性质与群教不同”“今后宗教势力衰颓之征”“信教自由”“保教之说束缚国民思想”“保教之说有妨外交”“孔教无可亡之理”“当采群教之所长以光大孔教”等八个方面提出反对意见，总之，他强调：“居今日诸学日新、思潮横溢之时代，而犹以保教为尊孔子，斯亦不可以已乎！”“保教妨思想自由，是本论之最大目的也。”②

激进的革命派刊物《浙江潮》发表未署作者名的《公私篇》，以现代公权私权分界理论分析、批判中国传统的“公”的观念，强调：“人人不欲私其国，而君主乃得独私其国矣！”“盖私之一念，由天赋而非人为者也。”“人人有自私自利之心，于专制君主则不便甚。”文章充满激情地大声疾呼：“自私自利之一念，磅礴郁积于人人之脑灵、之心胸，宁为自由死，而必不肯生息于异种人压制之下之为之力也。可爱哉私也！”“西语曰：‘生人之大患，莫患于不自助而望人之助我，不自利而望人之利我。’”③《河南》杂志发表文章认为法国革命是18世纪欧洲启蒙思潮的产物，而启蒙思潮的特色就是理性主义与个人自由主义，并十分干脆地说：“佛朗西革命之精神，一言蔽之曰：重视我之一字，张我之权能于无限尔。易言之曰：个人之自觉尔。”④ 个人主义的核心价值是个人权利是目的，国家、群体权力只是手

---

① 梁启超：《新民说》，引自张枬、王忍之编《辛亥革命前十年间时论选集》第1卷上册，第132页。

② 梁启超：《保教非所以尊孔论》，《新民丛报》第2期，引自张枬、王忍之编《辛亥革命前十年间时论选集》第1卷上册，第168—169页。

③ 《公私篇》，《浙江潮》第1期，引自张枬、王忍之编《辛亥革命前十年间时论选集》第1卷下册，第492—496页。

④ 旒其：《兴国精神之史曜》，《河南》第4期，引自张枬、王忍之编《辛亥革命前十年间时论选集》第3卷，第300—301页。

段、工具，唯有如此，才能建立起契约型国家。以上论述表明，他们对个人主义的理解已相当深入。

面对仍在皇权专制统治下没有权利意识的臣民，这些启蒙者既哀其不幸，又怒其不争，为此，他们从现代西方哲学中汲取力量和思想资源。青年鲁迅以西方哲学、文学思想为个人主义张目："个人一语，入中国未三四年，号称识时之士，多引以为大诟，苟被其谥，与民贼同。意者未遑深知明察，而迷误为害人利己之义也欤？夷考其实，至不然矣……久浴文化，则渐悟人类之尊严；既知自我，则顿识个性之价值；加以往之习惯坠地，崇信荡摇，则其自觉之精神，自一转而之极端之主我。且社会民主之倾向，势亦大张，凡个人者，即社会一分子，夷隆实陷，是为指归，使天下人人归于一致，社会之内，荡无高卑。"他认为："欧、美之强，莫不以是炫天下者，则根柢在人……是故将生存两间，角逐列国是务，其首在立人，人立而后凡事举；若其道术，乃必尊个性而张精神……中国在昔，本尚物质而疾天才矣……个人之性，剥夺无余。"提出"非物质""重个人"。蔑视群众、鼓吹"超人"哲学的唯意志论哲学家尼采（F. W. Nietzsche），以及骄傲地认为"只有最孤独的人才是最强有力的人"的戏剧家易卜生（Henrik Ibsen），都曾经给他们极大的精神力量。他们服膺尼采的学说，推崇易卜生的思想，力图最大地振奋人的精神。甚至第二次世界大战后流行欧美的存在主义哲学的先驱、丹麦哲学家克尔凯郭尔（S. A. Kierkegaard）的学说也被介绍进来。鲁迅写道："丹麦哲人契开迦尔则愤发疾呼，谓惟发挥个性，为至高之道德，而顾瞻他事，胥无益焉。"[①] 这些思想，确实促使人们由自在者变成自为者，由消极者变成积极者，由被动者变成主动者。

尤应值得一提的是《游学译编》1903年发表的《教育泛论》一文，明确提出应把个人主义作为教育的纲领。此文强调"贵我"是从事教育者不可不知的两大主义之一，因为"人人有应得之权利，人人有应尽之义务"是"颠扑不破之真理，放之四海而皆准者也"，并进一步论证个人能自由行使自己的权利、对自己行为负责才是道德的来源。而且，就权利来源而言，不是全体决定、重于个人，而是个人重于、决定全体；"个人之权利，即全

---

① 鲁迅：《文化偏至论》，《河南》第7期，引自张枬、王忍之编《辛亥革命前十年间时论选集》第3卷，第357—363页。

体权利之一分子也，一人失其权利，则全体之权利已失其一分矣”；如果个人失权互相牵连，结果是“全体之权利，遂荡尽无余矣”。文章还以宗教、学术、社会、国家的发展为例，说明“其所以变迁发达之故，无不基于人类利己之一心”。个人主义的重要一点是个人独立，文章认为这才是教育的宗旨：“人而无独立之精神，是之谓奴隶。任教育者，而不能养成国民独立之精神，是之谓奴隶教育。以教育为己任者，安可不知此意也！”强调个人主义、独立精神是教育的宗旨，必然与在中国被奉为金科玉律的传统儒家教育思想发生冲突，作者批判说：“古来儒者立说，无不以利己为人道之大戒，此不近人情之言也。剥丧人权，阻碍进步，实为人道之蟊贼，而奉为圭臬，无敢或逾。”①

更有文章公开喊出了“谋人类之独立，必自无圣始”的口号，激烈地把批判的矛头对准几千年来的“大成至圣先师”孔子。② 有人根据自然人性论认为，“吾心中之有理与欲，如磁极中之有南与北，如电性中之有阴与阳”，批判“存天理，灭人欲”违背人性，而且统治者“以为公者天理也，私者人欲也，理欲战于中，往往天败而人胜，于是乃借克己复礼之说，穿凿而附会之，谓欲复天理者，必克人欲”；③ 认为道德有天然与人为之分：“有天然之道德，有人为之道德。天然之道德，根于心理，自由平等博爱是也；人为之道德，原于习惯，纲常名教是也。天然之道德，真道德也；人为之道德，伪道德也。”“中国数千年相传之道德，皆人为之道德，非天然之道德也。”④ 据此，他提出自己的人生观：“人生观之最终目的何在耶？……人生观概要二：曰躯体之快乐，曰精神之快乐。”⑤ 人们应该勇敢地追求幸福，这就否定了禁欲主义的“天理”。

此时，对儒学的批判达到前所未有的程度，有人激烈批判孔孟之道、

① 《教育泛论》，《游学译编》第9期，张枬、王忍之编《辛亥革命前十年间时论选集》第1卷上册，第401—404页。

② 凡人：《无圣篇》，《河南》第3期，张枬、王忍之编《辛亥革命前十年间时论选集》第3卷，第261—271页。

③ 剑男：《私心说》，《民心》第1期，张枬、王忍之编《辛亥革命前十年间时论选集》第3卷，第816页。

④ 愤民：《论道德》，张枬、王忍之编《辛亥革命前十年间时论选集》第3卷，第847页。

⑤ 大我：《新社会之理论》，张枬、王忍之编《辛亥革命前十年间时论选集》第1卷下册，第509—510页。

三纲五常等封建思想体系。“仁之实为事亲，义之实为从兄，胥此道也，则犯上作乱之事息矣；礼以缚民身，乐以和民气，胥此道也，则人人自由之言息矣”，他们沉重地叹息：“异哉夫支那，乃有所谓三纲以钳缚其臣民，钳缚其子弟，钳缚其妇女，何哉培奴性若此其深也！”① 有文章把君为臣纲、父为子纲、夫为妻纲列为宗教迷信，把人人平等、父子平等、男女平等列为科学真理，指责孔子“在周朝时候虽是很好，但是在如今看起来，也是很坏”。② 周作人此时也写长文比较中外文化，认为“孔子为中国文章之匠宗，而束缚人心，至于如此”。③

显然，这时期以个人权利为核心对中国传统价值体系代表儒学的批判，开了五四时期“打倒孔家店”的新文化运动之先河。此时宣扬的契约论国家观对后来的新文化运动也有着明显、直接的影响。陈独秀说道：“要问我们应当不应当爱国，先要问国家是什么。原来国家不过是人民集合对外抵抗别人压迫的组织，对内调和人民纷争的机关。”④ 高一涵在《新青年》上连续撰文，介绍各种国家学说，探讨国家的起源与本质。他认为国家“乃自由人民以协意结为政治团体”，“故国家惟一之职务，在立于万民之后，破除自由之阻力，鼓舞自动之机能，以条理其抵牾，防止其侵越。于国法上公认人民之政治人格，明许人民自由之权利，此为国家唯一之职务，亦即所以存在之真因”。⑤ 很明显，他们的国家观念是以契约论为基础的，即认为国家是人民意志协约的结果。从契约论国家观出发，就必然得出“国家非人生之归宿”的结论。他们认为，“国家者，非人生之归宿，乃求得归宿之途径也。人民国家有互相对立之资格，国家对于人民有权利，人民对于国家亦有权利；人民对于国家有义务，国家对于人民亦有义务”。⑥ 这样，他们拒绝了国家高于一切、位居人民之上的观点，明确提出了国家与人民

① 《广解老篇》，《大陆》第9期，张枬、王忍之编《辛亥革命前十年间时论选集》第1卷上册，第429—430页。

② 君衍：《法古》，《童子世界》第31期，张枬、王忍之编《辛亥革命前十年间时论选集》第1卷下册，第532页。

③ 独应（周作人）：《论文章之意义暨其使命因及中国近时论文之失》，《河南》第4、5期，引自张枬、王忍之编《辛亥革命前十年间时论选集》第3卷，第310页。

④ 陈独秀：《我们究竟应当不应当爱国?》，《独秀文存》，安徽人民出版社，1987，第432页。

⑤ 高一涵：《一九一七年豫想之革命》，《新青年》第2卷第5号，1917年。

⑥ 高一涵：《国家非人生之归宿论》，《青年杂志》第1卷第4号，1915年。

是两个具有同等资格的权利主体的论点。

而且，高一涵还进一步区分了国家与政府的职能，他写道："人民创造国家，国家创造政府。政府者，立于国家之下，同与全体人民受制于国家宪法规条者也。执行国家意思，为政府之责，而发表国家意思，则为人民之任。"① 政府实际上只是一个执行机构。在中国传统国家观中，并无国家与政府的区分。统治者就是国家的化身与代表，至多是"为民做主"的清官明君。把国家与政府区分开来，其潜台词是，对政府的批判与否定并不意味着不爱国。进一步说，创造国家的人民有权监督、更换作为执行机构的政府。根据契约论精神，高一涵得出了"吾人爱国之行为，在扩张一己之权利，以搘拄国家。牺牲一己之权利，则反损害国家存立之要素，两败俱伤也"的结论。② 也就是说，扩张个人权利就是爱国行为，而以国家名义牺牲个人利益，终将损害国家利益。这一观点或有其偏颇之处，却是对长期以来集体本位，无视个性、个人权利的中国传统伦理观的彻底否定，表明了"新青年"的觉醒。陈独秀则更为明确地说："我们爱的是国家为人民谋幸福的国家，不是人民为国家做牺牲的国家。"③ 他甚至认为"国家者，保障人民之权利，谋益人民之幸福者也。不此之务，其国也存之无所荣，亡之无所惜"。④ 个人与国家之间并没有一种"天生的"必然关系，当国家违背人民意愿时，人民亦有权背弃国家；国家与个人之间的垂直纵向关系改变为一种平面的横向关系。他们反复强调，国家本身并不是目的，只是"鼓舞群伦，使充其本然之能"，"谋充各得其所"的手段。⑤

新文化运动思想家的这些言论、观点，与辛亥前启蒙者的思想确实如出一辙，别无二致。进一步说，从思想、思潮的发生、发展角度来看，五四新文化运动本身亦非无源之水、无本之木，而是自鸦片战争以来启蒙思想的自然发展的结果，其主要观点、论点在戊戌—辛亥期间已基本提出，甚至基本框架也已建构而成，"五四"只是乘势将其普及、提高而已。从这个意义上说，"五四"其实构不成思想史上一个与前迥然不同的新标志。

① 高一涵：《共和国家与青年之自觉》，《青年杂志》第1卷第1号，1915年。
② 高一涵：《国家非人生之归宿论》，《青年杂志》第1卷第4号，1915年。
③ 陈独秀：《我们究竟应当不应当爱国?》，《独秀文存》，第432页。
④ 陈独秀：《爱国心与自觉心》，《甲寅》第1卷第4号，1914年。
⑤ 高一涵：《一九一七年豫想之革命》，《新青年》第2卷第5号，1917年。

1935年5月，胡适在一篇纪念五四运动的文章中凄然感叹，“这年头是‘五四运动’最不时髦的年头”，因为“五四运动的意义是思想解放，思想解放使得个人解放，个人解放产出的政治哲学是所谓个人主义的政治哲学”。[①] 虽然胡适说的是“五四”的命运，其实却是启蒙思想、思潮在现代中国的命运。以个人主义为基础的启蒙思想与中国传统集体本位的伦理观确相去甚远，更重要的是，迫在眉睫的亡国之祸又雪上加霜，使启蒙思想面临绝境。

但反过来说，如果没有救亡则根本没有启蒙。正是为了救亡，中国才开始了启蒙的历程。启蒙思潮的几次高涨，又恰在亡国之险最为危急的时刻。在晚清预备立宪的最后时分，梁启超明确说：“我国民主张速开国会之理由，图治尚其第二义，而救亡乃其第一义。”[②] 因救亡而起，因救亡而落，这就是启蒙思潮在现代中国的历史困境。

① 胡适：《个人自由与社会进步：再谈五四运动》，《独立评论》第150号，1935年。

② 梁启超：《论政府阻挠国会之非》，《饮冰室合集·文集之二十五（上）》，第112页。

第二十四章

族群、文化与国家：晚清的国族想象

近代中国处于“三千年未有之大变局”，在“亡国灭种”的严重威胁下，中国知识分子面临着一项重大挑战，那就是怎样使中国从一个传承千余年的大一统帝国快速蜕变为一个现代意义的民族国家（nation-state），俾争强图存于“物竞天择，优胜劣败”的国际社会。清末以降数代知识分子呕心沥血、生死以之，所勠力推动的各项政治、社会、文化、思想的大规模变革运动，归根结底，其最终目标，正不外乎完成此一“国族打造”（nation-building）的艰巨工程。

就外在形式而言，这项艰巨的工程，在晚清短短数十年间，很快便获致初步的成效。1914 年，社会学家马克斯·韦伯（Max Weber）便写道：“不过十五年以前，所有熟悉远东事务的人都还矢口否认中国有资格算作一个‘国族’（nation）”，但是，时至今日，同样一批观察家却有了截然不同的看法。中国的例子，证明了“一个人群在某些境遇下，可以透过特定的作为，取得成为‘国族’的特质”。[①] 的确，经由晚清澎湃汹涌的民族主义浪潮的洗礼，近代中国人逐渐摆脱传统天下概念的宰制，孕育出一种崭新的共同体意识：“中国”一词所指涉的，也不再只是一套普世性的文化、道德秩序，还是一个以全球竞争为背景，具有明确疆域和主权意识的现代民族国家共同体。[②]

---

* 本章由沈松侨撰写。

① Max Weber, “The Nation,” Translated and edited by H. H. Gerth and C. Wright Mills, *From Max Weber: Essays in Sociology* (New York: Oxford University Press, 1946), p. 174.

② 许纪霖：《现代中国的自由民族主义思潮》，《天津社会科学》2005 年第 1 期。

然而，如同相关研究所一再指出的，国族并不是一个天生自然的事物，而是一个“想象的政治共同体”、[①] 一个人为建构出来的文化产物。作为一项认同符号，国族可以承载多重的意义，而不同的个人与群体也都是根据各自不同的认知、利益与目的，来理解和界定国族的边界与内涵。因而，国族概念的实质意涵始终处于不断被制造与再制造的过程；它所构成的，也是一个多重力量彼此争持、竞相角逐的场域。[②]

同样的，晚清时期的知识分子虽然都极力宣扬民族主义的理念，以建构强固之民族国家为职志，但他们所想象的中国，却并不是一个同质而统一的整体。在“立宪”与“革命”这两个不同的现实政治策略选择下，他们对于“中国”之所以为“中国”，亦即中国国族的具体边界与成员结构，有着悬殊的规划。因而，自其诞生伊始，近代中国的国族想象，便充满了诸多矛盾、冲突与紧张。此后中国的民族国家建构，也不免深深受到这段历史经验的重大影响，从而展现出一种独特的形貌，并面临着诸多难以克服的棘手难题。

一　近代中国民族主义的兴起

众所周知，民族主义曾在近代中国发挥过无可比拟的重大作用。余英时便指出，百年来中国历史发展最大的动力，殆非民族主义莫属，“如果能够得到民族主义的支持，某一种政治力量就会成功，相反的就会失败”。[③] 罗志田也强调，晚清以来一个多世纪里各种激进与保守、改良与革命的思潮，背后都隐伏着一条民族主义的潜流，都可以视为民族主义的不同表现形式。[④]

然而，长久以来，近代中国民族主义的起源与性质始终是学界聚讼纷

① Benedict Anderson, *Imagined Communities: Reflections on the Origin and Spread of Nationalism*, revised edition (London: Verso, 1991).

② Katherine Verdery, “Whither ‘Nation’ and ‘Nationalism’?” *Daedalus*, Summer 1993, pp. 37-46.

③ 余英时：《中国近代思想史上的激进与保守》，氏著《现代儒学的回顾与展望》，三联书店，2004，第22页。

④ 罗志田：《近代中国民族主义的史学反思》，贺照田主编《学术思想评论》第10辑，吉林人民出版社，2003，第332页。

纭、莫衷一是的争议对象。

毫无疑问，中文语境中的“民族主义”一词，乃是译自英文 nationalism 的翻译名词。即使在其原有的西方语境中，“民族主义”也是一个极其含混的复杂概念，其具体意涵难以界定。西方学者也曾提出许多不同的定义，试图确切把握民族主义的本质。然而，这些定义大致都是从不同的角度来强调民族主义的某一重要特征，而每项定义通常又都蕴含着特定的历史背景与具体目的，甚至有着极为强烈的价值立场，益发增添民族主义概念的复杂性。

为了避免卷入这些定义所构成的烦琐复杂的无谓争议，本章打算实行相对宽泛的方式，将民族主义界定为一套独特的论述形构（discursive formation）。这套论述，一如宗教、阶级、性别等其他主要的社会认同范畴，提供了一种我们借以体验与理解日常经验及外在现实的框架，并不断形塑着我们的心理意识与对世界的认知。换言之，民族主义并不只是一种政治信条，也是“一套更为基本的谈论、思考与行动的方式”。透过这套论述形构，现实世界的人群被自然而然地划分为界限分明的“我群”与“他者”；对“民族”的认同与效忠，则成为个人不容推诿的神圣职责。也正是由于这套论述形构的长期浸润，我们才从“个人”被转化为“国民”，从而决定了我们的集体认同。①

然而，不同于西方由中世纪分崩离析的封建制度发展出现代民族国家的历史路径，中国既有长达两千年的统一国家组织，复有悠远绵长的文化传统。因而，中国所独具的历史经验，自不免引发有关近代中国民族主义之本土历史渊源的尖锐争议；对于前近代中国是否有过堪称“民族主义”的政治／文化概念，学界长期以来也是各持一端，相争不下。

一般说来，主张中国民族主义自发论的学者往往根据《左传》“非我族类，其心必异”“严夷夏之防”一类的话语，认为中国人的族群与文化之自我辨识确立甚早。王尔敏认为，晚清以降的民族主义思想，并非直接由西方贩卖得来，而是“一种时代的醒觉与反应”，从而使“传统民族思想之内

---

① Umut Özkirimli, *Theories of Nationalism: A Critical Introduction* (New York: St. Martin's Press, 2000), p. 4; Umut Özkirimli, *Contemporary Debates on Nationalism* (Houndmills, Basingstoke: Palgrave Macmillan, 2005), pp. 29-31.

容有所扩充”而已。[①] 冯天瑜也认为，这种古老的族类意识乃是近代民族主义的源头。“华夷之辨”和“内华夏，外夷狄”等观念，为近代中国的民族主义“提供了现成的表达形式和基本的文化内涵”。[②]

相对于强调中国近代民族主义有其独特历史渊源的观点，有些学者则认为中国近代民族主义并非“原发的”，而是一套借自西方的“衍生的”论述。许纪霖便认为，传统中国并无民族主义的观念，有的只是对王朝与文化的认同。因此，“古代中国与其说是民族主义的，毋宁说是以文化为中心的普世主义的”。[③]

从本章所采取的论述建构立场观察，传统中国的“族类”观念与西方式的近代民族主义有着极为不同的想象方式，因而，其所关怀的主要问题与产生的实际效应，自亦有所轩轾。[④] 1934 年，政治学者张佛泉便指出，民族主义（他称之为“邦国主义”）并不只是纯粹对外，亦即并不只是像传统族类观念那样，根据族群或文化的标准，严格区划“我族”与外族的界限。真正的“民族主义”，乃是一种政治概念，“是一个或一个以上的民族求达到主权国的理论或运动”，同时也是“一种束缚联系国民成为一体的情力”，是达成大规模的“自治”所必不可少的条件。[⑤] 从这样一种政治性的标准衡量，中国几千年来始终不曾出现过真正的民族主义。中国的民族主义可以说是不折不扣的近代产物，也是与传统“族类”观念的重大断裂。

然而，近代中国民族主义的构成，又绝无可能完全没有长期积累之文化习性的参与，更不免受到传统文化因素的影响。事实上，近代中国的知识分子也往往是通过传统“族类”观念所设定的框架，来认识来自西方的民族主义范式。翁贺凯认为近代中国的民族主义，是由“来自西方的民族

① 王尔敏：《清季学会与近代民族主义的形成》，氏著《中国近代思想史论》，自印本，1977，第 209、229 页。

② 冯天瑜：《中国近代民族主义的历史渊源》，李世涛主编《知识分子立场——民族主义与转型期中国的命运》，时代文艺出版社，2000，第 177 页。

③ 许纪霖：《文化民族主义者的心路历程》，李世涛主编《知识分子立场——民族主义与转型期中国的命运》，第 311—312 页。

④ 本尼迪克·安德森（Benedict Anderson）便已指出，所有规模大于成员之间有着面对面接触之原始村落的人群共同体，都是被想象出来的。不同共同体的区分标准，并不在于孰真孰假，而系诸被想象的方式。见 Benedict Anderson, *Imagined Communities*, p. 6.

⑤ 张佛泉：《邦国主义的检讨》，《国闻周报》第 11 卷第 40 期，1934 年 10 月 8 日，第 5 页。

主义、民族国家观念和民族（种族）竞争的世界格局观念，与垫底的中国本土族性/文化意识相互化合而催生的"。[①] 就此而言，近代中国民族主义，乃是在"过去"与"现在"不断交互作用、彼此制约的辩证过程中被建构出来的。这个特殊的历史过程，当然也形塑了近代中国民族主义的特殊性格，带来许多难以解决的问题与限制。

另一方面，近代民族主义与传统族类观念的另外一项重大差异，则在于前者预设了一套世界性的民族国家政治体系。杜赞奇（Prasenjit Duara）虽然认为前近代中国是一个"总体化的、自觉的政治共同体"，已存在着强烈的民族意识，却也承认，民族主义的独特与新颖之处，并不在于其认同形式或意识形态，而端在于其所镶嵌于其间的全球性体制革命。在这套新的政治体系下，民族国家被视为政治主权唯一合法的表达形式。这种民族国家是一套有着明确疆界的政治体制，"代表"民族或人民的主权国家便是在这样的体制中不断扩展自己的角色和权力。[②] 因而，近代中国在外力交逼下，被迫纳入这套民族国家的世界体系，实为中国民族主义产生的最为根本的历史条件。只有在真正有了"世界"后，"中国"才真正有了自己。[③]

在 19 世纪中叶之前，中国并无接受这套政治规范的丝毫准备。如同许多相关研究所指出的，长久以来，在支撑国家体制的意识形态与象征系统上，中国始终维持着以"华夷之辨"为核心观念的族类思想。在对外关系上，中国所认识的世界，也还是一个以华夏为中心，由朝贡制度的怀柔羁縻手段所构成的差序性"天下"秩序。1793 年马戛尔尼（George Macartney）使华，因朝觐礼仪问题引发尖锐争议，便明白反映了中国传统体制与现代民族国家世界秩序扞格不入的困境。

鸦片战争之后，在西方列强坚船利炮的强大压力下，中国迭遭挫败，终于逼使朝野官民俯首下心，亟思应变之道。在这个过程中，少数有识之士慢慢接受了西洋传教士所传入的现代地理知识；以欧洲为中心的"世界"想象，逐渐取代以华夏为中心的"天下"观念。在这个崭新的"世界"空

---

① 翁贺凯：《现代中国的自由民族主义：张君劢民族建国思想评传》，法律出版社，2010，第 23 页。

② Prasenjit Duara, *Rescuing History from the Nation: Questioning Narratives of Modern China* (Chicago: The University of Chicago Press, 1995), pp. 8-9.

③ 张汝伦：《现代中国思想研究》，上海人民出版社，2001，第 117 页。

间中，中国只是同时并立的列国之一，并非世界的全部。非但如此，中国既不是世界的中心，也不是唯一的文明。徐继畲在道光末年编纂《瀛寰志略》一书，便已指出：中国并不在世界的中央，而是位于亚洲的东南部。[①] 洋务运动期间，冯桂芬也说："顾今之天下，非三代之天下比矣。……今则地球九万里，莫非舟车所通、人力所到，《周髀》、《礼》疏，驺衍所称，一一实其地。据西人舆图所列，不下百国。"[②] 戊戌时期，康有为更明确指出："我中国地大物博，今亦仅为六十国中之一国，以地论仅居第三，非复一统之世，为万国并立矣。"[③]

随着华夏中心观念的动摇，传统"夷夏之辨"所预设的阶序性文化秩序也逐渐遭到日益深刻的批判。鸦片战争期间，魏源已认识到，中国所面对的不复是王朝历史中"未受王化"的"蛮夷戎狄"。他甚至认为西洋诸夷亦自有其礼义节度，且其坚船利炮之术更远胜中国，因而提出"师夷长技以制夷"的著名主张。其后，冯桂芬也坦率承认中国"人无弃才不如夷，地无遗利不如夷，君民不隔不如夷，名实必符不如夷"，若再不虚心向西方各国学习，"我中华且将为天下万国所鱼肉，何以堪之！"[④] 诸如此类的认识，在晚清士大夫群体中不断深化与普及，最终便逼出"华夷易位"的颠覆性概念。戊戌变法前夕，王韬于《华夷辨》一文中对"内华外夷"的传统说法大加抨击。他认为："华夷之辨其不在地之内外，而系于礼之有无也，明矣。苟有礼也，夷可进为华；苟无礼也，华则变为夷。"如今中国既有许多地方不如外国，正应及时更易陈旧的"夷夏之辨"观念，学习西方长技；苟不此之图，一味空言"徙戎攘夷"，是"真腐朽不通事变者矣"。[⑤]

在从文化层面重新诠释"夷夏之辨"的同时，晚清知识界也慢慢接受了主权国家地位平等的现代国际政治观念。1864 年西洋教士丁韪良（W. A. P. Martin）等人翻译出版《万国公法》一书，将主权国家的概念正式介绍入

① 郭双林：《西潮激荡下的晚清地理学》，北京大学出版社，2000，第 294—295 页。
② 冯桂芬：《采西学议》，氏著《校邠庐抗议》，文海出版社，1971，第 67b 页。
③ 康有为：《列国政要比较表》，转引自贾小叶《1840—1900 年间国人"夷夏之辨"观念的演变》，郑大华、邹小站主编《中国近代史上的民族主义》，社会科学文献出版社，2007，第 312 页。
④ 冯桂芬：《制洋械议》，氏著《校邠庐抗议》，第 71a—74b 页。
⑤ 王韬：《华夷辨》，氏著《弢园文录外编》卷 10，上海书店出版社，2002，第 245 页。

中国。[1] 少部分思想敏锐的知识分子随之陆续提出维护国家自立与主权的主张。王韬便将不平等条约中各项有损中国权益的条款称作“额外权利”，呼吁清廷通过外交手段，“执持西律”，与缔约各国反复辩论，以争回“国家之权”。[2] 郑观应也强调在与外国协定税率时，必须坚持独立自主，盖外交交涉中，“异邦客商，一切章程均由各国主权自定，实于公法吻合”。[3] 发展至此，“族类”典范的全盘崩解，以及近代民族国家观念的应运而生，似乎也只是指顾间事。

不过，甲午之前，上述变化依然局限于极为狭隘的范围，大多数官绅士大夫仍未摆脱文化中心意识的樊篱。同治年间，志刚随同蒲安臣（Anson Burlingame）出使欧洲期间，有人询及“中国”一词的含义，他的解释虽已舍弃“华夏中心”的地理框架，却仍然坚守着“夷夏之辨”的文化阶序，一再强调：中国之所以为中国，“固由列圣相传中道之国也。而后凡有国者，不得争此‘中’矣”。[4] 一直到甲午战争带来沉重打击，中国近代民族主义才终于获得滋长茁壮的机会。

1894年中日甲午战争，清廷惨遭败绩，继之而东西列强争相攘夺，瓜分风潮日益剧烈，中国的国际地位一落千丈，人心之震撼危疑达于极点，传统族类观念所蕴含的文化优越感也在此时彻底破灭。康有为于1898年上书光绪帝，便明白指出：“夫自东师辱后，泰西蔑视，以野蛮待我，以愚顽鄙我。昔视我为半教之国者，今等我于非洲黑奴矣；昔憎我为倨傲自尊者，今则侮我为聋瞽蠢冥矣。”[5] 其中所流露出的屈辱、挫折与妒恨（ressentiment）之情溢于言表。从刺激民族主义兴起之感情动力而论，中国近代民族主义殆已具雏形，呼之欲出。果然，不旋踵而有1300余名应试举人联名上书，打破“士人干政”的传统禁令，开了中国国民集体参与国家政治过程之先河。中国近代的民族主义运动便在一片“救亡图存”的呼号声中揭开序幕。

---

① 贾小叶：《1840—1900年间国人“夷夏之辨”观念的演变》，郑大华、邹小站主编《中国近代史上的民族主义》，第308—309页。黄兴涛则认为早在康熙、雍正两朝与俄国交涉订约期间，现代“主权”概念与国际法知识就已经传入中国。见黄兴涛《情感、思想与运动：近代中国民族主义研究检视》，《广东社会科学》2009年第3期。

② 王韬：《除额外权利》，氏著《弢园文录外编》卷3，第73—74页。

③ 郑观应：《税则》，氏著《盛世危言正续编》卷3，学术出版社，1965，第1页。

④ 志刚：《初使泰西记》，湖南人民出版社，1981，第129页。

⑤ 康有为：《上清帝第五书》，汤志钧编《康有为政论集》上册，中华书局，1981，第202页。

1898 年，康有为号召同志，组织“保国会”，在章程中明确提出国权与国民的概念，并以保全国地、国民、国教为号召。[①] 张灏认为，康有为所谓的“国”，其指称已不再是清朝，而是“包括中国版图内全体人民的共同的实体”。[②] 王尔敏更认为此一章程，充分显示出康有为“是把中国认作一个有明确主权界限的国家，同于当时西方的 nation-state”。[③] 这大概可以说是中国近代民族主义思想的初试啼声了。

但是，中国民族主义在戊戌时期毕竟还是局限于极少数人的一种模糊意识，[④] 其真正兴起，蔚为风潮，则要等到稍后的 20 世纪初年。推动这股热潮的行动主体，也不再是传统的官绅阶层，而是另外一批快速崛起的新式知识分子。

1898 年戊戌政变发生后，康有为、梁启超等维新党人流亡日本，紧接着，又有大批青年学生为探索“富强之道”，相继赴日留学。据调查，1896 年时，中国留日学生只有寥寥 13 人，1901 年增至 274 人，1903 年再增为 1300 人；日俄战后，受到日本战胜的鼓舞，中国留日学生急遽增加，在 1906 年达到 12000 人的巅峰。[⑤] 另据估计，1901 年至 1910 年，中国留日学生共达 32428 人，成为清末民初中国社会一股不容忽视的重要力量。[⑥]

这一个新兴群体，乃是中国新旧教育体制过渡时期的产物，也是第一批由传统士人蜕变而成的新式知识分子。然而，他们所面临的，却是中国文化与社会前所未有的巨大变化。值此重大历史关头，民族主义在心理层面和社会层面都为他们提供了极为有力的凭借与支撑。就前一层面而言，张灏指出，1895 年之后，中国急遽陷于深巨的政治与文化危机，传统政治

---

① 康有为：《保国会章程》，汤志钧编《康有为政论集》上册，第 233 页。

② 张灏：《思想的变化和维新运动，1890—1898》，费正清、刘广京编《剑桥中国晚清史》下卷，中国社会科学院历史研究所编译室译，中国社会科学出版社，1985，第 354 页。

③ 王尔敏：《清季学会与近代民族主义的形成》，氏著《中国近代思想史论》，第 227 页。

④ 徐迅与许小青便都认为保国会章程中，“国”的概念仍极为含混，只是“从王朝国家观到民族国家观的过渡形态”，尚不足称作严格意义的近代民族主义。参见徐迅《民族主义（修订版）》，中国社会科学出版社，2005，第 240 页；许小青《1903 年前后新式知识分子的主权意识与民族国家认同》，《天津社会科学》2002 年第 4 期。

⑤ 对于清末留日学生人数的不同估计，参见任达《新政革命与日本：中国，1898—1912》，李仲贤译，江苏人民出版社，2006，第 52—53 页。

⑥ 转引自王振辉《中国民族主义与马克思主义的兴起》，韦伯文化国际出版有限公司，1999，第 139 页。

秩序开始由动摇而崩溃，传统文化思想的核心价值也渐形解纽。在此彷徨无依、惑乱晦暗的时刻，一般知识分子亟须为自身的政治认同、群体的归属感与社会的价值取向，寻得一种新的凝聚力量与认同标志，而民族主义意识形态正好提供了这项精神核心。许多知识分子便是在解决精神与思想危机的迫切需求下，接受了民族主义的洗礼。[①] 另一方面，随着20世纪初期科举制度的废除，传统中国以士农工商四大群体为基本构成要素的四民社会快速解体，由士转化而成的知识分子不复垄断文化霸权与论述霸权，也无法继续掌握庞大的社会与象征资本，因而逐渐陷入边缘化的处境。基于权力角逐和资源竞争的需要，这些边缘化的知识分子也就很容易受到民族主义运动的吸引。罗志田便认为，民族主义运动为新兴的边缘知识分子提供了重要的出路。他们在其中找到实现自身价值的手段，“从不值一文的白丁变成有一定地位的人物，国家的拯救与个人的出路融为一体”。[②]

就是在这种种错综复杂因素的交互作用下，民族主义的情绪与信念迅速弥漫于中国知识分子群体之间。关于民族主义的各类论述，也成为他们争相探究、聚讼纷纭的热门议题。

当然，与近代中国民族主义的形成更为密切相关的，还是这群新式知识分子在留学期间，透过明治日本的中介，直接、间接受到19世纪末期盛行于欧美之各类民族主义思潮的浸濡后，又利用翻译、著述的手段，大力散播这些新观念，从而使得中国的民族主义获得日益丰富的内涵，并由一股含混朦胧的意识，快速转变成一套可以明确叙说的理念。鼓吹种族革命，“排满”最力的章太炎自述其民族主义思想的发展次第，便坦陈其少年时期，因读郑思肖、王夫之等人著作，“民族”思想渐渐发达。不过，郑、王“两先生的话，却没有什么学理”，一直要到甲午以后，浏览东西各国新书，“才有学理收拾进来”。[③] 像章太炎这样，借助于西方民族主义的“学理”，来重新诠释或改造传统的族类思想，可说是晚清知识分子建构中国民族主

① 张灏：《关于中国近代史上民族主义的几点省思》，《时代的探索》，联经出版公司，2004，第77—78页。

② 罗厚立：《从思想史视角看近代中国民族主义》，李世涛主编《知识分子立场——民族主义与转型期中国的命运》，第224—225页。

③ 章太炎：《东京留学生欢迎会演说辞》，汤志钧编《章太炎政论选集》上册，中华书局，1977，第269页。

义的过程中屡见不鲜的普遍现象。

根据陶绪等人的研究，晚清知识分子在西方诸多的民族主义理论中，主要选择了伯伦知理（J. K. Bluntschli）、洛克与黑格尔等人的相关学说进行介绍。其中尤以伯伦知理的民族主义思想最受重视，影响尤大。

民族主义理论而外，晚清知识分子还大量译介了西方的进化论学说以及18世纪法国思想家卢梭以“天赋人权”为中心的自由、平等思想。而19世纪英国社会学者斯宾塞、甄克思（Edward Jenks）等人著作中所包含的民族学理论，也受到他们的关注与吸纳。这一大批时代不同、流派分殊、类型迥异乃至矛盾扞格的西方观念与理论，在极短的时间内快速传入中国，相互混杂、彼此纠结，为晚清民族主义思想的形成提供了极为强大的助力。[①] 不过，晚清知识分子在采择这些思想学说时，往往由于知识背景、政治立场、现实利益与运动策略等各方面的差异，而有极为不同的取舍与偏重。如分别主张君主立宪与革命“排满”的梁启超与汪精卫两人，虽然都遵奉伯伦知理的民族主义理论，却对伯氏学说各有诠解，仁智不一，甚至互据一词，角抵甚烈。[②] 这种特殊的现象，也使得近代中国民族主义论述自诞生伊始便呈现出纷歧多变的复杂面貌。

即便如此，晚清知识分子对于民族主义的理解，也并不是没有共通之处。粗略而言，他们大都深受严复所译赫胥黎《天演论》一书影响，几乎都是透过“物竞天择，适者生存”的“社会达尔文主义”式的认知框架，来理解世界局势与中国处境。从这种特殊的视野出发，晚清知识分子所理解的“民族主义”，便是在这“天演公例”的支配下，足以“合群保种”、救亡图存的不二法门。1902年梁启超发表《论民族竞争之大势》一文，便明白指出：“今日欲救中国，无他术焉，亦先建设一民族主义之国家而已。以地球上最大之民族，而能建设适于天演之国家，则天下第一帝国之徽号，谁能篡之？”[③] 如论者所言，这大概便是当时积极从事民族主义之介绍与宣

---

① 陶绪：《晚清民族主义思潮》，人民出版社，1995，第152—157页；胡逢祥：《民族主义与中国现代民族国家意识的形成》，高瑞泉主编《中国思潮评论》第3辑《民族主义及其他》，上海古籍出版社，2011，第14—15页。

② 参见陶绪《晚清民族主义思潮》，第73页。

③ 梁启超：《论民族竞争之大势》，沈鹏等主编《梁启超全集》，北京出版社，1999，第889—893页。

传的知识分子的基本共识了。[①]

最早采取这一套论述策略来鼓吹民族主义思想的，也正是梁启超本人。1901年，梁启超发表《国家思想变迁异同论》一文，率先揭橥“民族主义”这个由日本汉语辗转借来的新名词。[②] 他在这篇文章中，便是从世界人群生存竞争的角度引入帝国主义理论，来论证打造中国民族主义的迫切性。梁启超认为，西方民族主义萌芽于18世纪末期，而盛行于19世纪，对于世界局势的变化造成极大影响。所谓民族主义者，“不使他族侵我之自由，我亦毋侵他族之自由。其在于本国也，人之独立；其在于世界也，国之独立”，实为“世界最光明正大公平之主义”。然而，人间万事之发展，未必能尽合乎“正理”。盖“自有天演以来，即有竞争，有竞争则有优劣，有优劣则有胜败”，因而，强权之义，虽非公理而不得不成为公理。也就是在“优胜劣败”的压力驱迫下，欧美各国于民族主义高度发达后，“内力既充，而不得不思伸之于外”，以致“厚集国力扩张属地之政策，不知不觉遂蔓延于十九世纪之下半”，一变而走上民族帝国主义的道路。梁启超强调，由民族主义而变为民族帝国主义，乃是人类历史发展的必然途径。就此而论，民族主义实为一个国家立国的根本，“凡国而未经过民族主义之阶级者，不得谓之为国”。[③]

继梁启超之后，许多留日学生也陆续撰文，阐述帝国主义的侵略本质。他们反复强调，由于帝国主义列强争霸世界的竞争日益激烈，中国势将继非、澳、拉美之后，成为列强侵略攘夺之首要目标，中国的民族危机已迫在眉睫。为谋救亡图存，中国唯一可以倚恃的武器，厥为民族主义。近代中国的民族主义确如论者所一再指陈者，是在东西帝国主义列强不断进逼、国亡无日的深重危机下，被激荡出来的一种“自卫型民族主义”。[④] 这种根源性的因素，决定了中国民族主义的基本性格与关怀目标。自此以后，“反

① 郑大华：《略论中国近代民族主义的思想来源及形成》，郑大华、邹小站主编《中国近代史上的民族主义》，第10—11页。

② 参见西川长夫《Nationalism与民族主义——以孙文及泰戈尔的民族主义为线索》，李婉容译，《台湾社会科学季刊》第75期，2009年9月。

③ 梁启超：《国家思想变迁异同论》，《饮冰室文集之六》，第19—22页。

④ 萧功秦：《中国民族主义的历史与前景》，转引自许纪霖《文化民族主义者的心路历程》，李世涛主编《知识分子立场——民族主义与转型期中国的命运》，第474、312页。

帝救亡”的主题始终盛行不衰，蔚为中国近代民族主义最为明显的基调。

那么，晚清知识分子又是怎样理解民族主义的内涵，如何才能实现民族主义的目标呢？在这一方面，他们同样展现出高度的一致性。在他们的认识中，民族主义的基本要旨，简单而言，便是要建立一个强固的民族国家，以便有效因应外在情势的严峻挑战，完成救亡图存的最终目标。1902年，梁启超撰述《新民说》，开宗明义，首先便对民族主义的概念提出明确的界定：“民族主义者何？各地同种族同言语同宗教同习俗之人，相视如同胞，务独立自治，组织完备之政府，以谋公益而御他族是也。”① 梁启超而外，晚清知识分子也都受到欧洲各国民族建国先例的鼓舞，纷纷提出类似主张。1903年，蒋方震在《浙江潮》上刊出《民族主义论》一文，直截了当地为民族主义下了一个简洁有力的定义：“合同种异种，以建一民族的国家，是曰民族主义。”他指出，唯有民族的国家，才能发挥其本族的特性，才能“合其权以为权，合其志以为志，合其力以为力”，从而才能在激烈的国际竞争中，“力战群族而胜之，使其本族日滋长发达而未有已”。②

经过梁启超等人的大力宣扬，以民族建国为核心的民族主义思想风行一时，迅即弥漫扩散于晚清的知识阶层之间，更有力地唤醒了一般知识青年的国家观念与民族意识。陈独秀便自陈，他在甲午之前丝毫没有国家的观念，一直要到庚子之后，方才知道有个国家，“才知道国家乃是全国人的大家，才知道人人有应当尽力于这大家的大义”。③ 他这种态度、观念上的重大转变，可说是当时许多人共同经验的写照。

另一方面，这些受过民族主义熏陶，“以爱国相砥砺，以救亡为己任”的知识分子，为了达成打造民族国家的目标，也纷纷将他们注目的范围，向下扩充到一般社会大众。基于动员群众，强化民族凝聚力的需要，他们相继创办各类白话报刊，并大量利用小说、戏曲、弹词等通俗文学形式，辅以宣讲、演说等口语传播，对一般民众进行民族观念及国家意识的培育。④

---

① 梁启超：《新民说》，台北：中华书局，1978，第4页。

② 余一（蒋方震）：《民族主义论》，张枬、王忍之编《辛亥革命前十年间时论选集》第1卷下册，三联书店，1960，第486—487页。

③ 三爱（陈独秀）：《说国家》，《安徽俗话报》第5期，1904年6月14日，第1页。

④ 关于晚清知识分子对社会大众的意识形态宣传与灌输，参看李孝悌《清末的下层社会启蒙运动，1900—1911》，“中央研究院”近代史研究所，1992。

在这一连串密集而广泛的宣传下，20 世纪初期，中国社会急速掀起一股热烈的民族主义风潮。各项自发性的群众民族主义运动亦在此一期间相应兴起。诸如 1903 年由于俄据东北、拒不撤军引发的拒俄运动，1905 年因美国排斥华工激起的抵制美货风潮，1908 年因日船二辰丸私运军火点燃的反日运动，乃至 20 世纪初期全国各地风起云涌的收回路矿利权运动，皆有大批学生与城市工商居民卷入其间。以规模最为可观的抵制美货风潮而言，据估计，运动期间，全国工商学各界，无视清廷禁令，先后组成之抵制美货运动的社团组织约有 40 个之多；运动所波及的范围，更广达 160 余座城镇。各地报刊也都以极大篇幅报道拒约消息，并发表评论，强调抵制运动为国人“爱国心”“保种心”之显现，运动成败实为“国体荣辱、国民休戚之所系”。[①] 正如论者所言，1905 年的抵制美货运动充分反映出中国民众的视野已大为拓展，他们忠诚的对象不再局限于狭隘的地域与家族组织，更扩大到了国家民族。[②] 自此以后，民族主义成为中国社会最为有效而常见的动员手段，反映出近代中国民族主义的急遽扩散与深化。“中国者，中国人之中国”这一简明有力的口号，也在这一浪潮的大力推动下，不胫而走，喧腾众口，蔚为 20 世纪初期中国知识阶层阐述群体认同时最为常见的修辞策略。[③]

但是，在晚清知识分子的心目中，“中国”到底指的是什么？中国人与非中国人的界限又在哪里？

二　民族主义下的国族想象

在进行下一步讨论之前，我们有必要对本章先后间杂使用过的“国族”与“民族”这两个词，稍做分疏。

---

① 参见王立新《中国近代民族主义的兴起与抵制美货运动》，《历史研究》2000 年第 1 期。

② Marie-Claire Bergere, “The Role of the Bourgeoisie,” in Mary Wright, ed., *China in Revolution: the First Phase, 1900-1913* (New Haven, CT: Yale University Press, 1968), p. 252.

③ 据郭双林研究，晚清报刊书籍中使用“中国者，中国人之中国”此一口号的，至少有 27 处之多。这一口号约在 1900 年首次出现，下至 1907 年仍被广泛使用，而于 1903 年最为盛行，足见其传播之广、影响之巨。见郭双林《门罗主义与清末民族国家认同》，郑大华、邹小站主编《中国近代史上的民族主义》，第 327—330 页。

在当前汉语的习惯用法中，“国族”与“民族”二词，异称而同指，其实都是英文 nation 的译名。然而，一如“民族主义”，相关学者基于不同的立场与关怀，对于“民族”的起源、性质及其与民族主义的关系，也抱持截然不同的看法。早在 40 余年前，《社会科学国际百科全书》便已指出：讨论民族主义的学者，几乎从来没有厘清过他们所谓之“民族”的意涵，以致他们之间的争辩虽然日益激烈，却是治丝益棼，“民族”之为物，反而更形晦暗难明。[①] 直到今日，这种情形并没有太大的改善，“民族”的定义依然是学界热烈争论的问题。

从本章所采取的“建构论”（constructivism）的立场而言，“民族”纵有其历史根源，本质上仍是一种现代情境下方才出现的“人为文化产物”。而这种在现代性的历史条件下被人为地建构出来的“民族”，自其出现之初便带有强烈的政治属性。据研究，在罗曼语中，“民族”的原始意涵与血缘亲属或出生地域直接相关，但是从 19 世纪 80 年代以后，“民族”的意涵发生重大变化，“民族”被逐渐界定为“辖设中央政府且享有最高治权的国家或政治共同体”，或“该国所辖的领土及人民，两相结合成一整体”。在这种新的认识下，现代意义的“民族”约略等同于“国家”，已不再只是单纯血缘团体的地域性聚合，也是一个蕴含着公民之概念的政治共同体。[②] 徐迅认为，民族主义意义上的“民族”的主要特质，并不在于其与旧有族群在历史和文化上的连续性，而恰恰在于其与民族国家不可分割的关联性。[③] 陈明明更明白指出，西方近代所形成的“民族”，乃是一种“政治民族”；它与国家主权构成一体化的关系，把“民族的生存、独立、发展”与国家利益联系起来，并将“对国家的忠诚置于对家族、村落、小区、等级、阶级、宗教的忠诚之上”，因而，其政治属性极其彰著鲜明。[④] 这样的“民族”，严格而论，乃是一个与国家密不可分的“国族”。

---

① D. A. Rustow, “Nation”, *International Encyclopedia of the Social Sciences* (1968), vol. 11, pp. 7-14.

② E. J. Hobsbawm, *Nations and Nationalism since 1870* (Cambridge: Cambridge University Press, 1992), pp. 14-16.

③ 徐迅：《民族主义（修订版）》，第 24 页。

④ 陈明明：《政治发展视角中的民族与民族主义》，李世涛主编《知识分子立场——民族主义与转型期中国的命运》，第 54 页。

晚清知识分子在民族主义的鼓荡下，高揭“民族建国”的大纛，其所勠力建构的，也正是一种高度政治性的“国族”。事实上，晚清知识分子对于 nation 的这层含义，也并非一无所悉。1906 年，张君劢在译述穆勒的《代议政治论》时，便采用了“国族”一词，并于其下添加小注云：“‘国族’二字，原文名曰 Nationality，其意为可成一国之族，故译曰‘国族’，而不译‘民族’。”[①] 可见他对“国族”之意涵，已有相当深刻的体认。

但是，这种与“国家”紧密相关的“国族”概念，正是传统中国所极度欠缺的。据郝时远考订，早在公元 5 世纪的南朝宋、齐时期，中国文献中已使用“民族”一词来指涉人群共同体。不过，此一词语的含义，指的是宗族之属或华夷之别，而与现代意义的“民族”相去甚远。[②] 道光年间，西洋传教士曾在其所编纂的报刊上使用“民族”一语来对译 nation，从而赋予其崭新意涵，却并未引起任何注意，更不曾蔚为风尚。[③] 此后，古汉语的“民族”一词传入日本，又被明治维新时期的日本知识分子用来对译西文 volk、nation、ethnos 等概念。20 世纪初期中国知识分子中广泛流传的“民族”一词，主要是从日译西书中辗转习得，而与其在汉语脉络中的原始意义大相径庭。[④] 就此而言，我们目前习用之“民族”一词，其实是一个翻译名词。

“民族”一词所历经的中、西、日等不同文化系统间跨语际（translingual）文化实践的复杂过程明白显示出，20 世纪之前，中国人的政治意识中并不存在着“国族”的概念；他们所谓的“中国”，也并不是一个民族与国家紧密相系、互为表里的现代政治共同体。也就是在这层意义上，梁启超奋笔为文，一意鼓吹新民之说，其所追寻的目标，也正在于打造一个超越朝代断限，并与“国民”合为一体的中国国族。这当然并不是梁启超一人

① 立斋（张君劢）：《穆勒约翰议院政治论》，《新民丛报》第 90 号，1906 年 11 月，第 22 页。此外，早在 1903 年邹容撰《革命军》时，便使用过“国族”一词，但邹容并未对此词的意涵做任何诠释。转引自张玉法编《晚清革命文学》，经世书局，1981，第 129 页。

② 郝时远：《中文“民族”一词源流考辨》，《民族研究》2004 年第 6 期。

③ 1837 年 10 月，普鲁士传教士郭士立（Charles Gutzlaff）所创办的《东西洋考每月统记传》（*Eastern Western Monthly Magazine*）刊载《乔舒亚降迦南国》，文中有曰：“昔以色列民族如行陆路渡约耳但河也”，此处的“民族”，已属现代意义的用法，这是目前所知最早使用“民族”一词的例证。见黄兴涛《“民族”一词究竟何时在中文里出现?》，《浙江学刊》2002 年第 1 期。

④ 郝时远：《中文“民族”一词源流考辨》，《民族研究》2004 年第 6 期。

所独有的关怀。事实上，越来越多的留日青年学生，也在民族主义风潮的激励下，展开了近代中国“国族想象”的伟大工程。

这群留日知识青年之所以能在20世纪初期担负起想象中国国族的历史任务，可说是因缘际会，与他们所处的特殊境遇息息相关。晚清留日学生离乡背井、负笈异域的共通经验，也为一种超越家族与地域畛域的认同形式——国族认同提供了有利的条件。

清末留日学生的派遣，原本是以省区为单位，各自为政，互不相干。这些学生抵日之初，往往也还抱持着强烈的省籍意识，他们所创办的刊物如《江苏》《河南》《浙江潮》《湖北学生界》等，便大都是以各省省名为标题，彼此之间壁垒分明。[①] 但是，在明治日本这个“他者”的注视下，这群青年知识分子从彼此共享的日常经验中，逐渐孕育出一种血肉相连、休戚与共的共同体意识。群体中任何个人遭到的讥嘲与屈辱，也不再只是单个人、家族或省区所承受的耻辱，而是被当作全体“中国人”共同的耻辱。

另外一个更为重要、影响更为广泛的共同经验，则是发生于1903年的大阪博览会事件。该年3月，日本政府于大阪举办第五回国内劝业博览会，规模盛大，除分设机械、美术、动物、农林、教育、工艺等馆，陈列日本本国出产品外，并拟创设人类馆，雇用“北海道虾夷、台湾之生蕃、琉球、朝鲜、支那、印度、爪哇”等七种人，在馆内展演各该人种的固有特性、生活进化程度及其“恶风蛮习”等，以供观览。消息传出，留日学生异常激愤，群起抗议。留学生会馆即日集议，起草了题为《呜乎支那人！呜乎支那人！》的传单，分送各处；同时又联络大阪侨商，向日方提出抗议，并致函清廷观会大臣载振等人，劝阻其来日参观。清廷驻神户领事蔡勋及驻日公使蔡钧也分别通过外交渠道，要求日本政府出面解决此一事端。在各方压力下，日本外务省被迫下令大阪府，取消在人类馆展出“支那人”的计划，此一风波才告歇止。[②] 在此期间，留日学生界与中国国内的报刊莫不

① 美国学者裴士锋（Stephen Platt）甚至把清末湖南籍知识分子强烈的省籍意识当作湖南本土的民族主义。参见 Stephen R. Platt, *Provincial Patriots: The Hunanese and Modern China* (Cambridge, Mass.: Harvard University Press, 2007).

② 此一事件的经过，参看严昌洪、许小青《癸卯年万岁——1903年的革命思潮与革命运动》，华中师范大学出版社，2001，第62—65页；坂元ひろ子『中國民族主義の神話—進化論・人種觀・博覽會事件』、『思想』849期、頁61—84。

大声疾呼，强调此一事件乃是全体中国人的共同耻辱。《新民丛报》所刊评论便说："乃日人竟拟于其中置一中国人，摭拾我一二旧俗，模肖其腐败之态，以代表我全国。呜呼！其侮辱我实甚矣。"[①] 天津《大公报》也发表了一篇充满强烈情绪的论说："今闻日本大阪博览会所设人类馆，竟刻画中国人吸鸦片、缠双足之情状，装置其中，以为野蛮人类。吾不禁为中国人羞，为中国人怜，为中国人叹惜痛恨而不能自已。"[②] 这些言论，充分反映出20世纪初期的中国知识阶层，确已发展出一种同胞一体、荣辱与共的国族意识。

另一方面，从大阪博览会的事例，我们也可以看出新式报刊在国族想象的过程中所曾发挥的重大作用。本尼迪克·安德森曾经指出：由印刷资本主义所造成的报刊、文学和教科书的大量扩散及其所构成的世俗语言共同体，乃是国族想象至关重要的媒介。[③] 20世纪初年的中国，同样也具备了这项不可或缺的物质基础。1895年之后，因时局的刺激，私人创办的政治性报刊大量涌现，为中国民族主义的发展提供了强大的助力。据统计，1900—1918年，在中国境内及国外各地区出版的中文定期报刊有七八百种之多。[④] 另据史和等人统计，从1896年到1898年，全中国创办的中文报刊共有100余种；而1906年到1910年，每年创办的报刊便有100多种；1911年一年间，更高达200余种。[⑤] 这些报刊中，不乏知识分子为启蒙下层民众所创办的白话报与俗话报；它们使用的浅白语言，不但促成这些印刷媒体极为庞大的流通规模，也将各项新观念传播给了更多的读者。诚如论者所言，晚清报刊为中国人提供了一个有效的平台，使他们得以在比传统社会组织规模更大的群体中相互沟通，彼此交流对中国与外在世界的理解与感情。它将原本松散的中国社会黏合成一个政治体（political body）。[⑥]

---

① 《日人侮我太甚》，《新民丛报》第25号，1903年2月11日，第81页。

② 《论日本人类馆刻画中国人吸烟缠足情状事》，《大公报》（天津）1903年3月10日。

③ Benedict Anderson, *Imagined Communities*, pp. 42-46.

④ 丁守和主编《辛亥革命时期期刊介绍》第1集，人民出版社，1982，"说明"，第1页。

⑤ 史和、姚福申、叶翠娣编《中国近代报刊名录》，福建人民出版社，1991，第393—419页。

⑥ Guoqi Xu, "Nationalism, Internationalism, and National Identity: China from 1895 to 1919," in C. X. George Wei and Xiaoyuan Liu, eds., *Chinese Nationalism in Perspective: Historical and Recent Cases* (Westport, Connecticut: Greenwood Press, 2001), p. 104. 有关晚清报刊与中国国族想象的密切关系，参见姜红《"想象中国"何以可能——晚清报刊与民族主义的兴起》，《安徽大学学报》（哲学社会科学版）2011年第1期。

那么，晚清知识分子又是通过怎样的方式来进行中国国族的想象呢？

许多研究民族主义的学者都注意到国族所具有的自相矛盾的两面性：国族虽然是在近代的民族主义风潮中，通过一系列符号与仪式，被建构出来的人为文化产物，但是，几乎所有的民族主义者对自身“国族”的表述与宣示，却都是将之视为具有久远绵长的历史，并由血缘、语言、宗教等根基性纽带相维系的共同体。用安德森的话来说：“纵使众所公认，民族国家是‘崭新的’、‘历史性的’，但是在政治上以民族国家为表现形式的‘国族’，却总是从一个邈远而无从追忆的过去中浮现出来。”[①] 也正因如此，民族主义才能激发国族成员自然的归属感，创造出一种文化情境，使得原本互不相识的陌生人产生同属一体的连带感。在这个意义上，国族具有“神话”的特质，它是借助于想象来实现的认同范畴。而这个范畴所以形成，往往又是透过对群体“过去”的选择、重组乃至虚构，来创造自身的共同传统，以便界定群体的本质、树立群体的边界，并维系群体内部的凝聚。[②] 换言之，国族的象征性建构，实与所谓“历史的意识形态”密切相关。徐迅便指出：在各国的民族主义运动史上，通常都是由知识分子此一社会阶层，承担起民族主义意识形态之创造者与诠释者的角色。他们“抉隐发微于古籍，牵强附会于现实，编造出‘自古以来’的民族发展史，指称民族祖先，发明民族符号，从而为民族主义意识形态提供文化理论基础”。也就是在操弄历史记忆及思古怀旧情绪的过程中，关于“国族”的神话，被编织了出来。[③]

不过，主张“族群象征论”（ethno-symbolism）的安东尼·史密斯（Anthony D. Smith）却对安德森等人的理论多所批评。他认为，国族虽然是与西方“现代性”相伴而生，却并非纯属“发明”或“想象”的产物，而是在其原有之族群传统的基础上被“重新建构”而成。任何国族的“发明”或“想象”，都不可能凭空而生，族群的过去必然会限制“发明”的挥洒空间。[④]

---

① Benedict Anderson, *Imagined Communities*, p. 11.

② 王明珂：《华夏边缘：历史记忆与族群认同》，允晨文化出版公司，1997，第 51 页。

③ 徐迅：《民族主义（修订版）》，第 79 页。

④ Anthony D. Smith, “The Nation: Invented, Imagined, Reconstructed?” in Marjorie Ringrose and Adam J. Lerner, eds., *Reimaging the Nation* (Buckingham: Open University Press, 1993), pp. 9-28. 关于“族群象征论”的简介，参看 Anthony D. Smith, *Ethno-symbolism and Nationalism: A Cultural Approach* (London and New York: Routledge, 2009).

同样的，晚清的民族主义知识分子也绝不是在一片真空的状态下，任意模塑他们心目中的理想“中国”。事实上，他们通过传统文化象征所构成的意义系统，来理解来自西方的“国族”的意涵。他们对中国国族的建构与想象，自然也以中国固有的文化、历史资源为基础，并受到现实政治、社会与经济条件的影响。在这种情境下，晚清知识分子一方面从尘封已久的远古传说，寻觅出一个茫昧难稽的神话人物——黄帝，透过各种叙事策略，将其转化成国族认同的祖源符号，并以之作为界定中国国族边界，区隔国族成员与非成员的表征。在他们的努力之下，辛亥革命前十余年间，中国知识界掀起一股声势浩大的“黄帝热”，在大量报章杂志中，处处可见关于黄帝的记载与论述。而无数个别的“中国人”，遂亦得以借由“黄帝子孙”的称号，跻身中国国族共同体，共同传成一个血脉相连、休戚与共的整体。我们甚至可以说，“黄帝”乃是晚清国族建构过程中效力最为强大、影响最为深远的一个文化符号。①

另一方面，晚清知识分子也和所有致力于国族想象的民族主义者一样，把建构国族历史视为当务之急。如前所述，历史叙事与国族的建构关系极为密切。晚清知识分子正是基于此一迫切需求，而相率致力于一套中国国族历史的建构。1902 年，梁启超率先举起“史界革命”的旗帜，要求改造传统的中国历史书写方式。他强调，以往中国史家，“不过记述人间一二有权力者兴亡隆替之事”，他们所写的历史，“实不过一人一家之谱牒”；而真正的历史，“必探察人间全体之运动进步，即国民全部之经历，及其相互之关系”。以此标准而论，“虽谓中国前者未尝有史，殆非为过”。② 在他的号召下，以“民史”为标榜的“新史学”，遂成为晚清知识分子争相从事的重要工作。在这套由 19 世纪欧洲之“直线进化史观”所支配的史学典范引导下，中国国族，透过一套由新的语词与叙事结构所构成的论述策略，被建

① 关于黄帝与近代中国国族想象的关系，论者甚众，参看沈松侨《我以我血荐轩辕：黄帝神话与晚清的国族建构》，《台湾社会研究季刊》第 28 期，1997 年；孙隆基《清季民族主义与黄帝崇拜之发明》，《历史研究》2000 年第 3 期；王明珂《论攀附：近代炎黄子孙国族建构的古代基础》，《中央研究院历史语言研究所集刊》第 73 卷第 3 期，2002 年；罗志田《包容儒学、诸子与黄帝的国学：清季士人寻求民族认同象征的努力》，《台大历史学报》第 29 期，2002 年；石川祯浩《20 世纪初年中国留日学生“黄帝”之再造——排满、肖像、西方起源论》，《清史研究》2005 年第 4 期。

② 梁启超：《中国史叙论》，《饮冰室文集之六》，第 1 页。

构成一个根基性、本质性、统一而连续的集体偶像，并进而取得中国历史主体的特权地位。相应于此，中国的“过去”又反过来在这套“国族叙事”的支配下，被转化成为“国族”起源、发展的历程。从梁启超所撰写的《爱国歌》，便可以看出在炽热的国族感情激励下，中国的“过去”如何克服了所谓的“无国”之困境，并摆脱历代王朝兴衰的窠臼，被表述成一个整体性国族连续而悠久的光荣“历史”：

> 彬彬哉！我文明。五千余岁历史古，光焰相续何绳绳，圣作贤述代继起，浸濯沉黑扬光晶。……结我团体、振我精神，二十世纪新世界，雄飞宇内畴与伦？可爱哉！我国民。可爱哉！我国民。[①]

也就是在这一片欢欣鼓舞的讴歌颂赞声中，“中国”作为一个现代意义的国族共同体，终于孕育成形。[②]

可想而知，晚清知识分子万流并进，共同努力以建构中国“国族”，其所期望的，乃是一个同质而整体的政治共同体。然而，许多关于国族建构的研究指出：任何共同体的建构，事实上都遵循着区隔“我群”与“他群”的“排拒性”原则。而不同的“排拒性”原则，自不免形塑出迥然异趣的“国族想象”，也可以促生截然不同的“国族计划”。[③] 因而，国族并不是一成不变的恒定事物，而是一套随着具体脉络与现实条件的不同，变易不居的论述形构。中国的情形也不例外。晚清知识分子对于如何厘划中国国族的界限，同样有着极为不同的认知与诠释。在清朝满汉族群矛盾与政治权力竞逐的具体历史情境中，他们基于对政治现实的不同体认、解决中国问题的不同策略与夫彼此分歧的政治利益，对于“中国”之为何物、“中国人”之何以为中国人，也有着迥然异趣的论述方式。

---

① 梁启超：《爱国歌四章之三》，《饮冰室文集之四十五（下）》，第 21—22 页。

② 关于晚清史学革命与国族建构的关系，参见黄进兴《中国近代史学的双重危机：试论“新史学”的诞生及其所面临的困境》，《中国文化研究所学报》（香港）新 6 期，1997 年；沈松侨《振大汉之天声——民族英雄系谱与晚清的国族想象》，《中央研究院近代史研究所集刊》第 33 期，2000 年。

③ Floya Anthias & Nira Yuval-Davis, *Racialized Boundaries: Race, Nation, Gender, Colour and Class and the Anti-racist Struggle* (London: Routledge, 1992), pp. 28-29.

根据对国族边界的不同建构方式，我们或许也可以把晚清知识分子所想象的中国国族区分为三种类型：族群（或种族）的国族、文化的国族与政治的国族。下文，我们为了讨论的方便，将分别以章太炎、康有为与梁启超三人为主要代表，探究这三种国族类型在20世纪初年的建构过程。①

三　黄帝子孙——作为族群共同体的中国

1907年，晚清知识分子群体正因革命与立宪的不同立场论战方酣之际，倡言“排满”的章太炎为了批驳立宪派杨度等人的主张，在革命党的机关报《民报》上发表了一篇类似建国宣言的文章，陈述他对中国政治前途的期望。在这篇文章中，章太炎主张把推翻清朝后所建新国，定名曰“中华民国”。② 所以然者，盖“华”之为义，与“夏”“汉”诸名，皆为远古以来汉人族群为“表别殊方”，与其他族群相区隔，所使用之自我称谓。因而，“建汉名以为族，而邦国之义斯在；建华名以为国，而种族之义亦在”。换句话说，以“华”名国，意味着中国国族只能是由汉人族群所组成的政治共同体。他认为，唯有如此，一个崭新的民族国家——“中华民国”，才能真正成立。③

如上所述，传统中国的族类意识由来甚古，宋代以后，更蔚为汉族士人分辨华夷、攘斥外族的基本文化资源。章太炎以汉族为主体的国族论述，显然也承袭了此一历史遗产。不过，中国传统所谓“族类”，并无固定不变之内涵，华夷之间的边界，也往往只是特定历史情境下的偶然产物。然而，章太炎与其同时代知识分子所理解的“汉族”，却混杂了来自西方的“种族”

① 当然，这三种国族类型之间并没有巍然壁立、不可逾越的森严界限，而是相互渗透、彼此交叠，共同构成一套既对立又依存的复杂关系。同样的，章、康、梁这三位著名知识分子丰富多彩的思想内涵，也远远不是用这三种国族想象类型所能轻易概括。因此，本章所做的类型分析，不过是历史诠释的方便法门，只能借以约略显示近代中国国族想象的大致形貌与基本进路而已。

② 据考订，最早以“中华”二字为中国命名者，仍是梁启超。1902年，他在政治小说《新中国未来记》中，便以“大中华民主国”来称呼其理想中的新中国。1903年，邹容也将革命后的中国定名为“中华共和国”。至于“中华民国”一名的正式出现，则首见于1906年孙中山所制定的《中国同盟会方略》。参见郭双林《门罗主义与清末民族国家认同》，第338页。

③ 太炎：《中华民国解》，《民报》第15号，1907年，第1—17页。

概念，进一步被转化成一个以根基性的血缘纽带相联系的生物性范畴。[①]

所谓“种族”（race），原为近代西方的产物。古代西方世界，并无“种族”的概念。及至16世纪，“种族”一词逐渐出现于西方各主要文字的词汇中，唯其意涵与其现代用法仍风马牛不相及。等到启蒙运动以后，随着西方生物科学的发展与海外拓殖，种族才又慢慢转化成为一套根据血统、祖源、体貌、肤色等生物性体质特征来区辨人群的分类范畴。[②] 19世纪后期，此一概念经由日本学者的译介，并结合“物竞天择，适者生存”的社会达尔文主义论述，迅速流传于中国知识分子群中。[③] 戊戌前后，“保种”“种战”的呼声即已席卷一世。皮锡瑞在长沙南学会宣讲时便强调：世界人种分为黄、白、红、黑四种，彼此竞争，红、黑二种之人，野蛮无识，为白种人所消灭殆尽。而中国黄种之人，虽有聪明才智，不逊白种，却不知讲求开通，致为西人所凌逼，“将有灭种灭教之惧”。[④] 此后，“种族”之义浸濡日深，蔚为晚清时人认识自我、解释世界的重要概念框架。鼓吹革命的陈天华，便把全球人类分为黄、白、黑、棕、红五个人种，而每个人种又可细分为若干亚种；以黄种而言，“则十八省的人，皆系汉种”。[⑤] 即便是日后鼓吹以“国民”取代族群、文化，作为中国国族之基本构成原则的梁启超，其最初所提出的国族认同，同样是以“种族”为依归：“对于白、棕、红、黑诸种，吾辈划然黄种也。”[⑥]

经过“种族”观念的渗透，传统“族类”论述染上极其强烈的生物学色彩，也促生了以“血统”作为“民族”构成之首要因素的看法。[⑦] 在这种种族化的民族观支配下，“汉族”作为一个族群团体，实已偏离传统“华

---

① 关于近代中国之“种族”概念，参看 Frank Dikötter, *The Discourse of Race in Modern China* (Stanford: Stanford University Press, 1992)，尤其第四章，“Race as Nation”, pp. 97-125.

② Ivan Hannaford, *Race: the History of an Idea in the West* (Baltimore: The John Hopkins University Press, 1996), pp. 4-9.

③ 郝时远便指出：“种族”一词在近代中国被广泛运用。之所以如此，除了历史传统外，还与日人“同种一族”攘夷自强的成功，以及西方社会达尔文主义和人种学知识的传入直接相关。参见郝时远《中文“民族”一词源流考辨》，《民族研究》2004年第6期。

④ 《皮鹿门学长南学会第六次讲义·论保种保教均必先开民智》，《湘报类纂》第1册，光绪二十八年刊本，大通书局1969年影印本，第370—374页。

⑤ 陈天华：《猛回头》，《陈天华集》，湖南人民出版社，1982，第28页。

⑥ 梁启超：《中国史叙论》，《饮冰室文集之六》，第7页。

⑦ 郝时远：《中文“民族”一词源流考辨》，《民族研究》2004年第6期。

夷之辨”对历史、文化条件的强调，转而诉诸血统、祖源等生物性因素，在我族与外族群体之间，划下一条不容逾越的“自然”界线。章太炎在上引同一篇文章中，便认为文化乃“种族”的衍生产物，甚至强调“文化相同，自同一血统而起”，如果两种血统截然不同、彼此对立，则“虽欲同化莫由”。换言之，他根本否定了不同族群经由文化接触，渐次同化混融的可能性。

既然民族与种族息息相关，密不可分，许多晚清知识分子在20世纪初期展开中国的国族建构时，他们所能想象的“中国”，便不能不是一个同一血统传承之人群所构成的族群共同体：“中国”，只能是由汉族所组成的单一民族国家。1903年，湖南留日学生所创办的《游学译编》中的文章，便直截了当地说道：“民族建国者，以种族为立国之根据地；以种族为立国之根据地者，则但与本民族相提携，而不能与异民族相提携，与本民族相固着，而不能与异民族相固着。”[①] 柳亚子在《民权主义！民族主义!》一文中也说道：“人种的起源，各各不同，就有种族的分别，凡是血裔风俗言语同的，是同民族；血裔风俗言语不同的，就不是同民族。”[②] 及1905年《民报》创刊，汪精卫更明白宣示“民族的国民”之建国方针，号召汉族大众奋起实践民族主义之要求，“以一民族为一国民”。[③] 在这样的论述策略下，国家、国民与种族，殆已混而为一。我们或许可以把这样的国族建构模式，定位为一种“族群的民族主义”（ethnic nationalism or ethnonationalism）。

晚清知识分子以血统、种族来区划中国国族之边界，其现实作用，也正是在树立汉族的主体地位，将其他族群刻意排除于“中国”之外。《革命军》的作者邹容便强调：“中国者中国人之中国也”，因此，“有异种贱族染指于我中国，侵占我皇汉民族之一切权利者，吾同胞当不惜生命共逐之，以复我权利”。[④] 刘师培也说：“同种者何？即吾汉族是也；祖国者何？即吾中国是也。……中国者，汉族之中国也。叛汉族之人，即为叛中国之人；

---

① 《民族主义之教育》，《游学译编》第10期，1903年9月，张枬、王忍之编《辛亥革命前十年间时论选集》第1卷上册，第405页。

② 弃疾（柳亚子）：《民权主义！民族主义!》，张枬、王忍之编《辛亥革命前十年间时论选集》第2卷下册，第814页。

③ 精卫：《民族的国民》，《民报》第1号，1905年，第31页。

④ 邹容：《革命军》，张玉法编《晚清革命文学》，第127页。

保汉族之人，即为存中国之人。”[①] 在他们看来，中国长期以来之所以“国魂”消亡、对外不竞，中国民众之所以沦为“奴隶”、不克超拔而为“国民”，其根本症结，固应归诸“满洲异族”之压制。因此，中国问题之真解决，端系乎汉人民族意识之觉醒；而欲达成“民族建国”之目标，便不能不从“排满革命”入手。1903 年，章太炎在上海狱中答复新闻记者对其革命动机的询问时说：“夫民族主义，炽盛于二十世纪，逆胡膻虏，非我族类，不能变法当革，能变法亦当革；不能救民当革，能救民亦当革。”[②] 在这样的号召之下，醉心于救国建国之国族大业的知识分子，遂相率投身于“种族革命”。一时之间，“排满”、复仇之声，震动中外，深入人心，辛亥革命期间出版的《光复军志》便说：1903 年以后，“清命既讫，汉族重光，其谈政治革命者，始亦尝声满天下，一时皆屏迹卷舌，不复敢吐气，独言种族革命者暴称焉”。[③] 由此可见，晚清的“反满”革命运动，固有其政治资源竞争的现实层面，而高度种族化的国族论述，于彼时深入人心，几为人人所晓，确实也为革命实践提供了有利的意识形态基础与强大的感情动力。

另一方面，以“种族”为“国族”的论述策略，所以能在晚清席卷一世豪杰，掀动无数人心，亦自有其深厚的社会与文化基础。如众所知，中国的社会组织长久以来大抵是以家族制度为本位。而“族群民族主义”以血缘为中心所建构出的国族共同体，恰可与家族制度长期形塑而成的社会深层意识相呼应。在晚清的“族群民族主义”论述中，“中国”正是透过传统家族制度所模塑而成的“符号宇宙”（symbolic universe），被想象成一个扩大化的家族。1903 年，《江苏》杂志发表的《中国民族之过去及未来》一文便说：“合众家族而为集合体者曰民族。民族者，由家族而发达，同一系统于始祖，其民族之势强盛，同民族之人同其福；其民族之势衰弱，同民族之人同其祸，其关系顾不切哉。”[④]

“中国”既然是一个大家族，血统、祖源、同胞等概念自然成为晚清提倡“族群民族主义”的知识分子赖以鼓铸国族意识、凝聚国民群体的主要

---

① 刘师培：《论留学生之非叛逆》，《苏报》1903 年 6 月 22 日。

② 章太炎：《狱中答新闻报》，汤志钧编《章太炎政论选集》上册，第 233 页。

③ 龚翼星：《光复军志》，转引自王春霞《“排满”与民族主义》，社会科学文献出版社，2005，第 122 页。

④ 効鲁：《中国民族之过去及未来》，《江苏》第 3 期，1903 年，第 2 页。

符号资源。为此，如前所述，他们从中国的古史传说中，寻得一个茫昧难稽的神话人物——黄帝，奉之为中国民族的“始祖”，以之为“国族认同”的文化符号。经过此一文化重构的过程，个别的中国国民被赋予“黄帝子孙”的身份，并得借由此一祖源符号的转喻，共同传成一个血脉相连、休戚与共的亲族团体。邹容便是利用“黄帝子孙”的叙事策略，来为“反满革命”提供正当性的基础：“中国之一块土，为我始祖黄帝所遗传。子子孙孙，绵绵延延，生于斯、长于斯、衣食于斯，当共守，其勿替。”① 陈天华也说：“汉种是一个大姓，黄帝是一个大始祖，凡不同汉种，不是黄帝的子孙的，统统是外姓，断不可帮他的。若帮了他，是不要祖宗了。”② 1907 年成立于东京的共进会，更在所发布的宣言中极力诉求于“黄帝子孙”此一意象所召唤出的亲族感情：“须要晓得我们是汉人，同是轩辕黄帝子孙，全中国四百兆人，都是同胞，好像个大家庭——所以我们才要……共拼死力，有进无退的去杀满人鞑子，取回中国，仍旧汉人作主，才算是英雄。”③

在这样的国族论述下，晚清知识分子所鼓吹的“族群民族主义”意识形态，实际上乃是一种糅杂着家族、种族与国族等不同概念范畴的“混杂论述”（hybrid discourse）。然而，这套论述策略，却在当时发挥了无与伦比的强大效应。倡言“排满”的激进人士，固然挟此以为种族革命之宣传；即便是反对“排满”，主张超越族群界限，另循他途，以铸造中国国族的康有为、梁启超诸人，也不能不汲引“黄帝子孙”的符号资源，来进行他们对于“中国”的想象。1899 年，康有为在加拿大华人小区发表演讲，便说：“我国皆黄帝子孙，今各乡里，实如同胞一家之亲无异。”④ 1904 年，梁启超为亚雅音乐会撰作《黄帝》乐曲四章，极力颂扬黄帝功德，同样也是从“家族”与“种族”的角度，来激励国人的国族意识。⑤ 因此，我们或许可以把这种“族群民族主义”的国族建构模式，视为支配近代中国国族想象

① 邹容：《革命军》，第 127 页。

② 陈天华：《警世钟》，《陈天华集》，第 81 页。

③ 李白贞：《共进会成立到武昌起义前夕的活动》，转引自王春霞《“排满”与民族主义》，第 219 页。

④ 康有为：《在鸟喊士晚士咑埠演说》，汤志钧编《康有为政论集》上册，第 403 页。

⑤ 词曰：“巍巍我祖名轩辕，明德一何远。手辟亚洲第一国，布地金盈寸。山河锦绣烂其明，处处皆遗念。嗟我子孙！保持勿坠乃祖之光荣。”见梁启超《饮冰室诗话》，《新民丛报》第 57 号，1904 年 11 月 7 日，第 91—92 页。

的主流模式。事实上，直到民国成立，改行“五族共和”十余年后的1924年，孙中山在广州演讲三民主义，还是把民族构成的首要因素，归结于“血统”。[①] 即使到1937年，齐思和仍然需要特意撰文，阐发“民族”与“种族”的重大差异，以矫正国人根深蒂固的错误认知。[②] 而在日常生活中，华人也往往不自觉地将“黄帝子孙”当作一项主要的认同符号。由此而言，晚清知识分子基于特定政治目标，建构出一个作为族群共同体的“中国”，固然有力地推动了近代中国国族计划的开展，同时却也严重地局限了此一计划所可能激发的想象空间。

四　保教保国——作为文化共同体的中国

面对着革命党人“以种族为国族”的“族群民族主义”的强大压力，矢志保皇立宪的康有为，同样也在1907年发表了一篇文章，试图在祖源、血统等生物性因素之外为中国国族的塑造找出另外一条可能的途径。

如果说，晚清革命派鼓吹“排满”，要求建立单一汉族民族国家的思想根源，主要来自传统“族类”观念中“严夷夏之防”的封闭性面向，那么，康有为所运用的策略，便是动员“族类”观念中具有开放性的另一侧面，来为破除满汉族群畛域的政治主张提出辩解。如前所述，中国旧有以夷夏之辨为表征的族类观念，原无固定不变之内涵，夷、夏之间的界限也是随着现实政治形势与族群力量对比的变化不断迁易流转。一般而言，政治情势越不利于汉族，则汉族士人越趋向于以种族、血统等“自然”界限划断夷夏；反之，则所谓夷夏的分野，往往是以文化的高下为判准，因而也是可以改变的。在这种相对开放的族群区划中，“中国”一词所表述的，毋宁乃是一个由特定道德、文化秩序所构成的共同体。18世纪，雍正帝手撰《大义觉迷录》，便正是以“文野之分，华夷互变”的文化界限来证明满人统治中国的合法地位。

同样的，晚清的康有为也是凭借着“文化”的尺度，来宣扬满汉混融、同为中国国民的说法。在1907年那篇文章中，他与章太炎同样主张中国国

① 孙中山：《民族主义》，《孙中山选集》，第619页。

② 齐思和：《民族与种族》，《禹贡半月刊》第7卷第1—3期合刊，1937年，第25—34页。

名应改称“中华”。但是，他所谓的“中华”，除了仍旧保留原来的政治形式外，对于“中华”之所以为国的基本组成原则，有着与章太炎截然不同的构想。

一如斯时深受民族主义激荡的中国知识分子，康有为也把中国当作一个高度凝聚的整体。不过，在他看来，造成这种凝聚融合的力量，却并非血统、祖源等生物性要素，而是数千年儒家传统所奠定的道德与文化秩序。以此标准衡量，满人、汉人实同为中国国族的当然成员，固无自树樊篱、强分畛域之必要：

> 国朝久统中夏，悉主悉臣，一切礼文，皆从周、孔，久为中国正统矣。俱为中国，何必内自离析，以生讧衅乎？

因此，康有为呼吁清廷因应列国并立的国际现实，删除满汉名字籍贯，正定国名曰“中华国”，使满、汉、蒙、回、藏诸族群，同为一国之国民，“合同而化，永泯猜嫌”，俾“团合大群，以强中国”。[①] 由此观之，康有为建构中国国族的模式，正是一种“文化的民族主义”（cultural nationalism）式的国族想象。在这种相对开放、较具包容性的国族计划中，任何个人，即使不具特定族群特征，并非“族群国族”（ethnic nation）的成员，依然可以透过特定道德文化秩序的涵化，跻身而为国民。[②]

在康有为的大力鼓吹下，晚清的国族建构过程中遂出现了“孔子”与“黄帝”这两个象征符号分庭抗礼、对峙分流的局面。

早在1895年前后，康有为便已取法西方基督教的先例，提出“孔教”之主张，并倡议以孔子生年作为中国历史纪元之始。[③] 及戊戌年间，康有为受命主持变法，更极力动员孔子符号作为重建中国政治、文化秩序之张本。一时之间，“保教、保种、保国”之说，风行草偃，信从者众，甚至连日后

---

① 康有为：《海外亚美欧非澳五洲二百埠中华宪政会侨民公上请愿书》，汤志钧编《康有为政论集》上册，第611—613页。

② James Kellas, *The Politics of Nationalism and Ethnicity* (New York: St. Martin's Press, 1991), p. 51.

③ 关于康有为之“孔教会”与“孔子纪年”的主张，参见村田雄二郎《康有为与孔子纪年》，王守常编《学人》第2辑，江苏文艺出版社，1992，第513—546页。

以“排满”著称的章太炎，也曾在康有为的影响下，写就《客帝论》一文，提出“以素王（孔子）为共主、以清廷为霸府”的主张。[①]

在康有为最初的构想中，所谓“孔教”与“孔子纪年”，原是与其“三世进化”的公羊学说相配合，并以世界大同为终极旨归，极富宗教性色彩。然而，在“保教”与“保国”相提并举的叙事策略下，“孔子”这个文化符号，却极易转化成为一套用来区划中国国族边界、界定中国国族本质的政治性符号。等到变法失败，康有为流亡海外，创立“保皇会”，以维护清政权、实行政治改革相号召时，“孔子”符号的政治意涵便在保皇与革命激烈对抗的现实形势中日益显豁。康有为曾于宣统年间，在伪托为戊戌奏稿之一的《请尊孔圣为国教、立教部教会、以孔子纪年而废淫祠折》一文中，明确指出：“孔子立天下义、立宗族义，而今则纯为国民义。”[②]

孔子既然一转而成中国国族的指称符号，其所蕴含的国族想象方式自然与革命派所津津乐道的“黄帝”大异其趣。刘师培曾一针见血地指出其间分野：“康梁以保教为宗旨，故用孔子降生为纪年；吾辈以保种为宗旨，故用黄帝降生为纪年。”[③] 换言之，在康有为等人看来，孔子所代表的，乃是一套特定的道德、文化秩序；这一套秩序所体现的价值与意义，乃是数千年来中国赖以存立的命脉所系。以此标准衡量，一个人或一个族群是否得以成为中国国族的成员，最重要的便不在血缘、种性等“既定的”生物性因素，而端视其是否接受这套道德文化秩序。换言之，中国国族与其说是一个由共同祖源与血统所凝聚而成的族群团体，毋宁说是一个由特定道德与文化价值相维系的文化共同体。

在这套以孔子符号为中介所建构的“文化民族主义”意识形态引导下，康有为及其追随者对于晚清激进派矢志“排满”的种族革命主张，当然是不慊于心，亟思有以辟斥之。1902 年，康有为在劝诫梁启超勿妄言革命的公开信中，便援引《春秋》义例，强调“孔子之所谓中国、夷狄之别，犹今所谓文明、野蛮耳”；易言之，华夷之分，固不在种族之畛域，而在文化

① 章太炎：《客帝论》，《章太炎政论选集》，第 85—86 页。

② 康有为：《请尊孔圣为国教、立教部教会、以孔子纪年而废淫祠折》，汤志钧编《康有为政论集》，第 282 页。

③ 无畏（刘师培）：《黄帝纪年论》，《国民日日报汇编》第 1 集，东大陆图书译书局，1904，第 10 页。

之优劣。以此标准而言，满人入关以来，“政教礼俗则全化华风，帝位只如刘、李、赵、朱，满族类于南阳、丰、沛，其余无不与汉人共之”，实无拒之于“中国”之外之理。[①] 同年，他再度致函梁启超，重申前论，说道：“国朝入关，礼乐政教，悉从周、孔，法度风化，悉同宋、明，政权利权，汉人与满人无异，一切平等，帝统皇室，不过如刘、李、赵、朱耳……真不解国人忽有异想也，是不欲野蛮国之进化于吾国而合一之，而必欲文明国之灭亡吾国而奴隶之也。”[②]

康有为这套以文化界限来区划国族边界的论述策略，表面上固然与革命党人“族群民族主义”的国族论述针锋相对、迥不相容；实则，双方对于中国国族的建构方式，可谓同出一辙。他们的入手把柄，也都不外乎对传统历史文化资源的动员与重构。也正因如此，康有为把“中国”比作一个同质之“文化共同体”的想象方式，在当时确曾赢得许多知识分子的支持与拥护，对“反满”革命运动的推展造成相当阻力。如一向汲汲于种族之辨的蒋智由，便在康的影响下，幡然易帜，认为汉族与所谓戎狄，在血统上本为同一种族，其后判然分离，端在文化上“有进化与不进化之别而已”。[③] 即使是创立“光复会”、主张“排满”的蔡元培，在 1903 年撰作《释“仇满”》一文，阐述其革命宗旨时，也袭用了这一套论述策略。他指出，满人其实早已“汉化”，他们在血统上，固然已与汉人混杂；其“言语文字、起居行习”，更是“早失其从前朴鸷之气，而为北方稗士莠民之所同化”。因而，中国国民“一皆汉族而已，乌有所谓‘满洲人’者哉!”他所谓的“仇满”革命，本质上只是反对满洲权贵族垄断政治特权的“政略之争”，而绝非满汉族群之间的“种族之争”。[④] 等到 1907 年，立宪派的后进杨度，更高举满汉融合之帜，明白宣称“满族与汉族，可谓异种族而同民族”。他在著名的长文《金铁主义说》中，便针对“中华”一词之意涵，把

① 康有为：《南海先生辨革命书》，《新民丛报》第 16 号，1902 年 8 月 15 日，第 60—69 页。

② 康有为：《与同学诸子梁启超等论印度亡国由于各省自立书》，汤志钧编《康有为政论集》上册，第 501 页。

③ 观云（蒋智由）：《读历史上中国民族之观察系论》，《新民丛报》第 73 号，1906 年 1 月 25 日，第 69—76 页。

④ 蔡元培：《释“仇满”》，孙常炜编《蔡元培先生全集》，台湾商务印书馆，1977，第 437—439 页。

以文化界定国族的观点发挥得淋漓尽致。他认为，西方学者对“民族”的定义，大致分为“血统说”与“文化说”两派。以中国而言，自古以来便有一文化较高、人数较多之民族在其国中，“自命其国曰中国，自命其民族曰中华”。中国云者，“以中外别地域之远近也”；中华云者，“以华夷别文化之高下也”。故“中华”一词，“不仅非一地域之国名，亦且非一血统之种名”，而是一“文化之族名”。因而，《春秋》之义，专以礼教为标准，而无亲疏之别，“中国可以退为夷狄，夷狄可以进为中国”。自先秦以降，复历经数千年，混杂数千百人种，“而其称中华如故”。由此可见，“华之所以为华，以文化言，不以血统言，可决知也”。就此而论，满汉族群，盖同属中国国族之成员。他说：

> 故欲知中华民族为何等民族，则于其民族命名之顷，而已含定义于其中。与西人学说拟之，实采合于文化说，而背于血统说。华为花之原字，以花为名，其以之形容文化之美，而非以之状态血统之奇……以此而论，今日之中华民族，则全国之中，除蒙、回、藏文化不同、语言各异而外，其余满、汉人等，殆皆同一民族。[①]

此文既出，晚清“文化民族主义”的国族论述可谓完全成形，而与革命派“族群民族主义”的国族论述彼此对峙、分庭抗礼，蔚为当时最受瞩目的两种想象“中国”的模式。流风所被，甚至连清廷也为所歆动，而着手援附“孔子”这一符号，企图借此以宣扬一套“官方民族主义”，来挽救王朝覆亡的危机。1908 年，清廷下诏将革命党人奉为种族革命先驱的晚明大儒王夫之，与顾炎武、黄宗羲等三人，同时配享孔庙。[②] 稽其用心，显然便是企图利用“文化民族主义”的论述策略，将“王夫之”此一历史符号重加整编，将之纳入“孔子”符号所代表的文化道德秩序，借以消弭其所蕴含的强烈的汉族族群意识。

此后，康有为保皇立宪的政治主张虽然未能遏抑革命洪流，不旋踵而隐入历史的幕后，然而，他所提出的“文化共同体”的国族建构模式，却

---

① 杨度：《金铁主义说》，刘晴波主编《杨度集》，湖南人民出版社，1986，第 372 页。

② 见章太炎《王夫之从祀与杨度参机要》，汤志钧编《章太炎政论选集》上册，第 426 页。

是余音袅袅，久而不歇。我们从20世纪末一度喧腾众口的“文化中国”的提法，或许仍可窥见此一国族论述的流风余韵。

吊诡的是，原本以孔子为表征的普世性道德文化秩序被“国族化”后，固然可以为康有为融合满汉的主张提供重大助力，却也可以促生另外一套与“排满”之种族革命相呼应的“文化民族主义”论述。当时，便有一些倡言“排满”的知识分子，针对“孔子”所表述的政治意涵，提出与立宪派截然不同的诠释。1906年，《鹃声》杂志刊载《中国已亡之铁案说》一文，便极力宣扬孔子的“攘夷思想”。该文作者强调，中国立国之本原，正是孔子所代表的攘夷思想，“以孔教为主，即莫不以攘夷为事，此亦国民之总意也。此吾中国立国以来之惯习，而中国之国粹也”。因此，如果孔子生于今日，“推其所学之宗旨，必为第一排满革命家”。[①] 另一方面，1905年，邓实、黄节等人也在上海成立国学保存会，发行《国粹学报》，并提出“保种、爱国、存学”的口号，号召国人不仅应奋起反抗外来侵略，更应努力发扬传统文化，“爱国以学”。[②] 但是，国粹派所提倡的“文化民族主义”，却与康有为貌合神离，截然异趣。他们宣扬的“国粹”，非但不是融合满汉的重要凭借，反而正与“排满”的政治目的紧密相连，蔚为推动种族革命的思想武器。章太炎也认为维系人群的纽带，除生物性的种族特征外，也还需要语言、风俗、历史等文化因素。因而，他赴日后特意开办国学讲习社，以振兴国粹为职志，其目的却非“要人尊信孔教”，而是“要人爱惜我们汉种的历史”，以发扬种性精神。[③] 刘师培在《两汉种族学发微论》一文中，更把“辨种族”视为传统“国粹”的精义所在：“辨别内外，区析华戎，明于非种必锄之义，使赤县人民咸知国耻，故奋发兴起，扫荡胡尘，以立开边之功，则诸儒内夏外夷之言，岂可没欤？”[④]

由此可见，康有为以“文化”来区划中国国族边界的做法，实难免于其内在矛盾与歧义的纠结。以孔子为代表的“中国文化”，也依然是现实政治斗争所假以进行的重要场域。

---

① 铁铮：《中国已亡之铁案说》，《鹃声》再兴第1号，1906年，转引自丁守和《辛亥革命时期期刊介绍》第1辑，人民出版社，1982，第559页。

② 郑师渠：《近代中国的文化民族主义》，《历史研究》1995年第5期。

③ 章太炎：《东京留学生欢迎会演说辞》，汤志钧编《章太炎政论选集》上册，第276页。

④ 刘光汉：《两汉种族学发微论》，《国粹学报》第1年第11期，1905年12月16日，第1a页。

五　五族共和——作为政治共同体的中国

从以上两节关于章太炎与康有为的讨论，或可窥见，他们在推动中国国族想象的过程中虽然各自提出截然异趣的论述模式，但是他们之间的差距其实并没有外在形迹所显示的那般遥远。一方面，如前所述，他们都曾利用传统的“族类”概念来建构现代中国国族，只不过双方所侧重的面向有所轩轾而已。另一方面，更为重要的是，他们对于究竟应该以文化还是血缘来厘定“中国”的边界，也并没有前后一贯、坚定不移的立场。反之，他们的态度始终游移不定，暧昧难明。这种彷徨犹豫的心理状况在梁启超身上表现得尤为显著。

梁启超身为康有为的弟子，最初对于师门“孔教”之说，可谓拳拳服膺，宣扬甚力。1899 年渡日之初，他在日本哲学会上演说，仍反复强调中国“宗教革命”之必要，以为“欲振兴东方，不可不发明孔子之真教旨”。[①] 此后，梁启超虽然立场转变，提出“保教非所以尊孔”的主张，不过他对孔子所代表的传统文化伦理价值，基本上仍抱持着肯定的态度。20 世纪初年，倡议“排满”的革命党人，以“族群民族主义”相号召，并据此重新建构中国的过去，将之转化为汉族的族群历史。梁启超对他们纯粹根据族群分野来评骘历史人物的武断做法便深致不满。当时，革命党人大力颂扬 19 世纪中期举兵反清，创建太平天国的洪秀全，称之为“民族英雄”，奉之为中国帝王世系的正统。反之，为维护儒家传统文化道德秩序而赞襄清廷弭平大乱的曾国藩，则被指责为“助异族以残同类”的“汉奸”，甚至被痛诋为“背祖忘宗”“狗彘不若”的大憝恶逆。为此，梁启超特在 1903 年撰文驳斥。他对洪秀全起义的动机颇表怀疑，认为洪虽以“民族主义”相标榜，而稽考其行止，殆全出一己之私图。反之，他对曾国藩肫恳笃行的道德操守以及捍卫传统文化价值的不世勋业，可谓无任景仰钦迟；他甚至认为：“使曾文正生今日而犹壮年，则中国必由其手而获救矣”。[②] 由此可见，梁启超斯时秉持之立场，殆不出康有为所立矩矱，亦即：标举

---

① 梁启超：《论支那宗教改革》，《饮冰室文集之三》，第 55 页。

② 梁启超：《新民说·论私德》，《新民丛报》第 38、39 号合刊，1903 年 10 月 4 日。

“文化民族主义”以与革命派的“族群民族主义”相抗衡。

另一方面，就其对“黄帝”符号的高度认同而论，梁启超其实也并未能摆脱“种族”意识的纠缠。早在1897年梁启超于湖南主讲时务学堂期间，“非徒心醉民权，抑且于种族之感，言之未尝有讳”，并曾翻印《明夷待访录》《扬州十日记》等书，秘密传布，以宣扬“种族革命”之思想。[①]逮流亡日本之初，更与激进党人时相交往，“民族建国”之念日益炽盛。1902年，他在写给康有为的信函中，便坦白陈述一己私衷：“今日民族主义最发达之时代，非有此精神，决不能立国……而所以唤起民族精神者，势不得不攻满洲。日本以讨幕为最适宜之主义，中国以讨满为最适宜之主义，弟子所见，谓无以易此矣。”[②] 而即使与革命派正式决裂，政治态度转趋保守之后，他的种族思想依然“蟠结胸中，每当酒酣耳热，犹时或间发而不能自制”；对于“黄帝子孙”之对外不竞，长期屈服于“北方贱种”的奇耻大辱，更是痛心疾首，耿耿于怀。[③] 由此可见，梁启超在晚清时期对于中国国族边界的区划标准，可谓依违于“种族”与“文化”两端，出入于“黄帝”与“孔子”之间，并无确凿不移的固定立场。

但是，如果进一步深入观察，在梁启超“所执往往前后相矛盾”的多变面貌下，亦自有其未尝稍变的核心信念。质言之，晚清时期梁启超所真正关怀的目标，其实并非“文化”或“种族”，而是作为一个政治实体的“中国”。[④] 用当时流行的术语来说，在晚清知识分子所提出的各种建构中国国族的策略中，他所选择的道路，既非“保种”，也不是“保教”，而是“保国”。他在1902年便曾如此夫子自道：“窃以为我辈自今以往，所当努力者，惟保国而已。若种与教，非所亟亟也。”[⑤] 我们从上举他在讨论孔教、曾国藩与“排满”革命诸事上所运用的修辞策略，也约略可以觉察此中消息。

① 梁启超：《初归国演说辞·鄙人对于言论界之过去及将来》，《饮冰室文集之二十九》，第2页；梁启超：《清代学术概论》，中华书局，1980，第62页；丁文江：《梁任公先生年谱长编初稿》上册，世界书局，1972，第43—44页。

② 丁文江：《梁任公先生年谱长编初稿》上册，第157页。

③ 梁启超：《申论种族革命与政治革命之得失》，《饮冰室文集之十九》，第43页；《黄帝以后第一伟人赵武灵王传》，《饮冰室合集·专集之六》，中华书局，1936，第1页。

④ 参见黄进兴《梁启超的终极关怀》，《史学评论》第2期，1980年，第85—99页。

⑤ 梁启超：《保教非所以尊孔论》，《饮冰室文集之九》，第51页。

在1902年所撰的《保教非所以尊孔论》文中，梁启超反对尊奉孔教为国教的理由，并非对孔子学说本身有所厌弃，而是认为强立国教，对内势将束缚国民思想之自由发展，造成国民内部的纷争，对外则徒滋外交之困扰，平添列强侵华之口实。同样的，他对曾国藩的颂扬，也刻意着重其人足以拯救中国于危急的政治作用。而他早期之所以倾向“排满”革命，则是因为他认为此实为唤起国人“民族精神”的最佳手段，而“民族精神”恰是中国在列国竞争的世界局势中自强图存的唯一凭借。[①] 至于1903年以后，他所以转而反对种族革命的主张，也还是出于对“复仇”必将导致“亡国”的疑惧。他说：“故两者比较，吾宁含垢忍痛，而必不愿为亡祖国之罪人也。”[②] 由此诸端，灼然可见，不论是鼓吹“文化的中国”，抑或是标榜“种族的中国”，任公所真正关心的，还是作为一个政治实体的中国国家的存亡绝续。“黄帝”也罢，“孔子”也罢，其实都是被他用来凝聚国民的群体认同，实现“国家理由”（reason of the state）的方便法门。

既然国家乃是第一要义，那么，当中国面临外敌交侵、国亡无日的严峻危机时，自应尽速动员国内一切力量，结为大群，共御外侮，断无同室操戈，强立族群、文化之畛域，以滋国族内部纷扰之理。早在1898年底，梁启超抵日未久，便曾以同舟共济之喻，呼吁清廷施行改革，消弭满汉之间的族群界限。[③] 此后，他在反省中国积弱不振的缘由时，仍是把“满汉分界，而国民遂互相猜忌”视为导致中国沦为“世界第一病国”的祸源厉阶。[④] 等到1903年，他在大力抨击革命派的“排满”主张之余，更明白喊出“大民族主义”的口号，呼吁国内诸民族相互混融，共组一大民族，一致对外：

> 吾中国言民族者，当于小民族主义之外，更提倡大民族主义。小民族主义者何？汉族对于国内他族是也；大民族主义者何？合国内本部、属部之诸族，以对于国外之诸族是也。……自今以往，中国而亡则已，中国而不亡，则此后对于世界者，势不得不取帝国政略，合汉、

① 梁启超：《国家思想变迁同异论》，《饮冰室文集之六》，第22页。
② 梁启超：《申论种族革命与政治革命之得失》，《饮冰室文集之十九》，第43页。
③ 梁启超：《变法通议·论变法必自平满汉之界始》，《饮冰室文集之一》，第77—83页。
④ 梁启超：《中国积弱溯源论》，《饮冰室文集之五》，第63页。

合满、合蒙、合回、合苗、合藏，组成一大民族，提全球三分有一之人类，以高掌远跖于五大陆之上，此有志之士，所同心醉也。[①]

梁启超所谓的“大民族主义”，可说是一种以国家为中心的“政治民族主义”，从而有别于革命派以族群为中心的“小民族主义”。不过，梁启超最初鼓吹“国群”观念，仍未完全摆脱种族与文化意识的羁绊。他在《论变法必自平满汉之界始》文中，便是从“泛黄种主义”的“种战”论述出发，把满汉融合的必要性，归结于全球性种族竞争的必然逻辑。[②] 即使在1903年所提出的“大民族主义”，也还是奠基于满、汉族群在“语言文字、宗教、风俗”等文化因素上早已混融无间的假设之上。他甚至认为，依据伯伦知理对“民族”的定义，满人实已完全同化于汉人，“而有构成一混同民族之资格者也”。[③] 从这些面向而论，梁启超对中国国族的想象，毕竟仍未冲决章太炎与康有为两人所树立的网罗。

虽然如此，也正是在1903年，梁启超的国族思想又发生了突破性的变化。是年，他往游“新大陆”，亲见在美华人之顽固鄙陋，彼此之间地域宗族之畛域，较诸内地，尤为森严。梁启超受此刺激，痛感仅借种族或文化之联系，断不足以融国人为一大群。中国苟欲抗御“民族帝国主义”的侵略，求存于“优胜劣败”的国际竞争大潮，势不能不改采政治之手段，以国家为枢纽，易“族民”而为“国民”。于是，梁乃彻底转向伯伦知理的国家学说，进一步深化他在1903年以前即已萌发的“国群”意识，并正式揭橥前所未曾发明之“国民与民族之差别”的新说法，成为一个坚定不移的国家主义者。[④]

依据梁启超对伯伦知理国家学说的理解，所谓“国民”，实与当时人所极力宣扬之“民族”，有着根本上的差异，不能混为一谈。质言之，“族民”

---

① 梁启超：《政治学大家伯伦知理之学说》，《饮冰室文集之十三》，第75—76页。

② 梁启超：《变法通议・论变法必自平满汉之界始》，《饮冰室文集之一》，第83页。

③ 梁启超：《政治学大家伯伦知理之学说》，《饮冰室文集之十三》，第75—76页；参见梁启超《申论种族革命与政治革命之得失》，《饮冰室文集之十九》，第29—31页。

④ 张佛泉：《梁启超国家观念之形成》，《政治学报》（台北）第1期，1971年，第37页；Hao Chang, *Liang Ch'i-ch'ao and Intellectual Transition in China, 1890-1907* (Cambridge, Mass.: Harvard University Press, 1971), pp. 238-254.

或“民族”者，系一文化、历史与社会的范畴，其所赖以存立的基础，在于血统、语言、宗教信仰、风俗习惯等根基性的联结纽带；而“国民”则是一个政治概念，乃构成一个国家的实体与主体，而其得以形成，必赖一有意识的政治作为与一套明确的法制结构，俾人人得以参与其间，共建一国。[①] 他承认“民族”与“国民”二者，虽属异物，性质却颇相密接，因而常生混淆。但是，民族主义所主张的“单一民族建国论”，绝非建设现代国家独一无二之途径。现代国家所真正需要的，毋宁乃是“国民之资格”；而所以铸就“国民资格”者，“各应于时势，而甚多其途”，固不必拘泥于血统或文化等标准。

从这样一种政治性的国民概念出发，梁启超明白宣称，中国当前之急务，端在推动政治改革，培养健全之国民，以铸造一强固之国家组织。苟不此之图，一味以“排满”之种族革命相号召，殆犹本末倒置，徒为造就国民资格之道增一魔障。[②] 为此，梁启超终于扬弃了他率先提倡的“民族主义”口号，改而高揭“国民主义”与“国家主义”之旗帜。[③] 1906年，他与革命派论战方炽时，便将此一立场鲜明标出：“夫国民主义，则政治革命论之立脚点也；民族主义，则种族革命论之立脚点也。吾认国民主义为国家成立、维持之必要，故主张政治革命论；吾认民族主义为国家成立、维持之不必要，故排斥种族革命论。”[④] 同年，他又在另一篇文章中斩钉截铁

---

① 梁启超：《政治学大家伯伦知理之学说》，《饮冰室文集之十三》，第71—72页；张佛泉：《梁启超国家观念之形成》，《政治学报》（台北）第1期，1971年，第18—19页。

② 梁启超：《政治学大家伯伦知理之学说》，《饮冰室文集之十三》，第73—74页。

③ 按照张佛泉的考订，梁启超先后使用过的“民族主义”、“国民主义”与“国家主义”等三个名词，其实都是nationalism此一概念的不同译名。张佛泉并特别指出：“最值得注意者，即此三个译名，竟渐渐取得其个别含义，而其微妙处，不仅为nationalism一字所不能表达，且已不能以适当名词再译回中文。”大体而言，在梁启超的用法中，“国家主义”含有“国家至上”“一切以国家为重”的意味，“国民主义”主要强调国民自立自主之精神，而“民族主义”一词的重心则落在联合国内各民族，一致对抗外来帝国主义。参见张佛泉《梁启超国家观念之形成》，《政治学报》（台北）第1期，1971年；许纪霖《现代中国的自由民族主义思潮》，《社会科学》2005年第1期。高力克也认为，国家主义是20世纪中国民族主义的一个重要流派，“国家主义”与“民族主义”原本都是nationalism的不同中译。参见高力克《中国现代国家主义思潮的德国源头》，高瑞泉主编《中国思潮评论》第3辑《民族主义及其他》，第57页。就此而论，梁启超在1903年后，并非完全放弃民族主义，而是舍弃了他以前所了解之“民族主义”的部分特定面向。参见郑大华《略论中国近代民族主义的思想来源及形成》，郑大华、邹小站主编《中国近代史上的民族主义》，第13页。

④ 梁启超：《答某报第四号对于新民丛报之驳论》，《饮冰室文集之十八》，第77—78页。

地说道："今日欲救中国，惟有昌国家主义；其他民族主义、社会主义，皆当诎于国家主义之下。"① 由是可见，梁几经周折，最终确立的国族论述，实为一种以国家为中心的国族建构模式。

基于"国家至上"的信念，梁启超认为：作为国民之间的联系，凝聚无数个别国民以成一大群体的力量，不能诉诸分歧多变的种族或语言、文化、宗教等因素，而须仰赖于人为的政治机制。唯有透过一套健全的法制架构与积极、广泛的政治参与，才足以有效凝聚国民的政治意志，使中国成为全体国民认同、归属与效忠的新政治共同体。② 因此，梁在 1903 年之后，一面与革命派多方论辩，极力反对"排满"的种族革命；一面复高声疾呼，要求清廷实施政治改革，借由立宪法、开国会等政治实践，来为中国国民提供一套凝聚共识的法制架构。

在梁启超的大力鼓吹下，晚清的最后数年间，陆续归依于"国家主义"旗下，先后提出与"族群民族主义"相颉颃之国族论述者，颇不乏人。1907 年，杨度创办《中国新报》，在发刊词中，也借用严复所译甄克斯《社会通诠》一书对"宗法社会"与"军国社会"所做的区辨，指出："宗法社会之族，一遇军国社会之族而立败；民族主义之种人、族人，一遇军国社会之国民而立败，此自然淘汰之理"。中国当前正处于从宗法社会到军国社会的过渡阶段，国人的首要任务，端在发挥国民之能力，改造一责任政府，"使中国成一完全之军国社会，以与各军国同立于生存竞争之中，而无劣败之惧耳"。③ 同年，他又进一步在《金铁主义说》文中，明白标举"世界的国家主义"立场，强调：在当前的世界局势下，要想维护国家领土、主权之完整，绝不能诉诸"族群民族主义"的"亡国政策"。他指出，革命党人以种族革命、建立单一民族国家为号召，"独是汉人扑满之后，欲本民族主义，独建立国家以自存于世界，斯亦必为势所不能"。盖今日之中国国家，"其土地乃合二十一行省、蒙古、回部、西藏而为其土地；其人民乃合汉、满、蒙、回、藏五族而为其人民"。因此，"中国之在今日世界，汉、满、蒙、回、藏之土地，不可失其一部；汉、满、蒙、回、藏之人民，不

① 饮冰（梁启超）：《杂答某报》，《新民丛报》第 86 号，1906 年 9 月 3 日，第 52 页。

② 高力克：《中国现代国家主义思潮的德国源头》，高瑞泉主编《中国思潮评论》第 3 辑《民族主义及其他》，第 58 页。

③ 杨度：《〈中国新报〉叙》，刘晴波主编《杨度集》，第 208 页。

可失其一种”。在中国从王朝国家走向现代民族国家的转型之路中，必定要使“土地如故，人民如故，统治权如故”，始得免于亡国之祸。而人民既不可变，“则国民之汉、满、蒙、回、藏五族，但可合五为一，而不可分一为五”。不过，由于蒙古、回、藏等族与满、汉两族处于不同的社会发展阶段，进化程度有别，不符民主立宪国家国民文化高度同质化的基本要求，因而，中国尚无骤然实行民主共和的能力，而必须先实行君主立宪，借由君主的传统权威，来为各族共举国会议员、通用“中国语”，以共同担负国家事务的政体改革，创造必要的条件。唯有如此，才能逐步消弭蒙古、回、藏等族“种族即国家”与“君主即国家”的旧观念，成为“完全之国民”，最终则“中国全体之人混化为一”，融合而成一个“中华民族”，不复再有痕迹、界限可言。①

由以上所举例，或可断言，以梁启超为首的晚清立宪派所试图建构的，乃是一个以国家、宪法与国会作为认同符号的政治共同体；其所遵循的国族想象途径，正不外乎前文所谓之“政治民族主义”的模式。这种“政治民族主义”，在当时曾得到许多倾向立宪改革之知识分子的同情与支持。1908年，革命党重要理论家朱执信便坦陈：“近顷倡国家主义以抗民族主义者日多。虽其论皆久为吾人所驳击，而民众犹信不疑者，以震于国家一名辞耳。”② 甚至连部分革命党人也不免受其影响，逐渐由“排满”的种族革命，转向梁启超所谓的“国家主义”。1907年，宋教仁便曾基于对国家主权、领土的关切，多方考订，写成《间岛问题》一书，论证当时日本人所觊觎之中朝交界的延吉地区一向就是中国的领土。他更坚持“国家领土，国民人人当宝爱之”的原则，不惜冒“协助清廷”之大不韪，把自己写成的著作托人转交给直隶总督袁世凯。清政府利用他的研究成果，才能在与日本的谈判中坚持立场，有效地维护了这一片领土的主权。③ 由此一例，殆略可窥知斯时“国家主义”思想的深入人心。

然而，即使在这种以“国家”为中心的国族论述中，我们依然可以看到种族意识的渗透与干扰。梁启超在反驳革命派单一民族建国的主张时，

① 杨度：《金铁主义说》，刘晴波主编《杨度集》，第304—372页。

② 县解（朱执信）：《心理的国家主义》，《民报》第21号，1908年6月，第13页。

③ 王春霞：《“排满”与民族主义》，第187页；吴相湘：《宋教仁：中国民主宪政的先驱》，文星书店，1964，第47—49页。

便认为民族复杂在中国不成其为问题，因为中国除汉族之外，虽尚有满、蒙古、回、藏、苗诸民族，然其人数寡少，不能当汉族之十一，“借此雷霆万钧之力，无论何族而不得不与我同化”。[①] 杨度所提出的“国民统一之策”，也是以满汉平等、蒙回“同化”为方针。他说：“必待立宪之后，蒙、回、藏地之交通与其教育，与内地同时大兴，满、汉混为一家，大殖民于蒙、回、藏地，人民之交际既密，则种族之感情易消，混同自易。蒙、回同化之后，不仅国中久已无满、汉对待之名，亦已无蒙、回、藏之名词，但见数千年混合万种之中华民族，至彼时而益加伟大、益加发达而已矣。”唯有如此，所谓“国民统一”，才算大功告成。[②] 这些话语充分显示出，即便在梁启超等人所强调之以政治联系为凝聚手段的国民主义国族论述中，依然潜藏着一套阶序性的种族观念。他们所鼓吹的“国民国家”，在这层意义上，实在并未真正超越革命党人“单一国族”的轨范。因而，梁启超等人以政治共同体来界定中国“国族”的论述策略，最终之所以劳而无功，固非无因而致。

另一方面，直接促使梁启超这套国民主义的国族建构蓝图中道摧折、无功而返的因素，却不得不归责于清廷的消极态度。辛丑（1901）以降，清政府迫于时势，乃有新政之推动，其实际成效，固亦有颇足称道者，然而，一旦涉及定宪法、设国会等政治体制的根本改造，满洲权贵实无开放政权之诚意与魄力可言。梁启超日后追思立宪运动之成败，便对清廷“饮鸩以祈速死，甘自取亡”的做法，痛心疾首，极力抨击。[③] 此后，清廷虽迫于朝野士绅迭次请愿之压力，下诏预备立宪，乃新设内阁成员几全属满蒙亲贵，于是舆论大哗，人心尽去，不旋踵间而武昌事起，梁启超等人所极力追求的融合诸民族以成一大“国民国家”的理想，遂亦受到冲击。虽然如此，民国成立以后，革命党人一改种族革命之初心，宣示“五族共和，汉、满、蒙、回、藏一律平等”，复又制定约法、召开国会，大体上也还是承袭了梁启超等人“政治民族主义”的未竟之业。

---

① 饮冰：《杂答某报》，《新民丛报》第86号，1906年9月3日，第3页。

② 杨度：《金铁主义说》，刘晴波主编《杨度集》，第369页。

③ 丁文江编《梁任公先生年谱长编初稿》上册，世界书局，1958，第348页。

19世纪中叶以降，在西方以坚船利炮为后盾的优势文化冲击下，中国被迫逐渐放弃传统天朝中心的世界秩序，转而以近代西方所形成的民族国家为典范，着手从事中国国族的塑造。在这层意义上，近代中国，并不仅是从自身长远而独特的历史传承中延续、发展而成，更不是一个天生自然、具备不变本质的永恒事物，而毋宁是晚清以来许多知识分子在“救亡图存”的民族主义关怀激励下，共同建构出来的一个政治共同体。

所谓“国族想象”，并不是无中生有的向壁虚构；晚清的民族主义知识分子也绝不是在一片真空的状态下，任意模塑他们理想中的“中国”。如论者指出的，现代意义的民族主义与民族国家乃是一个特定经济、社会、文化群体在政治上的自我理解与自我规定；这种自我理解与自我规定的实现，不以单纯的个人及集体意志为转移，而是有着复杂深刻的社会、文化、心理与政治根源。换言之，国族虽是人为建构的产物，却也是在历史的多元决定中具体地生成的。[①] 对国族的建构与诠释，无可避免地必然受限于特定历史传统所设定的语意辨识标志与象征性边界。晚清知识分子也不例外。他们在进行这项伟大工程的过程中，固然大量借用了来自西方的民族主义理论学说，同时却也从中国传统的“族类”观念中，汲取了许多重要的象征资源，甚至是通过后者所设定的视域，来理解、诠释乃至改造辗转译介而来的西方民族主义理论与概念。这种传统与现代性的交错混杂，有力地抟塑了晚清知识分子国族想象的独特面貌。

不过，在晚清族群矛盾与权力竞逐的具体历史情境中，来自不同族群背景与政治立场的知识分子，并未能营造出一套完整而同质的国族想象。他们对政治现实的认知与解决中国问题的策略，无可避免地有着不同看法；在实际的政治利益上，更存在着极为尖锐的对立与冲突。因而，他们对于构成“中国”的界限与“中国人”的成员资格，也有着迥然异趣的论述方式。为此，他们各自利用西方民族主义理论与传统族类观念的不同面向、编织不同的历史记忆，来打造他们理想中的中国国族，从而分别提出了以族群、文化及国家为主要认同对象的几种不同的国族建构模式。

大体而言，以“排满”革命为职志的汉族知识分子如章太炎、汪精卫

① 张旭东：《民族主义与当代中国》，李世涛主编《知识分子立场——民族主义与转型期中国的命运》，第438页。

等人，基于现实政治目的所大力宣扬的，乃是传统族类观念中，“严夷夏之防”，以血统区辨族群的严格界限；而这套深闭固拒的族类思想又与来自西方的种族概念相糅杂，蔚为晚清以来激发群体认同、塑造中国国族想象最具成效的强大力量。1905年，中国同盟会成立时，便是以“驱除鞑虏，恢复中华”为号召。1911年武昌起义时，军政府还是以象征汉族十八省铁血团结的“十八星旗”为国旗。[①] 由此可见，根据血缘、种族等根基性纽带来建构国族，实为20世纪中国所依循的主要途径；民族与国家相叠合的族群民族主义，也是这一时期最易蛊惑人心的虚幻想象。然而，这种族群民族主义式的国族建构，不可避免地加深了中国境内诸民族之间的猜忌与嫌隙。民国以降，族群裂痕与冲突层出不穷，在中国这样一个由多民族所组成的国家中，始终是棘手的问题。

另一方面，晚清知识分子所推动的各类国族想象，又几乎都带有十分强烈的工具性色彩。即便是梁启超、杨度等立宪派知识分子所鼓吹的以国家为中心、“五族共和”以成一大国民的国族论述，在一定程度上，也还只是为避免革命可能导致的瓜分之祸而提出的权宜之计，并未能真正克服“种族意识”的羁绊与限制。至于以建立单一民族国家为鹄的的革命党人，更屡屡因应现实情势的变化，而不断改变其建构中国国族的策略与主张。当他们以“驱除鞑虏”、推翻清朝作为夺取国家权力的主要手段时，往往一味高扬“种族革命”的“光复”大纛。一旦革命成功，临时政府成立，革命党人旋即改弦易辙，不再高唱“种族革命”，而是追循梁启超、杨度诸人的脚步，标举“五族共和”的民族团结政策。1912年元旦，孙中山在《临时大总统宣言书》中便说：“国家之本，在于人民。合汉、满、蒙、回、藏诸地为一国，即合汉、满、蒙、回、藏诸族为一人，是曰民族之统一。”[②] 稍后，南京独立各省代表会也通过决议，以“五色旗”为中华民国国旗，达成以“五族共和”为建国之本的共识。[③]

---

① 参见张永《从“十八星旗”到“五色旗”——辛亥革命时期从汉族国家到五族共和国家的建国模式转变》，《北京大学学报》2002年第2期。

② 孙中山：《中华民国临时大总统宣言书》，《孙中山选集》，第90页。

③ 张永：《从“十八星旗”到“五色旗”——辛亥革命时期从汉族国家到五族共和国家的建国模式转变》，《北京大学学报》2002年第2期。

然而，无论是民初的“五族共和”，抑或是此后取而代之、逐渐普及的“中华民族”，[①] 当我们今日重行回顾晚清时期对于中国国族的想象与建构时，其间之诸多方面或许仍有不少值得深思之处。

① 关于清末民国时期“中华民族”观念的萌芽、形成与发展过程，参见黄兴涛《民族自觉与符号认同：“中华民族”观念萌生与确立的历史考察》，《中国社会科学评论》（香港）创刊号，2002年2月。

第二十五章

中国士人与西方政体类型知识“概念工程”的创造与转化

1862 年 12 月，在日本近代思想史上占有一席之地的加藤弘之完成了《邻草》一书的写作。[①] 这是一部假清朝之情势而呼吁日本推动自身改革的论著，对“立宪政体”之导入日本，影响深远；[②] 加藤弘之述说世界万国的政体类型，比较彼此的优劣，借以寻觅改革之道的思考，更始终持续不绝。[③]

由此说来，19 世纪的日本知识人一旦知晓西方世界多彩多样的政体（political regimes）类型及渊源已久的类型知识，[④] 会对他们的思想世界带来什么样的冲击，加藤弘之正是具体而微的个例表征。在晚清中国的思想界，也有学者像加藤弘之一样，以述说世界万国“政体”类型以及比较彼此之

---

* 本章由潘光哲撰写。

① 加藤弘之『隣艸』『政治篇』『明治文化全集』3 巻、日本評論社、1952、3—14 頁；关于加藤弘之完成『隣艸』的时间，参见松岡八郎『加藤弘之の前期政治思想』、駿河台出版会、1983、7 頁。

② 鳥海靖『日本近代史講義：明治立憲制の形成とその理念』、東京大学出版会、1988、27 頁。

③ 如加藤弘之稍后出版的《立宪政体略》（1868）对政体之类型的叙述，与《邻草》不同，不详论。参见奥田晴樹『立憲政体成立史の研究』、岩田書院、2004、63 頁。

④ 正如 Mark J. Gasiorowski 的述说，早从亚里士多德（Aristotle）以降，民主与其他政体类型（types of political regime）的问题，始终是政治学探讨的核心焦点；自第二次世界大战以来，现代政治学与政治社会学中对政体的探讨，一直是学术的前沿。当代对于民主转型的研究，也是在这样的脉络下出现的，参见 Mark J. Gasiorowski，“The Political Regimes Project,” *Studies in Comparative International Development*, 25：1（Spring 1990）, pp. 109-125. 至于他本人提出研治该题的构想，此处不详论。

优劣为视角，来寻觅改革之道。本章即以蒋敦复（剑人）以及王韬这两位交情甚好然思想地位不可相提并论的士人为例证，从彼等思想变迁的具体历史脉络入手，对西方政体类型知识的“概念工程”在晚清中国思想界的创造与转化，以及民主相关思想如何导入晚清中国的场景，进行比较详细的考察，[1] 庶几可为近代中国政治知识、政治思想的变迁样态，提供深入的认识、理解。

一　政体类型知识“概念工程”在晚清中国思想界的起步

19 世纪以降，在清廷被迫和西方国家开始密切互动的脉络里，认识时局变化、知悉异域情势的诸种著述，陆续问世，诸如魏源纂辑的《海国图志》[2]（1842 年首度出版，共 60 卷；1852 年增补为 100 卷出版）、[3] 徐继畬编撰的《瀛寰志略》（1848 年初刻）[4] 等，率皆为一时名著。这些著述总汇为足可让人们了解世界局势的“知识仓库”，任何读书人都可以随其关怀所至，自由进出，据以了解域外国家的历史沿革及现势，认识与理解世界局势的变化，采撷吸纳各式各样的“思想资源”，开启自身独特的知识、思想

① 就相关研究史而言，举凡论述民主、共和相关思想在晚清思想界的认识或流传者，皆与本章主旨多少相关，举其要者：王尔敏《晚清士大夫对近代民主政治的认识》，氏著《晚清政治思想史论》，华世出版社，1980，第 220—276 页；吕实强《甲午战前西方民主政制的传入与国人的反应》，“中华文化复兴运动委员会”主编《中国近代现代史论集》（18），台湾商务印书馆，1986，第 277—316 页；方维规《“议会”“民主”与“共和”概念在西方与中国的嬗变》，《二十一世纪》第 58 期，2000 年 4 月，第 49—61 页；熊月之《中国近代民主思想史（修订本）》，上海社会科学院出版社，2002；胡维革、于秀芹主编《共和道路在近代中国》，东北师范大学出版社，1991；闾小波《近代中国民主观念之生成与流变：一项观念史的考察》，江苏人民出版社，2012。在前行研究之基础上，本章将对王韬述说之取材依据等方面，做比较精密的考察。

② 本章引用的版本是：《海国图志》（60 卷），成文出版社 1967 年影印道光丁未（1847）古微堂镌刻本，下文简称为 60 卷本；《海国图志》（100 卷），上海古籍出版社 1997 年影印光绪二年（1876）平庆泾固道署重刊本，《续修四库全书》总第 743—744 册，下文简称为 100 卷本。两种版本均收录者，仅标注一种页码。

③ 王家俭：《魏源年谱》，“中央研究院”近代史研究所，1967，第 132—134 页。

④ 本章引用的版本是：白清才、刘贯文主编《徐继畬集》第 1 册，山西高校联合出版社，1995。关于徐继畬《瀛寰志略》的撰述史，本章不详论。

旅程。[①]“知识仓库”蕴含了关于西方政体类型的知识、信息，这正为晚清中国的政治思维添加了新鲜的素材，让士人得以知晓在中国的政治传统之外，别有天地。在1845年前后，葡萄牙人玛吉士（Jose Martins-Marquez）撰成的《新释地理备考全书》，[②] 就有这样的概括：

> 欧罗巴中所有诸国，政治纷繁，各从其度。有或国王自为专主者，有或国主与群臣共议者，有或无国君，惟立冢宰执政者。[③]

域外诸国的政体，纷繁无已，这段话是当时的“知识仓库”里首度提到的概括论说（此后，内容更为繁富的类似概括论说，更陆续收录于“知识仓库”之中）。对比清帝“乾纲独断”的政体，“国王自为专主”的制度，并不让人陌生，只是，它还提醒人们，世界上还存在着与君主制大相径庭的政治制度，其中一种是“国主与群臣共议”的制度；另一种则为“无国君，惟立冢宰执政者”的制度。而且，放眼望去，后两种制度，竟然普遍地存在于域外世界，更自成法度，运作不已。

就“国主与群臣共议”的制度而言，其内容包括两个要项：一是存在着一个可以限制统治者权力的体制；二是这个可以限制统治者权力之体制的部分成员，经由“推选”产生，英国则是这等制度的典范国家。[④] 就“无

---

① 潘光哲：《追索晚清阅读史的一些想法：“知识仓库”“思想资源”与“概念变迁”》，《新史学》第16卷第3期，2005年，第137—170页。王汎森论述日本引入的“思想资源”，参见王汎森《戊戌前后思想资源的变化：以日本因素为例》，《二十一世纪》第45期，1998年，第47—54页，该文对笔者甚有启发，不过，他并没有处理本章探讨的课题。

② 本章引用的版本是：《海山仙馆丛书》，道光丁未（1847）镌，番禺潘氏刊本，“中央研究院”历史语言研究所傅斯年图书馆藏。按，是书每卷卷首署名或作“大西洋人玛吉士辑译”（如卷1、5），或作“大西洋人玛吉士箸（著）”（如卷2、3）；卷3述及“粤稽太（泰）西纲鉴俱记：乾坤始奠以来，迄今大清道光二十五年，共计五千八百五十二载”（卷3，第2页A），是以此书当为道光二十五年（1845）前后的作品；玛吉士与《新释地理备考全书》及其被征引的介绍，参见熊月之《〈海国图志〉征引西书考释》，刘泱泱等编《魏源与近代中国改革开放》，湖南师范大学出版社，1995，第142—143页。

③ 《新释地理备考全书》卷4，第21页B。本段记述，《海国图志》作：“欧罗巴中所有诸国，政治纷繁，各从其度。或国王自为专主者，或国主与群臣共议者，或无国君，惟立冢宰执政者。”参见《海国图志》卷37，100卷本，第38页B；本段论述不见于60卷本。

④ 潘光哲：《晚清士人对英国政治制度的认识（1830—1856）》，《“国立”政治大学历史学报》第17期，2000年5月，第147—196页。

国君，惟立家宰执政者”的制度来说，亦普遍于世，《新释地理备考全书》即谓欧洲有“苏益萨”国，由 22 个几乎都“不设君位”的小国组成，如“伯尔尼国”，“不设君位，共立官长二百九十九员，办理国务”等。[①] 徐继畬的《瀛寰志略》则记述，欧洲有一个叫作“瑞士”的国家，“初分三部，后分为十三部，皆推择乡官理事，不立王侯”，还誉之为“西土之桃花源”。

> 惩硕鼠之贪残，而泥封告绝，主伯亚旅，自成卧治。王侯各拥强兵，熟视而无如何，亦竟置之度外，岂不异哉？[②]

徐继畬赞誉瑞士制度“惩硕鼠之贪残，而泥封告绝”，[③] 显示了他认为此等制度具有可以祛除政治弊病的特点。

魏源纂辑的《海国图志》总汇相关资料为一帙，[④] 即引用了《新释地理备考全书》与《瀛寰志略》的叙述，不仅确定了“苏益萨”即为“瑞士”，是“不设君位”（或如《瀛寰志略》所云“不立王侯”）的国家，[⑤] 并且传达了徐继畬的好评。[⑥] 此外，这种制度非仅行之于瑞士，且在明代之后始纳入中国地理知识范围的美洲（当时或以“墨利加州”，或以“亚美里咖州”称之），[⑦] 其中有许多国家，它们也实行了一种与瑞士甚为类似的政治制度。

> 各国朝纲多有不设君位，大半皆立官宰理。其宰理之员，有黎庶公举者，有历代相传者。[⑧]

---

① 《新释地理备考全书》卷 5，第 22 页 A—28 页 B。

② 徐继畬：《瀛寰志略》卷 5，白清才、刘贯文主编《徐继畬集》第 1 册，第 155 页。

③ 按，“惩硕鼠之贪残，而泥封告绝”的典故，出自《诗经·国风》。

④ 关于《海国图志》引用相关“西书”著述的整体状况，见熊月之《〈海国图志〉征引西书考释》，刘泱泱等编《魏源与近代中国改革开放》，第 132—146 页。

⑤ 魏源：《海国图志》卷 47，100 卷本，第 11 页 B—12 页 B。

⑥ 若干论者将徐继畬对瑞士制度的赞誉——“惩硕鼠之贪残，而泥封告绝”等语——当成魏源的好评，如熊月之《中国近代民主思想史（修订本）》（第 78—79 页），实误；余例不详举。

⑦ 如魏源的论说：“墨利加州……明代始有闻……”参见魏源《海国图志》卷 39，60 卷本，第 1 页 A。

⑧ 《新释地理备考全书》卷 9，第 10 页 A；本段记述，《海国图志》作：美洲“各国多有不设君位，立官宰理，有黎庶公举者，有历代相传者。”（魏源：《海国图志》卷 59，100 卷本，第 14 页 B；本段论述不见于 60 卷本）

这些国家的分别述说，可见其大概情况，笔者从《新释地理备考全书》与《海国图志》的记述中略举数例，可见一斑（参见表25-1）。

表25-1 《新释地理备考全书》与《海国图志》100卷本中提及各国对“不设君位”政体的论述

国家	《新释地理备考全书》	《海国图志》100卷本
墨西哥	“美时哥国”：“不设君位，国人各立官长，司理地方。朝内有正副首领，权理国政”（卷9，第15页A）	“美诗哥国，一作墨西科”：“不设君位，国人各立官长，司理地方。朝内有正副首领，权理国政”（《地理备考》卷64，第6页B） “麦西可国”：“每八万人择一贤士会议掌政令，麦西哥选首领以摄其权”（《外国史略》卷64，第10页B）
危地马拉	“瓜的吗啦国”：“不设君位，黎庶各立官长，权理国政”（卷9，第18页B-19页A）	“瓜的马拉国”：“不设君位，各立官长理政”（《地理备考》卷66，第3页B） “瓜亚地马拉国”：“各部自立，国举首领”（《外国史略》卷66，第5页B）
秘鲁	“北卢国”：“不设君位，庶民自立官长，宰理国政”（卷9，第25页A）	“北卢国”：“不设君位，庶民自立官长理政”（《地理备考》卷67，第12页A）
阿根廷	“巴拉大河合众国”：“不设君位，庶民自立官长，司理国政”（卷9，第30页A）	“巴拉大河国”：“官守自立，国人摄政，不设君位”（《地理备考》卷68，第1页B）
海地	“海地国”：“不设君位，国人自立官长，司理政事”（卷9，第36页B）	“海地岛国”：“不设君位，国人自立官长，以理事”（《地理备考》卷70，第5页B）

注：徐继畬的《瀛寰志略》对于美洲国家制度的叙述，并未均如《新释地理备考全书》与《海国图志》，几皆述及各国之制度，有所述及者，皆同表所列。

这种“不设君位”的制度，在域外国家非仅确有其实，且在“知识仓库”的积累里，此等制度还有一个俨然已成典范的国家——美国。关于它的知识/信息，在“知识仓库”亦可谓丰富。人们既可以掌握美国政治制度的基本样态，也对之有相当一致的好评。如徐继畬赞誉美国制度“创古今未有之局”；[①] 魏源则说美国元首（他用的词语是“大酋”）由“公举”产生，非仅“不世及”“不四载即受代”，另举他人继任，是“一变古今官家之局”的制度，而且“人心翕然”，不至于天下大乱，真是合乎“公”的理

① 徐继畬：《瀛寰志略》卷9，白清才、刘贯文主编《徐继畬集》第1册，第285页。

想的制度；[①] 梁廷枏的《海国四说》，包括专门述说美国的《合省国说》，[②] 也赞誉美国制度改变了“君治于上，民听于下”的规则，并实现“视、听自民”的理想，而且由于“任期”的关系，美国总统（他使用的词语是“统领”）不会“贪侈凶暴”。[③]

简而言之，玛吉士以“国王自为专主”，或是“国主与群臣共议”，或是“无国君，惟立冢宰执政”，来对西方国家的政体类型进行概括，这在“知识仓库”里都可得到确证，对瑞士、美国等“无国君”之诸国政体的认知，也引发各方士人的思考和得到好评。可以说，政体类型知识的“概念工程”，在晚清思想界一开始就有回响；此后，随着“知识仓库”的扩充，陆续增添各式各样的相关知识，更是涟漪泛远，激荡无限。

二　《大英国志》、蒋敦复与政体类型知识“概念工程”的现实意涵

19 世纪 50 年代末期的上海人一直都不太清楚，为什么才三十出头的王韬和比他年纪大 20 岁的蒋敦复有这样好的交情。[④] 1859 年 5 月 6 日，王韬又和蒋敦复聊天，议论热烈。在上海墨海书馆帮助西洋传教士“佣书”已逾十年的他，显然得到不少新鲜的信息，这次他又把自己的观察心得告诉蒋敦复：

> 西国政之大谬者，曰男女并嗣也，君民同治也，政教一体也。

1847 年就来到上海、专门协助管理上海墨海书馆的伟烈亚力（Alexander Wylie）听到了王韬的这句评语，不太以为然：

---

① 魏源：《海国图志》卷 39，60 卷本，总 2177—2178 页。

② 本章引用的版本是：梁廷枏《海国四说》，骆驿、刘骁校点，中华书局，1993。按，《海国四说·序》撰于道光二十六年（1846），因此，《海国四说》最初于 1846 年完成。不过，骆驿等校点所据之《海国四说》原本，作者题署有“钦加内阁中书衔”（1851 年），且《兰仑偶说》有引《瀛寰志略》（1848 年初刻）处，所以，此一版本的《兰仑偶说》至少是 1848 年以后的作品。

③ 梁廷枏：《合省国说·序》，氏著《海国四说》，第 50 页。

④ 据王韬自述，与蒋敦复结识于“壬子十二月十有三日”（1853 年 1 月 21 日），参见王韬《淞滨琐话》，齐鲁书社，1986，第 106 页。

是不然。泰西之政，下悦而上行，不敢以一人揽其权，而乾纲仍弗替焉。商足而国富，先欲与万民用其利，而财用无不裕焉。故有事则归议院，而无蒙蔽之虞；不足，则筹国债，而无捐输之弊。今中国政事壅于上闻，国家有所兴作，小民不得预知。何不仿行新闻月报，上可达天听，下可通民意。况泰西之善政颇多，苟能效而行之，则国治不难。

王韬不太服气，和伟烈亚力辩论起来：

泰西列国，地小民聚，一日可以遍告。中国则不能也。中外异治，庶人之清议难以佐大廷之嘉猷也。中国多涂泥之区，土松气薄，久雨则泥泞陷足，车过则倏洞窟穴。电器秘机，决然难行。他如农家田具种刈利器，皆以轮轴机捩运转，事半功倍，宜其有利于民。不知中国贫乏者甚多，皆借富户以养其身家。一行此法，数千万贫民无所得食，有不生意外之变乎？中国所重者，礼义廉耻而已。上增其德，下懋其修，以求复于太古之风耳。奇技淫巧凿破其天者，摈之不谈，亦未可为陋也。[①]

伟烈亚力是否被说服了，莫得其详；王韬本人则很看重这次谈辩，将之详细地记诸《日记》。蒋敦复也很同意王韬的说法，翌年，他写作《英志自序》,[②] 把王韬的这番话进行了改写，当成是“英国之纲领”：

君民共主也，政教一体也，男女并嗣也，此三者，英国之纲领也。

蒋敦复这里提到的“君民共主”这个词语，应当是汉语世界之首见；19世纪时期的中国人称英国为“君民共主”的国家，“发明权”当属于他。作为至交的王韬，日后大概也依据老友的意见，放弃了“君民同治”一词，

① 《王韬日记》，中华书局，1987，第112—113页。

② 蒋敦复：《英志自序》，《啸古堂文集》卷7，第2页B—6页A。另见台北“中央研究院”近代史研究所编印《近代中国对西方及列强认识资料汇编》第1辑，1972，第1085—1086页。《英志自序》系年为“咸丰十年”（1860）。

转而使用“君民共主”来展开议论。

> 泰西之立国有三，一曰君主之国，一曰民主之国，一曰君民共主之国……[①]

王韬提出的“君民同治”，究竟是什么意思，蒋对此没有清楚地说明。[②]蒋敦复提出的“君民共主”却与其在《英志自序》里谈到的世界各国的三种“立国之道”，略有出入。

> 地球九万余里，邦土交错，立国之道，大要有三：一、君为政，西语曰恩伯腊（中国帝王之称），古来中国及今之俄罗斯、法兰西、墺地利等国是也；一、民为政，西语曰伯勒格斯，今之美利坚（俗名花旗，在亚墨利加州［洲］）及耶马尼、瑞士等国是也；一、君民共为政，西语曰京，欧州［洲］诸国间有之，英则历代相承，俱从此号。王者仅列五等爵上，衣食租税而已。[③]

无论是“君民共为政”还是“君民共主”，都可以用来表示英国体制。作为词语的首创者，蒋敦复对于应该使用哪些词来区分世界各国的政体类型，还不够精确；他自己使用这些不见于汉语世界里的新名词，也经历过概念的变化（在政体类型知识“概念工程”的建设过程里，有相同贡献的论者，如王韬，亦有类似的情况）。但是，即便词语的使用并不精确，表达的基本理念还算一致，都是要划分世界各国的政体类型。回源溯流，这样的思考倾向，来自以英国伦敦传道会的牧师慕维廉（William Muirhead）为

---

① 王韬：《重民》（下），《弢园文录外编》卷1，第19页A—19页B（当然，王韬另有其他分类述说，下详）；本章引用的版本是：王韬《弢园文录外编》，“丁酉（1897）仲夏弢园老民刊于沪上”；又，《弢园文录外编》初刊于1883年，参见忻平《王韬著作目录及版本》，氏著《王韬评传》，华东师范大学出版社，1990，第244页。

② 在王韬与蒋敦复此番谈话前，即已称“政教一体”、“男女并嗣”与“君民同治”为“西国立法大谬”，参见王韬《与周弢甫征君》，氏著《弢园文新编》，三联书店，1998，第194页；本函系年为1859年2月27日，见张志春《王韬年谱》，河北教育出版社，1994，第43—44页。

③ 蒋敦复：《英志自序》，《啸古堂文集》卷7，第2页B。

主要译者的《大英国志》（1856年首度出版）。[①] 蒋敦复既是此书译事的合作者，[②] 也接下了继续进行这项工程的重任，并拓展了新的思考路向。

《大英国志》与政体类型知识“概念工程”的进展

《大英国志》全书依据时序，完整述说英国上自源始起，下迄1856年克里米亚战争结束，议订《巴黎和约》的史事。19世纪的中国士人，阅读此书，正可知晓英国的历史经纬及其政治社会制度；它提供的新知识，更可引起时人之反思，如述说“清教徒革命”时期英王查理一世（Charles Ⅰ，《大英国志》谓之“查尔斯第一”）被送上断头台的故史陈绩，[③] 就被中国士人视为“大逆不道”，引发了多样的回响。以过往学界认为思想上很少受到西方思想影响的朱一新为例，[④] 他所描述的“英王查尔斯为叛党所弑，至声王罪而肆诸市朝，振古所未闻也”一事的来源，就是这部书。[⑤] 汉语世界至今描述英国政体的若干词语，更以其为滥觞。例如，是书将英国的“Parliament”译为“巴力门”，[⑥] 即汉语世界之首见。[⑦]《大英国志》提供的某些词语进入汉语世界已经超过一个半世纪，它的生命力还不曾中止。

---

① 《大英国志》，〔英〕慕维廉，“耶稣降世一千八百五十六年江苏松江上海墨海书院刊”；此版本卷末所附《〈大英国志〉续刻》，已论及英法联军攻陷北京，“（1860年10月）二十四日，和约立；十一月初五日，英、法兵退自北京；十二月二十七日，英京城宣讲和约事”；查《中英北京条约》确实于1860年10月24日“盖印画押”。陈志奇：《中国近代外交史》上册，南天书局，1993，第394页。由是，此一版本当出版于1860年12月27日以后。

② 王韬在1853年举荐蒋敦复与慕维廉，进行译事，稿成于1856年，参见滕固《蒋剑人先生年谱》，广文书局，1971，第19、21页。

③ 《大英国志》卷6，第12页A—33页B。

④ 如张灏即引钱穆《中国近三百年学术史》而提出这一观点，参见Hao Chang, *Liang Ch'i-ch'ao and the Intellectual Transition in China* (Cambridge, Mass.: Harvard University Press, 1971), p. 4。

⑤ 朱一新：《无邪堂答问》卷2，广雅书局，光绪二十一年（1895）刊本，第30页B—31页B；又，《无邪堂答问》在他处亦征引过《大英国志》（如卷2，第18页A，不详举）。

⑥ 《大英国志》明确记载：1225年“法王路易取英之地在法者罗舌，英人群议于巴力门……”（《大英国志》卷4，第17页A）；偶作“巴立门”，如“英史记载，首重法律，必君相与巴立门上、下两院会议乃行”。参见《大英国志》，“凡例”，第2页A；通观全书，以“巴力门”为主。

⑦ 马西尼（F. Masini）则称“巴力门”此一词首见于1874年出版的《教会新报》，实误。参见〔意〕马西尼《现代汉语词汇的形成：19世纪汉语外来词研究》，黄河清译，汉语大词典出版社，1997，第189页。

在“知识仓库”里，《大英国志》提供了许多新的面向。它发凡起例，首次将英国政治制度的意义，放在“天下万国，政分三等”的整体脉络里展开述说：

> 天下万国，政分三等：礼乐征伐自王者出，法令政刑，治贱不治贵。有国者，西语曰恩伯腊（意即中国帝王之号），如中国、俄罗斯、及今法兰西等国是也。以王者与民所选择之人共为政，君、民皆受治于法律之下。有国者，西语曰京（意即王，与皇帝有别），泰西诸国间有之，而英则历代相承，俱从此号。又有无帝、无王，以百姓推立之一人主之，限以年数，新旧相代，西语曰伯勒格西敦（意即首者之称），如今之合众部是也。①

较诸此前《新释地理备考全书》提出的简略论说，《大英国志》的分类论说，显然更进一层。首先，它阐明了三种不同政体的国家元首，有什么样的不同称谓，这就为政体类型之分类提供了简洁明了的依据；其次，在后两种类型里，又以“民”（或“百姓”）所推择之人选参与政治事务的程度作为区分“王者与民所选择之人共为政”和“以百姓推立之一人主之”的标准。由上，《大英国志》明确地表述了“天下万国”如何可以“政分三等”的理据，还说明了它们各有什么样的内容。读者不仅可以从中知晓英国的政体在“天下万国”里具有什么样的地位和独特意义，还可以获知其他国家（甚至包括清朝在内）的政体，在这样的类型里又居于何等位置。可以说，《大英国志》在中国政治思维的领域里，提供了崭新的“思想资源”。

晚清时期的中国士人在推动世界诸国政体类型知识的“概念工程”中，成果繁多。在这个论说模式的演进史上，《大英国志》首开风气，它提出类型述说的基本架构，亦为后人承袭，影响力持续几近半世纪。不过，随着“知识仓库”里积蓄的信息越丰富，其内涵产生了某种程度的变形，非复《大英国志》述说的本来面貌了。

---

① 《大英国志》，“凡例”，第1页A—1页B。

蒋敦复对政体类型知识“概念工程”的再开拓

蒋敦复作为《大英国志》翻译事业的合作者，对于这部书提出的政体类型的观点与词语，应该是相当熟悉的。不过，起先他似乎混淆了《大英国志》的述说，即将“伯勒格西敦”改为“伯勒格斯”，并曰“伯勒格斯”为“君民共政之称”。[①] 迨于1860年，他写作《英志自序》时，则称“民为政”的国家元首为“伯勒格斯”，此后就不再变易了。笔者将他述说的政体类型，整理为表25-2。

表25-2　蒋敦复论著中的政体类型

著作	蒋敦复译《大英国志》	蒋敦复《英志自序》	蒋敦复《拟与英国使臣威妥玛书》
年份	1856	1860	1866—1867
总述	天下万国，政分三等	地球九万余里，邦土交错，立国之道，大要有三	泰西各国，政有三等
君主	—	君为政	—
元首名称	有国者，西语曰恩伯腊（意即中国帝王之号）	西语曰恩伯腊（中国帝王之称）	西语曰恩伯腊者，即中国帝王之号
国家	如中国、俄罗斯、及今法兰西等国是也	古来中国及今之俄罗斯、法兰西、墺地利等国是也	今俄罗斯、法兰西、墺地利诸国是也
说明	礼乐征伐自王者出，法令政刑，治贱不治贵		政刑大事，君自主之
君民共主		君民共为政	君民共为主
元首名称	有国者，西语曰京（即王，与皇帝有别）	西语曰京	西语曰京
国家	泰西诸国间有之，而英则历代相承，俱从此号	欧州〔洲〕诸国间有之，英则历代相承，俱从此号	今之英国是也
说明	王者与民所选择之人共为政，君、民皆受治于法律之下		

① 蒋敦复：《海外两异人传：华盛顿》，《啸古堂文集》卷5，第6页B—7页A；关于此文的撰作时间，参见拙文《蒋敦复〈海外两异人传：华盛顿〉撰述时间考》。

续表

著作	蒋敦复译 《大英国志》	蒋敦复 《英志自序》	蒋敦复 《拟与英国使臣威妥玛书》
年份	1856	1860	1866—1867
民主		民为政	民为主
元首名称	西语曰伯勒格西敦（即为首者之称）	西语曰伯勒格斯	西语曰伯勒格斯
国家	如今之合众部是也	今之美利坚（俗名花旗，在亚墨利加州［洲］）及耶马尼、瑞士等国是也	今南、北美利加等国是也
说明	无帝、无王，以百姓推立之一人主之，限以年数，新旧相代		

蒋敦复的论说内容，和《大英国志》略有不同，但基本的论说格局则可称一致，都以国家元首的称呼作为分类标准。在政体类型知识“概念工程”开始的时候，本来并没有“民为政”“君民共为政”或“民为主”“君民共为主”这些提法；显然，正是从蒋敦复开始，政体类型知识“概念工程”的成果得以更上一层。

就19世纪60年代言论脉络的观察，蒋敦复视美国政体为“民为政”（或“民为主”）的认识，其实另有“竞争者”。以日后担任过清廷出使英国钦差大臣的张德彝为例，出身于同文馆的他，从19岁起，就开始出洋远游，得以见识异国的各种风情、样貌；① 他在1866年7月19日访问俄国期间，即议论说，“美国乃官天下民主之国也，传贤不传子，每四年众举一人为统领，称伯理玺天德”。② 未及弱冠之年的张德彝，知道美国“每四年众举一人为统领”，与“知识仓库”的述说完全一致，其使用“伯理玺天德”

① 关于张德彝的出身及历次出国的情况和著述，参见钟叔河《走向世界：近代知识分子考察西方的历史》，中华书局，1985，第87—107、177—192页；苏精《清季同文馆及其师生》，自印本，1985，第174—178页。

② 张德彝：《航海述奇》，《稿本航海述奇汇编》第1册，北京图书馆出版社，1997，第301—302页；此段记述，《小方壶斋舆地丛钞》收录之版本作：“美国乃官天下民主之国也，无君无臣，每四年众保一人为首，称百理玺天德。”王锡祺辑《小方壶斋舆地丛钞》，广文书局，1962年影印本，帙11，第33页B。

来称呼美国总统，则清楚显示这个词已在“知识仓库”中出现的迹象；[①] 唯他以“传贤不传子”论证美国政体的意义乃“官天下民主之国”，则是“知识仓库”里新出现的述说。[②]

约略于同一时代里，对于美国政体有类似认知的例证，出自张德彝的老师、曾任同文馆总教习的传教士丁韪良（W. A. P. Martin）翻译的《万国公法》（1864 年出版）。[③] 这部书堪称国际法知识引进东亚世界的“共同知识文本”之一，[④] 影响深远。[⑤] 该书于述说“自主之国”在内政方面“自执全权，而不依傍于他国”的脉络里，如是言之：

> 若民主之国，则公举首领官长，均由自主，一循国法，他国亦不得行权势于其间也。[⑥]

从上下文脉络来看，所谓民主之国，意指“公举首领官长”的国家。依据惠顿原书核校，民主之国的原文是“republican form of government”，[⑦] 同书

---

① 按，晚清时以“伯理玺天德”称呼美国总统，是“流行”说法。但是，首创于谁，尚难得悉。早在 1844 年时，清廷官方文书即已使用“伯理玺天德”，如《两广总督耆英奏为照录美使所译汉字国书呈览折（道光二十四年八月十四日奏呈）附〈咪唎坚汉字国书〉》云：“亚美理驾合众国伯理玺天德玉罕泰禄恭函，专达于大清大皇帝陛下。”参见文庆等纂辑《筹办夷务始末》卷 72，故宫博物院，1930 年影印道光清内府抄本，第 47 页 B；相关研究成果，略可参见熊月之《晚清中国对美国总统制的解读》，《史林》2007 年第 1 期；余例不详举。

② 不过，张德彝对美国政治制度的其他述说，另有误失，此处不详考究。

③ 《万国公法》，丁韪良译，孟冬月镌，京都崇实馆存板，同治三年（1864）。

④ “共同知识文本”是笔者铸造的词语，意指约略从 19 世纪 30 年代以降，西方传教士与东亚各国知识人共同致力于生产介绍世界局势与西方知识的著述，例如《海国图志》《瀛寰志略》《万国公法》等著作，同时在东亚世界流通，广受阅览，彼此能够同润均享，由此引发了多种多样的历史效应。如梁台根以《佐治刍言》为中心，就这部曾于中、日、韩三国流传的“共同文本”，展现了当时引进、传播和吸收西方知识的场景，也指东亚内部复杂的知识传播之互动脉络。参见梁台根《近代西方知识在东亚的传播及其共同文之探索：以〈佐治刍言〉为例》，《汉学研究》第 24 卷第 2 期，2006 年，第 323—351 页。不过，是文专注于《佐治刍言》，并未指陈其他著作的情况。

⑤ 关于《万国公法》在晚清中国的影响，研究甚众，最称精要者厥为林学忠《从万国公法到公法外交：晚清国际法的传入、诠释与应用》，上海古籍出版社，2009；余例不详举。

⑥ 《万国公法》卷 2，第 13 页 B。

⑦ H. Liu, *Translingual Practice: Literature, National Culture, and Translated Modernity-China, 1900-1937* (Stanford University Press, 1995), p. 267.

亦曰“美国合邦之大法，保各邦永归民主”，[①] 原意当为美国《宪法》第4条第4款的规定，“合众国保证联邦中的每一州皆为共和政体”（The United States shall guarantee to every state in this Union a Republican Form of Government）。[②] 所以，《万国公法》中所谓的民主之国，其实指的是“共和形式的政府”。[③]

张德彝所谓的民主之国，意涵未必即与《万国公法》相同，但至少呈现出将美国称为民主之国的趋同态势。日后政体类型知识“概念工程”，确定美国是民主之国之一，这应当以19世纪60年代为起点。

随着“知识仓库”的持续扩建，“民为政”与“民为主”这两组语词，渐次被简称为“民政”和“民主”，并往往交互使用，可以等同。不过，民主仍蕴含传统中国“民之主”（即国家元首）的意思。[④] 如张德彝在1870年再随崇厚出使法、英，他记述此行的著作《三述奇》[⑤] 就述及法国自普法战争失败之后，于1870年9月7日当日“众议改为民政……以民主执国政焉”。所谓“众议改为民政”，当即指称一种政治制度；“民主执国政”，则当指国家元首。然则，在10月31日，他则称法国要员已然商议“以立民主之邦”。[⑥] 由是可见，“民政”和“民主”固可交互等同，但“民主”仍与其传统意涵交杂相陈。张德彝的用法，在19世纪70年代初期并不是孤例。创始于1873年，广泛报道西方各国消息的《西国近事汇编》，[⑦] 从创刊伊

① 《万国公法》卷2，第13页A。

② 《美国历史文献选集》，美国驻华大使馆新闻处，1985，第42页。

③ 不过，“民主”一词在《万国公法》里出现18次，有时也为“democratic republic”与“democratic character”的翻译。参见金观涛、刘青峰《观念史研究：中国现代重要政治术语的形成》，香港中文大学当代中国文化研究中心，2008，第230页。

④ 如《尚书·汤誓》：“匹夫匹妇，不获自尽，民主罔与成厥功”；《尚书·周书·多方》：“乃惟成汤，克以尔多方简代夏作民主”；《左传·襄公三十一年》：“穆叔……见孟孝伯。语之曰：‘赵孟将死矣。其语偷，不似民主’”；《国语·晋语四》：“（勃鞮）曰：‘……君实不能明训，而弃民主’。”笔者利用台北“中央研究院”“汉籍全文数据库”，就“民主”一词在“二十四史”与“十三经”中进行检索得到的文献资料，率皆此意义，不详举。

⑤ 据张德彝的《三述奇》，书前《〈三述奇〉叙》系年为“同治十二年（1873）岁次癸酉春”。张德彝：《稿本航海述奇汇编》第2—3册。

⑥ 张德彝：《三述奇》，《稿本航海述奇汇编》第2册，第342、349—350页。

⑦ 关于《西国近事汇编》之述说，众说纷纭，立基于前行研究而有比较精确之介绍者当推原付川、姚远、卫玲《〈西国近事汇编〉的期刊本质及其出版要素再探》，《今传媒》2010年第5期。

始，报道古巴独立的消息，即混合、共用“民政”与“民主”二词：

> 古巴岛之叛于西班牙也，以欲更民政，而王不从，故狡焉思逞，大启兵端。今既改为民主之国，自是如愿相偿，想不日就抚罢兵矣。①

从上下文脉络观之，“欲更民政”，致“启兵端”，“既改为民主之国”则“不日就抚罢兵”，显然，“民政”“民主之国”两者的意思相同。而它也称法国、瑞士都是欧洲“主民政”的国家，并提供法国“开国而后凡三易民政”的信息。②

从整体脉络来看，蒋敦复创始的“民为政”与“民为主”这样的词语，被简称为“民政”和“民主”，两者可以交互并用，互相等同，都用以指称像美国、法国或瑞士那些经由选举程序而产生国家元首的国家。大约在19世纪70年代初期出现的这股态势，持续不绝。清廷出使英法的钦差大臣郭嵩焘或以“民政”，或以“民主”称谓法国的政治体制，③ 即为一例。大众媒体亦从之袭用，甚且可以夹杂交互使用既存的词语、概念，以为评骘之资。如《申报》于1876年刊出署名“呆呆子”者之文稿，评论英国“意欲于英王君主加上印度皇帝”一事时即谓：

> 泰西立国有三，国主之称谓亦有三：一为民主之国，西语曰“伯勒格斯”，南北花旗与现在之法兰西是也；一为君民共主之国，西语曰“密施”，即英国是也；一为君主之国，西语曰“的士坡的”，俄罗斯是也。④

---

① 《西国近事汇编》卷1，同治十二年本，第46页A。

② 原文是：“欧洲诸国，除西班牙而外，主民政者，一为法国，一为瑞士。瑞士之主民政也，历年多，施泽于民久……法国之主民政也，历年少，施泽于民未久，而且求治太急，好事更张，为之下者积习相沿，骤难变易，故自开国而后凡三易民政，而卒不能久。”参见《西国近事汇编》卷1，第47页B—48页A。

③ 郭嵩焘于1878年7月27日游历法国“议政院”时即谓“路易第十六被弑，改为民主之国”，1879年2月21日则感叹法国本为“强国”，“立君千余年，一旦改从民政，群一国之人掣长较短，以求逞其志，其势固有岌岌不可终日者矣”。参见《郭嵩焘日记》卷3，湖南人民出版社，1981，第581—582、775页。

④ 呆呆子：《论西报英王加号议爰及中国帝升王降之说》，《申报》1876年5月4日，第1版。

蒋敦复不曾言及的“民主之国”“君民共主之国”“密施”“的士坡的”,[①] 及其创发的“伯勒格斯”等词，同时跃然纸上。这篇文稿的作者，未必直接援用蒋敦复之说法，但其对政体类型的表述，基本无误，由此既可想见既存的认知广传流远的情况，也具体彰显了政体类型知识的“概念工程”在思想言论的舞台上已占有一席之地。

政体类型知识“概念工程”与“政体抉择”:“蒋敦复式”的忧虑

在政体类型知识“概念工程”发展的过程里，蒋敦复对于应该使用什么样的词语进行分类、定下基调，实有开风气之先的“功劳”。不过，蒋敦复的思绪所至，与现实结合，竟让他意识到政体类型的知识，不会只是单纯的“知识”，反而可能会引发“政体抉择”的问题，关涉所及，实非同小可。

蒋敦复清楚地知晓“巴力门”在英国政治运作中的关键地位：

> 操君民政教之权者曰巴力门。巴力门，上、下二院，君有举措，诏上院，上院下下院；民有从违，告下院，下院上上院；国中纳赋，必会议乃成。律法定自两院，君、相不能行一法外事。[②]

正因为“巴力门”权力至大如此，他即认为清廷若仿而效之，“大乱之道也”。蒋敦复的论证，本着中国传统“君纲”至上的观点，他强调，“《春秋》大义明于中国，君臣之分甚严也”，“未闻王者不得操予夺生杀之柄”，“未有草野细民得曰立君由我”，所以他在知晓查理一世被处以极刑之后，“举朝宴然，无所谓戴天之仇与讨贼之义”，实在“不觉发指”。《大英国志》述及，“巴力门”尝行“悖乱之事”，即把国王查理一世送上断头台。蒋敦复的批判，显然“有的放矢”。

蒋敦复的整体论说，带有某种程度的民族主义情绪。他以“君民共主也，政教一体也，男女并嗣也”作为“英国之纲领”，并感叹英国“骎骎乎民制其君，教隆于政，女先乎男”，全无可取，所以，“几何不以外夷轻中国也”，但是，现实却是“奈之何，而我中国而为外夷所轻也”，故他“为

---

① 笔者怀疑，所谓“密施”或即“monarch”，“的士坡的”或为“despotic”。

② 蒋敦复：《英志自序》，《啸古堂文集》卷 7，第 3 页 B—4 页 A。

此惧，作《英志》”。[1] 在蒋敦复写作《英志自序》这篇文章的1860年，类似伟烈亚力提出的“泰西之善政颇多，苟能效而行之，则国治不难”这样的观点，可能已经在他周遭的世界弥漫开来，王韬批判“西国政之大谬者”，郑重其事地反驳伟烈亚力的论点，并书之于日记，也是他们思考是否该效行“泰西之善政”这等问题的依据。蒋敦复“放矢”之“的”，看来可能不仅限于《大英国志》。

然而，中国与“外夷”的对立局面，一日重于一日，甚至“外夷”竟大言不惭地提出“试问中国将来能常为自主之国否”的质疑。蒋敦复利用自己掌握的知识，“理直气壮”地论证了中国当然是“自主之国”，毫不客气地予以回应。但是，老问题依然存在。蒋敦复竭力论证模仿“民为主”“君民共为主”的政体类型，也就是说，以美国和英国为样式的制度都是“大乱之道”，却阻止不了士人政治思维的变化趋向，开展对“政体抉择”的思考，甚至于连本来也认为“君民同治”是“西国政之大谬者”之一的王韬，其思绪竟也都朝相反的方向前进。“蒋敦复式”的忧虑与思考，证明了他“独到”的眼光。

“蒋敦复式”问题的真正“挑战者”，来自老友王韬对法国历史的介绍。王韬述说法国历史沿革的名著——《法国志略》（《重订法国志略》，以下均引为此名）[2] 与《普法战纪》[3] 出版之后，使得政体类型知识的“概念工程”又产生一个变迁繁复、几令人目不暇接的例证，由此而再有进展。

三 “法国例证”的导入与政体类型知识“概念工程”的跃进

“法国例证”的混沌

19世纪的法国政体，历经了重大的变化。中国人对这个国家的认识，

---

① 蒋敦复：《英志自序》，《啸古堂文集》卷7。

② 本章引用的版本是：王韬《重订法国志略》，仲春淞隐庐刊，光绪十六年（1890）。

③ 本章引用的版本是：王韬《普法战纪》20卷10册，韬园王氏刊本，遯叟手校。按，《普法战纪》最先自1872年9月3日起刊于香港《华字日报》，自1872年10月2日起至1873年8月4日止连载于上海《申报》，1874年初集结为专书（14卷本）在香港刊行。参见吕文翠《文化传译中的世界秩序与历史图像：以王韬〈普法战纪〉为中心》，氏著《海上倾城：上海文学与文化的转异（1849—1908）》，麦田出版社，2009，第86—87页。

也随着它的变动而困惑不已。仅就《海国图志》收录的信息而言，它的政体，相当繁杂（见表 25-3）。

表 25-3　《海国图志》中介绍的 19 世纪法国政体类型

资料	内容	备注
《四洲志》	“政事：设占马阿富衙门一所，官四百三十员，由各部落互相保充，如英国甘文好司之例……”	
《外国史略》	“道光十年后，佛（即法国——引者注）国王自操权，按国之义册，会商爵士、乡绅，以议国事”；法国有“公会”，“必派国之大爵有名望者，百姓中每年纳饷银五千员［圆］以上者，推为公会之乡绅，预论国事，能言之士最多”	本段论述不见于 60 卷本
《地球图说》	“道光二十七年，民叛，国王逃避于英国，国民又自专制，不复立君矣”	本段论述不见于 60 卷本

资料来源：本表仅节录《海国图志》100 卷本的不同述说，不详引所有述说，参见魏源《海国图志》卷 41、42，100 卷本，不详注页码。

正因为法国政治变动不已，难以知其确貌，如何述其本相，时人为之煞费苦心。如朱克敬的《通商诸国记》，① 既复制了《瀛寰志略》的述说，也有这些年法国历经的沧桑，其提供的信息，形构为相当有趣的组合（见表 25-4）。

表 25-4　《瀛寰志略》与《通商诸国记》论说的比较

著述	内容
《瀛寰志略》	路易即位数年卒，弟查理立（一作加尔禄斯），愚戆不任事，在位九年，国人废之，择立支属贤者路易非立（一作卢义斯非里卑），即今在位之王也。以道光九年嗣立，性宽仁，好纳谏，有贤声 其制：宰相一人，别立五爵公所，又于绅士中择四百五十九人，立公局。国有大政，如刑赏征伐之类则令公所筹议，事关税饷则令公局筹办。相无权，宣传王命而已

① 朱克敬：《通商诸国记》，王锡祺辑《小方壶斋舆地丛钞》，帙 11。朱氏在文中云：日本于“光绪初又攻灭琉球”（第 6 页 B），此当为 1875 年事；又云，墨西哥、巴西“请通商，尚未定约”（第 8 页 A）。按，《北洋大臣李鸿章奏巴西遣使议约折》（1880 年 7 月 12 日），言及巴西于是年“遣使来华议约”，而《中巴会订和好通商条约》签订于 1881 年 10 月 3 日，1882 年 6 月 3 日在上海互换（参见田涛主编《清朝条约全集》卷 2，黑龙江人民出版社，1999，第 667—675 页），故本章视该文为 19 世纪 70 年代下半期的作品。

续表

著述	内容
《通商诸国记》	路易即位数年死，弟查理立，愚戆不任事，在位九年，国人废之，择立支属贤者路易非立，名曰人民王，谓土地不属王，而公属人民也（时为泰西一千八百三十年……），性宽仁，好纳谏，有贤声。会用兵摩洛哥，又连年水旱，公会绅士欲废古法及财产传家之例，均贫富，一男女之权；奸民乘间作乱，聚众攻王。王兵败出奔，臣民共推前王拿破仑之侄钗鲁斯路易为总统……未几……废公举法，黜陟惟上，劫臣民留己为总统十年。又大会国人，尊己为法国世袭皇帝……同治九年……兴兵伐德，四战皆北……法王力尽出降……乃推爹亚为总统……爹亚旋以老辞位，麦马韩代之，仍改民国旧制…… 国置宰相一人，别立五爵公所，又于绅士中择四百五十九人，立公局。国有大政，公所议之，相无权，宣命而已

资料来源：徐继畬《瀛寰志略》卷7，《徐继畬集》第1册，第198、202页；朱克敬《通商诸国记》，第2B页。

朱克敬的述说，出现在19世纪70年代下半期，但其增添内容的记录，莫知其详。[①] 他的述说，大致无误，在制度方面的述说，则一承《瀛寰志略》，几无变易。相较同一时代亲履其地的张德彝对于法国制度的详尽记述，[②] 朱克敬的“辛劳”，对“知识仓库”的扩建没有太大的贡献。这也正清楚显示，没有机会得到更多信息的士人，难以确切掌握法国政体变化的完全样态。弥补缺陷的工作，由王韬承其职责。

王韬导入的“法国例证”与政体类型知识的变化轨迹

王韬毕生笔耕不辍，约略在19世纪70年代初期，他就完成了两部与法国历史密切相关的著述——《重订法国志略》与《普法战纪》。它们都是19世纪中国人认识法国历史沿革与现状的主要依据。王韬撰述这两部书，

① 例如，朱克敬说“路易非立”，“名曰人民王，谓土地不属王，而公属人民也”。此一述说，与“知识仓库”其他的述说比较，唯王韬《重订法国志略》有相似的述说：1830年法国发生政变，“上、下两议院公举”路易·腓立，“曰民之王，谓国土不属于王而属于民也”（《重订法国志略》卷7，第3页B）。可以推想，两者的述说，当必有其源。朱克敬述说英国的部分，曾引用王韬的《普法战纪》：“《普法战记》称英国兵十万……”（《通商诸国记》，第4页A）但看不出来他引用《重订法国志略》的前身《法国志略》的迹象。

② 张德彝记述“法国国政”曰：“其权不归统领而归国会：分为两堂，曰上会堂、下会堂”，“下会堂共五百三十二人，届时各县公举一人。若居民数逾十万，准加一额。凡被举之人，至幼者亦须二十五岁；其出名荐主亦必年逾二旬方准列衔。入会堂者，限以六年为定制”。（参见张德彝《四述奇》，《稿本航海述奇汇编》第4册，第69—72页）此处不详引。对比之下，朱克敬对法国制度方面的述说，承袭《瀛寰志略》，几无变易，并无太大的价值。

用意深刻，既是填补此前“知识仓库”的空白，也有“引法为鉴”的现实意义；[①] 他写作《重订法国志略》时，尝自日本人的著述取材，[②] 晚清中国通过日本来吸收西洋文明，王韬则是首开风气者。[③] 整体而言，王韬的努力，贡献多样，不仅于“知识仓库”里增添了关于法国情势的知识，通过法国政体变迁的概括论说，更使政体类型知识“概念工程”“完善化”，得到有力的又一佐证。

王韬《重订法国志略》概述了1789年法国大革命之后法国政体变化的轨迹，亦将法国政治制度的变化意义，安排在“泰西国例”的整体脉络里述说：

> 泰西国例，有自主之国、有民主之国、有君民共主之国。其为民上者，操权既异，而名号亦因之以别。自主者，称恩伯腊，译言帝；民主者，称伯理玺天德，译言大统领；君民共主者，称为京，译言王。称帝者，如俄罗斯、法兰西、墺地里诸国是也；称王者，如英吉利、西班牙诸国是也；称统领者，如美利坚之联邦是也，而欧洲之瑞士国

---

① 忻平：《王韬与近代中国的法国史研究》，《上海社会科学院学术季刊》1994年第1期。

② 如果详细比对《重订法国志略》与相关的日本著述，应可明其实，姑举“共和”一词为例。

《重订法国志略》	冈本监辅编纂《万国史记》，“明治十一年（1878）六月二十七日版权免许·冈本氏藏”本（日本吹田：关西大学“增田涉文库”藏）
1892年11月，法国“传檄四方，曰：各国人民苟有背政府、倡共和新政、排击旧宪者，法国当出援兵”（卷5，第27页A）	1892年11月，法国“传檄四方，曰：各国人民苟有背其政府、倡共和政、排击旧宪者，法国当出援兵”（卷10，第22页A）
“筹国会初议废王位，立共和新政……”（卷5，第28页A）	“筹国会初议废王位，新立共和政……”（卷10，第22页B）

据此，王韬应该承袭自日本方面，传统中国指称周厉王时，“召公、周公二相行政，号曰‘共和’”。（《史记·周本纪》）“共和”概念被赋予新鲜的意义，可参见盖箕作省吾的『坤舆図识』（1845年），首先将“republiek”译为“共和政治/共和国”。斎藤毅『明治のことば：文明開化と日本語』、講談社、2005、119—120頁。

③ 当然，王韬的著作（如《普法战纪》）亦曾流传至日本，影响彼方，王韬与日本知识人更互有往还。参见徐興慶『王韜と近代日本：研究史の考察から』、陶徳民·藤田高夫編『近代日本関係人物史研究の新しい地平』、雄松堂、2008、87—115頁。

> 亦属近是。法国向时本是国君主政，自一千七百九十二年易为民主之国；一千八百四年，又易为世及，拿破仑第一即位，是为拿破仑朝。一千八百十四年，波旁朝恢复旧物，传世者两君。一千八百三十年，波旁支派约奥理杭雷斐烈者，重改为民主。（一）千八百四十八年，民乱，逐王于外，于是国中无君，乃议改为黎拔布勒（译即众大臣合议国政）。是时柄国诸大臣中推拿破仑涡那拔为首，是即拿破仑第三……拿破仑第三权力才略素为众所折服，因举之为大统领，主国事职，若联邦之伯理玺天德……（一）千八百五十二年……十一月七日，涡那拔议将伯理玺天德改号曰帝……群论佥同，遂改伯理玺天德曰帝，传国世次，曰拿破仑第三，国位以世代递嬗，无子传弟或兄弟冢嗣……一千八百七十年普法构兵，拿破仑第三兵败被俘，国中无主。一千八百七十一年二月十七日……众推大臣爹亚暂摄国政，八月三十一日，改号伯理玺天德。一千八百七十三年五月二十四日，爹亚辞位，众复推大将军麦马韩为伯理玺天德……十一月，议定权主国政，以七年为期，于是法遂为民主之国，以迄于今，未之有改也。[①]

这段述说虽不免含混之处（如“波旁支派约奥理杭雷斐烈者”当政，究竟是“民主”，还是“王”），但还算清楚地表达了法国政体的变迁脉络：国君主政—民主之国—世及—民主—黎拔布勒—伯理玺天德—帝—民主之国。王韬在这里以统治者的名称作为区分三种政体的标准，和他在《普法战纪》的区分标准一致：

> 泰西诸邦立国有三等，曰君为主，如昔之法兰西及今之俄罗斯、墺地里、普鲁士是也；曰民为主，如今之法兰西及瑞士、美利坚等国是也；曰君民共为主，如英吉利、荷兰、意大利、西班牙、葡萄牙、日耳曼列邦皆是。君为主者，称帝，西语曰恩伯腊；民为主者，称总统，西语曰伯理玺天德；君民共为主者，称王，西语曰京。此三者名谓虽殊，实则无所区别，盖不以是为大小也。[②]

① 王韬：《重订法国志略》卷16，第1页A—3页A。
② 王韬：《普法战纪》，“凡例”，第1页A。

再与王韬1883年出版的《弢园文录外编》里提出的观点相比较：

> 泰西之立国有三，一曰君主之国，一曰民主之国，一曰君民共主之国。如俄、如墺、如普、如土等，则为君主之国，其称尊号曰恩伯腊，即中国之所谓帝也。如法、如瑞、如美等，则为民主之国，其称尊号曰伯理玺天德，即中国之所谓统领也。如英、如意、如西、如葡、如嗹等，则为君民共主之国，其称尊号曰京，即中国所谓王也。顾虽称帝、称王、称统领，而其大小强弱尊卑则不系于是，惟其国政令有所不同而已。一人主治于上，而百执事万姓奔走于下，令出而必行，言出而莫违，此君主也。国家有事，下之议院，众以为可行则行，不可则止，统领但总其大成而已，此民主也。朝廷有兵刑礼乐赏罚诸大政，必集众于上、下议院，君可而民否不能行，民可而君否亦不能行也，必君民意见相同，而后可颁之于远近，此君民共主也。论者谓：君为主，则必尧、舜之君在上，而后可久安长治；民为主，则法制多纷更，心志难专壹，究其极，不无流弊；惟君民共治，上下相通，民隐得以上达，君惠亦得以下逮。都俞吁咈，犹有中国三代以上之遗意焉。①

把王韬在上述论著中提出的三种分类列表对照（参见表25-5），其中《重订法国志略》与《普法战纪》的述说，都稍显简单。

表25-5　王韬三种著作中政体类型比对

著作	《重订法国志略》	《普法战纪》	《弢园文录外编》
总述	泰西国例，有自主之国、有民主之国、有君民共主之国。其为民上者，操权既异，而名号亦因之以别	泰西诸邦立国有三等，曰君为主……曰民为主……曰君民共为主……此三者名谓虽殊，实则无所区别，盖不以是为大小也	泰西之立国有三，一曰君主之国，一曰民主之国，一曰君民共主之国……顾虽称帝、称王、称统领，而其大小强弱尊卑则不系于是，惟其国政令有所不同而已
君主	自主之国	君为主	君主之国

① 王韬：《重民》（下），《弢园文录外编》卷1，第19页A—19页B。

续表

著作	《重订法国志略》	《普法战纪》	《弢园文录外编》
元首名称	自主者，称恩伯腊，译言帝	君为主者，称帝，西语曰恩伯腊	其称尊号曰恩伯腊，即中国之所谓帝也
国家	称帝者，如俄罗斯、法兰西、墺地里诸国是也	如昔之法兰西及今之俄罗斯、墺地里、普鲁士是也	如俄、如墺、如普、如土等
说明			一人主治于上，而百执事万姓奔走于下，令出而必行，言出而莫违，此君主也
君民共主	君民共主之国	君民共为主	君民共主之国
元首名称	君民共主者，称为京，译言王	君民共为主者，称王，西语曰京	其称尊号曰京，即中国所谓王也
国家	称王者，如英吉利、西班牙诸国是也	如英吉利、荷兰、意大利、西班牙、葡萄牙、日耳曼列邦皆是	如英、如意、如西、如葡、如嗹等
说明			朝廷有兵刑礼乐赏罚诸大政，必集众于上、下议院，君可而民否不能行，民可而君否亦不能行也，必君民意见相同，而后可颁之于远近，此君民共主也
民主	民主之国	民为主	民主之国
元首名称	民主者，称伯理玺天德，译言大统领	总统，西语曰伯理玺天德	其称尊号曰伯理玺天德，即中国之所谓统领也
国家	称统领者，如美利坚之联邦是也，而欧洲之瑞士国亦属近是	如今之法兰西及瑞士、美利坚等国是也	如法、如瑞、如美等
说明			国家有事，下之议院，众以为可行则行，不可则止，统领但总其大成而已，此民主也

《重订法国志略》与《普法战纪》的分类，都以国家元首的称呼作为区分标准，和蒋敦复的两种分类标准相同，可见蒋、王这两位好朋友的论说，应当都源于《大英国志》。然则，《弢园文录外编》的论说，在分辨国家元首的称谓之外，添加了“国家政令”作为标准，即以“权力”来源作为政体类型之区分标准。可以说，《弢园文录外编》的述说，应当是王韬个人政

体类型知识“概念工程”的最后“定本”。[①]

王韬《弢园文录外编》的论述，明确使用“君主之国”“民主之国”与“君民共主之国”这样的“标准词汇”，正是对此前政体类型知识“概念工程”的一个初步总结。他还非常鲜明地批判：“君为主，则必尧、舜之君在上，而后可久安长治；民为主，则法制多纷更，心志难专壹，究其极，不无流弊。”与此同时，对“君民共治，上下相通”，“犹有中国三代以上之遗意焉”，赞誉有加。相对的，王韬还批判说，法国自拿破仑以降，“政出一人，庶众不服，异论频兴，屡改为民主之国，几于视君如弈棋，大乱因之”，[②] 对于走向“民主之国”的实践道路不以为然，可以说，王韬终究还是做了个人“政体抉择”的表态，以“君民共主之国”为尚。[③]

从整体的趋势来看，大致从19世纪60年代末期开始，“民主之国”“君民共主之国”这些词语已经在汉语世界里有比较固定的意涵了，前者指的是如美国（与1870年以后的法国）这样的国家，国家元首的名称是“总统”或“伯理玺天德”；后者则主要以英国为代表，国家元首的名称是“王”。王韬导入“法国例证”之后，丰富了人们的认识。当然，王韬不是唯一公开述说法国情势变动的论者，如朱克敬对法国的述说就与王韬对法国的述说，颇为类似，可以想见，他们的述说，当必共有其本源。在当时的“文化市场”上，必定还存在着可为“知识仓库”扩充建设的其他史料，有待史家广求文献，以明其实。

政体类型知识“概念工程”的趋同与变异

在19世纪70年代末期和19世纪80年代初期的思想、言论脉络里，政

① 又，王韬虽指称1789年法国大革命之后的政体为“共和”，但是，他本人则将之与“民主”混用，如或说于1792年9月21日法国“议会宣告创立共和政体，以是日为共和第一月第一日”，又谓1793年8月，“筹国会下令国中改古来政体，称民主国”（王韬：《重订法国志略》卷5，第28页A—28页B）；或于介绍“麦须儿之诗”的脉络里说1792年法国“自立为民主之国”（王韬：《普法战纪》卷1，第25页A—25页B）。至于王韬混用“共和”与“民主”的情况，是否承袭自日本著述，因不涉大旨，不详比对。

② 王韬：《重订法国志略》卷16，第6页B—7页A。

③ 不过，赞赏“君民共治”的王韬，不清楚清廷是否应当实行在此一体制里有重要地位的“议院”制，整体言之，他在晚清中国“议院论”的形成过程里，扮演的是中介的角色。详见薛化元、潘光哲《晚清的“议院论”与传统思维相关为中心的讨论（1861—1900）》，《中国史学》卷7，1997年，第124—127页。

体类型知识“概念工程”的成果，大致趋于共向，特别是三大政体类型的基本词语：“君主”“民主”“君民共主”，基本已蔚为共识。像买办出身的郑观应，在19世纪70年代末期定稿的著作《易言》（36篇本），① 就论说“泰西有君主之国，有民主之国，有君民共主之国”；② 曾出洋远游、体会异国风情的中国士人，亦可清楚掌握政体类型知识，论说也颇为完整。如清朝驻德使馆幕僚钱德培，即称“德意志为君民共主之国”；③ 又如1883年时尝出洋目睹异国风情的袁祖志清楚知晓法国本为“君主之国，自经德国挫败之后，改为民主之国”的变化，亦称德国“为君民共主之国”。④ 再以约略同一时期《申报》等的报道为例，它们明确表达了对政体类型的认知，或说英国与美国“一为君民共主之国，一为民主之国”；⑤ 或云美国为“民主之国，君称总统，四年一易”；⑥ 或报道俄国出现了仿效美国“改为民主之国”这等主张的信息；⑦ 或从“海外各国有君主之国，有民主之国，有君民共主之国”的脉络里，梳理法国走过“忽而君主，忽而民主，现在则已定为民主”的历史道路。⑧ 凡此诸端，可以想见，三大政体类型的知识，已经得到一定程度的回响。

19世纪70年代末期，政体类型知识的“概念工程”固然已呈显出趋同的样态，但“知识仓库”里确实也存在着趋同共奏以外的杂音。问世于19世纪80年代初期、作者不详的《欧洲总论》，⑨ 就是一例。这部书将欧洲各国政体分为三种类型：“君主之国”“民主之国”与“君民参治国”，“议政院”则是三种政体共有的体制。然而，在“民主之国”里，“颁制定律之权，

① 关于《易言》之撰作、版本与研讨，参见刘广京《郑观应〈易言〉光绪初年之变法思想》，氏著《经世思想与新兴企业》，联经出版公司，1990，第419—521页；易惠莉《郑观应评传》，南京大学出版社，1998，第106—119页。

② 《易言·论公法》，夏东元编《郑观应集》，上海人民出版社，1988，第65页。

③ 钱德培：《欧游随笔》，转引自王锡祺辑《小方壶斋舆地丛钞》，帙11。此为1878年的记述。

④ 袁祖志：《谈瀛录》，上海同文书局石印本，光绪十年（1884），第8页A、11页A。

⑤ 《医国论》，《申报》1876年6月8日，第1版。

⑥ 《论欧洲各国人才》，《申报》1878年2月13日，第1版。

⑦ 《论俄国大局》，《申报》1879年6月19日，第1版。

⑧ 《法界燃灯事考证》，《申报》1882年7月19日，第1版。

⑨ 阙名：《欧洲总论》，王锡祺辑《小方壶斋舆地丛钞》，帙11。文中云：“前年土俄之役。”（第2页B）按，当即1877—1878年之俄土战争，是以该论著应视为19世纪80年代前期的作品。

则全在议政院”，“制治之权”则“操自庶民”。在“君主之国”里，“议政院”对“国家大事”与“制度律例”可以“各陈己见，畅所欲言”，再由“人君乃审其论理之短长，舆情之拂治，取舍之利害，而定其行止”，实为“一道同风之治，王者之制也”。相形之下，在“君民参治国”里，“颁定制度之前，必须为上者将一己之旨意，咨达于议政院，使其详考斟定”；可是，当“议若不协”之际，“王得专施禁令，罢议寝事”；若仍有异见，“物议沸腾，势将酿祸，又得散其议院，而另着民间选举他人以充其职”，故其述评曰：

> 此其为治若掣肘殊多，恐难为法。[①]

这样看来，《欧洲总论》的述说，固然与其他“知识仓库”的述说不尽相符。[②] 唯其不以“君民参治国”为理想形态的述说，因其是“恐难为法”的体制，具有思考“政体抉择”的意义。而这显示了和当时的言论、思想潮流颇相一致的趋同样态。

与《欧洲总论》相类的思考，亦可见诸大众媒体。如《申报》早于1878年即刊出《论泰西国势》一文，[③] 综合论说“泰西之国有所谓君主者，有所谓民主者，更有君民共主者”。“君主者则世及为常，权柄操之自上，如普鲁士、土耳机诸国是也”；“民主者，则由众推举，任满而去，与齐民无异，如法兰西、瑞士等国是也”；至于“君民共主则尤为泰西土风所尚，犬牙相错，靡国不然”。“议院”体制更为“民主”与“君民共主”的共同特色，而且正因这一体制，遂能产生“君臣同体，上下相联，初无贵贱之分，情伪可以周知，灾患无不共任，有害则去，有利则趋”的现实效果，故对“民主”与“君民共主”政体出以赞语，“泰西之强，职由于此”。该文面

---

① 阙名：《欧洲总论》，王锡祺辑《小方壶斋舆地丛钞》，帙11，第4页B—5页A。

② 如《欧洲总论》以“罗玛宗国、俄罗斯、普鲁士、土耳其”是“君主之国”，并谓这些国家都有“议政院”，即与“知识仓库”里其他的述说甚不一致。盖俄国没有此一体制，是当时一致的记述。

③ 《论泰西国势》，《申报》1878年1月12日，第3版；又，是文末注记“选录香港《循环日报》”。众所周知，《循环日报》是王韬主掌笔政的报纸，唯据『循環日報論説見出し一覧』（西里喜行『王韜と循環日報について』、『東洋史研究』第43巻第3号、1984年12月、96—102頁），未有《循环日报》刊载是文之记录，而该文是不是王韬之论著，亦难确证。

对政体抉择的问题，则话锋一转，批判“民主”乃“续乱易滋”的政体，并举法国总统麦克马洪[①]之行止为例，谓其总统任期即将届满，却仍“不欲大权旁落，自去其党，以致势成孤立”，所以“立意与不直于己者相拒”，由是进而论证“统绪相承，子孙相继，似属私于一姓，实为万世立其大防”的道理。这样说来，这篇文稿意欲指陈的是，“君民共主”作为“统绪相承”，且又存在“议院”体制的政体，应是比较理想的。面对“政体抉择”的问题，是文作者的答案显而易见。[②]

19 世纪 80 年代中期以后，存在着三种主要政体的知识/信息，在接触过“西学”的中国士人的知识领域内，已若常识，诸方论者，自可别出机杼。像清廷出使美、秘等国钦差大臣张荫桓在 1889 年以英国作为“君民共主”之国的代表，并用以评论时事，如张荫桓得悉“日本将沿西俗设议院”，即谓此举为“拟仿英国君民共主之意”；[③] 也说美国与法国“同为民主，而制度各殊”。[④] 约略同时，又若康有为这等思维卓越的士人在构思“乌托邦”的未来远景时，也展现了相同的认知，他的《实理公法全书》[⑤] 以几何学论式推导人类伦理、群体关系的“应然之道”，关于“君臣门”的部分，即将“民主”“君民共主”与“君主”列为三种“比例”，批评其各有缺失：“民主”虽是“以平等之意，用人立之法者”，然不如“公法之精”；“君民共主”则是“此失几何公理之本源者也”；至于“君主”之“威权无限”，“更大

① 即 Marie E. P. de Mac-Mahon（1808-1893），1873—1879 年任法国总统。

② 当然，和《欧洲总论》与《申报》之《论泰西国势》一文一般，未必和政体类型知识“概念工程”言论主流趋同共奏，反而自起音符，别趋异途，在 19 世纪 70—80 年代的“知识仓库”里，难可尽举。例如，美国传教士林乐知主导下的《教会新报》（1868 年创刊）及相继的《万国公报》，傅兰雅主译的《佐治刍言》（1885 年），都曾引介、论议政体类型知识。笔者认为，彼等述说在政体类型知识“概念工程”中，自成脉络，应俟另文处理。

③ 任青、马忠文整理《张荫桓日记》，上海书店出版社，2004，第 355 页。又如，在述说“英后用款太多，私积巨而公帑绌”，故其“议院”乃“欲与清算”一事的脉络里，他也评论道：“英为君民共主之国，议院故有此权”（《张荫桓日记》，第 404 页），由此可想见他的认识。

④ 《张荫桓日记》，第 430 页。不过，他也在“略考秘鲁形胜”的脉络下称其为“总统四年一易”的“民政之国”。（《张荫桓日记》，第 299 页）因是可见，在张荫桓看来，“民主”“民政”之意义相等。

⑤ 康有为的《实理公法全书》，大致可视为 19 世纪 80 年代中期至 90 年代初期撰著的作品。参见朱维铮《从〈实理公法全书〉到〈大同书〉》，氏著《求索真文明：晚清学术史论》，上海古籍出版社，1996，第 235—236、253—254 页。

背几何公理”。[1] 康有为的《实理公法全书》意义深远，[2] 张荫桓的一般评述自难堪比拟；唯则，由他们在构思论事之际采用词语的一致性来看，此前政体类型知识“概念工程”的成果，已然是士人共润同享的概念语言。

整体而言，在19世纪80年代中期这个时间定点上，政体类型的述说，共呈同现，蓬勃无已，王韬在《弢园文录外编》的述说，最称完整，代表政体类型知识“概念工程”在当时“知识仓库”里的最高成就。不过，“知识仓库”里的述说，虽然已出现趋同一致的景象，在趋同的整体脉络里，时有杂音响鸣，彼此之间，也没有必然的内在理路关系可言。在这个时间点上，趋同的样态，更只是表面形式，各式论说之间，同多于异。各式论说使用的词语，仍有不同，区分各种政体的标准，也各有歧异。特别是以议事机构的存在作为区分“君民共主之国”和“君主之国”的标准之一这一点上，未形成共识。诸若袁祖志知道德国与西班牙、英国都有“上、下议政院”，但他称前者“为君民共主之国”，后二者“世为君主之国”；[3]《欧洲总论》则记述三种类型的政体都有“议政院”。由此可见，在当时的“知识仓库”里，还是有不少记述仍以国家元首的称谓不同，作为“君民共主之国”与“君主之国”的区分标准。然则，面对“政体抉择”的问题，则又众说纷纭，各逞辩锋。“知识仓库”里政体类型知识“概念工程”的现实意义，普受重视和思考，且又显示一定的趋同景象，这证明了当年“蒋敦复式”的思考，已然跃登历史舞台。

政体类型知识“概念工程”从19世纪40年代“开工”，历经40年，至王韬在《弢园文录外编》提出的类型论说与思考，初步集其总成。原先，对于异域制度进行类型概括，还是相当粗略的，迄于《大英国志》的述说，彰显了英国的政体在这个类型架构里的突出地位，形成了政体类型知识“概念工程”的基础建设之一，也提供了新的“思想资源”。到了蒋敦复那里，政体类型的知识，则被赋予现实意义。从19世纪60年代开始，“政体

---

① 《实理公法全书》，姜义华、吴根梁编校《康有为全集》第1集，上海古籍出版社，1987，第288—289页。

② 黄明同、吴熙钊主编《康有为早期遗稿述评》，中山大学出版社，1988，第43—58页。当然，康有为在1897年刊行的《孔子改制考》里，也屡屡引用“民主”之类的词语，以其为变法维新的理论根据，更推翻中国传统的古史论说系统。参见王汎森《“古史辨”运动的兴起》，允晨文化公司，1987，第193—208页。

③ 袁祖志：《谈瀛录》，第8页A、9页B、13页B。

抉择”的思考，出现在历史舞台上。王韬更在19世纪70年代初期导入了比较完整的法国例证，各种政体类型的论述，亦纷纷出现。虽然，在分类标准与词语的一致性方面，时时传出不和谐之声音，但是，“蒋敦复式”的问题，已然形成不可阻遏的潮流。连本来放言“西国政之大谬者”的王韬，到19世纪80年代初期都公开颂扬“君民共治”，做了“政体抉择”的表态，宣告了政体类型知识“概念工程”初期的完工。

四　政体类型知识“概念工程”的意义

西方政体类型知识“概念工程”的创发与建设，在晚清中国的思想界是前所未有的大事业，在“知识仓库”里储备了多样的知识、信息。以1845年玛吉士《新释地理备考全书》对域外诸国政体的概括论说作为起点，下逮1856年首度出版的《大英国志》作为基础建设之一，绵延传衍，至王韬在1883年提出的论说与思考，初步集其总成。在当时“知识仓库”里的主流论说趋向，已经使用“君主”“民主”“君民共主”这三组词语，“议院”是后二者都有的机构，两者的差异在于“民主”政体类型的元首是经由选举程序产生的，“君民共主”类型的国家元首则为世代相袭。然而，政体类型知识“概念工程的”创发与建设，本来就没有事先模拟完善以便按图施工的总体建设蓝图；“知识仓库”储备知识的过程，也无规可循，而是随意生产和堆置储放。因是，在政体类型知识的主流论说同趋共向之际，异说时现，矛盾歧出，错乱丛生，理有应然。

不过，早在19世纪50年代和19世纪60年代之交，政体类型“概念工程”之开展进行，就已经具有现实意义，诸若“蒋敦复式”问题之面世，即促使人们省思“政体抉择”的问题，始终深具“思想资源”的作用；到19世纪80年代初期，以王韬的论说和思考为具体象征，不仅完整总结过往政体类型“概念工程”的成果，更公开颂扬“君民共治”，做了“政体抉择”的表态，影响深远。[①]

① 当然，19世纪80年代中期以后，政体类型知识“概念工程”仍持续进行，后继者依循着相同的方向，凭借各种机缘，深描细摹，从而开拓了新的知识、思想空间，相关历史场景，错综复杂，应俟他稿。

西方政体类型知识的“概念工程”在晚清中国思想界的创发与建设，本是研析探讨民主思想如何导入中国这一课题不可或缺的内容之一。以本章述说的历史过程为视角，可以揣想，中国和中国人开始走向“民主之路”，竭力欢迎“德先生”，并不是前行者对民主思想进行积极“宣传”或“弘扬”的必然结果。19 世纪 40 年代徐继畬等对“无国君”政体（如瑞士、美国等）的赞誉，60 年代蒋敦复对“英之议会”是否可“行于中国”这个问题的思考，80 年代王韬对“君民共主”政体的称赞，都各有其演变的言论脉络，应该返诸它们问世的本来场景，进行理解，而不是将这些繁杂的历史现象、事实简单概念化，甚至将其当作书写“中国民主思想史”理所当然的组成部分。

盖就西方政体类型知识自身的脉络而言，相关词语与概念，本在历史的长河历经多样的变化，如“专制”（despotism）这个词在政体类型知识谱系中向来为标准范畴之一，它在不同时期的具体内容，屡有变易；① 以具体个案言之，西方对奥斯曼帝国政体的定位，历经了从“暴政”（tyranny）到“专制”的变化，也反映了“欧洲中心论”（eurocentrism）的面向。② 至于在西方政体类型知识创生的过程里，所谓“东方专制论”（oriental despotism）其实更是在“宗教改革”之后始被欧洲发明建构，作为与西方“共和论”（republicanism）恰成对照项的论述。③ 可以说，西方政体的类型知识如何建构成为一种“传统”，绝非不证自明，况乎，西方政体的类型知识也和“政体抉择”的现实密不可分，既存的政体类型知识，往往会因应现实需要而面临被“修正”的命运。如在西方政体类型知识谱系里始终占有不可或缺地位的孟德斯鸠（Charles de Secondat, Baron de Montesquieu），与先行者一样，强调领土大小、规模是推行共和政体需考虑的因素，进而对所谓“小共和国命题”（the small-republic thesis）的建构，影响深远。在 1787 年美国召开制宪会议通过新《宪法草案》后，在等待各州的批准过程中，孟德斯鸠的理论让反对这部新宪法的反联邦派（the anti-federalists）得以“振振有

---

① M. Richter, "despotism," D. Wiener, ed., *Dictionary of the History of Ideas* (New Charles Scribrer's Sons, 1973), vol. Ⅱ, pp. 1-18.

② Asli Çirakman, "From Tyranny to Despotism: The Enlightenment's Unenlightened Image of the Turks," *International Journal of Middle East Studies*, 33 (February 2001), pp. 49-68.

③ Patricia Springborg, *Western Republicanism and the Oriental Prince* (Polity Press, 1992).

词”，即广土众民，如美国，是没有办法实现共和的。相对的，支持拥护这部新宪法的汉密尔顿（Alexander Hamilton），邀请了麦迪逊（James Madison）及约翰・杰伊（John Jay），三人联合以帕布里亚斯（Publius）为笔名发表意见，阐释新《宪法草案》的意义，与反联邦派论战。帕布里亚斯既批判反联邦派仰仗的孟德斯鸠的“小共和国命题”，也依据孟德斯鸠关于“联邦共和国”（confederate republic）的述说，强调通过这部新宪法对美利坚合众国前景的重要性。[①] 孟德斯鸠创发的政体类型知识，其实可以因应现实的需要；立场不同的论者各取所需，以证己说。这样说来，政体类型知识的创造生产与消费流通，其实不能脱离具体的历史场景。

因是，本章取“脉络化”的路径，以蒋敦复与王韬为中心，述说他们对于政体类型知识“概念工程”与导入民主相关思想之“贡献”，由此应可展现，前行者的思想努力及其轨迹，率皆自成理路，各有其独特的“思想资源”价值和意义，并且由于它们是在具体的历史情境里出现的，难以一言概括。所以，进行民主思想在中国的知识生产事业，必须将错综复杂的历史场景，尽可能详缜细密地还诸其本来的历史时空。如果采取这等“脉络化”的研究路径，持续考察相关的课题，或可拓展我们对晚清以降中国思想史的认识空间。

① 关于批准美国新《宪法草案》的论辩历程及其理论依据之论述，不可胜数，本章简述的基本依据有：Terence Ball，“A Republic- If You Can Keep It，” Terence Ball and J. G. A. Pocock，eds.，*Conceptual Change and Constitution*（University Press of Kansas，1988），pp. 137－164；Levy Tomlinson，“Beyond Publius：Montesquieu，Liberal Republicanism，and the Small-Republic Thesis，” *History of Political Thought*，27：1（Spring 2006），pp. 50－90.

第二十六章
译书与西学东渐

西学之名，晚明已有。艾儒略所著《西学凡》，即以“西学”为名。西学包罗广泛。梁启超编《西学书目表》，将其分为算学、重学、电学、化学、声学、光学、天学、地学、医学、史志、法律、矿政、兵政等 27 门。徐维则编《东西学书录》，又将其扩展为 31 门。晚清所谓西学，通常指以欧美为主体的西方学术文化，包括人文科学、社会科学与自然科学，兼及工程技术。

西学之“西”，在今天来看，纯系中性的方位之词，无褒无贬，但在 19 世纪中后期，却有一定的轻蔑之义，因为“西”与“中”为相对之词，“中”不但指中国，且有中心、中央之义。其时与“西”相类似的，还有“东”，指日本。戊戌变法以后，进化论席卷思想界，越来越多的人倾向于用“新学”替代“西学”之名，认为如此既可泯中外之别，又可免用夷变夏之讥，[①] 且可将通过日本转口输入或经过日本改造的西学包罗进来。1896 年梁启超编《西学书目表》，1899 年徐维则编《东西学书录》，1904 年沈兆祎编《新学书目提要》，主题词从西学、东西学到新学，反映了西学内容的扩充与对西学情感的变迁。

西学输入中国，并非始于晚清。明末清初，利玛窦、汤若望、南怀仁等来华耶稣会士，与徐光启、李之藻、杨廷筠等中国士大夫合作，已经将比较丰富的西学知识传入中国。据统计，自 1582 年利玛窦来华，到 1717 年

---

* 本章由熊月之撰写。本章涉及外国人名较多，不再一一括注外文，如需了解，请参见人名索引。

① 蔡培：《西学宜名为新学说》，《皇朝经世文新编续集》卷 12，义记书庄石印本，1902。

康熙帝下令禁止天主教在华活动，再到1773年因宗教内部纷争罗马教廷下令解散耶稣会的近200年，耶稣会士在中国译著西书凡437种，其中纯宗教图书251种，包括《圣经》、神学、天主教仪式等，占总数的57%；人文科学图书55种，包括地理、语言文字、哲学、教育等，占13%；自然科学图书131种，包括数学、天文、生物、医学等，占30%。[①] 其中，天文学与历算学是所输入西学成效最大的部分。宇宙体系方面，主要介绍了托勒密的地心体系，也介绍了哥白尼的日心说，这对于中国传统的宇宙观念，有一定的冲击作用。以西洋历法为基础而修成的《崇祯历书》（清代为《时宪历》），在推算天象方面，较先前的大统历、回回历更为准确，在清代长期使用。所传入的地理学知识，包括地圆说、地图知识、地球五带说、五大洲知识，世界政治地理、人文地理知识，极大地改变了中国人的世界观念，促进了中国地理学的发展。亚洲、欧洲、大西洋、地中海、罗马、加拿大、南北极、南北极圈、赤道等诸多译名一直被沿用至今。数学方面，《几何原本》《同文算指》等书的译介，将包括几何、对数、三角在内的众多西方数学知识传了进来，推动了中国数学的发展，几何由此成为数学之一科。点、线、面、平行线、直角、钝角、锐角、三角形等名词，由此被确定下来。医药学方面，对西方人体解剖学知识，包括呼吸系统、循环系统、感觉系统，对脑主神明的知识，对西洋药学，都有所介绍。西方音乐、美术、建筑学知识有所输入。体现西方科学技术、工艺水平的各种奇器巧具，也大量传入，如泰西水车、望远镜、显微镜、自鸣钟、西洋表、天球仪、地球仪、经纬仪、日晷仪、星晷仪、简平仪、交食仪、比例规、龙尾车、灯塔、温度计、湿度计、蓄电池、风扇、风琴、长笛、吉他，从兵器、农具到科学仪器、生活用品等，各方面都有。

明清之际的西学东渐是相对常态下的文化交流。耶稣会士来华，虽然在整体上是属于西方殖民主义扩张范畴，但其时中国是国力强盛、文化发达的主权国家。利玛窦等人没有居高临下、盛气凌人的上国心态，能够比较平实、认真地理解，平等地对待中国文化；徐光启等人也没有受辱挨欺、卧薪尝胆的弱国心态，能够比较虚心地对待西方文化，认真地学习西方文化。传播主体与受传对象的文化地位比较平等。利玛窦等人能身着儒服，尊重中国礼仪，徐光启等人能毅然入教护教，着力介绍西学，都是常态文

① 钱存训：《近世译书对中国现代化的影响》，《文献》1986年第2期。

化交流的表现。但是，晚清再也没有如徐光启那样既崇西学又入西教的大学士；再也没有如康熙帝那样酷爱西学、充满自信的皇帝；再也没有从容讨论西学的平静氛围。时代变了，国际环境变了，中西文化位势变了，晚清西学东渐的特点也较之明末清初发生很大变化。当然，历史也有连续性。明末清初输入之西学知识，为晚清西学之前驱，众多西学词语为晚清所沿用。这一时期中国士大夫对待西学的态度，无论竭诚欢迎如徐光启，坚决排拒如杨光先，还是调和中西、宣称西学中源如梅文鼎，都有众多后继者。

一　西学东渐浪潮日涌日激

晚清西学东渐可以分为四个阶段。

第一阶段，1811—1842 年。1807 年，伦敦会传教士马礼逊奉派东来，在南洋，以及澳门、广州一带活动，成为第一个基督新教来华传教士。1811 年，马礼逊在广州出版第一本中文西书，揭开晚清西学东渐的序幕。此后，米怜、麦都思等英国传教士，裨治文、雅裨理等美国传教士，以及郭士立等德国传教士，络绎来到南洋，在马六甲、新加坡、巴达维亚等地，创办学校，设印刷所，出版书籍报刊，在当地华侨中传播西学，为日后到中国大陆活动打下基础。这一阶段，马礼逊等传教士共出版中文图书和刊物 138 种，属于介绍世界历史、地理、政治、经济等方面知识的有 32 种。比较重要的地理学与历史学出版物有：麦都思编写的介绍世界地理知识的简明读本《地理便童略传》（1819），郭士立编写的《大英国统志》（1834）与《古今万国纲鉴》（1838），裨治文编写的《美理哥合省国志略》（1838）；介绍西方政治、经济知识的有：米怜编写的《生意公平聚益法》（1818），郭士立编写的《贸易通志》（1840）。米怜、郭士立等人在南洋出版的中文期刊《察世俗每月统记传》（1815—1821）、《东西洋考每月统记传》（1833—1838），亦有对于欧美各国历史、地理、宗教、哲学、自然、天文、工艺、商业、文学等方面的介绍。这些书刊，成为日后林则徐、魏源、梁廷枏、徐继畬了解世界的重要资料。这一阶段，传教士的活动，一方面因为没有不平等条约的保护，影响很难达于中国内地；另一方面，正因为没有不平等条约的保护，其活动通常不会被视为西方列强政府的活动，传播者没有盛气凌人的姿态，受传对象也没有被压挨欺的心理，传、受双方处于相对平等的地位，文化交流在相对正常的状态下进行。

第二阶段，1843—1860 年。在 1840 年至 1842 年的中英鸦片战争中，清政府战败，被迫与英、美、法等国签订不平等的条约，如《南京条约》等，被迫割让香港岛给英国，开放广州、福州、厦门、宁波、上海作为通商口岸，允许外国人在这些口岸传播宗教、开设学堂、开办医院。于是，传教士便将活动基地从南洋迁到中国东南沿海。上述 6 个城市，在西学传播方面，可以分为三种类型。一是香港、广州。在割让或开埠以前，早有西人居住，西学传播已有一定基础，开埠以后，西人来此，又有新的发展。二是福州、厦门。鸦片战争以前，传教士已通过在南洋闽籍华侨中的活动学会方言，这两个城市开埠以后，传教士来此地，没有语言障碍，西学传播活动比较容易进行。三是宁波、上海。这两个城市有靠近富庶的江浙地区、中国中心地带的地理优势，在西学传播方面，很快超过上述四城。在咸丰年间，中国西学传播中心是上海、香港与宁波，西书出版机构主要是墨海书馆和华花圣经书房。

这一阶段，上述 6 个城市共出版各种西书 434 种，其中介绍天文、地理、数学、医学、历史、经济等方面知识的有 105 种，占 24.2%，有些科学著作颇有影响。合信的《全体新论》等五种论著，是晚清第一批以医学为主的著作；蒙克利在香港出版的《算法全书》（1852），是第一部在中国境内出版的用西方数学体系编写的数学教科书；合信在广州出版的《天文略论》（1849）、哈巴安德在宁波出版的《天文问答》（1849），是晚清第一批介绍西方近代天文学的小册子；伟烈亚力、李善兰合译的《续〈几何原本〉》，使古希腊数学名著《几何原本》完整地传入中国；伟烈亚力、李善兰合译的《代微积拾级》，是晚清传入中国的第一部高等数学著作；伟烈亚力、王韬合译的《重学浅说》是第一部传入中国的西方力学著作；艾约瑟、李善兰合译的《植物学》是传入中国的第一部西方植物学专著。

南洋时期，虽然也有中国人参与传教士的工作，如梁发协助米怜从事编辑出版工作，但其是以教徒的身份活动的，且所出书限于宗教方面，对科学知识的传播无所补益。1843 年以后，在上海、广州，都有中国知识分子参与西书翻译工作，李善兰、王韬、管嗣复等为其著者。他们都以独立的身份参与其中，有些西书的译介工作，还是在他们主动提议下开展的，如《续〈几何原本〉》便是李善兰提议后着手翻译的。他们与传教士合作译书，开始了晚清历时数十年的西译中述的历史。管嗣复表示只译科学书、不译宗教书，显示了中国知识分子在介绍和接受西方文化时的独立性和选择性。梁廷枏、魏源、徐继畬积极搜集西学资料，编写介绍世界知识的书籍，如《海国四说》、《海国图志》与《瀛寰志略》，反映了中国知识分子主动了解西方世界的动向。

第三阶段，1861—1900年。1856年至1860年，英国、法国在美国、俄国等支持下，发动了侵略中国的第二次鸦片战争。中国再次惨败。侵略者逼迫清政府先后签订了《天津条约》《北京条约》等一系列不平等条约。通过这些条约，列强从中国掠取了一系列侵略特权。其中，与西学传播密切相关的有以下几点。（1）增开11个通商口岸，包括天津、镇江、南京、九江、汉口、淡水等。外国人可以在这些通商口岸居住、赁房、买屋、租地，建造礼拜堂、医院等。（2）在内地传教、游历、通商自由。（3）开放长江。这样，加上先前割让的香港岛和开放的五口，中国被迫对外开放的城市达17个。外国人可以在南起广州、厦门，中经上海、烟台，北至天津、营口，东起上海、南京，沿江西上，直达中国内地这样广阔的范围里自由活动。其结果，加深了西方列强对中国的政治侵略、经济掠夺，也便利了他们对中国进行文化渗透。清政府方面，以咸丰帝去世、辛酉政变发生、慈禧太后掌权为转折点，中国对外对内政策有了重大调整。总理各国事务衙门的设立，京师同文馆的创办，以学习西方坚船利炮、声光化电为重要内容的洋务运动的开展，都对西学传播产生了重要影响。

这一阶段，西学传播机构趋于多样化，有遍布各地、程度不同的新式学校，包括教会学校和中国自己开办的新式学校；有形形色色的报纸、杂志；有传播西医知识的教会医院。当然，最主要的是各种西书翻译、出版机构，包括教会系统的广学会、广州博济医局、上海土山湾印书馆，清政府系统的上海江南制造局翻译馆、京师同文馆，还有少量民办系统的，如商务印书馆。这40年中，共出版各种西书555种，[①] 其中哲学社会科学123种；自然科学162种，应用科学225种，其总量是此前半个世纪所出科学图书的4倍多。至于质量方面，知名译作不少，《化学鉴原》《化学分原》《地学浅释》《万国公法》《佐治刍言》《泰西新史揽要》都是影响广泛、轰传一时的译作。

---

① 据徐维则《东西学书录》，截至1899年，共收西书567种（不包括纯粹宗教书籍），减去1860年以前出版的12种，故总数为555种。

随着上海在中国地位的上升，上海逐渐成为西学在中国传播的中心。以译书机构而言，无论是教会系统的，还是中国政府和民办系统的，除了少数设在广州、北京等地，十之七八设在上海。全国三个最重要的西书出版机构，即江南制造局翻译馆、广学会和益智书会，全部设在上海。以译书数量而言，全国译书总数的77%，即3/4以上出自上海。以译书质量而言，大多数有影响的西书，是上海出版的。译书中心的形成，是西学传播从先前比较零散、无序状态向集中、有序状态发展的标志。

此时，西学影响逐渐扩大到社会基层。通过遍布各地的新式学校、形形色色的报纸杂志、品种繁多的西书，通过传教士深入内地的各种西学演示、讲解，西学的影响逐渐从知识分子精英阶层扩大到社会基层。从《格致汇编》和《格致新报》几百则的读者提问、《万国公报》所举行的有奖征文和格致书院历时多年的学生课艺中，我们可以看到，从知识分子到普通市民，从沿海到内地，从民间到宫廷，西学的影响已经随处可见，很多人对西学已从疑忌变为信服：曾国藩不但自己倡导西学，且其子成了能读外文、能讲外语的外交官；张之洞、李鸿章多次向广学会等传播西学的机构捐款，家人生病也乐意请西医诊视；谭继洵的妾不但生病时请传教士治疗，还为死了的传教士立碑；19世纪80年代，上海富庶人家已竞相将子弟送入中西书院等教会学校读书，甚至出现“走后门”进新式学校的现象；光绪帝研读西书。所有这些，都是西学影响逐渐深入的表现。

第四阶段，1901—1911年。1898年的戊戌政变和1900年的八国联军之役，使清政府的威信跌到最低点，爱国人士、知识分子对其失望到极点，革命风潮因之而生。清末新政的实施，如废除科举，兴办学校，派遣留学生，改良法制等，都促进了西学传播。1900—1911年，中国通过日文、英文、法文共译各种西书至少1599种，[①] 占晚清100年译书总数的58.7%，

① 徐维则、顾燮光的《增版东西学书录》，收录1900年至1902年2月译书，共366种；顾燮光的《译书经眼录》收录译书仅次于《增版东西学书录》，1902年至1904年，计533种；谭汝谦的《中国译日本书综合目录》，1896年至1911年收录译书共958种，扣除与《增版东西学书录》《译书经眼录》相重复的341种，计617种；林纾在1911年以前翻译的、以上各书均未收录的欧美小说65种（据马泰来《林纾翻译作品全目》）；张於英的《辛亥革命书征》所录辛亥以前译书而为上述各书所未收者18种。以上五个数字加起来为1599种（不包括纯粹宗教书籍）。由于1905年以后中译西书缺少完整的目录，所以，实际译书当不止此数。

超过此前90年中国译书的总数。其中，1900—1904年的5年，译书899种，比此前90年的译书还多。此前，中国介绍、吸收西学，主要是从英文、法文、德文等西书翻译而来，1900年以后，从日本转口输入的西书数量急剧增长，成为输入西学的主要部分。以1902年至1904年为例，3年共译西书533种，其中英文、德文、法文书共占40%，日文书独占60%。在所译西书中，社会科学比重加大。以1902年到1904年为例，3年共译文学、历史、哲学、经济、法学等社会科学图书327种，占总数的61%。同期翻译自然科学图书112种，应用科学56种，分别占总数的21%、11%。译书按从多到少的顺序为社会科学—自然科学—应用科学，与此前几十年的译书顺序正好相反。这表明中国输入西学，已从器物技艺等物质文化为主转为以思想、学术等精神文化为主。此前译书，通常模式是西译中述，李善兰、徐寿、华蘅芳等虽然参加了翻译西书的具体工作，但他们不懂外文，不能独立译书。到这一阶段，从严复、马君武开始，近代中国才有了自己的第一代完整意义上的西学翻译人才，也才宣告西译中述这一西学传播史上的过渡阶段的结束。

大批西学的涌入，特别是各种不同层次的新式教科书，遍布城市乡村，走进千家万户，使西学影响空前深入。令人眼花缭乱的新学科，目不暇接的新名词，令学术界、出版界面目一新。今人习用的许多名词、术语，诸如社会、政党、政府、民族、阶级、主义、思想、观念、真理、知识、唯物、唯心、主体、客体、主观、客观、具体、抽象等，都是那时确立的。这为五四时期的白话文运动打下了基础。没有清末西学的大批涌入，没有那一时期的新名词大爆炸，日后的新文化运动是很难想象的。

从1811年马礼逊在中国出版第一本中文西书，到1911年清朝统治结束，首尾100年，中国共翻译、出版西学书籍2726种。四个阶段中，以年均翻译西学书籍（不包括纯粹宗教书籍）计算，第一阶段，31年，共32种，年均1种；第二阶段，17年，共105种，年均6种；第三阶段，40年，共555种，年均14种；第四阶段，11年，共1599种，年均145种。前三个阶段，年均译书种数成倍增长，至第四阶段，年均译书数量猛增为第三阶段的10倍以上。由此可见，晚清中国输入西学，随着时间的推移，呈急速增长趋势，20世纪初达于极盛。以传播西学主体而言，第一阶段，基本上是西人的事；第二阶段，西人为主，少量中国知识分子参与其中；第三阶段，西译中述，中西传播机构共存并进；第四阶段，中国知识分子成为主体。这说明，中国知识分子在西学传播过程中，逐渐由被动变为主动，由附从地位升为主导地位。

二　不同传播机构各擅胜场

晚清翻译、出版西书的主体，分为三类：一是传教士及其他来华人士及相关机构；二是清政府官办机构；三是中国民间知识分子及民办机构。这几部分人或机构，有互相交叉的，如江南制造局翻译馆、京师同文馆中有传教士或其他外国人活动其中。这三类机构活动的时间，从总体上说，同治以前主要是传教士机构的天下；同治年间到庚子事变以前，是清廷官办机构与传教士机构并行时期；庚子事变以后，是民间机构盛行时期。

教会机构

传教士及其他来华人士所在的相关机构中，最有影响的是墨海书馆、益智书会与广学会。

墨海书馆由英国伦敦会1843年设于上海，1860年以后逐渐停止译书。创办人麦都思，骨干有伟烈亚力、慕维廉、艾约瑟等，中国学者李善兰、王韬、蒋敦复等参与润饰书稿，时称“秉笔华士”。编写、翻译基督教书籍是其主要任务，也出版了一批介绍西学的译书。

其中，数学有《数学启蒙》《续〈几何原本〉》《代数学》《代微积拾级》，均为伟烈亚力主译。物理学有《重学浅说》与《重学》，前者由伟烈亚力口译、王韬笔述，后者由艾约瑟与李善兰合译。天文学有《谈天》，译者为伟烈亚力与李善兰，原书系英国天文学家侯失勒名著，对太阳系结构和行星运动有比较详细的叙述，对万有引力定律、光行差、太阳黑子理论、行星摄动理论、彗星轨道理论均有所述及。伟、李在书前各有一篇序言，伟序介绍西方天文学说古今变迁之迹，讨论中国天文学特点，然最终将宇宙之奥妙归于造物主之安排。李序介绍哥白尼、开普勒、牛顿等西方科学家在天文学上之贡献，批评一些士大夫对西方科学不加考究、妄加议论。

地理学、历史学有《地理全志》和《大英国志》，此二书都是慕维廉所译编；此外，还有一部重版书《联邦志略》。《地理全志》，1853—1854 年出版，凡二卷，上卷主要为政治地理，下卷主要为地貌地理和历史地理。此书后来曾做修订，由美华书馆再版。《大英国志》由慕维廉翻译、蒋敦复润色，原书为英国学者托马斯·米纳尔所著。第一卷至第七卷详述英国历史，从开国之初、英降罗马，直到维多利亚王朝；第八卷介绍英国的社会、政治、文化等方面的制度、概况，包括政治制度、刑法、教会、财赋、学校、军事、农商、地理等。《联邦志略》，裨治文编，原名《美理哥合省国志略》，1838 年在新加坡出版，1846 年在广州重版，易名《亚美理驾合众国志略》，记事迄于修订之时。1859 年，作者在上海对此书重加修订，扩充为二卷，于同治元年由墨海书馆重版，易名《联邦志略》，全称为《大美联邦志略》，述美国历史。

植物学与博物学有《植物学》与《博物新编》。《植物学》，1859 年出版，由韦廉臣、艾约瑟、李善兰合译，为中国最早一部介绍近代植物学的译著，较为系统地介绍了西方植物学知识。《博物新编》，合信著，1855 年出版，分三集：第一集相当于物理学；第二集为《天文论略》，相当于天文学；第三集为《鸟兽略论》，相当于动物学。此书涉及天文、地理、物理、化学、光学、电学、生物等多方面知识，是内容相当丰富的科学读物。

医学方面有《全体新论》《西医略论》《妇婴新说》《内科新说》，都是合信所著，均出版于咸丰年间。《全体新论》是近代第一部系统介绍西方人体解剖学的著作。《西医略论》三卷，为近代较早介绍西学的著作，上卷总论病症，中卷分论各部位病症，下卷论方药。《妇婴新说》是关于妇科、儿科的医书。《内科新说》两卷，上卷专论病症，总论病理及治法，诸如论饮食消化之理、血运行论、医理杂述等；下卷备载方剂药品，分东、西本草录要，药剂与药品等。合信的《博物新编》《西医略论》等五部书，后被人合编为《合信医书五种》，流传甚广。

墨海书馆设立较早，故所译西书在近代中国学科史、新名词史上地位很高，数学、物理学、植物学上诸多名词，如“微分学”“积分学”“方程式”“代数学”“几何学”“植物学”和“细胞”等，均是由这些西书确立的。这些西书，相当部分在明治维新以前就传到了日本，如《全体新论》

《博物新编》《西医略论》《妇婴新说》《地理全志》《地球说略》《重学浅说》《谈天》《植物学》《联邦志略》，对日本接引西学有一定的影响。

益智书会的是基督教传教士编辑、出版教科书的机构，1877年在上海成立，1902年改称“中国学塾会”，1905年改称“中国教育会”。

益智书会的主要功能是编写出版初级和高级两套教科书，涵盖的学科有算术、几何、代数、测量、博物、天文、地理、化学、地质、植物、动物、心理、历史、哲学、语言等各个方面。编写方针是，结合中国风俗习惯，学生、教习皆可使用，教内、教外学校能够通用，科学、宗教两者结合。至1890年，已出版和审定合乎学校使用的图书共98种，有些是完全新编的，有些是此前已经出版、经益智书会认定可供学校教学使用的。比较重要的，数学方面有《笔算数学》《形学备旨》《圆锥曲线》，声学、光学方面有《声学揭要》《光学揭要》，天文方面有《天文揭要》，地学方面有《地学指略》《地理初桄》，养生方面有《化学卫生论》《居宅卫生论》《延年益寿论》《孩童卫生编》《幼童卫生编》《初学卫生编》和《治心免病法》。其中心理学方面的《心灵学》，由美国海文著、颜永京译，1889年出版，是近代中国翻译的第一部西方心理学著作。教育学方面的《肄业要览》，由英国斯宾塞著、颜永京译，为斯宾塞名著《教育学》的一部分，是斯宾塞著作的第一个中译本。

益智书会所出教科书中，最具规模、最有影响的是傅兰雅编写的《格致须知》和《格物图说》两套丛书。《格致须知》原计划编写10集，每集8种，共计80种，第一、二、三集是自然科学，第四、五、六集是工艺技术和社会科学，第七集是医药须知，第八、九集是国志须知和国史须知，第十集是教务须知。至1890年，前三集已如愿编成出版，其他几集后来只出了一部分，没有完全编成。这套书浅显易懂，都是各门学科的基础知识。各册篇幅都不大，1万多字。前三集的内容分别是：第一集，天文、地理、地志、地学、算法、化学、气学、声学；第二集，电学、量法、画器、代数、三角、微积、曲线、重学；第三集，力学、水学、光学、热学、矿学、全体、动物、植物。其他各集中，编成出版的《西礼须知》《戒礼须知》，介绍西方礼仪风俗；《富国须知》，介绍经济学知识。《格物图说》是教学挂图的配套读物。至1890年，已译编出版29种，诸如天文地理图、全体图、百鸟图、百兽图、百鱼图、百虫图、光学图、化学图、电学图、矿石图、水学图。益智书会出版的各种教科书，是对西学基础知识的普及，对晚清教育界影响相当广泛。1902 年，清政府颁行新的学制，各地学校纷纷采用新式教科书，有相当一部分，尤其是自然科学课程，直接采用益智书会所编的教科书。仅 1903 年，被采用的有《格致须知》中的重学、力学、电学、声学、光学、水学、热学、动物、植物、全球须知，《金石略辨》，还有狄考文著、邹立文译《笔算数学》《代数备旨》《形学备旨》，罗密士著、潘慎文译《代形合参》。这些译书成为当时中国普通学校所用教科书的主要部分。

广学会，初名同文书会，1887 年成立于上海，1894 年易名广学会。发起人除了传教士以外，还有西方来华商人、领事馆官员、医生、律师等方面人物，初期核心人物是韦廉臣，后来是李提摩太。广学会历时 70 年，1956 年与中华浸会书局等机构联合组成中国基督教联合书局。广学会在不同时期的工作宗旨、活动特点、社会影响差别很大。

早期广学会宗旨有二，一是向中国知识阶层提供比较高档的西学读物；二是向中国一般家庭提供附有彩色图片的通俗读物。广学会认为中国人最大的特点是注重学问、尊崇学者，士大夫充斥帝国各地，是中国的灵魂，并实际地统治着中国。鉴此，他们确定以文人、官员为自己的工作重点。

自创办以后至 1911 年，广学会共出版图书 461 种。其中有一部分是新译的，如《泰西新史揽要》；有一部分是新编的，如《中东战纪本末》；还有一些是重印的，如《格物探原》。这些图书中，纯宗教性译书 138 种，占总数的 29.93%；非宗教性译书 238 种，占 51.63%；含有宗教意味的但也含有其他内容的译书 85 种，占 18.44%。[①]

广学会出版译书中，最著名的是《泰西新史揽要》和《中东战纪本末》。

《泰西新史揽要》是广学会所出西书中销量最大、影响最广的一部。英国马恳西原著，李提摩太译、蔡尔康述，1895 年出版。全书叙述 19 世纪欧美各国发展史，包括政治、经济、文化、社会各个方面。原书于 1889 年在伦敦出版。当时的英国，进化论盛行，受其影响，书中充满进化论色彩。书中传递了这样一种信息：社会是不断发展进步的，一个国家，一个民族，

---

① 王树槐：《清季的广学会》，《中央研究院近代史研究所集刊》第 4 期上册，1973 年。

只要不甘落后，勇于进取，兴利除弊，奋发图强，就一定能由落后变为先进、由弱小变为强大、由愚昧变为文明、由专制变为民主。这对于正因落后而挨打、急欲变法图强的中国，具有直接的启迪意义。李提摩太曾将此书部分译稿寄呈湖广总督张之洞。张看了以后，击节叹赏，拨银1000两给广学会以示支持。全书正式出版以前，广学会又将其中一些内容连载于《万国公报》上，社会反应相当强烈。1895年正式出版以后，立即成为畅销书，印了3万部，这在当时已是一个巨大的数目，但还是供不应求，只得一版再版。1898年增出普通版，初印5000本，一经推出，两星期就卖出4000本。书商见有利可图，纷起翻刻、盗印。据称，在杭州，就有6种翻版，在四川，至1898年就有19种翻版。

《中东战纪本末》，林乐知编、蔡尔康译，1896—1900年陆续出版，凡3编16卷。此书是甲午战争资料、评论汇编。此书有两方面内容最为震撼人心，一是有关战争过程资料的披露；二是对于中国落后方面的批评。书中以极其丰富的资料，说明清政府在甲午战前对日本的军事装备、侵略野心了解不够，掉以轻心，以致毫无根据地狂妄自大；战争爆发以后，又张皇失措，应对无方，退舍于牙山，避道于鸭绿江，纵敌于大连湾，沉舰于大东沟，让险于旅顺口，丧师于威海卫、刘公岛，甚至前线虚报战绩，京师仍深信不疑；失败以后，相顾失色，束手无策，不明国际之情势，不谙谈判之原则，允苛刻之条约，失地赔款，后患无穷。资料显示，战争以后，英吉利改袒强国，俄罗斯强委巨债，法兰西私索土地，德意志谋夺商权，日本则日益坐大。盲人骑瞎马，夜半临深池，中国正面临着空前的危机。这些叙述，有根有据，凿然可信，它不啻向世人宣示，中国在战争中败北，绝不仅是武器不如人，也不仅是指挥失当，还是清朝的体制问题。此书一个重要组成部分，是一批西人对中国时局的评论，其中以林乐知的《治安新策》篇幅最大，措辞也最为尖锐。书中批评中国存在的积习有以下几点。（1）骄傲。无端地尊己轻人。（2）愚蠢。读书人少，旅游人更少，多数人不明世界大势，即使是受过教育的儒生，亦缺乏天文、地产、物理等方面的常识。（3）胆怯。行事不思进取，不敢冒险，即使遇到日月薄食、风雷之变，亦不敢研究其理，而奉为神明，相率儆戒。（4）欺诳。不说实话，互相欺骗，遇到战争，欺上瞒下，支离掩饰。（5）暴虐。法庭之上，正常刑讯之外，别做非法刑具，甚至草菅人命。军中将帅之待部曲，有如草芥，对伤兵病卒，既无军医专治，对死亡之人，亦乏善后措施。（6）贪私。人各顾己，不顾国家，无论事之大小，经手先欲自肥，甚至军火要需，敢以煤炭代药，豆粒充弹，终酿败亡之祸。（7）因循。做任何事情，只知拘守旧章，不愿因时变通。（8）游惰。空费光阴，虚度日月，京官有逐日借词乞假者，地方官员甚至有在军务倥偬之际演戏举觞者。林乐知认为，这八大弊端，互相联系，互相影响，骄傲必入于愚蠢，愚蠢则流于怯懦，怯懦必工于欺诳，暴虐则忘仁爱，贪私必昧于公廉，因循则难以振作，游惰又怎能忠敬！以如此尖锐、激烈的言辞，批评中国的政治与积习，于当时实不多见，具有巨大的震撼力。

广学会所出西书中，比较有名的还有《格物探原》《自西徂东》《文学兴国策》《天下五洲各大国志要》《八星之一总论》《百年一觉》，这些书或介绍世界大势，呼吁变法；或介绍科学知识，以开民智。其中《自西徂东》为德国传教士花之安的名著，以中西对照的方式，介绍西方文明，批评中国积习，对中国社会存在的男尊女卑、伪饰、奢侈、愚昧等现象批判激烈。该书问世以后，引起中国知识分子的广泛注意。广学会曾将此书赠送给中国官员与应试士子。1898 年初，光绪帝订阅了 129 种西书，第一种就是此书。

传教士为什么要传播西学？在他们看来，第一，西学先进，西方天文学、地理学、数学、化学、医学等学问，都比中国的同类学问先进，中国人应该接受这些先进的知识；第二，西学有用，通过传播西学，可以在中国人面前树立西方文化的优势地位，获得中国人的好感与信任，从而为传教打开通道，或提供支持。明末利玛窦等人是这个思路，清代从马礼逊到李提摩太也是这个思路。1821 年，英国传教士米怜就说过："向中国人灌输智识、砥砺道德与阐扬宗教都很重要，智识科学之与宗教，本相辅而行，足以促进人类之道德。"[①] 1834 年，美国传教士、医生伯驾来华前，美部会负责人对他说：

> 你如遇机会，可运用你的内外科知识解除人民肉身的痛苦，你也

---

① 顾长声：《传教士与近代中国》，上海人民出版社，1995，第 36 页。

> 随时可以用我们的科学技术帮助他们。但你绝对不要忘记，只有当这些能作为福音的婢女时才可能引起你的注视。医生的特性决不能替代或干扰你作为一个传教士的特性，不管作为一个懂得科学的人怎样受到尊敬或是对中国传教有多少好处。①

美部会对伯驾的要求，在一定意义上，可以看作整个西方教会对传教士的要求。于传教士而言，传教第一，传学第二；传教为体，传学为用。

官办机构

清廷官办介绍西学机构，包括同文馆、翻译馆、编译局、学部编译图书局与修订法律馆。

同文馆系列，包括京师同文馆（1862）、上海广方言馆（1863）、广州同文馆（1864），三馆设立时间有先后，历时有长短，规模有大小，但性质则一，都是为了适应被动开放的形势，为了适应中外交涉的需要，所介绍西学，主要为国际法、外国史地知识，兼及其他西学知识。京师同文馆所译西书分三类，一是关于国际知识，有《万国公法》《公法便览》《公法会通》《星轺指掌》《法国律例》；二是一般科学知识，有《格物入门》《化学指南》《化学阐原》《富国策》；三是学习外文工具书，如《汉法字汇》《英文举隅》。广方言馆因与江南制造局翻译馆同处一楼，其教习与翻译馆译员交叉兼职，所用教材与翻译馆译书有重叠，情况比较特殊，其师生所译西书，包括政法、经济、军事、数学、冶炼和外文语法等方面，其中介绍世界各国特别是西方的历史、地理、外交方面的图书，占很大比例，有严良勋译的《四裔编年表》，以年表体例编辑各国大事，钟天纬译的《英国水师考》《美国水师考》，瞿昂来译的《法国水师考》。广州同文馆学生主要翻译一些外文电报、文件，译书不多，所知的仅一种，系杨枢、长秀合译的介绍各国政治、经济、文化概况的《各国史略》。

江南制造局翻译馆是清政府设立的专门译书机构，译员确切可考的有59人，其中外国学者9人，著名者为傅兰雅、林乐知、金楷理；中国学者50人，著名者为徐寿、华蘅芳、徐建寅、舒高第、赵元益。各人译书多寡

① 顾长声：《传教士与近代中国》，第43页。

不等，多的有60多种，少的只有1种。翻译馆自1871年开始出书，总共出书180种，主要出书年代是19世纪70—90年代，20世纪初已很少出书。所出译书，按照现在的学科分类，各类数字如下：军事科学41种，自然科学37种，船政、工程、矿学等30种，工艺制造28种，医学与农学23种，社会科学21种。19世纪后期的几十年中，江南制造局翻译馆所译西书数量，在各种译书机构中，名列榜首，影响也最大，说明了官办译书机构在晚清西学东渐中的主导作用。

制造局所译西书，有影响的颇多。数学方面，主要有数学入门书《代数术》《微积溯源》《三角数理》等8种，涉及微积分、平面三角等。物理学方面包括电学、声学、光学，主要有《声学》《通物电光》等5种。《通物电光》介绍德国科学家伦琴新发现的X射线。《声学》介绍声学基本理论和实验内容，为晚清所译声学著作中影响最大的一部，流传了20多年。化学方面是江南制造局译书成就卓著的门类之一，有《化学鉴原》《化学鉴原续编》《化学鉴原补编》《化学分原》和《化学考质》。这些译作比较系统地介绍了西方近代化学知识，包括化学的基本概念，定律和各种元素的存在、性质、制法、用途、主要化合物等，以及有机化学与无机化学，确立了化学元素名称的中译原则，创造了诸多化学元素中文译名，构成了翻译馆比较完整的化学系列。这些书选本精当，译笔渊雅，影响深远。天文学、地质学方面译作主要有《测候丛谈》《地学浅释》等4种。其中，《测候丛谈》论及日光为热之源，空气的成分、性质，并介绍风、雨、霜、露、雾、雹、雪、雷电知识，推算天气变化的各种因素，空气含水量、气压与风向的关系以及霓虹、光环、海市蜃楼等现象，被认为是晚清所译的各种气象学图书之佳作。《地学浅释》较为详细地介绍了西方近代地质学知识，包括地质结构、成因、生物衍化等。书中述及拉马克、达尔文和生物进化论，这在中文书籍中为首见。鲁迅在南京读书时曾手抄此书。医学方面主要有《儒门医学》等10余种。其中《内科理法》全面介绍西医内科学，包括什么是病人和正常人、死亡根源、全体功用、身体保养，人体结构，各系统器官的疾病与治疗。这是19世纪中国介绍西医内科内容最丰富、篇幅最大的著作。《法律医学》是近代中国第一部系统介绍西方法医学的著作。社会科学方面，有《列国岁计政要》与《佐治刍言》。《列国岁计政要》类似于大事记，分国列述。首卷介绍世界五大洲各国人民、土地、交通等情况，以后各卷列述奥斯曼、比利时、法国、德国、英国、希腊、意大利、俄国、美国、埃及等国政事，内有很多统计数据。此书所载知识全面而可靠，连澳洲、新西兰等新开发地区的情况亦有介绍。译出以后，该书被时人认为是了解世界各国情况的必读书。《佐治刍言》，英文名 *Political Economy*，中译本于 1885 年出版。全书以自由、平等思想为出发点，分别从家室、文教、名位、交涉、国政、法律、劳动、通商等方面，论述立身处世之道，认为人人有天赋的自主之权，国家应以人民为根本，政治应以得民心、合民意为宗旨。这是戊戌变法以前介绍西方社会政治思想最为系统、篇幅最大的一部书，出版以后多次重版，对中国思想界影响颇大，康有为、梁启超、章太炎都曾认真读过。其中法学方面主要有《公法总论》等。兵制方面有《列国陆军制》《西国陆军制考略》，有关于英国、美国、俄国、法国的各国水师考。

制造局出版之书，或自用，或销售，或选送南洋大臣和总理衙门。自 1871 年起，制造局逐年将所译《西国近事汇编》《防海新论》《测海绘图》《列国岁计政要》寄呈南洋大臣与总理衙门，每次寄 12—20 本。

与江南制造局同一类型的机构，如天津机器局、天津武备学堂也出版过少量与军事有关的西书，但社会影响不大。

晚清官办编译局还有金陵官书局、浙江官书局与江楚编译局，时间起于 1864 年，迄于 1909 年。这些编译局业务主要受地方督抚管辖，所出西书数量不多，内容多属西学普通知识。其中，金陵官书局印行的西书有《几何原本》《重学》《圆曲线说》《则古昔斋算学》等。浙江官书局印行的西书有《日本学校章程》《武备新书》《日本武学兵队各校纪略》《蚕桑萃编》《理财节略》等。江楚编译局印行的西书较其他各省官书局为多，涉及面也较广，历史学方面有《万国史略》《日本历史》《日本史纲》《埃及近事考》《外国列女传》，政法方面有《政治学》《英国警察》《交涉要览》，经济方面有《经济学粹》《经济教科书》，还有各种各样的西学教科书，涵盖格致、算学、地理、地文、地质、矿物、植物、化学、生理、修身、伦理等方面。

学部编译图书局成立于 1906 年，王国维等为编辑，主要工作是编译各种教科书，至 1908 年，编译成书 55 种，印书 66 种。遵循的原则是初等小学最先，高等小学次之，中学与初级师范又次之。凡编一种教科书，兼编教授用书。译书选择的原本以英、日二国为先。编译图书局专设研究所，随时研究磨砺，以提高编译图书的能力和编译质量。

1904—1909年，清政府为适应法律改革的需要，由修订法律馆主持审定，翻译了30多种刑法、民法方面的著书，诸如《德意志刑法》《德意志裁判法》《德意志民法》《俄罗斯刑法》《法兰西律书》《比利时刑法》《荷兰刑法》《意大利刑法》《瑞士刑法》《芬兰刑法》《美国刑法》《日本现行刑法》《（日本）现行法规大全》等。

晚清官办介绍西书机构中，唯一显得特别的是海关总税务司署。总税务司署是全国海关税务机构。这一机构虽属清政府，但长期由英国人负责。赫德自1863年起担任总税务司，长达48年。海关本来不是专门传播西学的机构，但是，由于赫德本人对传播西学的兴趣，总税务司署在介绍西学方面做了重要贡献。1880年，赫德让其中文翻译艾约瑟翻译、编写《西学略述》等西学启蒙课本16种，由总税务司署出资印行，1886年出版。

这16种西书，均介绍的是西学基础知识。其中，《希腊志略》、《罗马志略》和《欧洲史略》译自伦敦麻密纶大书院（MacMillan & Co.）出版之《文史启蒙》丛书，是了解欧洲历史文化的简明丛书，其余《格致总学启蒙》《地志启蒙》等12种译自麻密纶大书院出版的“科学启蒙”丛书，原书都是英国使用广泛的教科书。《格致总学启蒙》是关于科学知识的总体介绍，《地理质学启蒙》《地学启蒙》《地志启蒙》，是关于地质学、地理学的基础读物，《身理启蒙》是生理学读物，《格致质学启蒙》《化学启蒙》《天文启蒙》《动物学启蒙》《植物学启蒙》是关于物理学、化学、天文学、动物学与植物学的基础读物，《辨学启蒙》是逻辑学读物，《富国养民策》是政治经济学读物。这些图书所包含的西学内容，除了少量的如物理、化学、天文、地理、生物学等知识在此前的传教士出版物和江南制造局翻译馆出版物中有所介绍以外，多为第一次比较系统地被引进中国，特别是《辨学启蒙》与《富国养民策》，在西方逻辑学、政治经济学输入中国史上，具有重要地位。为了弥补分门别类介绍西学知识可能留下的缺憾，艾约瑟还特地自编了一本《西学略述》，相当于西学概述。此书的编撰博采众书，包括训蒙、方言、教会、文学、理学（哲学）、史学、格致、经济、工艺、游览，凡10卷。

清廷官办的这些介绍西学的机构，经费由官府出，译员由官府聘，译书由官府定，因此，所介绍西学多为官府所认为亟须引进的内容，与清廷仿造坚船利炮、了解世界大势、学习西方政法知识、废科举兴学校的变法途径相一致，介绍什么内容，先介绍什么、后介绍什么，是由这些机构的性质决定的。从清政府角度看，介绍西学本属被动之举，同文馆之创办，江南制造局翻译馆之设立，都是在外交屡次受挫、军事方面屡吃败仗的情况下才起步的，既无通盘之设计、长远之考虑，亦无人才之储备，仓促上马，政府投入的经费也相当有限，因而在介绍西学过程中，为用而学、急用先学、无用不译的功利主义倾向相当明显。

众所周知，应用技术与基础科学之间、自然科学与社会科学之间，乃至各门学科之间，本有千丝万缕的关系，单科、单门引进很难成功。要引进坚船利炮的制造技术，不光要了解采矿、冶炼、镀金、焊接等技术，还要懂得弹道、曲线、几何、三角、物理、化学等知识，以及与蒸汽机、铁路、轮船、兵制、训练相关的各种知识。既要有这方面的知识，也要有懂得这方面知识的人才，极而言之，是需要整体的、系统的引进，割裂的、片段的、单科的介绍是难窥西学全豹、难得其精粹的。晚清官办机构对西学的介绍与引进，从学科分类来看，重应用技术，轻基础科学；重自然科学，轻社会科学，更轻人文学科。这样，在晚清中国的西学版图上，必然留下许多缺门与空档，而这些缺门与空档，是了解西方不可或缺的内容，在很大程度上，那些可能正是西方文化不同于中国文化最根本的地方。结果，这些缺门与空档，就由传教士、其他来华外国人、民间机构充实与弥补。

民营机构

晚清由中国民间资本、民间知识分子创办、经营的输入西学机构，始于甲午战争以后，盛于庚子事变以后。据统计，1896—1911年，中国新设立的出版西书的机构有100家，除了江楚编译局、北洋官书局、京师仕学馆、修订法律馆、学部编译图书局、农工商部等6家官办机构外，其余94家均为民办，内以上海最多，达80家。著名的有商务印书馆、广智书局、文明书局、金粟斋译书处、南洋公学译书院、会文学社、作新社等。这些机构，或因爱国志士满怀忧国济世之情，或因牟利商贾见西书风行一时，或两者兼而有之，其创办时意图就很明确，所以，各家出版图书都有一定的目标。以开通民智为主旨的文明书局，所出版图书以教科书著称于世，如俞复、丁宝书等编写的《蒙学读本》七编；志在维新的广智书局，所出图书多属变法、变政之类，如市岛谦吉著、麦曼荪译《政治原论》，岛村满都夫著、赵必振译《社会改良论》；志在振兴教育的教育世界社所出图书多属教育方面；湖北法政编辑社所出皆为法学书籍。

民营书局既多，分工也自然形成。译书者的政治立场决定了译书的政治取向，力主反清革命的输入卢梭学说，介绍法国大革命历史、美国独立战史；鼓吹立宪保皇的，多译维新自治学说。至于那些专以石印西书牟利的书局，则喜欢从各家学说中，摘取片段，分类编排，形成各种以“大全”“大成”命名的百科全书，诸如文盛书局的《中外时务策府统宗》，砚耕山庄的《中外策问大观》，袖海山房的《万国分类时务大成》，萃新书馆的《西学三通》，著易堂的《天学大成》，鸿文书局的《中西新学大全》《万国政治丛考》，鸿宝斋的《西法策学汇源》，慎记书庄的《西政丛书》，深柳读书堂的《中西经济策论通考》，林林总总，不胜枚举。

晚清由中国民间资本、民间知识分子创办、经营的这些输入西学的机构，数量既多，类别亦繁，极大地丰富了西学内容。在这些机构中，各种政治派别、各种利益的代表都有。这样，先前以出版科学基础知识、人文社会科学为主要内容的广学会之类的机构，就黯然失色了。1900 年以后，广学会在西学输入史上乏善可陈，地位大为下降，让位于商务印书馆、文明书局等由中国民间资本、民间知识分子创办的出版机构。这是中国社会比较全面输入西学（从日本引进的译书，其主要内容仍为西学）的结果。

不断切换的时代主题

百年之中，西学输入，或由政府规划，或出个人胸臆，或为西人控制，或系华人主持，尽管他们终极目标各有不同，但从中国实际出发、比较中西异同，引进西学、改造中国的操作原则却有相通之处。中国社会的变动曲线，也就成了西学东渐的主线。

综合百年历史，可以清楚地发现，西学东渐是围绕以下几个主题展开的。

第一是了解世界。鸦片战争，中西会面，三千年一大变局，西人面对的是闭塞的中国，国人面对的是陌生的西方。让中国了解西方、了解世界，是一批西人的愿望，也是中国洞察先机之士的共识。前有裨治文的《美理哥合省国志略》，郭士立的《大英国统志》《贸易通志》；中有林则徐组织翻译的《四洲志》，梁廷枏的《海国四说》，魏源的《海国图志》，徐继畬的《瀛寰志略》；后有丁韪良译《万国公法》，傅兰雅译《公法总论》《各国交涉公法论》《各国交涉私法论》，还有介绍英、法、美、俄、德、日等国的各种新志、通史。这些著作，介绍了世界各国的地理环境、历史沿革、政治制度、经济状况、文化风貌、宗教信仰、风俗习惯、著名人物，还介绍了国际交往的惯例通则，使中国对外部世界有了比较切实的了解，也为中国适应新的世界环境提供了具体而有参考价值的知识。

第二是求强求富。两次鸦片战争失败，特别是第二次鸦片战争失败，外国军队打到京师，逼签城下之盟，这对清政府来说，既是愧对列祖列宗的奇耻大辱，也是暴露积贫积弱的奇祸巨变。以学习西方坚船利炮和科学技术为中心内容、以求强求富为目标的洋务运动因之而起。围绕着这一运动，19 世纪 60 年代至 90 年代，翻译、介绍西方兵工文化、科学技术，成为中国输入西学的主体。江南制造局翻译馆为输入此类西学的大本营。求强的译作有关于新式军队、先进兵器、西方兵法的系列图书，《行军指要》《水师操练》《克虏伯炮说》《制火药法》《防海新论》等为其著者。求富的译作有探矿采煤、冶金制器、农工经济等方面，《宝藏兴焉》《工程致富》《探矿取金》《西艺知新》《农学初级》《农务全书》等为其要者。与此同时，西方自然科学作为冶炼制造的基础知识，被广泛地介绍进来，举凡数、理、化、天、地、生，各门学科的基础知识都有专门译作，而且一般都有普及读本与学术专著两个层次。分门别类的须知、入门、启蒙、图说、纲要、揭要、浅释，把自然科学界装点得色彩斑斓。

第三是救亡图存。甲午战争以后，瓜分之祸，迫在眉睫，摆在人们面前的，已经不是求强求富，而是救亡图存的问题。于是，以进化论为灵魂、以革故鼎新为主题的《泰西新史揽要》风行一时；以亡国灭种作警告、以针砭时弊为特色的《中东战纪本末》传诵海内；以教育兴国作号召、以日本变法为借鉴的《文学兴国策》备受欢迎。天演学说因之走红，立宪之议随之高扬，各种变政历史、亡国历史、维新传记纷纷出版，各种醒华、救华、兴华、振华的刍议、卑议、高议、新议、通议、危言、庸言竞相提出。这一问题，自甲午迄辛亥，一直是中国志士仁人关心的重点之一，也是译书关注的重点之一。庚子事变后，一部分有识之士认为中国之所以落后挨打，原因在于中国文化有缺陷，认为要救国先救人，要救人先救心，要救心先救学，要救学就从译介西方哲学开始。诚如一位从事此项工作的学者所云：

> 泰西哲学，论理学其滥觞也。东邦维新以来，著译盈车，而吾中国独缺如焉（《理学须知》、《辨学启蒙》等译者未通此学，故多门外推敲之谈），时势岌岌，非仅形而下之学所能补救，而况形而下者形而上者之支流。不入虎穴焉得虎子，中国变法数十年无一效，或犯此耳。①

于是掀起译介西方哲学著作热潮。从1902年至1904年，多种哲学通论性著作译介出版。梁启超、王国维、马君武等在《新民丛报》《教育世界》等杂志上，连篇介绍西方哲学，从苏格拉底、柏拉图、亚里士多德，到培根、康德、笛卡尔、斯宾诺莎、休谟、尼采、叔本华、黑格尔，几乎所有西方重要哲学家的学说都被介绍进来。当时被归入哲学范畴的逻辑学、心理学、伦理学、妖怪学、宗教哲学、政治哲学等学问都有专书，唯物论、唯心论、怀疑论、进化论等各种流派也都有介绍。从1902年至1911年，至少有37部有关哲学、逻辑的西书被翻译进来，1902—1903年，含“哲学”二字的译作就有《哲学要领》（两种）、《哲学概论》、《哲学原理》、《哲学微言》、《哲学泛论》、《哲学论纲》与《哲学新诠》8部。

第四是民主革命。1900年以后，民主革命风潮涌起。民约论、自由论、自治论、独立论的译作成为时髦之学，《路索民约论》《万法精理》《自由原论》《美国独立宣言》等成为革命志士的神圣经典，卢梭、伏尔泰、孟德斯鸠、约翰·穆勒等西方哲人比孔、孟、程、朱等中国圣贤更受青年崇拜。与反清宣传相呼应，形形色色的反对外族统治的独立战史、战纪、秘史、轶闻，世界各国的民族英雄、志士、杰士、义士、侠女的传记，译作纷呈。

① 林祖同：《序言》，〔日〕清野勉《论理学达旨》，林祖同译，文明书局，光绪二十八年（1902）。

梁启超等改良派不赞成反清革命，但他们的许多翻译、宣传，仍属于广义的民主范畴。与民主思潮涌来的同时，被视为比民主更激进的社会主义、无政府主义的著作，也陆续被翻译出版。

第五是科学启蒙。从狭义上说，有意识地介绍科学基础知识、以提高普通民众的科学素质为宗旨的活动为科学启蒙。从广义上说，晚清所输入的西方科学，绝大多数属于启蒙范畴，因为那时民众的科学素养，多很低浅，所传科学知识，从总体上说，多为基础知识。有意识地、比较系统地进行科学启蒙，自傅兰雅编辑《格致汇编》、中外合办格致书院开始，益智书会所编的大部分教材，也可归于此类。真正形成规模、影响深远的，是20世纪初清政府实行新政、推行新学制以后，涵盖各种学科、包括不同层次、遍布城市乡村与沿海内地的新式教科书。与此相呼应，各种歌略、韵语、图说，也是科学启蒙的重要读物。通俗易懂、朗朗上口的《天文歌略》《地理歌略》《地球韵言》《女学歌略》，也是很受欢迎的启蒙读物。许多启蒙读物浸润着其时流行的物竞天择、适者生存、自由、民主、爱国等思想。兹以《蒙学初级修身教科书》为例，其宣传生存竞争、优胜劣汰：

> 秋间蟋蟀甚多，捕其雄者，置于陶器，彼此相斗，胜则瞿然而鸣，似得意状。噫！优胜劣败，蟋蟀不免，况人乎！
>
> 问蟋蟀何以得意而鸣？问人之优胜劣败则如何？①
>
> 牛耕于田，不勤，牧童鞭之。牛曰：吾苦甚。牧童曰：智不若人，即为人役。岂徒牛然，人亦如是。
>
> 问何以为人役，问世界以何等人为最苦？②

其宣传反对侵略、热爱祖国：

> 一猫伏案上，饲以食，不去；搔其首，不去；拉其尾，乃号而走。天下最难堪者，受人侮弄，虽猫亦不甘此。
>
> 群蜂结巢，既成，会议曰：如有伐我巢而残我同种者，共刺之。

① 俞庄：《蒙学初级修身教科书》，文明书局，1903，第13课。

② 俞庄：《蒙学初级修身教科书》，第3课。

人之有国，犹蜂之有巢。尔学生当知爱国，当知爱同种。①

其宣传自主、自由：

牛马挽车而行，朝夕不休，少迟，痛鞭之。服劳役而又受苦楚，无自主之权，大都类是。

问：无自主之权，与何物相类？

雀在田中觅食，网获其一，置于笼中，不食而死。夫雀飞天空，上下可以自由，为人所获，不自由，毋宁死矣。

问雀在笼中，何以不食而死？问人不自由，则当如何？②

这些启蒙读物，虽然字不满千，纸仅数页，但其影响，往往超过同等内容的高头讲章。

三　西学传播之反应与影响

晚清西学东渐，从坚船利炮、声光化电，到物竞天择、自由民主，一波未平，一波又起，其势如江涛翻卷，滚滚而来；影响如水银泻地，无处不在；其过程云诡波谲，时而云淡风轻，时而电闪雷鸣。社会反应则百态千姿，笔墨难摹。竭诚欢迎者有之，全力排拒者有之，完全相信者有之，全然不信者有之，疑信参半者有之，始疑后信者有之，阳奉阴违者有之。总的趋势是，受众疑忌逐步消解，反对声音渐趋弱小，西学影响日益扩大。下文针对一些有代表性的反应，做一综合分析。

疑忌的消解：从“西医现象”说起

头痛医头，脚痛医脚，生理解剖，取样分析，这是西医的方法。辨证施治，阴阳五行，上病治下，左病治右，这是中医的方法。西医将人体视为一个可以分解为许多部件的机器，每个部件都可以拆开、修理、更换。

---

① 俞庄：《蒙学初级修身教科书》，第2、51课。

② 俞庄：《蒙学初级修身教科书》，第19、26课。

中医将人体视为一个彼此联系、互相影响的整体，表里一体，虚实相通。西医最得西方古典科学重具体、讲实证的精神，中医最得中国传统文化重整体、讲联系的神韵。如果在各种学科中，举出最能体现中西文化特征的一种，医学最为合适。

西医在中国的遭遇很有典型意义。始而被怀疑、猜忌、排斥，继而被试用、接受，再而被信任、高扬，最后长驱直入，占领了医学主导地位。这与西方天文学、地理学输入中国的历史有相通之处，但其更突出。

从中国方面来说，疑忌—试用—高扬，输入西医的三部曲，也典型反映了中国研究、吸收外来文化的心路历程。

西医在中国立定脚跟以后，声誉日隆，其价值再也没有受到怀疑。医学界一度甚至要求废止中医，独尊西医。在日本，中医（汉医）在一个时期里确实被废止了。后来极力高扬的，正是先前拼命反对的，这就是西学东渐史上的“西医现象”。

西医传入中国，可以追溯到明清之际。明末传教士在澳门设立医院，为人治病，是为西医传入中国之始。与西洋医学密切相关的西洋药学也同时传入中国。清代，不只是澳门，内地有些地方，甚至宫廷中，已有人使用西医西药。康熙帝患疟疾、心悸症，上唇生瘤，均由传教士以西医西药治愈。江宁织造曹寅患疟疾，康熙曾赐予西方传入的特效药金鸡纳霜（即奎宁）。《红楼梦》里有多处提到西药的使用。

但是，由于西医在诊治原理、医疗手段、医疗工具（手术刀、注射针等）等方面，与中医有着明显的不同，加上行医的传教士碧眼紫髯的形貌、旁行斜上的文字、祈祷受洗的宗教仪式，多为国人闻所未闻、见所未见，特别是西医为了辨明病症而开刀检视，为了进一步研究而切除部分器官组织藏于器中，加以药品，使不腐烂，更令一般人不可思议，疑窦丛生。西医由此被蒙上神秘、恐怖的色彩，挖眼、剖心、熬药、炼银、摘取红丸、蒸食小儿，种种不经之说亦由此而起。

还在清初，就已有西人蒸食小儿的谣传。嘉靖年间进士，先后担任广东、云南按察司佥事的李文凤曾在笔记中写道：

> 嘉靖初，佛朗机国遣使来贡……其人好食小儿，云在其国惟国王

> 得食之，臣僚以下皆不能得也。至是，潜市十余岁小儿食之，每一儿市金钱百文。广之恶少掠小儿竞趋途，所食无算。其法以巨镬煎滚滚汤，以铁笼盛小儿，置之镬上，蒸之，出汗尽，乃取出，用铁刷刷去苦皮，其儿犹活，乃杀而剖其腹，去肠胃，蒸食之。居二三年，儿被掠益众，远近患之。①

万历年间成书的严从简《殊域周咨录》、张燮《东西洋考》，均引用了这段文字。清初，大学者顾炎武在《天下郡国利病书》中也转引了这段文字，但未做任何辨正。到了鸦片战争前后，关于西人挖人眼睛以供炼银煎药的传闻更是沸沸扬扬，愈演愈烈。连思想最为开明的魏源也将这种传闻写入《海国图志》：

> 查西洋之天主教不可知，若中国之天主教，则方其入教也，有吞受药丸、领银三次之事，有扫除祖先神主之事，其同教有男女共宿一堂之事，其病终有本师来取目睛之事……凡入教人，病将死必报其师，师至则妻子皆跪室外，不许入，良久气绝，乃许入，则教师以白布裹死人之首，不许解视，盖睛已去矣。有伪入教者，欲试其术，乃佯病数日不食，报其师，至，果持小刀近前，将取睛，其人奋起夺击之，乃踉跄遁。闻夷市中国铅百斤可煎文银八两，其余九十二斤仍可卖还原价，惟其银必以华人睛点之乃可用，而西洋人之睛不济事。②

西人如此可怕，西医进入中国自然步履维艰。所以，无论在沿海还是在内地，教会医院在初办时都是阻力重重，因而都免费送医送药。

但是，医学有着其他科学所没有的两个特点：一是治病救人；二是效果可证。因为生命的宝贵，有两种人即使在西医的价值尚未得到承认的时候，也会前来就诊：一是无力求医买药的贫民；二是中医无法医治、生命垂危的病人（即使是富裕家庭出身）。药到是否病除，妙手是否能回春，这不用很多附加的说明，一看效果便知。这两个特点，使得西医在鸦片战争

---

① 顾炎武：《天下郡国利病书》卷119。

② 魏源：《海国图志》卷27，清光绪二年刻本。

以后，没用多少时间，便逐渐被中国人认可、接受。在很多地方，传教士都是首先通过施医，树立自己善的形象，建立西学的信誉。1840 年，传教士描述广东人虽仍在厌恶西人却已接受西医的情况："中国之人民，平常尽皆恨恶我等，不欲与我等往来，况又有官府之严禁。致我等虽用尽法子欲解除中国人恨恶我等之心，惟总不能得之。在我等各样事业之中，只有医学乃系中国之人颇肯信之。"由各省到来就医之人，莫不欢喜感谢，中国官府虽已知之，亦不禁止。[①]

健康欲望、生存欲望，驱使病人不顾世俗对西人、西医的成见，接受西医治疗。这给西医提供了一个与中医进行竞争、显示自身价值的机会。世人从一次次鲜明的事例中，认识了西医的价值。1877 年，那位日后参与镇压戊戌变法、权倾一时的荣禄腰部生瘤，先后请了数十名中医诊治，未见好转，反而日见沉重，患处腐溃方圆七八寸，洞出 30 余孔，痛苦不堪。万般无奈，他最后找了时在北京的传教医师德贞医治。德贞为他做了两次外科麻醉割除手术，患处日见起色，两个月便平复痊愈。荣禄大为叹服，称赞德贞医术"精妙绝伦"，并为德贞编的医书《全体通考》作序。

19 世纪六七十年代，在中国通商口岸，西医已普遍被接受。时人记载：

> 自中西通商以后，西医之至中国者，各口岸皆有之，非徒来医西人，而且欲医华人。但华人不识西国药性，因不敢延请西医，故初时华人均不肯信西国医药。于是西医邀请中西商富，先集巨资，创立医馆；次集岁费，备办药材，以为送医之举。初则贫贱患病、无力医药者就之，常常有效；继则富贵患病、华医束手者就之，往往奏功；今则无论富贵贫贱，皆有喜西药之简便与西药之奇异，而就医馆医治者，日多一日，日盛一日也。[②]

到 19 世纪 90 年代，尽管在内地某些地方，西医仍然受到抵制，但从总体上看，西医已经在中国确立了稳固的地位。郑观应在《盛世危言》中，

---

① 《澳门新闻纸》1840 年 7 月 11 日，转引自李志刚《基督教早期在华传教史》，商务印书馆，1985，第 242 页。

② 《书上海虹口同仁医馆光绪三年清单后》，《申报》1877 年 12 月 22 日。

仔细比较了中西医的优劣，认为西医与中医的医理、医法不同，得失互见，但总的说来，西医比中医高明得多。他说：

> 窃谓中西医学各有短长：中医失于虚，西医泥于实；中医程其效，西医贵其功。其外治诸方，俨扁鹊、华佗之遗意，有中国失传而逸于西域者，有日久考验弥近弥精者。要其制药精良，用器灵妙，事有考核，医无妄人，实暗合中国古意，而远胜于时医，亦不必曲为讳饰矣。①

出使英、法、意、比四国大臣薛福成，从实地考察结果和天主教教义出发，说明以前人们对西人、西医的所谓“迷拐孩童，挖眼剖心”等种种说法，都属不实之词：

> 按旧说谓天主教徒迷拐孩童，挖眼剖心，用以制药。此论不知始于何时，前儒顾炎武所著《郡国利病书》，亦已有烹食小儿之说。彼时中外悬隔，偶得传闻，并非事实。然是说之流传也久，则人心之笃信者众。……出洋以后，留心访查，大抵天主教徒所崇信者惟耶稣，耶稣之说亦以仁慈为宗旨……彼于虐人之事，害人之物，尚欲禁之，岂有残酷至挖眼剖心、而欧洲各国习不为怪者？即彼之精于化学、医学者，亦谓无心眼入药之理。②

疑忌—接触—试用—对比—信服，这是中国人接受西医的五个环节。西医如此，中国接受其他可比性较强的西方文化，也大都经历过这几个环节。例如，火油刚进入中国时，一些地方官员因不明其性质，以其容易失火，下令禁止。电灯进入中国时，有人以为取火于天，有违天意，用之将为雷击。自来水有碍健康、铁路火车有碍风水的说法，相当普遍。火油照明之于豆油，煤气灯、电灯之于油灯，自来水之于河水、井水，只要偶一试用，略做比较，其间优劣，不言自明。

---

① 郑观应：《盛世危言·医道》，夏东元编《郑观应集》上册，上海人民出版社，1982，第523页。

② 薛福成：《奏陈教案治本治标之计折》（1892年），丁凤麟、王欣之编《薛福成选集》，上海人民出版社，1987，第391—392页。

大体说来，物质文明层次的西方文化和应用科学方面的西方文化，都是通过试用、比较显示自己的价值、建立自己的信誉、确立自己的地位的。

西方自然科学中的基础学科进入中国时，包括数、理、化、天、地、生等方面的知识，大多也经历过这些环节，只不过有的环节明显些，有的环节模糊些。以天文、历算为例，以中国士大夫傲然自大的习性和鄙夷外邦的传统，是不会轻易采用西洋体系的。正是在一次又一次的比试中，西法屡试屡灵，中法屡试屡误，中国官府、士大夫才采纳西学，改用西法的。以数学而论，在近代早期的数学译作中，中国学者坚持将数码1、2、3、4、5译为一、二、三、四、五，将未知数X、Y、Z、W译为天、地、人、物，但到20世纪初，中国已普遍沿用西方惯用的数码、字母。1、2、3、4、5之所以能取代一、二、三、四、五，X、Y、Z、W之所以能取代天、地、人、物，绝不只是因为中国数学要与西方接轨，而实在是因为在实际运算中，前者较后者更为简便、实用。珠算为中国所有、西方所无，中国并没有在引进西方数学时，将其舍弃，实在是因为珠算灵活、方便，是西方计算尺之类所不可替代的。

源流之辨

西学输入中国以后，中国士大夫有一个历时很久、影响很广的说法：西学中源。

西学中源说的基本观点是：西方某些科学技术、某些事物，源出中国，是中国流传出去或从中国学去的，中国学习这些东西，是恢复自己的旧物，不是学习西方。王韬说："铜龙沙漏，璇玑玉衡，中国已有之于唐虞之世。……火器之制，宋时已有。"① 郑观应、陈炽、王之春、薛福成、宋育仁、俞樾、章太炎等都有西学中源说，以郑、陈、王说得最真切：

> 自《大学》亡《格致》一篇，《周礼》阙《冬官》一册，古人名物象数之学，流徙而入于泰西，其工艺之精，遂远非中国所及。盖我务其本，彼逐其末；我晰其精，彼得其粗；我穷事物之理，彼研万物之质。秦汉以还，中原板荡，文物无存，学人莫窥制作之原，循空文

① 王韬:《弢园文录外编》卷1《变法上》，上海书店出版社，2002，第9页。

而高谈性理，于是我堕于虚，彼征诸实。[1]

（古时）中国大乱，抱器者无所容，转徙而至西域。彼罗马列国，《汉书》之所谓大秦者，乃于秦汉之际，崛兴于葱岭之西，得先王之绪余，而已足纵横四海矣。阅二千年，久假焉而不能不归也，第水陆程途，逾数万里，旷绝而无由自通，天乃益资彼以火器、电报、火轮舟车，长驱以入中国，中国弗能禁也。天祸中国欤？实福中国也。天厌中国欤？实爱中国也。譬我有奇宝焉，遗之道路，拾遗者秘而不出，亦人之常情耳。[2]

制器尚象利用本出于前民，《几何》作于冉子而中国失其书，西人习之，遂精算术。自鸣钟创于僧人而中国失其传，西人习之，遂精机器。火车本唐一行水激铜轮自转之法，加以火蒸气运，名曰汽车。火炮本虞允文采石之战，以火器败敌，名为霹雳。凡西人之绝技，皆古人之绪余，西人岂真巧于华人哉？[3]

以上诸人是从技术、器物层面上来说西学中源的，黄遵宪则更进一步，将其扩大到文化的各方面。他说：

余考泰西之学，其源盖出于墨子。其谓人人有自主权利，则墨子之尚同也；其谓爱邻如己，则墨子之兼爱也；其谓独尊上帝，保汝灵魂，则墨子之尊天明鬼也；至于机器之精，攻守之能，则墨子备攻、备突、削鸢能飞之绪余也。而格致之学，无不引其端于《墨子·经》上下篇。当孟子时，天下之言，半归于墨，而其教衍而为七，门人邓陵、禽猾之徒，且蔓延于天下，其入于泰西，源流虽不可考，而泰西之贤智推衍其说至于今日，而地球万国行墨之道者十居其七。距之辟之于二千余岁之前，逮今而骎骎有东来之意。呜呼！何其奇也。[4]

---

① 郑观应：《盛世危言·道器》，夏东元编《郑观应集》上册，第242—243页。

② 陈炽：《庸书·自强》，赵树贵、曾丽雅编《陈炽集》，中华书局，1997，第7页。

③ 王之春：《蠡测卮言》，《国朝柔远记》附编一，光绪七年刊本，第26页。

④ 黄遵宪：《日本国志·学术志》，陈铮编《黄遵宪全集》下册，中华书局，2005，第1399页。

他还认为，泰西用法类乎申韩，设官类乎周礼，行政类乎管子，十盖七八，“若夫一切格致之学，散见于周秦诸书者尤多”。[①] 地圆说、天静地动说源于《周髀算经》，电气说源于《淮南子》等书。

最典型的是王仁俊。他写了一本《格致古微》，凡6卷，从《易经》《诗经》等九经中辑出24则，《史记》《汉书》等二十四史中辑出40则，《荀子》《管子》等诸子中辑出99则，从各种文集、笔记种辑出20则，分别从天、算、地、兵、医、化、矿、重、气、水、热、电、光、声、字、画、商、工、植物、政俗、自强等21个方面，说明西学源出中国。书后列有详细的表格。《格致古微》在戊戌变法以后影响很广，五四时期，陈独秀等人便以“格致古微”代指西学中源说。[②]

西学中源说并不始于晚清，在鸦片战争以前已流行。最早提出这一见解的是黄宗羲，他在清初讲学时曾认为，“勾股之术乃周公、商高之遗而后人失之，使西人得以窃其传”。[③] 同时代的著名学者方以智也有类似看法。康熙帝也是西学中源说的积极倡导人，认为：“三代盛时，声教四讫，重译向风，则书籍流传于海外者，殆不一矣。周末，畴人子弟，失官分散，嗣经秦火，中原之典章既多缺佚，而海外之支流反得真传，此西学之所以有本也。”[④] 梅文鼎在述及西方天文历算方法、地圆说时，多次表示赞同康熙的意见，并论证西人天文学出于《周髀》（后改名《周髀算经》）盖天之学，这些学问是在周室衰微以后流入西方的。王锡阐、戴震、阮元等，也都有西学源于中国的说法。

西学中源说是一个内容宽泛、影响复杂的理论。首先，它包含一定的合理因素。细翻晚清学者西学中源的具体说法，思索《格致古微》的考证，参照今人对中国科技史的研究，包括李约瑟的《中国科学技术史》，可以发现，火药、指南针、造纸术、二进位制……西方确有一些科学技术源于中国，或晚于中国，因此，这些论断、考证并非全无道理。有些论断，从总体上说可能不确切，但其中包含着一些真理成分。比如，《庄子・天下》载惠施语：

---

① 黄遵宪：《日本国志・学术志》，陈铮编《黄遵宪全集》下册，第1414页。

② “第三派以为欧人之学，吾中国皆有之，格致古微时代之老维新党无论矣。”参见陈独秀《随感录》，《新青年》第4卷第4号，1918年。

③ 全祖望：《黎洲先生神道碑文》，《鲒埼亭集》卷11，《全祖望集汇校集注》上册，上海古籍出版社，2000，第222页。

④ 康熙御制《数理精蕴》卷1《周髀经解》，商务印书馆，1968，第8页。

“至大无外，谓之大一；至小无内，谓之小一”，章太炎认为，这句思辨味道十足的话，用近代物理、化学知识便很容易解释：空气愈高愈薄，体积愈大，没有边际，这是“至大无外”；点小到原子就不可再分，这是“至小无内”。[①]章太炎的解释，与现代科技史研究者对惠施这句话的理解如出一辙。《中国化学史话》这样写道：“我们可以猜想，他（惠施）的‘大一’相当于近代所谓宇宙吧！他的所谓‘小一’又相当于什么呢？从化学角度看，‘小一’可能相当于分子或原子。”[②]《庄子·天下》载惠施语：“南方无穷而有穷。”按通行的说法，这句话是谈相对与绝对辩证关系的，意为：方向是可以无限延伸的，所以“南方无穷”，但就某一范围而言，南方又是有止境的，所以南方又“有穷”。章太炎不作如是解。他说，这是地圆论：大地呈球状，南北方向如环无端，故曰“无穷”，但是，寒冷至极的冻海又在事实上阻碍了人们的通行，所以又是“有穷”的。[③]今天的天文学史研究者对惠施的话的解释，和章太炎的解释完全一致，认为“惠施对于大地之为球形，是有了初步的认识的”，惠施的“南方无穷而有穷”一语，“只能理解为大地是球形，才有确定的含义”，甚至认为“惠施的地是球形的思想，可以与亚里斯多德媲美”。[④]章太炎对惠施话的理解，至少可以算言之成理的一家之说。

其次，许多考证缺乏证据，失于武断。例如，王仁俊据《论语》和《孔子家语》等书中关于孔子弟子冉求“好学博艺”的话，断定其所说之艺专指礼、乐、射、御、书、数六艺的最后一项“数”，即数学，进而通过其他资料，推断冉求所通数学为几何，最后断定《几何原本》原为冉求所著。[⑤]再如，《墨子·尚同上第十一》有“是故选天下之贤可者，立以为天子”一语，论者便断言“泰西有合众国、举民主，有万国公法，皆取诸此”。[⑥]《淮南子》有女娲炼五色石以补天的说法，有人便论断这是“后世烧煤之始”。[⑦]最为离奇的是，王仁俊根据许慎《说文解字》关于“脑”的

---

① 章太炎：《历物疏证》，《章太炎全集》第1卷，上海人民出版社，1994，第244页。
② 曹元宇：《中国化学史话》，江苏科学技术出版社，1979，第287页。
③ 章太炎：《历物疏证》，《章太炎全集》第1卷，第246页。
④ 郑文光、席泽宗：《中国历史上的宇宙理论》，人民出版社，1975，第160页。
⑤ 王仁俊：《格致古微》卷1，光绪二十二年（1896）刻本，第24页。
⑥ 王仁俊：《格致古微》卷3，第38页。
⑦ 王仁俊：《格致古微》卷4，第2页。

释文，断言《说文解字》已有“脑主知觉”说，西人关于“一切知识记忆不在于心而在头脑之内”的说法，“皆窃取许君义”。①

西学中源说的影响不是单一的，主张学习西方和反对学习西方的人都可以利用它。反对学习西方的人认为，既然西方“长技”源于中国，那么，中国根本不必向西方学习，而只需研究本国旧法就可以了。刘岳云便持此说。他说：西方的重学、光学、汽学、电学、化学，均出于中国，“虽精益求精，然非中国启其知而能若此哉！至于得南针而知航海，得火药而后用枪炮，则尤中国大有造于彼者”，尽管如此，西方得于中国的技艺，仍是小者、末者，大者、本者仍在中国，中国士大夫根本用不着向西方学习。② 主张学习西方的人则说，既然西学源于中国，那么，中国学习、研究这些东西，就不是学习西方，而是光复旧物，譬之家有秘方，再传而失于邻人，久而迹所在，或不惮千金以购还之，“正当考求古制，参取新法，借其推阐之妙，以收古人制器利用之助。乃不考夫所由来，恶其异类而并弃之，反以通其艺为辱，效其法为耻，何其隘也！”③

在西学中源论的影响下，晚清学术界出现一股发掘、研究中国科学技术和民主思想的风气。刘岳云编《格致中法》，王仁俊编《格致古微》，章太炎撰《历物疏证》，以前不大为人重视的墨子学说受到空前关注，古代大批能工巧匠、科技人物名字，在久已湮没之后，突然走到历史前台，频繁地出现于报纸杂志上；谭嗣同刊印黄宗羲的《明夷待访录》，梁启超作《古议院考》，刘师培作《中国民约精义》，古代的重民思想、兼爱思想，被比附为民主思想、博爱思想，大加渲染。

在中国近代史上，西学中源说最为盛行的时期是 19 世纪 60 年代至 90 年代，这也是中国学习西方船炮技艺、近代化开始举步、中西文化激烈冲突的时期。到了 20 世纪初，在学习西方、实行新政已被定为国策以后，这种理论的市场越来越小，对其批评之声越来越多。1902 年，一位学者批评说：

或者谓天算格致之学，皆我中国之所固有，彼特得而深思精造之，

① 王仁俊：《格致古微》卷 5，第 5 页。

② 刘岳云：《格致中法自叙》，转引自王仁俊《格致古微》卷 5，第 31 页。

③ 黄遵宪：《日本国志》卷 32《学术志》。

以引申我之绪余耳，如借根方之为东来法，地圆之说出于管子，重学光学出于墨子，璇玑玉衡早已创于卢廷，指南车行于姬公，木流牛马汉代有之。至于刻鸢能飞，公输之巧未尝逊于西人；祖冲之之千里船，施机自运；虞允文之霹雳车，元代之法郎机，皆中国流入西土。旁征博引，无非欲攘人之美，以掩其拙。不知欲盖弥彰，益形其陋，虚骄浮伪，若出一辙，此其故坐不能平心以察之也。[①]

综合看来，晚清学术界谈论西学中源说的人，大多主张学习西方，少数是反对论者。上面提到的王韬、郑观应、陈炽、薛福成、黄遵宪都是晚清力主向西方学习的著名人物。这是因为，反对学习西方的人所持理由主要是“用夷变夏”，因“夷夏大防论”较之西学中源论在中国传统文化中更有依据，态度更为鲜明。主张学习西方的人，则利用西学中源论调和中学与西学的矛盾，架起中学与西学的桥梁，变学习西方为光复旧物，减少引进西学的阻力。这也是曾经具有辉煌文明历史的中国，在西方文化的冲击和对比之下显得落伍但又不甘心落伍，开始向西方学习又耻言学习的一种复杂的文化心理。文明传统浅薄的民族不会产生这种心理，襟怀广阔、站在世界文明前列的民族也不会产生这种心理。在这个意义上可以说，西学中源说是中国面对西学大潮而走出传统、走向近代的时代产物。

体用之说

中体西用说是晚清学术界评价、融会中西文化的最为流行的说法，属于其范围的有中学为体、西学为用，旧学为体、新学为用，中学为主、西学为辅，中学为本、西学为末，中学重道、西学重器，中学形而上、西学形而下等多种说法。最早涉及这一问题的是冯桂芬。1861 年，他在谈论如何吸收西学时说：“以中国之伦常名教为原本，辅以诸国富强之术。”[②] 以

---

① 何镛：《中国宜行新政论》，储桂山编《皇朝经世文新编续集》卷 5。

② 冯桂芬：《校邠庐抗议·采西学议》，上海书店出版社，2002，第 57 页。对于“中体西用论”历史渊源及其对近代思想与教育的影响，陈旭麓先生在所著《论中体西用》有详细研究。参见陈旭麓《近代史思辨录》，广东人民出版社，1984。台湾学者孙广德在所著《晚清传统与西化的争论》中，亦有较为详细的讨论。参见孙广德《晚清传统与西化的争论》，商务印书馆，1982。

后，王韬、郑观应、薛福成等都发表过类似看法。最早确切使用“中学为体、西学为用”提法的是沈毓桂。1895年4月，他在《万国公报》上发表了《匡时策》，文中写道：“夫中西学问，本自互有得失，为华人计，宜以中学为体，西学为用。”张之洞在《劝学篇》中讨论这一问题最为集中、影响最广，所以论者常将中体西用与张之洞的名字联系在一起。

体、用本是中国传统哲学的一对命题，可做主要与次要、本质与现象、实体与属性、内容与形式、根本原则与具体方法等多种解释。晚清学者讨论中体西用问题时，角度也是多方面的。其一是品评中西文化的高下。王韬说：“形而上者中国也，以道胜；形而下者西人也，以器胜。如徒颂西人，而贬己所守，未窥为治之本源也。”[①] 汤寿潜说：“中国所守者形上之道，西人所专者形下之器……愿人善用其议，善发其愤，求形下之器，以卫形上之道。”[②] 其二是讨论吸收西方文化的原则。陈炽在倡导开书院、采西学时主张：“广储经籍，延聘师儒，以正人心，以维风俗……并请洋师，兼攻西学。庶几体用兼备。”[③] 孙家鼐在筹办京师大学堂时说：“中国五千年来，圣神相继，政教昌明，决不能如日本之舍己芸人，尽弃其学而学西法。今中国京师创立大学堂，自应以中学为主，西学为辅；中学为体，西学为用；中学有未备者，以西学补之；中学其失传者，以西学还之；以中学包罗西学，不能以西学凌驾中学。”[④] 张之洞在《劝学篇》中，也是从这个角度来立言的。

中体西用论弹性很大，因为中学、西学的内容都很广泛，究竟哪些中学应该为体、哪些西学应该为用，这是见仁见智、言人人殊的。张之洞对此是有明确规定的，他说：“四书五经、中国史事、政书、地图为旧学；西政、西艺、西史为新学，旧学为体，新学为用。”但是，大多数谈论中体西用的人，对体、用内涵并没有严格界定。这种对体、用内涵解释的宽泛性，

① 王韬：《与周弢甫征君》，《弢园尺牍》卷4。

② 汤寿潜：《危言·中学第六》，政协浙江省萧山市委员会文史工作委员会编《汤寿潜史料专辑》，《萧山文史资料选辑》第4辑，1993，第225—226页。

③ 陈炽：《庸书·内篇》卷上《学校》，赵树贵、曾丽雅编《陈炽集》，第30页。

④ 孙家鼐：《议复开办京师大学堂折》，中国史学会主编《中国近代史资料丛刊·戊戌变法》（本章以下简称《戊戌变法》）第2册，神州国光社，1953，第426页。

使得该理论适用范围相当广泛。张之洞讲中体西用，梁启超也讲中体西用，[1] 甚至弹劾康、梁的文悌也可以讲中体西用。[2]

后世论及中体西用论，每多讥讽之词。其实，中体西用论始现于19世纪60年代，盛行于19世纪90年代和20世纪初，通过考察它的历史，可以发现，在开始时，它主要是主张学习西方、进行变法的人们的理论武器。冯桂芬、王韬、郑观应、汤寿潜、陈炽，都是力主学习西方的著名人物。中体西用论在尊崇中学的前提下，以比较温和的色彩，避过了顽固派“以夷变夏”的攻击锋芒，为引进西学打开了一条通道。翻阅以上诸人的文集，可以发现一个很有意思的现象，各书的要旨明明是谈学习西方的问题，但几乎每个人都有专谈中体西用的一篇或一段。郑观应的《盛世危言》是19世纪七八十年代鼓吹学习西方的最负盛名的著作，其开头一篇却是《道器》，大讲中学为道，西学为器。透过文字，我们看到的是欲扬之、先抑之的良苦用心。无论是冯桂芬所说的以伦常名教为本，还是张之洞所说的以四书五经、中国史事、政书等旧学为体，都没有为中国社会提供任何新的内容，因为即使不说，当时的社会事实上也是以这些为本、为体的，而所说的“用”，即西学，倒是新鲜内容。所以，从总体上说，晚清的中体西用论对中国吸收、接受西学，起了积极的作用。如果说江南制造局翻译馆等中国官办机构在翻译西书、引进西方科学技术方面还起过一点作用的话，那么，这点作用便是在中体西用思想的指导下产生的。

20世纪初，严复曾对中体西用论提出尖锐的批评。他说：

> “体用者，即一物而言之也。有牛之体，则有负重之用；有马之体，则有致远之用。未闻以牛为体，以马为用者也。”中西学之为异也，如其种人之面目然，不可强谓似也。故中学有中学之体用，西学

---

① 梁启超在代拟的京师大学堂章程中写道：“夫中学体也，西学用也，二者相需，缺一不可。体用不备，安能成才！”

② 文悌在弹劾康有为时说：“惟中国此日讲求西法，所贵使中国之人明西法为中国用，以强中国，非欲将中国一切典章文物废弃摧烧，全变西法，使中国之人默化潜移，尽为西洋之人，然后为强也。故其事必须修明孔孟程朱、四书五经、小学、性理诸书，植为根柢，使人熟知孝悌忠信、礼义廉耻、纲常伦纪、名教气节以明体，然后再学习外国文字、言语、艺术以致用，则中国有一通西学之人，得一人之益矣。”参见文悌《严参康有为折稿》，《戊戌变法》第2册，第484页。

有西学之体用，分之则两立，合之则两亡。[1]

严复此论，被后世认为是对中体西用论最为有力的批驳。严复所论，就同一事物的本体与属性而言，自是不刊之论。但是，时人所说的中体西用论在很大程度上是中学为主、西学为辅的意思，与本体、属性的体用论并不是一回事。事实上，西学并非囫囵一体，不可分解，至少其器物、技艺层面的内容，是可以为全世界所共有共享的。就像中国发明了指南针、火药，西方人可以拿去为其所用；西方人的数学、化学，中国人也可以拿来为己所用。如果确像严复所说，“分之则并立，合之则两亡”，那么，日本的现代化就是不可思议的了。

偏激之见

西学中源和中体西用这两种见解表现形式虽然不同，但从本质上说，都是调和论，都认为中西文化有相通、相容、可以衔接的地方。另有一种意见，即全面排拒西方文化，可就不同了。

对西学取全面排拒态度的人，可以追溯至清初的杨光先。他的名言，“宁可使中夏无好历法，不可使中夏有西洋人”，成为不分青红皂白、盲目排外的典型。到了晚清，杨光先式的人物亦非个别。

19 世纪 60 年代，京师同文馆拟开设天文馆、算学馆，聘请洋人教习西方科学，倭仁、张盛藻、杨廷熙等士大夫，以“立国之道，尚礼义不尚权谋；根本之图，在人心不在技艺”为辞，强烈反对西学，致使学习西洋天文、数学与“用夷变夏”几乎成为同义语，同文馆的生源大成问题。有些人不但反对引进西学，而且连引进西方的火车、轮船也不能接受。湖南名儒王闿运的说法近乎迂：“火轮者至拙之船也，洋炮者至蠢之器也。船以轻捷为能，械以巧便为利。今夷船煤火未发则莫能使，行炮须人运而重不可举。若敢决之士，奄忽临之，骤失所恃，束手待毙而已”，因此，轮船、洋炮是万万不能仿造的。[2] 方濬颐的说法有点“玄”：“有以机器胜者，即有以

① 《与外交报主人论教育书》，王栻主编《严复集》第 3 册，中华书局，1986，第 559 页。

② 王闿运：《陈夷务疏》，《湘绮楼文集》卷 2，岳麓书社，1996，第 44 页。

机器败者；有以机器兴者，即有以机器亡者。”[①] 反对建造铁路者，以先任刑部员外郎、后任出使法国大臣刘锡鸿最为突出。他认为火车虽然具有快速、平稳、载重量大等优点，但总的说来，它适用于西方而不适用于中国。他列举的“不可行者八，无利者八，有害者九”，总共有25条理由，概括起来，主要有：官府无钱，集资困难；容易损坏，难以维修；炸山过川，破坏风水；路基占地，影响生计；盗贼众多，难以管理；火车通行，物价必涨；火车通至内地，关隘失去作用，危及国家安全。

对西方文化采取完全的排拒态度，在19世纪六七十年代洋务运动初起时比较常见，到了19世纪八九十年代，这类意见已不多见。因为那时洋务学堂已经开办，洋务企业已经兴建，西方器物、技艺方面的文化源源进入中国，思想界关注的，已不是要不要吸收，而是吸收什么、如何吸收的问题。但是，在义和团运动中，这种意见又被推向极端，恼怒和尚，恨及袈裟，仇视洋人，及于洋物，即使使用洋伞、洋袜、洋烟、洋火，都要受到痛击，遑论学习洋人技术！至八国联军之役，《辛丑条约》的签订，这种情绪化的反应才终于寂灭。

时人坚决排拒西方文化的原因是多方面的，其中有独尊中华、鄙夷外邦的“中华中心主义”的影响，有长期对西方文化缺乏基本了解的因素，有在外国侵略下民族文化自卫的心理，总之，它是中国在由传统向近代、由闭关向开放转变的过程中，对西来文化所做出的一种消极自卫的反应。排斥一切外来文化的自大外表，掩盖了害怕与外来文化接触的自卑实质。

① 方濬颐：《机器论》，《二知轩文存》卷1，光绪四年刊本，第20页。

第二十七章

晚清台湾的社会经济与文化发展

1860年清廷在列强逼迫下开放台湾为通商口岸，1863年台湾开鸡笼（基隆）、淡水港，1864年开打狗（高雄）、安平港，以淡水为本关，打狗、安平、鸡笼为分关，台湾历史的发展进入一个全新的时期。开港后，台湾在政治、经济、社会、文化各方面都有很大的变化。以政治来说，1864年有戴潮春事件；1868年有“罗妹”号（Rover）事件；1868年与英国发生樟脑纠纷；1874年发生牡丹社事件；1884年中法战争，翌年台湾建省；1894年甲午中日战争发生，清廷战败，终至1895年割让台湾。在上述林林总总的内乱、外患中，台湾进入最不平静也是急速发展的时期。

面对上述局面，清廷对台湾的统治由消极转为积极，除增划府县州外，还在沈葆桢等人的努力下推行洋务运动，清廷派第一流、有洋务经验的大员如丁日昌、刘铭传、邵友濂等来台，推动台湾的近代化，当时台湾的各项建设比江苏、浙江、福建东南沿海诸省，不遑多让。在社会方面来说，米、茶、糖、樟脑外销，铁路、公路修筑，因而官商、豪绅、买办兴起，民间也渐渐发展出带闽习、粤习的台湾特殊风格；再经由科举制度直接间接产生的社会领导阶层，在方志的纂修、诗文的创作、诗社的结成、美术工艺作品的创出方面都有所成。

一 开港后台湾的经济变迁

郊商的角色与米的运销

清季台湾农业不断发展，但手工业相对不振，故台湾与大陆存在区域

* 本章由许雪姬撰写。

分工关系。郊商以被称为“戎克船”的中式帆船（junk）进行交易，台湾的输出品以米、糖、油为主，输入品以丝绸、布匹与杂货器具日用品为大宗。郊商除了开拓商务外，亦协助抵御外患、维持社会秩序、参与地方建设与公益事业，并具有宗教、文化功能，[①] 在台湾历史发展中扮演重要的角色。

1. 帆船贸易的必要性

开港后，台湾大部分地区仍维持与大陆间的传统帆船贸易，此乃由于台湾沿岸多数港口泊船条件不佳，吃水浅的中小型帆船反较适合台湾航运，在资金、进出口地点、市场选择和机动性上，比局限于固定航线的大型西洋船舶更具优势。[②] 此外，台湾岛内陆路交通不便，南北运输也得仰赖各港口的中式帆船联络。因此，开港后台湾虽被纳入世界经济体系，但传统的正口与小口仍持续运作，一方面从属于条约港市场圈内，经由条约港输出台湾的国际性商品以及进口洋货；另一方面，也各自持续与中国沿海各港的传统帆船贸易，形成一种地域间既从属又分立的双重贸易结构。而郊行长期依附大陆市场，受西方势力的影响有限，甚至还与条约港合作，进行土产搜集，形成郊行与洋行集货与委托代理的合作关系。[③] 若无帆船贸易的搭配，条约港的市场圈可能无法有效扩大。而洋行缺乏人际网络，又需应付与华商间的竞争，且买办并非全然可靠，故洋商在台湾的贸易不一定占上风。[④]

2. 郊商的在地化与活跃

早期郊为大陆来台商人所设，清中叶以后，大陆商人逐渐在地化，诸多郊由台湾本地商人组成。[⑤] 如台南糖郊中有三家为台南人所经营。开港后，台湾本土商人更形活跃，钱庄也进入台湾，台北出现类似票号的汇单馆，郊商亦参与经营。[⑥] 台湾在与大陆进行正口贸易时，通常是大陆的帆船

---

① 卓克华：《清代台湾行郊研究》，扬智文化，2007，第 92、130—192 页。

② 林文凯：《再论晚清台湾开港后的米谷输出问题》，《新史学》第 22 卷第 2 期，2011 年 6 月，第 223 页。

③ 林玉茹：《从属与分立：十九世纪中叶台湾港口城市的双重贸易机制》，《台湾史研究》第 17 卷第 2 期，2010 年 6 月，第 13、24 页。

④ 黄富三：《清季台湾外商的经营问题——以美利士洋行为例》，《中国海洋发展史论文集》第 1 辑，“中央研究院”三民主义研究所，1984，第 251、253、255 页。

⑤ 林玉茹：《清代竹堑地区的在地商人及其活动网络》，联经出版公司，2000，第 185 页。

⑥ 林玉茹：《从属与分立：十九世纪中叶台湾港口城市的双重贸易机制》，《台湾史研究》第 17 卷第 2 期，2010 年 6 月，第 25、27 页。

向台湾商行收购土产，同时直接兑卖所带来的日常用品，称为“整船贸易”。但因此种模式常无法配合市场需求，所以后来发展成两地固定商行间相互代理商品采办与兑卖的委托贸易。台湾郊商也自行或合股增购船只，直接经营两岸贸易。① 由于资本的长期积累，加上学习国际商业手法，19 世纪后期的国际贸易反而为台湾发展带来新契机。部分大郊商也加入茶、糖、樟脑等国际商品的产销，例如新竹的林恒茂、郑恒利、黄珍香等郊行因樟脑而获暴利。②

3. 台米的运销

过去学界多认为台湾在 18 世纪以后兴盛的米谷经济，因为开港后茶、糖、樟脑炙手可热，致使米的出口大幅萎缩；甚至北部因茶叶生产扩大，人口大增，而无余米出口。③ 但亦有学者认为由于开港，南北部人口增加，更必须维持以米谷与大陆的日用品交换，来满足日益增长的消费量，而 1860—1895 年米作面积也的确持续增加，只不过米谷总生产额的变化幅度不大，台湾北部及南部仍保持米谷的对外输出纪录，台中、彰化地区则是最重要的米仓及输出地。④ 直至清末，以鹿港为吞吐口的中部区域仍以米谷出口为主。⑤

因为台湾与大陆沿海的交通运输特性，开港后郊商一方面利用帆船的轻便性与大陆维持区域分工关系，另一方面则以土产搜集与洋商合作，共同打开市场格局。一直到晚清，米谷始终是两岸贸易的重要商品。台湾商人因为国际贸易强化了其经贸能力，而更加生气蓬勃，加上米谷产销的经验，成为后来在日本统治时期与日商竞争的资本。

---

① 林玉茹：《商业网络与委托贸易制度的形成——十九世纪末鹿港泉郊商人与中国内地的帆船贸易》，《新史学》第 18 卷第 2 期，2007 年 6 月，第 81、93 页。

② 林玉茹：《从属与分立：十九世纪中叶台湾港口城市的双重贸易机制》，《台湾史研究》第 17 卷第 2 期，2010 年 6 月，第 27 页。

③ 林满红：《茶、糖、樟脑业与台湾之社会经济变迁（1860—1895）》，联经出版公司，1997，第 189—195 页。

④ 林文凯：《再论晚清台湾开港后的米谷输出问题》，《新史学》第 22 卷第 2 期，2011 年 6 月，第 222—223、238—240 页。

⑤ 林玉茹：《从属与分立：十九世纪中叶台湾港口城市的双重贸易机制》，《台湾史研究》第 17 卷第 2 期，2010 年 6 月，第 15 页。

茶、糖、樟脑的外销

1860 年台湾开放四个条约港与洋人通商，台湾的山区特产茶与樟脑具有国外市场，为洋商所爱，加上原本就外销日本的糖，成为开港后的三大出口国际商品。这三种商品在开港前已有发展，糖业在荷据时期就具国际性，清代台糖主要销往大陆及日本。糖的利润高，蔗园主要分布于浊水溪以南。台湾有原生的山茶，到 1830 年后台湾的茶叶开始销往福州及厦门。① 樟脑由樟木提炼而成，开港前，英国与美国商人就试图私下运销樟脑。②

1. 茶

1865 年英商托德（John Dodd）来台，移植福建安溪茶苗到北台山区，提升制茶技术，使乌龙茶与包种茶精致化。托德在 1866 年创立宝顺洋行（Dodd & Co.）经销茶叶，为外人在台经营茶叶之始。台湾茶叶声价日升后，洋行相继来台从事茶业贸易。出口的台茶为包种与乌龙茶，乌龙茶为大宗，主要销往美国，美国进口台湾茶一度占台茶总出口的 90% 以上。1879 年后，台茶一度滞销，福建同安县吴福佬来台开设源隆号茶厂，大量采购台茶精制成包种茶销往东南亚，颇为畅销。③ 1860—1895 年，世界主要茶产地为中国大陆、台湾，以及日本、印度和锡兰。④

2. 糖

开港之后，台湾糖外销市场扩大至澳洲、西欧、北美及南美等。1860—1895 年，台湾出口的糖分赤糖与白糖，以赤糖为主，供大陆，以及日本制造糖果，或销至欧美、澳洲再精制。白糖由赤糖加工去除部分糖蜜而成，主供华北地区人民食用。大陆原是台糖重要市场，1865 年占台糖出口的 98%，后来外国市场扩大，1877—1883 年降至 30% 以下。进口台糖的外国市场以日本最重要，其次是澳洲。中国大陆偏好台南的糖，日本喜欢打狗糖，1860 年之后打狗产糖量渐渐超过台南。世界糖产地多，技术也颇先进，台糖市场面对的竞争压力渐大，1886 年以后，台糖的欧美、澳洲市场为爪

① 陈慈玉：《台北县茶业发展史》，台北县立文化中心，1994，第 10 页。

② 黄富三：《清代外商之研究：美利士洋行》（上），《台湾风物》第 32 卷第 4 期，1982 年 12 月，第 104—136 页。

③ 陈慈玉：《台北县茶业发展史》，第 11—12、14 页。

④ 林满红：《茶、糖、樟脑业与台湾之社会经济变迁（1860—1895）》，第 24、26 页。

哇糖所夺。[①]

3. 樟脑

樟脑用途广，可供药用、防腐、防虫，也是无烟火药的重要原料。1869年作为合成塑料的赛璐珞（celluloid，亦名人造象牙，可制电影胶卷、乒乓球、装饰品等）问世，1890年开始大量运用樟脑作为原料，提高了樟脑的需求量。当时世界只有台湾与日本生产樟脑，而台湾樟脑产量高，因此成为樟脑王国。1861—1868年，清廷实施专卖包商制，但因查缉走私与外商纠纷不断，1868年英国还因怡记洋行（Elles & Co.）的樟脑事件炮轰安平，该年清廷开放樟脑自由买卖。不过，台湾建省后，1886年二度实施专卖，外商又因私运樟脑被没收向清廷抗议，1890—1895年再开放自由买卖。中外的樟脑贸易纠纷不断，显示台湾樟脑的利润诱人。台湾樟脑的出口在世界市场居支配地位，主要销至德、美、英、法、印等国，1864—1895年出口量由1171464磅增至6935285磅，增长近5倍，价格则由每担[②]8元飙涨至68.5元，获利也颇惊人。[③]

茶、糖、樟脑这三种商品的出口量以糖最多，茶次之，樟脑居末。但因茶价及樟脑价高于糖价，因此茶出口值最大，糖次之，樟脑又次之。但利润则以茶叶及1890年以后的樟脑业为最高。[④]

开港初期，洋行通过妈振馆（merchant）贷款给茶农而掌握台茶生产，但随着大陆与台湾资本的加入，1875年之后这种情况有所改变。樟脑与糖业方面，外商亦多在市场初拓时占优势，之后大陆与台湾商人逐渐取代洋商地位。[⑤] 开港前，台湾商品市场以大陆为主，开港后通过茶、糖、樟脑遍及全球，使台湾进入国际经贸舞台。原来的西部米、糖经济模式再添加茶与樟脑的山区产业，不仅使台湾经济更加繁荣，也改变了社会阶层与文化。

---

① 林满红：《茶、糖、樟脑业与台湾之社会经济变迁（1860—1895）》，第24、26、61、88页。

② 1担（picul）= 旧制100斤，约为60.478982公斤。

③ 黄富三：《台湾农商连体经济的兴起与蜕变（1630—1895）》，《黄富三教授荣退暨第二届台湾商业传统国际学术研讨会会议资料》，"中央研究院"台湾史研究所，2010，第13—14页。

④ 林满红：《茶、糖、樟脑业与台湾之社会经济变迁（1860—1895）》，第50、101页。

⑤ 林满红：《茶、糖、樟脑业与台湾之社会经济变迁（1860—1895）》，第108、144—145页。

鸦片的输入及其影响

清中叶以后，鸦片进口逐渐造成白银外流的危机，清廷则迟至1839年才订定《查禁鸦片章程》，开始系统性、全面性的禁烟，不过依然无法阻止外商通过走私、通商条约倾销鸦片，逐步地将鸦片变成合法商品。开港前，台湾一地吸食鸦片者上自仕宦之家，下至贩夫走卒，除了防治风土疫疾、满足上瘾者需求之理由外，亦有彰显个人身份地位的一面。而鸦片亦通过与浙江、福建、广东等省沿海的走私贸易与行郊交易输入台湾。

1860年后台湾开港，鸦片的进口者也从以往的行郊，加入了外商，如怡和洋行、颠地洋行（Dent & Co.），其中以英国商人为主要的鸦片进口者。由1865年至1895年台湾海关历年数据，可以了解以下事项。①

第一，在此期间台湾鸦片进口与再出口的数量，大体上呈现逐年增加的趋势。1867年时的总进口量淡水与基隆为1055担，1868年打狗与台湾府为1103担，② 1891年时淡水为2297担、台南为3586担。③ 以1885年为例，鸦片输入即占同年台湾总输入额的60%，为当时最重要的输入品。④

第二，鸦片的输入除了满足鸦片瘾者外，其质轻价昂的特性亦作为支付工资的“货币”。在《海关报告》《英国领事报告》中，提及台湾输出的物资（茶、糖、樟脑等）可与输入的鸦片作物物交易，抵销了台湾因出口赚取的巨额外汇，导致商业资本难以累积；鸦片甚至被当作货币支付给劳工。⑤ 在这种情况下，民众也就没有太多余款用以改善生活。⑥

第三，在台湾，鸦片进口销售的关税厘金，成为清廷税收的大宗，因此面对因鸦片产生的道德指责、经济影响，官府采取消极的态度，反倒是

---

① 林满红：《清末台湾海关历年的史料价值》，张炎宪等编《台湾史与台湾史料（二）》，财团法人吴三连台湾史料基金会，1995，第353—366页。

② 黄富三、林满红、翁佳音主编《清末台湾海关历年资料》（Ⅰ），“中央研究院”台湾史研究所筹备处，1997，总10、16页。

③ 黄富三、林满红、翁佳音主编《清末台湾海关历年资料》（Ⅱ），“中央研究院”台湾史研究所筹备处，1997，总1103、1120页。

④ 东嘉生：《台湾经济史概说》，帕米尔书局，1985，第201—202页。

⑤ 黄富三、林满红、翁佳音主编《清末台湾海关历年资料》（Ⅰ），总396页；《清末台湾海关历年资料》（Ⅱ），总587页。

⑥ 《英国领事报告》，vol. 18，1892，淡水部分，第242页。

对走私问题积极处理。在所有进口物中仅对鸦片抽取厘金，此举也是为了增加税收。[①]

第四，鸦片进口对台湾而言不单是贸易行为，其中更显现出西方各国争夺资源、开拓市场的“商战”样貌。1872—1891 年，英国属领以外的鸦片出产国家，对台湾的供应量逐渐增长，意即印度（英国属地）鸦片输入减少，波斯（美国）鸦片进口增加。[②] 鸦片既有货币功能，因而随着对台供应量的增长，外商可买进更多的茶、糖与樟脑，外商与第三国在转口贸易中能获得的利益就更多。

在鸦片销售体系方面，初期外商以国家力量为后盾，并挟雄厚的资金与货源几乎垄断市场，配合条约规定，外商进口鸦片每百斤缴纳 30 两银的关税，华商每百斤却须缴纳 40—80 两银的厘金。[③] 但在台湾本岛的传统行郊与香港建立起贸易渠道后，两者间竞争激烈；19 世纪 80 年代后，鸦片市场呈现逐渐被台湾商人控制的局面。[④] 另外，19 世纪 60 年代开始，由于台湾鸦片市场有广大的消费需求，又有以为土产鸦片价格便宜、不易成瘾的观念，且希望能以此减少外国鸦片进口的数量，民间、官方开始进行罂粟试植与鸦片制作。但因气候不适罂粟生长，制造出的鸦片质量不佳、乏人问津，因而没有大规模栽植。[⑤]

开港后鸦片的大量输入，除了损害民众健康，也影响到台湾贸易体系甚至是经济发展。

煤、金、石油的开采

台湾之矿产，具经济效益者，金属类为金、银、铜，主要产于基隆火山群周围；能源类有煤，产于台湾北部，石油、天然气则产于苗栗。[⑥] 台湾历来的矿业活动，随朝代更迭、社会经济发展、探采炼矿技术之精进及地

---

① 林衡道主编《台湾史》，众文图书股份有限公司，1979，第 468 页。

② H. B. Morse：《1882—1891 年台湾淡水海关报告书》，谦祥译，台湾银行，1957，第 94 页。

③ 黄秀政、张胜彦、吴文星：《台湾史》，五南图书出版公司，2002，第 128 页。

④ 王嘉慧：《晚清台湾鸦片进口贸易研究（一八五八——一八九四）》，台湾政治大学历史研究所硕士学位论文，1995，第 58 页。

⑤ 蔡承豪：《台产黑土：晚清台湾的罂粟栽植与鸦片自产之尝试》，川岛真等编《跨域青年学者台湾史研究》第 4 集，稻乡出版社，2011，第 257 页。

⑥ 唐羽：《台湾矿业会志》，“中华民国矿业协进会”，1991，第 448 页。

质条件的变化而有所兴衰。1860 年台湾开港后至乙未割台前，台湾矿产之开采以煤、金、石油为要，以下分别论述之。

1. 煤

煤为重要燃料之一，台湾煤炭主要产于北部，以基隆最多，鸦片战争后，因远洋舰艇多以煤为燃料，台湾的煤炭遂成为外国觊觎的目标[①]。至 1860 年《北京条约》签订后，台湾煤炭被迫向外国开放。1863 年正式公开贩卖煤炭，来源全是私采。[②] 另亦供应福州船政局之需，该局曾派员来勘查基隆煤矿。1870 年淡水厅同知陈培桂等人奉命至基隆查勘，商定章程，准许民间采掘。[③]

1876 年清廷设八斗子官矿（老寮坑煤矿），为官营西式煤厂之始，亦在基隆设矿务局。[④] 虽曾在 1881 年一度输出量达 46000 吨，但不久即告减产。[⑤] 1884 年中法战争爆发，督办军务的刘铭传下令破坏官营煤厂以免资敌。[⑥] 1887 年官商合办的台湾煤务局正式成立后，收归官办。[⑦] 1891 年底八斗子官矿枯竭，遂在翌年封闭，往后的输出全出自私人矿坑。此后，煤业始终没起色，1894 年甲午战争爆发，巡抚邵友濂为船舰需煤，特由官方贷予煤商林振盛等银 5000 两，煤业得到暂时的繁荣。[⑧]

2. 金

台湾金的蕴藏量不丰，值得一提的是基隆河的沙金。在清廷治台之前，台湾采金停留在传说、探勘和私人采掘的阶段。清廷治台后，禁止开矿。1890 年修筑铁路，在架设八堵铁路桥时，工人偶于基隆河内发现沙金，遂取而淘之，获金不少。1891 年淘金人数已超过 3000 人，实际产金量，折值可达 65189 关银。1892 年邵友濂设金沙局于基隆厅，交付淘金者牌票，抽取厘金。1893 年金之产量，已渐减少，适有商户金宝泉提出承包禀请，

---

① 黄嘉谟：《甲午战前之台湾煤务》，“中央研究院”近代史研究所，1982，第 9—88 页。

② 黄清连：《黑金与黄金：基隆河上中游地区矿业的发展与聚落的变迁》，台北县立文化中心，1995，第 36 页。

③ 周宪文：《清代台湾经济史》，台湾银行，1957，第 49 页。

④ 黄嘉谟：《甲午战前之台湾煤务》，第 115—123、127 页。

⑤ H. B. Morse：《1882—1891 年台湾淡水海关报告书》，第 90 页。

⑥ 《台湾省通志稿》卷 4《经济志矿业篇》，台湾省文献委员会，1960，第 152 页。

⑦ 黄嘉谟：《甲午战前之台湾煤务》，第 217 页。

⑧ 黄清连：《黑金与黄金：基隆河上中游地区矿业的发展与聚落的变迁》，第 51 页。

乃裁撤厘局，金宝泉还拥有九份山金矿的承采权，聚集者一度达4000人之多，因人口之聚集形成瑞芳街市。1894年金宝泉承包期满，官方将采金权全收回，重设金沙局，采金中心遂由基隆河之沙金转至九份山金矿，以至割让。[①]

3. 石油

1861年粤籍人邱苟在出磺坑附近河床中发现石油，以人工挖掘一油井，此比美国宾州开凿的世界第一口油井仅晚两年。[②] 邱苟在自行采油、贩卖几年后，于1864年将采矿权租与吴某，又在来年租给宝顺洋行的英国茶商托德，遂引发纷争，清廷将邱苟就地正法后，查封油井，禁止开采。[③]

1876年清廷始出资聘人开采，1877年福建巡抚丁日昌聘请美国技师简时（A. Port Karns）等来台，翌年开始开采，一度每日产量可达252加仑，后因无法解决油井坍陷问题，且技师期满不愿续约，而告一段落。此后，转由民间开采。1881年官方将油井收归官有。原本部分石油所得是作为当地隘勇的粮饷，被禁后引起地方隘勇不满，多次纠众抗议，官方以发给隘勇些许补偿金而平息风波。之后油井改为官办民营，1883年由邱彩廷承租，官方以收取租金的方式继续开采。但因外国精制灯油已相当普及，而出磺坑的石油质量不佳，纵油价较低亦无人购买。加上官方不付给隘费，承租油井者除租金外，还需雇请隘勇保护油厂，避免当地世居民众侵扰，邱彩廷遂终止租赁，此后无人承租。[④]

刘铭传任台湾巡抚时，认为出磺坑石油具开采价值，于1887年设立煤油局，委林朝栋兼办，然亦经营困难。1891年邵友濂继任巡抚后，遂将煤油局裁撤。[⑤]

综而观之，台湾的煤、金，初期因风水等问题而遭禁，但人们仍以私

① 唐羽：《台湾采金七百年》，财团法人台北市锦绵助学基金会，1985，第74—78、84—87页。

② 黄俊铭、刘彦良、黄玉雨：《清代苗栗出磺坑石油开矿史考（1861—1895）》，《苗栗文献》第42期，2007年。

③ 刘彦良：《苗栗出磺坑石油产业设施发展历程之研究》，中原大学建筑学系硕士学位论文，2009，第10—11页。

④ 黄俊铭、刘彦良、黄玉雨：《清代苗栗出磺坑石油开矿史考（1861—1895）》，《苗栗文献》第42期，2007年。

⑤ 刘彦良：《苗栗出磺坑石油产业设施发展历程之研究》，第31—35页。

采的方式来获取其经济利益。至1860年台湾开港后，情况稍有改善，曾找来外国技师协助煤、金、石油的开采，但效益有限。

水利、浚港等相关基础建设

1. 水利

清代台湾的水利开发随着土地拓垦而如火如荼地展开，给台湾农业发展打开一个新的局面，被称为台湾农业史上第一次革命。回顾清代台湾水利开发的时程，18世纪上半叶是个转折点，在此之前，田园大都偏重甘蔗的种植，因为蔗园的开垦比水田耕作的成本低，同时砂糖的市场价值也较高。此情形到18世纪20年代以后开始转变，由于台湾人口大为增加，所需米谷激增，加上大陆各省米粮不足，使稻米变成有价值的经济作物。1725年，台湾稻米开始销售到大陆沿海各省，且此时蔗糖的生产过剩，价格相对低，因而一些原来靠蔗糖获利的资本家，开始转投资水利的开发，促进水田稻作。清代台湾的水利开发，与土地拓垦进程一致，大体上系由南而北，先西后东，从平原推向山丘及边陲土地。

台湾清治时期所兴建的埤圳最少有963处，18世纪中叶以前是第一个高峰期，19世纪中叶后到日据前是第二个高峰期。第一个高峰期水利开发的特点是大规模埤圳的开凿，如1719年开凿的八堡圳，灌溉彰化平原19000余甲的田地；1765年完工的瑠公圳，可灌溉台北盆地3000余甲的田地；其他如台中盆地的猫雾拺圳、彰化平原的快官圳和二八圳、嘉南平原的虎头埤等，规模也都有千甲以上。

第二个高峰期水利开发有三个特点。一是地方官员扮演重要角色，如整合凤山平原既有埤圳的凤山县知县曹谨，促成了曹公圳的灌溉网络；[①] 另1892年任恒春县知县的陈文纬，推动初入版图的恒春半岛网纱圳、槺榔埤、龙銮埤等水利设施的兴建。[②] 二是埤圳的规模不若第一个时期大，埤圳的规模必须考虑自然条件、资金工本、技术等因素，后来因牡丹社事件或建省而增设的行政区，如恒春县、台东直隶州等地，地理环境特色是山多平原少，河流短而流急，不易兴建大型埤圳。另外，早期投资水利开发的业主

① 卢嘉德：《凤山县采访册》，台湾银行经济研究室，1960，第84—85页。
② 屠继善：《恒春县志》，台湾银行经济研究室，1960，第267—273页。

大多是地主或垦户，水田稻作可以提高土地的价值；开港后，茶、糖和樟脑成为台湾最重要的三种产业，稻米获利不若这三项物产，投资在埤圳的规模上当然有限。三是埤圳大多出现在新增加的行政区，光绪年间出现的埤圳约有350处，除曹公旧、新圳外，集中在苗栗县、云林县、恒春县、台东直隶州，其原因在于除了设行政区后地方志纂修有记录外，可能和地方官的倡修有关。[①]

2. 浚港

在1860年开港前，台湾只有鹿耳门（今台南）、鹿港、八里坌（今八里）、五条港（今麦寮）和乌石港（头城）等五个港口是“正口”，民间称之为“正港”。另为方便台湾沿海港口相互通航，从1731年开始，开放鹿港、海丰（今麦寮）、三林（鹿港附近的番仔挖）、劳施（今大安）、蓬山（今苑里）、后垄、中港（今竹南）、竹堑、南崁等九口以供沿岸贸易。[②] 不论是往大陆航运，或是沿海港口间的对航，帆船都是清代航运最重要的运输工具，帆船的吃水浅，约只有2米，因此清代台湾的港口大多很简陋。

1860年之后，台湾被迫陆续开放四个条约港，西方列强大型船舶进出台湾日益频繁，但清廷并未积极进行浚港工程，安平和沪尾仍沿用既有的港埠，只修建了基隆和打狗两港。考虑到基隆港有煤矿的利益，及可利用铁路联港作为防御，福建台湾巡抚刘铭传于1889年奏派板桥富绅林维源总办基隆浚港事宜，但因清朝官员和外国工程师意见相左，进行得并不顺利，在日本殖民统治前只完成了基隆火车站附近一带码头而已。[③] 打狗港的浚港工程，最早是1878年在港口水道南岸筑防波堤；1883年德国人于旗津建立灯塔；1884年因中法战争爆发，清廷为防守计，曾于港内沉船以闭塞港道，并兴建炮台。

台湾虽是岛屿，但缺乏优良港口的天然条件，晚清在台湾进行的近代化建设虽和港口有关，但系以国防为考虑，对浚港工程并没有积极推动，以致旧有的港口大多淤积而失去航运功能，基隆、打狗的近代化筑港事业迄清廷割让台湾前皆无进一步的发展。

---

① 陈鸿图：《台湾水利史》，五南书局，2009，第113—180页。

② 《调查资料经济报告》，临时台湾旧惯调查会编印，1905，第71页。

③ 曾汪洋：《台湾交通史》，台湾银行经济研究室，1961，第44—69页。

东西、南北道路与铁路的修筑

台湾重要的交通线原本就呈南北向，被统称的官道以台湾府（台南）为中心向北延伸，当时称为北路，由今台南经嘉义、彰化、新竹、艋舺、基隆到苏澳，南路由今台南经凤山、枋寮至恒春，这一般民间所谓的南北二路的交通路线，在 19 世纪末逐渐成形，而后山道路的开通则晚于西部。[①]

1874 年，因牡丹社事件，清廷派钦差大臣沈葆桢来台，积极开发后山；[②] 更兵分三路进行道路的开凿。北路由提督罗大春负责，率兵 13 营，自噶玛兰苏澳开至奇莱，约 118.1 公里。中路由南澳镇总兵吴光亮负责，以两营兵力，自彰化林圯埔（今南投县竹山镇）开抵台东璞石阁（今花莲县玉里镇），约 152.6 公里。南路由海防同知袁闻柝负责，带三营兵，分为两路：一路由他本人从凤山县赤山开路至台东卑南，约 100.8 公里；一路由总兵张其光自凤山县射寮开来，会于卑南，约 123.3 公里。这些道路奠定了开发后山的基础。[③] 1874 年前后也修筑一条“枫港—卑南道路”，全长约 188 清里（约 108.2 里），不过因为恒春十八社情势关系，此为所有开山抚“番”道路中寿命最短的一条。此外，还有“恒春—卑南道路”，从恒春半岛中间穿过，沿着东部海岸线出抵台东，全长约 97.9 公里，开凿于 1877 年。[④]

1883 年 12 月，中法战争起，清廷派前直隶提督刘铭传，以巡抚官衔督办台湾的防务。刘铭传延续清朝的开山抚“番”政策，[⑤] 但是当时花莲、台东后山一带，尚未招抚的“番”社仍然很多。所以当时台湾道陈鸣志与镇海后军副将张兆连奏请开辟“集集、水尾道路”，除可便利交通外，更可有

---

① 黄智伟：《省道台一线的故事》，猫头鹰出版社，2002，第 12—18 页。

② 沈葆桢：《福建台湾奏折》［台湾文献丛刊（29）］，台湾银行经济研究室，1959，第 2 页。

③ 张素玢、陈鸿图、郑安晞：《台湾全志》卷 2《土地志胜迹篇》，“国史馆台湾文献馆”，2011，第 188 页。

④ 郑安晞：《阿塱壹古道调查报告》，“行政院原住民族委员会”、“台湾原住民文化园区”，2012。

⑤ 刘铭传：《各路生番归化请奖员绅折》，《刘壮肃公奏议》第 3 册，台湾银行经济研究室，1959，第 217—218 页。

效控制“番”社。[①] 此道采“东西对开”的方式，全长共104.8公里。西段起点为拔社埔，由总兵章高元负责，东段起点为拔仔庄，由镇海后军副将张兆连负责，至1887年6月17日全段完工，计约投入3000人力，比吴光亮开凿中路（清八通关古道）时的还多。[②]

1882年以后，这些开山抚“番”道路皆已闭塞不通，1885年再由提督周大发、张兆连相继开通“浸水营道路”（三条仑、卑南道），全长约81.8公里，加上之前的“恒春—卑南道路”，取代了原初的3条南路。[③] 按清光绪年间的东西交通状况，北路有1条，中路有2条，南路有5条，但多数的开山抚“番”道路驻有军队，一旦撤防后便告中断。故到1895年之前，南路往东台湾的道路，仅剩“浸水营道路”与“恒春—卑南道路”，因为地势较为平缓，过往的旅人也最多，故还存在。

平地部分有另一重要的交通工程铁路。1887年，台湾巡抚刘铭传上奏在台湾兴建铁路，成立全台铁路商务总局，台北至基隆段铁道开工，由大稻埕往北向基隆开筑。1888年邵友濂继任巡抚后，续筑大稻埕至新竹段，1891年基隆至大稻埕段完工。后因福建不再协济，经费不足，又难以再向富绅借款，故不得不在1893年新竹站完工后宣布停建。基隆至新竹的铁路共长106公里，区段内共有16个火车站，即基隆、八堵、水返脚（今汐止）、南港、锡口（今松山）、台北（大稻埕）、大桥头、海山口、打类坑、龟仑巅、桃仔园、中坜、头重溪、太湖口、凤山崎、竹堑（今新竹）。据台湾善后局的统计，总兴建经费共1295900余两。[④]

1895年台湾割让予日本，日本为进行殖民统治，乃推进改善全台公路与铁路，除了山区交通迟至大正年间才获得改善外，平地交通部分，1908年从基隆到高雄的纵贯铁路完工，但铁路不再经过海山口（今新庄），而改经过板桥，板桥乃成为逐渐开发的新市镇。

① 郑安晞：《台湾最后秘境——清代关门古道》，晨星出版社，2000，第45—47页。

② 郑安晞：《台湾最后秘境——清代关门古道》，第91—92页。

③ 施添福：《开山与筑路：晚清台湾东西部交通的历史地理考察》，《师大地理研究报告》第30期，1999年，第65—75页。

④ 王珊珊：《近代台湾纵贯铁路与货物运输之研究（1887—1935）》，“新竹县文化局”，2004，第47—61页。

二　晚清台湾的社会变迁

台湾政治中心的北移

1. 北部成为经济中心

台湾北部在康、雍、乾三朝已逐渐开拓，其中最晚的宜兰也在嘉庆年间拓垦。开港前，台湾大宗出口的稻米与糖，以中南部的平原为生产地，台湾经济重心在南部。1860 年以后北部山区有了茶与樟脑等出口货物，沿山边区也逐渐纳入市场经济范畴。[①] 南部仍以糖为主，但糖的市场属于开放式竞争产业，因此价钱接近单位成本，而且 19 世纪 80 年代世界上其他地区也已经开始产糖，使得台糖在欧美澳市场不具竞争性。反观茶与樟脑，市场竞争小，价格变化亦大，在世界贸易中具有高度竞争性。根据林满红的研究，台湾经济重心的北移，是在 1860—1894 年这段时间，且以 1880 年为其转折点。因为在 1884 年以前，南部贸易额高于北部，但是到了中法战争之后，至台湾割让这段时间，北部贸易总额是南部的两倍，北部实质上已经成为台湾经济重心。[②]

2. 建省前政治重心仍在南部

台湾自纳入清朝中央政府管辖之后，在建省前其政治重心一直在今台南一带，所以沈葆桢于 1874 年奉命来台之后，虽然也重视台北的开发，但其布防重心仍在南部，福建巡抚丁日昌来台巡阅，也同样重视安平到旗后之间的交通，他向板桥林维源筹募经费 50 万元（35 万两），拟利用拆卸下来的吴淞铁路铁轨，运到台湾来修筑两地间的铁路。后因捐款被挪用于赈灾，所以铁路未能修成。

1881 年，刘璈任台湾道，虽仍注重台湾府城的建设，如修筑府城至安平的道路，疏浚台湾府城内外的排水沟，但也致力于修筑台北府城。中法战争期间，刘璈以防御台南为重心，联络当地团练，训练水勇，与南部士绅建立起良好关系。刘铭传于中法战争后，排除刘璈，让依附于刘璈的南

---

① 黄秀政、张胜彦、吴文星：《台湾史》，第 128 页。

② 林满红：《茶、糖、樟脑业与台湾之社会经济变迁（1860—1895）》，第 180—188 页。

部士绅失去靠山，即使刘铭传派令同是湘系的陈鸣志接任台湾道，试图挽回南部士绅与人民的情感，仍没有效果。

3. 政治重心北移

1885年，台湾建省，省会虽设在中部桥孜图，但因建城未成，居民不多，至割让之前还未形成一个新的城市。1886年，刘铭传为筹措建设经费，加课百货厘金，并进行土地清丈增加地租收入。加课厘金影响到南部糖业的生产。[①] 1887年，刘铭传新设立巡抚行台于台北，也使得台湾政治重心从南部移到北部。

刘铭传之所以不驻于台南，除与刘璈之争外，还有其他原因：（1）台北已经是全台经济中心；（2）基隆附近的煤产是外国觊觎的对象；（3）台南民众的厌恶感。此后，刘铭传在台湾所推行的新政，也以北部为目标。如修筑铁路，分别由台北、基隆开始修筑，再逐渐往南，和原先丁日昌的计划不同。1887年所设的招商局，以处理航海船舶事务为主，首先以修筑基隆港为要务，使基隆成为重要吞吐港口，这和刘璈疏浚高雄旗后港口之做法也大为不同。刘铭传除了注重北台建设外，也极力拉拢林维源、林朝栋等北台湾与中台湾士绅形成官商合作，唯独与南部绅士没有往来。[②] 邵友濂继任巡抚后鉴于北台已是台湾政治重心，乃于1894年将台湾省会迁至台北。

1895年台湾被割让后，北台湾仍然是政治、军事、经济与文化的中心，此后一直到今天都是台湾的重心所在。

基督宗教的传入

17世纪时，基督宗教曾随着西班牙和荷兰的殖民统治进入台湾，在世居族群部落中传播，因此留下了荷兰拼音罗马字文书"新港文书"。[③] 二百年后，由于《天津条约》和《北京条约》的签订，基督宗教于晚清再度在中国境内传播，也因而二度入台。清季在台湾的基督宗教，大致上可分为由西班牙道明会主传的罗马天主教和分别由英国长老教会、加拿大长老教

---

① 林满红：《茶、糖、樟脑业与台湾之社会经济变迁（1860—1895）》，第186页。

② 许雪姬：《洋务运动与建省：满大人最后的二十年》，自立晚报出版部，1993，第68—70页。

③ 台湾基督长老教会总会历史委员会编《台湾基督长老教会百年史》，台湾教会公报社，2000，第1—5页。

会在南、北台湾掌理的基督新教两大派别。

1. 西方宗教的传入

1859 年道明会神父郭德刚（Fernando Sainz）抵达打狗，重启天主教在台传播之路。1860 年成立前金堂区，是天主教第一个传播据点；1864 年成立万金堂区，为当时天主教罕见的平埔人教会，从 1859 年到 1868 年，天主教的传教范围就以这两个堂区为中心。[①] 1865 年英国长老教会派遣马雅各布（James L. Maxwell）来台，首先是在台湾府城西门外看西街租借房屋，展开施医传教，旋遭压逼，退出府城，改往打狗布教，成立旗后医馆。直到 1876 年，打狗都是长老教会在台湾南部的宣教中心。[②] 当时的传教气氛并不友善，民教纠纷不断，终于在 1868 年发生英国领事吉必勋（John Gibson）炮击安平的“台湾教案”。[③]

教案发生之后，台湾地方官在面对民教冲突时，态度转趋积极，因此基督宗教便有较大的传播空间。天主教开始往北发展，分别于 1875 年在台湾中部的罗厝，1887 年在北部的和尚洲开教。[④] 同一时期长老教会的发展更盛，在传教范围、教育、文字、医疗、教会组织等方面都有进展。英国长老教会从 19 世纪 70 年代起，在平埔人部落中颇有斩获，从南部的木栅、拔马、岗仔林，到中部的大社、内社、埔里社、乌牛栏等地，屡有全社一同改宗之事。1876 年决定将宣教中心由打狗移回台湾府。1886 年甘为霖（William Campbell）在彰化设教。同一年还有澎湖宣教的事工，其特别之处在于澎湖的传教，完全是鼓励台湾的信徒自办、自养。[⑤] 大甲溪以北的台湾，则由 1871 年来台的偕叡理（George Leslie Mackay，又称马偕）负责，他 1872 年开始在淡水传教，1878 年时与本地女子张聪明结婚，[⑥] 到 1880 年时，已经在北部台湾开设 20 所教会，拥有约 300 人的成人信徒。1883 年后又积极前往宜兰，大力向噶玛兰族传教，至 1888 年为止，在当地设立了 38

---

① 黄子宁：《天主教在屏东万金的生根发展（1867—1962）》，第 18—19、43—44 页。

② 《台湾基督长老教会百年史》，第 8 页。

③ 蔡蔚群：《教案：清季台湾的传教与外交》，博扬文化，2000，第 70—125 页。

④ 古伟瀛：《十九世纪台湾天主教（1859—1895）——策略及发展》，《台湾天主教史研究论集》，台湾大学出版中心，2009，第 24—38 页。

⑤ 《台湾基督长老教会百年史》，第 21、64、72 页。

⑥ 黄武东、徐谦信合编《台湾基督长老教会历史年谱》，人光出版社，1995，第 47 页。

所礼拜堂。[①]

2. 教会的教育、文字工作

台南神学校于1880年开校，1884年由巴克礼（Thomas Barclay）主持的新楼书房成立，《台湾府城教会报》第一号遂于1885年7月创刊，同年设立中学，1887年设立女学校。另外，甘为霖也注意到盲人教育，1891年成立盲人学校。北部方面，1882年马偕在淡水成立神学院理学堂大书院（Oxford College，又名牛津学堂），培养台湾人为传教士，1884年淡水女学堂落成。医疗事业方面，1879年马偕在淡水设立北部长老教会最早的医院偕医馆。[②] 教会组织的发展上，1874年在打狗召开第一次长执传教士协议会，1877年成立台湾府教士会，决定教会内的主要事务。[③]

总结来说，晚清基督宗教在台湾，不论是长老教会还是天主教会，对外都得面对官府和人民的反教，尤其是战争时期的严峻考验；对内则都要处理所谓“食教仔”（信教者欲借由教会获得额外利益，而非真心信教）的问题。长老教会和天主教会也屡有彼此竞争、相互攻讦的情形，不过长老教会在教势发展和教会事业上，明显优于天主教会，其影响力至今依然。如长老教会的医疗传教策略，将西式医疗引进台湾，其开办之学校，也是近代教育在台之始，热心推广的“白话字”，通过教会报等刊物、书籍的印行，让普遍出身贫困的初代信徒有识字、阅读、写作的能力，为信徒提供了更宽广的知识之途。[④]

市镇兴起与沿山聚落的发展

1. 港口贸易与市镇的发展

清廷统治台湾初期实施鹿耳门与福建厦门对渡的政策，鹿耳门成为唯一对外贸易的正口，因此贸易活动就在邻近的政治重心台湾府城（台南）进行。由于台湾西部土地拓垦日益完成，加上为杜绝走私、担负台谷配运等任务，故先后于1784年、1788年开放鹿港、八里坌为正口，分别与福建

---

① 《台湾基督长老教会百年史》，第90页。

② 黄武东、徐谦信合编《台湾基督长老教会历史年谱》，第53、62、66、51页。

③ 《台湾基督长老教会百年史》，第68、70页。

④ 张妙娟：《开启心眼：〈台湾府城教会报〉与长老教会的基督徒教育》，人光出版社，2005，第340页。

的蚶江、五虎门对渡。鹿港开港后，取代笨港，成为中部首要城市。八里坌港是乾隆年间北部地区的经济核心，嘉庆中叶以后，艋舺（今万华）因交通便利、设置淡水同知等因素，遂取代八里坌成为北部最大的市镇。[①] 鹿港、八里坌以出口其腹地内的米至福建为主，鹿耳门则以出口糖至华中、华北居多。[②]

除沿海港口外，不少平原一带市镇的兴起，都与军事、行政系统的设置有关。1786 年凤山县治设立在兴隆庄（今高雄市左营区），但当县治迁移至下陂头街（今高雄市凤山区）后，市镇的发展逐渐停滞，衰退成一般乡街。其他如新竹、彰化、嘉义等市街的崛起，都与县厅设立有关，至清末全台已有多达 75 个市街。在清代所设置的 22 个县厅之中，有 86%成为重要市街。[③]

19 世纪初期西部平原的土地移垦、人口增长逐渐饱和，加上山产之利的驱使，不少汉人越过“番”界，进行私垦。沿山一带的市镇逐渐兴起。1814 年开垦埔里地区（今南投县埔里镇）；1826 年，开垦噶玛兰（今宜兰），清廷开乌石港为正口，与福州五虎门对渡。约略同一时间，新竹地区闽、粤头人姜秀峦、林德修在官方的示谕下，组成“金广福”垦号，对新竹山区进行垦殖，范围涵盖今新竹县北埔、宝山、峨眉等地。土地的开垦范围与樟脑熬制地区往往一致，可见樟脑之利是北部汉人开垦内山的动力之一。由于“番害”的影响，山区拓垦往往是由防御性的集村聚落向外拓展。新竹北埔街就是此波开发潮的主要中继站，因此形成北部山麓地带重要的市镇之一。[④]

1860 年后台湾开放安平、淡水两港为条约港，打狗、基隆为附口，洋商借此可至四口从事贸易活动。北部的鸡笼港虽是正口，开港后却因贸易腹地的关系，发展迟缓，仅有煤从此地出口。淡水港则利用正口之便、河

---

① 《台湾历史大百科》，http://taiwanpedia.culture.tw/web/content?ID=3628，2011 年 2 月 7 日。

② 林玉茹：《从属与分立：十九世纪中叶台湾港口城市的双重贸易机制》，《台湾史研究》第 17 卷第 2 期，2010 年 6 月。

③ 施添福：《清代台湾市街的分化与成长：行政、军事和规模的相关分析》，《台湾风物》第 39 卷第 2 期，1989 年 6 月；第 40 卷第 1 期，1990 年 3 月。

④ 吴学明：《金广福垦隘与新竹东南山区的开发（1834—1985）》，台湾师范大学历史研究所硕士学位论文，1986，第 219—221 页。

流航运之利，成为清末全台最大的国际商港。其支流大汉溪、新店溪等沿岸聚落更成为商品的集散地，形成小型市镇，例如新店、景美、板桥、瑞芳、暖暖等。1869 年因台茶逐渐取代福建茶，位于淡水河交通枢纽的大稻埕，成为茶叶加工中心，商业规模遂超越艋舺，成为北台湾商业中心，至清末更成为全台第二大城。南部的安平港虽因港口淤积，船只转运不便，但以四草湖、安平大港、国赛港为外港，仍吸引外商驻足，其外口打狗港开港后因港埠条件较安平港佳，加上 1864 年打狗海关设立，遂成为南台湾最大的新兴市镇。①

就全台港口分布变化来说，北部港口因为转运内山樟脑，快速增加，分布也较南部密集，新兴的港口有新店溪的枋寮（今中和）、基隆河的八堵等。东部的港口在官方实行开垦政策后，逐渐兴起，不过由于缺乏良好的避风港湾，加上东北季风、台风的影响，港口分布较为稀疏。②

2. 沿山地带的开发

开港前的土地利用，以平原为主。开港后因茶、樟脑等山区作物主要生产于北部山区，不仅加速带动山区边际土地的开发，也带动北台湾经济的发展。举例而言，三角涌（今新北市三峡）乾隆末年成街，居民仰赖耕田、抽藤、制炭，开港后则转向以制茶、熬脑为业；咸菜瓮庄（今新竹县关西）在 18 世纪末汉人进入武装屯垦，形成聚落。19 世纪中叶新竹一带的地方精英，因山区之利，争相入山经营。开港后，某些地方士绅更勾结外商走私樟脑，甚至援引有力的垦户，进行边区的拓垦。邻近咸菜瓮庄的村落，在此时期逐渐成为人烟密集的村落。③ 其他如大嵙崁（今桃园县大溪）、八份（今苗栗县大湖）、三叉河（今苗栗县三义）、南庄（今苗栗县南庄）、集集（今南投县集集）等，皆是因樟脑、茶而兴起的山区城镇。④

总之，清代台湾市镇的发展，以沿海港口为主体，伴随汉人土地的拓垦逐渐由南至北，由平原进入山区。开港前港口市镇成为地域性的经济重心，开港后逐渐形成北淡水—基隆、南安平—打狗两条约港为主的市场圈。

---

① 戴宝村：《台湾的海洋历史文化》，玉山社，2011，第 139—150 页。

② 林玉茹：《清代台湾港口的空间结构》，知书房，1999，第 56—62 页。

③ 陈志豪：《机会之庄——十九、二十世纪之际新竹关西地区之历史变迁》，“新竹县文化局”，2010，第 66—68 页。

④ 林满红：《茶、糖、樟脑业与台湾之社会经济变迁（1860—1895）》，第 170—174 页。

另一方面，沿山地区在19世纪初期，因山产之利、人口饱和等因素，吸引汉人的目光，渐次开垦。开港后，因山区作物茶、樟脑的需求大增，大量汉人移垦内山，在沿山一带形成不少新兴市镇。不过，这一系列的开发大大影响了世居民众原来的生活空间，尤其清廷积极推动开山抚“番”后，使晚清时期统治者所称的“番”害日益增加。

人口扶养力与日常生活

1. 人口扶养力

1846年闽浙总督刘韵珂上奏时已指出：“台湾夙号殷阜，近因物力有限，户口频增，以致地方日形凋敝。”显示在地方官眼中人地关系非常紧张。18世纪以前，台湾以米、糖为主要产业，适合耕作之土地，肥沃者在雍正年间已开发殆尽，贫瘠、近山等地，晚至乾隆晚期也已开垦。加上不断移入的人口，在开港前夕全台已有200万人，在耕地不足、人口激增的前提下，当时台湾社会面临巨大的人口压力。[①]

开港之后，茶、糖、樟脑的市场需求，扩大了尤其是茶、樟脑等山区作物，因大量输出的缘故，客观上促进了内山地区的开发。产品的制成从种植、采收、加工到出口，都需要大量人力，给过剩劳力提供了就业机会，缓解了人口压力。林满红研究指出，1898年的统计数据显示，台湾从事糖业人口约有15万；从事茶业的人口约有30万；而樟脑从业人员虽无法细估，也有1万余人。其相关产业，例如运送的挑夫、牛车夫、船工或是守隘的隘勇等，亦创造不少工作机会。由此可见，1860年以来三项产品增产的结果，不只推动山区的开发，也扶养了台湾本身增长的人口与自大陆迁入的众多人口。[②]

另一方面，海关报告显示，在1878年之后台湾出口的总值高于进口总值，前者为后者的1.2倍。茶、糖、樟脑的出口，是开港之后台湾贸易出超的主要因素。换言之，19世纪下半叶，台湾人民因贸易出口，收益日渐提高，间接提高了生活水平。[③]

---

① 林满红：《茶、糖、樟脑业与台湾之社会经济变迁（1860—1895）》，第148—149页。
② 林满红：《茶、糖、樟脑业与台湾之社会经济变迁（1860—1895）》，第150—151页。
③ 林满红：《茶、糖、樟脑业与台湾之社会经济变迁（1860—1895）》，第153页。

2. 日常生活

开港后，民众消费层面出现大量购买外来品的现象。晚至同治年间，台湾上层民众已出现追随时尚的风潮，建省后更视上海服饰为流行先锋，不少富贾愿出高价购买。饮食方面，在1885年、1886年淡水关记录中，各种食品如鱿鱼、洋酒、洋饼的进口量都大幅增长。台北、台南等大城市也都设有酒楼，珍馐颇多，亦有歌伎提供娱乐。不过，消费人口不多，经营方式也未健全。[①]《新竹县志稿》则记载，竹堑城酒楼沿街林立，供应各式各样的酒菜，饮用的酒类名目众多，有不少是从其他港口运至竹堑贩卖的。民众在家宴客，往往花费金10余元。由于土茶味苦，富人多喜好产自福建武夷的高价外来茶。[②]

光绪年间的《英国领事报告》中指出，北部居民可以买得起玉、人参、丝等奢侈品，开始由对岸买入砖瓦以盖华屋，乞丐的数量也明显减少。[③] 一般民众设宴，在菜色方面，连等级一般的宴席也开始出现鱼翅、鳖等高级食材。若像雾峰林家举办较贵的满汉宴，每筵所费达12元。[④]

社会上的各个阶层

清代台湾的社会阶层，依照其法定身份的差异，可以区分为统治阶层与被统治阶层。以具有官方身份为代表的统治阶层，除政府现职官员、退休官员、具有任官资格的待职士绅（gentry）外，另包括在司法与赋税上享有法定特权，却不一定出仕的士绅（local elite）。[⑤] 被统治阶层则包含从事各业的士农工商等一般庶民、地方精英[⑥]与贱民阶级。此一结构，除了地方精英逐渐文治化，其主体由豪强转变为士绅外，其余结构即便至清末开港

---

① 曾品沧：《从花厅到酒楼：清末至日治初期台湾公共空间的形成与扩展（1895—1911）》，《中国饮食文化》第7卷第1期，2011年1月。

② 吴奇浩：《清代台湾之奢靡风气》，《台湾史研究》第12卷第2期，2005年12月。

③ 林满红：《茶、糖、樟脑业与台湾之社会经济变迁（1860—1895）》，第156页。

④ 曾品沧：《办桌——清代台湾的宴会与汉人社会》，《新史学》第21卷第4期，2010年10月。

⑤ Chang Chung-li, *The Chinese Gentry: Studies on Their Role in Nineteenth Century* (Seattle: University of Washington Press, 1967), pp. 3-6, 11, 13, 17, 21, 29-32.

⑥ Joseph W. Esherick & Mary B. Rankin, eds., *Chinese Local Elite and Patterns of Dominance* (Berkeley: University of California Press, 1991), pp. 9-13.

通商之后，亦未有巨大的改变，呈现出相对稳定的状态。

1. 统治阶层与平民

台湾的统治阶层主要是协助清廷进行统治的各级官员，以及具有举人（一说秀才）以上学衔，享有免徭役、免刑求、受赐廪膳、与官吏直接往来、出席重要庆典（如乡饮酒、春秋祭、圣谕宣讲）等法定特权的士绅。[①]

台湾汉人社会的平民阶层，主要从事的行业和职业有拓垦、农、工、商、渔、儒、医等七种。除了农工商各业外，则可进一步依照其职业的差异，再区分为“上、下九流”。所谓的“上九流”是指与农、工、商受同等待遇者，包括师爷（亦包括幕友或胥吏）、郎中、画工、地理师、卜卦、相命、和尚、司公和琴师。[②] 这些人具备专业知识或技能，故其身份或社会地位稍与一般庶民不同。其中卜卦、相命、地理风水师、和尚、寺庙的司公等占了一定比例，足可反映台湾社会发展的特殊之处。另外，医生虽然也包含了受人尊崇的儒医与洋医，但受到许多草药医、赤脚仙或民俗疗法医者的影响，一般而言，医师在清代台湾社会地位不高。[③]

此外，台湾的平民阶层中，也存在社会领导阶层或地方精英。这些拥有社会威望、财富和知识的少数秀异分子，包括了低阶无特权的一般士绅，基层乡庄组织中由士绅、乡耆等地方领导人物推举，经官方核验后发给谕、戳，办理地方公务的常制领导者，以及地方社会里各种民间团体、组织、关系中，自然被推戴成领导者等。[④] 而其职能主要为调解民间纠纷、管理公共事业、维护治安和倡导政令等。一般而言，通过经营商、垦致富，上升为无科举功名之富豪，是平民上升的主要流动途径。而后，无科举功名之富豪可再通过正途之科举考试，或异途之捐纳、军功、参与地方公务等方式，上升为士绅。[⑤]

---

① 吴文星：《日治时期台湾社会阶层的变动》，《台湾史迹研习会讲义汇编》下册，台北市文献委员会编印，1999，第73—80页。

② 片冈岩：《台湾风俗志》，陈金田译，众文图书公司，1994，第146—147页。

③ 陈君恺：《日治时期台湾医生社会地位之研究》，台湾师范大学历史研究所专刊（22），1992，第12、15页。

④ 陈世荣：《清代北桃园的地方菁英及“公共空间”》，《“国立”政治大学历史学报》第18期，2001年5月。

⑤ 蔡渊洯：《清代台湾的社会领导阶层（1684—1895）》，台湾师范大学历史研究所硕士学位论文，1980，第150、161页。

在平民之下，则为“下九流”的贱民，包括娼、优、巫者、乐人、牵猪哥、剃头、仆婢、拿龙、土公。[①] 另外，乞丐也属贱业，但未列入下九流。下九流不能与上九流通婚或交际，其社交只限于自身阶级，其子弟完全被排除于科举考试之外。

2. 贱民与乞丐

台湾社会中的贱民阶级，还包括法定贱民阶级，如隶卒，以及非法定之轿夫。隶卒与轿夫本人及其三代子孙，不得应试、捐监，但辞职后可为良民。另外，值得特别注意的是奴婢与乐师。首先，奴婢的身份，除不能与良民通婚之外，奴婢个人与其全家人皆隶属于家长，而为家长可以径行处分、买卖、典当之财产，但家长不得无故将其杀害。台湾的奴不多，大多是婢女。婢女又依买断或雇佣，分为“查某”与“雇工”，查某才是清律中的贱民。台湾的婢女赎身较为容易，达适婚年龄时家长需为其主持婚配，其身份不延及子孙。其次，下九流中的“乐人”，包括娼妓，在台湾又可分为两类，包含侍客演唱的“艺旦”与卖淫的“趁食查某”，她们大多是娼家买收或典收的“养女”。[②] 除乐户外，台湾贱民阶级还包括婚丧祭典中“打锣鼓、吹鼓吹”者，此等人与其子孙三代不得应试与任官。

至于“非下九流”内的乞丐，因操“贱业”被一般庶民所轻视，然其身份并非法定之贱民。在台湾，乞丐犯罪由保长、甲长、丐头负责。另外，台湾的养济院，因收容老幼废笃疾之丐者，通常也被称为“乞丐寮”。乞丐虽未被禁止参与科举，但台湾无乞丐应试之例，亦无乞丐与良民通婚之例，仅有向乞丐买得其所生之子为螟蛉子者，[③] 但乞丐到晚清已明显减少。

豪绅、买办的兴起

1860 年开港后，台湾的贸易对象从大陆扩展到英、德、美、澳、日等国，出口的货物也由传统的米与糖转变成由市场经济导向的茶、糖与樟脑。茶与樟脑的产地大多集中在山区，这些区域极为接近少数民族的传统领域，“出草”事件频传，在国家力量不足的情况下，急需武力来保护，拥有私人

---

① 铃木清一郎：《台湾旧惯习俗信仰》，高贤治等译，众文图书公司，1983，第 14—16 页。

② 临时台湾旧惯调查会编《临时台湾旧惯调查会第一部调查第三回合报告书・台湾私法》第 2 卷，陈金田译，台湾省文献委员会，第 149—167 页。

③ 《临时台湾旧惯调查会第一部调查第三回合报告书・台湾私法》第 2 卷，第 168—169 页。

武装的豪族乃应运而生。除了保障经济作物取得外，也替官方守住边防要地，官方亦因其功而授予官职，[①] 其中最著名的豪族是北台湾板桥的林维源及中台湾雾峰的林朝栋两人。

1. 豪绅的崛起

林维源为板桥林家的第四代，1878 年兄长林维让去世后，一肩挑起板桥林家的家业。1885 年，台湾建省，在首任巡抚刘铭传的奏准下，林维源出任督办台湾抚垦大臣，此一要职使板桥林家的事业与官方开山抚“番”政策相配合，商业触角因此深入山野林地，获取巨大的经济利益。此外林维源还协助刘铭传推行新政，包括抚“番”、清赋、兴建台北城、建筑铁路等，成为台湾近代化的幕后功臣。[②]

林朝栋是一度担任福建水师、陆路提督之林文察的嫡长子。中法北台之役（1884—1885）时，林朝栋于基隆立功，晋升为道员。台湾建省后，获得巡抚刘铭传之重用。1886 年出任开山抚“番”要职，随着抚垦规模的扩大，其地位日益重要。在中部山区的土地与樟脑等利益大幅扩张后，林朝栋与堂叔林文钦成立“林合”号，开发山地，开设脑灶、脑馆，伐木熬脑。林朝栋亦跻身新绅商之林。[③]

上述商人既是豪绅，也可称为官商。

2. 买办的出现

开港后，台湾商人在与外商交易时，需要懂语言与贸易手腕的人作为中介者，买办一职由此而生。买办因为长期与外商接触，熟悉国际市场行情，因此常常初期受雇于外商，最后转为自己经营而致富，如北台李春生与南台陈福谦等人。李春生幼年贫寒，父李德生是船夫，约 20 岁时入和记洋行（Boyd & Co.），因聪明伶俐、勤勉好学，熟知英语与商务，深受器重。1864 年来台担任淡水宝顺洋行买办。其最大贡献是协助托德劝农植茶，教以焙制之法，创出“台湾乌龙茶”品牌，扬名国际。所经营的事业，进口以煤油、布匹、洋货为主，出口以煤、樟脑、茶、米、糖为大宗，运销南洋、美国等地，获利丰硕，成为台湾数一数二的富豪。1885 年，台湾建

① 黄秀政、张胜彦、吴文星：《台湾史》，第 129 页。

② 许雪姬：《台湾大百科全书》（网络版）；许雪姬总策划《台湾历史辞典》，“行政院文化建设委员会”，2004，第 487—488 页。

③ 黄富三：《台湾大百科全书》（网络版）；许雪姬总策划《台湾历史辞典》，第 495 页。

省，巡抚刘铭传于城外大稻埕新辟市集，李春生与富绅林维源合筑千秋、建昌二街，建西式楼房，使洋商聚居于此。1890年李春生出任台湾蚕桑局局长。因协助建设台北城之功，获授同知衔，赏戴花翎。①

南部陈福谦，凤山苓雅寮人，早年贫穷，曾在打狗港撑竹筏贴补家用。开港后，担任洋行买办，与李春生南北并称。1862—1863年，于旗后设立顺和行，买卖蔗糖，同时经营糖廊，采用前贷金预买的方式，贷款给蔗农，因此掌握打狗地区大半的蔗糖，主要销往日本。贸易项目包括糖、米、鸦片、布、盐、海产、杂货、棺材等，进行多元化的经营。旗下号称72郊行，委由各个家长（掌柜）负责，由来自盐埕的陈中和担任总家长。顺和行的贸易范围遍及香港、上海，以及日本、东南亚、西洋等地，19世纪中叶以买办起家的陈福谦，成为清末开港致富的新豪商。②

开港前台湾的贸易掌握在地主与郊商手中，开港后豪绅的大家族与新兴的买办阶层顺势而起，形成影响开港后台湾经济发展的两大推手，其致富方式较一般收租地主更为灵活与多元，财富累积也较为迅速，因此官商、豪绅、买办形成台湾新社会阶层。

三　割让前台湾文化的发展

科举文化的形成

清代沿明制举行文、武科举考试。1684年清廷设台湾府，第一任台厦道周昌就已提出立学校、设教官、定学额、开科取士的建议。但因是时经费困难，未能办理，直到1686年才规定每岁取进的文童生、廪膳生、增广生的数额，台湾府学各20名，台湾、凤山、诸罗三县的学额分别是12、10、10名，而学政则由分巡台厦道担任（一度归巡台汉御史）。③ 所谓文童生即经府试后，取得生员身份的人，经科考以取得参加乡试的资格。乡试有定额，初时台湾文风未盛，因于1687年另编台字号取中1名，中间曾一

① 黄富三：《台湾大百科全书》（网络版）；许雪姬总策划《台湾历史辞典》，第382页。
② 林玉茹：《台湾大百科全书》（网络版）；许雪姬总策划《台湾历史辞典》，第854—855页。
③ 范咸等撰《重修台湾府志》卷8《学校》［台湾文献丛刊（105）］，第272页。

度取消，到 1729 年才又恢复，1859 年名额已增加到 8 名。[①] 乡试中式称举人，举人可参加在北京的会试。台湾早期中举名额不多，又因远隔重洋，辍科的人不少，即使前往也多名落孙山。1738 年巡台御史诺穆布等建议照乡试之例取中 1 名以为鼓励。清廷则认为，赴京应试的台湾举人到达 10 人后方才考虑。1823 年郑用锡中进士，人称“开台进士”，实则在 1757、1766 年台湾已各考取一名进士。[②] 会试后经殿试取中一甲、二甲、三甲进士，一甲仅 3 人，授翰林院修撰、编修官；二甲第一名授翰林院庶吉士，其余进士需再经朝考授职，可任主事、中书、知州 、知县。台湾进士的名次最好的是蔡廷兰，他考取二甲 61 名。[③] 朝考成绩好、得任翰林院庶吉士(后改湖南澧州县知县)[④] 的是彰化人曾维桢。除科考外，清朝还有五贡制，即每 12 年选拔一次的拔贡、每年一贡的岁贡、三年一选的优贡、恩贡（恩科那年的贡生）与加额录取的副贡。这五贡亦为正途出身，[⑤] 可入仕途。武举与文举同，但并未另编字号，因此竞争更为激烈。

除科举为任官的正途外，尚有捐官一途，亦即以捐纳银数的多寡任官，经试用一年成绩优者即正式进入仕途，唯其缺分为中缺、简缺。

晚清台湾因士风日盛，拥有科名者增多。先就文进士的数额来看，1850 年以前只有 10 人，1851 年以后则有 22 人。再就举人的数目来看，1851—1894 年有 152 人，虽比 1850 年前的 187 人少，但前者是 40 余年的数目，后者则长达一百多年。若再就武进士来观察，只有 12 名，都在 1851 年之前；就武举来观察，1851—1894 年有 66 人，1851 年以前则多达 187 人。由文武举人来比较可知武举并未如文举直线上升，而是越到后来人数越少，且少于文举人的数字。举例来说，1875—1894 年文举人 75 人，而武举人只有 30 人。由上述分析可知在 19 世纪以前，清廷的力量尚不足以保障人民的安全，台湾豪强容易出头成为社会领袖，故武人参加科考取得功名者多，然随着

---

① 光绪《大清会典事例》卷 348；李汝和：《台湾文教史略》，台湾省文献会，1972，第 37 页。

② 分别为王克捷、庄文进。

③ 《明清历科进士题名碑录》，华文书局，1969，第 2508 页。

④ 江庆柏编著《清朝进士题名录》，中华书局，2007，第 843 页。

⑤ 李鹏年等编著《清代六部成语词典》，天津人民出版社，1990，第 224 页。

文治型的士绅如文进士的增加，清中叶或者说开港后台湾已逐渐文治化。[①]

如上由文进士、举人等组成的科举社群，他们去任京官或到异地去当知县、知州的比例虽大约占五成，但大半任官不久即回乡担任山长、主讲，县学教授，直接投入地方的教育工作，提倡儒教，甚至捐置学田，提供士子赴考的经费，奖掖士人。此外他们还参加诗社，上与官宦、下与文人唱酬，又投入修方志的工作，如郑用锡进士纂《淡水厅志稿》，廪生卢尔德嘉独力完成《凤山县采访册》；他们出版的诗集将台湾风土入诗，成为了解当时台湾社会文化最重要的资料，如丘逢甲进士的《岭云海日楼诗钞》。

科举社群带来的士风与清廷的积极治台，使台湾社会安定，因此创出美术、工艺、纺织等作品，也能在修志上取得成就。

文学上的发展

台湾文学发展始于明朝末年，1652年明儒太仆寺卿沈光文因台风漂到台湾，遂设帐授徒，乃被尊为“海东初祖”“台湾文献初祖”。其后清中叶以前著名之宦台或流寓文人如季麒光、刘家谋等人，一面通过儒学、县学、书院、义学进行汉文化的传播，一面编纂地方志。而对台湾文学创作影响较大者，则是其人有关台湾的书写，并借由文学交流与社群活动，促成台湾文学的活络与进展。台湾本土文人的崛起，多在乾嘉以后，当时闻名之本土文人有章甫、陈肇兴、黄佺、施琼芳、陈辉、黄敬、林占梅、陈维英、李望洋、蔡廷兰、郑用锡、郑用鉴等，不仅著作数量多，且各具特色。[②]

1. 文人及其作品

咸同年间是台湾本土文人蔚起的重要阶段，随着开港通商后北部社会经济日益发达，诗坛亦逐渐由以南部为主转为以北部为主，到光绪时期臻于高峰，不仅文学作品倍增，更有诗文集传世。本土文人在咸同以后，更成为当地文坛领导人物，得以改变前期流寓文人为主的文坛生态环境，进而从文坛边缘位置向中心靠拢，最终获得掌控权。此一时期本土文人数量颇多，著作亦夥，重要者南部有施琼芳《石兰山馆遗稿》、施士洁《后苏龛

① 王惠琛：《清代台湾科举制度的研究》，成功大学历史语言研究所硕士学位论文，1990，第166—171页。

② 黄美娥：《古典台湾：文学史·诗社·作家论》，“国立编译馆”，2007，第27—38页。

诗文集》及许南英《窥园留草》；中部则有陈肇兴《陶村诗稿》，丘逢甲《柏庄诗草》，吴德功《瑞桃斋诗稿》上卷；北部如郑用锡《北郭园全集》，林占梅《潜园琴余草》，陈维英《偷闲录》《太古巢联集》；东部如李望洋《西行吟草》，林拱辰《林拱辰先生诗文集》。论其作品体类，则以诗歌为大宗，散文次之，骈文、赋体又其次；内容以咏怀诗言志居多，咏物、写景、记事居次，文字大率浅白平易。①

咸同以后宦游或流寓文人仍对台湾文学做出巨大贡献，光绪年间达于高峰，例如：王凯泰著有《台湾杂咏》32 首和《续咏》12 首；杨浚编纂《淡水厅志》，所著《冠悔堂诗文钞》有不少关于台湾的作品；吴子光著有诗文集《一肚皮集》，歌咏台湾风物、制度颇多。其余如刘铭传、唐景崧、俞明震、陈文騄、陈季同等人，亦以诗文闻名。②

2. 诗社的发展

旧体诗是台湾古典文学最主要的书写形式，诗社则是以文会友、诗酒吟唱的时尚之地，也是发展诗作最有力的组织。台湾之诗社，自 1685 年沈光文首创东吟社，到 1895 年割让台湾，其间可考者概有 12 社，大部分为 19 世纪中叶以后成立。1851—1861 年，郑用锡成立竹社，参加者多为科场得意之人。同时，竹堑林占梅建潜园，结交名流雅士，成立梅社，参加者多为未成名之童生。1862 年林占梅捐饷资助平戴潮春事件，集名人诗酒琴歌于潜园，乃与金门举人林豪、闽县林亦图等创潜园吟社，从之者 40 余人。然台湾文学发展最盛时期，当在光绪年间。1878 年，台南武馆街诸生许南英邀集同里人士创崇正社，为清代台南诗社之滥觞。1886 年，苑里蔡启运侨居新竹，乃将竹社与梅社合并成竹梅吟社，又搜集七绝四百余首，刊成《台湾击钵吟集》。1890 年，晋江蔡德辉设帐于彰化，集门人及地方人士创荔谱吟社。1891 年，许南英高中进士，创浪吟诗社于台南。1889 年，唐景崧创斐亭吟会于台南，1891 年，唐升布政使，移驻台北，又创牡丹诗社，乃台北最早的诗社，文友、僚属及台籍文士入社者达百余人，台湾诗社遂由以南部为重心转为以台北为重心。1894 年安溪林景商随其父林鹤年在台北为茶商，

① 黄美娥：《古典台湾：文学史・诗社・作家论》，第 34—36 页。

② 叶石涛：《台湾文学史纲》，文学界杂志社，1986，第 10—16 页。

心羡牡丹诗社之余，乃与三五知友仿效其例创海东吟社于台北。①

此外，晚清流寓或宦游人士，在诗社活动上，引进了“诗钟”与“击钵吟”。诗钟乃诗畸之别名，是中国南方的一种诗体，唐景崧对“诗畸”特别有心得，所创牡丹吟社之吟稿辑成《诗畸》八卷，反映台北人文荟萃、一片升平景象。击钵吟可以竹梅吟社为代表，乃受闽地热衷击钵而吟的影响，诗社遂以击钵为乐。②

方志的纂修

所谓方志，是针对一特定区域的事物，以分类记述的方式加以纂载的著作，而台湾之有方志，则始于1685年蒋毓英之《台湾府志》，1717年周钟瑄《诸罗县志》（总纂为陈梦林），至1760年余文仪续修的《台湾府志》，台湾方志纂修的发展不仅从“府志”一级向下扩展到“县志”，志书的体例、义法也日趋成熟，为之后有清一代在台湾编纂的方志所依循。③ 此外，多种方志也随着各级行政单位的增设和《福建通志》续修的需求问世，从清朝设台湾府到开放通商口岸前近两百年间，台湾方志的纂修已具体而微地反映出方志学具体的发展进程，经历了理论由简而深、数量由寡而多的几个阶段。④ 1860年开港通商后至清末，台湾地区编纂的志书除《淡水厅志》《澎湖厅志》《苗栗县志》《恒春县志》外，尚有《台湾通志》的纂修，虽然没有完成，但比诸其他各府、省的修志事业并不逊色，分述于下。

1. 方志的编纂

(1)《淡水厅志》

淡水厅设于1723年，至道光中期才有郑用锡创修志稿，是为《淡水厅志稿》。1867年淡水同知严金清倡议再修，聘同安举人林豪总纂，以郑氏初稿为基础续加纂辑，称为《淡水续志稿》，重考、按方法，采用“正史体”，

---

① 廖一瑾：《台湾诗史》，文史哲出版社，1998，第25—35页。

② 黄美娥：《古典台湾：文学史・诗社・作家论》，第27—38页。

③ 方豪：《记新抄苗栗县志兼论台湾方志的型态》，《文献专刊》第2卷第1、2期，1951年5月；陈捷先：《清代台湾方志研究》，台湾学生书局，1996，第106—108页。

④ 曾鼎甲：《论〈台湾省通志稿〉之纂修》，花木兰文化出版社，2007，第17页。

乃清代台湾方志发展史上的一大变革。[①] 1870 年淡水同知陈培桂根据郑、林二部志稿删修纂辑成书，次年 10 月《淡水厅志》终于问世。

（2）《澎湖厅志》

澎湖厅于 1727 年设置，先后有《澎湖志略》、《澎湖纪略》及《澎湖续编》刊行，1878 年通判蔡麟祥聘林豪主持《澎湖厅志》的纂修，然同年 11 月蔡离任后，志书便没了下文。至 1892 年邵友濂任台湾巡抚后，倡修《台湾通志》，行文各属采访志料。时任澎湖通判的潘文凤再度聘请林豪总纂，补入 1885 年后的事迹。但当时的台湾布政使唐景崧似乎不认同林氏采用的编目体例，改派江苏举人薛绍元删修后刊行。[②]

（3）《苗栗县志》

1892 年巡抚邵友濂等倡修《台湾通志》，《苗栗县志》由苗栗知县沈茂荫纂辑。因该县于 1888 年新辟，缺乏各种文献资料，采集不易，本书内容潦草，记事简略，评价不高。[③] 因中日战争爆发，本书编纂完成后不及付梓，1950 年方豪先生托学生抄录上海徐家汇天主堂抄本，1953 年才由苗栗县文献委员会据此首次付印。

（4）《恒春县志》

同样是为纂辑《台湾通志》，由恒春知县陈文纬聘屠继善仿古图经因事立目予以纂辑，对 1875 年设县的恒春而言，体例简洁合宜，在保存资料方面，也有其贡献。1951 年由台湾银行经济研究室排印后，才普遍流通。

2.《台湾通志》纂修未成

晚清台湾方志学的最终成就，是《台湾通志》（以下简称“通志”）的编纂。1885 年台湾建省，有鉴于修成年代最近的府志为 1762 年余文仪的续修《台湾府志》，历时已百余年之久，且因建省有编纂总括一“省”志书的必要，1892 年台北知府陈文騄等具禀请修通志，并拟定《纂修通志设局事宜》六条附呈。[④] 巡抚邵友濂批示开设福建台湾通志总局，聘请蒋师辙（后

---

① 陈捷先：《清代台湾方志研究》，第 155—157 页；曾鼎甲：《论〈台湾省通志稿〉之纂修》，第 19 页。

② 曾鼎甲：《论〈台湾省通志稿〉之纂修》，第 20 页。

③ 陈捷先：《清代台湾方志研究》，第 178 页。

④ 《凤山县采访册·采访案由》（台湾历史文献丛刊），台湾省文献委员会，1993 年影印本，第 8—10 页。

易为薛绍元）办理修志事宜，并通过总局向各厅县颁布《修志事宜》十四条，[①] 其中包含采访册式，要求各分局分类采访，纂辑成册，上呈总局。然而总局开办一年后，各属缴交的采访册寥寥无几，几经行文催促、增发经费后，提交的稿本才逐渐增加。但据伊能嘉矩所考，直至1894年末，通志总局收到的采访册，除已刊行的《澎湖厅志》外，其他县志和采访册（表27-1），只有《苗栗县志》完稿而已。[②] 这些采访册虽有纲目缺漏、内容简略等缺失，但在保存清代台湾地域性史料方面仍有相当的贡献。

通志总局收到各属送来的采访册后，便进行分科纂修，至1895年3月成稿十之六七。然而1894年甲午战争爆发，至1895年3月，日本军队已占领澎湖，修志的工作实际上已然终止。随后清朝战败，台湾、澎湖被割让的消息使全台陷入骚乱，通志的部分稿本和各属所辑的采访册也跟着散佚。目前所能见的有《台东州采访册》（1960年4月）、《凤山县采访册》（1960年4月）、《云林县采访册》（1968年4月）。

《台湾通志》虽然仅存残缺的稿本，但它在清代台湾方志发展史上实占有承前启后的地位。除了使方志的纂修从“府”向上延伸至“省”一级外，还首次建立起在各地设修志分局的制度。[③] 可惜还未能进一步发展，就因中日战争爆发，清朝战败将台湾割让给日本而被迫中断，清代台湾的方志纂修事业也到此为止。

台湾府/省可说是清朝辖下方志的修纂最为完备的地区，在1860年后仍有上述县志、采访册及通志之纂修、出版。将福建省首府福州辖境内各类志书的编修数量做比较即可得知，福州府辖下的各县，除长乐县在1869年修过县志外，迄1911年清朝灭亡都未修过方志。[④]

表27-1　1892—1894年台湾各地志书编纂状况

编纂程度	厅、县各属	备注
撰成厅、县志者	澎湖厅、苗栗县、恒春县	
采访册全部完成者	埔里社厅、宜兰县	

① 《凤山县采访册·采访案由》，第11—14页。

② 伊能嘉矩：《台湾文化志》，南天书局，1994，第525页。

③ 曾鼎甲：《论〈台湾省通志稿〉之纂修》，第17—26页。

④ 张天禄：《福州方志史略》，海风出版社，2007，第89—90页。

续表

编纂程度	厅、县各属	备注
采访册部分完成者	台东州、凤山县、安平县、台湾县	除《澎湖厅志》于1895年刊行外，其余均未能及时刊印
采访册未完成者	嘉义县、彰化县、云林县、新竹县、淡水县	

美术、书法作品与风格

割让前的台湾的美术，以中国东南沿海闽、粤移民所带来的风格为主流，文化认同上也以闽粤文化为主体认同。① 从徐小虎在《什么是台湾艺术史?》中的艺术风格分期来看，割让前台湾美术应属于第一期，即明末清初至日据时期（1600—1895），和福建地区的艺术风格有所联系。关于此种风格，有些学者称之为“闽习”或“闽派”，相较于讲求含蓄、高雅之“正统”中国画风或文人画而言，“闽派”的风格活泼、奔放而不含蓄。②

1. 书画发展概略

明清时期的台湾美术，根据萧琼瑞所指出的，其所呈现的面向主要有二：一为文人仕宦的书画创作；另一为与民众生活息息相关的工艺美术，包含生活工艺及宗教美术。首先，在文人仕宦的书画创作上，按照创作者身份来看，又可分为来台任官的仕宦画家、流寓台湾的职业书画家，以及在台出生的书画家三类。其中较为人知的，文人仕宦者有郑成功、朱术桂、刘铭传、唐景崧等人，流寓画家有谢管樵、吕世宜、叶化成等人，本地书画家有林朝英、庄敬夫、林觉、谢彬等人。③ 以下就两位具代表性的画家和书家——寓居台湾之画家谢管樵和书法家、金石学家吕世宜来做一简介。

谢管樵（1811—1864），字颖苏，福建诏安人。幼承家学，少能绘事，又善技击兵法，以诗书画三绝著称，未能在科举扬名，后游踪多于闽、粤。于1857年至1860年间旅居台湾，先后寓于台南林家宜秋山馆、板桥林家，并曾北游三貂岭，时与台北大龙峒文士往来，后又往新竹潜园为客。谢管

① 刘益昌等：《台湾美术史纲》，艺术家出版社，2009，第134页。

② 徐小虎：《什么是台湾艺术史?》，《“闽习台风”——明清时期台湾美术之研究》，台中美术馆，2008，第74—75页；刘益昌等：《台湾美术史纲》，第137—138页。

③ 萧琼瑞：《“闽习”与“台风”——对明清台湾书画美学的再思考》，《“闽习台风”——明清时期台湾美术之研究》，第104—105页。

樵能诗书画，其书法受颜真卿和米芾影响深，其寓居台南时为台南商家石鼎美所做的八十寿屏是楷书之一作；其绘画作品以水墨单色居多，也有设色作品传世，从其作品中可看到其与陈淳、徐渭及郑燮等人作品之风格有所联系，以画花、鸟、兰、竹为多。[①] 谢管樵在台湾停留的时间不长，但在台南时有吴尚沾与其学画，在板桥林家时，林家子弟以师待之，是晚清寓台重要画家。即使在进入日据时期之后，从《台湾日日新报》中对谢管樵作品及展览的关心来看，其影响力也未因统治者的改变而减弱。

吕世宜（1784—1855），字西村，泉州同安人。道光年间举人，曾拜郭兰石为师。曾主漳州芝山书院及厦门玉屏书院，一度兼任台湾兵备道之周凯引荐其给板桥林家国华、国芳兄弟当西席，约道光末年渡台，至咸丰初年返乡归老，在台期间为林家挥毫楹联楣额，并协助搜集金石骨董，购得数万卷图书及千余种金石拓本，立下台湾金石学基础。其书学与古拙中带逸气的篆、隶金石书风，对于台湾清领末期和日据时期书坛和金石学产生重要影响，著作数种，见存者如《爱吾庐文钞》《爱吾庐题跋》《古今文字通释》。[②]

2. 工艺美术概略

工艺美术分为生活工艺及宗教工艺两大类群。生活工艺的创作包含餐具、服饰、家具等；宗教工艺则包含建筑上的装饰画和雕刻、泥塑或陶塑、版印的经书与善书等。生活工艺和宗教工艺的品项、媒材较为繁杂宽广，功能取向也各自不同，但相较于前述的诗书画等较属于文化或上层社会的产物而言，此类更贴近台湾民众，更与各阶层的台湾人民之生活息息相关。

从餐具和家具两种工艺品项来看，它们在风格上的发展，也有从一开始来自原乡的风格、趣味，慢慢地发展出以台湾自有媒材、样式为主的大致倾向。在这种逐渐生根的移民风格中，台湾工艺美术中的餐具和家具逐渐发展出属于在地的性格。餐具的材质有陶瓷、木质、金属、石材等，其中较具台湾特色的材质，要属竹藤。台湾竹藤的产量丰富，俯拾即是，民众有大量利用竹藤为生活器具的情形，“谢篮”即是很有台湾特色的竹制餐

① 林柏亭：《三位杰出的画家》，《明清时代台湾书画作品》，“行政院文建会”，1984，第438—439页。

② 许雪姬总策划《台湾历史辞典》，第360页。

具。它是由细竹片编织而成，用于装盛食物，而在婚嫁时，谢篮也有装盛贺礼的功能。家具的材质以木、竹为大宗，也有陶土烧制者。[①]

雕版书与版画

19 世纪中叶以降台湾之雕版书和版画的发展状况，要从近代台湾的出版及印刷史中来了解，其中可以台南松云轩的出现作为一个分水岭。之前无论是雕版还是印刷，皆须仰赖大陆的技术或人力，之后转变为自行在台雕版及印刷。[②] 由于雕版书与版画的媒介、人力和技术重叠性高，因此研究雕版书者也多涉猎版画。

1. 外来的印刷技术

以印刷技术的演变而言，台湾在 19 世纪开港前之印刷技术是以闽南、广东地区移民所带来之木版水印技术为主。台南松云轩的印刷事业，即是以此种木版水印技术为基础。1883 年，英国基督长老教会巴克礼牧师自英国引入了铜版印刷技术，他自英国输入印刷机及检字盘、铅字、油墨等零件，用来印刷教会公报，相较于木版，铜版更坚固耐用，同时也可兼顾印刷的质量。另外，在光绪年间传入上海之石版印刷技术也传入台湾。石版印刷技术由于画面和色彩的质量良好，同时又能大量印刷生产，速度快又便宜，因而很受欢迎。在平版印刷术盛行之前，铜版印刷和石版印刷在台湾的出现使得传统之木版水印技术的生存空间受到挤压。[③]

关于台湾的雕版事业，目前所见汉人最早在台刊行的记录，应是 1671 年所刊刻印行的《永历大统历》，有三部藏于英国（大英博物馆一部、牛津大学两部）。[④] 现今留存的台湾清代印刷出版品反映出台湾绝大多数的出版品是在大陆沿海的漳州、泉州、厦门、福州各地雕版后，才携回台湾印刷（或是宦游台湾之人，在离职后返回故乡，出版其作品），而在台湾自行雕版、印刷发行出版品，一直要到 19 世纪中叶左右台南松云轩创立。[⑤] 19 世

① 刘益昌等：《台湾美术史纲》，第 154、158、166—172 页。

② 林汉章：《清代台湾出版概况》，《台湾传统版画特展》，高雄市立美术馆，1995，第 17 页。

③ 《台湾版画的发展与变迁》，《版“话”台湾》，台湾美术馆，2003，第 16 页。

④ 潘元石、吕理政：《台湾传统版画的发展》，《台湾传统版画源流特展》，“行政院文化建设委员会”，1985，第 22 页。

⑤ 林汉章：《清代台湾出版概况》，《台湾传统版画特展》，第 14—16 页。

纪中叶以前，各种方志的出版为官方雕版印刷的主要目的，民间的雕版印刷则以学堂所用经学文艺诸书、民间所需之经书与善书的出版为主。[①] 清代台湾官修之方志众多，如 1871 年陈培桂所修之《淡水厅志》和 1895 年薛绍元所修之《台湾通志》等，[②] 而民间的印书，则如台中吕家雇大陆的雕工来台雕版、印刷的吴子光之《一肚皮集》成书、[③] 1891 年淡水周荣香印送之福州林玉铭刻坊所雕之《难产十八论》等。[④]

2. 台南松云轩的印刷事业

清代台南松云轩位于今日台南市永福路陈氏家庙旁，1830—1862 年曾出版过 50 多种图籍，是松云轩的全盛时期，当时的主持人为卢崇玉（字耀昆，福建泉州人）。

杨永智在其所整理之"台郡松云轩出版品一览表"中共记录了 59 种出版品，作品中最早有 1830 年的《玉历钞传警世》，其次 1862 年的《回生良诀》、1880 年的《台湾舆图》、1894 年的《澄怀园唱和集》等。[⑤] 探究其出版原因，可发现卢崇玉在台雕印发行出版品，一来是为了将版藏大陆的佛典、善书或益世好书，直接在台制作，嘉惠台湾读者，并使之在台广为流传。尤有进者，这些在台发行的新刊本，卢崇玉还委托文人重新校勘后再行雕版，以期去芜存精，这使得台南松云轩的出版事业，在 1830—1862 年达到顶峰，在台湾雕版印刷史上占有非常重要的地位。[⑥] 可惜松云轩于 1945 年 3 月毁于第二次世界大战末期的美军轰炸中。

3. 版画的发展

明清以来台湾版画的发展，依其功能来看，主要可分为三类：一为版印图书中的版画插图，一为吉祥版画，一为宗教版画。[⑦] 版印图书中的插图可见于方志、经书、善书或医书，用以辅佐图书中文字的说明。台湾方志中所罗列的描绘各地风土人情的"八景"插图，可以说是版印图书中版画

① 潘元石、吕理政：《台湾传统版画的发展》，《台湾传统版画源流特展》，第 22—24 页。

② 参见曾鼎甲《论〈台湾省通志稿〉之纂修》，第 42—44 页。

③ 王行恭：《台湾传统版印》，汉光文化，1999，第 47 页。

④ 林汉章：《清代台湾出版概况》，《台湾传统版画特展》，第 15 页。

⑤ 杨永智：《台郡松云轩出版史》，《明清时期台南出版史》，台湾学生书局，2007，第 286—287 页。

⑥ 杨永智：《版画台湾》，晨星出版社，2004，第 124—125 页。

⑦ 潘元石、吕理政：《台湾传统版画与民间生活》，《台湾传统版画源流特展》，第 30—61 页。

插图的代表，此种八景图的例子可见于1832年李廷璧所修之《彰化县志》、1852年陈淑均所修之《噶玛兰厅志》，以及1871年陈培桂所修之《淡水厅志》。① 此类八景图的传统，与台湾文学、艺术史上的八景诗文或图像相呼应、链接。吉祥版画和宗教版画则和台湾民众的一般生活息息相关，吉祥版画的应用如门楣上所贴的挂签、门神图像等，宗教版画如观音像、八仙像、佛坛寺庙中所张贴的神祇图像等。吉祥版画和宗教版画的使用有一特色，就是其制作技术的保守性较强，即使到今日仍有以木版水印的方式制作的，是为在割让后逐渐以石版印刷取代的印刷技术中的异数。

时装与纺织

清代台湾社会文化中最引人关注的特点之一，就是奢靡的生活情状，其中又以在服装方面的表现最为明显。② 台湾甫归清朝中央政府管辖，即有文献描述台人即使家中没有多余的钱财，仍然要“衣服丽都”。③ 而且这种现象并不限于上层，连农民在从事农作时也会穿着轻柔的丝质衣服，牧役或仆人也都“衣迭绮罗”，村姑、贩妇等更是“妆盈珠翠”。④ 此外，这种讲究服装华丽的风气还有持续扩延的情形，最初出现在台湾府城，之后在诸罗县治也出现此种现象。⑤

1. 有华丽也有朴实的穿着

台人追求华丽服装的风气至道光年间后持续发展。举例而言，漳州、泉州居民会“缠首”，即用布缠绕头部以防风。台人也会缠首，但不是用一般布料，而是使用丝织成的蓝黑色绉纱，而且要长到可环绕头部五六圈，才算美观。在款式方面，男性的上衣往往长过膝盖，衣襟是直式，称为“苏裾”；领子上圆下尖，称作“瓜子领”；裤子会露于衣衫之外，称作“龙摆尾”；袜子则是不系绑带，任其脱落而覆盖足面的“凤点头”。女性喜欢

---

① 刘益昌等：《台湾美术史纲》，第202—206页。

② 关于清代台湾的奢靡风气与服装的讨论，可参阅吴奇浩《清代台湾之奢靡风气》，《台湾史研究》第12卷第2期，2005年，第35—74页；《清代台湾汉人服饰之消费与生产》，《台湾文献》第59卷第3期，2008年，第221—258页。

③ 高拱干：《台湾府志》，台湾银行经济研究室，1960年重刊本，第186页。

④ 周钟瑄：《诸罗县志》，第138页。

⑤ 吴奇浩：《清代台湾之奢靡风气》，《台湾史研究》第12卷第2期，2005年，第45页。

穿红色衣服，袖子宽到几乎二尺，并戴着银制的手钏与脚环。[①]

台人的服装也有其朴实的一面，由清代台湾的司法档案《淡新档案》可见一斑。例如财产侵夺案件中，呈控者会详列损失列表，其中服装项目，可以见到台人穿的是白布衫、青布棉裘，外加乌布马褂。《内阁刑科题本》中有多处发生于台湾的命案记录，在部分案件的尸身检验报告中，也会清楚说明被害者的衣着。从中可以见到案件中的台人男性仅是穿着黑布衫配黑单裤，女性则是乌布衫与白布裤，呈现出相当简素的一面。[②]

2. 云锦号进步的纺织技术

清代台人的服装既有华丽的一面，而此服装奢华的特质，对台地布品生产技术的提升有相当大的影响。台人所穿着的衣装布品，一向从大陆输入，台地在服装的相关产业上，唯有善于刺绣的女红值得一提。直到道光年间，由台人纺织生产的“番锦”才开始受到好评。此种“番锦”，原料丝自大陆输入，由台湾府城内一户拥有高级技术的店家织制，价格颇为昂贵，其质量甚至超越明清以来即享盛名的江苏织品。也因此有从大陆来台者，将“番锦”视为台湾的特产，携回大陆作为伴手礼。[③]

至咸丰、同治年间，台地的纺织技术出现进一步提升。台南有一间云锦号开始用机械纺织布料，质量优良。该商号的创办人原本是南京织造局的名手，由于洪秀全起事，江南大乱，于是避居来台，在台南创设云锦号。由于其制品质地柔韧，花样别出心裁，而且不易褪色，因此在台湾受到极大的欢迎，进而远近驰名。甚至连光绪帝的婚礼，也向云锦号订制数万元的丝锦绸缎制品，包括帷幔、佩巾、礼服、垫具等。宫廷收到成品后，“内庭大悦，以为江浙官局所织犹有逊色”。[④] 云锦号的例子让我们见到原本由大陆传入台湾的技艺，在台发展后，由于受到台人的青睐而打响名号，进而声名远播，甚而获得朝廷的肯定。

---

① 吴奇浩：《清代台湾汉人服饰之消费与生产》，《台湾文献》第 59 卷第 3 期，2008 年，第 232—233 页。

② 吴奇浩：《洋风、和风、台湾风——多元杂糅的台湾汉人服装文化（1624—1945）》，暨南国际大学历史学系博士学位论文，2012，第 48—49、54—55 页。

③ 吴奇浩：《洋风、和风、台湾风——多元杂糅的台湾汉人服装文化（1624—1945）》，第 51—53 页。

④ 连横：《台湾通史》，台湾银行经济研究室，1962 年重刊本，第 641 页；吴奇浩：《清代台湾汉人服饰之消费与生产》，《台湾文献》第 59 卷第 3 期，2008 年，第 247—248 页。

3. 西方布料、服装的出现与追求时尚之风

台湾开港后，开始有较大量的西方布料输入台湾。清末台湾的海关资料中即指出当时不少台人的衣料是来自西洋的棉布，如《淡新档案》记载中有“白西洋裤”、“乌西洋裤”、“西纱裙”或“西纱女衫”等的服装。[①]除了西方的服饰、布料外，大陆的布品也随着台湾商贸的热络而更大量地输入台湾。如此一来，原本对服装就有高需求量的台湾市场，至此获得更多样、更大量的供应管道，于是台人服装开始出现追求时尚的现象。衣服款式“以时而易”，衣服的长度有时长有时短，袖口宽度有时窄有时宽；女性对于衣服的质料与颜色的选取，“皆从时尚”。[②] 由此观之，清代台人对于服饰从追求奢侈华丽转向追求时尚样款，可说是由对量的强调转变为对质的讲究。而这一股对于时尚服装的崇尚风气在之后有增无减。

为割台而书写的著作

清代关于台湾的记录文字，除了方志纂修类的官方史学以及来台游宦士人的记述文集外，还有由台湾本地文人自动创作、成书于清朝的作品。然而探其内容，可以说清代几乎没有台湾文人以台湾为主题而撰写的历史著作。[③]

描述割让前后实况的文字，如 1896 年思痛子的《台海思恸录》，1897 年吴德功的《让台记》，序于 1906 年、1922 年方在北京出版的洪弃生的《瀛海偕亡记》，以及收录洪氏遗稿编纂而成的《寄鹤斋选集》。相对于地方志的官方色彩，以及汉诗的哀婉幽怨，这些文字则记载了更多台湾文人眼中的战争与割让，透露了更多台湾文人心中的挫败与愤慨，以及他们对相关人物的评论与看法，堪称台湾史上本地文人第一次有意识地留下的历史见证，是极为珍贵的文献资料。《台海思恸录》记载了甲午战争的战事本末，分台防、台北、台湾（今台中）、台南、澎湖五篇，作者思痛子在自序中明言其出身台地的背景与书成后的心情：“盖生于台、长于台，身受台之

① 吴奇浩：《清代台湾汉人服饰之消费与生产》，《台湾文献》第 59 卷第 3 期，2008 年，第 241—246 页。

② 连横：《台湾通史》，第 603—604 页。

③ 吴密察：《“历史”的出现：台湾史学史素描》，《当代》（台北）复刊第 106 期，2006 年。

创巨痛深、亲见台之同遭蹂躏而痛定思痛也。”[①] 成书的目的则是如实留下记录，尤其是批评清朝在台官员的举止失措，对照人民如徐骧、姜绍祖、吴汤兴、简精华等“台产之勇敢有为者”的英勇反抗，直言人的表现——有无忠义之心，才是这场战役胜败的关键，望日后世人以台事为鉴。[②]

吴德功的《让台记》则从1895年4月14日中日和议画押始，直到9月27日日本近卫师团长北白川宫能久亲王卒台运柩回日为止，逐日记载这段时间发生之事，详述台湾民间那种“明知不可为而为之”的孤军奋战：“诸君虽不能捍卫桑梓，子弟化为沙虫，识者嘉其志，未尝不悲其遇，何敢以成败论人哉！”[③]

洪弃生的《瀛海偕亡记》和收录于《寄鹤斋选集》的专著《中东战纪》也是记叙割台抗日事。《中东战纪》里，洪弃生认为战败之因是清朝官员李鸿章一路畏战求和：“清师之败，李鸿章有三误焉：一误于望和，二误于待和，三误于求和也。”[④]

而清朝的失策，却教台人独自承担战败的苦果，《瀛海偕亡记》下卷即记载日军烧杀掳掠、土匪蜂起为害之惨状乱象。故《瀛海偕亡记》自序中破题的一句可见其口吻之烈、力道之强，泄尽将与清朝恩断义绝之愤：“自古国之将亡，必先弃民。弃民者民亦弃之。”[⑤]

被迫改朝换代的经历，不甘国破家亡的感受，大大撼动了台湾传统文人的世界，让他们有不吐不快的冲动、不能不记的使命感，“割台”确是吾人在研究台湾文学和史学发展时不能忽视的重要部分。

台湾自1860年开港后外患相寻，政治经济局面发生很大的变化。由经济方面来看，清廷治台最后这70年是台湾变迁最大的时期。在贸易品方面，除原来的米、糖外，新增了茶与樟脑，进行贸易者除了原来的郊商，还有洋商。郊商利用帆船将小口、正口的货品运到基隆等大港口，再由洋商销

① 思痛子：《自序》，《台海思恸录》［台湾文献丛刊（40）］，台湾银行，1959，第1页。

② 思痛子：《台海思恸录》，第12页，“自序”第1—2页。

③ 吴德功：《让台记》，罗惇曧、俞明震、吴德功：《割台三记》［台湾文献丛刊（57）］，大通出版社，1959，第45—46页。

④ 洪弃生：《中东战纪》，《寄鹤斋选集》［台湾文献丛刊（304）］第3册，台湾银行，1972，第427页。

⑤ 洪弃生：《瀛海偕亡记》［台湾文献丛刊（59）］，台湾银行经济研究室，1959，“自序”，第3页。

到国外，使台湾外销市场除了原来的大陆外，扩大到海外，台湾的经济因而更为繁荣。然而英商大量输入鸦片，一作为交换茶、糖、樟脑之用；一作为替代性工资，大赚其黑心钱。台湾矿产不多，开港后虽有挖煤、淘金、利用石油的情况，但不具重要性。这期间也做了一些基础建设，如在官民合作下开筑水圳、疏浚基隆港，还开辟由南到北、由东到西通往后山之路；铁路由基隆筑到新竹，这是清廷所开筑的第一条铁路。

在社会变迁方面，由于茶、樟脑产地在中北部，台湾巡抚又常川驻节台北，因此造成政治中心北移，割让前台湾的省会已由今台中市迁到台北。由于经济力的提升和人口增加，市镇逐渐兴起，而茶、樟脑等山区作物的采收、制造、加工、出口都需要大量的人口，从而制造了许多就业的机会，缓解了人口的压力；另一方面也开发了沿山地带，提高了人口扶养力。人们也因为经济力的改善，有能力追求更时尚的服装与更好的饮食。由于清廷在台推行洋务运动、开山抚“番”、官绅合作，豪绅、买办兴起，至于底层所谓下九流的人民，向上层社会流动的速度非常慢。此时期台湾的社会亦面临基督教的传入，先是民教纠纷，继而形成教案，同时基督教也带来先进的医疗、教育，并以白话字刊行台湾第一份报纸《台湾府城教会报》。

在文化上，1858 年起台湾的文解额由原来的 5 名（4 闽、1 粤）增加为 7 名，翌年又得永久广额 1 名，共为 8 名。由于解额增多，进士名额自 1868 年后至 1895 年共有 22 名，比起这之前的 10 名，足足增加一倍多。这一由生员、举人、进士所形成的士绅阶层，积极从事文教工作，担任书院山长、修纂方志、捐助赴乡会试者盘缠、协修文庙等，使台湾文风日盛，成为文治型的较稳定的社会。晚清台湾文人的私人著作渐丰，以诗文集为多。台湾的诗社也不断成立，对击钵吟也十分热衷。在美术方面有漳人谢管樵的画作，本地画家则有庄敬夫等人。此外泉人吕世宜为台湾立下金石学的基础。而当时的工艺特色则是竹藤制餐具。在出版上，除官方外，私人雕板刻书以台南松云轩最为有名，除了出版善书，也出版过地图。至于 1883 年巴克礼牧师引进铜版印刷，丰富了台湾的出版业。在方志上，出版过《淡水厅志》《澎湖厅志》，1892 年起开始修通志，虽因台湾割让而未完成，但也有三种采访册留下。1895 年台湾被割让已成定局，当时的文人为了见证这段悲惨的历史，也为了抒发对清廷割让的不满，更为了记下徐骧等人为抗日而牺牲的典范，发奋著书。

总之，晚清台湾的经济水平客观上有所提升，李鸿章曾说“台湾富厚内地十倍”，即此之谓。台湾在开港后，其经济建设、文化比起沿海各大省，并不逊色。